KARL MAYs HAUPTWERKE

IN 33 BÄNDEN

»ZÜRICHER AUSGABE«

—

HERAUSGEGEBEN VON

HERMANN WIEDENROTH UND

HANS WOLLSCHLÄGER

—

BAND 21

WINNETOU

DRITTER BAND

—

REISEERZÄHLUNG

VON

KARL MAY

PARKLAND

Die »Züricher Ausgabe«
von KARL MAYs HAUPTWERKEN
in 33 Bänden folgt der von
Hermann Wiedenroth und Hans Wollschläger
herausgegebenen historisch-kritischen Ausgabe
KARL MAYs WERKE in 99 Bänden
im Haffmans Verlag Zürich.

Umschlagbild von
Klaus Dill
Konzeption und Gestaltung von
Urs Jakob

Berechtigte, einmalige Lizenzausgabe
für Parkland im Karl-May-Jubiläumsjahr 1992

Herstellung: Ebner Ulm
ISBN 3-88059-707-3

Inhalt

Der Text dieses Bandes folgt zeichengetreu der Buchfassung letzter Hand, Freiburg 1909.
Die Editorischen Berichte für die insgesamt vierbändige Reiseerzählung, die über Entstehung und Textgeschichte Auskunft geben, finden sich in der Bibliotheksausgabe »Karl Mays Werke. Historisch-kritische Ausgabe« IV.14 »Winnetou III« und V.7 »Winnetou IV«, Haffmans Verlag, Zürich.

WINNETOU
III

ERSTES KAPITEL.

An der großen Westbahn.

Ich hatte seit dem frühen Morgen eine tüchtige Strecke zurückgelegt. Jetzt fühlte ich mich einigermaßen ermüdet und von den kräftigen Strahlen der hoch im Zenit stehenden Sonne belästigt; daher beschloß ich, Rast zu halten und mein Mittagsmahl zu mir zu nehmen. Die Prairie dehnte sich, eine Bodenwelle nach der andern bildend, in unendlicher Weite vor mir aus. Seit fünf Tagen, wo unsere Gesellschaft durch einen zahlreichen Trupp Ogellallahs zersprengt worden war, hatte ich weder ein nennenswertes Tier noch die Spur eines Menschen bemerkt und begann nun endlich mich nach irgend einem vernünftigen Wesen zu sehnen, an welchem ich erproben konnte, ob mir nicht vielleicht infolge des lange anhaltenden Schweigens die Sprache verloren gegangen sei.

Einen Bach oder ein sonstiges Wasser gab es hier nicht, Wald oder Buschwerk ebensowenig; ich brauchte also nicht lange zu wählen und konnte Halt machen, wo es mir eben beliebte. Ich sprang in einem Wellentale zur Erde, hobbelte[1] meinen Mustang an, nahm ihm die Decke ab und stieg die kleine Bodenerhebung empor, um mich dort niederzulassen. Das Pferd mußte unten bleiben, damit es im Falle einer feindlichen Annäherung nicht bemerkt würde; ich selbst aber mußte den erhöhten Punkt wählen, um die Gegend überblikken zu können, während es nicht leicht möglich war, mich zu sehen, wenn ich mich auf den Boden legte.

Ich hatte gute Gründe, vorsichtig zu sein. Wir waren in einer Gesellschaft von zwölf Männern vom Ufer des Platte aufgebrochen, um im Osten der Felsenberge hinabzugehen nach Texas. Zu derselben Zeit hatten die verschiedenen Stämme der Sioux ihre Lagerdörfer verlassen, weil einige

[1] Trapperausdruck für: mit dem Lasso die Beine fesseln.

ihrer Krieger getötet worden waren und sie nun Rache nehmen wollten. Wir wußten dies, fielen aber trotz aller List in ihre Hände und wurden nach einem harten, blutigen Kampfe, in welchem fünf von uns das Leben ließen, nach allen Richtungen über die Prairie zerstreut.

Da die Indsmen aus unserer Fährte, die wir nicht ganz zu verwischen vermochten, wohl ersehen hatten, daß wir nach Süden gingen, so war mit Sicherheit anzunehmen, daß sie uns folgen würden. Es galt also, die Augen offen zu halten, wenn man nicht das Glück haben wollte, sich eines Abends in die Decke zu wickeln und am Morgen dann ohne Skalp in den »ewigen Jagdgründen« zu erwachen.

Ich legte mich nieder, langte ein Stück getrocknetes Büffelfleisch hervor, rieb es anstatt des Salzes mit Schießpulver ein und versuchte, es mit den Zähnen in einen Zustand zu bringen, welcher es mir ermöglichte, die lederharte Substanz in den Magen zu befördern. Dann nahm ich eine von meinen »Selbstgefertigten«, steckte sie mit Hilfe des Punks[1] in Brand und blies Rauchfiguren mit einem Behagen, als sei ich ein virginischer Pflanzer und rauche die mit Glanzhandschuhen ausgezupften Herzblätter des besten Goosefoot.

Noch nicht lange hatte ich so auf meiner Decke gelegen, als ich, zufälligerweise hinter mich blickend, einen Punkt am Horizonte bemerkte, welcher sich in einem spitzen Winkel mit der von mir verfolgten Richtung grad auf mich zu bewegte. Ich schlüpfte von der Erhöhung so weit nieder, daß mein Leib durch dieselbe vollständig gedeckt wurde, und beobachtete die Erscheinung, in welcher ich nach und nach einen Reiter erkannte, welcher nach Indianerart weit vornüber auf dem Pferde hing.

Als ich ihn zuerst bemerkte, war er wohl anderthalb englische Meilen von mir entfernt. Sein Pferd ging in einem so langsamen Schlenderschritt, daß es beinahe eine halbe Stunde brauchte, um eine Meile zurückzulegen. Wieder hinaus in die Ferne blickend, aus welcher er kam, bemerkte ich

[1] Prairiefeuerzeug.

zu meiner Ueberraschung noch vier Punkte, welche sich ganz genau auf seiner Fährte fortbewegten. Das mußte meine Aufmerksamkeit in hohem Grade erregen. Der erste Reiter war ein Weißer, wie ich jetzt an der Kleidung untrüglich erkannte. Waren die anderen vielleicht Indianer, welche ihn verfolgten? Ich zog mein Fernrohr hervor. Ich hatte mich nicht geirrt. Sie kamen näher, und ich konnte durch die Gläser sehr deutlich an ihrer Bewaffnung und Tätowierung erkennen, daß sie zu den Ogellallahs, dem kriegerischsten und grausamsten Stamme der Sioux, gehörten. Sie waren außerordentlich gut beritten, während das Pferd des Weißen ein sehr gewöhnliches Tier zu sein schien. Er war mir jetzt so nahe gekommen, daß ich ihn bis in das einzelnste betrachten konnte.

Er war von kleiner, sehr hagerer Statur und trug auf dem Kopfe einen alten Filzhut, dem die Krämpe vollständig fehlte, ein Umstand, der in der Prairie nicht auffallen konnte, hier aber einen Mangel hervorhob, der mir höchst auffällig erscheinen mußte: der Mann hatte nämlich keine Ohren. Die Stelle, an welcher sie sich befinden sollten, zeigte die Spuren einer gewalttätigen Behandlung, sie waren ihm jedenfalls abgeschnitten worden. Um die Schulter hing ihm eine ungeheure Decke, welche den Oberleib vollständig verhüllte und kaum die hageren Beine erkennen ließ, die in einem Paar so eigentümlicher Stiefel steckten, daß man drüben in Europa über dieselben gelacht hätte. Sie bestanden nämlich in derjenigen Sorte von Fußbekleidung, wie sie die Gauchos in Südamerika zu fertigen und zu tragen pflegen. Man zieht von einem enthuften Pferdefuße die Haut ab, steckt, wenn sie noch warm ist, das Bein hinein und läßt sie an demselben erkalten: die Haut legt sich eng und fest an Fuß und Unterbein und bildet so eine vortreffliche Fußbekleidung, welche allerdings die Eigentümlichkeit hat, daß man mit derselben auf seinen eigenen Sohlen geht. Am Sattel hatte er ein Ding hängen, welches jedenfalls eine Büchse sein sollte, eher aber einem Knittel ähnlich sah, wie man ihn zufällig im Walde findet. Sein Pferd war eine alte hoch- oder vielmehr kamelbeinige Stute, welcher der Schwanz vollständig fehlte; ihr Kopf war unverhältnismäßig groß, und die Ohren besaßen eine Länge, über welche man hätte erschrecken können. Das Tier sah aus, als sei es aus verschiedenen Körperteilen vom Pferd, Esel und Dromedar zusammengesetzt, hing beim Laufen den Kopf tief zur Erde und ließ dabei die Ohren wie ein Neufundländer Wasserhund hart am Kopfe herabfallen, wie wenn sie ihm zu schwer wären.

Unter anderen Verhältnissen oder als Neuling hätte man über Reiter und Pferd wohl lachen müssen, mir aber kam der Mann trotz der Sonderbarkeit seines Aeußern doch vor wie einer jener Westmänner, welche man erst kennen lernen muß, um ihren Wert zu beurteilen. Er hatte wohl keine Ahnung, daß vier von den fürchterlichsten Feinden des Prairiejägers ihm so nahe seien, sonst hätte er nicht so langsam und sorglos seinen Weg verfolgt und sich doch zuweilen nach ihnen umgeschaut.

Er war jetzt bis auf hundert Schritte herbeigekommen und hatte meine Fährte erreicht. Wer sie eher bemerkte, er oder sein Pferd, das vermochte ich nicht zu sagen, aber ich sah ganz deutlich, daß die Stute von selbst stehen blieb, den Kopf noch tiefer als vorher zur Erde senkte, mit den Augen nach den Fußspuren meines Mustangs schielte und dabei überaus lebhaft mit den langen Ohren wedelte, welche bald auf- und bald niederwärts gingen, und sich bald vor-, bald rückwärts legten, daß es aussah, als ob sie von einer unsichtbaren Hand aus dem Kopfe gedreht werden sollten. Der Reiter wollte absteigen, um die Fährte genau zu untersuchen; dabei hätte er unnützerweise die so kostbare Zeit verloren, und daher kam ich ihm durch meinen Ruf zuvor:

»Halloo, heda, Mann! Haltet Euch unten und kommt doch einmal ein wenig näher heran!«

Ich hatte meine Stellung so verändert, daß er mich sehen konnte. Auch seine Stute hob den Kopf, legte die Ohren steif nach vorn, als wollte sie meinen Anruf wie einen Ball auffangen, und wedelte dabei emsig mit dem kurzen nackten Schwanzstumpfe.

»Halloo, Master,« antwortete er, »nehmt ein andermal

Eure Stimme in acht, und brüllt ein wenig leiser; auf dieser alten Wiese hier weiß man niemals richtig, ob es nicht vielleicht hier oder da Ohren gibt, die nichts zu hören brauchen! Komm, Tony!«

Die Stute setzte auf diesen Zuruf ihre unendlichen Beine in Bewegung und blieb dann ganz von selbst bei meinem Mustang stehen, dem sie nach einem hochmütigen und malitiösen Blick denjenigen Körperteil zukehrte, den man bei einem Schiffe den Stern zu nennen pflegt. Sie war wohl eines jener Reittiere, welche – wie sie in der Prairie nicht selten vorkommen – nur für ihren Herrn leben, jedem Andern aber sich so widerspenstig zeigen, daß sie für ihn unbrauchbar sind.

»Weiß ganz genau, wie laut ich reden darf!« gab ich ihm zur Antwort. »Woher kommt Ihr, und wohin wollt Ihr, Master?«

»Das geht Euch verteufelt wenig an!« entgegnete er.

»Meint Ihr? Sehr übermäßig höflich seid Ihr nicht, Master; dies Zeugnis kann ich Euch schon jetzt mit gutem Gewissen geben, obgleich ich kaum zwei Worte mit Euch gesprochen habe. Doch will ich Euch aufrichtig gestehen, daß ich gewohnt bin, eine Antwort zu erhalten, wenn ich frage!«

»Hm, ja; Ihr scheint mir allerdings ein sehr vornehmer Gentleman zu sein,« meinte er mit einem geringschätzigen Blick auf mich. »Daher werde ich Euch sogleich die verlangte Auskunft geben!« – Er winkte rückwärts und dann vorwärts. »Ich komme von daher und will dorthin.«

Der Mann begann, mir zu gefallen. Jedenfalls hielt er mich für einen von seiner Gesellschaft abgekommenen Sonntagsjäger. Der echte Westmann gibt auf sein Aeußeres nichts und hegt eine offen gezeigte Abneigung gegen alles, was sauber ist. Wer sich jahrelang im wilden Westen umhertreibt, ist in Beziehung auf seinen Habitus nicht salonfähig und vermutet in jedem, der sich propre trägt, einen Greenbill, dem nichts Rechtes zuzutrauen ist. Ich hatte mich droben in Fort Wilfers mit neuer Kleidung versehen und war von jeher gewohnt, meine Waffen blank zu halten, zwei Umstände, welche nicht geeignet waren, mich in den Augen eines Savannenläufers als vollgültig erscheinen zu lassen. Daher nahm ich das kurz angebundene Wesen des fremden Männchens nicht übel und antwortete nun ebenso wie er nach vorwärts deutend:

»So macht, daß Ihr ›dorthin‹ kommt; nehmt Euch aber vor den vier Indsmen in acht, welche sich da hinten auf Eurer Fährte halten! Ihr habt sie wohl noch gar nicht bemerkt?«

Er fixierte mich aus den hellen, scharfen Aeuglein mit einem Blick, in welchem sich Erstaunen und Belustigung zugleich kundgaben.

»Nicht bemerkt? Hihihihi! Vier Indsmen hinter mir, und ich sie nicht bemerken! Ihr scheint mir zum Beispiel ein sonderbarer Kauz zu sein! Die guten Leute sind bereits seit heut früh hinter mir her; ich aber brauche mich nach ihnen gar nicht umzusehen, denn man kennt ja die Weise dieser roten Mesch'schurs. Sie werden sich in gehöriger Entfernung halten, solange es Tag ist, und mich dann beschleichen, wenn ich mir irgendwo einen Lagerplatz gesucht habe. Aber sie sollen sich zum Beispiel sehr verrechnet haben, denn ich werde ihnen einen Ring schlagen, der mich in ihren Rücken bringt. Ich hatte nur bisher kein passendes Terrain dazu; hier zwischen diesen Wellen kann ich's endlich tun, und wenn Ihr lernen und sehen wollt, wie ein alter Westmann es einrichtet, sich an die Redmen[1] zu bringen, so dürft Ihr nur hier bleiben und zehn Minuten warten. Werdet es aber wohl bleiben lassen, denn ein Mann Eures Schlages pflegt zum Beispiel verteufelt wenig Lust zu haben, eine Portion Indianerparfum einzuschnobern! *Come on,* Tony!«

Ohne sich weiter um mich zu bekümmern, ritt er davon und war bereits nach einer halben Minute samt seiner famosen Stute zwischen den Bodenerhebungen verschwunden.

Sein Plan war mir sehr verständlich, denn ich an seiner Stelle hätte einen ähnlichen Gedanken ausgeführt. Er wollte einen Bogen reiten, der ihn hinter seine Verfolger brachte, denen er sich nähern mußte, noch ehe sie aus der veränderten Richtung auf seine Taktik schließen konnten. Um diesen

[1] Rotmänner, Indianer.

Zweck zu erreichen, durfte er sich natürlich nur in den Wellentälern halten, und besser war es, wenn er sich nicht hinter die Indsmen brachte, sondern den Bogen so kurz schlug, daß sie an ihm vorüber mußten. Sie hatten ihn bisher genau beobachten können, wußten also, wie weit sie ihn vor sich hatten, und konnten nicht vermuten, daß er ihnen wieder nahe sei.

Es waren Vier gegen Einen, und die Möglichkeit lag vor, daß ich in die Lage kommen konnte, meine Waffen zu gebrauchen. Ich untersuchte sie daher und erwartete dann den Verlauf der Dinge.

Die Indianer kamen jeden Augenblick näher, immer einer hinter dem andern. Sie hatten beinahe die Stelle erreicht, an welcher die Spur des Kleinen mit der meinigen zusammenlief, als der vorderste von ihnen sein Pferd anhielt und sich zurückwandte. Es schien sie doch zu befremden, daß der von ihnen verfolgte Weiße nicht mehr zu sehen war. Sie hielten eine kurze Beratung, während welcher sie eng beisammen blieben. Mit einer Kugel meines Bärentöters konnte ich sie bereits erreichen; aber das war gar nicht nötig, denn jetzt krachte ein Schuß, und in der nächsten Sekunde ein zweiter. Zwei Indianer sanken tot von ihren Pferden, und zu gleicher Zeit ertönte ein lauter, triumphierender Ruf.

»O – hi – hi – hiiii!« erscholl es in jenem Kehllaute, in welchem der Schlachtruf der Indianer ausgestoßen wird.

Aber nicht ein Indiander ließ ihn hören, sondern der kleine Jäger, welcher aus einer nahen Talrinne auftauchte. Er hatte seinen Vorsatz ausgeführt, war hinter mir verschwunden, und vor mir wieder zu sehen. Er tat, als ob er nach seinen beiden Schüssen fliehen wolle. Seine Stute schien jetzt auf einmal ein ganz anderes Wesen geworden zu sein; sie warf die Beine auseinander, daß der Rasen krachte; der Kopf mit den enthusiastisch gespitzten Ohren lag tief im Genick, und jede Sehne, jede Faser schien angespannt zu sein. Reiter und Pferd waren wie verwachsen miteinander. Der Erstere schwang sein Gewehr und lud es im Galopp mit einer Sicherheit, welche darauf schließen ließ, daß er sich nicht das erste Mal in einer solchen Lage befand.

Hinter ihm knatterten zwei Schüsse; die beiden Indianer hatten auf ihn abgedrückt, aber keine Kugel traf ihn. Die Indsmen stießen ein Wutgeheul aus, griffen zu den Tomahawks und sprengten hinter ihm her. Er hatte sich bisher noch gar nicht nach ihnen umgesehen; jetzt aber war er mit dem Laden fertig und riß sein Pferd herum. Es war, als ob das Tier die Entschlüsse seines Reiters mitdächte; es hielt, streckte sich und stand dann bewegungslos wie ein Sägebock. Er nahm das Gewehr empor und zielte kurz; in den nächsten Augenblicken blitzte es zweimal auf, ohne daß die Stute zuckte – die beiden Indsmen waren durch die Köpfe getroffen.

Ich hatte bisher im Anschlage gelegen, aber nicht losgedrückt, da der Kleine meiner Hilfe nicht bedurfte. Jetzt war er vom Pferde gestiegen, um die Gefallenen zu untersuchen, und ich ging zu ihm heran.

»Nun, Sir, wißt Ihr jetzt zum Beispiel, wie man diesen roten Halunken einen Ring schlägt, he?« fragte er mich.

»*Thank you*, Master! Ich sehe, daß man bei Euch etwas lernen kann!«

Mein Lächeln mußte ihm denn doch etwas zweideutig erscheinen; er blickte mich scharf an und meinte dann:

»Oder wäret etwa auch Ihr auf einen solchen Gedanken gekommen?«

»Ein Ring war gerade nicht notwendig. Bei diesem Terrain, wo man sich in den Wellentälern unsichtbar machen kann, genügt es, sich auf einem großen Vorsprunge dem Feinde zu zeigen, und dann reitet man einfach auf der eigenen Spur zurück. Der Ring ist weit angemessener für die ebene und offene Prairie.«

»Schaut, wo Ihr das alles her haben mögt! Wer seid Ihr denn eigentlich, he?«

»Ich schreibe Bücher.«

»Ihr – schreibt – Bücher – –?« Er trat erstaunt einen Schritt zurück und zog ein halb bedenkliches, halb mitleidiges Gesicht. »Seid Ihr krank, Sir?«

Er deutete dabei nach der Stirn, so daß ich ganz genau wissen konnte, welche Krankheit er im Sinne habe.

»Nein!« antwortete ich.

»Nicht? So kann Euch vielleicht ein Bär begreifen, ich aber nicht! Ich schieße mir einen Büffel, weil ich essen muß; aus welchem guten Grunde schreibt Ihr denn Eure Bücher?«

»Damit sie gelesen werden.«

»Sir, nehmt es mir nicht übel, aber das ist ja die allergrößte Dummheit, die sich ausdenken läßt! Wer Bücher lesen will, mag sie sich selbst schreiben, das muß ja zum Beispiel jedes Kind einsehen. Ich schieße mein Fleisch ja auch nicht für Andere! Also, hm, ja, ein *book-maker* seid Ihr? Aber wozu kommt Ihr da in die Savanne, he? Wollt Ihr etwa hier zum Beispiel Bücher schreiben?«

»Das tue ich erst, wenn ich wieder daheim bin; dann erzähle ich alles, was ich erlebt und gesehen habe, und viele Tausende von Leuten lesen es und wissen dann sehr genau, wie es in der Savanne zugeht, ohne daß sie nötig haben, selbst in die Prairie zu gehen.«

»So erzählt Ihr wohl auch von mir?«

»Versteht sich!«

Er fuhr noch einen Schritt weiter zurück; dann trat er hart an mich heran, legte die Rechte an den Griff seines Bowiemessers, die Linke an meinen Arm und sagte:

»Sir, dort steht Euer Pferd; hängt Euch hinauf und macht, daß Ihr weiter kommt, wenn Ihr nicht wollt, daß Euch einige Zoll kaltes, spitzes Eisen zwischen die Rippen schleichen! Bei Euch dürfte man ja kein Wort sprechen und keinen Arm bewegen, ohne daß es alle Welt erfährt. Hole Euch dieser und jener; trollt Euch schleunigst von dannen!«

Der kleine Mann reichte mir gerade bis an die Schulter, und dennoch war es ihm mit seiner Drohung Ernst, was mich innerlich natürlich belustigte, ohne daß ich es mir merken ließ.

»Ich verspreche Euch, nur Gutes von Euch zu schreiben!« sagte ich.

»Ihr geht! Ich habe es gesagt, und dabei muß es bleiben!«

»So gebe ich Euch mein Wort, daß ich gar nicht über Euch schreiben will!«

»Gilt nichts! Wer sich hinsetzt, um für andere Leute Bücher zu machen, der ist verrückt, und ein Verrückter wird sein Wort nie halten. Also vorwärts, Mann, sonst läuft mir zum Beispiel die Galle in die Finger, und ich tue etwas, was Euch nicht angenehm ist!«

»Was könnte das wohl sein?«

»Das würdet Ihr gleich sehen!«

Ich sah ihm lächelnd in die zornig funkelnden Augen und sagte ruhig:

»Nun, so laßt es einmal sehen!«

»Da schaut her! Wie gefällt Euch diese Klinge?«

»Nicht übel; das will ich Euch beweisen!«

Im Nu hatte ich ihn gepackt, riß ihm die Arme nach hinten, steckte zwischen dieselben und seinen Rücken meinen linken Arm hindurch, preßte sie fest an mich und legte ihm dann meine Rechte so fest um sein Handgelenk, daß er mit einem Schmerzensrufe das Messer fallen ließ. Dieser unerwartete Ueberfall hatte den kleinen Mann so perplex gemacht, daß ihm der Riemen meines Kugelbeutels die Hände auf dem Rücken zusammenschnürte, noch ehe er eine Bewegung des Widerstandes unternommen hatte.

»*All devils!*« rief er. »Was fällt Euch ein! Was wollt Ihr denn zum Beispiel mit mir machen?«

»Halloo, Master, nehmt Eure Stimme in acht und brüllt ein wenig leiser,« antwortete ich ihm mit seinen eigenen früheren Worten; »auf dieser alten Wiese weiß man niemals richtig, ob es nicht vielleicht hier oder da Ohren gibt, die nichts zu hören brauchen!«

Ich ließ ihn los und hatte mit einer raschen Bewegung dann das Messer und auch die Büchse ergriffen, welche er vorhin bei der Untersuchung der Toten weggelegt hatte. Er versuchte, die Hände loszureißen; die Anstrengung trieb ihm das Blut in das Gesicht, aber es gelang ihm nicht, die Festigkeit des Riemens zu überwinden.

»Laßt das sein, Master, Ihr kommt doch nicht eher frei, als bis ich es will!« riet ich ihm. »Ich will Euch nämlich nur beweisen, daß ein *book-maker* stets gewohnt ist, mit Leuten so zu sprechen, wie sie mit ihm reden. Ihr zogt das Messer gegen mich, ohne daß ich Euch beleidigt oder sonst geschädigt hatte, und seid mir nach den Gesetzen der Savanne so verfallen, daß ich mit Euch tun kann, was mir beliebt. Kein Mensch kann mir etwas sagen, wenn ich es jetzt so einzurichten suche, daß dieses kalte, spitze Eisen sich zwischen Eure Rippen schleicht, statt zwischen die meinigen, wie Ihr vorhin wolltet.«

»Stoßt zu, Mann,« antwortete er finster. »Es ist mir ganz recht, wenn Ihr mich auslöscht, denn die Schande, von einem einzigen Menschen Auge in Auge und am hellen Tage überwunden und gebunden worden zu sein, ohne daß ich ihm ein einziges Haar gekrümmt habe, die mag Sans-ear nicht überleben!«

»Sans-ear? Ihr seid Sans-ear?« rief ich.

Ich hatte viel, sehr viel von diesem berühmten Westmann gehört, welchen noch kein Mensch in der Gesellschaft eines Andern gesehen hatte, weil er keinen für würdig hielt, sich ihm anzuschließen. Er hatte vor langen Jahren bei den Navajoes seine Ohren gelassen und trug daher den eigentümlicherweise aus zwei Sprachen zusammengesetzten Namen »Ohnohr«, unter welchem er bekannt war, so weit die Savanne reichte und noch drüber hinaus.

Er schwieg auf meine Frage, und erst als ich sie wiederholt hatte, antwortete er:

»Mein Name geht Euch nichts an! Habe ich einen schlechten, so ist er nicht wert, genannt zu werden, und habe ich einen guten, so hat er es verdient, daß ich ihn vor der jetzigen Schande bewahre.«

Ich trat auf ihn zu und löste seine Fessel.

»Hier habt Ihr Euer Messer und Eure Büchse; Ihr seid frei. Geht, wohin es Euch beliebt!«

»Macht keinen dummen Spaß! Kann ich die Schande hier lassen, von einem Greenhorn besiegt worden zu sein? Wenn es ein richtiger Kerl gewesen wäre, wie der rote Winnetou, der lange Haller oder gar ein Pfadfinder wie Old Firehand und Old Shatterhand, ja dann, dann – – –«

Der Alte tat mir leid; mein Coup war ihm wirklich zu Herzen gegangen, und es war mir lieb, daß ich ihn trösten konnte, denn er hatte eben jetzt den Namen genannt, unter welchem ich am Lagerfeuer der Weißen und in den Wigwams der Indianer bekannt geworden war.

»Ein Greenhorn?« fragte ich. »Glaubt Ihr wirklich, daß ein Neuling es vermag, dem wackeren Sans-ear einen solchen Streich zu spielen?«

»Was seid Ihr anders? Ihr seht ja aus, als kämt Ihr direkt aus einem Schneiderladen, und Eure Waffen sind so schön blank geputzt, wie man sie für den Maskenball herrichtet!«

»Aber sie sind gut; das sollt Ihr einmal sehen! Paßt scharf auf!«

Ich nahm einen losen Stein von der doppelten Größe eines Dollarstückes von der Erde auf, warf ihn hoch in die Luft, legte schnell an, und in dem Augenblick, in welchem ihn die Kräfte des Wurfes und der Anziehung den höchsten Punkt erreichen ließen und er bewegungslos in der Luft zu schweben schien, traf ihn meine Kugel, die ihn noch höher trieb.

Ich hatte früher zu meiner Uebung diesen Schuß viele hundert Male versucht, ehe er mir gelang; es war kein besonderes Meisterstück. Der Kleine aber sah mich mit einem Paar Augen an, in denen ich fast den Ausdruck der Bestürzung zu erkennen glaubte.

»*Heavens*, war das ein Schuß! Gelingt er immer?«

»Neunzehn Male unter zwanzig.«

»Ja, dann seid Ihr ja einer, den man suchen muß! Wie lautet denn zum Beispiel Euer Name?«

»Old Shatterhand.«

»Nicht möglich! Old Shatterhand muß viel, viel älter sein als Ihr, sonst würde man ihn nicht den alten ›Schmetterhand‹ nennen.«

»Ihr vergeßt, daß das Wort *old* sehr oft anders gebraucht wird als zur Bezeichnung des Alters.«

»Richtig! Aber, hm, nehmt mir's nicht übel, Sir; Old Shatterhand hat einmal unter einem Grizzlybären gelegen, der ihn im Schlafe überraschte und ihm das ganze Fleisch von der Schulter bis über die Rippe hinunterzog; er hat sich den Streifen Rumpsteak zwar glücklich wieder aufgeleimt, aber die Narbe muß doch zum Beispiel noch recht gut zu sehen sein!«

Ich öffnete meinen Büffelrock und das darunter befindliche weiße, hirschlederne Jagdhemd.

»Schaut her!«

»Potz alle Wetter, hat Euch der Kerl zugerichtet! Da müssen ja alle achtundsechzig Rippen blank zu Tage gelegen haben?«

»So war es beinahe auch. Es geschah unten am Redriver, und ich lag mit dieser fürchterlichen Wunde zwei Wochen lang neben dem Bären am Flusse, nur auf mich selbst angewiesen, bis mich Winnetou, der Apachenhäuptling, fand, dessen Namen Ihr vorhin genannt habt.«

»So seid Ihr also doch Old Shatterhand! Hm, ich will Euch einmal etwas sagen: Glaubt Ihr, daß ich zum Beispiel ein ganz entsetzlicher Dummkopf bin?«

»Nein, das glaube ich nicht. Ihr habt ja nur den Irrtum begangen, mich für ein Greenhorn zu halten, weiter nichts. Von einem Neuling konntet Ihr keinen solchen Angriff erwarten; Sans-ear ist nur durch Ueberraschung zu besiegen.«

»Oho! Bei Euch bedarf es, wie es scheint, keiner Ueberraschung. Es wird wohl wenige Männer geben, die Eure Büffelstärke besitzen. Von Euch überrumpelt zu werden, ist keine Schande. Mein richtiger Name ist eigentlich Sam Hawerfield, und wenn Ihr mir einen Gefallen tun wollt, so nennt mich Sam!«

»Und Ihr mich Charley, wie alle meine Freunde. Hier habt Ihr meine Hand!«

»Topp, so mag es sein, Sir! Der alte Sam ist nicht der Mann, der jedem gleich die Finger drücken mag; bei Euch jedoch schlage ich augenblicklich ein. Aber ich bitte Euch, macht es gnädig, daß Ihr mir nicht etwa die Hand zu Pudding quetscht! Ich brauche sie weiter.«

»Keine Angst, Sam! Diese Hand soll mir noch manchen Gefallen erweisen, ebenso wie die meinige bereit ist, Euch zu dienen. Aber jetzt darf ich wohl meine erste Frage zum zweiten Male aussprechen: Woher des Wegs und wohin?«

»Ich komme gerade jetzt ein wenig von Canada herunter, wo ich den Lumberstrikers[1] Gesellschaft geleistet habe, und will nun zum Beispiel hinein in das Texas und Mexiko, wo es so viele Schufte geben soll, daß einem das Herz lacht bei dem Gedanken an die Kugeln und Messerstiche, welche man zu erwarten hat.«

»Das ist ja ganz mein Weg! Auch ich will nach Texas und Kalifornien, und dabei kann es mir sehr gleich sein, ob ich einen kleinen Seitenweg über Mexiko einschlage. Darf ich mit?«

»Ob Ihr dürft? Na und ob! Ihr seid bereits da unten im Süden gewesen und also just der richtige Mann, den ich brauche. Aber sagt mir nun einmal im Ernste: Macht Ihr wirklich Bücher?«

»Ja.«

»Hm! Wenn das Old Shatterhand tut, so muß es doch anders sein, als ich es mir gedacht habe; ich aber sage Euch, ich will lieber unversehenerweise und rücklings in eine Bärenhöhle stürzen, als eine Feder in die Tinte stopfen; ich brächte all mein lebelang das erste Wort nicht fertig. Nun aber sagt mir einmal, wie die Indsmen hier in diese Gegend kommen! Es sind Ogellallahs, vor denen man sich schon in acht nehmen darf.«

Ich erzählte ihm, was ich wußte.

»Hm!« machte er dann. »So wird es geraten sein, nicht hier anzuwachsen. Ich traf gestern auf eine Fährte, vor welcher man Respekt haben muß. Ich zählte wenigstens sechzig Pferde. Die vier Bursche hier müssen zu der Truppe gehören und sind wohl als Streifpatrouille ausgeschickt worden. Waret Ihr schon einmal hier?«

»Nein.«

»Ungefähr zwanzig Meilen westlich von hier wird die Prairie vollständig eben, und noch zehn Meilen weiter gibt es ein

[1] Holzschlägern.

Wasser, nach welchem sich die Indsmen gezogen haben werden, um ihre Pferde zu tränken. Wir gehen ihnen natürlich aus dem Wege und halten lieber grad nach Süden zu, obgleich wir da erst morgen nachmittag auf Wasser stoßen. Wenn wir bald aufbrechen, kommen wir heut noch vor Nacht an die Bahn, welche sie aus den Staaten hinüber nach den Westlanden gebaut haben, und wenn wir grad die richtige Zeit treffen, so können wir uns den Spaß machen, einen Zug zu sehen, der zum Beispiel an uns vorübergeht.«

»Ich bin zum Aufbruche bereit. Aber was tun wir mit den Leichen?«

»Was wir mit ihnen tun? Nicht viel. Wir lassen sie hier liegen; vorher aber will ich ihnen die Ohren nehmen.«

»Wir müssen sie vergraben, denn wenn man sie findet, ist unsere Anwesenheit verraten.«

»Man soll sie finden, Charley; das will ich eben.«

Er trug die toten Indianer auf die Spitze eines Wellenhügels, legte sie nebeneinander, schnitt ihnen die Ohren ab und gab sie ihnen in die Hände.

»So, Charley! Man wird sie finden und sogleich wissen, daß Sans-ear hier gewesen ist. Ich sage Euch, es ist ein ganz miserables Gefühl, wenn es einen im Winter an die Ohren frieren will, und man hat doch keine mehr. Ich war einst so ungeschickt, mich von den Roten fangen zu lassen. Ich hatte mehrere von ihnen getötet, einem aber nur das Ohr herabgehauen, statt ihn mit dem Tomahawk richtig zu treffen. Zum Spotte dafür schnitten sie mir die Ohren ab, ehe es mir an das Leben gehen sollte. Die Ohren haben sie, das Leben aber nicht, denn Sam Hawerfield machte sich ganz unerwartet auf und davon. Für meine zwei Ohren aber – na – da zählt einmal hier!« Er nahm seine Büchse vor und zeigte mir gelassen die zahlreichen Kerben, welche er in dieselbe eingeschnitten hatte. »Jede Kerbe hat einem feindlichen Indsman das Leben gekostet. Jetzt kommen vier Kerben dazu.«

Er machte die vier neuen Einschnitte und fuhr dann fort:

»Das sind lauter Rote. Hier oben sind acht Kerben auf Weiße, die meine Kugel gekostet haben. Warum, das werde ich Euch schon einmal erzählen. Ich habe nur noch zwei zu suchen. Das sind Vater und Sohn, die größten Schurken, die es auf Gottes weiter Erde geben kann; habe ich diese gefunden, so ist mein Tagewerk vollbracht.«

Seine Augen glänzten auf einmal feucht, und über sein verwettertes Gesicht ging ein Zug von Wehmut, Rührung und Liebe; ich ahnte, daß das Herz des alten Jägers einst wohl auch seine Rechte geltend gemacht hatte. Vielleicht hatte auch ihn, wie so manchen Anderen, der Schmerz oder die Rache dem rauhen Leben der Wildnis in die Arme geworfen, denn der echte Prairiejäger weiß nichts mehr von dem erhabenen Gebot: »Liebet eure Feinde!«

Er hatte seine Büchse wieder geladen. Sie war eines jener furchtbaren Schießeisen, wie man sie in der Prairie nicht selten findet. Der Schaft hat seine ursprüngliche Form verloren; Kerbe sitzt an Kerbe, Schnitt an Schnitt; jedes einzelne dieser Zeichen erinnert an den Tod eines Feindes. Der Lauf ist mit dickem Roste bedeckt, scheint sich gezogen zu haben, und kein Fremder vermag auch nur einen leidlichen Schuß daraus abzugeben. In der Hand des Besitzers aber ist eine solche Büchse unfehlbar; er ist seit Lebenszeit auf sie eingeübt, kennt alle ihre Vorzüge, alle ihre Tücken und Gebrechen, und wenn er eine Kugel hinabstößt auf das Pulver, so wettet er Leben und Seligkeit, daß sie ihr Ziel erreicht.

»Tony!« rief der Kleine.

Die Stute hatte bisher in der Nähe gegrast. Auf diesen Ruf kam sie herbeigesprungen und stellte sich so bequem neben ihn, daß er nur den Arm zu erheben brauchte, um sich aufzuschwingen.

»Sam, Ihr habt da ein ganz vorzügliches Pferd! Wer es zum erstenmal sieht, mag keinen Dollar bieten; wer es aber beobachtet, der bemerkt bald, daß es Euch für tausend Sovereigns nicht feil ist.«

»Tausend! *Pshaw!* Sagt eine Million! Ich kenne da droben in den Felsenbergen Adern, aus denen ich das Gold scheffelweise herausnehmen könnte, und wenn ich einmal einen treffe, der es verdient, daß ihn Sam Hawerfield von Herzen lieb hat, dem werde ich diese Placers zeigen. Für Geld also brauche ich meine Tony nicht wegzugeben. Ich will Euch nur so viel sagen, Charley: Der, welchen sie jetzt Sans-ear nennen, der war eines schönen Tages ein ganz anderer Kerl als heut, voll Glück und Wonne, wie der Tag voll Licht und das Meer voller Tropfen. Er war ein junger Farmer und hatte ein Weib, für welches er tausend Leben geopfert hätte, und ein Kind, welches ihm zehntausend Leben wert war. Das Weib hatte er einst auf seiner besten Stute heimgeholt, die Tony hieß. Und als nachher die Stute ein Füllen brachte, gesund, munter und klug wie selten ein Geschöpf, warum sollte es nicht auch Tony heißen, wie seine Mutter? Habe ich nicht recht, Charley?«

»Ja,« antwortete ich, tief gerührt über die Kindlichkeit des Gemütes, welches jetzt aus der so unerwartet sich öffnenden rauhen Hülle zu mir sprach.

»*Well!* Dann kamen die Zehn, von denen ich Euch vorhin sagte. Es war eine Bande Bushheaders, welche die Gegend damals unsicher machten. Sie verbrannten meine Farm, töteten mein Weib und Kind, erschossen meine Stute, die sie nicht gebrauchen konnten, weil sie keinen Fremden trug, und nur das Füllen entkam, weil es sich zufälligerweise verlaufen hatte. Ich kam von der Jagd zurück und fand das Tier als einzigen Zeugen meines Glückes. Was soll ich Euch weiter erzählen! Acht von den Schuften sind gefallen, gefallen durch meine Hand, durch Kugeln aus dieser Büchse; die beiden letzten werden auch noch mein, denn wessen Fährte der alte Sans-ear betritt, der mag laufen bis zu den Mongolen hinüber, er entkommt ihm nicht; grad deshalb will ich ja nach Texas und Mexiko hinunter. Aus dem jungen, munteren Farmer ist ein grauer Wald- und Prairieläufer geworden, der nur auf Blut und Rache sinnt, und das Füllen hat sich in ein Wesen verwandelt, welches einem Ziegenbocke ähnlicher sieht als einem guten Pferde; aber wacker sind beide noch heut, und sie werden auch tapfer miteinander aushalten, bis ein Pfeil schwirrt, eine Kugel pfeift oder ein Tomahawk hernieder saust, um dem Einen von ihnen ein Ende zu bereiten; der Andere – sei es nun das Pferd oder ich selber – stirbt dann vor Gram und Sehnsucht nach.«

Er fuhr sich mit der Hand über die Augen. Dann schwang er sich auf und meinte:

»So viel von den alten Geschichten, Charley. Ihr seid der Erste, zu dem ich von ihnen spreche, obgleich ich Euch zum erstenmal sehe, und werdet wohl auch der Letzte sein. Ihr werdet wohl oft von mir gehört haben, und auch von Euch wurde erzählt, wenn es mir einmal in den Sinn kam, mich zu diesen oder jenen Leuten auf eine Viertelstunde an das Feuer zu setzen. Daher wollte ich Euch zeigen, daß ich Euch für keinen Fremden halte. Nun tut mir noch den Gefallen und vergeßt, daß ich mich heut von Euch überrumpeln ließ! Ich werde Euch zu beweisen suchen, daß der alte Sam Hawerfield trotzdem zu jeder Zeit auf seinem Platze ist.«

Ich enthobbelte meinen Mustang und stieg auf. Er hatte gesagt, daß wir nach Süden halten wollten, dennoch aber ritt er grad dem Westen entgegen. Ich fragte ihn nicht; jedenfalls leitete ihn eine wohlüberlegte Absicht dabei. Auch darüber verlor ich kein Wort, daß er die Lanzen der vier Indianer mitnahm. Er erinnerte mich auf das lebhafteste an meinen alten Sam Hawkens, mit welchem er den gleichen Vornamen hatte.

Wir mochten eine ziemliche Strecke zurückgelegt haben, ohne daß einer von uns ein Wort gesprochen hatte, als er sein Pferd anhielt. Er stieg ab und steckte eine der Lanzen auf die Spitze einer Bodenwelle. Jetzt kannte ich seinen Zweck. Er wollte die Lanzen als Wegweiser aufrichten, durch welche die Indsmen zu ihren Toten geführt werden und erkennen sollten, daß die Rache des Sans-ear wieder vier neue Opfer gefordert habe.

Dann öffnete er eine alte Satteltasche und nahm acht starke Lappen heraus, welche er zwischen mir und sich teilte.

»Hier, Charley, steigt ab und wickelt die Hufe Eures Mustangs ein; sie geben dann auf dieser Art von Boden nicht die geringste Spur, und die Redmen müssen denken, daß wir durch die Luft davongeflogen sind. Jetzt reitet Ihr grad nach Süden, bis Ihr an die Bahn kommt, wo Ihr mich erwartet. Ich werde noch die drei anderen Lanzen aufpflanzen und dann zum Beispiel hinter Euch herkommen. Treffen werden wir uns sicher, und sollten wir uns doch auf eine kleine Strecke irren, so gilt bei Tag der Schrei des Geiers und bei Nacht das Heulen des Coyoten als Signal.«

Fünf Minuten später sahen wir einander nicht mehr. Ich ritt, in stilles Sinnen versunken, in der mir vorgezeichneten Richtung hin. Die Hufverhüllung meines Pferdes verhinderte es am schnellen Laufe, daher stieg ich, als ich vielleicht fünf englische Meilen zurückgelegt hatte, ab und nahm die Lappen weg. Sie hatten ja nur den Zweck gehabt, unsere Spuren in der nächsten Umgebung der Lanzenzeichen unbemerkbar zu machen.

Jetzt konnte der Mustang wieder ausgreifen. Die Prairie wurde nach und nach ebener und zeigte hier und da ein kleines Nuß- oder Wildkirschengesträuch, und noch stand die Sonne einige Grad über dem westlichen Horizonte, so bemerkte ich im Süden eine Linie, welche sich beinahe genau von West nach Ost hinzog.

Sollte sie das Gleis der bezeichneten Bahn bedeuten? Jedenfalls. Ich hielt auf sie zu und fand meine Erwartung nicht getäuscht. Die Bahn, deren Schienen auf einem beinahe manneshohen Damme lagen, lag vor mir.

Ein eigentümliches Gefühl erfaßte mich, dunkel zwar, doch auch verständlich. Auf meinem jetzigen Halte trat ich seit langer Zeit wieder in Beziehung zu der Zivilisation. Ich brauchte beim Nahen eines Zuges nur ein Zeichen zu geben, um einsteigen und nach West oder Ost davondampfen zu können.

Nachdem ich mein Pferd an den Lasso gepflockt hatte, suchte ich unter den Büschen nach Dürrholz für ein Lagerfeuer. Einer der Sträucher stand hart an der Böschung des Bahndammes. Ich bückte mich, um einiges Geäst zu nehmen, und gewahrte zu meinem Erstaunen einen Hammer, welcher da am Boden lag. Er konnte sich erst seit kurzer Zeit hier befinden, denn seine Kopfbahn war außerordentlich blank, also erst kürzlich noch in Gebrauch gewesen, und auch weder seine Backen, noch seine Haube oder seine Pinne zeigten eine Spur von demjenigen Roste, der sich sicher angesetzt hätte, wenn das Werkzeug nur einige Tage lang der Feuchtigkeit des nächtlichen Taues ausgesetzt gewesen wäre. Es mußten sich heut oder höchstens gestern Leute hier befunden haben.

Ich untersuchte zunächst die mir zugekehrte Seite des Dammes, fand aber nichts Auffälliges; dann stieg ich hinauf und suchte wieder lange Zeit erfolglos. Da aber bemerkte ich einen dichten Büschel duftenden, kurzlockigen Gramagrases, welches mir wegen seiner hiesigen Seltenheit auffiel. Wahrhaftig, es hatte ein Fuß darauf gestanden! Die Spur war noch neu, höchstens zwei Stunden alt; die vom Sohlenrande bloß umgebogenen Halme hatten sich bereits wieder erhoben, während der von der inneren Fußfläche niedergedrückte Teil des Büschels noch genau die Fersen- und Zehenbreite zeigte. Die Spur war durch einen indianischen Mokassin verursacht worden. Sollten Indianer in der Nähe sein? In welche Beziehung konnte ich sie dann zu dem Hammer bringen? Tragen nicht auch Weiße indianische Mokassins, und konnte nicht auch ein die Bahn revidierender Railroader sich dieser bequemen Art von Schuhwerk bedient haben? Trotzdem war es mir, als dürfe ich mich durch keinerlei Vermutung zu beruhigen suchen. Gewißheit war hier die Hauptsache.

Allerdings mußte ich mir sagen, daß eine Untersuchung der Strecke höchst gefährlich sei. An den beiden Seiten des Bahndammes hin konnte hinter jedem Busche ein Feind lauern, und auf dem Damme selbst war ich auf eine weite Entfernung hin zu bemerken. Unter anderen Verhältnissen hätte ich wegen des Hammers wenig Unruhe empfunden und die Nachforschung ohne Zögern begonnen; jetzt aber, da ich die Ogellallahs in der Gegend wußte, war selbst bei der geringsten Kleinigkeit die größte Vorsicht nötig. Ich hing die Büchse über und nahm nur den Revolver zur Hand. Mich von Busch zu Busch schleichend, pirschte ich mich eine weite Strecke vorwärts – ohne Erfolg. Ich kehrte auf der andern Seite zurück – auch vergeblich. Diese Untersuchung hatte sich nach Westen von der Stelle erstreckt, an welcher mein Pferd weidete. Ich setzte sie nach Osten hin fort, anfangs mit derselben Erfolglosigkeit. Jetzt wollte ich in vorsichtig gebückter Stellung über das Bahngleis hinüber. Auf Händen und Füßen kriechend, bewegte ich mich quer über die Schienen. Da war es mir, als ob ich eine Feuchtigkeit, ein eigentümliches Knirschen und Nachgeben des Sandes bemerkte; auch fiel es mir auf, daß grad hier der Sand eine kreisähnliche Figur bildete, welche den Anschein hatte, als sei er zur irgend einem Zwecke hierher gestreut worden. Ich scharrte mit den Fingern ein und – ich gestehe es – ich erschrak; meine Hand hatte sich blutig gefärbt, und auch der Sand war rot und naß. Ich untersuchte nun, mit dem ganzen Körper hart am Boden liegend, die Sache genauer und mußte erkennen, daß man eine große, tiefe Blutlache mit Sand zugestreut hatte.

Hier war ein Mord geschehen; das Blut eines Tieres hätte man nicht so zu verbergen gesucht. Wer war der Ermordete und wer der Mörder? Eine Spur war oben nicht zu sehen, da der Boden wegen seiner Härte keine aufnehmen konnte; aber als ich einen Blick jenseits nach der mit Büffelgras bewachsenen Böschung warf, bemerkte ich mehrere Fußspuren und auch zwei fortlaufende Eindrücke, als habe man hier einen beim Oberkörper gefaßten Menschen, dessen Füße nachschleiften, von dem Damme herabgezogen.

Es war außerordentlich gefährlich, an dieser Stelle nach jenseits zu gehen. Die Feuchtigkeit des Blutes war noch nicht in den Boden eingedrungen, und auch die Spuren zeigten sich so frisch und wohlerhalten, daß der vermutete Mord vor kurzer Zeit geschehen sein mußte und die Mörder noch ganz in der Nähe sein konnten. Ich kroch daher hüben wieder herab, kehrte eine bedeutende Strecke zurück, ging dort über den Damm und schlich mich nun erst auf der andern Seite nach Osten vor.

Dies geschah nur sehr langsam, da ich alle Schlauheit und Gewandtheit, alle möglichen Bewegungen und Körperstellungen anwenden mußte, um unbemerkt zu bleiben, wenn Gefahr in der Nähe wäre. Glücklicherweise standen hier die

Sträucher näher aneinander, und wenn ich mich auch sorgfältig hinter jedem Busche verbergen und den nächsten Busch auf das schärfste mit den Augen durchdringen mußte, ehe ich es wagen konnte, den Zwischenraum zwischen beiden zu überspringen oder, mich schlangengleich an der Erde windend, zu durchkriechen, so gelangte ich doch ohne Unfall bis unterhalb der Stelle, an welcher ich vorhin auf dem Damme das Blut bemerkt hatte.

Ein dichtes Lentiskengesträuch stand gegenüber der Kirschgruppe, hinter der ich spähend lag, von ihr durch einen acht Meter breiten, freien Raum getrennt. So sehr mich das Kirschengebüsch am deutlichen Sehen verhinderte, und so dicht auch die Lentisken standen, es war mir doch, als liege etwas einem menschlichen Körper ähnliches unter ihnen. Der Gegenstand mochte zugedeckt sein, aber er bildete eine dunkle Masse, welche von der Umgebung abstach, durch welche das Licht zu dringen vermochte, und hatte die ganze Länge eines Menschen. War dort vielleicht der Ermordete verborgen? Es konnte auch einer der Mörder sein. Ich mußte versuchen, es zu erfahren.

Weshalb begab ich mich in eine solche Gefahr? Ich konnte ja das Eintreffen Sams abwarten und dann ruhig mit ihm weiter reiten! Der Prairiejäger muß aber wissen, welchen Feind er vor, hinter und neben sich hat; er untersucht außerdem jeden geringfügigen Umstand, weil ihm dieser Aufschluß gibt über Dinge, die er wissen muß, deren Kenntnis seine Sicherheit erhöht und an die selbst der scharfsinnigste Professor und Gelehrte nicht denken würde. Der Prairiejäger zieht aus den unbedeutendsten Dingen, die für den Uneingeweihten gar nicht im Zusammenhange stehen, Schlüsse, über welche ein Anderer oftmals lachen würde, die sich aber in der Regel als richtig erweisen. Während er an dem einen Tag auf dem Mustang vierzig und fünfzig englische Meilen zurücklegt, kommt er am nächsten Tage kaum eine halbe Meile vorwärts, weil er bei jedem Schritt zu forschen hat, ob er ihn tun darf. Und selbst wenn er aus seiner Vorsicht keinen Nutzen für sich selbst zu ziehen vermag, wird seine Erfahrung doch für

Andere von Wert sein; er kann ihnen raten, sie warnen und ihnen Auskunft erteilen. Und außerdem liegt ja im Menschen überhaupt der Drang, sich über jede Gefahr Gewißheit zu verschaffen und jedem Bösen nach Kräften entgegen zu arbeiten, den Reiz gar nicht gerechnet, den auf jede kräftige Natur ein mutiges Unternehmen auszuüben pflegt.

Ich nahm einen daliegenden Ast, spießte meinen Hut auf und schob ihn, mit Absicht ein kleines Geräusch verursachend, durch das Kirschgesträuch, so daß es drüben scheinen mußte, als versuche hier jemand hindurchzudringen. Drüben regte sich nichts. Entweder war kein Feind vorhanden oder ich hatte es mit Einem zu tun, der zu schlau und zu erfahren war, um sich durch eine solche Finte irre machen zu lassen.

Ich beschloß, alles zu wagen. Ich kroch zurück und holte aus. Mit zwei Sprüngen hatte ich den freien Raum durchmessen und drang, das Messer zum Stoß bereit haltend, in die Lentisken ein. Unter abgebrochenen Zweigen lag ein Mensch; das fühlte ich sofort, aber er war nicht lebend. Ich hob die Zweige empor und erblickte ein von den Todeszukkungen gräßlich entstelltes Gesicht mit blutigem Schädel. Es war ein Weißer; man hatte ihn skalpiert. In dem Rücken steckte, wie ich bei der Untersuchung seines Körpers bemerkte, die mit Widerhaken versehene Spitze eines abgebrochenen Pfeiles. Ich hatte es also mit Indianern zu tun, die sich auf dem Kriegspfade befanden; das sagte mir der Widerhaken.

Hatten sie sich entfernt, oder befanden sie sich noch in der Nähe? Ich mußte das wissen. Ihre Spuren waren von hier aus deutlich zu bemerken; sie führten von dem Bahndamme in die Prairie hinein. Ich folgte ihnen, immer bereit, einen Pfeil zu erhalten oder mein Messer zu gebrauchen, von Busch zu Busch. Es waren vier Mann gewesen, zwei ältere und zwei Jünglinge, wie ich aus der Größe der Fußstapfen schließen konnte. Sie hatten, während ich mich bloß auf den Finger- und Zehenspitzen fortbewegte – eine Aufgabe, welche große Uebung und nicht unbedeutende Kraft erfordert – ihre

Fährte gar nicht zu verbergen gesucht, mußten sich hier also vollständig sicher fühlen.

Der Wind blies aus Südost, aus derjenigen Richtung, welcher ich mich entgegen bewegte; daher erschrack ich nicht sehr, als ich das Schnauben eines Pferdes vernahm; denn es konnte mich nicht gewittert haben. Ich kroch weiter und befand mich endlich am Ziele oder bemerkte doch wenigstens genug, um mich wieder zurückziehen zu können. Vor mir sah ich nämlich zwischen den Büschen eine Anzahl von vielleicht sechzig Pferden, alle außer zweien auf indianische Weise angeschirrt. Die Sättel hatte man ihnen abgenommen, jedenfalls um sie an dem in der Nähe befindlichen Lagerplatz als Sitze oder Kopfunterlagen zu gebrauchen. Bei den Tieren standen nur zwei Mann Wache. Der eine, ein noch junger Mensch, hatte ein paar derbe, rindslederne Stiefel an, jedenfalls das frühere Eigentum des Ermordeten, den ich vollständig nackt gefunden hatte und dessen Kleider und Habseligkeiten unter seine Mörder verteilt worden waren. Er gehörte also wohl zu den Vieren, deren Fährte mich herbeigeführt hatte.

Der Indianer verkehrt öfters mit Weißen, welche seine Sprache nicht verstehen. Aus diesem Grunde hat sich zwischen den roten Männern und den ›Bleichgesichtern‹ eine Pantomimensprache gebildet, deren Zeichen samt ihrer Bedeutung jeder kennen muß, welcher den wilden Westen betritt. Bei einem lebhaften Temperamente oder bei aufregenden Veranlassungen kommt es dann sehr häufig vor, daß sich jemand der mündlichen Ausdrucksweise bedient und dieselbe unwillkürlich mit Pantomimen begleitet, welche dieselbe Bedeutung wie die Worte haben. Die beiden Wächter unterhielten sich, und der Gegenstand ihres Gesprächs mußte sie sehr lebhaft interessieren, denn sie gestikulierten, sich hier für unbeobachtet haltend, in einer Weise, welche ihnen wohl mehr als einen tadelnden Blick der ernsteren, älteren Krieger zugezogen haben würde. Sie deuteten nach Westen, gaben das Zeichen des Feuers, des Pferdes, also Lokomotive, welche von den Indianern ja ›Feuerroß‹ genannt wird, hieben mit ihren Bogen auf die Erde, als wollten sie hacken oder wuchtige Hammerschläge ausführen, zielten wie zum Schießen, machten die Bewegung des Stechens und des Tomahawkschwunges – – ich hatte genug gesehen und kehrte unverzüglich zurück, wobei ich die von mir verursachten Spuren so viel wie möglich vertilgte.

Aus diesem Grunde dauerte es lange, sehr lange, ehe ich mein Pferd wieder erreichte. Es hatte mittlerweile Gesellschaft gefunden, denn neben demselben weidete die Stute Sams, welcher gemütlich hinter einem Busche lag und an einem mächtigen Stück Dürrfleisch kaute.

»Wie viele sind es, Charley?« fragte er mich.

»Wer?«

»Indsmen.«

»Wie kommt Ihr auf diese?«

»Der alte Sans-ear scheint Euch wohl auch ein Greenhorn zu sein, wie Ihr vorher ihm? Da irrt Ihr Euch aber gewaltig, hihihihi!«

Es war das halblaute, selbstbewußte Lachen, welches ich bereits einmal von ihm vernommen hatte, und das er wohl nur hören ließ, wenn er sich einem Andern überlegen wußte. Auch dies war eine Aehnlichkeit mit Sam Hawkens, welcher fast ebenso zu lachen pflegte.

»Inwiefern, Sam?«

»Muß ich Euch das erst sagen, Charley? Was hättet Ihr wohl getan, wenn Ihr hier angekommen wäret und hättet diesen Hammer da beim Pferde gefunden, nicht aber Euern Old Shatterhand?«

»Ich hätte gewartet, bis er zurückgekehrt wäre.«

»Wirklich? Das möchte ich zum Beispiel nicht gern glauben. Ihr fehltet, als ich kam; es konnte Euch etwas passiert sein, und so ging ich Euch nach.«

»Ich hätte aber auch bei einem Vorhaben sein können, welches durch Eure Gegenwart vereitelt werden konnte. Zudem denke ich, daß Old Shatterhand nichts unternimmt, ohne vorher die nötige Vorsicht anzuwenden. Wie weit seid Ihr mir nachgefolgt?«

»Erst dahin, dann dorthin, hüben und drüben, bis zu dem armen Mann, den die Indsmen ausgelöscht haben. Ich konnte rasch machen, denn ich wußte Euch vor mir; als ich dann den Toten sah, so dachte ich, daß Ihr nur auf Spähe wäret, und kehrte zurück, wo ich zum Beispiel nachher ganz ruhig auf Euch gewartet habe. Also wie viele sind es?«

»Sechzig vielleicht.«

»Schau! Also wohl die Truppe, deren Spur ich gestern schon bemerkte. Auf dem Kriegspfade?«

»Ja.«

»Kurzes Lager?«

»Sie haben abgesattelt.«

»Blitz! Da haben sie hier herum etwas vor! Habt Ihr nichts bemerkt?«

»Wie mir scheint, wollen sie die Schienen aufreißen, daß der Zug verunglückt, wenn er kommt, und ihn dann berauben.«

»Seid Ihr närrisch, Charley? Das wäre ja ein ganz außerordentlich gefährliches Ding für die Railroader samt ihren Passagieren! Woher wißt Ihr es?«

»Ich habe sie belauscht.«

»So versteht Ihr die Mundart der Ogellallahs?«

»Ja. Es war aber gar nicht nötig, denn die Pferdewache, in deren Nähe ich gelangte, sprach in deutlichen Pantomimen.«

»Das ist zuweilen trügerisch. Beschreibt mir doch einmal die Pantomimen, die Ihr gesehen habt!«

Ich tat es; der kleine Mann sprang empor, beherrschte sich aber und ließ sich wieder nieder.

»Dann habt Ihr sie richtig verstanden, und wir müssen dem Zuge Hilfe bringen. Aber wir wollen uns zum Beispiel nicht übereilen, denn solche bedeutende Dinge müssen mit Ruhe überlegt und besprochen werden. Also sechzig? Hm, ich bringe kaum noch zehn Kerben auf meine Büchse; wo schneide ich sie nachher hin?«

Ich hätte trotz der ernsten Situation beinahe laut gelacht. Das kleine Männchen hatte sechzig Indsmen vor sich und war, statt sich vor ihrer Ueberzahl zu fürchten, nur um den Platz für seine Kerben besorgt.

»Wie viel wollt Ihr denn niederstrecken?« fragte ich ihn.

»Das weiß ich zum Beispiel selbst noch nicht; ich denke aber, höchstens zwei oder drei, denn sie werden davonlaufen, wenn sie zwanzig oder dreißig Weiße bemerken.«

Er zog also ebenso, wie ich es bereits im Stillen gemacht hatte, den Umstand mit in Berechnung, daß wir durch das Zugpersonal und die Passagiere verstärkt werden müßten.

»Die Hauptsache ist,« bemerkte ich, »daß wir auch wirklich denjenigen Zug erraten, welchen sie überfallen wollen. Es wäre höchst verdrießlich, wenn wir die falsche Richtung einschlügen.«

»Nach ihren Pantomimen meinen sie den Mountainszug, der aus Westen kommt, und das wundert mich. Der Ostzug hat doch wohl bedeutend mehr von den Gütern oder Dingen bei sich, welche die Indsmen brauchen können, als der andere. Es wird uns da wohl nichts übrig bleiben, als uns zu teilen; der Eine geht nach Morgen und der Andere nach Abend.«

»Dazu sind wir allerdings gezwungen, wenn es uns nicht gelingt, Sicherheit zu bekommen. Ja, wenn wir wüßten, wie und wann die Züge gehen.«

»Wer soll das wissen! Ich habe all meine Lebtage noch nicht in so einem Ding gesteckt, das sie Waggon nennen, und in dem man vor Angst nicht weiß, wohin man seine Beine zu stecken hat; ich lobe mir die Prairie und meine Tony! An der Arbeit habt Ihr die Indsmen noch nicht getroffen?«

»Nein. Ich habe überhaupt nur die Pferde gesehen. Aus allem ist zu erraten, daß sie wissen, wann der Zug kommt, und, wie es scheint, werden sie vor nachts nicht an die Arbeit gehen. Es ist höchstens noch eine halbe Stunde bis zur Dämmerung, dann schleichen wir sie an, um vielleicht zu erfahren, was wir noch nicht wissen.«

»*Well*, so mag es sein!«

»Dann aber ist es nötig, daß sich einer von uns hier auf den Damm postiert. Es könnte ja möglich sein, daß es den Roten einfiel, sich hier auf der andern Seite heranzumachen; wenigstens denke ich, daß sie nach unserer Richtung die Schienen aufreißen werden, da sie den Angriffsplatz zwischen sich und dem Zuge herrichten müssen.«

»Ist nicht notwendig, Charley. Da seht Euch einmal die Tony an! Ich pflocke oder hobbele sie nie an; sie ist ein glorios kluges Viehzeug und hat eine Nase, auf die ich mich verlassen kann. Habt Ihr einmal ein Pferd gesehen, welches nicht schnaubt, wenn es einen Feind wittert?«

»Nein.«

»Nun seht, es gibt auch nur ein einziges, und das ist die Tony. Das Schnauben warnt zwar den Herrn des Pferdes, aber es verrät auch zweierlei, nämlich erstens, wo sich Pferd und Mann befinden, und zweitens, daß der Mann eben gewarnt worden ist. Daher habe ich es der Tony abgewöhnt, und das gescheite Viehzeug hat mich sehr verstanden. Ich lasse sie stets frei grasen, und sobald sie eine Gefahr wittert, kommt sie herbei und stößt mich mit dem Maul.«

»Und wenn sie einmal, wie zum Beispiel heute, nichts bemerkt?«

»*Pshaw!* Die Luft kommt gerade von den Indsmen her, und ich lasse mich von Euch auf der Stelle erschießen, wenn Tony nicht jede Rothaut auf tausend Schritte ankündigt. Uebrigens haben diese Kerls Augen wie die Adler, und selbst wenn Ihr Euch der Länge nach auf den Damm legt, ist es möglich, daß sie Euch von weitem bemerken. Also bleibt nur ruhig hier, Charley!«

»Ihr habt recht, und ich will der Tony einmal ebenso vertrauen wie Ihr. Ich kenne sie noch nicht lange, aber ich habe doch beinahe schon die Ueberzeugung, daß man sich auf sie verlassen kann.«

Ich langte wieder eine meiner ›Selbstgefertigten‹ hervor und steckte sie in Brand. Sam riß die kleinen Augen so weit wie möglich auf und tat mit dem Munde ganz dasselbe. Seine Nasenflügel erweiterten sich und sogen den Duft des Krautes begierig ein, während ein vollständiges Entzücken seine Züge verklärte. Der Westmann kommt nicht oft in die Lage, einen guten Tabak zu kosten und ist doch gewöhnlich dem Rauchen mit höchster Leidenschaft ergeben.

»*O wonderful*–! Charley ––! Ist's möglich, Ihr habt Zigarren?«

»Das versteht sich! Wohl noch ein Dutzend. Wollt Ihr eine?«

»Her damit! Ihr seid ein Kerl, von dem man einen ganzen Kürbis[1] voll Achtung haben muß!«

Er brannte die seinige an der meinigen an, verschlang nach indianischer Gewohnheit den Rauch von einigen Zügen und blies ihn dann wieder aus dem Magen empor. Sein Angesicht zeigte dabei eine Verklärung, als sei er bis in den siebenten Himmel Mohammeds emporgestiegen.

»*Hang sorrow*, ist das ein Vergnügen! Soll ich raten, was es für eine Sorte ist, Charley?«

»Ratet einmal! Seid Ihr ein Kenner?«

»Will es meinen!«

»Nun?«

»Goosefoot aus Virginien oder Maryland!«

»Nein!«

»Was! Dann irrte ich mich zum erstenmal. Es ist Goosefoot, denn diesen Geruch und diesen Geschmack kenne ich!«

»Es ist keiner!«

»Dann ist es sicher brasilianischer Legittimo!«

»Auch nicht!«

»Curassao aus Bahia?«

»Wieder nicht!«

»Nun, was denn?«

»Seht Euch die Zigarre an!«

Ich zog noch eine hervor, drehte sie auf und reichte ihm dann Deckblatt, Umblatt und Einlage hinüber.

»Seid Ihr verrückt, Charley, daß Ihr eine solche Zigarre zu Schanden macht! Jeder Fallensteller gibt Euch unter Umständen, wenn er nämlich lange nicht geraucht hat, fünf bis acht Biberfelle dafür!«

[1] Trapperausdruck für: sehr viel.

»Ich werde in zwei oder drei Tagen wieder neue bekommen.«

»In drei Tagen –? Neue –? Woher denn?«

»Aus meiner Fabrik.«

»Was! Ihr habt eine Zigarrenfabrik?«

»Ja.«

»Wo denn?«

»Dort!«

Ich zeigte auf meinen Mustang.

»Charley, ich bitte Euch, macht mir nur dann einen Witz, wenn er zum Beispiel etwas taugt!«

»Es ist kein Witz, sondern Wahrheit.«

»Hm! Wenn Ihr nicht Old Shatterhand wäret, so dächte ich wirklich, daß es in Eurem Kopfe etwas zu viel oder zu wenig gibt!«

»Seht Euch erst den Tabak an!«

Er tat es mit aller Sorgfalt.

»Kenne ich nicht. Aber gut ist er, ausgezeichnet gut.«

»So will ich Euch meine Fabrik zeigen.«

Ich ging zu meinem Mustang, lockerte den Sattel und zog unter demselben ein kleines Kissen hervor, welches ich öffnete.

»Da, greift hinein!«

Er zog eine Hand voll Blätter hervor.

»Charley, macht mich nicht zum Narren! Das sind ja lauter Kirschen- und Lentiskenblätter!«

»Richtig! Ein wenig wilder Hanf dabei, und das Deckblatt hier ist weiter nichts als eine Ochsenzungenart, die Ihr hier wohl Verhally nennt. Dieses Kissen ist wirklich meine Tabakfabrik. Finde ich eine Sorte von diesen Blättern, so sammle ich sie nach Bedarf, stecke sie in das Kissen und lege dasselbe unter den Sattel; es entwickelt sich Wärme; die Blätter gären – da habt Ihr meine Kunst!«

»Unglaublich!«

»Aber wahr! Eine solche Zigarre ist allerdings nur ein höchst miserables Surrogat, und jeder Rippenpuffer, dessen Gaumen wie Büffelleder ist, wird höchstens einen Zug tun und sie dann wegwerfen; aber lauft einmal jahrelang in der Savanne umher und raucht dann ein solches Ding, so werden Euch die Ochsenzungenblätter wie der beste Goosefoot erscheinen. Ihr seht es ja an Eurem eigenen Beispiele!«

»Charley, Ihr steigt in meiner Achtung!«

»Verratet nur nichts davon, wenn Ihr einmal bei Leuten sitzt, die noch nicht im Westen waren! Man hält Euch sonst für einen Tungusen, Kirgisen oder Ostjäken, der seine Geschmacks- und Geruchswerkzeuge mit Teer eingerieben oder mit Pech verkleistert hat!«

»Tunguse oder Ostjäke, ist mir alles gleich, wenn nur die Zigarre schmeckt. Uebrigens weiß ich gar nicht einmal, wo diese Art von Leuten zu finden ist.«

Er ließ sich durch die Enthüllung meines Fabrikationsgeheimnisses nicht im geringsten in seinem Genusse stören, sondern rauchte die Zigarre bis auf einen Stummel ab, der so winzig war, daß er ihn kaum noch zwischen den Lippen zu halten vermochte.

Mittlerweile hatte sich die Sonne gesenkt; die Dämmerung war hereingebrochen, und es begann so stark zu dunkeln, daß wir an unser Vorhaben denken konnten.

»Jetzt?« fragte Sam.

»Ja.«

»Wie denn?«

»Wir gehen miteinander bis zu den Pferden der Rothäute; dann teilen wir uns, beschleichen ihr Lager und stoßen hinter demselben wieder zusammen.«

»Gut! Und sollte etwas geschehen, was uns zur Flucht treibt, wobei wir uns verlieren können, so kommen wir von hier aus grad nach Süden am Wasser zusammen. Ein Urwald, der von den Bergen niedersteigt, streckt dort seine letzte Spitze weit in die Prairie hinein. Zwei Meilen von dieser Spitze aus, am südlichen Rande des Waldes, gibt es eine Prairiebucht, in der wir uns leicht finden können.«

»Gut! Also vorwärts!«

Es schien mir nicht wahrscheinlich, daß wir versprengt würden, doch war es klug und vorsichtig gehandelt, sich auf alle Fälle sicher zu stellen.

Wir brachen auf.

Jetzt war es bereits so dunkel, daß wir gefahrlos in aufrechter Stellung über die Bahn gehen konnten. Dann wandten wir uns links und schritten, das Messer im Falle einer feindlichen Bewegung zum Stoße bereit haltend, längs des Dammes dahin. Das Auge gewöhnt sich in der Prairie sehr bald an die Dunkelheit; wir hätten auf einige Schritte Entfernung hin jeden Indianer erkannt. An der Leiche des getöteten Weißen vorüber gelangten wir an den Platz, wo vorhin die Pferde gehalten hatten. Sie standen noch da.

»Ihr rechts und ich links!« raunte Sam und schlich von mir weg.

Ich wandte mich in einem Bogen um die Pferde herum und gelangte an einen von Gesträuch freien Platz, auf welchem die dunklen Gestalten der Indianer lagen. Sie hatten kein Feuer angezündet und verhielten sich so still, daß ich das Knistern eines Käfers in den Grasbüscheln zu hören vermochte. Etwas abseits von ihnen sah ich drei Gestalten sitzen, die Einzigen, die ein Gespräch zu führen schienen. Ich beschlich sie so vorsichtig wie möglich.

Als ich mich kaum noch sechs Schritte hinter ihrem Rükken befand, erkannte ich zu meinem Erstaunen in dem einen von ihnen einen Weißen. Was hatte dieser mit den Indsmen zu schaffen? Ein Gefangener war er nicht; das lag klar auf der Hand. Vielleicht war er einer jener Savannenklepper, welche es bald mit den Roten und bald mit den Weißen halten, je nachdem es ihre räuberischen Absichten erfordern. Er konnte allerdings auch einer jener Jäger sein, welche, von den Indianern gefangen genommen, sich ihr Leben dadurch retten, daß sie ein rotes Mädchen zur Squaw[1] nehmen und nun fortan zu dem Stamme gehören. Dann aber wäre seine Kleidung, deren Bestandteile und Schnitt ich trotz der Dunkel-

[1] Frau.

heit ziemlich genau zu erkennen vermochte, eine mehr indianische gewesen.

Die beiden Anderen waren Häuptlinge, wie ich an den Rabenfedern erkannte, welche sie sich auf dem hoch aufgetürmten Schopfe befestigt hatten. Es schien also, als seien die Krieger von zwei verschiedenen Stämmen oder Dörfern zu dem beabsichtigten Unternehmen zusammengetreten.

Die Drei saßen am Rande des freien Platzes hart an einem Busche, welcher es mir ermöglichte, mich ihnen so zu nähern, daß ich vielleicht einige Worte ihres Gespräches erlauschen konnte. Ich schob mich zu ihnen hinan und lag bald in so unmittelbarer Nähe hinter ihnen, daß ich sie mit der Hand erreichen konnte.

Es schien eine Pause in ihrer Unterhaltung eingetreten zu sein. Das Schweigen währte wohl einige Minuten, dann fragte der eine Häuptling den Jäger in dem aus fremden und indianischen Worten gemischten Idiom, dessen sich der Indsman bedient, wenn er mit einem Weißen spricht:

»Und mein weißer Bruder weiß ganz genau, daß just mit dem nächsten Feuerroß das viele Gold kommen wird?«

»Ich weiß es,« antwortete der Gefragte.

»Wer hat es ihm gesagt?«

»Einer der Männer, welche bei dem Stalle des Feuerrosses wohnen.«

»Das Gold kommt aus dem Lande der Waikur[1]?«

»Ja.«

»Und es soll zum Vater der Bleichgesichter[2] gehen, der Dollars daraus machen will?«

»So ist es!«

»Der Vater der Bleichgesichter wird nicht so viel von dem Golde erhalten, daß er sich einen Half-Dollar daraus machen kann! Werden viele Männer auf dem Feuerrosse reiten?«

»Das weiß ich nicht; aber es mögen ihrer noch so viele sein, mein roter Bruder wird sie mit seinen tapfern Kriegern alle besiegen.«

[1] Californien.

[2] Der Präsident der Vereinigten Staaten.

»Die Krieger der Ogellallah werden viele Skalpe heimbringen, und ihre Frauen und Mädchen werden den Tanz der Freude tanzen. Werden die Reiter des Feuerrosses vieles bei sich haben, was die roten Männer brauchen können? Kleider, Waffen, Callico?«

»Das alles werden sie bei sich haben und noch viel mehr. Aber werden die roten Männer ihrem weißen Bruder auch geben, was er verlangt hat?«

»Mein weißer Bruder wird erhalten alles Gold und Silber, welches das Feuerroß mit sich führt. Wir brauchen es nicht, denn in unsern Bergen sind so viele Nuggets, als wir nur haben wollen. Ka-wo-mien, der Häuptling der Ogellallah« – und dabei zeigte er mit dem Finger auf sich selbst – »lernte einst ein kluges, tapferes Bleichgesicht kennen, welches sagte, das Gold sei nichts als *›deadly dust‹*[1], geschaffen von dem bösen Geiste der Erde, um die Menschen zu Dieben und Mördern zu machen.«

»Dieses Bleichgesicht war ein großer Narr. Wie war sein Name?«

»Er war kein Narr, sondern ein sehr kluger und tapferer Krieger. Die Kinder der Ogellallah waren droben an den Wassern des Broad-fork versammelt, um sich die Skalpe einer Anzahl von Trappern zu holen, welche in ihrem Gebiete viele Biber gefangen hatten. Bei den Fallenstellern war ein weißer Mann, den sie für närrisch hielten, weil er Pflanzen und Käfer suchte und bloß gekommen war, um sich die Savanne anzusehen. Aber in seinem Kopfe wohnte die Weisheit und in seinem Arme die Stärke; seine Büchse fehlte nie, und sein Messer fürchtete sich nicht vor dem grauen Bären des Felsengebirges. Er wollte ihnen Klugheit geben gegen die roten Männer, sie aber verlachten ihn. Darum wurden sie alle getötet, und ihre Schädelhäute zieren noch heute die Wigwams der Ogellallah. Er hatte seine weißen Brüder nicht verlassen wollen und tötete viele rote Männer; aber ihrer waren so viele, daß sie ihn niederrissen, obgleich er stand wie die

[1] Tödlicher Staub.

Eiche des Waldes, die alles zerschmettert, wenn sie fällt unter der Axt des Woodmannes. Er wurde gefangen genommen und nach den Dörfern der Ogellallah geführt. Sie töteten ihn nicht, denn er war ein mutiger Krieger, und manches Mädchen des roten Volkes wollte als Squaw mit ihm in seine Hütte gehen. Ma-ti-ru, der größte Häuptling der Ogellallah, wollte ihm das Wigwam seiner Tochter geben, oder er sollte sterben; er aber verschmähte die Blume der Prairie, raubte das Pferd des Häuptlings, stahl sich seine Waffen wieder, tötete mehrere Krieger und entkam.«

»Wie lange ist dies her?«

»Die Sonne hat seitdem vier Winter besiegt.«

»Und wie hieß er?«

»Seine Faust war wie die Tatze des Bären; er hat mit der bloßen Hand die Schädel vieler roten Männer und auch einiger Bleichgesichter zerschmettert; und daher nannten ihn die weißen Jäger Old Shatterhand.«

Es war wirklich eines meiner früheren Abenteuer, welches Ka-wo-mien erzählte. Jetzt erst erkannte ich ihn und auch den neben ihm sitzenden Ma-ti-ru, die mich einst gefangen genommen hatten. Der Erzähler hatte die Wahrheit berichtet, nur mußte ich ihm im Stillen den Vorwurf machen, daß er sich in Beziehung auf meine Person einer zu großen Ausschmückung bediente.

»Old Shatterhand? Den kenne ich!« antwortete der Weiße. »Er befand sich einst in dem *Hide-spot*[1] von Old Firehand, als ich dasselbe mit einigen wackeren Männern angriff, um uns ihre Ottern- und Biberfelle zu holen. Ich entkam damals mit noch zwei Mann und möchte wünschen, dem Halunken einmal zu begegnen. Er sollte sein Kapital mit reichlichen Zinsen zurück erhalten!«

Jetzt erkannte ich auch ihn. Er war der Anführer jener Bushheaders, die uns droben am Süd-Saskatschawan überfal-

[1] Ein gegen die Angriffe der Indianer und weißen Banden von den Jägertrupps angelegtes Versteck, in welchem sie sich und ihre Jagdbeute zu verbergen pflegen.

len hatten, von uns aber so empfangen worden waren, daß nur diese Drei entkamen. Er war einer jener Prairieräuber, welche man mehr zu fürchten hat, als die wildesten Indianer, da sie die schlimmen Eigenschaften beider Rassen in doppeltem Maße in sich vereinigen.

Ma-ti-ru, der bis jetzt noch nicht gesprochen hatte, erhob seine Hand.

»Wehe ihm, wenn er wieder in die Hände der roten Männer fällt! Er würde an den Marterpfahl gebunden, und Ma-ti-ru nähme ihm jede einzelne Muskel von den Knochen. Er hat die Krieger der Ogellallah getötet, das beste Pferd des Häuptlings geraubt und das Herz der schönsten Tochter der Savanne von sich gestoßen!«

Hätten die drei Männer gewußt, daß der, gegen den sie solche Drohungen ausstießen, kaum drei Spannen weit hinter ihnen lag!

»Die roten Männer werden ihn niemals wieder sehen, denn er ist weit über das Wasser nach dem Lande gegangen, wo die Sonne wie Feuer brennt, wo der Sand größer ist als die Savanne, wo der Löwe brüllt und die Männer viele Weiber haben dürfen.«

Ich hatte an einigen Lagerfeuern gelegentlich erwähnt, daß ich nach der Sahara gehen wolle. Das war auch geschehen, und nun erfuhr ich bei meinem jetzigen Streifzug durch die Prairie zu meinem Erstaunen, daß die Kunde davon sogar schon zu den Indianern gedrungen war. Es schien mir hier mit dem Bowiekneif besser gelungen zu sein, ein bekannter Mann zu werden, als drüben in der Heimat mit der Feder.

»Er wird wiederkommen,« meinte Ma-ti-ru. »Wer den Atem der Prairie getrunken hat, dürstet nach ihr, so lange ihm der große Geist das Leben läßt!«

Darin hatte er recht. Wie der Gebirgsbewohner sich im flachen Lande bis zur Krankheit nach seinen Höhen sehnt und der Seemann nicht von dem Meere zu scheiden vermag, so tut es auch die Prairie jedem an, den sie einmal umfangen hat. Ich war wieder zurückgekehrt.

Jetzt deutete Ka-wo-mien nach den Sternen.

»Mein weißer Bruder sehe den Himmel an! Es ist Zeit, nach der Bahn des Feuerrosses zu gehen. Sind die eisernen Hände, welche meine Krieger dem weißen Diener des Rosses genommen haben, stark genug, seine Bahn zu zerreißen?«

Diese Frage sagte mir, wer der Ermordete gewesen war. Jedenfalls ein Bahnbeamter, welcher mit seinen Werkzeugen, die der Häuptling ›eiserne Hände‹ nannte, die Strecke begangen hatte, um den Schienenweg zu revidieren.

»Sie sind stärker als die Hände von zwanzig roten Männern,« antwortete der Weiße.

»Und versteht es mein weißer Bruder, sie zu gebrauchen?«

»Ja. Die roten Männer mögen mir folgen! In einer Stunde wird der Zug ankommen. Doch meine Brüder mögen noch einmal bedenken, daß alles Gold und Silber mir gehört!«

»Ma-ti-ru lügt nie!« versicherte stolz der Häuptling, indem er sich erhob. »Das Gold ist dein, und alles Andere samt den Skalpen der Bleichgesichter gehört den tapfern Kriegern der Ogellallah.«

»Und ihr gebt mir Maultiere, um mein Gold zu tragen, und Männer, um mich zu beschützen auf dem Wege nach dem Canadian?«

»Du bekommst Maultiere, und die Krieger der Ogellallah werden dich bringen bis an die Grenzen des Landes Aztlan[1]. Und trägt das Feuerroß sehr viele Dinge, die Ka-wo-mien und Ma-ti-ru gefallen, so führen sie dich auch noch weiter bis an die große Stadt Aztlan, wo dein Sohn auf dich wartet, wie du erzähltest.«

Der Sprecher stieß einen Ruf aus, und sofort erhoben sich alle Indianer. Ich wandte mich zurück. Unweit der Stelle, an welcher ich gelegen hatte, vernahm ich ein leises Geräusch, als ob ein leichter Luftzug über die Halme ginge.

»Sam!«

Ich hatte das Wort mehr gehaucht als gesprochen, und doch richtete sich in der Entfernung von einigen Schritten

[1] So heißt Mexiko im Dialekte der Sioux.

die kleine Gestalt meines Gefährten halb und nur auf einen einzigen Augenblick empor.

»Charley!«

Ich kroch zu ihm hin.

»Was habt Ihr gesehen?« fragte ich ihn.

»Nicht viel; die Indsmen, grad wie Ihr.«

»Und gehört?«

»Gar nichts, kein einziges Wort. Und Ihr?«

»Sehr viel. Doch kommt! Sie brechen auf, jedenfalls nach Westen zu, und wir müssen eilen, daß wir unsere Pferde erreichen.«

Ich huschte voran, er mir nach. Wir gelangten an die Bahn und stiegen über den Damm nach der andern Seite desselben. Dort hielten wir an.

»Sam, geht zu den Pferden und reitet eine halbe Meile die Bahn entlang, wo Ihr auf mich wartet. Ich möchte die Roten doch nicht eher verlassen, als bis ich mich genau orientiert habe.«

»Kann ich das nicht auch auf mich nehmen? Ihr habt bisher so viel erspioniert, daß ich mich schämen muß, gar nichts getan zu haben.«

»Geht nicht, Sam! Mein Mustang gehorcht Euch; Euere Tony aber würde sich vielleicht von mir nicht fortbringen lassen.«

»Da habt Ihr zum Beispiel sehr recht, Charley, und deshalb will ich gehen!«

Er schritt aufrecht und schnell davon. Es wäre jetzt eine sehr überflüssige Mühe gewesen, darauf zu sehen, daß sein Fuß keine Fährte zurückließ. Er war kaum im Dunkel des Abends verschwunden, so erblickte ich, an der diesseitigen Böschung liegend, jenseits des Dammes die Indianer, welche – einer hinter dem andern – vorüberhuschten.

Ich folgte ihnen hüben in der Weise, daß ich immer parallel mit ihnen blieb. Nicht weit von der Stelle, wo ich den Hammer gefunden hatte, hielten sie an und bestiegen den Damm. Ich zog mich hinter die Büsche zurück und vernahm nach kurzer Zeit das Geklirr von Eisen an Eisen und dann laute

Hammerschläge. Der Bushheader hatte sich an die Arbeit gemacht, mit den dem Bahnwärter abgenommenen Werkzeugen die Schienen von ihrer Unterlage zu reißen.

Nun war es Zeit. Ich verließ den Schauplatz des zu erwartenden Kampfes und eilte vorwärts. In fünf Minuten hatte ich Sam eingeholt.

»Sie arbeiten an den Schienen?« fragte er mich.

»Ja.«

»Ich habe es gehört. Wenn man das Ohr hier auf dieselben legt, vernimmt man zum Beispiel jeden Hammerschlag.«

»Jetzt vorwärts, Sam! In drei Viertelstunden kommt der Zug, und ich muß ihn erreichen, noch bevor sie seine Lichter sehen können.«

»Hört, Charley, ich gehe nicht mit!«

»Warum?«

»Verlassen wir beide den Platz, so müssen wir nachher mit einem nochmaligen Rekognoszieren eine kostbare Zeit verlieren; gehe ich aber zu den Indsmen zurück, um sie zu beobachten, so kann ich Euch bei Eurer Rückkehr sofort genau unterrichten.«

»Das ist wahr! Und Eure Tony?«

»Lasse ich hier. Sie geht nicht von der Stelle, bis ich wiederkomme.«

»Gut! Ich weiß, daß Ihr an der Sache nichts verderben werdet.«

»Ich nicht, darauf könnt Ihr Euch sehr verlassen. Also macht, daß Ihr fortkommt, Charley! Ihr werdet mich hier wiederfinden.«

Ich stieg aufs Pferd und ritt, so schnell es die Dunkelheit gestattete, dem zu erwartenden Zuge entgegen. Es war notwendig, diesen in einer solchen Entfernung von hier zu erreichen, daß die Indianer nicht bemerken konnten, daß er anhielt. Die Nacht ward allmählich lichter; die Sterne stiegen auf und warfen ihren milden Schein über die Prairie, so daß man auf einige Pferdelängen hin alles ziemlich deutlich zu erkennen vermochte. Mein Ritt nahm infolgedessen an Schnelligkeit fortwährend zu und wurde durch keine Störung unterbrochen, bis ich eine Strecke von vielleicht drei Meilen[1] zurückgelegt hatte.

Hier hielt ich an, stieg ab, pflockte meinen Mustang an und hobbelte ihm zugleich die Vorderbeine zusammen. Der durch den Eisenbahnzug entstehende Lärm hätte ihn sonst veranlassen können, auszubrechen.

Jetzt suchte ich so viel Dürrgras wie möglich zusammen, legte Reisig auf dasselbe und fertigte mir dann eine Fackel, indem ich einige Büschel Gras auf einen Ast befestigte, den ich mir vom Busche brach. So vorbereitet, konnte ich des Zuges warten, legte meine Decke auf das Bahngeleis und setzte mich, um von Zeit zu Zeit das Ohr an die Schienen zu legen und dann wieder hinauszuforschen nach der Gegend, aus welcher der Zug kommen mußte.

Ich hatte kaum zehn Minuten gewartet, so vernahm ich ein leises, ganz leises Rollen, welches von Sekunde zu Sekunde stärker anschwoll. Dann erblickte ich in weiter Ferne einen kleinen, lichten Punkt, der mitten unter den hart über dem Horizonte stehenden Sternen auftauchte, aber kein Stern sein konnte, da er sich auffällig vergrößerte und schnell näher rückte. Der Zug nahte.

In kurzem teilte sich das Licht in zwei Punkte. Jetzt war es Zeit. Ich zündete den Asthaufen an, der sofort eine hochauflodernde Flamme gab, die bereits jetzt von dem Zuge aus bemerkt werden konnte. Das Rollen desselben nahm immer zu; schon vermochte ich den durch die beiden Lichter verursachten Lichtkeil zu bemerken, welcher vor der Maschine die Dunkelheit durchbrach. In einer Minute mußte er mich erreicht haben.

Ich brannte meine Fackel an und lief, sie um den Kopf wirbelnd, dem Zuge entgegen. Der Maschinist erkannte natürlich, daß ich ihm ein Zeichen zum Halten geben wollte; er stoppte; drei schrille Pfiffe erschallten kurz hintereinander; die Bremsen legten sich kreischend an die Räder; ein ohrzerreißendes Rauschen, Rollen, Zischen und Prasseln, und die

[1] Es sind immer englische Meilen gemeint.

Lokomotive hielt grad an der Stelle, wo mein Feuer am Bahndamme brannte. Der Maschinist neigte sich zu mir herab und fragte:

»Halloo, Mann, was soll Euer Zeichen bedeuten? Wollt Ihr vielleicht einsteigen?«

»Nein, Sir; ich möchte Euch grad im Gegenteil ersuchen, ab- und auszusteigen.«

»Fällt mir nicht ein!«

»Werdet es aber dennoch tun, denn da vorn sind Indianer, welche die Schienen aufgerissen haben.«

»Was sagt Ihr? Indianer? *'s death!* Redet Ihr die Wahrheit, Mann?«

»Habe keine Gründe, das Gegenteil zu tun!«

»Was wollt Ihr?« fragte mich jetzt auch der Conductor, welcher abgestiegen und herbeigekommen war.

»Es sollen Rothäute vor uns sein,« antwortete ihm der Maschinist.

»Ist's wahr? – Habt Ihr sie gesehen?«

»Gesehen und belauscht. Es sind Ogellallahs.«

»Die schlimmsten, die es geben kann! Wie viel?«

»Ungefähr sechzig.«

»Zum Henker! Das ist in diesem Jahre bereits der dritte Ueberfall eines Zuges, den die Halunken unternehmen; aber wir werden sie heimschicken. Habe längst gewünscht, eine Gelegenheit zu finden, ihnen auf die Finger zu klopfen. Wie weit sind sie von hier?«

»Drei Meilen ungefähr.«

»Dann deckt die Lichter zu, Maschinist! Die Kerls haben scharfe Augen. Hört, Master, ich bin Euch großen Dank schuldig dafür, daß Ihr uns gewarnt habt! Ihr seid ein Prairiemann, wie ich an Eurem Habitus erkenne?«

»So etwas Aehnliches. Ich habe noch einen bei mir, der die Roten beobachtet, bis wir kommen.«

»Das ist klug von Euch. Aber, gebt Raum, Ihr Leute! Die Sache ist ja gar kein Unglück, sondern verspricht uns sogar ein Vergnügen.«

Man hatte vom nächsten Wagen aus unser Gespräch gehört und sofort alle Türen geöffnet. Sämtliche Passagiere eilten herbei und drängten mit hundert Ausrufungen und Fragen durcheinander. Auf die Mahnung des Conductors aber wurde die nötige Ruhe hergestellt.

»Ihr habt einen Transport Gold und Silber bei Euch?« fragte ich ihn.

»Wer sagt das?«

»Die Indsmen. Sie werden von einem weißen Bushheader angeführt, der das Metall als Anteil bekommt, während das Uebrige samt allen Skalpen den Indianern zufallen soll.«

»Ah! Wie kann der Halunke wissen, was wir geladen haben!«

»Er scheint es von einem Bahnbeamten erfahren zu haben; auf welche Weise aber, das kann ich nicht sagen.«

»Werden schon dahinter kommen, wenn er lebendig in unsere Hände fällt, was ich sehr wünsche. Aber da sagt einmal, Master, wie Euer Name ist, damit man weiß, wie man Euch zu nennen hat!«

»Mein Kamerad heißt Sans-ear, und ich ---«

»Sans-ear? Alle Wetter, ein tüchtiger Kerl, der bei der Sache so viel tun wird, wie ein Dutzend Andere! Und Ihr?«

»Mich heißen sie hier in der Prairie Old Shatterhand.«

»Old Shatterhand, der vor drei Monaten droben in Montana von mehr als hundert Sioux gejagt wurde und mit Schneeschuhen die ganze Strecke des Yellow-Stone vom Schneeberge an bis Fort Union in drei Tagen zurücklegte?«

»Ja.«

»Sir, ich habe manches über Euch gehört und freue mich, grad Euch einmal zu treffen! Aber sonderbar! Habt Ihr nicht bereits vor einiger Zeit einen Zug gerettet, den Parranoh, der weiße Häuptling der Sioux, vernichten wollte?«

»Allerdings. Ich hatte damals den Apachenhäuptling Winnetou bei mir, den berühmtesten Indianer, soweit die Prairie reicht. Aber bitte, Sir, faßt einen Entschluß! Die Indsmen wissen sehr genau, wann der Zug eintreffen muß, und könnten Verrat ahnen, wenn wir zu lange zögern.«

»Da habt Ihr Recht. Vor allen Dingen möchte ich da wissen, welche Stellung sie einnehmen. Wer einen Feind angreifen will, muß sich unterrichten, welche Disposition derselbe getroffen hat.«

»Ihr sprecht wie ein großer Feldherr, Sir; leider aber kann ich Euch keine genügende Auskunft geben. Ich konnte, um Euch zu warnen, nicht warten, bis die Indsmen schlagfertig dastehen. Wir werden von meinem Gefährten alles erfahren, was uns nötig ist. Wenn ich Euch bat, einen Entschluß zu fassen, so wollte ich damit nur wissen, ob Ihr überhaupt gesonnen seid, anzugreifen oder nicht.«

»Natürlich, natürlich werde ich sie angreifen,« antwortete er eifrig. »Ich habe ja die Pflicht, diesem Volke den Appetit auf unsere Frachtgüter ein für allemal zu verleiden. Ihr und Euer Kamerad seid ja zu wenig gegen sechzig Indsmen und dürft es gar nicht wagen, an einen – –«

»*Pshaw*, Sir!« fiel ich ihm in die Rede. »Was wir wagen dürfen oder nicht, das wissen wir wohl genauer als andere Leute. Sans-ear hat heut am hellen Tage vier Rote angegriffen und sie binnen zwei Minuten ausgelöscht, und ich sage Euch, daß wir von den Ogellallahs einige Dutzend in die ewigen Jagdgründe senden werden, ohne Eurer Hilfe zu bedürfen. Es kommt hier weniger auf die Zahl als vielmehr auf andere Dinge an, die man in der Faust und im Kopfe hat. Wenn ich in der Finsternis des Abends mit meinem Henrystutzen allein fünfundzwanzig Schüsse abgeben kann, ohne laden zu müssen, so wissen die Indsmen nicht, ob sie zwei oder zwanzig gegen sich haben. Hört, ihr Männer, gibt es unter Euch welche, die Waffen bei sich tragen?«

Diese Frage war eigentlich überflüssig. Ich wußte, daß jeder dieser Leute eine Art von Schießgewehr bei sich führen werde; aber der Conductor hatte getan, als ob er die Direktion in die Hand nehmen wolle, und das konnte ich nicht zugeben. Einen nächtlichen Angriff gegen eine Indianertruppe zu leiten, dazu gehörte mehr, als ich einem Bahnbeamten zutrauen durfte, selbst wenn dieser ein ganz wackerer und mutiger Mann genannt werden mußte. Ich erhielt ein einstimmiges, rundumtönendes »Ja!« als Antwort, und der Conductor fügte hinzu:

»Ich habe als Passagiere sechzehn Bahnarbeiter, die mit ihren Messern und Büchsen ganz vortrefflich umzugehen verstehen, und zwanzig Milizmen, welche nach Fort Palwieh bestimmt sind und Flinte, Revolver und Messer tragen. Außerdem gibt es noch einige Gentlemen hier, welche sich gern das Vergnügen machen werden, den guten Indsmen ein wenig tiefer unter die Haut zu krabbeln. He, wer macht mit, ihr Leute?«

Alle ohne Ausnahme erklärten sich bereit, mit vorzugehen, und wenn es ja Einen gab, dem es eigentlich an Mut gebrach, so sagte er doch zu, um nicht als Feigling zu gelten. Solche Leute konnten mir freilich nicht viel nützen; es war besser, sie blieben zurück, und darum meinte ich:

»Hört, Mesch'schurs, ihr seid sehr wackere Männer, aber alle können doch nicht mit, das seht ihr doch wohl ein. Ich sehe da einige Ladies stehen, die wir unmöglich ohne Schutz lassen können. Selbst wenn wir siegen, was ich allerdings gar nicht bezweifle, ist es doch möglich, daß die flüchtigen und versprengten Indsmen hier vorbeikommen und sich auf den verlassenen Zug werfen würden. Daher müssen wir einige mutige Männer als Bedeckung zurücklassen. Wer diesen Posten übernehmen will, der mag sich melden!«

Wirklich erklärten sich acht bereit, den Zug mit ihrem Leben zu verteidigen. Es waren die Männer der drei vorhandenen Damen und fünf Reisende, die auf mich den Eindruck machten, als ob sie sich auf die Preise von Eisenwaren, Wein, Zigarren und Hanfsamen besser verständen, als auf die richtige Handhabung eines Bowiemessers. Den Ersteren konnte ich ihre Zurückhaltung nicht verargen; sie hatten vor allen Dingen die Pflichten gegen ihre Ladies zu erfüllen.

»Der Zug kann ohne Beamte nicht gelassen werden. Wer bleibt hier?« fragte ich den Conductor.

»Der Maschinist mit dem Feuermanne,« lautete die Antwort. »Er kann den Oberbefehl über diese tapfren Gentlemen übernehmen. Ich gehe natürlich mit Euch und werde die Truppe kommandieren.«

»Ganz, wie Ihr wollt, Sir! Ihr seid gewiß schon öfters gegen Indsmen im Felde gewesen?«

»Ist nicht nötig! Diese Yambarikos[1] wissen ihre Gegner bloß hinterlistig zu überfallen und abzuschlachten. Bei einem offenen und regelrechten Angriffe gegen sie aber suchen sie ihr Heil stets in der Flucht. Wir werden auf alle Fälle leichte Arbeit haben.«

»Meine es nicht, Sir. Es sind Ogellallahs, die blutdürstigsten der Sioux, und werden angeführt von den berühmten Häuptlingen Ka-wo-mien und Ma-ti-ru.«

»Ihr wollt damit doch nicht etwa sagen, daß ich mich vor ihnen fürchten soll? Wir sind hier über vierzig Männer, und ich denke, die Sache ist sehr einfach. Ich habe die Lichter verdecken lassen, damit die Roten nicht merken, daß ich gewarnt wurde. Jetzt nehmen wir die Masken wieder ab; Ihr steigt auf die Maschine und laßt den Maschinisten bis hart an die zerstörte Stelle fahren. Dort halten wir, springen herab und fallen über die Kerls her, daß nicht einer von ihnen übrig bleibt. Wir stellen dann den Eisenstrang wieder her und haben einen Aufenthalt von höchstens einer Stunde einzubringen.«

»Ich muß gestehen, daß Ihr Anlagen zu einem ganz tüchtigen Kavallerieobersten verratet, der kein größeres Vergnügen kennt, als den Feind im Anprall niederzureiten. Doch dazu gehören andere Verhältnisse als die gegenwärtigen. Führt Ihr Euer Vorhaben wirklich aus, so werdet Ihr Euere vierzig Mann in den sicheren Tod treiben, und ich muß mich sehr hüten, an der Ausführung eines solchen Planes teilzunehmen.«

»Was? Ihr wollt uns nicht helfen? Ist dies Feigheit, oder ärgert Ihr Euch darüber, daß Ihr nicht den Anführer spielen sollt?«

»Feigheit? *Pshaw!* Wenn Ihr wirklich von mir gehört

[1] Verachtetste Klasse der Indianer.

habt, so ist es sehr unüberlegt von Euch, dieses Wort auszusprechen, denn dann könnte Old Shatterhand sehr leicht Lust bekommen, mit seiner Faust auf Eurem Schädel zu beweisen, daß er seinen Namen mit Ehren trägt. Und was den Aerger anbelangt, so kann es mir ja sehr gleichgültig sein, wem der Zug und eure Skalpe nach einer Stunde gehören werden, euch oder den Indianern. Auf meine Kopfhaut aber hat kein Mensch ein Recht, als ich allein, und ich werde sie noch einige Zeit lang zu behalten suchen. *Good evening*, Mesch'schurs!«

Ich wandte mich um. Der Conductor faßte mich beim Arme.

»Stopp, Master! So geht das nicht! Ich habe hier den Oberbefehl übernommen, und Ihr habt mir zu gehorchen. Ich werde mich wohl hüten, den Zug hier in einer solchen Entfernung vom Kampfplatze stehen zu lassen, denn ich habe jeden Verlust zu verantworten. Es bleibt bei meinem Plane: Ihr führt uns bis zur Stelle, und wir verlassen die Wagen nicht eher, als bis wir dort angelangt sind. Ein guter Feldherr muß jeden Umstand in Berechnung ziehen, auch den, daß er die Schlacht verlieren kann. In diesem Falle bieten uns die Wagen einen sichern Zufluchtsort, von wo aus wir uns verteidigen können, bis wir mit dem nächsten Zuge von West oder Ost Hilfe erhalten. Ist's nicht so, ihr Männer?«

Alle stimmten ihm bei. Es befand sich nicht ein einziger Westmann unter ihnen, und so hatte sein Plan für sie einen Schein von Praktik, durch den sie sich bestechen ließen. Er war sehr befriedigt von diesem Ergebnis und sagte zu mir:

»Also aufgestiegen, Sir!«

»Schön! Ihr befehlt, und ich gehorche!«

Ein rascher Sprung brachte mich auf den Rücken meines Mustangs, den ich während des Gespräches bereits losgehobbelt hatte.

»O nein, *my dear*; ich meine die Maschine!«

»Und ich das Pferd, Sir. Unsere Meinungen gehen eben auch hier auseinander.«

»Ich befehle Euch, abzusteigen!«

Ich drängte mein Pferd an seine Seite, bog mich zu ihm nieder und sagte:

»Mann, Ihr scheint noch niemals mit einem richtigen Westläufer zusammengeraten zu sein, sonst würdet Ihr in einem andern Tone mit mir sprechen. Seid so gut und stellt Euch selbst auf die Lokomotive!«

Ich faßte ihn mit der Rechten bei der Brust und zog ihn empor; ein kräftiger Schenkeldruck brachte meinen Mustang hart an die Maschine; im nächsten Augenblick flog der Eisenbahn-Stratege hinter den Wetterschirm, und ich galoppierte davon.

Es war jetzt so sternhell geworden, daß mich die Büsche nicht im geringsten am schnellen Ritt hinderten. Ich brauchte nicht viel mehr als eine Viertelstunde, um Sam zu erreichen.

»Nun?« fragte er, als ich vom Pferde stieg. »Ich denke, Ihr bringt Leute!«

Ich erzählte ihm, warum dies nicht geschah.

»Habt's recht gemacht, Charley, sehr recht! So ein Railroader[1] sieht unsereinen über die Achsel an, weil man sich zum Beispiele nicht täglich dreimal frisieren lassen kann. Natürlich führen sie den Plan aus, werden sich aber wundern, hihihihi!«

Während dieses halblauten Gelächters machte er die Bewegung des Skalpierens und fuhr dann fort:

»Aber Ihr habt mir noch gar nicht erzählt, was Ihr da vorne erfahren habt!«

»Ka-wo-mien und Ma-ti-ru sind die Anführer.«

»Ah! Dann gibt es einen Kampf, an dem sich das alte Herz erfreuen kann.«

»Es ist ein Weißer bei ihnen, der ihnen verraten hat, daß der Zug Gold und Silber mit sich führt.«

»Das will er haben und ihnen das andere und die Skalpe lassen?«

»Ja.«

[1] Eisenbahner.

»Konnte mir es denken! Jedenfalls ein Bushheader!«

»Ich kenne ihn. Er überfiel einst mit seiner Bande das *Hide-spot* von Old Firehand, mußte aber die Hand davon lassen.«

»Wie heißt er?«

»Weiß es nicht; ist auch nicht von Interesse, da diese Sorte von Menschen sich täglich anders nennt. Ihr habt rekognosziert?«

»Ja. Sie haben sich geteilt und zu beiden Seiten der Bahn aufgestellt, ungefähr in der Mitte zwischen der zerstörten Stelle und ihren Pferden, bei denen ich wieder zwei Mann Wache fand. Aber was tun denn wir, Charley? Helfen wir den Railroaders oder gehen wir zum Beispiel fort?«

»Es ist unsere Pflicht, ihnen zu helfen, Sam. Oder seid Ihr vielleicht anderer Meinung?«

»Fällt mir gar nicht ein! Mit der Pflicht, da habt Ihr vollständig recht, und außerdem müßt Ihr an meine Ohren denken, die mir noch lange nicht vollständig bezahlt worden sind. Ich wette meine Tony gegen einen Laubfrosch, daß morgen in der Frühe einige tote Indsmen ohne Ohren an der Bahn liegen werden! Aber was jetzt tun, Charley?«

»Wir teilen uns auch und postieren uns zu beiden Seiten des Dammes zwischen die Indsmen und ihre Pferde.«

»*Well!* Aber da kommt mir ein Gedanke! Was meint Ihr zu einem guten Stampedo[1]?«

»Hm! Wäre wohl gut, wenn wir überlegen wären und es auf die gänzliche Vertilgung der Indsmen absehen könnten. Hier aber möchte ich nicht dazu raten. Die Railroader werden den Kürzeren ziehen, und wir beide können nichts tun, als die Roten bis zum nächsten Zuge hinhalten oder ihnen einen plötzlichen Schreck einjagen, daß sie fliehen. In beiden Fällen ist es gut, wenn sie fort können; nehmen wir ihnen aber die Pferde, so behalten wir sie in der Nähe. Habt Ihr noch nichts gehört von der guten Regel, daß man dem Feinde unter Umständen goldene Brücken bauen muß?«

[1] Durchbrennen der Pferde.

»Habe bisher nur hölzerne, steinerne und eiserne Brücken kennen gelernt! Euere Ansicht in Ehren, Charley, aber wenn ich mir zum Beispiel vorstelle, was die Roten für Gesichter schneiden werden, wenn sie aufsteigen wollen und kein Pferd mehr finden, so juckt es mich in allen Fingerspitzen. Und was die Hauptsache ist, können wir sie denn nicht grad dadurch panisch erschrecken, wenn wir ihnen die Pferde auf den Leib jagen?«

»Das ist richtig! Doch ist es besser, wir warten erst die Umstände ab.«

»Meinetwegen! Aber eins müßt Ihr mir auf alle Fälle zugeben!«

»Was?«

»Daß ich die beiden Wächter beseitige. Nicht?«

»Ich bin in keiner Lage ein Freund von unnützem Blutvergießen, doch sehe ich hier ein, daß Ihr Recht habt – es ist traurige Notwehr. Wenn die Wachen fallen, sind die Pferde ganz in unsere Hand gegeben. Bringen wir also zunächst unsere eigenen Tiere in Sicherheit, und dann vorwärts!«

Wir ritten etwas in das Land hinein, wo ich mein Pferd so befestigte, daß es kaum drei Schritte Spielraum hatte. Sam tat mit seiner Tony ganz dasselbe. So sicher er ihrer sonst war, im Falle eines Stampedo konnte leicht der ausbrechende Pferdetrupp die Richtung nach unseren Tieren nehmen und diese mit sich fortreißen.

Nun kehrten wir in einem Bogen, welcher uns hinter die Indsmen brachte, zurück. Noch immer ließen sich die Lichter der Lokomotive nicht bemerken. Entweder hatte der Plan des Conductors doch seine Gegner gefunden, oder man hatte sich nicht sofort entschließen können, nun ohne meine Führung weiter zu fahren.

Bei den Pferden angelangt, erkannten wir leicht die Gestalten der beiden Wächter, welche keine ruhige Stellung eingenommen hatten, sondern einzeln um die Lichtung patrouillierten. Der Eine von ihnen näherte sich langsam dem Strauch, hinter welchem wir standen. Als er vorüberschritt, blitzte die Klinge Sams und fuhr ihm ins Herz. Kein Laut ward ausgestoßen. Der Andere hatte das gleiche Schicksal, als er nachher vorbeikam. Wer die Prairie nicht kennt, ahnt nichts von der Glut der Erbitterung, mit welcher sich zwei Rassen bekämpfen, deren Angehörige von Schritt zu Schritt im Blute ihrer Gegner schreiten.

Bei der Bewegung, welche ich machte, um das Fallen des zweiten Opfers nicht mit ansehen zu müssen, fiel mein Blick auf ein Pferd, welches mir nahe hielt. Es trug den bequemen spanischen Sattel mit großen Steigbügelschuhen, wie er in Mittel- und Südamerika gebräuchlich ist, und war nicht auf indianische Weise aufgezäumt. Sollte es das Pferd des Weißen sein? Ich trat näher. Zu beiden Seiten waren am Sattelrande tiefe schmale Taschen angebracht, die ich untersuchte. Sie enthielten einige Papiere und zwei Beutel, deren Inhalt ich jetzt nicht erforschen konnte. Ich steckte alles zu mir.

»Was nun?« fragte jetzt Sam.

»Wir teilen uns; ich rechts und Ihr links. Aber halt, schaut einmal nach vorn!«

»Der Zug, wahrhaftig, es ist der Zug, der jetzt zum Beispiel herangedampft kommt! Bleiben wir noch, Charley, um zu sehen, wie der Stecken schwimmen wird!«[1]

Der Plan des Conducters war also doch aufrecht erhalten worden. Die beiden scharfen Lichter der Maschine kamen näher, aber langsam, sehr langsam, denn es galt, die Stelle zu erkennen, an welcher die Schienen aufgerissen worden waren. Bald hörten wir das Rollen der Räder, welches immer lauter wurde, und endlich, ja, da hielt der Zug hart an der Schienenbresche.

Welcher Grimm mußte die Wilden überkommen, wenn sie sahen, daß die Hauptbedingung ihres Sieges vereitelt war! Vielleicht errieten sie, daß die Railroader gewarnt worden waren. Für die Letzteren war es jetzt das Klügste, sich in ihren Waggons vollständig ruhig zu verhalten. Ich hoffte beinahe, daß sie es tun würden, sah mich aber enttäuscht, denn die Wagen öffneten sich, die Weißen sprangen heraus und schritten

[1] Trapperausdruck für: wie es gehen wird.

zum Angriff vor. Sie sollten die Unklugheit dieses Verfahrens augenblicklich erkennen. Im Vordringen kamen sie in das Bereich des intensiven Maschinenlichtes und boten den Indsmen so genaue Zielpunkte, daß diese sich nichts Besseres wünschen konnten. Eine Salve krachte, noch eine, und dann erhob sich ein Geheul, wie es gräßlicher und markerschütternder gar nicht gedacht werden konnte.

Mit den abgeschossenen Gewehren in der Hand stürzten sich die Wilden herbei, fanden aber nur die Toten und Verwundeten, da sich die Uebrigen augenblicklich zurückgewandt hatten, um das Innere der Wagen zu gewinnen. Einige der Indsmen bückten sich nieder, um den Gefallenen die Skalpe zu nehmen, mußten aber davon ablassen, da man aus dem vordersten Waggon auf sie schoß.

Jetzt wäre es das Klügste gewesen, der Maschine Rückdampf zu geben. Es geschah nicht. Vielleicht hatte sich der Maschinist mit dem Feuermanne ebenso wie die Anderen in einen Wagen geflüchtet.

»Jetzt wird zum Beispiel eine regelrechte Belagerung beginnen,« meinte Sam.

»Glaube es nicht! Die Roten wissen, daß sie nur Zeit bis zum nächsten Zuge haben, und werden einen Sturm versuchen, obgleich sie dies nie gern tun.«

»Und wir? Es ist hier sehr schwierig, einen guten Entschluß zu fassen.«

»Der Entschluß ist nur etwas wert, wenn er schnell kommt und ebenso rasch ausgeführt wird. Das beste Angriffsmittel ist das Feuer. Wir müssen zu den Pferden. Jeder reitet einen weiten Halbkreis und steigt alle fünfzig bis sechzig Pferdelängen ab, um die Prairie anzubrennen. Vorher aber lassen wir den Stampedo los, um die Feinde am schnellen Angriffe zu verhindern und ihnen die Mittel zur Flucht zu entziehen. Unter den jetzigen Verhältnissen gibt es allerdings nichts Besseres.«

»Alle Wetter, das ist ein schlimmer Plan für sie! Aber wir werden die Wagen mitverbrennen!«

»Bewahre! Zwar weiß ich nicht, ob sie feuergefährliche

Gegenstände, wie Oel und Teer, geladen haben, aber das Holz der Wagen ist stark genug, einem Grasfeuer zu widerstehen, und dann müßt Ihr an das einzige Mittel denken, welches den Indianern bleibt, sich vor dem Schmoren zu retten: sie müssen Gegenfeuer anzünden und werden das in der unmittelbaren Nähe der Wagen tun, darauf könnt Ihr Euch verlassen. Ich zum Beispiel würde an ihrer Stelle auf jeden Fall das Geleise unter den Wagen zu gewinnen suchen.«

»Habt Ihr auch an die Zeit gedacht, welche wir brauchen werden, um mit unsern langsamen Punks Feuer zu bekommen? Und Fackeln dürfen wir nicht machen, weil diese uns verraten würden.«

»Ein guter Prairiemann muß für alle Fälle vorbereitet sein. Ich habe mir für ähnliche Gelegenheiten eine hinreichende Anzahl von Zündhölzern aufbewahrt. Hier nehmt!«

»Bravo, Charley! Nun aber den Stampedo und dann zu unsern Pferden!«

»Halt, Sam, da sehe ich eben ein, daß ich ganz unverzeihlich dumm gewesen bin! Wir brauchen ja unsere Tiere gar nicht; hier gibt es deren mehr als genug. Ich nehme gleich hier diesen Braunen!«

»Und ich den Fuchs daneben. Vorwärts, die Lassos durchgeschnitten!«

Dies taten wir, indem wir eiligst von einem Pferde zum andern schlüpften. Dann brannten wir das hinter den Tieren befindliche Gestrüpp an und stiegen auf. Die Flamme leckte bloß erst einige Zoll hoch empor und konnte von den Indsmen noch gar nicht gesehen werden; wir durften jetzt an das Werk gehen, ohne von ihrem Scheine verraten zu werden.

»Wo treffen wir uns wieder?« fragte Sam.

»Droben an der Bahn stoßen wir wieder zusammen, aber nicht vor der Flamme, sondern zwischen den Feuern. Verstanden?«

»Sehr. Also *go on*, alter Fuchs!«

Das Lösen ihrer Fesseln hatte die Pferde bereits aufgeregt. Jetzt rochen sie den nahen Brand und sträubten die Mähnen. Mehrere bäumten sich schon, und der Ausbruch war also für jeden Augenblick zu erwarten. Ich ritt nach rechts ab in die Prairie hinein, schlug im Galopp einen Bogen mit einem Radius von beinahe einer englischen Meile, sprang fünfmal ab, um das Gras anzuzünden, und befand mich bereits wieder in der Nähe des Dammes, als mir einfiel, daß wir uns einer Gedankenlosigkeit ohnegleichen schuldig gemacht hatten; wir waren der Eingebung des Augenblickes gefolgt, ohne an unsere eigenen Tiere zu denken.

Sofort riß ich mein Pferd herum und sprengte in gerader Linie auf den Ort zu, an welchem wir sie zurückgelassen hatten. Der Feuerkreis um uns beleuchtete jetzt jeden Gegenstand. Weit draußen in der Savanne war der Hufesdonner der durchgegangenen Pferde zu hören; in der Nähe erschallte ein Wut- und Schreckensgeheul, wie es nur von indianischen Kehlen hervorgebracht werden kann; unter den Wagen des Zuges loderten mehrere kleine Flammen empor; ich hatte mich also in der Voraussetzung, daß die Wilden versuchen würden, sich durch Gegenfeuer zu retten, nicht geirrt; links da drüben hielt mein Mustang mit der langbeinigen Tony, und dort – wahrhaftig, dort kam Sam herbeigejagt, daß der Leib seines Pferdes beinahe den Boden berührte; auch er hatte sich im letzten Augenblick auf unsere Unterlassungssünde besonnen.

Aber unsere Tiere waren bereits auch von den Indianern bemerkt worden; eine ganze Anzahl von ihnen lief auf dieselben zu, und die zwei schnellsten befanden sich nur noch wenige Schritte von ihnen entfernt. Ich zog den Riemen der Büchse fester an, richtete mich im Sattel empor und griff zum Tomahawk. In tigergleichen Sätzen schnellte mein Pferd vorwärts, und ich gelangte mit den Zweien zugleich an. Ein Blick genügte, sie zu erkennen. Es waren die beiden Häuptlinge.

»Zurück, Ma-ti-ru; die Pferde sind mein!«

Er drehte den Kopf zu mir herum und erkannte mich.

»Old Shatterhand! Stirb, du Kröte der Bleichgesichter!«

Er riß das Messer hervor; ein Sprung brachte ihn an die Seite meines Pferdes. Er holte zum Stoße aus, wurde aber von meinem Schlachtbeile so getroffen, daß er niederstürzte. Der Andere war bereits auf den Rücken meines Mustangs gesprungen, hatte aber nicht beachtet, daß das Pferd gefesselt war.

»Ka-wo-mien, du hast vorhin mit dem weißen Verräter von mir gesprochen; jetzt werde ich mit dir reden!«

Er sah, daß er auf dem unlenkbaren Pferd verloren war, und glitt wieder von demselben herab, um hinter den Büschen zu verschwinden. Ich schwang den Tomahawk zum Schleudern um den Kopf, und die schwere Waffe traf ihn so auf den mit Adlerfedern geschmückten Schädel, daß auch er zusammenbrach. Jetzt sprang ich ab, griff zum Henrystutzen und wandte mich nach den Andern zurück. Drei Schüsse warfen ebenso viele Wilde nieder, dann war das Feuer bereits so nahe gekommen, daß keine Zeit zum weiteren Kampfe übrig blieb. Ich durchschnitt die Fesseln meines Mustangs und sprang auf; der Braune war schon auf und davon.

»Hallo, Charley, dort in die Lücke hinein!« rief Sam.

Er erreichte eben jetzt den Platz, sprang von dem Fuchse, welcher unverweilt weiter jagte, auf seine Stute herüber, bückte sich von ihrem Rücken nieder, um den Riemen zu trennen, und jagte dann neben mir einer noch offenen Stelle zu, wo die Flammen sich noch nicht vereinigt hatten.

Wir kamen glücklich hindurch, schwenkten nach links hinter die Flammen ein und hielten an. Der Ort, an welchem wir uns befanden, war derjenige, an welchem ich mein drittes Feuer angefacht hatte. Der Boden sah vom Brande schwarz aus und hatte sich bereits wieder abgekühlt. Vor und hinter uns bezeichnete ein dunkler, schon ausgebrannter Streifen meinen vorhin eingeschlagenen Weg; zu beiden Seiten desselben aber wogte das Feuermeer und verbreitete eine Glut, die den Sauerstoff der Luft in der Weise verzehrte, daß uns das Atmen beinahe zur Unmöglichkeit wurde.

Dieser die Brust beklemmende Zustand besserte sich jedoch von Minute zu Minute; die Luft kühlte sich desto mehr ab, je weiter das Feuer von uns wich, und nach kaum einer Viertelstunde glühte nur noch der Horizont in purpurnen

Tinten. Um uns her aber lag die Prairie so schwarz, daß man kaum drei Schritte weit zu sehen vermochte, denn die Sterne waren durch Rauch verhüllt.

»*Bless me*, war das eine Höllenglut!« meinte Sam. »Es soll mich wundern, wenn der Zug keinen Schaden gelitten hat.«

»Das glaube ich nicht. Die Wagen sind ja für solche Fälle eingerichtet, da es öfters vorkommt, daß ein Zug einen Wald- oder Savannenbrand passieren muß.«

»Was jetzt tun, Charley? Man hat uns bemerkt und wird nun auf der Hut sein.«

»Man sieht uns auch jetzt noch, da wir zwischen den Indsmen und dem lichten Horizonte stehen. Wir müssen in ihnen den Glauben erwecken, daß wir fortgehen. Vielleicht halten sie uns für detachierte Mitglieder einer Jägertruppe und nehmen an, daß wir eilen werden, die Unseren zum Entsatze der Ueberfallenen herbeizuholen. Wir halten im Galopp nach Norden, wenden uns dann nach Osten und kehren in einem Bogen zurück.«

»Das ist zum Beispiel ganz auch meine Meinung von der Sache, und ich glaube, daß sie ein solches Ende nimmt, welches einigen Roten die Ohren kosten wird. Euer Tomahawk hat zum Beispiel vorhin auch wacker gearbeitet.«

»Und doch sind die Getroffenen nicht tot!« erwiderte ich in trockenem Tone.

»Nicht tot? Inwiefern denn zum Beispiel?«

»Ich habe sie mit dem Tomahawk nur betäubt.«

»Nur betäubt? Seid Ihr bei Trost oder nicht? Einen Indsman nur betäuben, wo er einem so hiebgerecht unter das Beil kommt! Ihr bekommt es ja wieder von Neuem mit ihnen zu tun.«

»Und doch gibt es Gründe, von denen Ihr wohl einen wenigstens begreifen werdet.«

»Nein, keinen einzigen, Charley. Ich vermute, daß es die beiden Häuptlinge waren, und grad gegen diese darf erst recht keine Schonung gelten.«

»Ich war einst ihr Gefangener; sie konnten mich töten; aber sie taten es nicht. Ich mußte ihre Güte mit Undank lohnen, als ich von ihnen floh, und gab deshalb dem Tomahawk vorhin nur die halbe Kraft.«

»Nehmt mir's nicht übel, Charley, aber das war zum Beispiel eine ganz schauderhafte Dummheit von Euch! Ja, wenn es Euch die Kerls Dank wüßten! Aber sie werden höchstens sagen, daß Old Shatterhand nicht einmal Mark genug im Arme hat, den Schädel eines Roten richtig zu behandeln. Ich hoffe jedoch, daß das Feuer Euren Fehler ausgebessert hat.«

Während dieses laut herüber und hinüber gerufenen Gespräches jagten wir nebeneinander über die Prairie hin. Die alte Stute warf ihre Sechzigmeterbeine so wacker durcheinander, daß sie mit meinem Mustang gleichen Schritt hielt, und es waren wirklich nur Minuten vergangen, als wir wieder bei der Bahn anlangten und zwar an einem Punkte, welcher vielleicht eine Meile östlich von der Stelle lag, wo der Zug hielt. Hier hobbelten wir unsere Pferde an und schlichen uns dem Schienenstrange entlang dem Orte des Ueberfalles wieder zu.

Die Atmosphäre war von einem starken Brandgeruche erfüllt, und feine Asche deckte die weite Ebene. Der leise Wind hob die Asche empor und führte sie den Atmungswerkzeugen zu, und es war schwierig, den Hustenreiz zu besiegen, welcher an uns zum Verräter hätte werden können. Wir sahen ganz deutlich die beiden Lichter der Maschine. Weder auf der einen noch auf der andren Seite des Bahndammes war aber einer der Wilden zu bemerken. Wir krochen näher; ich blickte schärfer hin, und wirklich, was ich vermutet hatte, war geschehen: sie hatten sich vor dem Feuer auf die Bahn und zwar unter die Waggons zurückgezogen. Dort lagen sie eng neben- und hintereinander und getrauten sich nicht vor, weil sie sich dann den Kugeln der Weißen ausgesetzt hätten.

Da kam mir ein Gedanke. Die Ausführung desselben war schwierig, mußte aber jedenfalls eine durchschlagende Wirkung haben.

»Sam, geht zurück zu den Pferden, daß sie uns nicht von den Indsmen genommen werden!«

»*Pshaw!* Die sind froh, daß sie sicheres Quartier haben!«
»Ich werde sie aus demselben vertreiben.«
»Mit der Büchse?«
»Nein.«
Ich erklärte ihm meinen Plan, und er nickte vergnügt.
»*Well*, Charley, das ist der richtige Gedanke. Macht nur schnell hinauf, daß sie Euch nicht während des Sprunges erwischen. Ich werde zum Beispiel im richtigen Augenblick mit den Pferden bei der Hand sein, und hihihihi, dann fahren wir unter sie, wie der Büffel unter die Coyoten!«
Er bewegte sich rückwärts, ich aber kroch hart am Boden weiter vor, das Messer immer in der Rechten haltend, um bei einer etwaigen Ueberraschung sofort zur Gegenwehr bereit zu sein. Ich kam glücklich und unbemerkt an der Stelle unten am Bahndamme an, wo oben die Lokomotive stand. Die großen Treibräder und mein niedriger Haltepunkt verhinderten mich, zu sehen, ob auch unter der Maschine Indianer lägen. Ich schob mich an der Böschung empor und schnellte mich dann mit zwei raschen Sprüngen auf das ›Feuerroß‹.
Ein lauter Ruf erscholl unter mir; ich legte die Hand an, und im nächsten Augenblick setzte sich der Train nach rückwärts in Bewegung. Ein vielstimmiger Schrei, teils des Schmerzes und teils der Ueberraschung erscholl. Als ich ungefähr dreißig Schritte zurückgelegt hatte, gab ich wieder Vordampf.
»Hund!« rief es da neben mir, und eine Gestalt mit dem Messer in der Hand versuchte es, sich zu mir emporzuschwingen.
Es war der Weiße. Ein kräftiger Fußtritt vor seine Brust warf ihn hinab.
»Hier, Charley!« hörte ich jetzt rufen. »Schnell, schnell!«
Zur Linken von mir war Sans-ear auf seiner Tony, mein Pferd in der einen Hand am Zügel haltend, während er mit der anderen Hand zwei Wilde von sich abwehrte, und vor mir liefen diejenigen Indsmen, welche von den Rädern nicht verletzt worden waren, nach der Richtung hin, wo ihre Pferde gestanden hatten. Sie konnten doch unmöglich hof-

fen, daß sich die Tiere trotz des Feuers am Platze gehalten hatten.

Ich stoppte sofort, sprang herab und eilte auf die Gruppe zu. Die beiden Indianer waren durch den Zuruf Sams aufmerksam geworden; sie bemerkten mich augenblicklich und flohen. Ich schwang mich auf, und bald befanden wir uns im dicksten Haufen der Fliehenden. Es war dies kein so gefährliches Unternehmen, als es vielleicht scheinen könnte; die Indsmen waren von einem wahrhaft panischen Schrecken ergriffen worden, und als sie gar bemerkten, daß ihre Pferde verloren seien, stoben sie vor uns auseinander wie ein furchtsames Rudel Wild, in welches die Meute des Jägers gebrochen ist.

Da hörte ich einen lauten Ruf aus Sams Munde:

»*All devils*, da ist Fred Morgan! Hallo, du Satan, nieder mit dir!«

Ich blickte hinüber und sah gegen den Schein des noch am Horizont lohenden Brandes, daß er zu einem gewaltigen Hiebe ausholte, der aber nicht traf, denn der Gegner duckte sich augenblicklich nieder und verschwand dann im Schwarme der Fliehenden.

Sam spornte seine Stute zu einem unglaublichen Satze, der sie und ihn in ihre Mitte brachte; weiter konnte ich das Intermezzo nicht verfolgen, da sich mir einige Rothäute entgegengestellt hatten, die mir wacker zu tun gaben, ehe sie sich wieder wandten.

Ich folgte ihnen nicht; es war Blut genug geflossen, und ich konnte sicher sein, daß es den Indianern nach dieser Lektion nicht in den Sinn kommen werde, wieder umzukehren. Um Sam ein Zeichen zu geben, von der Verfolgung abzulassen, die ihm nichts als Gefahr bringen konnte, ahmte ich so laut wie möglich das Geheul des Coyoten nach und ritt dann zu dem Zug zurück.

Das Personal war ausgestiegen und suchte, während der Maschinist den Dampf ausströmen ließ, nach den Toten und Verwundeten. Der Conductor stand fluchend dabei. Als er mich erblickte, fuhr er wütend auf mich zu:

»Was fällt Euch ein, Euch an der Maschine zu vergreifen und uns die Roten zu vertreiben, die wir so fest hatten, daß wir sie bis auf den letzten Mann vertilgen konnten!«

»Sachte, sachte, Mann! Seid froh, daß sie fort sind, denn es hätte leicht kommen können, daß sie euch hatten, statt ihr sie. Gut genug hattet ihr es bereits eingefädelt!«

»Wer hat die Prairie angezündet?«

»Ich.«

»Seid Ihr verrückt! Und auch an mir habt Ihr Euch vergriffen! Wißt Ihr, daß ich Euch arretieren und der *Court of justice* überliefern kann?«

»Nein, das weiß ich nicht, aber ich gebe Euch recht gern die Erlaubnis dazu, Old Shatterhand vom Pferde herunterzuholen, in einen Waggon zu sperren und dem Gerichte zu übergeben; ich wäre doch neugierig, zu erfahren, wie Ihr das anfangt.«

Er schien einigermaßen in Verlegenheit zu geraten.

»So ist's nicht gemeint, Sir! Ihr habt allerdings einen dummen Streich begangen, aber den will ich Euch vergeben.«

»Danke, Sir! Es berührt das Herz ungemein wohltuend, wenn die Mächtigen der Erde eine schöne Neigung zu Gnade und Barmherzigkeit verspüren lassen. Was werdet Ihr jetzt tun?«

»Was kann ich sonst tun, als die Schienen herstellen lassen und die Fahrt dann fortsetzen! Oder werden wir einen zweiten Angriff zu gewärtigen haben?«

»Denke es nicht, Sir. Eure Attacke war so ausgezeichnet ersonnen und ausgeführt, daß ihnen sicher die Lust vergehen wird, wiederzukommen.«

»Ihr wollt doch nicht etwa meiner spotten, Sir? Das möchte ich mir sehr streng verbitten. Ich konnte doch nicht dafür, daß es ihrer so viele waren und daß sie sich auf unsern Angriff in solcher Weise vorbereitet hatten!«

»Ich hatte es Euch gesagt. Die Ogellallahs wissen ihre Waffen vortrefflich zu gebrauchen. Seht hin; von Euren sechzehn Bahnarbeitern und zwanzig Milizmen sind nicht weniger als neun gefallen; ich habe das nicht zu verantworten.

Und wenn Ihr bedenkt, daß ich und mein Kamerad nur zu zweien die ganze Rotte in die Flucht getrieben haben, so könnt Ihr ungefähr vermuten, wie es gegangen wäre, wenn Ihr mir statt Euch selbst gefolgt wäret.«

Er schien große Lust zu haben, mir zu widersprechen; es waren aber Andere hinzugetreten, welche mir Recht gaben, und so meinte er ziemlich kleinlaut:

»Bleibt Ihr noch hier, bis wir fort sind?«

»Das versteht sich! Ein rechter Westmann tut niemals halbe Arbeit. Macht euch ans Werk; zündet einige Feuer an, die euch dazu leuchten – Buschwerk ist ja genug dazu hier – und stellt einige Wachen aus für den unwahrscheinlichen Fall, daß die Redmen sich ja noch einmal zurückwenden sollten.«

»Wollt Ihr das nicht übernehmen, Sir?«

»Was?«

»Die Wache.«

»Denke nicht. Ich habe genug für Euch getan und noch genug Anstrengungen zu erwarten, während Ihr dahin geht, wo Ihr Euch pflegen könnt. Eure Strategie wird Euch schon sagen, wie Ihr den Postendienst am besten einzurichten habt.«

»Aber wir haben keine so scharfen und geübten Augen und Ohren wie Ihr!«

»Strengt sie an, Sir, strengt sie ein wenig an; dann seht und hört Ihr ebenso scharf wie ich! Den Beweis will ich Euch sogleich geben. Seid still, ihr Leute, und horcht einmal nach links da hinaus! Hört ihr etwas?«

»Ja. Es kommt ein Pferd. Das ist sicher ein Wilder!«

»*Pshaw!* Glaubt ihr wirklich, daß ein Indsman so laut herbeigeritten kommt, um euch zu überfallen? Es ist mein Maate, und ich rate euch sehr, ihn höflich zu empfangen. Es ist Sans-ear, der keinen Spaß versteht!«

Allerdings war es Sam, der herbeigeritten kam und mit einer Miene von seiner Tony stieg, als ob er die ganze Welt erwürgen wolle.

»Habt Ihr mein Zeichen gehört?« fragte ich ihn.

Er nickte bloß und wandte sich an den Conductor:

»Seid Ihr der Mann, der so schöne Feldzugspläne aussinnen kann?«

»Ja,« antwortete der Gefragte so naiv, so daß ich Mühe hatte, das Lachen zu unterdrücken.

»*Well*, Sir, dann mache ich Euch mein Kompliment, denn da hier meine alte Stute, die Tony, hat mehr Grütze im Kopfe, als Ihr jemals gesehen habt. Aus Euch kann noch etwas werden. Nehmt Euch nur in acht, daß sie Euch nicht einmal gar zum Präsidenten wählen! Bleib, Tony; ich komme gleich wieder!«

Der brave Bahnbeamte stand ganz verblüfft da und wußte sichtlich gar nicht, was er sagen sollte. Selbst wenn er Worte gefunden hätte, so wäre es unmöglich gewesen, sie an den Mann zu bringen, denn Sans-ear war im Dunkel der Nacht verschwunden. Ich fragte mich natürlich, was meinen guten Sam in so ganz außerordentlich schlechte Laune versetzt haben könne, und konnte nichts anderes denken, als daß der Grund in jenem Fred Morgan liegen müsse. Jedenfalls war dies kein Anderer als der weiße Bushheader, den ich von der Lokomotive gestoßen hatte. Wohin Sam jetzt gegangen war, konnte ich mir wohl denken; ich hätte baldigst ganz dasselbe getan, hatte aber bisher noch keine Zeit dazu gehabt. Nach einigen Minuten kehrte er zurück. Ich hatte mich niedergesetzt und sah den Vorbereitungen zu, welche man beim Scheine der aufflammenden Feuer zur Reparatur des Bahngeleises traf. Er nahm neben mir Platz; seine Miene war nicht freundlicher, sondern womöglich noch grimmbartiger geworden.

»Nun?« fragte ich ihn.

»Was nun?« herrschte er mich an.

»Sind sie tot?«

»Tot? Lächerlich! Wie können ein paar Indianerhäuptlinge tot sein, wenn Ihr ihnen auf den Kopf krabbelt, wie einer Fliege, die gejuckt sein will! Wißt Ihr, was ich vorhin dem Conductor sagte?«

»Was?«

»Daß die Tony mehr Grütze im Kopf hat, als er.«

»Weiter!«

»Denkt es Euch selbst! Die Tony hätte Ka-wo-mien und Ma-ti-ru zum Beispiel ganz tot geschlagen, statt nur halb. Sie sind fort!«

»Ist mir lieb!«

»Lieb? Das ist ja ganz pitiful, ganz und gar jammervoll, zwei solche Kerls laufen zu lassen, wenn man ihre Skalpe bereits in den Händen hat!«

»Ich habe Euch meine Gründe gesagt, Sam; drum laßt das Räsonnieren! Sagt lieber, was Euch die Laune so verdorben hat!«

»*Well*, ist auch danach. Wißt Ihr, wen ich getroffen habe?«

»Fred Morgan.«

»*Egad!* Wer hat es Euch gesagt?«

»Ihr habt den Namen ja laut genug gerufen, als Ihr den Mann erkanntet.«

»So! Weiß nichts davon. Ratet, wer der Kerl ist!«

Bei dieser Frage und dem wut-erhitzten Benehmen des alten Jägers kam mir ein Gedanke.

»Doch nicht etwa gar der Mörder Eures Weibes und Kindes!«

»Natürlich! – Wer sonst?«

Ich fuhr empor.

»Das ist stark! Das ist viel! Habt Ihr ihn erwischt?«

»Entkommen ist mir der Halunke; fort ist der Schuft, weg über alle Berge! O, ich könnte mir die Ohren herausreißen vor Grimm, wenn ich noch welche hätte!«

»Ich sah doch, wie Ihr ihm zu Pferde nachschnelltet, mitten unter die Indianer hinein!«

»Hat nichts geholfen, gar nichts. Ich habe ihn gar nicht wiedergesehen. Vielleicht hat er sich zur Erde geworfen, so daß ich an ihm vorübergeritten bin. Aber mein wird er, finden muß ich ihn! Die Pferde sind fort, und so können wir uns an die Fußspuren halten.«

»Wird eine schwierige Aufgabe sein! Zwar sind die Spuren eines Weißen recht gut von der Fährte eines Roten zu unterscheiden, aber wer sagt Euch denn, daß er nicht klug genug ist, auch einwärts zu gehen, wie die Indianer? Und wird es auch immer ein Terrain geben, auf welchem die Fährte zu erkennen ist?«

»Ihr habt recht, Charley; aber was soll ich sonst tun?«

Ich griff in die Tasche und zog die zwei Beutel und die Papiere hervor, welche ich bei dem Pferde des Weißen gefunden hatte.

»Vielleicht finden wir hier einen Anhalt über das, was wir vorzunehmen haben.«

Ich öffnete die Beutel. Ganz in unserer Nähe brannte eines der Feuer; sein Schein fiel auf den Inhalt, den ich ganz deutlich zu erkennen vermochte. Ich stieß einen Ruf der Ueberraschung aus.

»Steine, echte Steine, Diamanten! Sam, ich halte einen außerordentlichen Reichtum in den Händen!«

Wo hatte sie dieser Bushheader her, und wie kamen sie mit ihm in die wilde Savanne? Auf eine rechtmäßige Weise konnte er sie nicht besitzen, das war sicher, und ich hatte unbedingt die Verpflichtung, den wahren Eigentümer ausfindig zu machen.

»Diamanten? *'s death*, ist's wahr? Zeigt her! Ich habe in meinem ganzen Leben zum Beispiel noch niemals das Glück gehabt, so ein teures Stückchen Erdreich zwischen meinen Fingern zu halten.«

Ich gab sie ihm hin.

»Es sind Brasilianer. Hier, schaut sie an!«

»Hm, was die Menschen doch für sonderbare Geschöpfe sind! Es ist doch nur Stein, nicht einmal ein rechtes, gutes Metall, nicht wahr, Charley?«

»Kohlenstoff, Sam, nichts als Kohlenstoff!«

»Kohlenstoff oder Koks meinetwegen; ich gebe für den ganzen Kram hier mein altes Schießeisen nicht hin! Was werdet Ihr mit den Schlacken tun?«

»Sie dem rechtmäßigen Eigentümer wiedergeben.«

»Und wer ist das?«

»Weiß es nicht, werde es aber wohl erfahren, denn ein so

horribler Verlust wird nicht still ertragen, sondern in allen Zeitungen ausgeschrieben.«

»Hihihihi, so müssen wir gleich morgen abonnieren; nicht, Charley?«

»Ist vielleicht gar nicht nötig, am Ende finden wir in diesen Papieren irgend einen Aufschluß.«

»Da seht doch zum Beispiel gleich einmal nach!«

Ich tat es und fand zwei sehr gute Karten der Vereinigten Staaten und einen Brief, welchem das Kuvert fehlte. Er lautete:

»Galveston den.....

Lieber Vater!

Ich brauche Dich; komme so schnell wie möglich, ganz gleich, ob Dir Dein Streich mit den Steinen gelungen ist oder nicht. Reich werden wir auf alle Fälle. Mitte August triffst Du mich in der Sierra Rianca, da, wo der Rio Pecos zwischen dem Skettel- und Head-Pik heraustritt. Das Weitere nur mündlich.

Dein

Patrik.«

Das Datum war bei Galveston abgerissen; ich konnte also nicht bestimmen, wann der Brief geschrieben worden war. Ich las ihn Sam vor.

»*Behold*,« meinte dieser, als ich fertig war; »das stimmt, denn sein Bube heißt zum Beispiel gar nicht anders als Patrik, und grad diese beiden fehlen mir noch zu meinen zehn, die ich haben muß. Aber sagt, wie heißen denn die beiden Berge?«

»Der Skettel- und der Head-Pik.«

»Kennt Ihr sie?«

»Ein wenig. Ich war von Santa Fé aus in den Organosbergen, und da es in der Sierra Rianca und Sierra Guadelupe Bären geben sollte, so machte ich einen Abstecher dahin.«

»Und kennt Ihr auch den Rio Pecos?«

»Sehr gut.«

»Dann seid Ihr der Mann, den ich brauche. Wir wollten

nach Texas und Mexiko und können uns nebenbei einige Schritte weiter nach rechts halten. Uebrigens wollte ich nur dorthin, weil ich zum Beispiel dachte, meine Leute dort zu finden; da sie uns aber so schön sagen, wo sie zu finden sind, so wäre ich ja ein Narr, wenn ich sie nicht einmal den alten Sans-ear mit seiner Tony sehen ließe. Geht Ihr mit, wenn wir morgen früh keine Spur von diesem Fred Morgan finden?«

»Natürlich! Ich muß ihn haben, denn bei ihm werde ich am sichersten erfahren, wem die Steine gehören.«

»Dann steckt diese Sachen wieder ein und laßt uns sehen, was die Railroader machen!«

Der Conductor hatte meinem Rate gemäß Wachen ausgestellt. Das Zugpersonal war nebst den Bahnarbeitern beschäftigt, den zerstörten Schienenweg wieder herzustellen, und die Passagiere standen teils dabei, um zuzuschauen, teils beschäftigten sie sich mit den Leichen der Gefallenen oder betrachteten uns Beide, deren Unterhaltung sie nicht zu stören gewagt hatten. Jetzt, da wir uns erhoben, traten einige zu uns heran, um uns ihren Dank für unsere Teilnahme abzustatten. Sie waren verständiger als der Zugführer und fragten uns, in welcher Weise sie uns ihre Erkenntlichkeit in Form eines Geschenkes erweisen könnten. Ich bat, mir Pulver, Blei, Tabak, Brot und Zündhölzer kaufen zu dürfen, wenn etwas von diesen Artikeln vorhanden sein sollte, und sofort griff jeder in seinen Vorrat, so daß wir mehr als reichlich mit dem Gewünschten versehen wurden. Eine Bezahlung, welche rundweg abgeschlagen wurde, konnte ich natürlich nicht aufdrängen.

So verging die kurze Zeit, welche zur Reparatur vonnöten war; die Werkzeuge wurden wieder aufbewahrt, und der Conductor trat zu uns, indem er fragte:

»Wollt Ihr mit einsteigen, Mesch'schurs? Ich nehme Euch gerne eine Strecke mit, so weit es Euch gefällt.«

»Danke, Sir! Wir bleiben hier,« antwortete ich.

»Ganz wie Ihr wollt. Ich habe natürlich über das heutige Ergebnis einen Bericht abzustatten und werde nicht verfehlen, Eurer ehrenvoll zu erwähnen; eine Belohnung wird dann jedenfalls nicht ausbleiben.«

»Danke; wird uns nichts nützen, da wir nicht im Lande bleiben!«

»Wem gehören die Trophäen, welche hier erbeutet werden?«

»Nach dem Gesetze der Savanne gehört alles Eigentum des Besiegten dem Sieger.«

»Wir haben gesiegt, folglich können wir den Indsmen abnehmen, was sie bei sich tragen. Greift zu, ihr Leute! Wir müssen doch jeder ein Andenken an den heutigen Kampf aufzuweisen haben!«

Da trat Sam nahe zu ihm heran und sagte:

»Wollt Ihr uns wohl den Indianer zeigen, den Ihr besiegt und getötet habt, Sir?«

Der Mann sah ihn einigermaßen verblüfft an.

»Wie meint Ihr das?«

»Wenn Ihr einen getötet habt, so könnt Ihr seine Habseligkeiten zum Beispiel an Euch nehmen, sonst aber nicht.«

»Sam, laßt Ihnen das Vergnügen,« wandte ich mich zu dem Gefährten, »wir brauchen ja nichts von alledem!«

»Wenn Ihr meint, so mag es sein; aber die Skalpe rührt Ihr uns nicht an!«

»Und den ermordeten Wärter nehmt Ihr mit, der da drüben liegt,« fügte ich hinzu; »das ist ja Eure Schuldigkeit!«

Dieser Wunsch mußte mir natürlich erfüllt werden. Die toten Indianer wurden aufgesucht und ihrer Waffen und sonstigen Habseligkeiten beraubt; dann lud man die toten Weißen in einen Wagen – ein kurzer Abschied, und der Zug dampfte davon. Einige Zeit lang noch vernahmen wir das immer schwächer werdende Rollen; dann waren wir wieder allein in der weiten, stillen Savanne.

»Was jetzt, Charley?« fragte Sam.

»Schlafen.«

»Denkt Ihr nicht, daß die Indsmen zurückkehren, nun, da die tapfern Leute fort sind?«

»Ich vermute es nicht.«

»Sollte mich aber zum Beispiel wundern, wenn Fred Morgan nicht wiederkäme, um wenigstens den Versuch zu machen, sein Pferd und mit ihm die Steine wiederzufinden!«

»Möglich, aber wahrscheinlich nicht. Wer will ein Pferd, welches vor dem Feuer flieht, wiederfinden? Und dazu weiß er ja, daß außer den Railroaders noch andere Leute hier sind, vor denen er sich nicht sehen lassen darf, wenn er nicht die höchste Gefahr laufen will.«

»Er hat mich ebenso gut erkannt, wie ich ihn, und es sollte mich wundern, wenn er nicht Lust hätte, mir eine Kugel oder ein scharfes Eisen zu geben!«

»Das müssen wir abwarten; heute aber sind wir jedenfalls sicher. Trotzdem können wir uns von der Bahn eine Strecke zurückziehen, welche groß genug für die Ueberzeugung ist, daß wir nicht gestört werden.«

»*Well*, also vorwärts!«

Er setzte sich auf; ich bestieg meinen Mustang, und wir ritten vielleicht eine englische Meile weit nach Norden. Hier machten wir Halt, hobbelten unsere Tiere an und wickelten uns in unsere Decken.

Ich war wirklich müde geworden und schlief sehr bald ein. Später war es mir einmal wie im Traume, als hörte ich den Zug von Ost nach West vorüberrollen; doch kam ich nicht zur rechten Munterkeit und schlief wieder ein.

Als ich erwachte und mich aus der Decke wickelte, war es noch sehr früh am Tage; dennoch saß Sam bereits vor mir und rauchte behaglich eine der Zigarren, die wir gestern abend erhalten hatten.

»*Good morning*, Charley! Es ist wirklich ein Unterschied zwischen diesem Kraute und Euern Patent-Smokers, deren Manufaktur Ihr dort unterm Sattel habt. Nehmt Euch auch eine, und dann wollen wir an das Werk gehen. Auf das Frühstück müssen wir verzichten, bis wir Wasser finden.«

»Wenn wir es nur bald treffen; das ist wünschenswert um unserer Pferde willen, die kein Futter haben. Uebrigens kann ich meine Zigarre auch zu Pferde genießen.«

Ich steckte mir eine an und hobbelte dann mein Pferd los.

»Wie reiten wir?« fragte Sam.

»Eine Schneckenlinie von hier aus bis an den Ort, wo der Zug gestanden hat; da kann uns keine Spur entgehen.«

»Aber nicht nebeneinander.«

»Nein; wir nehmen natürlich genügenden Abstand. Vorwärts!«

Die feine Asche des niedergebrannten Grases hatte die Spuren der flüchtigen Ogellallahs sehr deutlich aufgenommen, wie sich vermuten ließ, aber der Luftzug hatte sie während der Nacht so vollständig verweht, daß nicht das Geringste zu bemerken war. So kamen wir endlich resultatlos an Ort und Stelle.

»Habt Ihr etwas gesehen, Charley?« erkundigte sich Sam.

»Nein.«

»Ich auch nicht; der Kuckuck hole den Wind, der immer nur dann kommt, wenn er zum Beispiel gar nicht gebraucht werden kann! Hättet Ihr den Brief nicht gefunden, so wüßten wir wahrhaftig nicht, was wir anfangen sollten.«

»Also fort, nach dem Rio Pecos!«

»*Well!* Vorher aber will ich den Roten sagen, wem sie das gestrige Vergnügen zu verdanken haben.«

Während ich abstieg und mich auf den Damm ausstreckte, begann er sein Werk, an dem ich mich nicht zu beteiligen vermochte, und bald lagen die toten Indsmen nebeneinander, die abgeschnittenen Ohren in den Händen.

»Nun kommt!« meinte Sam. »Wir haben einen weiten Ritt bis zum nächsten Wasser, und ich bin begierig, zu erfahren, wer ihn besser aushält, Euer Mustang oder meine alte Tony.«

»Euer Tier hat etwas weniger zu tragen als das meinige.«

»*Well*, Charley, etwas weniger Menschenfleisch, aber dafür etwas mehr Grütze. Mann, daß mir dieser Fred Morgan entkommen ist, dafür kann ich nicht; daß Ihr aber die beiden Häuptlinge nicht gehörig ausgelöscht habt, das vergebe ich Euch zum Beispiel erst dann, wenn Ihr mir den Morgan fangen helft!« –

ZWEITES KAPITEL.

Die Stakemen.

Zwischen Texas, Arizona, Neu-Mexiko und dem Indianer-Territorium, oder anders ausgedrückt, zwischen den Ausläufern des Ozarkgebirges, der untern und der obern Sierra Guadelupe und den Gualpabergen, rings eingefaßt von den Höhen, welche den obern Lauf des Rio Pecos und die Quellen des Red River, Sabine, Trinidad, Brazos und Colorado umgrenzen, liegt eine weite, furchtbare Strecke Landes, welche die ›Sahara der Vereinigten Staaten‹ genannt werden könnte.

Wüste Flächen dürren, glühenden Sandes wechseln mit nackten, brennenden Felslagerungen, die nicht im stande sind, auch nur der allerdürftigsten Vegetation die kärgsten Bedingungen des kürzesten Daseins zu bieten; schroff und unvermittelt folgt die kalte Nacht auf die Hitze des Tages; kein einsamer Dschebel, kein grünendes Wadi unterbricht wie in der Sahara die tote, einförmige Wüste; kein stiller Bir lockt mit seiner belebenden Feuchtigkeit eine kleine Oase hervor; sogar der durch den Steppencharakter vermittelte Uebergang von den reichbewaldeten Berggebieten zur leblosen Wildnis fehlt gänzlich, und der Tod tritt dem Auge allüberall unverhüllt in seiner fürchterlichsten Gestalt entgegen. Nur hier und da steht – man weiß nicht, durch welche Kraft hervorgerufen und erhalten – ein einsamer, lederartiger Mezquite-Strauch, gleichsam zum Hohne für den nach einem grünen Punkte sich sehnenden Blick, und ebenso erstaunt trifft man zuweilen auf eine wilde Kaktusart, die entweder wenige einzelne Exemplare oder Gruppen bildet oder auch weite, ausgedehnte Gebiete eng bestandet, ohne daß man sich ihr Dasein enträtseln und erklären kann. Aber weder der Mezquite noch der Kaktus gibt einen erfreulichen, wohltuenden Anblick; graubraun ist ihre Farbe und unschön ihre Gestalt; sie werden von dickem Sandstaube bedeckt, und wehe dem Pferde, dessen Reiter so unvorsichtig ist, es in eine solche Kaktusoase zu lenken. Es wird von den haarscharfen, stahlharten Stacheln so an den Füßen verwundet, daß es nie wieder gehen lernt. Der Reiter muß es sofort aufgeben, und es kommt sicher elend um, wenn er es nicht tötet.

Trotz aller Schrecken, welche diese Wüste bietet, hat es doch der Mensch gewagt, sie zu betreten. Es führen Straßen durch sie, hinauf nach Santa Fé und Fort Union, hinüber nach dem Paso del Norte und hinunter in die wohlbewässerten Prairien und Wälder von Texas. Aber bei diesem Worte ›Straße‹ darf man nicht an den Wegebau denken, welcher in zivilisierten Ländern diese Bezeichnung trägt. Wohl reitet ein einsamer Jäger oder Rastreador, eine Gesellschaft kühner Wagehälse oder ein zweideutiger Pulk Indianer in schnellster Eile durch die Wüste; wohl knarrt ein schneckengleich langsamer Ochsenkarrenzug durch die trostlose Einöde, aber einen Weg gibt es nicht, nicht einmal jene viertelstundenbreit auseinander gehenden Geleise, wie man sie in der Lüneburger Heide oder in dem Sande Brandenburgs findet; Jeder reitet oder fährt seine eigene Bahn, so lange ihm der Boden noch einige wenige Merkmale bietet, an denen er erkennen kann, daß er überhaupt sich noch in der richtigen Richtung befindet. Aber diese Merkmale hören nach und nach selbst für das geübteste Auge auf, und von da an hat man die Maßregel getroffen, diese Richtung vermittelst Pfählen zu bezeichnen, welche von Zeit zu Zeit in den Boden gesteckt worden sind.

Dennoch aber fordert die Wüste ihre Opfer, die, ihre Größenverhältnisse in Betracht gezogen, viel zahlreicher und auch schrecklicher sind, als diejenigen, welche die Sahara Afrikas und die Schamo Hochasiens als furchtbaren Tribut entgegennehmen. Menschenleichen, Tierkadaver, Sattelfragmente, Wagenreste und andere schauerliche Ueberbleibsel liegen am und im Wege und erzählen stumme Geschichten, die zwar das Ohr nicht hören, aber das Auge desto deutlicher bemerken kann. Und darüber schweben hoch in den Lüften die Aasgeier, die jeder lebenden Bewegung, die sich unten zu erkennen gibt, mit beängstigender Ausdauer folgen, als wüßten sie, daß ihnen ihre sichere Beute nicht entgehen kann.

Und wie heißt diese Wüste? Die Bewohner der umliegenden Territorien geben ihr verschiedene, bald englische, bald französische oder spanische Namen; weithin aber ist sie wegen der eingerammten Pfähle, welche den Weg bezeichnen sollen, als Llano estaccado[1] bekannt. – – –

In der Richtung von den Zuflüssen des Red River her nach der Sierra Rianca zu ritten zwei Männer, deren Pferde fürchterlich ermüdet schienen. Die armen Tiere waren beinahe bis auf die Knochen abgemagert, sahen struppig aus wie ein Vogel, der am nächsten Morgen tot im Käfig liegen wird, und schleppten ihre kraftlosen Glieder, bei jedem Schritte stolpernd, so langsam fort, daß man jeden Augenblick ihr Zusammenbrechen erwarten konnte. Ihre Augen waren blutig rot unterlaufen; die Zunge hing ihnen trocken zwischen den Lefzen hervor, die ihre Spannkraft vollständig verloren hatten, und trotz der sengenden Tageshitze war an ihrem ganzen Körper kein einziger Tropfen Schweißes und an dem Gebisse kein winziges Flöckchen Schaum zu bemerken, ein Zeichen, daß außer dem von der Wüstenglut eingedickten Blute nicht eine Spur von Feuchtigkeit mehr in dem Körper zu finden sei.

Diese beiden Pferde waren die Tony und mein Mustang, und folglich konnten die Reiter wohl kaum andere sein, als der kleine Sam und ich.

Fünf Tage ritten wir bereits durch den Llano estaccado, in welchem wir erst hier und da noch einiges Wasser getroffen hatten; jetzt aber gab es weit und breit keine Spur mehr davon, und ich hatte den Gedanken nicht von mir weisen können, wie praktisch die Ueberführung von numidischen Kamelen in diese Wüste sein würde. Jetzt nun fielen mir Uhlands Worte ein:

»Den Pferden war's so schwach im Magen,
Fast mußte der Reiter die Mähre tragen;«

[1] Estaccado heißt »abgesteckt«.

aber an die Ausführung des letzten Verses, selbst wenn sie sonst möglich gewesen wäre, konnte gegenwärtig nicht gedacht werden, da sich die Reiter ganz und genau in demselben hoffnungslosen Zustande befanden, wie ihre Tiere.

Der kleine, zusammengetrocknete Sam hing auf dem Halse seiner Stute, als werde er nur durch einen glücklichen Zufall auf dem Pferde festgehalten; sein Mund war geöffnet, und seine Augen zeigten jenen stieren, seelenlosen Blick, der die Nähe der vollständigen Apathie erkennen läßt. Mir selbst war es, als seien die Lider mit Blei beschwert; der Schlund war so trocken, daß ich kein Wort zu sprechen versuchte, grad als ob jeder Laut mir die Kehle zersprengen oder aufreißen müsse, und durch die Adern glühte es wie flüssiges Erz. Ich fühlte, daß es kaum noch eine Stunde dauern könne, bis wir vom Pferde sinken und verschmachtend liegen bleiben würden.

»Was – – ser!« stöhnte Sam.

Ich erhob den Kopf. Was sollte ich antworten? Ich schwieg. Da stolperte mein Pferd und blieb stehen; ich gab mir die möglichste Mühe, aber es war nicht weiter fortzubringen. Die alte Tony folgte augenblicklich diesem Beispiele.

»Absteigen!« meinte ich, und jeder einzelne Laut dieses Wortes tat meinen Stimmwerkzeugen wehe. Es war, als sei der Sprachgang von der Lunge bis zu den Lippen mit Tausenden von Nadeln besteckt.

Ich kroch vom Pferde, nahm es beim Zügel und schritt schweigend voran; es folgte mir langsam, von seiner Last befreit. Sam zog seine Rosinante hinter sich her, war aber augenscheinlich noch matter als ich. Er taumelte förmlich und drohte bei jedem Schritte umzusinken. So schleppten wir uns wohl noch eine halbe englische Meile weiter, bis ich einen lauten Seufzer hinter mir hörte. Ich sah mich um. Mein guter Sam lag im Sande und hatte die Augen geschlossen. Ich trat zu ihm und setzte mich bei ihm nieder, still und wortlos, denn keine Rede konnte unsere Lage ändern.

Das also sollte der Abschluß meines Lebens, das Ziel meiner Wanderungen sein! Ich wollte denken an die Eltern, an die Geschwister daheim im fernen Deutschland, wollte meine Gedanken zum Gebete sammeln – es ging nicht, denn mein Gehirn kochte. Wir waren die Opfer eines unerhört grausamen Kunstgriffes, der vor uns bereits gar Manchem das Leben gekostet hatte.

Von Santa Fé herab und dem Paso del Norte herüber kommen häufig Trupps von Goldsuchern, die in den Minen und Diggins von Californien glücklich gewesen sind und nun mit dem Ertrage ihrer Arbeit nach dem Osten wollen. Sie haben den Llano estaccado zu durchschneiden, und hier ist es, wo grad ihrer eine Gefahr lauert, die ihren Ursprung nicht in den Boden- und klimatischen Verhältnissen hat und neben ihnen dann auch noch Andere trifft. Leute, welche in den Minen unglücklich gewesen sind und die Lust an ehrlicher Arbeit verloren haben, heruntergekommene Subjekte, die der Osten ausspeit, die Vertreter aller möglichen Korruption, ziehen sich am Saume des Estaccado zusammen, um den Goldsuchern aufzulauern. Da diese meist kräftige, abgehärtete Gestalten sind und ihren Mut in tausend Drangsalen und Kämpfen erprobt haben, so ist es auf alle Fälle gefährlich, mit ihnen anzubinden. Daher sind die Freibeuter auf eine Idee gekommen, welche grausamer und infamer nicht gedacht werden kann: sie nehmen nämlich die den Weg weisenden Pfähle fort und stecken sie in einer falschen Richtung ein, welche den Reisenden in das tiefste Grauen der Wüste führt und ihn dem Tode des Verschmachtens in die Arme bringt. Dann wird es ihnen leicht, sich das Eigentum der Toten ohne sonderliche Mühe und Gefahr anzueignen, und die Gebeine von Hunderten bleichen auf diese Weise in tiefer Einsamkeit im Sonnenbrande, während ihre Angehörigen daheim vergeblich auf die Rückkehr warten und nie im Leben wieder etwas von ihnen zu hören bekommen.

Wir waren bisher den Pfählen mit Vertrauen gefolgt, und erst gegen Mittag hatten wir bemerkt, daß sie uns in eine falsche Richtung führten. Seit wann wir vom richtigen Kurse abgewichen waren, wußte ich nicht; umzukehren war daher nicht geraten, zumal unser Zustand uns jede Minute teuer werden ließ. Sam konnte unmöglich weiter, und auch ich wäre wohl kaum noch eine Meile fortgekommen, selbst wenn ich meine wenige noch übrige Kraft bis auf das äußerste hätte anstrengen mögen. Es war gewiß: noch lebend befanden wir uns bereits im Grabe, wenn uns nicht irgend ein glücklicher Umstand zur Hilfe kam, und das mußte bald geschehen.

Da erscholl hoch über mir ein schriller, heiserer Schrei. Ich blickte empor und gewahrte einen Geier, welcher sich augenscheinlich erst vor kurzem und zwar ganz in der Nähe von der Erde erhoben hatte. Er beschrieb einen Kreis über uns, als betrachte er uns bereits als seine gewisse, unentrinnbare Beute. Es mußte sich nicht weit von uns ein Opfer der Wüste oder der Stakemen[1], wie die Räuber des Estaccado genannt werden, befinden, und ich warf den Blick in die Runde, um vielleicht eine Spur davon zu entdecken.

Obgleich die Hitze der Sonne und des Fiebers das Blut in die Gefäße meiner Augen trieb, so daß sie schmerzten und ihren Dienst versagen wollten, gewahrte ich doch in der Entfernung von ungefähr tausend Schritten einige Punkte, welche weder Steine noch sonstige Erhöhungen sein konnten. Ich nahm mein Doppelgewehr und bemühte mich, näher zu kommen.

Noch hatte ich die Hälfte der Entfernung nicht zurückgelegt, so erkannte ich drei Coyoten[2] und, etwas weiter von ihnen, einige Geier. Die Tiere saßen rund um einen Körper, den ich nicht genau erkennen konnte. Es mußte ein Tier oder ein Mensch sein, der noch nicht ganz tot war, sonst hätten sich die gefräßigen Geschöpfe längst in seine Leiche geteilt. Gleichwohl erfüllte mich die Gegenwart der Coyoten mit einem Anfluge von Hoffnung, da diese Tiere, welche nicht lange ohne Wasser zu leben vermögen, sich nicht weit in die unwirtbaren Strecken der Wüste hineinwagen können. Uebrigens mußte ich sehen, welcher Art der Körper war, den sie umringt hielten, und schon erhob ich den Fuß, um weiter zu

[1] Pfahlmänner.
[2] Wölfe, aber mehr der feigen Hyäne als unserem Wolfe ähnelnd.

gehen, als mir ein Gedanke kam, der mich schnell die Büchse in Anschlag bringen ließ.

Wir waren dem Verschmachten nahe; Wasser gab es hier nicht, aber konnte uns nicht das Blut dieser Tiere wenigstens einigermaßen eine Erquickung bringen? Ich legte also an, aber meine Schwäche und das Fieber waren so groß, daß die Mündung des Gewehres um mehrere Zoll weit hin und her wankte. Ich ließ mich also nieder, stemmte den Arm auf das Knie und hatte nun einen sicheren Schuß.

Ich drückte los und noch einmal; – zwei Coyoten wälzten sich im Sande; dieser Augenblick ließ mich alle meine Schwäche vergessen, und im eiligen Laufe rannte ich hinzu. Der eine Wolf war durch den Kopf getroffen, der andere Schuß war so schülerhaft ausgefallen, daß ich mich dessen zeitlebens geschämt hätte, wenn mein Zustand nicht ein so krankhafter gewesen wäre. Die Kugel hatte dem zweiten, aufspringenden Tiere die beiden Vorderbeine zerschmettert, so daß es sich heulend im Sande wälzte.

Ich zog das Messer, öffnete dem ersten Wolfe die Halsader und sog mit den Lippen das Blut mit einer Begierde ein, als ob es olympischer Nektar sei; dann nahm ich den Lederbecher vom Gürtel, ließ ihn voll laufen und trat zu dem Manne, welcher wie tot in der Nähe lag. Es war ein Neger, und kaum hatte ich den Blick in sein jetzt nicht schwarzes, sondern schmutzig dunkelgraues Gesicht geworfen, so hätte ich vor Ueberraschung beinahe den Becher fallen lassen.

»Bob!«

Er öffnete bei diesem Rufe die Augenlider ein wenig.

»Wasser!« seufzte er.

Ich kniete neben ihm nieder, hob seinen Oberleib empor und hielt ihm die Schale an den Mund.

»Trinke!«

Er öffnete die Lippen, aber sein ausgetrockneter Schlund vermochte kaum mehr zu schlucken, und es dauerte lange, ehe ich ihm die ekelhafte Flüssigkeit eingeflößt hatte. Dann sank er wieder hinüber.

Jetzt mußte ich an Sam denken. Ich hatte mit Vorbedacht

zuerst das Blut des tödlich getroffenen Coyoten genommen, denn dieses mußte eher gerinnen als dasjenige des andern, der bloß äußerlich verletzt war.

Ich trat zu ihm, und obgleich das Tier wütend nach mir biß, schonte ich doch jetzt noch sein Leben, faßte es beim Genick und schleppte es bis zu Sans-ear hin. Dort drückte ich es zur Erde, daß es sich nicht zu bewegen vermochte, und öffnete ihm die Ader.

»Sam, hier trink!«

Er hatte in vollständiger Apathie am Boden gelegen; jetzt aber richtete er sich auf.

»Trinken? Oh!«

Hastig ergriff er den Becher und leerte ihn mit einem Zuge. Ich nahm ihm denselben aus der Hand und füllte ihn nochmals; Sam trank ihn zum zweitenmale aus.

»Blut, *fie* –! Ah, brrr, ooooh, das ist besser, als man denken sollte!«

Ich schlürfte die wenigen Tropfen, welche es noch gab, und sprang dann auf. Der entflohene dritte Coyote war zurückgekehrt und machte sich trotz der Anwesenheit des Negers mit seinem toten Genossen zu schaffen. Ich lud meine Büchse wieder, pirschte mich näher und schoß ihn nieder. Mit Hilfe seines Blutes brachte ich den Schwarzen so weit, daß er zur völligen Besinnung und zum Gebrauche seiner Glieder kam.

Der Reisende hat sehr oft Begegnungen zu verzeichnen, welche geradezu wunderbar erscheinen müssen; eine solche war mein jetziges Zusammentreffen mit dem Neger, den ich sehr gut kannte. Ich hatte in dem Hause seines Herrn, des Juweliers Marshall in Louisville, eine mehrtägige Gastfreundschaft genossen und damals den treuen, stets lustigen Schwarzen liebgewonnen. Die zwei Söhne des Juweliers hatten mit mir einen Jagdausflug in die Cumberlandsberge gemacht und mich dann an den Mississippi begleitet. Beide waren prächtige Jungens gewesen, deren Gesellschaft mir behagte. Wie nun kam Bob, der alte, weißhaarige Schwarze, hierher in den Llano estaccado?

»Geht es jetzt besser, Bob?« fragte ich ihn.

»Besser, sehr besser, oh, ganz besser.« Er stand auf und schien mich erst jetzt zu erkennen. »Massa, sein es möglich? Massa Charley, der ganz' viel' groß' Jäger! Oh, Nigger Bob sein froh, daß treffen Massa, denn Massa Charley retten Massa Bern', der sonst sein tot, ganz viel tot.«

»Bernard? Wo ist er?«

»O, wo sein Massa Bern'?« Er blickte sich um und zeigte nach Süden. »Massa Bern' sein dort! Oh nein, sein dort – oder dort – oder dort!« Er drehte sich dabei um seine eigene Achse und zeigte nach West, Nord und Ost. Der gute Bob konnte selbst nicht sagen, wo sein junger Massa sei.

»Was tut Bernard hier in dem Llano estaccado?«

»Was tun? Bob nicht wissen das, denn Bob doch nicht sehen Massa Bern', der sein fort mit all ander Massa.«

»Wer sind die Leute, mit denen er reist?«

»Leute sein Jäger, sein Kaufmann, sein – – oh Bob nicht alles wissen!«

»Wo wollte er hin?«

»Nach Californ', nach Francisco zu jung Massa Allan.«

»So ist Allan in Francisco?«

»Massa Allan dort sein, kaufen groß viel Gold für Massa Marshal. Aber Massa Marshal nicht mehr brauchen Gold, weil Massa Marshall sein tot.«

»Master Marshal ist gestorben?« fragte ich erstaunt, denn der Juwelier war damals noch außerordentlich rüstig gewesen.

»Ja, aber nicht tot von Krankheit, sondern tot von Mord.«

»Ermordet ist er worden?« rief ich entsetzt. »Von wem?«

»Bob nicht wissen Mörder, auch niemand wissen Mörder. Mörder kommen in Nacht, stoßen Messer in Brust von Massa Marshal und nehmen mit all Stein', Juwel' und Gold, was gehören Massa Marshal. Wer Mörder sein und wohin Mörder gehen, das nicht wissen Sheriff, auch nicht Jury, auch nicht Massa Bern' und auch nicht Bob.«

»Wann ist dies geschehen?«

»Das war sein vor viel' Woch', vor viel' Monat'; fünf Monat' nun vorbei. Massa Bern' sein werden ganz viel arm;

Massa Bern' schreiben an Massa Allan in Californ', aber nicht erhalten Antwort und darum selbst gehen nach Californ', um zu suchen Massa Allan.«

Das war nun allerdings eine fürchterliche Nachricht, welche ich hier erhielt. Ein Raubmord hatte das Glück dieser so außerordentlich braven Familie zerstört, dem Vater das Leben gekostet und seine beiden Söhne in Armut gestürzt. Alle Steine und Juwelen waren verschwunden? Ich mußte unwillkürlich an die Diamanten denken, welche ich Fred Morgan abgenommen hatte und noch immer bei mir trug. Aber was konnte den Täter von Louisville weg in die Prairie treiben?

»Wie seid Ihr gereist?« fragte ich weiter.

»Von Memphis nach Fort Smith und dann über das Gebirge nach Preston, Massa. Bob sein 'fahren, 'reiten, 'laufen bis in groß', furchtbar' Wüste Estaccad', wo niemand mehr haben find' Wasser. Da werden müd Pferd und Bob; da haben Durst groß wie Mississippi Pferd und Bob; da fallen Bob vom Pferd, Pferd laufen fort und Bob bleiben liegen. Nun ganz groß sehr Not haben Bob und sterben vor Durst immer mehr, bis kommen Massa Charley und geben Bob Blut in Mund. O, Massa, retten Massa Marshal, und Bob haben lieb Massa Charley so groß, so viel wie ganze Welt in ganze Erde!«

Das war nun allerdings ein Verlangen, für dessen Erfüllung ich auch nicht die mindeste Hoffnung haben konnte. Woher das Vertrauen des Negers kam, konnte ich nicht sagen, und zu entsprechen vermochte ich demselben vielleicht ebensowenig. Dennoch fragte ich weiter:

»Wie stark war eure Gesellschaft?«

»Sehr groß stark, Massa; neun Männer und Bob.«

»Wohin wolltet ihr zunächst?«

»Das Bob nicht wissen. Bob immer reiten hinterher und nicht hören, was viel' Massa sagen.«

»Du hast ein Messer und einen Säbel. Hattet ihr alle Waffen?«

»Nicht groß' Kanone und Haubitz, aber viel Flint und Büchs und Messer und Pistol und Revolver.«

»Wer war euer Führer?«

»Ein Mann, heißen Williams.«

»Erinnere dich noch einmal genau, wohin sie geritten sind, als du vom Pferde fielst!«

»Weiß nicht mehr. Dahin, hierhin, dorthin.«

»Wann war es? Zu welcher Tageszeit?«

»Es sein Abend bald und – ah, oh, jetzt wissen Bob: Massa Bern' reiten grad in Sonne hinein, als Bob fallen vom Pferd.«

»Gut! Kannst du wieder gehen?«

»Bob laufen wieder wie Hirsch; Blut sein gut' Arznei für durstig.«

Wirklich hatte auch mich der seltsame Trunk so erquickt, daß alles Fieber aus meinen Gliedern gewichen war, und neben mir stand jetzt der kleine Sam, der dieselbe glückliche Aenderung verspürte. Er war herbeigekommen, um uns zuzuhören, und sah um mehrere Hunderte von Prozenten besser aus als vor noch kaum fünf Minuten.

Die Gesellschaft, in welcher sich Bernard Marshall befunden hatte, mußte ebenso erschöpft gewesen sein wie wir, sonst hätte der wackere junge Mann seinen treuen Diener sicherlich nicht im Stiche gelassen. Vielleicht hatten Durst und Fieber so in seinen Eingeweiden gewühlt, daß er gar nicht mehr Herr seiner Gedanken und Sinne gewesen war. Die letzte Angabe Bobs ließ mich vermuten, daß er seine Richtung, ebenso wie wir, nach Westen hatte; aber, wie ihn erreichen, wie ihm Hilfe bringen, da wir dieser Hilfe selbst so sehr bedurften und nicht im stande waren, unsere Pferde zu gebrauchen?

Ich sann und sann, konnte aber zu keinem rettenden Gedanken kommen, obgleich ich annehmen mußte, daß die Gesellschaft nicht weit gelangt sein könne. Wie aber kam es, daß keine Spur von ihr zu bemerken war?

Ich wandte mich zu Sam:

»Bleibe hier bei den Pferden, die sich vielleicht so weit erholen, daß sie später noch eine Meile laufen können. Bin ich in zwei Stunden noch nicht zurück, so folgst du meiner Spur.«

»*Well*, Charley; wirst nicht allzuweit kommen, denn dieser kleine Schluck Coyotensaft kann zum Beispiel unmöglich lange anhalten.«

Es versteht sich von selbst, daß wir uns jetzt nicht mehr, wie am ersten Tage unserer Bekanntschaft, ›Ihr‹ sondern ›Du‹ nannten. Ich meine das ›Du‹ der Westläufersprache.

Ich untersuchte den Boden und fand, daß die Spuren Bobs von dem Orte, an welchem er gelegen hatte, nach Norden gingen. Ihnen folgend, gelangte ich nach ungefähr zehn Minuten an eine Stelle, wo die Fährte von zehn Pferden von Ost nach Westen lief. Hier hatte ihn die Mattigkeit von seinem Tiere geworfen, ohne daß man es bemerkt zu haben schien; vielleicht war er eine gute Strecke hinter seinem Trupp zurück gewesen. Ich folgte den Spuren und fand, daß sein Tier den andern gefolgt war, doch schienen sämtliche Pferde entsetzlich müde gewesen zu sein, denn alle waren von Zeit zu Zeit gestolpert, und ihr Gang war so schleppend gewesen, daß sie von Schritt zu Schritt mit den Schärfen ihrer Hufe leicht über den Sand gestrichen waren.

Dies machte die Spuren außerordentlich kenntlich, so daß ich ihnen ohne alle Mühe schnell zu folgen vermochte. Ich sage ›schnell‹, und es ging auch schnell, obgleich ich heute noch nicht zu sagen vermag, ob der grausige Trunk oder die Besorgnis um Bernard Marshal mir so plötzlich diese unerwarteten Kräfte verlieh.

So war ich wohl eine Meile weit vorangekommen, als ich einige vereinzelt stehende Kaktusstauden bemerkte, die so vollständig abgedorrt waren, daß sie beinahe eine gelbe Farbe angenommen hatten. Nach und nach standen sie in einzelnen Gruppen, welche allmählich immer häufiger wurden, bis sie endlich eine unabsehbare und geschlossene Strecke bildeten, welche sich weit bis über die Linie des Horizontes hinüberzog.

Natürlich ging die von mir verfolgte Fährte nicht in die gefährlichen Gewächse hinein; sie führte um dieselben herum, und ich folgte ihr, doch nicht lange, denn plötzlich kam mir ein Gedanke, der mich sofort mit neuen Kräften erfüllte.

Wenn in den glühenden Niederungen der Halbinsel Florida die jedes Wasser verzehrende Hitze so groß wird, daß Mensch und Tier verschmachten will, und dennoch die Erde bleibt wie ›flüssiges Blei und der Himmel wie glühendes Erz‹, ohne die kleinste Wolke sehen zu lassen, so stecken die verschmachtenden Leute das Schilf und alles sonstige ausgedorrte Gesträuch in Brand, und siehe da, der Regen kommt. Ich selbst hatte dies zweimal beobachtet, und wer einigermaßen mit den Gesetzen, Kräften und Erscheinungen der Natur vertraut ist, kann sich den Vorgang ganz gewiß erklären, ohne eine wissenschaftliche Erörterung zu verlangen.

Hieran dachte ich in diesem Augenblick; kaum war's gedacht, kniete ich auch bereits bei den Pflanzen, um mir mit dem Messer die nötigen Zündfasern abzuschleißen. Einige Minuten später flackerte ein lustiges Feuer empor, welches erst langsam und dann immer schneller weiter um sich griff, bis ich endlich vor der Fronte eines Glutmeeres stand, dessen Grenzen nicht abzusehen waren.

Ich hatte bereits mehrere Prairiebrände erlebt, keiner aber war mit diesem donnernden Getöse über den Boden geschritten wie diese Kaktushölle, in welcher die einzelnen Pflanzen mit Büchsenschuß ähnlichem Knalle platzten, so daß es klang, als habe sich ein ganzes Armeekorps zum Einzelgefechte aufgelöst. Die Lohe stieg himmelan, und über ihr webte und zitterte ein Meer von glühenden Dünsten, durchschossen und durchflogen von den Kaktussplittern, welche von der Hitze wie Pfeile emporgeschnellt wurden. Der Boden zitterte merklich unter meinen Füßen, und in den Lüften hallte es dumpf wie das Getöse einer Schlacht.

Das war die beste Hilfe, welche ich – wenigstens jetzt – Bernard Marshal und den Seinen bringen konnte. Ich kehrte zurück, unbesorgt, ob ich ihre Spuren später sehen würde oder nicht. Die Hoffnung stärkte mich so, daß ich zu dem Wege kaum eine halbe Stunde gebraucht hätte; doch war es nicht nötig, denselben ganz zurückzulegen, denn bereits auf der Hälfte desselben kam mir Sam mit Bob und den beiden Pferden, welche sich wieder ein wenig fortzuschleppen vermochten, entgegen.

»*Zounds,* Charley, was ist denn eigentlich da vorn los? Erst dachte ich, wir hätten ein Erdbeben, jetzt aber glaube ich zum Beispiel, daß dieser höllische Sand gar noch in Brand geraten ist.«

»Der Sand nicht, Sam, aber der Kaktus, welcher dort in Menge steht.«

»Wie fängt der Feuer? Ich glaube doch nicht, daß du ihn angezündet hast.«

»Warum nicht?«

»Wahrhaftig, er ist's gewesen! Aber sage doch, Mensch, zu welchem Zwecke!«

»Um Regen zu bekommen.«

»Regen? Nimm es mir nicht übel, Charley, aber ich glaube, du bist zum Zeitvertreibe ein wenig übergeschnappt!«

»Weißt du nicht, daß bei manchen Wilden die Uebergeschnappten für sehr gescheite Leute gelten?«

»Ich hoffe nicht, daß du behaupten willst, etwas Gescheites angefangen zu haben! Die Hitze ist ja vielmehr doppelt so groß geworden als vorher.«

»Die Hitze ist gestiegen, und mit ihr wird sich die Elektrizität entwickeln.«

»Bleibe mir zum Beispiel mit deiner Elektrizität vom Leibe! Ich kann sie nicht essen; ich kann sie nicht trinken; ich weiß überhaupt gar nicht, was für eine fremde Kreatur ich unter ihr zu verstehen habe.«

»Du wirst sie bald zu hören bekommen, denn in kurzer Zeit werden wir das schönste Gewitter haben und vielleicht auch ein wenig Donner dabei.«

»Nun halte auf! Armer Charley, du bist wirklich übergeschnappt!«

Er blickte mich so besorgt an, daß ich erkennen mußte, er spaße nicht. Ich deutete empor.

»Siehst du diese Dünste, welche sich bereits zusammenballen?«

»Alle Wetter, Charley, am Ende bist du nicht ganz so sehr verrückt, wie ich gedacht habe!«

»Sie werden eine Wolke bilden, die sich mit Heftigkeit entladen muß.«

»Charley, wenn dies wirklich so ist, dann bin ich ein Esel und du bist der klügste Kerl in den Vereinigten Staaten und auch etwas darüber hinaus.«

»Ist nicht so schlimm, Sam. Ich habe das Ding in Florida gesehen und es hier einfach nachgemacht, weil ich denke, daß uns eine Handvoll Regen nicht sehr viel schaden wird. Schau, da hast du bereits die Wolke! Sobald der Kaktus niedergebrannt ist, geht es los. Und wenn du es nicht glauben willst, so sieh nur deine Tony an, wie sie mit dem Schwanzstummel wirbelt und die Nüstern aufwirft! Auch mein Mustang riecht bereits Regen, der sich allerdings nicht viel weiter als über die Brandstrecke verbreiten wird. Kommt vorwärts, daß er uns auch richtig erwischen kann!«

Zwar liefen wir, aber wir hätten uns jetzt ebenso gut auch aufsetzen können, denn unsere Tiere zeigten sich so munter, wie es ihre Kräfte nur immer gestatteten, und drängten förmlich vorwärts. Ihr Instinkt ließ sie die ersehnte Erquickung wittern.

Meine Prophezeiung traf ein. Eine halbe Stunde später hatte sich die kleine Wolke so ausgebreitet, daß der ganze Himmel über uns bis rund um den Horizont tief schwarz erschien; dann brach es los, nicht allmählich wie in gemäßigteren Breiten, sondern plötzlich, als ob die Wolken aus festen Gefäßen beständen und umgestürzt worden seien. Es war, als trommelten zwanzig Fäuste auf unsern Schultern, und in der Zeit von nur einer Minute waren wir so vollständig durchnäßt, als wären wir in den Kleidern durch einen Fluß geschwommen. Die beiden Pferde standen erst ruhig und ließen die stürzende Flut mit freudigem Schnauben über sich ergehen; dann aber begannen sie allerlei Kapriolen zu machen, und bald konnten wir bemerken, daß ihre Kräfte vollständig zurückgekehrt waren. Wir selbst empfanden ein ganz außerordentliches Wohlbehagen, hielten unsere Decken auf, um das kostbare Naß zu sammeln, und füllten, was wir nicht tranken, in unsere Schläuche.

Am freudigsten gebärdete sich Bob, der Neger; er schlug Räder und Purzelbäume und schnitt Grimassen, die infolge seiner Physiognomie und der konträren Farbe seines Haares und seines Gesichtes ganz unbeschreiblich waren.

»Massa, Massa, oh, oh, Wasser, schön' Wasser, gut' Wasser, viel Wasser! Bob sein gesund, Bob sein stark, Bob wieder laufen, fahren und reiten bis nach Californ'! Wird auch haben Wasser Massa Bern'?«

»Wahrscheinlich, denn ich glaube nicht, daß er weit über die Kaktusstrecke hinausgekommen sein wird. Aber so trinke doch; es wird gleich aufhören, zu regnen!«

Er hob seinen breitrandigen Hut, der ihm entfallen war, von der Erde auf, hielt die untere Seite desselben empor, riß die wulstigen Lippen auseinander, daß ein Abgrund entstand, welcher von einem Ohre bis zum andern reichte, warf den Kopf nach hinten und goß sich den erquickenden Trank zwischen die klaffenden Zähne.

»Oh, ah, gut, Massa; Bob trinken noch groß viel mehr!« Er hielt den Hut wieder empor, sah sich aber getäuscht. »Ah, Regen all sein; kein Wasser mehr kommen!«

Wirklich hörte nach einem letzten Schlage des Donners, welcher ununterbrochen erschollen war, der Regen ebenso plötzlich auf, wie er eingetreten war; doch brauchten wir ihn auch nicht mehr, denn unser Durst war vollständig gestillt, und dazu hatten wir die Schläuche bis zum Ueberlaufen füllen können.

»Jetzt laßt uns ein wenig essen,« meinte ich, »und dann schnell vorwärts, damit wir Marshal erreichen!«

Das Mahl war in einigen Minuten beendet; es bestand nur in einem Stück dürren Büffelfleisches. Dann setzten wir uns auf und trabten vorwärts, wobei sich Bob als ein so guter Läufer erwies, daß er sehr leicht Schritt mit uns zu halten vermochte.

Allerdings waren die Spuren durch den Regen vollständig verwischt, doch kannte ich ja ihre Richtung, und es dauerte auch nicht lange, so bemerkte ich einen Flaschenkürbis, welcher an der Erde lag und jedenfalls von einem der Leute fortgeworfen worden war.

Die Kaktusstrecke mußte sich weit von Ost nach West hingezogen haben, denn die schwarze Brandfläche wollte gar nicht enden. Dies war mir jedoch lieb, da ich daraus schließen konnte, daß die Gesuchten von dem Regen mitbetroffen worden waren. Endlich aber hörte die Brandstätte doch auf, und gleich nachher erblickte ich in der Ferne eine dunkle Gruppe, welche aus Menschen und Tieren bestehen mußte. Ich nahm das Fernrohr zur Hand und zählte neun Männer und zehn Pferde. Acht der Gestalten saßen am Boden, die neunte aber befand sich zu Pferde und trennte sich eben von der Gruppe, um im Galopp in gerader Richtung auf uns zuzuhalten. Da aber schien er uns zu bemerken und parierte sein Tier. Ich fixierte ihn schärfer und erkannte Bernard Marshal.

Ich erriet sein Vorhaben. Er hatte sich in einem Zustande solcher Auflösung und Gleichgültigkeit befunden, daß er ebenso wie die Andern auf das Verschwinden seines Dieners gar nicht geachtet hatte; durch den erquickenden, neu belebenden Regen nun war er wieder in den Besitz seiner geistigen Spannkraft gelangt und hatte es als seine erste Pflicht erkannt, Bob aufzusuchen und zur Gesellschaft zurückzubringen. Das sah ich auch an dem zweiten Pferde, welches er am Zügel mit sich führte. Daß sich ihm keiner der Andern anschloß, wollte nicht sympathisch auf mich wirken, und ich hätte wetten mögen, daß sie aus lauter Yankees bestanden, denen das Leben eines ›Niggers‹, wenn er noch dazu nicht ihr eigener Diener ist, so viel wie eine taube Nuß gilt.

Er musterte unsern kleinen Trupp, rief einige Worte zurück, und sofort saßen alle auf ihren Pferden und hatten die Waffen zur Hand.

»Vorwärts, Bob; legitimiere uns!« gebot ich dem Neger.

Er setzte sich in Dauerlauf, und wir folgten ihm in einem guten Schritte. Als Marshal seinen Diener erkannte, war aller Argwohn verschwunden; die Gesellschaft stieg wieder ab und erwartete uns in friedlicher Haltung. Wir hatten Bob nur einen geringen Vorsprung gelassen und vernahmen also seine Meldung, welche er dem Juwelier zurief.

»Nicht schießen, Massa, nicht stechen; sehr gut' schön' Männer kommen; Massa Charley sein, der totschlagen bloß Indsmen und Spitzbub, aber laß leben Gentleman und Nigger!«

»Charley, ist's möglich!« rief der Ueberraschte und fixierte mich einen Augenblick.

Ich hatte mich in seiner Heimat etwas mehr *gentlemanlike* getragen, als es in der Savanne möglich ist; ein Gesicht mit einem nur kleinen Bärtchen erkennt man nach Monaten nicht sofort wieder, wenn es sich hinter einem verwilderten Vollbart verbirgt; und da er mich überdies in meinem gegenwärtigen Habitus noch nie gesehen hatte, so nahm ich es ihm gar nicht übel, daß er mich nicht schon von weitem erkannte. Jetzt aber war ich ihm vielleicht nur dreißig Pferdelängen nahe gekommen, und nun sah er, daß Bob ihn recht berichtet hatte. Im Nu war er bei mir und reichte mir die Hand vom Pferde herüber.

»Charley, ist's wahr? Seid Ihr es wirklich? Ich denke, Ihr wolltet nach Fort Benton und den Schneebergen! Wie kommt Ihr herab nach dem Süden?«

»War auch oben, Bernard, schien mir aber zu kalt und bin daher ein klein wenig heruntergerückt. Uebrigens Gott zum Gruß hier in dem Estaccado! Wollt Ihr mich Euren Kameraden vorstellen?«

»Natürlich! Charley, ich sage Euch, tausend Dollars sind mir nicht so lieb als Eure Gegenwart. Steigt ab, und tretet näher!«

Er nannte den Männern meinen Namen und mir die ihrigen und stürmte dann mit tausend Fragen, die ich ihm so gut wie möglich beantwortete, auf mich ein. Die Andern waren lauter Yankees, fünf Voyageurs der Pelzkompagnie mit ganz vortrefflicher Ausrüstung und drei Personen, welche sich so mit Waffen behangen hatten, daß sie keine Westmänner sein konnten; jedenfalls waren es die Kaufleute, von denen Bob gesprochen hatte, die ich aber mehr für Abenteurer hielt, welche nach dem Westen gingen, um ihr Glück auf irgend eine ehrliche oder unehrliche Weise zu suchen. Der älteste der Voyageurs, der mir als Williams genannt wurde, war der Anführer der Truppe und schien mir ein ganz passabler ›Waschbär‹ zu sein, wie man sich im Westen auszudrücken pflegt. Er wandte sich, als die ersten, nicht viel bedeutenden Fragen Bernards beantwortet waren, an mich. Der kleine Sam schien keinen imponierenden Eindruck auf ihn zu machen.

»Wir wissen jetzt so ungefähr, wer ihr seid und woher ihr kommt; nun laßt uns auch erfahren, wohin ihr wollt!«

»Vielleicht nach dem Paso del Norte, vielleicht auch wo anders hin, Sir, je nachdem wir Beschäftigung bekommen.«

Ich hielt es nicht für nötig, ihm mehr zu sagen, als er vorläufig zu wissen brauchte.

»Und was ist eure Beschäftigung?«

»Uns ein wenig in der Welt umzusehen.«

»*Lack-a-day*, das ist eine Arbeit, bei der man keine Langweile hat, trotzdem man sich dabei nicht anzustrengen braucht. Da müßt Ihr jawohl ein sehr wohlhabender, wo nicht gar ein reicher Mann sein; man sieht das auch Euren blanken Waffen an!«

Mit dieser Vermutung befand er sich allerdings auf dem Glatteise, denn ich besaß eben nur diese Waffen und nebenbei einige Kleinigkeiten, die ich daheim gelassen hatte. Auch gefiel mir die Frage nicht, und noch weniger der lauernde Blick und der halb spöttische, halb hastige Ton, mit dem sie ausgesprochen wurde. Der Mann war sehr unvorsichtig und flößte mir trotz seines wohlbeschaffenen Aeußern kein Vertrauen ein; ich beschloß, ihn scharf aufs Korn zu nehmen, und antwortete daher weder bejahend noch verneinend:

»Ob arm, ob wohlhabend, das ist in dem Estaccado so ziemlich gleich, sollte ich meinen.«

»Da habt Ihr Recht, Sir. Noch vor einer halben Stunde waren wir alle am Verschmachten, und nur ein reines Mirakel hat uns gerettet, ein Wunder, wie es hier noch niemals vorgekommen ist.«

»Welches?«

»Der Regen natürlich. Oder kommt ihr vielleicht aus einer Richtung, in welcher er euch nicht treffen konnte?«

»Er hat uns getroffen, denn wir haben ihn ja erst fertig gemacht.«

»Fertig gemacht? Was wollt Ihr damit sagen, Sir?«

»Daß wir ebenso verschmachtet waren, wie Ihr, und erkannten, daß wir nur dann Rettung finden konnten, wenn wir Wolken, Blitz und Donner machten.«

»Hört, Master Schlabbermaul, ich will nicht hoffen, daß Ihr uns für Leute haltet, denen man einen Bären für einen Wipp-poor-will geben kann, sonst würde es nach wenigen Augenblicken mit Eurer Haut sehr schlecht beschaffen sein. Ihr wart gewiß einmal da drüben in Utah am großen Salzsee und gehört zu den ›Heiligen der letzten Tage‹, die auch so ähnliche Wunder tun wie Ihr.«

»Allerdings war ich einmal drüben, habe es jetzt aber nicht mit den letzten Tagen, sondern zunächst mit dem heutigen Tage und mit Euch zu tun. Werdet Ihr uns beiden erlauben, uns Euch anzuschließen?«

»Warum nicht? Besonders da Ihr mit Master Marshal bekannt seid. Wie kommt es denn, daß Ihr Euch zu zweien in den Llano Estaccado wagt?«

Ich folgte meinem Mißtrauen, indem ich mich leichtsinnig und unerfahren stellte:

»Was gibt es da zu wagen? Der Weg ist abgesteckt; man geht also hinein und kommt glücklich wieder heraus.«

»*Good lack,* seid Ihr rasch fertig! Habt Ihr einmal von den Stakemen etwas gehört?«

»Was sind das für Leute?«

»Da hat man es! Ich will nicht von ihnen reden, denn man soll den Teufel nicht an die Wand malen; aber das sage ich Euch: wer zu zweien sich in den Estaccado wagt, der muß ein Kerl sein wie Old Firehand, Old Shatterhand, oder so klug und schlau wie Sans-ear, der alte Indsmentöter. Habt Ihr vielleicht einmal von einem dieser Leute gehört?«

»Möglich, habe es aber wohl wieder aus der Acht gelassen.

Wie lange werden wir noch reiten, ehe wir aus dem Estaccado herauskommen?«

»Zwei Tage.«

»Natürlich sind wir auf der rechten Straße?«

»Warum sollten wir es nicht sein?«

»Weil es mir vorkam, als ob die Pfähle plötzlich nach Südost statt nach Südwest gingen.«

»Das kann wohl Euch so vorkommen, nicht aber einem alten, erfahrenen Voyageur, wie ich bin. Ich kenne den Estaccado wie meinen Kugelbeutel.«

Mein Verdacht wurde größer. War er wirklich so erfahren, so mußte er sicher wissen, daß er aus der Richtung geraten war. Ich beschloß, ihn noch etwas näher anzulaufen.

»Wie kommt es, daß die Kompagnie Euch so tief nach dem Süden schickt? Es scheint mir, daß es mehr Pelzwerk im Norden gibt als hier.«

»Was Ihr weise und klug seid! Pelz ist Fell, und Fell ist Pelz. Abgerechnet, daß es graue und schwarze Bären, Racoons[1], Opossums und andere Pelztiere auch hier in Menge gibt, gehen wir nach Mittag, um uns bei der Herbstwanderung der Büffel einige tausend Felle zu holen.«

»Ah so! Ich habe geglaubt, daß Ihr sie droben in den Parks und so da herum viel leichter haben könnt. Uebrigens seid Ihr als Voyageur in einer sehr guten Lage, da Ihr von keinem Indsman etwas zu befürchten habt. Man hat mir erzählt, daß die Kompagnie ihre Voyageurs zugleich als Briefträger und Stafetten benützt, und ein solcher Brief soll der beste Talisman gegen die Feindseligkeiten der Indianer sein. Ist das wahr?«

»Ja. Wir können, statt die Feindseligkeiten der Roten zu befürchten, uns stets auf ihre Hilfe verlassen.«

»So seid Ihr wohl auch mit solchen Briefen versehen?«

»Natürlich. Ich brauche nur das Siegel vorzuzeigen, so gewährt mir jeder Indianer seinen Schutz.«

»Ihr macht mich neugierig, Sir. Laßt mich doch einmal ein solches Siegel sehen!«

[1] Waschbären.

Ich bemerkte, daß er in Verlegenheit kam, sie aber unter einer zornigen Miene zu verbergen suchte.

»Habt Ihr schon einmal etwas vom Briefgeheimnis gehört, Mann? Ich habe die Erlaubnis, nur Indsmen das Siegel zu zeigen.«

»Ich habe nicht verlangt, den Inhalt des Briefes kennen zu lernen. Ihr scheint also gar nie in die Lage zu geraten, Euch auch einmal vor einem Weißen legitimieren zu müssen!«

»In einem solchen Falle legitimiert mich meine Büchse. Merkt Euch das!«

Ich nahm eine Miene an, als fühle ich mich außerordentlich beherrscht von ihm, und schwieg in möglichst wohlgespielter Verlegenheit. Der kleine Sam blinzelte nicht mich – denn das hätte ihn verraten können – sondern seine Tony mit ein Paar Augen an, als ob er mit ihr im höchsten Grade einverstanden sei, und ich drehte mich zu Marshal herum:

»Bob hat mir erzählt, wohin Ihr wollt, Bernard, und aus welchem Grunde Ihr diese Reise unternehmt. Habt Ihr keine Spur von dem Mörder, der Euch um alles gebracht hat?«

»Nicht die geringste. Es müssen übrigens mehrere Personen gewesen sein, welche die Tat unternahmen.«

»Wo befindet sich Allan?«

»In San Francisco; wenigstens waren seine Briefe alle von daher datiert.«

»*Well,* so werdet Ihr ihn ja leicht finden. Werdet Ihr heut weiter gehen, oder behaltet Ihr hier Lager?«

»Es wurde ausgemacht, daß wir bleiben.«

»So will ich mein Pferd abtakeln.«

Ich erhob mich, und nahm dem Mustang Sattel und Zeug ab und gab ihm einige Handvoll Maiskörner zu fressen. Sam tat dasselbe mit seiner Stute. Wir hüteten uns dabei, ein Wort miteinander zu wechseln; es war dies ja auch gar nicht nötig, da wir uns auch ohne Rede verstanden. Wenn zwei Jäger einige Wochen lang beisammen gewesen sind, so lesen sie sich die Gedanken an den Augen ab. Auch mit Marshal sprach ich kein heimliches oder leises Wort. So verging der Rest des Tages unter meist gleichgültigen Gesprächen, und der Abend brach herein.

»Verteilt die Wachen, Sir,« sagte ich zu Williams. »Wir sind müde und wollen schlafen.«

Er tat es, und ich bemerkte, daß keiner der Doppelposten aus mir oder Sam oder Marshal und einem der Voyageurs zusammengesetzt war.

»Schlaft mitten unter ihnen, damit sie nicht heimlich sprechen können!« raunte ich Marshal zu, der mich sehr erstaunt bei dieser geheimnisvollen Weisung anblickte, aber ihr doch folgte.

Die Pferde hatten sich gelagert, da es kein Futter für sie gab. Ich legte mich, während die Anderen einen Kreis bildeten, zu meinem Mustang, dessen Leib ich als Kopfkissen benutzte, wozu den Uebrigen die Sättel dienten. Ich hatte meinen Grund zu dieser Ausnahmestellung. Sam bedurfte keines Winkes von mir; er verstand mich und wählte sich seinen Platz so zwischen den Voyageurs, daß sie nur auf Posten heimlich miteinander zu sprechen vermochten.

Die Sterne gingen auf; aber es hing – vielleicht infolge des Regens – ein eigentümlicher Duft zwischen ihnen und dem Boden, so daß ihr Schimmer nicht so hell wie an andern Abenden herabzudringen vermochte. Zwei von den Kaufleuten hatten die erste Wache; sie verlief ohne irgend eine Auffälligkeit; Williams hatte die zweite Wache für sich und den jüngsten Voyageur gewählt. Als die Reihe an sie kam, waren sie noch nicht eingeschlafen. Sie erhoben sich, und jeder patrouillierte seinen Halbkreis ab; ich merkte mir genau die beiden Punkte, an denen sie regelmäßig zusammentrafen. Der eine Punkt lag ganz in der Nähe des Pferdes, welches dem Neger Bob gehörte, und dies erschien mir als ein günstiger Umstand, da nicht anzunehmen war, daß dem Schwarzen ein gutes Prairiepferd anvertraut worden sei, vor dessen Instinkt man sich in acht zu nehmen hatte.

Zu sehen, ob die beiden Männer miteinander sprachen, sobald sie sich berührten, vermochte ich nicht; aber es war mir, als verriete mir der Schall ihrer Schritte, daß sie sich einander stets beim Umkehren einige Worte zuraunten. Der Aufenthalt in der Savanne hatte mein Gehör geschärft, und wenn ich mich nicht täuschte, so hatte ich es hier mit zwei außerordentlich abgefeimten Männern zu tun.

Ich kroch vorsichtig in einem Bogen zu dem Pferde heran. Es schien ein höchst geduldiger und zutraulicher Klepper zu sein, denn er verriet mein Nahen weder durch das leiseste Schnauben noch durch die geringste Bewegung, und ich vermochte mich so eng an seinen Körper zu schmiegen, daß ich eine Entdeckung nicht zu fürchten hatte.

Eben kam Williams von der einen und der Voyageur von der andern Seite. Bevor beide sich umdrehten, vernahm ich sehr deutlich die Worte:

»Ich ihn, und du den Neger!«

Williams hatte diese Worte gesprochen. Als sie wiederkehrten, hörte ich:

»Natürlich auch sie!«

Es schien mir, als habe der Andere drüben am gegenüberliegenden Berührungspunkte eine Frage in Betreff auf mich und Sam ausgesprochen. Als sie sich mir wieder näherten, klang es:

»*Pshaw!* Der Eine ist klein, und der Andere – es geschieht ja im Schlafe!«

Mit dem ›Kleinen‹ war jedenfalls Sam und mit dem ›Andern‹ ich gemeint. Es war klar, wir sollten ermordet werden. Warum, das konnte ich mir nicht erklären. Wieder nahten sie, und ich vernahm die deutliche Antwort:

»Alle drei!«

Vielleicht war drüben die Frage ausgesprochen worden, ob die drei Kaufleute unser Schicksal teilen sollten oder nicht. Diese fünf Voyageurs wollten sich also über uns hermachen, fünf gegen fünf. Das Fazit zu dieser Aufgabe war sehr leicht zu finden: sie hätten uns kalt gemacht, ohne sich selbst nur die Haut zu ritzen, wenn ich nicht auf den Gedanken gekommen wäre, sie zu belauschen. Jetzt trafen die beiden Buschklepper wieder zusammen.

»Keine Minute eher – und nun gut!« sagte Williams.

Die interessante Unterhaltung war also zu Ende, und ich konnte mir leicht denken, daß sich die letzten Worte auf den Zeitpunkt bezogen, wann die Tat geschehen sollte. Wann war dies? Im Schlafe sollte es geschehen! Heut oder morgen? Ich ging jedenfalls sicherer, wenn ich das Erstere annahm, und da die beiden Schurken höchstens noch eine Viertelstunde zu lustwandeln hatten, so war es hohe Zeit, ihnen zuvorzukommen.

Ich machte mich sprungfertig. Sie trafen wieder zusammen, diesmal ohne ein Wort zu sprechen. Beide drehten sich zu gleicher Zeit um, und kaum war Williams an mir vorüber, so schnellte ich hinter ihm in die Höhe, schlug ihm die Linke um den Hals, so daß er keinen Laut auszustoßen vermochte, und traf ihn mit der geballten Rechten so an die Schläfe, daß er still an mir niederglitt.

Jetzt setzte ich an seiner Stelle den Weg fort und stieß am jenseitigen Berührungspunkte mit dem Andern zusammen. Er war vollständig ahnungslos und hielt mich für Williams. Ich nahm ihn gleich von vorn bei der Gurgel und schlug ihn nieder. Wenigstens zehn Minuten lagen die Beiden ohne Besinnung; das wußte ich. Daher schritt ich nun rasch auf die Gruppe der Schlafenden zu. Nur zwei waren wach, Sam natürlich und Bernard, der durch meine ihm zugeflüsterte Weisung in eine solche Unruhe versetzt worden war, daß er nicht hatte schlafen können.

Ich schnallte den Lasso von der Hüfte – Sam tat sofort ein Gleiches.

»Die drei Voyageurs bloß,« flüsterte ich, und dann rief ich laut: »Hallo, auf ihr Leute!«

Im Nu fuhren alle empor, sogar Bob, der Neger, aber ebenso schnell flogen auch die Schlingen unserer Lassos zweien der Voyageurs um die Arme und den Oberleib – eine zweite Schlinge, und die Riemen schlossen so fest, daß sie von den Gefangenen nicht gelöst werden konnten. Bernard Marshal hatte, mehr ahnend als begreifend, sich auf den dritten geworfen und hielt ihn fest, bis ich ihn mit seinem eigenen Lasso gebunden hatte. Und dies war so schnell geschehen, daß wir bereits fertig waren, als sich einer der drei Kaufleute ermannte und rief, zu seiner Büchse greifend:

»Verrat, zu den Waffen!«

Sam lachte laut auf.

»Laß deine Feuerspritze in Ruhe, meine Junge; es möchte dir und auch den Andern der Zünder fehlen, hihihihi!«

Der vorsichtige Kleine hatte während meines Lauschens von den drei Gewehren die Zündhütchen genommen, ein Beweis, wie scharf er mich verstand, ohne daß wir ein Wort gewechselt hatten.

»Seid ohne Sorge, ihr Leute, es wird euch nicht das Geringste geschehen!« beruhigte ich sie. »Diese Männer hier wollten uns und euch ermorden; daher haben wir sie bis auf Weiteres unschädlich gemacht.«

Trotz der Dunkelheit war der Schreck zu bemerken, den meine Worte auf sie hervorbrachten, und auch Bob trat eilig näher.

»Massa, wollen sie morden auch Bob?«

»Auch dich!«

»Dann sie sterben, sie hängen in Estaccad', viel hoch an Pfahl!«

Die Gefangenen gaben keinen Laut von sich; sie mochten auf die Hilfe der Wachen rechnen.

»Bob, da drüben liegt Williams, und dort der Andere. Bringe sie herbei!« gebot ich dem Neger.

»Schon tot sie?« fragte er mich.

»Nein, aber ohne Besinnung.«

»Werden holen sie!«

Der riesige Schwarze schleppte Einen nach dem Andern auf seinen breiten Schultern herbei und warf sie zu Boden. Sie wurden augenblicklich gebunden. Nun konnten wir endlich sprechen, und ich klärte die drei Kaufleute über das auf, was wir getan hatten. Sie gerieten in eine außerordentliche Wut und verlangten den augenblicklichen Tod der Voyageurs. Ich mußte ihnen widersprechen.

»Auch die Savanne hat ihr Recht und ihre Gesetze. Ständen sie uns mit den Waffen gegenüber, wo dann unser Leben an einem Augenblick hing, so könnten wir sie niederschießen; wie die Dinge aber jetzt stehen, dürfen wir keinen Mord begehen, sondern müssen eine Jury über sie bilden.«

»Oh, oh, ja, eine Jury,« meinte der Neger, erfreut über ein solches Schauspiel, »und dann Bob aufhängen all' ganz' Fünf!«

»Jetzt nicht! Es ist Nacht; wir haben kein Feuer und müssen warten, bis der Tag anbricht. Wir sind sieben Männer. Fünf können also ruhig schlafen, während zwei immer wachen; dabei sind uns die Gefangenen vollständig sicher, bis die Sonne kommt.«

Ich hatte Mühe, mit meiner Ansicht durchzudringen, brachte es aber endlich so weit, daß fünf sich wieder zur Ruhe legten, während ich mit einem der Kaufleute die Wache bezog. Nach einer Stunde wurden wir abgelöst. Sam übernahm die letzte Wache allein, da um diese Zeit der Tag bereits zu dämmern begann und zwei Augen also vollständig hinreichten, uns die nötige Sicherheit zu bewahren.

Während der ganzen Nacht hatte keiner der Gefangenen einen Laut von sich gegeben; doch als wir uns erhoben, bemerkte ich, daß Williams und sein Kumpan die Besinnung wieder erlangt hatten. Jetzt wurde zunächst gefrühstückt; unsere Pferde erhielten ihre Portion Körner, und dann ward zur Verhandlung geschritten. Sam winkte nach mir und sagte:

»Das ist unser Sheriff; er wird zum Beispiel jetzt die Jury beginnen.«

»Nein, Sam, den Vorsitz übernehme ich nicht; das wirst du tun!«

»Ich? *Heigh-ho,* wo denkst du hin? Sam Hawerfield und Sheriff! Wer Bücher schreibt, paßt besser dazu!«

»Ich bin kein Bürger der Vereinigten Staaten und nicht so lange in der Savanne gewesen wie du. Wenn du nicht willst, so muß Bob es tun!«

»Bob? Ein Schwarzer und Sheriff? Das wäre der dümmste Streich, den wir in diesem Sandloche machen könnten, und so muß ich wohl ja sagen, wenn du zum Beispiel gar nicht anders willst!«

Er setzte sich in Positur und nahm eine Miene an, aus welcher deutlich zu erkennen war, daß bei diesem Savannengerichte wenigstens dieselbe Sorgsamkeit und Gerechtigkeit obwalten solle, wie bei der Jury einer zivilisierten Grafschaft.

»Nehmt Platz im Kreise, Mesch'schurs; ihr alle seid Schöffen, und Bob, der Neger, bleibt stehen, denn er wird der Constabel sein!«

Bob zog den Gurt seines Säbels fester an und suchte auf seinem Gesichte die möglichste Würde hervorzubringen.

»Constabel, nimm den Gefangenen die Fesseln ab, denn wir sind in einem freien Lande, und in einem solchen stehen selbst die Mörder mit freien Gliedern vor ihrem Richter!«

»Aber wenn ausreißen all' fünf, so – – –« wagte der Neger einzuwenden.

»Gehorchen!« donnerte ihn Sans-ear an. »Von diesen Männern wird keiner entfliehen, denn wir haben ihnen die Waffen genommen, und ehe sie zum Beispiel zehn Schritte getan hätten, wären unsere Kugeln schon bei ihnen!«

Die Riemen wurden abgelöst, und die Gefangenen richteten sich, noch immer kein Wort sprechend, in die Höhe. Jeder von uns Anderen hatte seine Büchse zur Hand; an eine Flucht war also wirklich nicht zu denken.

»Du nennst dich Williams,« begann Sam. »Ist dies dein richtiger Name?«

Der Gefragte entgegnete mit grimmiger Miene:

»Ich werde euch nicht antworten. Ihr selbst seid Mörder; ihr selbst habt uns überfallen; ihr selbst gehört vor ein Savannengericht.«

»Tue, was du willst, mein Junge; du hast deinen freien Willen. Aber ich sage dir, daß Schweigen als ein Geständnis gilt. Also – bist du ein wirklicher Voyageur?«

»Ja.«

»Beweise es! Wo hast du deine Briefe?«

»Ich habe keine.«

»Gut, mein Junge, das genügt vollständig, um zu wissen,

woran man mit dir ist! Willst du mir wohl sagen, was du gestern abend während deiner Wache mit deinem Kameraden gesprochen und beschlossen hast?«

»Nichts! Kein Wort ist gesprochen worden.«

»Dieser ehrenwerte Mann hier hat euch belauscht und alles deutlich gehört. Ihr seid keine Westmänner, denn ein echter Savannenläufer würde die Sache viel gescheiter angefangen haben.«

»Wir keine Westmänner? *All devils,* bringt Eure Komödie zu Ende, und dann wollen wir euch zeigen, daß wir uns vor keinem von euch fürchten. Wer seid denn ihr? Greenhorns, die uns im Schlafe überfallen haben, um uns zu ermorden und zu berauben!«

»Rege dich nicht unnötig auf, mein Sohn! Ich werde dir sagen, wer die Greenhorns sind, die hier über Leben und Tod entscheiden werden. Dieser Mann hat euch, nachdem er euch belauscht hatte, ganz allein mit seiner Faust niedergestreckt, und das ist zum Beispiel so korrekt geschehen, daß es kein Mensch gemerkt hat, nicht einmal ihr selbst. Und Derjenige, der diese schöne Faust besitzt, nennt sich Old Shatterhand. Jetzt seht mich einmal an! Darf sich wohl einer, dem die Navajoes einst die Ohren genommen haben, Sans-ear heißen lassen? Wir sind also die Zwei, die sich ganz allein in den Llano estaccado wagen dürfen. Und auch das ist wahr, daß wir es gestern regnen ließen; wer sonst sollte es denn gewesen sein? Oder hat man jemals gehört, daß es in dem Estaccado freiwillig geregnet hat?«

Es war sichtlich kein ermutigender Eindruck, welchen unsere Namen auf die fünf Männer machten. Williams ergriff zuerst das Wort; er hatte sich die Situation überlegt, und grad unsere Namen mochten den Gedanken in ihm erwekken, daß er eine Vergewaltigung bei uns nicht zu erwarten habe.

»Wenn ihr wirklich Diejenigen seid, für welche ihr euch ausgebt, so haben wir Gerechtigkeit zu erwarten. Ich werde euch die Wahrheit sagen. Ich habe früher anders geheißen, als Williams, aber das ist kein Verbrechen, denn ihr heißt eigentlich auch anders, als Old Shatterhand und Sans-ear; ein Jeder kann sich heißen lassen, wie es ihm beliebt.«

»*Well*, wegen des Namens bist du aber auch nicht angeklagt!«

»Und wegen eines Mordes könnt ihr uns auch nicht anklagen; wir haben weder einen begangen, noch einen begehen wollen. Ja, wir haben gestern abend miteinander gesprochen, haben von einem Mord gesprochen; haben wir aber eure Namen genannt?«

Der gute Sam blickte lange vor sich nieder und meinte endlich ziemlich verdrießlich:

»Nein, das habt ihr allerdings nicht getan; aber aus euren Worten ließ sich alles deutlich schließen.«

»Ein Schluß ist kein Beweis, ist keine Tatsache. Ein Savannengericht ist ein löbliches Ding, aber auch eine solche Jury darf nur nach Tatsachen und nicht nach Vermutungen urteilen. Wir haben Sans-ear und Old Shatterhand gastfreundlich bei uns aufgenommen, und zum Dank dafür werden sie uns unschuldig töten. Das werden alle Jäger erfahren von der großen See bis zum Mississippi, vom mexikanischen Meerbusen bis zum Sklavenfluß, und alle werden sagen, daß die beiden großen Jäger Räuber und Mörder geworden sind.«

Ich mußte innerlich gestehen, daß der Schurke seine Verteidigung ganz ausgezeichnet führte. Sam wurde von derselben so überrumpelt, daß er aufsprang.

»*'s death*, das wird niemand sagen, denn wir werden euch nicht verurteilen. Ihr seid frei, so viel ich meine! Was sagt ihr Andern dazu?«

»Sie sind frei; sie sind unschuldig!« meinten die drei Kaufleute, deren Ueberzeugung von der Schuld der Angeklagten gleich von vornherein nicht groß gewesen war.

»Auch ich kann, nach dem, was ich weiß, nichts auf sie bringen,« entschied Bernard. »Was sie sind und wie sie heißen, das geht uns nichts an, und für unsere Anklage haben wir nur Vermutungen, keineswegs aber Beweise.«

Bob, der Neger, machte ein höchst verblüfftes Gesicht; er sah sich auf einmal um die Hoffnung betrogen, die Delinquenten aufhängen zu dürfen. Was mich betraf, so war ich mit dieser Wendung der Dinge ziemlich zufrieden; ich hatte sie sogar vorhergesehen und daher nicht nur gestern zum Aufschub geraten, sondern heut auch dem guten Sam den Vorsitz gelassen. Er besaß als Jäger eine seltene Schlauheit; einen Mörder aber durch Kreuzfragen festzunehmen, dazu war er nicht der Mann. In der Prairie ist man niemals seines Lebens sicher; warum also fünf Menschenleben auslöschen, wenn noch nicht einmal die geringste feindselige Tat vorliegt? Dann müßte überhaupt jeder Feind schon auf seine bloße Gesinnung hin getötet werden. Es lag mir weniger an dem Tode dieser Männer, als vielmehr an unserer Sicherheit, und für dieselbe konnten geeignete Maßregeln sehr leicht getroffen werden. Einen kleinen Stich aber mußte ich Sam doch dafür geben, daß er sich das abringen ließ, was wir besser aus Milde oder Gnade hätten bewilligen sollen. Als er sich daher mit der Frage an mich wandte, was ich dazu sage, antwortete ich:

»Weißt du noch, Sam, was der Vorzug deiner Tony ist?«

»Welcher?«

»Daß sie Grütze im Kopfe hat.«

»*Egad*, ich besinne mich, und auch du scheinst ein gutes Gedächtnis für dergleichen Dinge zu haben. Aber was kann ich dafür, daß ich ein Jäger und kein Rechtsgelehrter bin? Du hättest aus diesen Leuten vielleicht etwas herausgekniffen; warum hast du den Sheriff nicht gemacht? Nun sind sie frei, denn was einmal gesagt ist, das muß auch gelten.«

»Natürlich, denn meine Meinung könnte nun doch nichts mehr entscheiden. Frei sind sie, nämlich von der Anklage auf Mordversuch, doch frei in anderer Beziehung noch nicht. Master Williams, ich werde jetzt eine Frage an Euch richten, und auf Eure Antwort soll es ankommen, was mit Euch weiter geschehen wird. In welcher Richtung erreicht man am schnellsten den Rio Pecos?«

»Grad nach West.«

»In welcher Zeit?«

»In zwei Tagen.«

»Ich halte euch für Stakemen, obgleich ihr uns gestern vor denselben warnen wolltet und obgleich ihr mit eurer Truppe, allerdings nachdem sie gehörig abgeschwächt war, die richtige Richtung eingehalten zu haben scheint. Ihr werdet als unsere Gefangenen zwei Tage lang bei uns bleiben. Sind wir dann noch nicht am Flusse, so ist es um euch geschehen, denn ich selbst werde euch die Kugel oder den Riemen zu kosten geben, oder eine Jury über euch abhalten. Jetzt wißt ihr, woran ihr seid! Bindet sie auf ihre Pferde, und dann vorwärts!«

»Oh, ah, das sein gut!« meinte Bob. »Wenn nicht kommen an Fluß, Bob werden hängen sie an Baum!«

Bereits nach einer Viertelstunde befanden wir uns unterwegs; die auf ihre Pferde gebundenen Gefangenen waren natürlich in der Mitte. Bob schien sein Amt als Constabel nicht niederlegen zu wollen; er wich nicht von ihnen und hielt sie unter der strengsten Beaufsichtigung. Sam befehligte den Nachtrab, und ich ritt mit Bernard Marshall voran.

Natürlich war das gestrige Ereignis der Gegenstand unseres Gespräches, doch hatte ich keine Lust, mich sonderlich darüber zu verbreiten. Endlich meinte er, von den Voyageurs abbrechend:

»Ist es wahr, was Sans-ear behauptete, daß Ihr den Regen gemacht habt?«

»Ja.«

»Mir unbegreiflich, obgleich ich weiß, daß Ihr nicht die Unwahrheit sagt.«

»Ich ließ es regnen, um uns und Euch zu retten.«

Und nun erklärte ich ihm den höchst einfachen Vorgang, mit Hilfe dessen sich die Wettermacher und Medizinmänner mancher wilder Völkerschaften bei ihren Gläubigen in ungeheuren Kredit zu setzen verstehen.

»Dann haben wir alle Euch also das Leben zu verdanken. Wir wären verschmachtet an der Stelle, an welcher Ihr uns traft.«

»Verschmachtet nicht, sondern ermordet worden. Seht Euch nur die Satteldecken dieser sogenannten Voyageurs an;

es befinden sich noch volle Wasserschläuche unter denselben. Sie haben nicht den mindesten Durst gelitten. Ich würde sie unbedingt niederschießen, wenn ich mich nicht scheute, Menschenblut zu vergießen. Wie heißt der jüngste von ihnen, der gestern mit Williams zugleich die Wache hatte?«

»Mercroft.«

»Jedenfalls auch ein angenommener Name. Der Bursche kommt mir trotz seiner Jugend am allerverdächtigsten vor, und es ist mir, als hätte ich ein ähnliches Gesicht bereits einmal unter nicht empfehlenden Umständen gesehen. Wehe ihnen, wenn wir zur angegebenen Zeit das Wasser nicht erreichen! Jetzt erzählt mir doch einmal die näheren Umstände bei der Ermordung und Beraubung Eures Vaters!«

»Nähere Umstände gibt es nicht. Allan war nach Francisco gegangen, um Einkäufe in Gold zu machen; wir waren also mit Bob und der Wirtschafterin nur zu Vieren, da die Arbeiter und Gehilfen außerhalb des Hauses wohnten. Der Vater ging abends stets aus, wie Ihr ja wohl wißt, und eines schönen Morgens fanden wir seine Leiche im verschlossenen Hausflur, die Werkstatt und den Laden aber geöffnet und alles Wertvolle geraubt. Er trug stets einen Schlüssel bei sich, welcher alle Türen öffnete. Man hat ihm nach der Ermordung denselben abgenommen und konnte dann mit Hilfe dieses Hauptschlüssels den Raub ohne alle Mühe vollführen.«

»Hattet Ihr keinen Verdacht?«

»Nur einer der Gehilfen konnte den Umstand mit dem Schlüssel wissen, doch alle polizeilichen Nachforschungen sind fruchtlos geblieben; die Gehilfen mußten entlassen werden und sind verschollen. Es befanden sich bedeutende Depositen unter den geraubten Juwelen; ich mußte alles ersetzen und behielt kaum Mittel genug zu der Reise nach Kalifornien übrig, welche ich unternehmen muß, um den Bruder aufzusuchen, dessen Nachrichten so plötzlich unterblieben sind.«

»So habt Ihr keine Hoffnung, des Mörders jemals habhaft zu werden und wenigstens teilweise wieder zu Eurem Eigentum zu kommen?«

»Nicht die mindeste. Die Täter sind mit ihrem Raube jedenfalls längst außer Landes, und obschon ich die Tat in allen größeren Zeitungen Europas und Amerikas veröffentlichen ließ und eine genaue Beschreibung der wertvollsten geraubten Gegenstände beifügte, so wird mir dies doch nichts helfen, denn es gibt für den geriebenen Verbrecher Mittel und Wege genug, sich sicher zu stellen.«

»Ich möchte wohl einmal eine solche Veröffentlichung lesen!«

»Das könnt Ihr. Ich habe die betreffende Nummer des Morning-Herald stets bei mir, um für etwaige Fälle bei der Hand zu sein.«

Er griff in die Tasche und zog das Blatt hervor, um es mir herüberzureichen. Ich las das Verzeichnis während des Reitens und mußte dabei wieder einmal eine jener höheren Fügungen bewundern, welche der Zweifler Zufall zu nennen pflegt. Als ich zu Ende war, faltete ich das Papier zusammen und gab es ihm zurück.

»Wie nun, wenn ich im Stande wäre, Euch den Täter oder wenigstens einen der Täter genau zu bezeichnen?«

»Ihr, Charley?« fragte er schnell.

»Und Euch wenigstens zu einem großen Teile Eures Verlustes wieder zu verhelfen?«

»Treibt keinen üblen Scherz, Charley! Ihr waret in der Prairie, als die Tat geschah; wie sollte Euch das möglich sein, was die, welche am nächsten beteiligt waren, nicht zustande brachten?«

»Bernard, ich bin ein rauher Gesell; aber wohl dem Menschen, der sich aus der glücklichen Jugendzeit seinen Kinderglauben hinüber in die Zeit des ernsten Mannesalters gerettet hat. Es gibt ein Auge, welches über alles wacht, und eine Hand, welche selbst die bösesten Anschläge für uns zum Guten lenkt, und für dieses Auge, für diese Hand liegen Louisville und die Savanne eng zusammen. Da seht einmal her!«

Ich zog die Beutel hervor und reichte sie ihm hin. Er nahm sie mit fieberhafter Aufregung in Empfang, und als er sie öffnete, sah ich seine Hände zittern. Kaum hatte er einen Blick hineingeworfen, so stieß er einen Ruf der freudigsten Ueberraschung aus:

»Herr, mein Gott, unsere Diamanten! Ja, sie sind's, sie sind's wahrhaftig! Wie kommt – – – «

»Stopp!« unterbrach ich ihn. »Beherrscht Euch, mein Junge! Die da hinter uns brauchen nicht ganz genau zu wissen, welche Art von Unterhaltung wir führen! Wenn es Eure Steine sind, wovon ich allerdings selbst vollkommen überzeugt bin, so behaltet sie, und damit Ihr nicht etwa gar mich selbst für den Spitzbuben haltet, will ich Euch erzählen, wie ich zu ihnen gekommen bin.«

»Charley, was denkt Ihr denn! Wie könnt Ihr meinen –«

»Sachte, sachte! Ihr schreit ja, als ob sie es drüben in Australien hören sollten, was wir hier mit einander zu verhandeln haben!«

Der gute Bernard befand sich in einem allerdings leicht erklärlichen Freudenrausche; ich gönnte ihm sein Glück von ganzem Herzen und bedauerte nur, daß es nicht möglich war, mit den Steinen ihm auch den Vater zurückzugeben.

»Erzählt, Charley! Ich bin begierig, zu hören, wie meine Steine in Eure Hände gekommen sind,« bat er mich.

»Ich hatte auch den Täter beinahe fest. Er war mir so nahe, daß ich ihn mit diesem meinem Fuße von der Lokomotive stieß, auf welcher ich stand, und Sam ist hinter ihm hergewesen, freilich vergeblich. Aber ich hoffe, ihn wieder zwischen die Hände zu bekommen, und zwar bald, wo möglich da drüben über dem Rio Pecos; er hat sich dorthin gewandt, jedenfalls einer neuen Gaunerei wegen, der wir wohl auch noch auf die Spur kommen werden.«

»Erzählt, Charley, erzählt!«

Ich berichtete ihm den Bahnüberfall durch die Ogellallahs mit allen dabei vorgekommenen Einzelheiten und las ihm dann auch den Brief vor, welchen Patrik an Fred Morgan geschrieben hatte. Er hörte mit der größten Aufmerksamkeit zu und meinte dann am Schlusse:

»Wir fangen ihn, Charley, wir fangen ihn, und werden dann auch erfahren, wohin das Uebrige gekommen ist!«

»Fangt nicht wieder an zu schreien Bernard! Wir sind zwar um einige Pferdelängen voraus, aber hier im Westen muß man selbst beim einfachsten Dinge verschlossen sein, da Unklugheit niemals zu irgend einem Nutzen führt.«

»Und Ihr wollt mir die Steine wirklich überlassen, ohne alle Bedingung, ohne jedweden Anspruch?«

»Natürlich, sie sind ja Euer!«

»Charley, Ihr seid – – – doch hört« – er griff in den Beutel und zog einen der größeren Steine hervor – »tut mir den Gefallen und nehmt diesen da als Andenken von mir an!«

»*Pshaw!* Werde mich hüten, Bernard! Ihr habt nichts zu verschenken, gar nichts, denn diese Steine gehören nicht Euch allein, sondern auch Eurem Bruder.«

»Allan wird gutheißen, was ich tue!«

»Das ist möglich, ja, ich bin sogar überzeugt davon; aber bedenkt, daß diese Steine noch lange nicht alles sind, was Ihr verloren habt. Behaltet ihn also, und wenn wir einmal scheiden, so gebt mir etwas Anderes, was Euch nichts kostet und mir als Andenken dennoch lieb und teuer ist! Jetzt aber reitet einmal in dieser Richtung fort, ich werde Sam erwarten!«

Ich ließ ihn mit seinem Glück allein und blieb halten, um die Truppe an mir vorüber zu lassen, bis Sans-ear mir zur Seite war.

»Was hattest du denn da vorn so Außerordentliches zu verhandeln, Charley?« fragte er mich. »Ihr habt ja die Luft mit den Armen geprügelt, daß es zum Beispiel ganz so aussah, als ob ihr Ballett reiten wolltet.«

»Weißt du, wer der Mörder von Bernards Vater ist?«

»Nun? Du hast es doch nicht etwa herausbekommen?«

»Doch!«

»*Well done!* Du bist ein Mensch, dem alles glückt. Wenn ein Anderer jahrelang vergeblich nach etwas ringt und jagt, so greifst du im Traume in die Luft und hast es. Nun, wer ist es? Ich hoffe, daß du dich nicht verrechnest!«

»Fred Morgan.«

»Fred Morgan – dieser?! Charley, ich will dir Alles glauben, dies aber nicht. Morgan ist ein Schuft unter den Westmännern, doch nach dem Osten kommt er nicht.«

»Ganz, wie du willst. Die Steine aber gehören Marshall; ich habe sie ihm bereits wiedergegeben.«

»Ha, wenn du das getan hast, so mußt du freilich ganz außerordentliche Ueberzeugung haben. Wird sich freuen, der arme Junge! Und nun gibt es einen Grund mehr, mit diesem Morgan einige Worte im Vertrauen zu reden; ich hoffe, seine Kerbe bald einschneiden zu können.«

»Und wenn wir ihn finden und mit ihm fertig sind, was dann?«

»Was dann? Hm, ich bin nur seinetwegen nach dem Süden, und wäre ihm nachgegangen bis nach Mexiko, Brasilien und dem Feuerlande. Finde ich ihn aber hier, so ist es mir ganz gleich, wohin ich gehe. Vielleicht hätte ich zum Beispiel Lust, einmal hinüber in das alte Kalifornien zu laufen, wo es so prächtige Abenteuer geben soll.«

»Für diesen Fall gehe ich mit. Ich habe noch einige Monate Zeit und möchte den guten Bernard nicht allein diesen weiten und gefährlichen Weg machen lassen.«

»*Well*, so sind wir einig. Sorge nur dafür, daß wir erst glücklich aus diesem Sande und von dieser Gesellschaft kommen. Sie gefällt mir jetzt viel weniger als heut am Morgen, und besonders will mir das Gesicht des Jungen dort verwünscht schlecht behagen; es ist ein Ohrfeigengesicht, und ich meine, daß ich es bereits einmal bei einer Gelegenheit gesehen habe, bei welcher eine Schlechtigkeit im Werke gewesen ist.«

»Geht mir ganz ebenso. Vielleicht besinne ich mich noch, wo ich ihm begegnet bin!«

Der Ritt wurde ohne eine besondere Unterbrechung bis abends fortgesetzt; dann machten wir Halt, versorgten unsere Pferde, aßen einige Bissen hartes Dürrfleisch und begaben uns dann zur Ruhe. Die Gefangenen waren für die Nacht gefesselt worden, und die Wache sorgte dafür, daß sie sich nicht zu befreien vermochten. Als der Morgen anbrach, ging es wieder vorwärts, und bereits am Mittag bemerkten wir, daß der Boden weniger steril wurde. Der Kaktus, welchem wir begegneten, wurde saftiger, und bereits zeigte sich hier oder da im Sande ein Halm oder ein Büschel grüngelben Grases, welches unsere Pferde mit Begierde abweideten. Nach und nach drängten sich die Halme und Büschel zusammen; die Wüste wurde zum wiesenartigen Plane, und wir mußten absteigen, um unsere Tiere zufrieden zu stellen, welche sich mit wahrem Heißhunger an dem Grün erlabten. Zuviel durften wir ihnen freilich nicht gewähren; darum pflockten wir sie an, damit sie nur soweit weiden konnten, als die Lassos reichten. Jetzt konnten wir sicher sein, bald Wasser zu finden, und so gingen wir mit dem Reste des unsrigen nicht eben gar zu sehr sparsam um.

Indem wir uns so freuten, die furchtbare Wüste endlich hinter uns zu haben, trat Williams zu mir.

»Sir, glaubt Ihr nun, daß ich die Wahrheit gesagt habe?«

»Ich glaube es.«

»So gebt uns unsere Pferde und Waffen zurück, und laßt uns frei. Wir haben Euch nichts getan, und können diese Forderung mit allem Rechte stellen.«

»Möglich; da ich aber nicht allein über euch zu entscheiden vermag, so werde ich die Anderen fragen.«

Wir setzten uns zur Beratung zusammen, welcher ich eine vorbedächtige Einleitung gab:

»Mesch'schurs, wir haben die Wüste im Rücken und gutes Land vor uns; nun gilt die Frage, ob wir noch beisammen bleiben können. Wohin gedenkt ihr zu gehen?« wandte ich mich speziell an die Kaufleute.

»Nach dem Paso del Norte,« lautete die Antwort.

»Wir vier reiten hinauf nach Santa Fé; unsere Wege laufen also auseinander. Jetzt ist noch die Frage, was wir mit diesen fünf Männern tun.«

Diese wichtige Frage ward nach kurzer Besprechung in der Weise gelöst, die Voyageurs freizulassen, und zwar nicht erst morgen, sondern noch heute. Dies war meinem Plane nicht zuwider; sie erhielten also ihr Eigentum zurück und machten sich sofort auf den Weg. Auf die Frage, wohin sie sich zu wenden beabsichtigten, gab Williams zur Antwort, daß sie dem Pecos bis zum Rio Grande folgen würden, um dort Büffel zu jagen. Sie waren kaum eine halbe Stunde fort, so brachen auch die Kaufleute auf, und bald waren beide Gruppen am Horizonte verschwunden.

Wir hatten seit ihrer Entfernung schweigend dagesessen; jetzt brach Sam die Stille:

»Was meinst du, Charley?« fragte er mich.

»Daß sie nicht nach dem Rio Grande gehen, sondern uns den Weg nach Santa Fé verlegen werden.«

»*Well*, ist auch meine Ansicht. War doch gescheit von dir, daß du sie belehrtest, wir wollten just da hinauf. Jetzt ist die Frage, ob wir zum Beispiel hier bleiben oder sogleich weitergehen sollen.«

»Ich entscheide mich für das Bleiben. Folgen können wir ihnen noch nicht, denn sie vermuten dies und passen also auf, und da wir vielleicht Strapazen vor uns haben, denen unsere Pferde noch nicht gewachsen sind, so ist es geraten, wir lassen dieselben bis morgen Rast und Weide halten.«

»Aber wenn diese Menschen heute nacht zurückkehren und uns überfallen?« fragte Marshall.

»So würden wir endlich Grund haben, so mit ihnen zu sprechen, wie sie es verdienen. Uebrigens reite ich auf Spähe aus; ich will dies übernehmen, weil mein Pferd das kräftigste ist. Ihr bleibt natürlich hier, bis ich zurückkehre, was möglicherweise erst am Abend geschehen wird.«

Ich stieg auf und ritt, von keinem Einspruch Sams zurückgehalten, den Spuren der Voyageurs nach. Diese führten in südwestlicher Richtung in das Land hinein, während die Fährte der drei Kaufleute mehr nach Süden strich.

Ich folgte im Trabe. Die Voyageurs hatten sich in langsamem Schritte entfernt, mußten sich aber später schneller vorwärts bewegt haben, denn es dauerte wohl eine halbe Stunde, ehe ich sie in die Augen bekam. Ich wußte, daß sie kein Fernrohr hatten, und konnte ihnen also in der Weise folgen, daß ich sie immer vor meinem Glase behielt.

Nach einiger Zeit trennte sich zu meinem Erstaunen einer von ihnen und schlug eine gerade westliche Richtung ein.

Dort sah ich in der Ferne Strecken von Buschwerk, welche sich wie Halbinseln in die Prairie hineinzogen; es mußte auch Bäche und andere Wasserläufe dort geben. Was tun? Wem sollte ich folgen? Den Vieren oder dem Einen? Eine Ahnung sagte mir, daß dieser letztere einen Plan habe, der sich auf uns bezog. Wohin die Anderen gingen, konnte mir gleichgültig sein, da sie sich stetig von unserem Lagerplatze entfernten; aber was er vorhatte, das zu wissen, konnte uns von großem Vorteile sein. Darum folgte ich ihm.

Nach ungefähr drei Viertelstunden sah ich ihn zwischen den Büschen verschwinden. Jetzt setzte ich meinen Mustang in gestreckten Galopp und ritt einen Bogen, um mich ihm, wenn er auf demselben Wege zurückkehren sollte, nicht zu verraten. Unweit des Punktes, an welchem er in die Büsche gedrungen war, erreichte auch ich dieselben, ritt aber noch eine ziemliche Strecke zwischen sie hinein, bis ich einen kleinen, freien und rings von Sträuchern umfaßten Platz erreichte, welcher von dem saftigsten Grün bestanden war, weil, wie ich zu meiner großen Freude bemerkte, ein klarer Quell hier entsprang. Ich stieg ab und band mein Pferd so an, daß es saufen und weiden konnte; dann trank ich selbst von dem herrlichen Wasser und schritt nachher der Richtung zu, in welcher ich auf die Fährte des Reiters stoßen mußte.

Dies geschah sehr bald, und zu meinem Erstaunen bemerkte ich, daß hier mehrere Reiter geritten waren, ja, daß es einen ordentlichen Pfad gab, welcher fleißig benutzt werden mußte. Ich hütete mich wohl, ihn zu betreten; er konnte bewacht sein, und dann hatte ich jeden Augenblick eine Kugel zu erwarten. Vielmehr pürschte ich mich, immer parallel mit ihm, durch das Gebüsch, bis mich nach einiger Zeit ein lautes Schnauben aufmerksam machte.

Eben wollte ich um einen Strauch treten, um zu sehen, wo das Pferd stand, von welchem der Ton hergekommen war, als ich blitzschnell wieder zurückfuhr; denn vor mir lag ein Mann, der den Kopf so zwischen den Zweigen liegen hatte, daß er den Pfad genau beobachten konnte, während es ganz unmöglich war, ihn von demselben aus zu bemerken. Das war jedenfalls die Wache, welche ich vermutet hatte, und aus ihrer Anwesenheit ließ sich schließen, daß eine ganze Gesellschaft in der Nähe sein müsse.

Der Mann hatte mich weder gesehen noch gehört. Ich kehrte einige Schritte zurück, um ihn zu umgehen, und dies gelang mir so vollständig, daß ich nach fünf Minuten das ganze Terrain erkundet hatte.

Der Pfad lief nämlich auf eine große, weite Lichtung zu, deren Mitte ein dichtes, rundes Buschwerk trug, welches von wildem Hopfen so um- und durchschlungen war, daß man nicht hindurchzublicken vermochte. Aus diesem Gebüsche war das Schnauben gedrungen. Ich schlich mich längs des Randes der Lichtung hin, um zu sehen, ob sich eine Oeffnung im Gebüsch befinde, konnte aber keine entdecken; sie mußte maskiert worden sein, denn eben wurde eine und dann noch eine menschliche Stimme laut, welche mir die Anwesenheit von Männern verrieten.

Sollte ich es wagen oder nicht, mich anzuschleichen? Es war gefährlich, aber ich beschloß dennoch, es zu tun. Mit einigen raschen Sprüngen schnellte ich mich quer über den Lichtungsring hinüber, und zwar an einer Stelle, wo mich der Posten nicht bemerken konnte, weil sich das Gebüsch zwischen ihm und mir befand. So weit ich gehen durfte, ohne gesehen zu werden, fand ich das Buschwerk so dicht, daß ich nicht hindurchzublicken vermochte; eine einzige Stelle nur gab es, tief unten am Boden, ganz an dem Wurzelwerke, die es mir allenfalls erlaubte, mich, hart an der Erde liegend, einzuschieben. Es ging zwar langsam, sehr langsam, aber ich brachte es doch fertig, und nun gewahrte ich, daß das früher ohne Zweifel kompakte Buschwerk ausgehauen worden war, so daß die Mitte desselben einen freien Raum von ungefähr dreißig Ellen im Durchmesser bildete, welche Lichtung durch die dichte Laubwand nach außen vollständig abgeschlossen war. An der einen Seite des Raumes gewahrte ich nicht weniger als achtzehn Pferde, welche eng nebeneinander angebunden waren; ganz in der Nähe meines Versteckes lagen oder saßen siebzehn Männer am Boden, und der übrige

Platz zeigte ganze Haufen verschiedener Gegenstände, welche mit ungegerbten Büffelhäuten zugedeckt waren. Ich bekam den Eindruck einer Räuberhöhle, in welcher alles aufgestapelt wird, was man den Ueberfallenen abgenommen hat.

Eben sprach einer der Männer zu den übrigen; es war Williams, in dem ich also denjenigen erkannte, welcher sich von den vier Voyageurs getrennt hatte. Ich konnte jedes Wort vernehmen:

»Der Eine mußte uns belauscht haben, denn ich erhielt auf einmal einen Fausthieb an den Kopf, daß ich wie ein Klotz niederfiel – – –«

»Belauscht bist du worden?« fragte einer, der eine ziemlich reiche mexikanische Kleidung trug, mit strenger Stimme. »Du bist ein Tölpel, den wir nicht mehr brauchen können. Wie kann man sich belauschen lassen, noch dazu in dem Estaccado, der keinen Ort zum Verstecken bietet!«

»Sei nicht streng, Capitano!« meinte Williams. »Wenn du wüßtest, wer es gewesen ist, so würdest du bekennen, daß selbst du vor ihm nicht sicher bist.«

»Ich? Soll ich dir eine Kugel durch den Kopf jagen? Und nicht nur belauscht, sondern sogar niedergeschlagen bist du worden, niedergeschlagen durch einen Faustschlag, wie ein Kind, wie eine Memme!«

Die Stirnadern Williams' schwollen an.

»Du weißt, Capitano, daß ich keine Memme bin. Der mich niedergeschlagen hat, streckte auch dich zu Boden mit einem einzigen Hieb.«

Der Capitano lachte hell auf. »Erzähle weiter!«

»Auch Patrik, welcher sich einstweilen Mercroft nannte, wurde von ihm niedergeschmettert.«

»Patrik? Mit seinem Stierschädel? Und wann das?«

William erzählte das Ereignis bis dahin, wo wir die Voyageurs wieder freigegeben hatten.

»Carajo, Schurke, ich schieße dich nieder wie einen Hund. Läßt sich der Kerl mit vier meiner besten Leute von zwei hergelaufenen Schuften niederschlagen und gefangennehmen, wie ein Knabe, der kein Mark in den Knochen hat und noch niemals aus der Schürze der Mutter gekommen ist!«

»*Thunder-storm*, Capitano, weißt du, wer die Beiden waren, dieser Eine, den sie Charley nannten, und der Andere, der sich in den ersten Stunden Sam Hawerfield nennen ließ? Wenn sie jetzt hereinträten, nur diese zwei, mit den Büchsen in der Hand und das Messer locker im Gürtel, so würde es wohl manchen geben, der nicht wüßte, ob er sich wehren oder sich lieber ergeben solle. Es war Old Shatterhand und der kleine Sans-ear!«

Der Anführer fuhr empor.

»Lügner! Du willst bloß eure Feigheit beschönigen!«

»Capitano, stich mich nieder! Du weißt, daß ich nicht mit der Wimper zucke!«

»So sprichst du wirklich die Wahrheit?«

»Ja.«

»Wenn das ist, *per todos los santos*, so müssen die Beiden sterben, und der Yankee mit dem Nigger auch, denn diese beiden Jäger werden nicht ruhen, bis sie uns entdeckt und vernichtet haben.«

»Sie werden uns nichts tun, denn sie berieten sich, sofort nach Santa Fé zu gehen.«

»Schweig! Du bist tausendmal dümmer als sie, und doch würdest du ihnen nicht sagen, wohin du wirklich gehest. Ich kenne die Art und Weise dieser nördlichen Waldläufer sehr genau. Wenn sie unsere Spuren suchen wollen, so werden sie dieselben finden, selbst wenn wir durch die Luft fahren könnten; ja, wir sind nicht sicher, daß bereits einer von ihnen hier in den Büschen steckt und alles hört, was wir sprechen.«

Bei diesen Worten war es mir nicht ganz gleichgültig zu Mute, aber der Sprecher fuhr fort:

»Ja, ich kenne ihre Weise sehr genau, denn ich war ein ganzes Jahr mit dem berühmten Florimont zusammen, den sie nur Track-Smeller[1] nannten, während er As-ko-lah[2] bei den Indianos hieß; bei ihm habe ich alle ihre Schliche und

[1]Fährten-Riecher [2]Bärenherz.

Eigentümlichkeiten kennen gelernt. Ich sage euch, diese Leute werden nicht nach Santa Fé gehen und auch ihren Lagerplatz heut nicht verlassen. Sie wissen, daß sie auch morgen noch eure Spuren finden, und daß ihre Pferde vor allen Dingen ausruhen müssen. Dann werden sie morgen mit gestärkten Gliedern und scharfem Geiste hinter euch her sein, und wenn wir sie auch sicher erlegen, werden sie doch über die Hälfte von uns niederstrecken. Ich habe erzählen hören, daß dieser Old Shatterhand ein Gewehr hat, mit dem er eine ganze Woche lang schießen kann, ohne daß er es zu laden braucht; der Teufel hat es ihm gemacht, und er hat ihm dafür seine Seele verschrieben. Daher müssen wir sie noch heut abend überfallen, wenn sie schlafen, denn da haben sie, weil sie nur vier Personen sind, höchstens einen Mann als Wache aufgestellt. Kennst du den Ort genau?«

»Ja,« antwortete Williams.

»So macht euch bereit. Punkt Mitternacht müssen wir dort sein, aber ohne Pferde. Wir schleichen uns an und fallen über sie her, so daß sie an eine Gegenwehr gar nicht denken können.«

Der gute Capitano kannte uns doch nicht so genau, wie er dachte; er hätte sonst noch ganz andere Maßregeln ergriffen. Man begegnet in der Prairie ganz so, wie in den Ortschaften der zivilisierten Länder, jener Uebertreibungssucht, welche aus ›einer Mücke einen Elefanten macht‹, wie man zu sagen pflegt. Wenn sich der Jäger ein- oder zweimal wacker gegen seine Feinde hält und nebenbei es versteht, seinen Scharfsinn zur Geltung zu bringen, so wird es von Lager zu Lager erzählt; überall kommt etwas dazu, und zuletzt ist er ein Held im Superlativ, dessen Name beinahe dieselbe Wirkung hat wie seine Waffen. Jetzt hatte ich sogar vom Teufel ein Gewehr erhalten, mit welchem ich eine ganze Woche lang zu schießen vermochte, und dieses Wunderwerk war zu reduzieren auf meinen Henrystutzen, mit welchem ich allerdings fünfundzwanzig Schüsse abgeben konnte.

»Wo ist Patrik mit den Andern?« fragte nun der Anführer.

»Nach dem Head-Pik, um seinen Vater zu erwarten, wie er

dir ja gemeldet hat. Bei dieser Gelegenheit wird er sich an die drei Kaufleute machen, welche sehr gute Waffen und auch ein hübsches Stück Geld bei sich führen. Vielleicht ist er bereits mit ihnen fertig, denn er wollte keine Zeit mit ihnen verlieren.«

»So wird er mir die Beute schicken?«

»Mit zwei Männern; den dritten nimmt er mit.«

»Die besten Gewehre werden wir von den beiden Jägern bekommen. Man erzählte mir, daß Sans-ear eine Büchse habe, mit welcher man auf zwölfhundert Schritte weit schießen kann.«

In diesem Augenblick ertönte von weitem das Gebell eines Prairiehundes. Dies war jedenfalls ein sehr schlecht gewähltes Zeichen, da es unmöglich hier solche Tiere geben konnte.

»Antonio kommt mit den Pfählen, die er für den Estacado holen soll,« meinte der Capitano. »Er soll sie nicht draußen abladen, sondern hereinkommen. Seit die Jäger in unserer Nähe sind, müssen wir doppelt vorsichtig sein.«

Diese Worte überzeugten mich vollends, daß ich es mit einer wohlorganisierten Schar Pfahlmänner zu tun hatte, und die unter den Häuten verborgenen Gegenstände bestanden sicherlich nur aus zusammengetragenem Raub, der den früheren Besitzern das Leben gekostet hatte.

Jetzt öffnete sich grad mir gegenüber die Buschwand. Dieselbe bestand an dieser Stelle nur aus herabhängenden Schlingpflanzen, die leicht emporgehoben oder zur Seite geschoben werden konnten, und es ritten drei Reiter in den Kreis, deren Pferde eine ziemliche Anzahl von Stangen nach sich zogen, welche mittels Riemen zu beiden Seiten der Sättel befestigt waren und ganz in derselben Weise nachgeschleppt wurden, wie die indianischen Reiter ihre Zeltstangen transportieren.

Die Ankunft dieser Männer nahm die Aufmerksamkeit der Versammlung so in Anspruch, daß ich mich am besten unbemerkt zurückziehen konnte; doch tat ich dies nicht, ohne ein Zeichen meiner Anwesenheit mitzunehmen. Der Anführer hatte nämlich seinen Gürtel mit dem Messer und zwei messingbeschlagenen Doppelpistolen ab- und hinter sich gelegt, so daß ich die eine der Pistolen mit dem ausgestreckten Arm erreichen konnte. Ich zog sie an mich und kroch nun langsam zurück, indem ich Zoll für Zoll jede Spur meiner Anwesenheit mit größter Sorgfalt verwischte. Dies tat ich auch draußen vor der Buschwand, und dann schnellte ich mich über den Lichtungsring wieder hinüber und in die Sträucher hinein. Hier bewegte ich mich, rückwärts kriechend, um meine Fährte wieder zu zerstören, auf den Fingern und Zehenspitzen weiter, bis ich die gehörige Entfernung erreichte, welche mir erlaubte, nun in aufrechter Stellung fortzuschreiten und zu meinem Pferde zurückzukehren. Ich band es los, setzte mich auf und schlug einen so bedeutenden Umweg ein, daß ich sicher sein konnte, die Stakemen würden meine Anwesenheit nicht entdecken.

Als ich bei den Gefährten anlangte, begann die Dämmerung hereinzubrechen, und ich sah es ihren Mienen an, daß sie besorgt um mich gewesen waren und meine Rückkehr mit Ungeduld erwartet hatten.

»Da sein Massa Charley!« rief Bob in einem Tone, aus dem ich einen nicht geringen Grad von Zuneigung zu mir entnehmen konnte. »Oh, Angst haben Bob, und Angst haben alle wir um Massa Charley!«

Die Andern waren weniger sanguinisch; sie ließen mich absteigen und bei ihnen Platz nehmen, ehe Sam seine Erkundigung begann:

»Nun?«

»Die Kaufleute sind ausgelöscht!«

»Dachte es! Diese Voyageurs, die doch nur Stakemen sind, haben ihren Kurs verändert und werden des Nachts über ihre Opfer herfallen, wenn sie es nicht bereits am hellen Tage getan haben.««

»Rate, wer dieser Mercroft war!«

»Habe dir schon öfters gesagt, daß ich mich lieber mit einem Bären balge, als daß ich nach etwas rate, was mir gleich gesagt werden kann!«

»Mercroft war ein falscher Name, und – – –«

»War auch nicht so dumm, zu glauben, daß es der richtige sei!«

»Und,« fuhr ich in meinem unterbrochenen Satze fort, »der Mann heißt eigentlich Patrik Morgan!«

»Pa – trik – – Mor – gan!« rief Sam, indem sein Gesicht zum erstenmal seit unserer Bekanntschaft einen Ausdruck der Bestürzung zeigte. »Patrik Morgan! Ist das denn auch möglich? O, Sam Hawerfield, altes 'Coon[1], was bist du für ein Esel; hast diesen Schurken bereits zwischen den Fingern, machst den Sheriff bei der Jury über ihn und lässest ihn wieder laufen! Charley, weißt du genau, daß er es ist?«

»Sehr genau, und nun weiß ich auch, warum er mir so bekannt vorkam; er sieht seinem Vater ähnlich.«

»*All right*, jetzt gehen mir tausend Lichter auf! Aus ganz demselben Grund dachte auch ich, daß ich ihn schon gesehen hatte. Wo ist er? Ich hoffe nicht, daß er uns entgehen wird!«

»Er massakriert die Kaufleute und geht dann mit nur einem einzigen Begleiter nach dem Skettel- und Head-Pik, um seinen Vater zu finden.«

»Dann auf, ihr Leute, vorwärts! Wir müssen ihm nach!«

»Stopp, Sam! Jetzt bricht der Abend herein, wo wir seine Spur nicht sehen können, und außerdem haben wir uns auf einen sehr ehrenvollen Besuch vorzubereiten.«

»Besuch? Wer wird kommen?«

»Dieser Patrik ist Mitglied einer Bande Stakemen, welche da drüben ihr Lager haben. Ihr Anführer ist ein Mexikaner, den sie Kapitän nennen und der beim alten Florimont eine gar nicht üble Schule durchgemacht hat. Ich habe die Räuber belauscht, als ihnen Williams unser Abenteuer erzählte. Sie wollen Punkt Mitternacht über uns her.«

»Sie nehmen also an, daß wir hier liegen bleiben?«

»Allerdings.«

»*Well*, so sollen sie ihren Willen haben, denn nun bleiben

[1] Racoon, Waschbär, ein beliebter Ausdruck, mit welchem sich die Trapper gern selbst bezeichnen.

wir erst recht hier und sagen ihnen *good evening!* Wie viel Köpfe sind es?«

»Einundzwanzig.«

»Das ist ein wenig viel für unser vier! Was meinst du, Charley? Wir zünden ein Feuer an und legen unsere Röcke so um dasselbe, daß sie dieselben für uns halten; wir selbst aber nehmen weiter draußen Posto, so daß sie zwischen uns und die Flamme kommen. Auf diese Weise erhalten wir ein sicheres Ziel.«

»Der Plan ist gut,« stimmte Bernard Marshal bei, »und wohl auch der einzige, dessen Ausführung in unserer Lage möglich ist.«

»Schön! So laßt uns gleich nach Material für das Feuer suchen, ehe es vollständig dunkel wird,« sagte Sam, indem er sich erhob.

»Bleib' sitzen,« entgegnete ich. »Glaubst du wirklich, daß wir es auf diese Weise mit einundzwanzig Männern aufnehmen können?«

»Warum nicht? Sie werden gleich bei den ersten Schüssen davonlaufen, weil sie nicht wissen können, wen sie hinter sich haben.«

»Und wenn nun dieser Capitano klug genug ist, den Sachverhalt zu ahnen? Dann bekommen wir einen harten Stand und werden ausgelöscht trotz unserer Gegenwehr.«

»So etwas muß der Jäger zum Beispiel immer gewärtig sein!«

»Dann wirst du auch die beiden Morgans fahren lassen müssen!«

»*Behold*, das ist sehr richtig! So meinst du also, daß wir uns leise von dannen machen, ohne diesen Raubmördern das Handwerk zu legen? Das können wir vor Gott und allen braven Männern, welche durch den Estaccado ziehen, nicht verantworten!«

»Was du hier sagst, fällt mir gar nicht ein! Ich habe einen andern und, wie mir scheint, auch bessern Plan.«

»Heraus damit!«

»Während sie uns hier suchen, machen wir uns über ihr

Hide-spot[1] und bemächtigen uns all ihrer Pferde und Vorräte.«

»*Good-lack*, das ist wahr! Aber, du sagst, ihrer Pferde – wollen sie uns denn zu Fuß angreifen?«

»Ja. Und das läßt mich schließen, daß sie ihr Versteck bereits zwei Stunden vor Mitternacht verlassen werden, weil sie so lange gehen müssen, um hierher zu kommen.«

»Hast du es gut gemerkt?«

»Das versteht sich! Wenn wir sie hier erwarten, setzen wir unser Leben auf das Spiel; nehmen wir ihnen aber ihren Proviant, ihre Munition, ihre Pferde, so ist es ihnen, wenigstens für lange Zeit hinaus, unmöglich, ihr Handwerk fortzusetzen, und wir brauchen wohl kaum einen Schuß zu tun.«

»Sie werden aber jedenfalls Wachen zurücklassen!«

»Ich kenne den Ort, an welchem der Posten sich befindet.«

»Sie werden uns verfolgen!«

»Das werden sie auch tun, wenn wir hier auf sie warten und dann doch noch fliehen müssen.«

»Nun gut, so sollst du recht haben. Wann brechen wir auf?«

»Wir können es schon in einer Viertelstunde tun; da ist es bereits vollständig finster.«

»Oh, das werden schön!« meinte der Neger. »Bob reiten mit und nehmen all die Sachen, die liegen bei Räuber. Das besser sein, als bleiben hier und schießen tot Bob!«

Es wurde so dunkel, daß man kaum zehn Schritte weit zu sehen vermochte. Wir brachen auf; ich ritt voran, und die Anderen folgten mir, nach Indianerart einer hinter dem Anderen.

Natürlich schlug ich nicht die gerade zum Versteck führende Richtung ein, sondern machte einen möglichst großen Bogen, welcher uns an eine Stelle des Buschsaumes führte, die wohl eine englische Meile von dem *Hide-spot* entfernt lag. Hier hobbelten wir unsere Pferde an und schritten dann zu Fuß auf das Versteck zu. Trotzdem sowohl Marshal als auch

[1] Versteck.

der Neger keine große Gewandtheit im Anschleichen besaßen, gelangten wir doch unbemerkt an den Rand der Lichtung, genau dem Pfade gegenüber, in dessen Buscheinfassung vorhin die Wache gelegen hatte.

Ein lichter Schein über dem Verstecke bewies, daß ein Feuer oder wenigstens eine Fackel brannte; um uns her aber war es so dunkel, daß ich ohne Sorge aufrecht über die Lichtung gehen konnte. Ich fand die Stelle wieder, an welcher ich das Gespräch belauscht hatte, und hörte, noch ehe ich mich niedergebückt hatte, von innen die Stimme des Anführers. Ich drängte mich zwischen dem Wurzelwerke hindurch und sah nun, daß alle in der Mitte des Platzes standen, wohl bewaffnet und zum Aufbruche bereit. Der Capitano war noch im Sprechen begriffen:

»Wenn wir nur die geringste Spur gefunden hätten, so dächte ich, es wäre einer von den Jägern hier gewesen und hätte uns belauscht. Wo ist die Pistole hingekommen? Vielleicht ging sie heute am Morgen auf meinem Ritte verloren, und ich habe es nicht bemerkt, als ich den Gürtel ablegte. Also, Hoblyn, du hast sie wirklich alle Vier beisammen sitzen sehen?«

»Alle Viere. Es waren drei Weiße und ein Schwarzer, und ihre Pferde weideten hart daneben. Eines der Tiere hatte keinen Schwanz und sah aus wie ein Ziegenbock ohne Hörner.«

»Das ist die alte Stute von Sans-ear, die ebenso berühmt ist wie er selber. Sie haben dich doch nicht bemerkt?«

»Nein. Ich ritt mit Williams nur so weit hinan, als es keine Gefahr brachte, und kroch dann an der Erde weiter, bis ich alles deutlich sehen konnte.«

Der Schüler des alten Florimont war also doch so klug und vorsichtig gewesen, eine Patrouille gegen uns auszuschicken; ein Glück für uns, daß dies zu der Zeit geschehen war, in welcher ich bereits wieder bei den Freunden gesessen hatte.

»Dann wird alles gut gehen! Du, Williams, bist ermüdet; du bleibst hier zurück, und du, Hoblyn, nimmst den Posten am Wege. Ihr Anderen aber vorwärts!«

Bei dem Scheine des nicht sehr hell brennenden Feuers sah ich, daß der Eingang geöffnet wurde. Neunzehn Männer verließen das Versteck, und nur die beiden Anderen blieben zurück. Noch waren nicht alle in dem Pfade verschwunden, so stand ich bereits wieder neben Sam.

»Wie steht's, Charley? Mir scheint, sie brechen jetzt auf!«

»Ja. Zwei bleiben daheim, nämlich einer als Posten dort am Wege und Williams drin im Verstecke. Williams ist nicht bewaffnet, der Posten aber hat bereits das Gewehr in der Hand. Wir dürfen jetzt noch nichts tun, denn man könnte etwas vergessen haben und wiederkommen; aber machen wir uns bereit. Komm, Sam; ihr Beiden bleibt hier, bis wir euch rufen oder abholen!«

Wir schlichen uns bis zum Pfade hin und hatten wohl zehn Minuten zu warten, bis der Posten heraustrat. Er schlenderte in einer Weise auf der Blöße hin und her, daß wir überzeugt sein mußten, er hege nicht die mindeste Befürchtung wegen seiner Sicherheit. So mochte im ganzen wohl eine Viertelstunde vergangen sein, als er sich uns näherte. Jetzt war nicht mehr zu befürchten, daß jemand zurückkehren werde, und wir brauchten also nicht länger zu zögern.

Ich drückte mich hüben und Sam sich drüben eng an den Busch; in dem Augenblick, in welchem er zwischen uns vorüber wollte, hatte ihn Sam bei der Kehle gefaßt. Ich riß ihm von seinem alten Tuchwamse einen tüchtigen Fetzen herunter, drehte denselben zu einem Knebel zusammen und steckte ihm diesen zwischen die Zähne. Dann wurde er mittels seines eigenen Lassos, den er um die Hüften trug, an Händen und Füßen gefesselt und an den Busch gebunden.

»Jetzt weiter!«

Wir traten zum Eingange, wo ich die wilden Hopfenranken ein wenig zur Seite schob. Williams saß am Feuer, über welchem er sich ein Stück Fleisch briet. Er hatte mir den Rükken zugewandt; ich konnte mich ihm nähern, ohne daß er es bemerkte.

»Haltet das Stück höher, Master Williams, sonst verbrennt es!« sagte ich.

Er fuhr herum und blieb, als er mich erkannte, vor Schreck starr und bewegungslos sitzen.

»Guten Abend! Fast hätte ich das Grüßen vergessen, und mit Gentlemen Eures Schlages kann man doch nie zu höflich sein.«

»O – O – Old Shat – Shatterhand!« stammelte er, mich mit weit geöffneten Augen anstarrend. »Was wollt Ihr hier?«

»Ich muß doch dem Capitano die Pistole hier wiederbringen, welche ich heute mitnahm, als Ihr ihm Euer Abenteuer erzähltet.«

Er zog das eine Bein an, als wolle er sich zum Aufschwingen vorbereiten, und blickte sich um, ob er eine Büchse zu erlangen vermöge. Aber nur sein Bowiemesser lag neben ihm.

»Bleibt ruhig sitzen, Master Stakeman, denn die geringste Bewegung kostet Euch das Leben. Erstens ist die Pistole Eures Hauptmannes geladen, und zweitens dürft Ihr nur nach dem Eingange blicken, um zu sehen, daß es hier noch mehr Kugeln gibt!«

Er sah sich um und erblickte Sam, welcher mit angeschlagener Büchse nach ihm zielte.

»*Thunder-storm* – ich bin verloren!«

»Vielleicht noch nicht, wenn Ihr Euch ruhig fügt. – Bernard, Bob, herbei!«

Dieser laute Ruf hatte zur Folge, daß die beiden Draußenstehenden unter dem Eingange erschienen.

»Dort an den Sätteln hängen Lassos, Bob. Nimm einen und binde diesen Mann!«

»Tod und Hölle! Lebendig sollt ihr mich nicht nochmals fangen!«

Mit diesen Worten stieß sich der Pfahlmann sein eigenes Bowiemesser ins Herz und brach zusammen.

»Gott sei seiner Seele gnädig!« sagte ich.

»Dieser Schurke hat vielleicht mehr als hundert Menschenleben auf dem Gewissen,« meinte Sam in dumpfem Tone. »Nie war ein Messerstich besser angebracht.«

»Er hat sich selbst gerichtet,« erwiderte ich; »wohl uns, daß wir es nicht zu tun brauchten!«

Dann schickte ich Bob hinaus, um Hoblyn zu holen. Bald lag dieser vor uns am Boden. Der Knebel wurde entfernt, und der Gefangene holte tief Atem. Voll Entsetzen haftete nun sein Blick auf der Leiche seines Raubgenossen.

»Du bist ein Mann des Todes, wie dieser da, wenn du dich weigerst, uns Auskunft zu geben.«

»Ich werde alles sagen!« versprach der Geängstigte.

»Nun also, wo ist das Gold versteckt?«

»Dort hinten unter den Mehlsäcken ist es vergraben.«

Jetzt wurden die Häute entfernt, und es ging an ein Untersuchen der vorhandenen Vorräte. Da gab es nun einen förmlichen Reichtum von allem, was jemals durch den Estaccado transportiert worden war: Waffen von allen Sorten und Arten, Pulver, Blei, Patronen, Lassos, Sättel, Beutel, Decken, vollständige Reise- und Jagdgewänder, Tuch und Callico, unechte Korallenketten und Schmucksachen nebst Perlenschnüren, wie sie von den Indianerinnen so außerordentlich geliebt werden, allerhand Kurzwaren, Instrumente und Werkzeuge, eine Menge Büchsen voll Pemmican[1], große Vorräte von andern Nahrungsmitteln, und bei allem war es nicht schwer, die Spur zu entdecken, daß es geraubt worden sei.

Bob warf die Säcke um sich, als habe er es mit leichten Tabaksbeuteln zu tun. Marshal suchte unter den Werkzeugen Hacke und Schaufel; es wurde nachgegraben, und nach kurzer Zeit waren wir im Besitze von so viel Goldstaub und Goldkörnern, daß wir ein Pferd damit beladen konnten.

Es schauderte mir, wenn ich dachte, wie viele arme Goldsucher den Tod hatten erleiden müssen, um diese Menge *deadly dust*[2] zusammenzubringen, der diesen Namen mit vollem Rechte verdient. Die zurückkehrenden Diggers nehmen nur wenig davon mit in die Heimat und wechseln den Ertrag ihrer Arbeit meist in Papiergeld oder Depositenscheine und Anweisungen um. Die Ermordeten hatten diese Papiere ganz sicher bei sich getragen. Wo waren sie hingekommen?

[1] Konserviertes Rindfleisch.
[2] Tödlicher Staub.

»Wo ist das Geld, und wo sind die Papiere, die ihr hier den Beraubten abgenommen habt?« fragte ich Hoblyn.

»In einem Verstecke weit von hier. Der Capitano wollte sie nicht hier aufbewahren, weil es Mitglieder gab, denen er nicht traute.«

»So weiß er diesen Versteck ganz allein?«

»Nur er und der Leutnant kennen ihn.«

»Wer ist euer Leutnant?«

»Patrik Morgan.«

Es blitzte in mir auf. »Reich werden wir auf alle Fälle,« hatte dieser Mensch an seinen Vater geschrieben. Sollte er einen Verrat an seinen Kameraden vorhaben?

»Hast du keine Ahnung, wo dieser Versteck ungefähr sein kann?«

»Ich weiß es nicht sicher; aber der Capitano scheint dem Leutnant nicht zu trauen. Dieser ist mit noch Einem heut nach dem Head-Pik am Rio Pecos, und morgen sollte ich mit Zweien ihm nach, um ihn zu beobachten.«

»Ah! Der Hauptmann hat dir einen Ort beschrieben, ganz bestimmt und deutlich beschrieben?«

Der Gefragte schwieg verlegen.

»Antworte wahr! Schweigst du, so bist du ein toter Mann; redest du aufrichtig, so sollst du Gnade finden, trotzdem ihr alle den Strang verdient habt.«

»Ihr ratet richtig, Sir!«

»Welches ist dieser Ort?«

»Ich soll ihn sofort von hier weg aufsuchen und den Leutnant niederschießen, wenn er sich ihm naht. Es ist ein kleines Tal, welches ich sehr genau kenne, weil ich bereits einmal dort gewesen bin; Euch aber kann die Beschreibung desselben wenig nützen, denn Ihr würdet es dennoch nicht finden.«

»Hat er dir nur das Tal bezeichnet, oder wurde dir ein gewisser Punkt genau genannt?«

»Der Capitano wird sich hüten, mir diesen Punkt zu nennen. Sein Befehl lautet, mich zu verbergen und dem Leutnant eine Kugel zu geben, wenn er das Tal betreten sollte.«

»Gut! Ich schenke dir das Leben, natürlich nur unter der Bedingung, daß du uns zu diesem Tale führst.«

»Ich werde es tun.«

»Doch merke dir, daß du verloren bist, wenn du uns zu täuschen suchst. Du wirst nicht frei, sondern als Gefangener mitreiten.«

»*Well*,« meinte Sam, »so wären wir hier mit unserm Forschen zu Ende. Was nun?«

»Wir nehmen nur das Gold mit und was wir von dem Uebrigen brauchen: Waffen, Munition, Tabak und Proviant, auch einige Kleinigkeiten zu Geschenken für die Indianer, wenn wir mit solchen zusammentreffen sollten. Macht euch an die Auswahl; ich will mir unterdessen die Pferde betrachten.«

Ich fand vier stammhafte Michigantraber, welche sich sehr gut zum Lasttragen eigneten, außerdem verdienten nur noch drei Mustangs das Mitnehmen. Sie waren besser als die Tiere, welche Bernard und Bob ritten; zwei konnten also mit den letzteren vertauscht werden, während ich das dritte für Hoblyn bestimmte.

Packsättel, wie sie die Maultiere tragen, gab es. Ich schnallte jedem der Traber einen auf. Nun wurde alles, was wir mitzunehmen gedachten, in die vorhandenen Decken gebunden, so daß acht Pakete entstanden, von denen ein Pferd je zwei zu tragen bekam. Von allen übrigen Gegenständen bildeten wir einen großen Haufen, an dessen Basis wir das Pulver, welches nicht mitgenommen werden konnte, und alle leicht entzündlichen Gegenstände plazierten.

»Was tun wir mit den übrigen Pferden?« fragte Sam.

»Bob bindet sie los und jagt sie hinaus in die Prairie; es ist zwar unklug, aber es widerstrebt mir, sie zu töten. Führe du den Zug fort; ich werde zurückbleiben, um den Scheiterhaufen anzubrennen.«

»Warum kann denn dies nicht gleich geschehen?« fragte mich Marshal.

»Das Feuer wird weit hinaus gesehen; die Stakemen werden, wenn sie uns nicht auf unserm Lagerplatze finden, natürlich schleunigst zurückkehren und können uns trotz der

Dunkelheit dann möglichenfalls erreichen. Es ist also besser, ich lasse euch erst weit genug fort und komme dann auf einem Pferde schnell nachgeritten.«

»*Well*, du hast recht, Charley; fort also, Boys!« befahl Sam.

Er schritt voran, eines der Packpferde am Zügel führend; die andern Drei folgten, und Marshal beschloß mit Bob und dem hoch zu Roß gefesselten Hoblyn den kleinen Zug. Ich blieb mit meinem Pferde halten und wartete. Die sich entfernenden Schritte verklangen. So verging über eine Viertelstunde, und ich durfte nicht länger zögern, da die Stakemen sonst zurückkehren und mich überraschen konnten. Ich trat wieder hinein in das Versteck, um den Haufen anzuzünden.

Wir hatten mit Hilfe einer zerrissenen Decke eine Art von Lunte gemacht, welche mir Zeit gab, mich, ehe das Pulver in Brand geriet, gehörig weit zu entfernen; es war ja, da wir auch eine Menge Patronen mit hinzugelegt hatten, eine Explosion möglich. Ich zündete also an, nahm dann mein Pferd am Zügel und folgte dem Pfad hinaus nach der Prairie. Vor den letzten Büschen schwang ich mich in den Sattel. Da erhob sich im *Hide-spot* ein Prasseln und Knattern: das Feuer hatte die Decke ergriffen, in welche die Patronen eingewickelt worden waren. Ich gab meinem Pferde die Sporen und ritt, so schnell es die Dunkelheit gestattete, von dannen, um aus dem Bereiche des hellen Scheines zu kommen, den die hochlodernden Flammen des brennenden Versteckes warfen. Das Feuer verzehrte das ganze zusammengeraubte Gut der Stakemen. – – –

DRITTES KAPITEL.

Unter den Comanchen.

Da, wo die Gebiete von Texas, Arizona und Neu-Mexiko zusammenstoßen, also an den Zuflüssen des Rio Grande del Norte, erheben sich die Berge der Sierren de los Organos, Rianca und Guadelupe und bilden ein Gebiet von wilden, wirr durcheinander laufenden Höhenzügen. Diese zeigen sich bald als riesige, nackte Bastionen, bald sind sie von dichtem, dunklem Urwalde bestanden und werden hier durch tiefe, fast senkrecht abfallende Cannons und dort durch sanft absteigende Talrinnen getrennt, welche seit ihrer Entstehung von der Außenwelt abgesondert zu sein scheinen. Und dennoch trägt der Wind Blütenstaub und Samen über die hohen Zinnen und Grate, daß sich eine Vegetation entwickeln kann; dennoch klimmt der schwarze und der graue Bär an den Felsen empor, um in die dort herrschende Einsamkeit hinabzusteigen; dennoch fand der wilde Bison hier einige Pässe, durch und über welche er auf seinen Herbst- und Frühjahrswanderungen in Herden zu Tausenden von Exemplaren zu drängen vermochte; dennoch tauchen hier bald weiße, bald kupferfarbige Gestalten auf, so wild wie die Gegend selbst, und wenn sie wieder abgezogen und verschwunden sind, weiß niemand, was geschehen ist, denn die schroffen Steinriesen sind stumm, der Urwald schweigt, und noch kein Mensch hat die Sprache der Tiere zu verstehen gelernt.

Hier herauf kommt der kühne Jäger, nur allein auf sich und seine Büchse angewiesen; hier herauf steigt der Flüchtling, welcher mit der Zivilisation zerfallen ist; hier herauf schleicht sich der Indsman, der aller Welt den Krieg erklärt, weil alle Welt ihn vernichten will. Da taucht bald die Pelzmütze eines kräftigen Trappers, bald der breitrandige Sombrero[1] eines Mexikaners, bald der Haarschopf eines Wilden

[1] Deutsch: »Schattenmacher«, Hut.

zwischen den Zweigen auf. Was wollen sie hier? Was treibt sie herauf in diese abgeschlossenen Höhen? Es gibt nur eine Antwort: die Feindschaft gegen Mensch und Tier, der Kampf um ein Dasein, welches dieses Kampfes nicht immer wert zu nennen ist.

Drunten auf der Ebene stoßen die Jagdgründe und Gebiete der Apachen mit denen der Comanchen zusammen; an diesen Grenzen geschehen Heldentaten, von denen keine Geschichte etwas meldet. Durch die Zusammenstöße dieser reckenhaften Völkerschaften wird mancher Einzelne oder mancher versprengte Trupp heraufgedrängt in die Berge und hat hier von Fuß zu Fuß mit dem Tode oder mit Gewalten zu kämpfen, die zu besiegen eine Unmöglichkeit zu sein scheint.

Der Rio Pecos entspringt auf der Sierra Jumanes, hält erst eine südöstliche Richtung ein und wendet sich dann, in die Sierra Rianca tretend, grad nach Süden. Nahe am Austritte aus derselben schlägt er nach Westen einen gewaltigen Bogen, den rechts und links Berge einfassen; diese weichen zu beiden Seiten seiner Ufer doch so weit zurück, daß hüben und drüben ein bald schmaler, bald breiterer Prairiestreifen Platz findet, der eine üppig grüne Grasvegetation zeigt, die sich in dem von den Höhen bis zum Fuße des Gebirges niedersteigenden Urwalde verliert.

Das ist ein höchst gefährliches Terrain. Die Berge sind langgestreckt, so daß es nur selten einen Spalt, eine Schlucht gibt, die zur Seite führt, und wer hier einem Feinde begegnet, vermag nicht auszuweichen, wenn er nicht sein Pferd im Stiche lassen will, ohne welches er vielleicht auch verloren ist.

Wir hatten dieses Flußtal erreicht, welches ich bereits früher, allerdings in zahlreicher und sicherer Gesellschaft, durchritten hatte. Jetzt waren wir nur zu Vieren und sahen unsere Kräfte noch dadurch geschwächt, daß wir einen Gefangenen zu überwachen hatten, der sich zwar außerordentlich gehorsam zeigte, aber doch sehr leicht den Verrat im Herzen tragen konnte.

Er ritt in der Mitte neben Bob; Sam war voran, und ich

folgte mit Bernard Marshal, der während der Zeit unseres weiten Marsches sich als ein tüchtiger Reiter erwiesen hatte.

Es war am Vormittag, und die Sonne hatte eben die Spitze der jenseits des Flusses liegenden Berge erreicht. Obgleich es Mitte August war, berührten uns ihre Strahlen doch außerordentlich wohltuend, denn hier zwischen den dunklen Höhen verschwand sie bereits am Nachmittag; die Nächte waren ziemlich kalt und die Morgen so feucht und frisch, daß wir unsere Decken so lange wie möglich um die Schultern trugen.

Hoblyn war bisher am Tage stets frei in unserer Mitte geritten, nachts aber hatten wir ihn gebunden; er bürgte mit dem Leben für die Wahrheit seiner Mitteilungen.

»Haben wir noch weit bis zum Skettel- und Head-Pik?« fragte mich Marshal.

»Morgen vielleicht erreichten wir die Berge, wenn wir, nach der Beschreibung von Hoblyn, nicht vorher rechts abgehen müßten.«

»Wäre es nicht besser, erst nach den Bergen zu gehen, da wir Fred Morgan dort treffen werden?«

»Selbst in diesem Falle dürften wir nicht direkt auf sie zuhalten, da er uns dann bemerken würde; er ist sicher bereits da, denn wir haben heute den vierzehnten August. Aber ich denke, Patrik ritt nach dem Tale, und wo der Sohn ist, wird wohl auch der Vater zu treffen sein. Uebrigens kann Patrik höchstens einige Stunden Vorsprung haben, da wir ihm stets hart auf der Ferse geblieben sind. Heute nacht hat er sechs Meilen von hier gelagert, und wenn er zu gleicher Zeit, das heißt mit Tagesanbruch, mit uns aufgebrochen ist, so ist er höchstens drei Stunden vor uns her.«

»*Have care!*« rief in diesem Augenblick Sam Hawerfield vorn. »Dort liegt am Waldesrande auf dem Boden ein Zweig, der noch grün ist; er kann also noch nicht sehr lange abgebrochen worden sein, und folglich ist jemand vor kurzem hier gewesen.«

Wir ritten näher und stiegen ab. Sam hob den Zweig empor, besah ihn und reichte ihn dann mir hin.

»Schau dir doch das Ding zum Beispiel einmal an, Charley.«

»Hm, ich wollte wetten, daß dieser Zweig vor kaum einer Stunde abgebrochen wurde!«

»Meine es auch. Siehst du hier die Stapfen?«

Ich bückte mich zur Erde.

»Zwei Männer. Laß sehen!«

Ich zog zwei Stäbchen aus der Tasche, die ich mir nach den Fußspuren geschnitten hatte, welche am ersten Lagerplatze Patriks und seines Gefährten von uns beobachtet worden waren.

»Sie sind's; das Maß stimmt ganz genau! Wir dürfen nicht weiter, Sam.«

»Hast recht! Er darf nicht bemerken, daß jemand hinter ihm ist. Doch, wenn die Strolche hier vom Pferde gestiegen sind, so müssen sie eine Absicht dabei gehabt haben. Dort ließen sie die Pferde stehen, die mit den Hufen gescharrt haben, und hier gehen die Fußspuren in das Holz. Wollen sehen!«

Wir ließen die drei Andern warten und drangen, die Spuren verfolgend, in den Wald ein. Wir hatten eine ziemliche Strecke zu gehen, bis Sam, welcher voran war, stehen blieb. Grad vor ihm war der Boden zerstampft und die Moosdecke aufgelockert; es hatte das Ansehen, als habe man unter derselben gegraben und sie dann wieder an ihre frühere Stelle gelegt. Ich bückte mich nieder und entfernte das Moos.

»Eine Hacke!« rief Sam.

»Richtig!« antwortete ich überrascht, »hier hat eine Hacke gelegen.«

Unter dem Moose zeigte der lockere, moderige Bottomgrund ganz genau den Abdruck einer Hacke, welche hier gelegen hatte.

»Die haben sie sich geholt. Aber wer hat sie hier versteckt?« fragte Sam.

»Diese Frage ist sehr leicht zu beantworten. Als der Capitano mit dem Leutnant ihren Schatz vergraben und das Tal verlassen hatten, ist ihnen nach einiger Zeit dieses Werkzeug beschwerlich gefallen, und sie haben sich hier desselben entledigt. Jedenfalls werden wir draußen an den Saumbäumen ein Zeichen finden, welches sie sich für den Fall ihrer Rückkehr machten; denn die Hacke wird ja bei der Befreiung des Schatzes wieder gebraucht.«

Ich deckte das Moos wieder auf die Spur und ging zurück, um die Bäume draußen zu betrachten. Richtig! An zweien, nämlich an denen, welche rechts und links an der Fährte standen, waren noch die Spuren von drei Kerben zu sehen, die übereinander eingeschnitten waren, und außerdem hatte man bei beiden Bäumen die untersten drei Aeste abgebrochen.

»Was folgt daraus, Charley? Kannst du es dir denken?« fragte mich Sans-ear.

»Ebenso gut wie du und jeder Andere, denn dies zu erraten ist ja leicht genug: er hat wirklich die Absicht, nach dem Tale zu gehen.«

»Es ist notwendig, daß wir ihm dort zuvorkommen, und es fragt sich also, ob er direkt hingeht oder erst seinen Vater sucht.«

»Das werden wir erfahren und zwar sofort.«

Ich wandte mich zu Hoblyn:

»Haben wir noch weit bis dahin, wo der Weg nach diesem Tale hier vom Flusse abgeht?«

»Nein; höchstens noch zwei Stunden, wenn ich mich recht entsinne.«

»So reiten wir bis dorthin. Folgt er diesem Wege, so geht er direkt zu dem Verstecke; behält er aber die gegenwärtige Richtung bei, so will er erst seinen Vater holen, und nach seinem Verhalten haben dann auch wir uns zu richten! Uebrigens müssen sie sehr lange hier verweilt haben, da er kaum eine Stunde vor uns ist. Aus diesem Grunde ist es ratsam, ein wenig zu rasten; er könnte um irgend einer Ursache willen vor uns halten bleiben und würde uns dann sicherlich bemerken.«

»*All right*, Charley; so bleiben wir hier. Aber wir wollen nicht so unvorsichtig sein, wie er, und die Pferde im Freien lassen. Zieht sie herein zwischen die Bäume und nehmt ein weniges zu essen aus den Taschen, denn ich habe zum Beispiel seit Sonnenaufgang noch keinen Bissen zwischen die Zähne bekommen!«

Wir taten nach seinem Geheiße und ließen uns auf das weiche Moos nieder. Kaum war dies geschehen, so stieß Hoblyn einen schwachen Ruf aus und deutete mit der Hand zwischen die Bäume hinaus.

»Seht einmal die Schlucht da drüben, Mesch'schurs! Es war mir just so, als hätte ich ganz oben auf ihrem höchsten Punkt etwas schimmern sehen, gleich einer stählernen Lanzenspitze.«

»Unmöglich!« meinte Sam. »Wie kann man auf so weit hin eine Lanzenspitze bemerken?«

»Und doch, Sam,« entgegnete ich ihm. »Wenn das Auge zufälligerweise grad auf den kleinen Punkt fällt, an dem sie sich befindet, so ist es recht gut möglich. Aber solche Lanzen tragen nur die Indsmen, und es müßten also – – –« Wahrhaftig, jetzt sah auch ich es blinken, einmal ganz oben und dann ein Stück weiter herab. »Hört, ihr Leute, das können nur Indianer sein, und es ist ein unendliches Glück, daß wir auf den Gedanken gekommen sind, hier unterzukriechen. Wären wir weiter geritten, so hätten sie uns unbedingt bemerkt, da wir die Sonne grad gegenüber haben.«

Ich nahm mein Fernrohr heraus und richtete es gegen die Schlucht. Was ich sah, war ganz geeignet, mich höchst besorgt zu machen.

»Hier, Sam, sieh dir die Kerls einmal genauer an! Es sind ihrer wenigstens hundertundfünfzig.«

Er nahm das Glas an das Auge und gab es dann Bernard.

»Guckt Euch einmal die Rothäute an, Master Marshall! Habt Ihr vielleicht bereits einmal mit diesen Comanchen zu tun gehabt?«

»Noch nicht. Es sind also Comanchen?«

»Ja. Der Gegend nach könnten es wohl auch Apachen sein; aber diese tragen den Schopf anders als die Kerls, die dort herabkommen. Seht Ihr die roten und blauen Farben, mit denen sie ihre Visagen bemalt haben? Das ist das sicherste Zeichen, daß sie sich auf dem Kriegspfade befinden. Darum haben sie die Lanzenspitzen so blank geschliffen, und in jedem Köcher stecken einige vergiftete Pfeile, mit denen ich heut zum Beispiel noch gar nicht gern zu tun haben mag. Was meinst du, Charley, wenn sie hier vorüberkämen?«

»Sie würden uns unbedingt bemerken.«

»Wenn man nur hinaus könnte, um den Zweig zu entfernen und unsere Spuren zu verwischen; das geht aber nicht!«

»Würde auch nichts helfen, Sam, denn sie würden weiter oben unsere Fährte doch bemerken und diese sicherlich bis hierher verfolgen.«

»Das weiß ich; aber wir könnten dann Zeit gewinnen, hier auszubrechen und uns zu salvieren, ehe sie zurückkämen.«

»Das ist richtig. Die Hufspuren sind gleich hier am Rande. Vielleicht geht es, auch ohne daß man hinaustritt.«

Hinter mir stand ein dürres, dünnes Fichtenstämmchen. Ich schnitt es ab und angelte mit ihm den Zweig herein; dann suchte ich mir eine Stelle, an welcher dürre Nadeln auf dem Boden lagen, sammelte einige Handvoll davon und säte sie über die Spur hinweg, welche allerdings so schwach war, daß sie nur von dem scharfen Auge eines Indianers bemerkt werden konnte.

»Wollen sehen, ob es hilft, Charley! Mich würdest du damit nicht täuschen.«

»Inwiefern?«

»Hat ein Ahorn Kiefernadeln?«

Allerdings stand gerad über den Hufspuren ein Ahorn, aber die Sache war nun einmal nicht zu ändern. Uebrigens nahmen nun die Indsmen unsere vollständige Aufmerksamkeit in Anspruch. Sie hatten eben den unteren Teil der Schlucht erreicht, blieben dort halten und schickten einige Krieger auf Spähe aus.

»*Heigh-day*, sie kommen nicht hierher!« rief Sam erfreut.

»Woraus seht Ihr das?« fragte Bernard.

»Erkläre es ihm, Charley, da du dich einmal seiner als Lehrmeister angenommen hast!«

»Sehr einfach. Von den drei Männern, welche rekognoszieren, reiten zwei längs der Höhe stromab und einer auf das Wasser zu. Sie wollen also übersetzen, werden aber nicht aufwärts kommen, da sie in diesem Falle das Terrain nicht ab-, sondern aufwärts untersuchen würden. Die zwei sollen das Terrain nach Spuren, also nach seiner Sicherheit untersuchen, während der dritte sehen soll, ob der Pecos hier zum Durchschwimmen geeignet ist.«

Bald kehrten alle drei zu den Wartenden zurück; sie schienen befriedigende Kunde zu bringen, denn die Truppe setzte sich direkt auf das Wasser zu in Bewegung. Wir konnten sie jetzt mit bloßem Auge zählen, und es ergab sich, daß ich sie eher etwas zu niedrig als zu hoch geschätzt hatte. Es waren lauter junge, kräftige Leute, die zu zwei Stämmen oder Dörfern gehören mußten, da zwei Häuptlinge an ihrer Spitze ritten.

»Die Beiden mit den Adlerfedern im Haare sind die Häuptlinge?« fragte Bernard.

»Ja.«

»Ich hörte, daß diese stets Schimmel reiten!«

»Schimmel? Hihihihi!« lachte Sam belustigt vor sich hin.

»Da seid Ihr sehr falsch berichtet, Bernard!« meinte ich. »Drüben im alten Lande kommt es wohl vor, daß ein Feldherr einen Lieblingsschimmel reitet, hier aber nicht. Der Indianer ist überhaupt kein Freund der hellen Farben beim Pferde, und kann er schon auf der Jagd keinen Schimmel gebrauchen, weil das Weiß das Wild verscheucht, so bei einem Kriegszuge erst recht nicht. Nur im Winter, wo die Farbe dem Schnee gegenüber als Maske dient, kann es einmal bei einem einzelnen Unternehmen vorkommen, daß man auf einen Schimmel steigt, und dann nimmt auch der Reiter einen weißen Kattun über. Ich selbst habe dies einmal droben am Nord-Park versucht, und zwar mit gutem Erfolge.«

Mittlerweile waren sämtliche Pferde in das Wasser gegangen, und obgleich der Fluß hier ein starkes Gefälle hatte, hielten sie sich doch so wacker, daß, als sie hüben landeten, sich kaum einige Ellen Abtrift ergaben. Nun wurde wieder rekognosziert, und dann setzte sich der Zug abwärts in Bewegung.

Jetzt konnten wir erleichtert Atem holen, denn die Gefahr war für uns keine geringe gewesen. Sam streichelte seiner Stute den Hals.

»Was meinst du, alte Tony, wenn uns die Roten heut abgestutzt hätten, mir die Ohren und dir den Schwanz? Ja so, das ist ja schon früher geschehen! Aber, Charley, was wird nun zum Beispiel mit Patrik und seinem Stakeman? Denn seine Spur bemerken sie ganz sicher!«

»Sie werden ihm nichts tun,« antwortete Hoblyn.

»Nichts? Warum?«

»Weil sie ihn kennen. Es sind Comanchen vom Stamme der Racurroh, mit denen er und der Capitano die Friedenspfeife geraucht haben, weil wir vieles von dem, was wir übrig hatten, an sie verhandelten.«

»Das ist schlimm, denn dann ist es sehr leicht möglich, daß er mit ihnen gegen uns gemeinschaftliche Sache macht.«

»Müssen auch das abwarten, Sam,« tröstete ich. »Er wird sich hüten, sie mit in das Tal zu nehmen! Höchstens erfordert es die Höflichkeit, daß er einige Stunden bei ihnen bleibt, um das Calumet[1] mit den Häuptlingen zu rauchen; dann ist er wieder sein eigener Herr.«

Ich trat an den Saum des Waldes und streckte den Kopf durch die Zweige, um den Wilden nachzusehen. Sie waren bereits hinter der nächsten Krümmung des Flusses und dem Berg verschwunden. Ehe ich mich zurückwandte, warf ich meinen Blick ganz unwillkürlich stromauf und – fuhr mit dem Kopfe schnell hinter die Zweige. Sam hatte diese schnelle, beinahe erschrockene Bewegung bemerkt und fragte:

»Was gibt's? Kommen dort oben auch Indsmen?«

»Wie es scheint, ja! Wenigstens hält einer dort am Ausgange der oberen Schlucht.«

Sans-ear hatte das Fernrohr noch neben sich liegen und setzte es an.

[1] Friedenspfeife.

»*Zounds*, es ist richtig! Aber es ist bloß einer, wenn nicht vielleicht noch weiter hinten welche halten. Was seh' ich! Das ist doch zum Beispiel gar ein Apache!«

»Wirklich?«

»Ja, und zwar ein Häuptling. Er trägt das Haar lang herab; es hängt ihm bis auf den Rücken des Pferdes nieder. Jetzt reitet er auf das Wasser zu.«

»Laß mir einmal das Rohr!«

Er gab es mir, leider aber konnte ich nichts mehr sehen, da der Mann sich bereits im Wasser befand und durch eine Erhöhung des diesseitigen Ufers verdeckt wurde.

»Weißt du, wie das ist, Charley? Diese Comanchen werden, ohne daß sie es ahnen, von den Apachen verfolgt, und dieser Häuptling ist vorangegangen, um sie stets im Auge zu behalten. Er fängt das ganz verwünscht klug an, denn er ist ihnen nicht auf ihrer Fährte gefolgt, sondern oberhalb von ihnen in der nächsten Schlucht über die Berge gegangen. Tretet zurück, denn diese Kerls haben scharfe Augen! Er kommt auf alle Fälle hier vorüber, darum haltet euren Pferden die Nüstern zu; sie sind es gewohnt, zu schnauben, wenn ein Indianer in die Nähe kommt. Meine Tony hat allerdings mehr Grütze im Kopfe. Nun, stille!«

Wir konnten ihn nicht kommen sehen, da wir uns am oberen Teile einer Talkrümmung befanden, aber kaum waren fünf Minuten seit den letzten Worten verflossen, so vernahmen wir den Huftritt seines Pferdes.

Die Andern hatten sich zurückgezogen, ich jedoch lag hinter einem ziemlich dichten Gesträuch. Er kam, langsam und den Boden musternd: Hatte er vielleicht einige niedergetretene Grashalme oder eine andere Spur bemerkt? Es mußte so sein, und siehe, jetzt hielt er mir grad gegenüber an und richtete den Blick auf die Nadeln, welche ich vorhin hinausgeworfen hatte. Im Nu stand er am Boden, mit dem Tomahawk in der Faust, denn er hatte Verdacht gefaßt.

»Feuer, Charley!« kommandierte Sam leise.

Ich aber drang ebenso schnell, als er vom Pferde gesprungen war, durch den Busch ihm entgegen. Sein muskulöser Arm holte aus zum fürchterlichen Hiebe.

»Winnetou! Will der große Häuptling der Apachen seinen Bruder töten?«

Er ließ den Arm sinken, und sein dunkles Auge leuchtete hell auf.

»Shar-lih!«

Er rief nur dies eine Wort, aber es lag in dem Tone eine Freude, die ein stolzer Indsman lieber beherrscht, als laut erklingen läßt. Dann schlang er die Arme um mich und drückte mich an sich. Ich freute mich natürlich außerordentlich über dieses Zusammentreffen und fragte:

»Was tut mein Bruder an dieser Stelle des Pecos?«

Er steckte den Tomahawk in den Gürtel.

»Die Flöhe der Comanchen haben ihr Lager verlassen, um dem Apachen ihr Blut zu geben. Der große Geist sagt, daß Winnetou ihre Skalps nehmen wird. Was tut mein weißer Bruder in diesem Tale? Sagte er nicht vor vielen Monden, daß er wieder über das große Wasser ziehen werde zum Wigwam seines Vaters und seiner Schwestern? Wollte er nicht dann hinüber in die große Wüste, welche fürchterlicher ist, als die Mapimi und der Estaccado?«

»Ich habe das Wigwam des Vaters gesehen und bin in der Sahara gewesen; aber der Geist der Savanne hat mich gerufen im Lichte des Tages und im Traume der Nacht; ich bin seiner Stimme gefolgt.«

»Mein weißer Bruder hat recht getan! Das Herz der Prairie ist groß und weit; es faßt das Leben und den Tod, und wer seinen Puls gefühlt hat, der darf wohl gehen, aber er kommt immer wieder zurück. Howgh!«

Er nahm sein Pferd beim Zügel und trat mit mir unter die Bäume. Hier erst erblickte er meine Begleiter; aber obgleich ich mit keinem Worte derselben gedacht hatte, zeigte er sich nicht im mindesten überrascht, vielmehr tat er, als habe er sie gar nicht bemerkt. Er griff in die Satteltasche, zog Pfeife und Tabaksbeutel hervor und setzte sich mit würdevoller Haltung nieder.

»Winnetou ist weit im Norden am großen See gewesen, um den heiligen Ton für sein Calumet zu graben, Shar-lih ist der erste, welcher mit ihm rauchen wird.«

»Es werden heut noch Andere mit meinem roten Bruder rauchen.«

»Winnetou raucht nur mit tapferen Männern, in deren Herzen kein Falsch ist, und auf deren Lippe die Wahrheit wohnt; doch er weiß, daß sein weißer Bruder auch nur mit solchen Männern redet.«

»Hat der große Häuptling der Apachen gehört von Sans-ear, dem tapferen, klugen Jäger?«

»Winnetou kennt ihn, aber er hat ihn noch nicht gesehen. Sans-ear ist listig wie die Schlange, klug wie der Fuchs und tapfer wie der Jaguar. Er trinkt das Blut der roten Männer und hat ihren Tod eingegraben auf dem Kolben seiner Büchse; aber sie haben ihm getötet sein Weib und sein Kind; er tötet nur die Bösen. Ich sehe sein Pferd; warum kommt er nicht zu Winnetou, um mit ihm zu rauchen die Pfeife des Friedens?«

Sam erhob sich und trat herbei, aber ich sah es ihm an, daß er sich einigermaßen verlegen fühlte in der Gegenwart des Mannes, der als der größte, tapferste und gerechteste Krieger aller Savannen bekannt war.

»Mein roter Bruder hat recht gesagt; ich töte nur die Bösen, den Guten aber gehört meine Hilfe,« sagte er in bescheidenem Tone.

Ich winkte auch Bernard herbei.

»Der Häuptling der Apachen möge sein Auge leuchten lassen auch über diesen Krieger. Er war ein sehr reicher Mann; die weißen Mörder aber haben ihm seinen Vater getötet und seine Diamanten und Dollars geraubt. Der Mörder ist hier am Rio Pecos; er wird sterben von seiner Hand!«

»Winnetou ist sein Bruder; er wird ihm helfen, den Mörder seines Vaters zu ergreifen. Howgh!«

Dieses letzte Wort galt bei Winnetou stets als eine Beteuerung, die er sicherlich erfüllte. Ich hatte also für Bernard eine Kraft, eine Hilfe gewonnen, wie wir uns keine bessere wünschen konnten. Der Apache hatte jetzt seine Pfeife gestopft und steckte sie in Brand. Nachdem er den Rauch dreimal empor zum Himmel und dreimal nieder zur Erde geblasen hatte, stieß er ihn nach den vier Himmelsrichtungen aus und gab dann mir das Calumet. Ich tat ebenso und gab es Sam. Nachdem auch Marshall die Zeremonie beendet hatte, ging es in die Hände Winnetous zurück. Dann erkundigte sich Sam bei dem Apachen:

»Mein roter Bruder hat viele Krieger in der Nähe?«

»Uff!«

Dies war bei Winnetou stets ein Ausruf des Erstaunens. Sam kannte die Gewohnheiten des Apachen noch nicht, und da er nur dies eine Wort zur Antwort bekam, so glaubte er, falsch verstanden worden zu sein; daher wiederholte er:

»Ich fragte, ob mein roter Bruder seine Krieger in der Nähe hat?«

»Uff! Mein weißer Bruder mag mir sagen, wie viele Bären sein müssen, um tausend Ameisen zu zertreten!«

»Nur einer.«

»Und wie viele Krokodile, um hundert Kröten zu verschlingen?«

»Nur eines.«

»Und wie viele Häuptlinge der Apachen, um diese Mükken von Racurroh zu töten? Wenn Winnetou den Kriegspfeil ausgräbt, so nimmt er nicht seine Männer mit, sondern er geht allein; er kennt keinen einzelnen Stamm, dessen Häuptling er ist, sondern er ist der König aller Apachen; er mag die Hand ausstrecken hier oder dort, so eilen tausend Krieger herbei, um seine Befehle zu vollbringen. Er hat viele Zungen, die ihm erzählen, was die Söhne der Comanchen tun, und er hat viele Messer und Tomahawks, um seine Feinde zu vertilgen von der Erde.«

Dann wendete er sich mir zu:

»Der Mann soll sprechen mit der Faust; aber mein Bruder erzähle mir, was er mit diesen Männern will, die bei ihm sind!«

Ich gab ihm einen kurzen, aber genauen Bericht über die Ereignisse, welche uns an den Rio Pecos geführt hatten. Er hörte aufmerksam zu und blickte dann eine Weile zu Boden. Den letzten Rauch aus seiner Pfeife blasend, erhob er sich und steckte das Calumet wieder in die Tasche.

»Meine weißen Brüder mögen mir folgen!«

Er nahm sein Pferd, führte es hinaus und schwang sich auf; ich hielt mich ihm zur Seite, und im scharfen Schritte setzten wir unsern Ritt fort. Er ritt einen braunen, starkknochigen Klepper, den ich schon von früher her kannte. Dieses Tier hatte ganz das Aussehen eines abgetriebenen Karrengaules, und nur ein Kenner, wie Winnetou, konnte sich entschlossen haben, es als Reitpferd zu gebrauchen. Es war unerreichbar im Galopp, ruhig im Trabe, ausgiebig und unermüdlich im Schritte und kerngesund auf der Lunge. Seine Klugheit stand keineswegs hinter derjenigen von Sams Stute zurück, und mit seinen scharfen, stahlharten Hufen hatte es nicht nur einmal den gefährlichen grauen Wolf oder gar den Puma in die Flucht geschlagen. Wenn Winnetou aufsaß, so schien Roß und Reiter ein Leib und eine Seele, ein Wille und ein Entschluß zu sein, und niemals kam es vor, daß ihm die Kraft und Ausdauer, der Mut und die Gewandtheit dieses unvergleichlichen Tieres versagten.

Als wir die Spuren der Comanchen erreichten, erkannten wir, daß sich die Horde ganz und gar sicher gefühlt haben mußte, denn man hatte sich auch nicht die geringste Mühe gegeben, die Fährte weniger kenntlich werden zu lassen. So ritten wir wohl eine Stunde weit, bei jeder Biegung des Weges haltend, um das vor uns liegende Terrain zu überblicken. Eben waren wir wieder an eine Ecke des Waldes gekommen und standen schon im Begriffe, dieselbe zu umreiten, als der Apache plötzlich sein Pferd zurückriß.

Er deutete mit dem rechten Arme vorwärts, während die geschlossene Linke das Zeichen zur Schweigsamkeit und Vorsicht geben sollte. Ich streckte den Kopf vor und strengte meine Augen an, konnte aber nicht das Mindeste bemerken.

Winnetou hing seine Büchse an den Sattelknopf, zog das Bowiemesser, stieg ab und verschwand zwischen den Bäumen, ohne ein Wort zu verlieren.

»Was mag es geben, Charley?« fragte Sam.

»Weiß es nicht.«

»Ist ein närrischer Kauz, dieser Apache! Konnte er uns nicht erst sagen, was er vorhat?«

»Hast du nicht gehört, daß er sagte, der Mann soll mit Taten sprechen? Er hat etwas Verdächtiges bemerkt und ist gegangen, um sich zu überzeugen. Das hast du aus seinem Tun erkannt, und darum brauchte er keine Rede zu halten.«

»Aber sagen konnte er, welcher Art dieser Gegenstand war!«

»Das werden wir bald sehen.«

»Aber wir wüßten doch zum Beispiel, wonach wir uns zu richten und wie wir uns zu benehmen hätten!«

»Das wissen wir ohnedies. Wir haben hier hinter der Ecke zu warten, bis er zurückkehrt oder uns ein Zeichen gibt, vorwärts zu gehen; das ist doch einfach.«

»Massa, oh, ah, haben hören Massa?« unterbrach Bob den kleinen Wortwechsel.

»Was?«

»Haben schreien ein Mann!«

»Wo?«

»Da, hinter Ecke!«

Ich blickte die Andern fragend an, aber keiner hatte etwas gehört, doch konnte der Neger trotzdem recht haben.

Da erscholl – und jetzt hörten wir es alle – der Lockruf des Spottvogels. Jeder Andere hätte diese Töne wirklich für die Stimme des Wipp-por-will gehalten, ich aber wußte, daß sie vom Munde des Apachen kamen, denn diesen Ruf hatten wir während unserer früheren Fahrten miteinander verabredet und sehr oft in Anwendung gebracht.

»Ein Wipp-por-will hier,« meinte Sam. »Möchte zum Beispiel wissen, wo diese Art von Kreatur nicht anzutreffen wäre!«

»Diese Art von Kreatur hast du heut zum erstenmal gesehen und gehört: es ist Winnetou, der uns ruft. Vorwärts, dort steht er am Waldesrande!«

Ich nahm das Pferd des Apachen beim Zügel, und die Andern folgten. Winnetou stand einige hundert Schritte weit von uns am Saume des Forstes, in welchem er verschwand, sobald er bemerkte, daß seinem Rufe Folge geleistet wurde. An der Stelle angekommen, stieg ich ab und trat unter die Bäume. Dort stand der Apache, und zu seinen Füßen lag ein junger Mensch, gebunden mit seinem eigenen Gürtel. Er hielt die Augen in unendlicher Angst auf Winnetou gerichtet und stöhnte leise.

»Memme!«

Nur dies eine Wort sprach der Apache, dann wandte er sich verächtlich ab. Der Gefangene war ein Weißer. Als er mich erblickte, hellte sich sein Gesicht etwas auf; er mochte, da ich zu seiner Rasse gehörte, einige Hoffnung fassen, die sich vergrößerte, als jetzt auch Sam hinzutrat.

»Ein Weißer, ein Yankee!« rief dieser. »Warum behandelt ihn mein roter Bruder als Feind?«

»Böses Auge!« antwortete Winnetou kurz.

Hinter uns erscholl jetzt ein lauter Ruf, und als ich mich umwandte, sah ich Marshall mit einem unbeschreiblichen Gesichtsausdrucke den Gefangenen betrachten.

»Holfert! Um Gottes willen, wie kommen Sie hierher?«

»Marshall! Master Marshall!« antwortete der Angeredete, der also ein Bekannter Bernards sein mußte; aber es wollte mir scheinen, als ob er durch die Anwesenheit meines Freundes nicht sehr angenehm berührt werde.

»Wer ist dieser Mann?« fragte ich.

»Er ist aus Knoxville, heißt Holfert und war ein Gehilfe in unserem Geschäft,« antwortete Bernard.

Ein Gehilfe bei Marshall und hier in der Nähe des Orts, an welchem wir Morgan zu treffen hofften? Es kam mir ein Gedanke.

»War er noch bei Euch, als sich Euer Geschäft auflöste?«

»Ja.«

Ich wandte mich an den Gefangenen:

»Master Holfert, wir haben Euch bereits seit langer Zeit gesucht. Wollt Ihr mir wohl sagen, wo sich Euer guter Freund, der sich Fred Morgan nennt, befindet?«

Er erschrak.

»Seid Ihr ein Detektive, Sir?« fragte er.

»Was ich bin, das werdet Ihr seiner Zeit ganz genau erfahren, doch will ich Euch sagen, daß ich nicht gerne in einer amtlichen Eigenschaft mit Euch verfahren möchte, denn ich bin sehr geneigt, anzunehmen, daß Ihr nur verführt worden seid. Also antwortet! Wo ist Morgan?«

»Bindet mich los, Sir; dann werde ich euch alles sagen!«

Bernard machte ein Gesicht, als ob er etwas ganz Unglaubliches vernehme.

»Vom Losbinden kann keine Rede sein, doch wollen wir Eure Fesseln ein wenig lockern. Bob, schnalle ihn lockerer!«

Der Angeredete trat vor und bückte sich nieder.

»Bob, auch du!« rief Holfert erstaunt.

»Bob auch da, *yes!* Oh, wo sein Massa Bern', da auch immer sein Nigger Bob. Warum nicht bleiben Massa Holfert in Lu'ville, sondern gehen in Berge? Warum werden Massa Holfert binden?«

Er lockerte ihm den Gürtel, so daß er aufrecht sitzen konnte. Ich setzte das Verhör fort:

»Also zum drittenmal: Wo ist Morgan?«

»Am Head-Pick.«

»Wie lange wart Ihr jetzt mit ihm beisammen?«

»Ueber einen Monat.«

»Wo traft Ihr ihn?«

»Er hatte mich nach Austin bestellt.«

»Bestellt? Ah? So kanntet Ihr ihn früher?«

Der Gefangene schwieg. Ich zog den Revolver.

»Seht Euch einmal dieses kleine Ding hier an, Master Holfert! Ich weiß sehr genau, woran ich mit Euch bin, aber ich wünsche doch, daß Ihr mir über den Tod Eures Prinzipals und über das Verschwinden seines Eigentums etwas Näheres erzählt. Redet Ihr nicht, oder bringt Ihr die Unwahrheit vor, so erhaltet Ihr die Kugel. Im Westen pflegt man mit einem Raubmörder noch weniger Federlesens zu machen, als da drüben in den ›Staaten‹!«

»Ich bin kein Mörder!« stammelte der Mann in höchster Angst.

»Ich habe Euch bereits gesagt, daß ich ganz genau weiß, was ich von Euch zu halten habe! Es kommt nun allerdings darauf an, ob wir Euch als einen verstockten oder reumütigen Menschen behandeln sollen. Also, Ihr kanntet Morgan schon früher?«

»Er ist ein Verwandter von mir.«

»Und hat Euch in Louisville besucht?«

»Ja.«

»Weiter! Ich habe nicht Lust, eine Menge Fragen zu tun, da Ihr auch ohne dieselben reden könnt. Denkt an den Revolver!«

»Wenn Master Marshall weggeht, werde ich alles erzählen!«

Ich mußte die Gefühlsregung des so unverhofft entdeckten Verbrechers berücksichtigen.

»Ihr sollt Euern Willen haben!«

Ich winkte Bernard, welcher sich entfernte, aber, wie ich wohl bemerkte, in einem Bogen wieder zurückkehrte und sich im Rücken des Gefangenen hinter den Stamm eines Baumes stellte. Ich hätte in diesem Augenblick in sein Herz blikken mögen.

»Nun also!«

»Morgan besuchte mich öfters, und ich ließ mich überreden, mit ihm zu spielen.«

»Er besuchte Euch in Eurer Privatwohnung?«

»Ja, nie im Geschäfte. Ich gewann und spielte leidenschaftlich weiter. Dann verlor ich, mehr und mehr, bis ich ihm mehrere tausend Dollars schuldig wurde. Ich konnte sie nicht bezahlen, und da drohte er mir mit der Anzeige, denn ich hatte ihm Wechsel mit der falschen Unterschrift meines Prinzipals gegeben. Ich konnte mich nicht anders retten, ich mußte ihm mitteilen, wo sich der Schlüssel zum Laden befand.«

»Ihr wußtet, was er dort wollte?«

»Ja. Wir wollten teilen und dann nach Mexiko gehen. Vorher aber mußten wir uns trennen, aus Vorsicht wegen der Verfolgung, und er bestimmte mir die Zeit, in welcher ich ihn in Austin treffen würde.«

»Ihr sagtet ihm, daß Euer Prinzipal stets einen Hauptschlüssel bei sich trage?«

»Ja; aber ich dachte nicht, daß er ihn ermorden werde. Er sagte, daß er ihn nur betäuben wolle. Wir lauerten den Prinzipal ab, doch anstatt ihn nur zu schlagen, stach er ihn nieder. Dann öffneten wir die Haustüre und legten den Toten in den Flur. Was wir fanden, teilten wir gleich an Ort und Stelle.«

»Er nahm die Diamanten, und Ihr erhieltet das Uebrige?«

»Ja. Da ich Fachmann war, fiel es mir nicht schwer, meinen Anteil, allerdings nur unter Verlust, in Geld umzusetzen – –«

»Und nun – ah, ich errate! Dieses Geld hat Euch Morgan jetzt abgenommen?«

»So ist es.«

»Waret Ihr wirklich töricht genug, zu glauben, daß ein so schlechter Mensch ehrlich gegen Euch handeln werde? Ihr konntet es Euch doch denken, daß er Euch in die Wildnis führte, nur um sich ungestraft in den vollständigen Besitz des Raubes zu setzen! Auf welche Weise nahm er Euch das Geld ab?«

»Er hatte gestern abend die Wache. Ich schlief fest. Da fühlte ich eine Berührung und wachte auf. Morgan hatte mir bereits die Waffen und die Brieftasche genommen und stand im Begriffe, mir sein Messer in die Brust zu stoßen. Die Angst gab mir Kräfte; ich warf ihn zur Seite, sprang auf und rannte fort. Er verfolgte mich, aber weil es dunkel war, glückte es mir, zu entkommen. Ich bin während der ganzen Nacht fortgelaufen, denn ich konnte mir denken, daß er meinen Spuren nachgehen werde, sobald der Tag anbrach. Erst vor kurzer Zeit habe ich es gewagt, mich hier zu verstecken, um ein wenig zu schlafen; aber ich kam nicht dazu, denn die Indianer ritten vorüber. Darum wollte ich sogleich wieder fort. Da erblickte ich diesen Roten, und verkroch mich wieder – er hat mich dennoch gefunden!«

Der Mann war fürchterlich abgespannt. Vielleicht trug dieser Zustand das meiste dazu bei, daß er alles so offen bekannte; denn im Tone seiner Stimme war nicht viel von Reue und innerer Bewegung zu hören.

Ich fragte Bernard:

»Dieser Mann ist Euer. Was werdet Ihr mit ihm tun?«

Er schwieg; es mochte in seinem Herzen die Rache mit dem Mitleid kämpfen. Dann legte er dem Gefangenen noch einige Fragen vor und wandte sich endlich zu uns:

»Der Schurke hat vielleicht den Tod verdient, doch wollen wir ihn laufen lassen. Gott wird ihn richten!«

»Das ist schlimmer als ein schneller Tod, Bernard. Ohne Waffen, Pferd und alle Hilfe und Erfahrung würde er nicht weit kommen.«

»So nehmen wir ihn mit uns, bis sich eine Gelegenheit bietet, ihn los zu werden!«

»Er würde uns ungemein belästigen, da wir bereits einen Gefangenen bei uns haben. Es wäre leicht möglich, daß Beide gemeinschaftliche Sache machten.«

»Dann wären wir immer vier gegen zwei.«

»Hier handelt es sich nicht darum, daß sie uns körperlich gefährlich werden könnten, ich denke vielmehr an andere Möglichkeiten, durch die wir in bedeutende Fatalitäten kommen würden. Auch ich will sein Richter nicht sein. Wir könnten ihm eines unserer Packpferde geben und einige Waffen dazu. Frage Winnetou!«

Dieser hatte, seitwärts stehend, die ganze Verhandlung mit angehört. Jetzt trat er herzu und löste den Gürtel von den Armen Holferts.

»Aufstehen!«

Der Gefangene erhob sich. Winnetou zeigte auf dessen Hand.

»Hat der weiße Mann gewaschen seine Hand vom Blute des Gemordeten?«

»Ja,« antwortete der Gefangene verzagt bei dem Tone dieser Stimme.

»So ist Blut gewesen an dieser Hand, und Blut wird nicht gewaschen mit Wasser, sondern wieder mit Blut: so will es

Manitou, und so will es der große Geist der Savanne. Sieht der weiße Mann dort den Zweig am Rande des Flusses?«

»Ja.«

»Er gehe hin und hole ihn. Wenn er ihn abzubrechen vermag, so soll er leben dürfen, denn der Zweig ist das Zeichen des Friedens und der Gnade.«

Wir alle waren einigermaßen überrascht über diese sonderbare Bedingung. Holfert ging auf das Ufer zu, welches ungefähr vierhundert Schritte entfernt war. Die ihm gemachte Bedingung war sehr leicht zu erfüllen, denn der Zweig befand sich nicht im Wasser, sondern hart am Ufer. Er erreichte ihn und streckte seine Hand danach aus. Da erhob Winnetou seine silberbeschlagene Büchse; der Schuß krachte, und Holfert stürzte, mitten durch den Kopf getroffen, vornüber in die Fluten.

Winnetou lud den abgeschossenen Lauf kaltblütig wieder.

»Der weiße Mann hat den Zweig nicht gebracht; er muß sterben! Der Geist der Savanne ist gerecht und barmherzig; er gibt nicht Gnade, die in das Verderben führt. Der weiße Mörder wäre getötet worden von den Comanchen, von den Stakemen und aufgefressen von den Coyoten!«

Dann bestieg er sein Pferd und ritt davon, ohne sich nach uns umzusehen.

Schweigend und in ernster Stimmung folgten wir.

Die Spuren der Comanchen blieben in gleicher Weise kenntlich. Daß sie einen Kriegszug vorhatten, zeigte ihre Bemalung, doch mußte ihr Ziel ein entferntes sein, sonst hätten sie sich vorsichtiger benommen. Winnetou kannte jedenfalls ihr Vorhaben, doch war er viel zu schweigsam, als daß er ohne genügende Veranlassung eine Bemerkung darüber hätte fallen lassen sollen. Eben wollte ich mich an seine Seite begeben, als wir vor uns einen – zwei – drei Schüsse knallen hörten.

Sofort hielten wir an. Winnetou winkte zurück und ritt vorwärts bis zur nächsten Biegung. Wir blieben halten. Er stieg ab und huschte in die Sträucher, aus denen er bald zurückkehrte, um uns durch eine Bewegung seiner Hand herbeizurufen.

»Comanchen und zwei Bleichgesichter!«

Mit diesen Worten kroch er wieder in die Büsche, und wir Drei folgten, während Bob bei Hoblyn und den Pferden blieb.

Vor uns erweiterte sich das Tal des Flusses zu einem breiten Kessel, in welchem sich uns ein überraschender Anblick bot. Hart am rechten Ufer des Flusses hatten die beiden Häuptlinge der Comanchen ihre Lanzen in die Erde gesteckt und an die Schäfte derselben die Schilde gelehnt. Sie selbst saßen dabei am Boden und rauchten ihre Calumets mit zwei Weißen, welche zu beiden Seiten von ihnen Platz genommen hatten. Die Tiere dieser vier Männer weideten in der Nähe. Vor ihnen entwickelte sich eine kriegerisch wilde und dennoch friedliche Szene: die Comanchen führten eines jener Kampfspiele auf, bei denen sie ihre ganze Meisterschaft im Gebrauch der Waffen zu beweisen pflegen. Die Entfernung war zu groß, als daß man die Züge der meisten zu erkennen vermochte, und ich griff darum zu meinem Fernrohr. Dann sagte ich zu Sans-ear:

»Holla, wer ist das! Sam, gucke einmal hindurch!«

Sans-ear ergriff das Rohr und richtete es.

»*'s death*, das ist dieser Fred Morgan mit seinem Sohn! Wie kommen sie hier zusammen und unter die Indsmen?«

»Das ist sehr leicht zu erklären; Patrik war ja immer kurz vor uns, und Morgan ist vom Head-Pik her diesem Holfert nach; da haben sie sich getroffen. Und vor den Indsmen brauchen sie sich nicht zu verstecken, wie du auch gehört hast.«

»So wird es sein, aber unlieb genug ist es mir dennoch!«

»Warum?«

»Wie werden wir uns die Beiden zwischen den Roten herausholen können?«

»Ich hoffe, sie werden nicht beisammen bleiben, denn es kann keineswegs die Absicht der zwei Spitzbuben sein, den Indianern etwas von dem Schatze, den sie heben wollen, wissen zu lassen.«

»Dann ist es am besten, wir bleiben hier, um sie zu beobachten.«

»Sicher scheinen wir hier zu sein, denn es ist nicht anzunehmen, daß einer von den Roten zurückkehren wird.«

»Kann nicht Morgan kommen, der doch Holfert verfolgen will?« fragte Marshall.

»Er wird von seinem Sohne und den Comanchen erfahren, daß diese ihm nicht begegnet sind, und also annehmen, daß er einen andern Weg eingeschlagen hat,« antwortete ich ihm. »Ziehen wir die Pferde in ein Versteck?«

Winnetou nickte zustimmend mit dem Kopfe, und ich trat hinaus, um dies zu besorgen. Die Packpferde wurden, da sich ein mehrstündiger Aufenthalt vermuten ließ, abgeladen und mit unsern anderen Tieren etwas tiefer hinein in den Wald gebracht.

Als Hoblyn den Talkessel erblickte, streckte er den Arm aus:

»Sir, dort rechts hinauf geht die Schlucht, welche wir verfolgen müssen.«

»Dort? Das ist fatal!«

»Warum, Charley?« fragte Sam.

»Weil wir nicht hin und diesen Beiden also nicht zuvor kommen können. Du kannst dir doch denken, daß sie sofort nach Abzug der Comanchen sich auf den Weg machen werden!«

»Da habt keine Sorge, Sir!« fiel Hoblyn ein. »Diesen Weg kennt nur der Capitano und ich; der Leutnant aber geht einen andern, der weiter unten am Bette eines Nebenflusses emporführt.«

»Dann mag es sein, und wir können diesen Leuten da ruhig und unbesorgt zuschauen!«

Die Comanchen hatten sich in zwei Parteien geteilt, welche sich gegenseitig zu bekämpfen schienen, bald in geschlossener Truppe, bald aufgelöst im Einzelkampfe, und zeigten dabei eine Ausdauer und Behendigkeit, welche einen europäischen Zuschauer in das höchste Erstaunen versetzen mußten. Bei ihnen gab es keinen Sattel und auch nicht das gewöhnliche Zaumzeug. Sie binden eine Decke, ein Fell oder eine Matte auf den Rücken ihres Tieres. An jeder Seite dieses

Felles ist ein breiter und sehr starker Riemen befestigt, welcher über den Nacken des Pferdes gelegt ist und dazu dient, den Arm hindurchzustecken, wenn der Reiter sich auf die eine oder andere Seite des Pferdes legen will, während er mit einem Fuße an dem Rücken desselben hängen bleibt. Diese eigentümliche Sattelung und die große Uebung macht es den wilden Reitern möglich, das Tier als Schild zu gebrauchen, es zwischen sich und den Feind zu bringen und doch Freiheit und Bewegung genug zu haben, um über den Rücken des Pferdes hinweg oder unter dem Halse desselben hindurch den Pfeil auf den Gegner zu schnellen oder ihm, falls sie mit einem Feuergewehre bewaffnet sind, eine Kugel zuzuschikken. Diese Krieger sind dabei so außerordentlich gewandt, daß sie sich, je nachdem es erforderlich ist, bald auf die rechte und bald auf die linke Seite des Tieres werfen und zugleich eine Leichtigkeit und Schnelligkeit entwickeln, die einem Kunstreiter Ehre machen würden. Die Pferde gehen dabei so sicher, daß selten eine Kugel oder ein Pfeil das Ziel verfehlt. Der Riemen, in welchem der Arm ganz nahe an der Schulter hängt, ist an die Mähne des Tieres auf dem Widerrist befestigt, so daß selbst dann, wenn die Satteldecke losginge, dieser Stützpunkt nicht verloren gehen kann. Hat der gewandte Reiter diese Schlinge gut befestigt, so bedarf er zur Ausführung seiner Kunststücke überhaupt keiner Decke und keines Sattels, denn seine mit Mokassins bekleideten Füße haften mittels der Ferse mit gleicher Sicherheit auf dem nackten Pferdsrücken wie auf der Büffelhaut, welche denselben bedecken könnte. Wenn diese außerordentlichen Reiter über den Rücken des Pferdes wegschießen, zielen sie natürlich von oben; schießen sie aber unter dem Halse desselben hindurch, so legen sie den Pfeil unten an, was ihnen bei ihrer außerordentlichen Uebung ebenso leicht wird, als wenn sie in der gewöhnlichen Weise zielen.

Unsere ganze Aufmerksamkeit war dem Kampfspiele der Comanchen, welches einer arabischen ›Phantasia‹ sehr ähnelte, zugewendet, und nur ein einziges Mal blickte ich durch die Büsche in der Richtung zurück, aus welcher wir gekommen waren – zu unserm Glück, denn mit Schrecken sah ich längs des Waldrandes zwei Reiter herabkommen, welche die Fährte der Comanchen sehr sorgfältig beobachteten.

»*Have care*, ihr Männer; dort kommen Leute!«

Alle sahen zurück, und Hoblyn rief:

»Der Capitano mit Conchez!«

»Wahrhaftig, er ist's! Schnell in den Wald hinein, und die Spuren verwischt!«

In zwei Minuten war dies geschehen. Alle wichen zurück, und nur ich blieb mit Winnetou an einer etwas weiter vorgeschobenen Stelle, in welcher es uns möglich war, die Nahenden zu beobachten, ohne von ihnen bemerkt zu werden.

Schon waren sie sehr nahe, und sicher wären sie um die Biegung geritten, wenn nicht grad jetzt die Comanchen ein Kampfgeschrei erhoben hätten, welches wie ein Geheul von wilden Tieren klang. Sie stutzten, lugten sorgfältig um die Ecke und führten dann ihre Pferde auf dieselbe Stelle, wo die unserigen gestanden hatten. Wir wichen zu unsern Gefährten zurück.

Hart hinter den Ankömmlingen standen zwei Ahornbäume eng beisammen; es gelang mir, mich bis zu ihnen anzuschleichen, um ihre halblaute Unterhaltung zu belauschen. Ich hatte dabei den Tomahawk für unvorhergesehene Fälle in der Hand.

»Es sind Comanchen,« meinte der Capitano. »Wir haben also nichts von ihnen zu befürchten. Nur müssen wir zuvor wissen, wer die beiden Weißen sind.«

»Es ist zu weit; man kann sie nicht erkennen.«

»Man könnte sich nach der Kleidung richten. Den Vorderen kenne ich nicht, und der Andere wird von den Häuptlingen verdeckt.«

»Capitano, seht Euch einmal von den vier Pferden den Goldfuchs an! Er hat einen Stutz, was in der Savanne und auf den Bergen eine Seltenheit ist. Was meint Ihr dazu?«

»*Carajo*, das ist der Fuchs des Leutnant!«

»Denke es auch! Dann wird der zweite Weiße kein Anderer sein als er.«

»Richtig! Jetzt beugt er sich vor. Siehst du die bunte Serape? Er ist es! Was ist zu tun?«

»Ja, wenn ich nur wüßte, was Ihr eigentlich mit ihm vorhabt, dann ließe sich vielleicht über die Sache sprechen.«

»Jetzt wird es allerdings notwendig, daß ich es dir sage. Ich habe nämlich das Beste von unsern Schätzen hier in dieser Gegend vergraben, weil ich es nicht im *Hide-spot* aufbewahren wollte, da es Einige unter uns gibt, denen ich nicht trauen kann. Den Ort, an welchem die Sachen liegen, kennt niemand, als ich und der Leutnant. Er hat seinen Vater erwartet und ihn – statt in unser Lager – hieher an den Rio Pecos bestellt; dies machte meinen Verdacht rege, und da er nach seinem letzten Ritt durch den Estaccado direkt hierherging, ohne mich erst aufzusuchen, so hatte ich die Ueberzeugung, daß er sich vorgenommen hat, uns den Schatz zu rauben. Mit den Indsmen ist er nur zufälligerweise zusammengekommen. Nun fragt es sich, ob wir gleich jetzt zu ihnen gehen und ihn bestrafen, oder ob wir ihm folgen und ihn auf der Tat ertappen.«

»Das letztere ist jedenfalls das Beste. Suchen wir ihn da unten auf, so ist es gar nicht möglich, ihm eine böse Absicht zu beweisen. Er wird ganz einfach sagen, daß er nur hergekommen sei, um seinen Vater zu holen, und wer weiß, was ihm dann noch für Wege offen bleiben, zum Ziele zu gelangen. Wir sind zu Zweien, er mit seinem Vater auch, und auf die Indsmen ist nie ein sicherer Verlaß.«

Conchez gab sich sichtlich Mühe, seinen Hauptmann von dem ersten Punkte abzubringen; es mußte ihm natürlich daran liegen, das Versteck kennen zu lernen.

»Recht hast du. Die Racurroh befinden sich auf einem Kriegszuge und werden sich nur einige Viertelstunden hier aufhalten; dann bricht Patrik sicherlich sofort auf. Er hat noch eine ziemliche Strecke zu reiten, ehe er zur Seite einbiegen kann, auf welcher sich der Ort befindet; ich aber weiß einen näheren Weg, auf dem wir vor ihm hingelangen. Er soll sicherlich nichts bekommen, wenn – wenn der Schatz überhaupt noch da ist.«

»Noch da ist? Wer sollte ihn denn weggenommen haben, da nur ihr Beide ihn kennt!«

»Hm, Sans-ear und Old Shatterhand, denen wir unsere letzte große Schlappe verdanken.«

»Die? Wie sollten denn diese Beiden hinter das Geheimnis gekommen sein?«

»Auf eine sehr einfache Weise. Ich wollte Hoblyn dem Leutnant nachschicken und war so unvorsichtig, ihm schon die nötigen Instruktionen zu geben. Er ist spurlos verschwunden, und ich kann den Gedanken nicht los werden, daß er gemeinschaftliche Sache mit den Jägern gemacht hat, um sich das Leben zu retten.«

»Hm, dann wäre es vielleicht am besten, wenn – –«

»Nun, wenn – –?«

»Wenn wir uns an die Comanchen wendeten.«

»Und ihnen unser Geheimnis mitteilten, so daß sie uns den Schatz abnehmen? Nein. Uebrigens haben wir Zeit, uns die Sache noch zu überlegen, denn wie ich sehe, ziehen die Roten ihre Proviantsäcke hervor. Auch wir können einen Bissen essen. Hole das Fleisch!«

Wenn Conchez aufstand, um zu den Pferden zu gehen, mußte er mich unbedingt sehen; ich kroch also so schnell wie möglich zurück und kam auch wirklich kaum eine Sekunde zu früh aus dem Bereiche seiner Augen.

Bei den Gefährten angekommen, teilte ich ihnen das Ergebnis meines Lauschens mit.

»Von den drei Voyageurs, die mit dem Leutnant den Kaufleuten nachritten, haben sie zum Beispiel nichts gesagt?« fragte Sam. »Es müßte doch wohl einer davon bei Patrik sein!«

»Nichts. Vielleicht hat er diesen Einen ermordet, um freie Hand zu haben. Was aber tun wir mit diesen Beiden da?«

»Ruhig gehen lassen, Charley.«

Winnetou schüttelte den Kopf.

»Meine weißen Brüder mögen bedenken, daß sie nur einen einzigen Skalp haben!«

»Wer wollte uns ihn nehmen?« entgegnete Sam.

»Die Schlangen von Racurroh.«

»Wird ihnen nicht gelingen. Sie werden sich überhaupt bald davonmachen, denn sie befinden sich auf dem Kriegspfade.«

»Mein weißer Bruder ist ein kluger Jäger und tapferer Krieger, doch kennt er nicht die Wege der Comanchen. Diese roten Männer werden in die Berge gehen zum Grabe ihres Häuptlings Tschu-ga-chat[1], wie sie es jedes Jahr tun an dem Tage, an welchem er getötet wurde von Winnetou, dem Häuptling der Apachen.«

Jetzt war es auf einmal erklärt, warum er diesen Trupp Comanchen verfolgte.

»Das ist ganz dasselbe,« meinte Sam. »Wenn sie auf einem solchen Wege gehen, werden sie sich zum Beispiel den Kukkuck um uns und die Stakemen kümmern.«

»Auch ich möchte mich nicht unnötigerweise mit Blut beflecken,« stimmte ich bei.

»Meine weißen Brüder mögen tun, was ihnen beliebt,« sprach der Apache. »Sie schonen den Feind, der ein Räuber und Mörder ist, und werden dafür ihr eigenes Blut geben. Der Apache hat gesprochen. Howgh!«

Es tat mir eigentlich leid, ihm entgegentreten zu müssen; aber es war heute bereits das Blut eines Menschen geflossen, und es widerstrebte meinen innersten Gefühlen, selbst gegen Mörder die Waffe zu richten, wenn dies nicht von erlaubter Notwehr geboten war.

Noch hing ich diesen Gedanken nach, als vom Lagerplatz der Comanchen her Rufe erschollen, welche auf ein plötzlich eingetretenes, unvorhergesehenes Ereignis schließen ließen. Wir bemerkten, daß auch der Capitano mit seinem Begleiter höchst aufmerksam wurde, und so pürschte ich mich in einem Bogen an den Waldessaum, um die Ursache zu erfahren.

Als ich einen Punkt erreicht hatte, der mir einen sicheren Durchblick bot, sah ich die Comanchen dicht gedrängt am Ufer des Flusses stehen und einen Gegenstand betrachten,

[1] »Der dunkle Rauch.«

den ich nicht erkennen konnte. Dieser wurde nach einiger Zeit wieder in den Fluß gestoßen, und sämtliche Krieger bildeten einen Kreis um die zwei Häuptlinge und die beiden Weißen. Dann saßen alle plötzlich auf und setzten ihren Weg fort. Ich kehrte zurück.

»Was war es?« fragte Bernard.

»Sie haben etwas im Flusse gefunden, vielleicht gar Holferts Leiche.«

Winnetou horchte auf. Dann wäre unsere Anwesenheit ja verraten gewesen!

»Glaubt mein weißer Bruder, daß ein toter Mann so weit zu schwimmen vermag?«

»Unter Umständen, ja. Der Fluß ist hier tief und reißend und hat glatte Ufer, so daß sich nicht leicht etwas ansetzen kann.«

Ohne weiter ein Wort zu sagen, erhob er sich und verschwand nach links hinauf zwischen den Bäumen. Ich wußte, was er tun wollte. Er ging jedenfalls im Schutze des Waldes so weit stromauf, bis er nicht mehr gesehen werden konnte, und begab sich dann in das Wasser, um an Ort und Stelle zu schwimmen und sich zu überzeugen, welcher Gegenstand den Comanchen aufgefallen war.

Obgleich er der vortrefflichste Schwimmer war, den ich kannte, mußte ich mir doch sagen, daß dieses Unternehmen kein ungefährliches sei. Erstens konnte der Capitano mit Conchez aufbrechen und, von derselben Wißbegierde getrieben, an den Fluß gehen; zweitens konnten, was als sehr wahrscheinlich anzunehmen war, die Comanchen Verdacht geschöpft haben und schließen, daß, wo eine frische Leiche mit Schußwunde vorhanden ist, auch jemand da sein muß, der diese Wunde verursacht hat. In diesem Falle war anzunehmen, daß ihre Entfernung nur eine scheinbare wäre, und sie zurückkommen würden, um sich Gewißheit zu holen. Wenn es während eines Feldzuges bestimmte Regel ist, keine Festung unerobert oder wenigstens zerniert hinter sich zu lassen, so ist es im ›wilden Westen‹ ebenso gefährlich, nicht genau zu wissen, wen man im Rücken hat.

Die Strecke, welche Winnetou erst stromab und dann wieder aufwärts zu durchschwimmen hatte, mochte eine halbe Meile lang sein; er als guter Schwimmer konnte höchstens eine halbe Stunde brauchen, um diese Strecke zurückzulegen; zehn Minuten für den zu durchlaufenden Landweg dazu gerechnet. Noch aber war er keine Viertelstunde fort, so brach der Capitano mit seinem Begleiter auf. Wir konnten sie nicht zurückhalten.

Was ich vermutet hatte, geschah: sie ritten bis zum Rastplatz der Comanchen und wandten sich dann nach dem Flusse. Jetzt galt es, Winnetou, welcher jedenfalls da, wo er in das Wasser gegangen war, seine Kleider und Waffen abgelegt und höchstens nur das Messer bei sich hatte, zu beschützen; natürlich ohne mich dabei sehen zu lassen. Ich ergriff meine Büchse.

»Bleibt hier!«

Bei diesen Worten verließ ich unser Versteck und eilte, so schnell es mir der Wald gestattete, innerhalb des Saumes desselben abwärts, bis ich eine Stelle erreichte, von welcher aus ich den Ort bestreichen konnte, wo der fragliche Gegenstand wieder in das Wasser geworfen worden war. Noch aber hatte ich diesen Platz nicht eingenommen, als der Capitano seine Büchse erhob und in das Wasser feuerte. Er hatte nicht getroffen. Ich kannte die Behendigkeit Winnetous im Tauchen. Keine fünf Sekunden nach dem Schusse sah ich ihn wie einen Fisch emporschnellen, das Ufer erreichen und sich auf den Capitano stürzen. Da erhob Conchez den Karabiner. Ich konnte nicht anders, schießen mußte ich; aber sein Leben mußte ich schonen. Mit einer blitzschnellen Bewegung wandte sich Winnetou von dem Capitano ab, warf sich zu Conchez hinüber und schlug diesem in dem Augenblick, als er abdrücken wollte, den Lauf des Karabiners in die Höhe. Der Schuß ging in die Luft. Winnetou entriß ihm das Gewehr, nahm es beim Laufe, um es als Keule zu gebrauchen, und tat gerad zur rechten Zeit einen gewaltigen Seitensprung, denn der Capitano hatte bereits ausgeholt, um ihm von hinten einen Kolbenschlag zu versetzen.

Eben stand er im Begriffe, sich gegen Beide zugleich zu wenden, als von abwärts her ein lautes Geheul erscholl. Auch in Betreff des zweiten Punktes bestätigte sich meine Vermutung: die Comanchen waren nicht allzuweit fortgeritten und hatten daher den Schuß des Capitano vernommen; sie kamen im Galopp zurück.

Kaum hatte Winnetou sie bemerkt, so schlug er dem Capitano die Büchse, welche zum Glück nur einläufig gewesen war, aus der Hand, schleuderte den Karabiner weit in das Wasser hinüber und sprang in Sätzen, welche denen eines gehetzten Panthers glichen, stromaufwärts.

Ich wußte, daß er in dieser Weise volle zehn Minuten lang mit dem schnellsten Renner um die Wette zu laufen vermochte; er hatte mich diese Sprünge gelehrt, bei denen man, nicht laufend, sondern sich in weiten Sätzen durch die Luft werfend, den Schwerpunkt immer nur auf das eine Bein legt, welches gleichsam als Spannfeder dient, und dann, wenn dieses müde wird und zu zittern beginnt, auf das andere überwechselt. Er brauchte keine zehn Minuten, um zu seinen Kleidern zu gelangen, und dann war er sicherlich so klug, noch eine Strecke weiter zu fliehen, ehe er sich in den Wald wandte und unter dem Schutze desselben zu uns zurückkehrte.

Ich rannte so schnell wie möglich nach unserem Versteck.

»Rasch auf! Wir müssen fliehen!«

»*All devils!* Wohin zum Beispiel?« fragte Sam. »Dort kommen die Comanchen; die beiden Weißen sind auch dabei!«

»Das ist ein Glück! Sie werden an uns vorüberjagen und da oben genug zu tun haben, um die Fährte Winnetous zu finden. Schnell, die Pferde an den Rand! Sobald sie vorüber sind, jagt ihr aus allen Kräften flußab, und zwar auf ihrer eigenen Spur, daß sie später die eurige nicht zu unterscheiden vermögen. Ich bleibe zurück, um den Rückzug zu decken und den Apachen zu erwarten.«

»Du allein?« fragte Sam.

»Natürlich,« antwortete ich mit einem erklärenden Seitenblick auf Hoblyn, dem doch immerhin nicht zu trauen war. »Die Anderen sind nicht erfahren genug; ich muß sie dir übergeben!«

»*Well*, dann vorwärts; sie sind vorüber!«

Wirklich sprengte eben jetzt der letzte Comanche an uns vorbei; und nun befand sich die Waldecke zwischen uns und ihnen, so daß wir von ihnen nicht gesehen werden konnten. Während Sam mit den Andern davonritt, vertilgte ich unsere Spuren, so gut es sich tun ließ. Eben war ich damit fertig, als es im Unterholze raschelte. Winnetou stand vor mir.

»Uff! Die Schakals der Comanchen suchen die Spur des Apachen. Wo sind die Gefährten meines weißen Bruders?«

»Sie sind vorangeritten.«

»Die Gedanken meines Bruders sind stets klug. Die Bleichgesichter sollen nicht lange auf uns warten!«

Er legte eiligt seine Kleider an, die er bisher in der Hand getragen hatte, und zog dann sein Pferd in das Freie. Ein Blick nach aufwärts belehrte mich, daß wir vor den Comanchen jetzt noch sicher waren, und darum fragte ich:

»Was hat mein roter Bruder im Flusse gefunden?«

»Die Leiche des Bleichgesichtes. Winnetou hat heut zweimal gehandelt wie ein Knabe, der keine Gedanken hat; aber er fürchtet sich nicht, und seine weißen Brüder werden ihm verzeihen!«

Das war ein Eingeständnis, welches der stolze Apache sicher keinem Anderen als nur mir allein gemacht hätte. Ich antwortete nicht darauf, denn er brauste auf seinem Renner bereits wie ein Sturmwind dahin, so daß ihm mein Mustang kaum zu folgen vermochte.

Da, wo unser Weg rechtsab in die Berge führte und also von der Fährte der Comanchen abzweigte, hielten die Unsrigen. Sam war abgestiegen, um unter Mithilfe der übrigen die Füße der Pferde zu umwickeln. Es mußten zu diesem Zwecke einige aus dem *Hide-spot* der Stakemen mitgenommene Decken zerschnitten werden. Dann ging es vorwärts, in die Schlucht hinein, Winnetou hinterher zu Fuße, um die ja noch entstehenden Spuren zu verwischen.

Als wir die erste Krümmung der Schlucht hinter uns hatten, blieb ich halten.

»Bernard, nehmt mein Pferd beim Zügel, bis ich nachkomme!«

»Was willst du tun, Charley?« fragte Sam.

»Hier bleiben, um abzuwarten, was die Roten anfangen werden.«

»*Well*, das ist gut! So werden wir ja erfahren, ob sie hinter unsere Schliche kommen.«

Die Gefährten ritten weiter, während ich in die Büsche kroch. Ich hatte noch nicht lange dagelegen, so vernahm ich schon Hufschlag. Die Comanchen kamen zurück, aber es war nicht der ganze Trupp, sondern nur die Hälfte. Wo waren die Andern? Ich sah auch die beiden Morgans; der Capitano und Conchez fehlten. Die Indsmen kamen sehr langsam geritten und hielten den Blick auf den Boden gerichtet. Da, wo wir abgestiegen waren, um die Hufe zu umwickeln, hielten sie an. Der eine Häuptling, welcher sich bei ihnen befand, sprang plötzlich vom Pferde, bückte sich nieder und nahm einen Gegenstand von der Erde auf, den ich nicht erkennen konnte. Er zeigte ihn vor; der Boden wurde genauer untersucht. Man hielt eine Beratung, und dann trennten sich die beiden Weißen und der Häuptling von dem Trupp, um zu Fuß in die Schlucht einzudringen.

Mit scharfen Augen selbst das scheinbar Bedeutungslose untersuchend kamen sie näher; es waren gefährliche Augenblicke für mich. Doch, dank unserer Vorsicht, bemerkten sie nicht das geringste Zeichen von unserer Anwesenheit. Im Vorübergehen erblickte ich den fraglichen Gegenstand in der Hand des Häuptlings. Es war ein wollener Faden, der beim Zerschneiden der Decken von einem der Unsrigen achtlos zur Erde geworfen worden war; es hing also hier ganz wörtlich unser aller Leben nur an einem Faden.

Sie schritten noch ein Stück in die Schlucht hinein, dann kehrten sie um. Sie hatten die Ueberzeugung gewonnen, daß hier kein Mensch geritten oder gegangen sei, und hielten also ein Schweigen nicht mehr für unbedingt geboten.

»Hier war niemand,« hörte ich Fred Morgan sagen; »die Pferdespuren waren also unsere eigenen.«

»Aber wer war die Rothaut, und wer waren die beiden Weißen, die wir noch nicht gefunden haben?« fragte sein Sohn.

»Das werden wir bald erfahren, denn entgehen können sie uns unmöglich. Der Rote war nackt, drum konnte man nicht erkennen, zu welchem Stamme er gehört.«

»Er hat uns keinen schlechten Dienst erwiesen, wenn die Leiche wirklich dieser Holfert war, von dem du mir erzählt hast.«

»Er war's. Aber wie kam der Indianer an die Stelle, wo wir so lange lagerten? War er bereits vorher dort, oder kam er später hin? Ich glaube – – –«

Mehr konnte ich nicht hören, denn sie waren nun wieder an mir vorüber. Aus dem Gehörten aber konnte ich entnehmen, daß wir uns zunächst in Sicherheit befanden, und daß der Capitano es vorgezogen hatte, sich den Comanchen nicht zu zeigen. Dies geschah jedenfalls aus dem Grunde, weil es nur in diesem Falle ihm möglich war, den Leutnant auf der Tat zu ertappen. Freilich schien es mir sehr fraglich, ob es ihm und Conchez gelingen werde, den scharfen Augen der Comanchen zu entgehen.

Jetzt erreichten die drei Späher ihren Trupp wieder, welcher auf einen kurzen Befehl des Häuptlings umschwenkte und hinter den Bäumen verschwand. Ich hatte somit meine Absicht erreicht und eilte den Gefährten nach, welche bereits eine solche Strecke zurückgelegt hatten, daß ich erst nach einer halben Stunde zu ihnen stieß. Winnetou sah mich fragend an, und ich berichtete, was ich gesehen hatte.

»*Well*,« meinte Sam, »so ist es uns zum Beispiel gelungen, ihnen ein Schnippchen zu schlagen.«

»Die Söhne der Comanchen haben Augen und sehen nicht, und ihre Ohren sind verstopft, daß die Schritte ihrer Feinde sie nicht hören. Meine weißen Brüder mögen den Pferden ihre Mokassins abnehmen!«

Dieser Mahnung Winnetous wurde gern Folge geleistet, da

es den Tieren außerordentlich hart ankam, mit den umwickelten Hufen die Beschwerden des Weges zu überwinden.

Es war ein böser Ritt, eine ungebahnte, von Felstrümmern übersäete Schlucht entlang, worin Bäume lagen, welche das Alter oder der Sturm von beiden Seiten herabgestürzt hatte. Je weiter wir kamen, desto wilder ward die Gegend, bis wir gegen Abend die Höhe des Gebirgzuges erreichten, welcher sich parallel mit der Sierra von Nord nach Süd erstreckt. Wir ritten jenseits desselben hinab und erreichten, als die Sonne sank, einen vortrefflichen Lagerplatz.

Der Abend und die Nacht verflossen in ungestörter Ruhe, und ein kurzer Rekognitionsritt, welchen ich am Morgen nach rückwärts unternahm, bestärkte mich in der Ueberzeugung, daß wir unverfolgt geblieben seien.

Jetzt ging es weiter, und zwar auf einer Bodengestaltung, wie ich sie früher am Colorado getroffen hatte. Der Wald hörte nach und nach auf, da es an Wasser zu mangeln begann. Es gab eine Menge trockener Flußbetten. Alle waren gewaltig tief eingeschnitten und gaben von der Gewalt der Wasser, die früher hier geflossen waren, ein redendes Zeugnis. Sobald man sich einem dieser netzförmig unter sich verbundenen Flußbetten näherte, gewahrte man das gegenüberliegende Ufer als eine Abschattung desjenigen Bodens, auf welchem man sich befand. Je weiter man kam, desto deutlicher trat der vorher bemerkte Strich hervor, bis man beinahe urplötzlich vor einem tiefen Abgrunde stand, dessen Furchtbarkeit zwar dadurch gemildert wurde, daß es auf seiner Sohle ebenso wie oben tageshell war, der aber vermöge der Steilheit seiner Wände den Reisenden ein sehr schwer zu überwindendes Hindernis bot.

Betrachtet man diese Täler genauer, so findet man, daß während der Regenzeit ihre ganze Breite mit Wasser angefüllt sein muß; denn zu beiden Seiten ist der Wasserstand unverkennbar in verschiedenen Höhen markiert. Hier sieht man prachtvoll übereinander gelagerte Felsen mit so malerischen oder grotesken Umrissen, daß man den Bleistift gar nicht aus der Hand legen möchte. Es türmen sich Pyramiden und kubische Massen, es bauen sich gewaltige Säulen und Bogen auf- und übereinander, und das Wasser hat stellenweise so eigentümliche Rundungen ausgehöhlt, so wunderbare Konturen, man möchte sagen Verzierungen, ausgewaschen, daß man sich kaum des Gedankens erwehren kann, dieselben seien von Menschenhänden gemacht.

Der Boden dieser Flußbetten muldet sich nach der Mitte zu nur sehr wenig aus, und nur selten ist es möglich, von dem hohen Ufer hinabzugelangen, man müßte denn ein sehr guter Kletterer sein. Aber das Hochland ist nach allen Richtungen hin so durchfurcht, daß man, an dem Ufer eines solchen trockenen Flußbettes fortgehend, sehr bald zu einem Seitentale gelangt, durch welches man in das Hauptbett zu kommen vermag. Da sich nun dasselbe gewöhnlich in einer bestimmten Richtung fortzieht, so kann es recht gut als Straße dienen und bietet vermöge seiner tiefen Lage dem Reisenden den Vorteil, daß er von keinem anderen Punkte als nur vom Ufer aus bemerkt werden kann. Natürlich ist damit zugleich der Nachteil verbunden, daß auch er einen Feind nicht eher bemerkt, als bis er ihn unmittelbar vor sich hat.

Wir folgten einem solchen Tale in stets westlicher Richtung. Je weiter wir darin vorwärts kamen, desto mehr verlor es seine ursprüngliche Tiefe, desto weniger mündeten Seitentäler ein, und endlich sahen wir vor uns die bewaldeten Höhen der Sierra Rianca aufsteigen.

Am Fuße des Gebirges trafen wir wieder auf zahlreiche Wasserläufe, welche alle dem Rio Pecos zuströmten, und unter ihnen befand sich auch der, der in dem von uns gesuchten Tale seinen Ursprung nahm.

Am späten Nachmittag erreichten wir dieses Tal. Es hatte die Länge von ungefähr anderthalb englischen Meilen und die durchschnittliche Breite von einer halben Stunde. Rings war es von waldbesetzten Höhen eingefaßt und zeigte längs des Wassers auf seiner Sohle eine saftig grüne Trift. Leider durften wir unsere Tiere hier nicht weiden lassen, sonst wäre unsere Anwesenheit sofort verraten gewesen.

»Ist dieses Tal auch ganz sicher das gesuchte?« fragte ich Hoblyn, da ein Irrtum sehr leicht möglich war.

»Ich bin meiner Sache sicher, Sir. Da oben unter jener Wintereiche habe ich mit dem Capitano mein erstes Nachtlager gehalten.«

»Ich schlage vor, eines der nächsten Täler aufzusuchen, um unsere Pferde dort weiden zu lassen; es könnte eine Wache bei ihnen zurückbleiben, und wir hätten hier freie Hand.«

»Klingt ganz gut,« meinte Sam; »aber kann nicht der Fall eintreten, daß wir unsere Tiere plötzlich brauchen? Ich gebe meine Tony nicht so weit weg!«

»*Well*, so müssen wir im Walde nach einem versteckten Plätzchen suchen. Ich will mit Bob diese Seite absuchen, während Winnetou die andere Seite begeht. Ihr Uebrigen wartet, bis wir zurückkommen.«

Ich stieg ab, nahm meine Büchse und schritt mit dem Neger in den Wald hinein. Dieser stieg ziemlich steil an der Seite des Tales empor, und es war wegen der umgestürzten Bäume und der zahlreich zerstreuten Felsblöcke nicht leicht, die Pferde hier heraufzubringen. Wir gingen nicht nahe, sondern in einiger Entfernung parallel miteinander fort und hatten wohl die zurückzulegende Strecke bereits halb hinter uns, als ich plötzlich Bob einen lauten Schrei ausstoßen hörte.

»Massa, oh, ah, Massa kommen schnell, schnell!«

Ich wandte mich zu ihm und sah, wie er zum Stamm einer niedrigen Blutbuche sprang, den untersten Ast derselben erfaßte und sich emporschwang.

»Was gibt's, Bob?«

»Massa kommen schnell, helfen Nigger Bob! O nein, nicht kommen, sondern laufen und holen all, viel' ganz' Leute, um machen tot das Ungetüm!«

Ich brauchte nicht zu fragen, welches Ungetüm er meinte. denn ich sah es eben jetzt durch das Unterholz brechen. Es war ein grauer Bär, einer von der liebenswürdigen Sorte, welche der Jäger Grizzly nennt.

Ich habe den Löwen in der Wildnis jene Laute ausstoßen hören, welche der Araber mit dem Worte ›Rad‹, d. i. Donner, bezeichnet; ich habe den bengalischen Tiger brüllen hören, und das Herz ist mir, wenn auch die Hand nicht zittern durfte, dabei unruhig geworden; aber das tiefe, heisere, heimtückische, dämonische Brummen des grauen Bären schneidet durch Mark und Bein und verursacht selbst dem Beherzten ein Gefühl, als wenn ihm die Zähne ›eilig‹ würden, nur daß einem diese Empfindung nicht bloß durch die Zähne, sondern durch den ganzen Körper läuft.

Vielleicht noch acht Schritte von mir entfernt, richtete er sich auf den Hinterfüßen empor und riß den Rachen auf. Er oder ich – einer mußte sterben. Ich zielte auf das Auge und drückte ab, hielt in demselben Augenblick auf das Herz und gab den zweiten Schuß. Die Büchse wegwerfend, zog ich das Messer und sprang zur Seite, um so besser stoßen zu können. Das riesige Tier schritt kerzengrad auf mich zu, als seien beide Kugeln an ihm vorübergegangen – zwei, drei, fünf, sechs Schritte, und eben holte ich zum Stoße aus, als er die erhobenen Vordertatzen sinken ließ, ein beinahe heulendes Grunzen ausstieß, wohl eine Minute lang stehen blieb und dann wie unter einem gewaltigen Keulenschlage zusammenbrach. Die eine Kugel war ihm in das Gehirn und die andere in das Herz, also beide mitten in das Leben hineingedrungen. Ein Panther oder Jaguar wäre unter gleichen Verhältnissen wie eine Katze zusammengezuckt. Mein Grizzly war ruhig weitergegangen – nur noch zwei Schritte, und ich wäre verloren gewesen.

»Oh, ah, gut, schön!« rief Bob vom Baume herunter. »Bär richtig tot sein, Massa?«

»Ja; komm herunter!«

»Aber auch gewiß tot sein, Massa? Nicht fressen Nigger Bob?«

»Er ist ganz tot.«

So schnell, wie er hinaufgekommen war, kam Bob wieder herab; doch als er näher trat, zögerte sein Fuß. Ich selbst beugte mich mit aller Vorsicht zu dem Tiere nieder und stieß ihm mein Messer wiederholt zwischen die bekannte zweite und dritte Rippe.

»Oh, ah, groß Bär, sein mehr groß als ganz Bob! Kann Bob essen Bär?«

»Ja; die Tatzen und die Schinken sind delikat.«

»Oh, Massa geben Bob auch Tatzen und Schinken, denn Nigger Bob sein sehr ganz viel gern delikat.«

»Bekommst dein Teil wie jeder Andere. Doch warte hier; ich komme gleich wieder!«

»Bob warten hier? Oh, wenn nun Bär bekommen wieder Leben!«

»Dann springst du wieder auf den Baum!«

»Wenn Massa gehen, dann Bob lieber gleich springen auf Baum!«

Wirklich saß er einen Augenblick später abermals oben auf dem Aste. Der gute Bob war kein Hasenfuß; er hielt menschlichen Feinden gegenüber recht wacker Stand; einem Grizzly aber war er noch nicht begegnet, und so konnte ich ihm seine weise Vorsicht auch nicht übel deuten.

Ich suchte zunächst die Umgebung ab, um zu sehen, ob ich es nur mit einem einzelnen Bären, oder mit einer Familie zu tun hatte. Ich fand die Spuren nur dieses einen Tieres und konnte also ruhig sein. Uebrigens blieben Bob und ich nicht lange allein. Man hatte natürlich meine Schüsse gehört und war, da man nicht wußte, wen ich gegen mich hatte, dem Orte zugeeilt, an welchem sie gefallen waren.

Alle erklärten das Tier für eines der größten, die man bisher gesehen hatte, und Winnetou bog sich nieder, um seinen Medizinbeutel[1] in das Blut desselben zu tauchen.

»Mein weißer Bruder hat gut getroffen; die Seele des Bären wird ihm danken, denn sie ist nicht gemartert, sondern schnell erlöst worden und darf nun gehen in die ewigen Jagdgründe ihrer Väter!«

Die Indianer glauben nämlich, daß in jedem grauen Bären die Seele eines berühmten Jägers wohne, die hier eine Läuterung, eine Art Fegfeuer zu erleiden habe. Er half mir, das Tier aus dem Felle zu bringen und die wertvollsten Fleischteile desselben abzulösen. Das Uebrige wurde so mit Zweigen,

[1] Talisman, von den indianischen Zauberern gefertigt.

Steinen, Moos und Erde bedeckt, daß wir hoffen konnten, es werde kein Geier angezogen werden, der uns sehr leicht verraten konnte.

Der Apache hatte drüben auf der andern Seite des Tales bereits ein für uns und unsere Pferde geeignetes Versteck entdeckt, welches wir jetzt aufsuchten. Da es noch heller Tag war, so konnten wir es wagen, ein Feuer anzumachen und an demselben die saftigen Bärentatzen zu braten. Trefflich war denn auch die Mahlzeit.

Als es dunkel wurde, wickelten wir uns in unsere Decken und suchten, nachdem die Wachordnung bestimmt war, die Ruhe. Diese erlitt keine Störung, und selbst der größte Teil des nächsten Vormittags verging, ohne daß unsere Aufmerksamkeit durch irgend etwas Besonderes in Anspruch genommen ward.

Wir hatten am Eingange des Tales einen Posten aufgestellt; um die angegebene Zeit war Sam damit betraut. Er hatte noch nicht lange seinen Vordermann abgelöst, als er wieder zurückkehrte.

»Sie kommen!« meldete er.

»Wer?« fragte ich.

»Ja, das kann ich zum Beispiel noch nicht genau sagen, weil sie erst näher kommen müssen.«

»Wie viele sind es?«

»Zwei, zu Pferde.«

»Laß sehen!«

Ich eilte der bezeichneten Stelle zu und erkannte mit Hilfe meines Fernrohres die beiden Morgans, welche allerdings noch eine Viertelstunde zu reiten hatten, bis sie das Tal erreichten. Alle Spuren unserer Anwesenheit waren bereits sorgfältig vertilgt worden, und da wir ihnen außerdem an der Zahl überlegen waren, so konnten wir ihre Ankunft in aller Gemütsruhe erwarten.

Eben wollte ich mit Sam zurückkehren, als ich es über uns in den Büschen krachen hörte. War es vielleicht wieder ein Bär? Ein sorgfältigeres Horchen überzeugte uns, daß es zwei Wesen sein mußten, die sich bergabwärts uns näherten.

»*All devils*, Charley, wer mag das sein?«

»Werden es gleich sehen. Schnell zwischen die Sträucher!«

Wir verbargen uns, so daß uns die Zweige zwar vollständig deckten, wir aber sofort wehrfertig waren, wenn es sich ja um wilde Tiere handeln sollte. Einige Minuten später erkannten wir, daß wir es mit keinem Wild, sondern mit zwei Männern zu tun hatten, welche ihre Pferde nach sich zogen. Und diese zwei waren – der Capitano und Conchez. Ihre Tiere sahen außerordentlich mitgenommen aus, und auch die Reiter zeigten in ihrem ganzen Aeußern, daß sie eine schlimme Reise hinter sich haben mochten.

Unweit unseres Versteckes blieben sie halten; sie hatten da eine freie Aussicht hinaus in die Weite.

»Endlich!« rief der Capitano mit einem Seufzer der Erleichterung. »Das war ein Ritt, wie ich ihn nicht bald wieder machen möchte. Aber wir kommen noch zur rechten Zeit; es ist noch niemand hier gewesen.«

»Woran seht Ihr es?« fragte Conchez.

»Mein Versteck ist noch unberührt. Die Morgans sind also noch nicht hier gewesen, und wie sollte ein Anderer grad hierher in diese abgelegene Gegend kommen?«

»Ihr habt wahrscheinlich recht. An diesen Sans-ear und Old Shatterhand denkt Ihr also nicht mehr?«

»Nein; denn wären sie den Morgans gefolgt, so hätten sie unbedingt auf die Comanchen stoßen müssen, und da wäre ihnen das Weitergehen wohl verleidet worden.«

»Aber wer ist jener nackte Indianer im Rio Pecos gewesen, und die weiße Leiche dort im Wasser?«

»Geht uns jetzt nichts an. Schaden kann uns niemand, denn wir haben die Comanchen zwischen uns und einem jeden, dem es etwa in den Sinn gekommen sein sollte, uns zu folgen.«

»So denkt Ihr also, daß wir die Roten ganz sicher hinter uns haben?«

»So sicher, wie ich dich neben mir sehe. Sie haben den Indianer niedergemacht, wenn es ein Feind von ihnen gewesen ist – was ich aber nicht glaube, denn ein Apache wagt sich jetzt nicht hierher – und sind uns dann gefolgt. Wir mußten ja solche Eile brauchen, daß wir eine Spur zurückgelassen haben, wie sie keine Bisonherde deutlicher macht.«

»Und wenn sie uns hier finden?«

»Schadet uns nichts; wir sind Freunde. Sie werden sich höchstens wundern, daß wir uns ihnen nicht zu erkennen gegeben haben, und das werde ich ihnen schon erklären, indem ich ihnen von diesem Leutnant erzähle, der – *carajo*, ich lasse mich hängen, wenn er da draußen nicht bereits kommt!«

»Er ist's!«

»Gut, so haben wir ihn endlich fest, und er soll erfahren, was es heißt, seinen Hauptmann und seine Kameraden zu betrügen!«

»Sie kommen allein, und das ist allerdings ein Beweis, daß die Comanchen uns auf dem Fuße sind. Aber sagt, Capitano, wollt Ihr den Schatz heut wirklich heben – in meiner Gegenwart?«

»Ja.«

»Für wen?«

»Für uns.«

»Für uns? Wie meint Ihr das? ›Für uns‹, das kann heißen, für die ganze Compagnie oder auch nur für uns Beide.«

»Was wäre dir lieber?«

»Das ist leichter zu denken als zu sagen, Capitano. Aber wenn Ihr Euch vergegenwärtigt, wie es jetzt im *Hide-spot* steht, so ist es jedenfalls besser, gar nicht dorthin zurückzukehren. Wenn man sich seine gute Zeit lang abgemüht hat, verlangt es einen auch einmal nach Ruhe und Bequemlichkeit, und ich denke, was Ihr dazu braucht, das habt Ihr hier in Eurem Verstecke reichlich beisammen, so reichlich, daß für mich auch ein weniges abfällt.«

»Du sprichst wie ein Buch, und ich will dir auch nicht Unrecht geben. Aber jetzt gilt es vor allen Dingen, diesen zwei Schurken auf die Finger zu klopfen. Komm weiter aufwärts! Dort gibt es einen Platz, wie wir ihn gar nicht besser für uns finden können, und der Schatz, den sie heben wollen, ist ganz in der Nähe.«

Meinte der ahnungslose Capitano vielleicht den Ort, an welchem wir unser Lager genommen hatten? Sie schritten allerdings ganz in dieser Richtung mit den Pferden davon, und wir folgten ihnen. Sie waren so unbesorgt und achtlos, daß sie nicht einmal die Fußspuren bemerkten, welche ich und Sam hinterlassen hatten. Allerdings gehörte auch ein gutes Auge dazu, sie zu erkennen.

Die Unsrigen hörten natürlich, daß sich etwas Ungewöhnliches nahe, und hatten sich erhoben. Noch heut kann ich mir den Gesichtsausdruck der beiden Ehrenmänner vergegenwärtigen, als sie, durch die letzten Büsche tretend, den Indianer erkannten, dem sie am Rio Pecos nachgesprungen waren. Beinahe mußte ich hell auflachen.

»Hoblyn!« rief Conchez, seinen früheren Gefährten erkennend.

»Hoblyn?« fragte der Capitano. »Wahrhaftig! Wie kommst du in die Sierra Rianca, und wer sind diese Leute hier?«

Ich trat von hinten näher an ihn heran und klopfte ihm auf die Achsel.

»Bekannte, lauter Bekannte sind's, Capitano. Tretet näher, nehmt Platz, und macht es Euch bequem!«

»Wer seid Ihr, Sennor?« fragte er mich.

»Ich werde Euch diese Männer vorstellen und komme also zuletzt daran. Dieser schwarze Master heißt Bob und war der beste Freund eines gewissen Master Williams, den Ihr ja wohl gekannt habt. Dieser weiße Gentleman ist ein Herr Marshall aus Louisville, der einige Worte mit den Morgans zu reden hat, die Euch die Eier aus dem Neste nehmen wollen. Dieser braune Monseigneur heißt Winnetou; Ihr habt den Namen wohl schon einmal gehört, und ich will also über ihn keine lange Rede halten. Dieser Gentleman hier wird gewöhnlich Sans-ear genannt, und mich heißt man zuweilen Old Shatterhand.«

Der Mann war vor Schreck so verblüfft, daß er keine Worte fand und nur den Ruf zu stammeln vermochte:

»Ist's – möglich?«

»Sehr! Setzt Euch, und macht es Euch so bequem, wie ich es mir machte, als ich Euch im *Hide-spot* belauschte. Ich lag hart hinter Euch und nahm mir Eure Pistole als Andenken mit. Vorgestern lag ich wieder bei Euch, als Ihr die Comanchen belauscht und Eure Herzen gegeneinander ausgeschüttet habt. Bob, nimm diesen beiden Mesch'schurs einmal die Waffen ab, und binde ihnen die Hände und Füße ein wenig zusammen!«

»Sennor – –!« fuhr der Capitano auf.

»Schon gut! Wir sprechen mit Euch, wie man mit Stakemen zu reden hat. Gebt Euch keine unnütze Mühe, denn ich sage Euch: ehe die Morgans das Tal vollends erreichen, seid Ihr gefesselt und geknebelt oder – tot.«

Das alles war so schnell und unerwartet über sie gekommen, daß sie gar nicht Zeit fanden, eine Gegenwehr zu versuchen.

»Sagt einmal, Sennor Capitano, wo sich das Versteck befindet, nach welchem es den Morgans so gelüstet!« fragte ich ihn.

»Die Sachen gehören nicht Euch!«

»Ganz wie Ihr wollt; sie werden aber doch vielleicht unser. Ich will Euch gar nicht zwingen, Euer Geheimnis auszuplaudern, aber eine andere Frage werdet Ihr mir wohl beantworten: Was ist aus den sogenannten Voyageurs, die mit Eurem Leutnant gingen, und aus den Kaufleuten geworden, welchen sie folgten?«

»Die Kaufleute – hm, ich weiß es nicht – – –«

»*Well*, ich weiß es nun. Und die Voyageurs?«

»Zwei werden zum *Hide-spot* zurückgekehrt sein, den dritten ermordete der Leutnant unterwegs. Wir haben seine Leiche gefunden.«

»Dachte es! Jetzt laßt Euch ruhig den Knebel geben! Es geschieht, damit Ihr uns den beiden ›Carajos‹ nicht verratet.«

Wir waren gerade mit ihnen fertig, als Fred Morgan mit seinem Sohne am Eingange des Tales erschien. Sie blieben eine Minute halten und überblickten das Terrain. Dann gab Patrik seinem Pferde die Sporen und kam im Trabe herbei;

sein Vater folgte ebenso schnell. Sie schienen nicht die Absicht zu haben, sich lange hier aufzuhalten. Grad uns gegenüber, etwa zwanzig Schritte von unserem Lager aus, stand ein junges Brombeerengeranke; dahin wandten sich die Beiden.

»Hier ist es, Vater!« sagte Patrik.

»Hier? Ein wohlfeiler Platz, an dem man einen Schatz nicht sucht!«

»Heraus damit, und dann fort! Man weiß nicht, wer die beiden Weißen gewesen sind, und ob es den Comanchen gelungen ist, sie festzunehmen.«

Beide sprangen ab und pflockten ihre Pferde an das Ufer des Baches. Während die durstigen Tiere tranken, knieten die Spitzbuben nieder, legten ihre Waffen beiseite und begannen, das Gestrüpp mit Hilfe ihrer Messer zu entfernen. Es kam eine lockere Humuserde zum Vorschein, welche aufgewühlt wurde.

»Hier!« rief Patrik nach einiger Zeit und brachte ein Paket zum Vorschein, welches sehr sorgfältig in behaarte Büffelhaut eingenäht war.

»Ist das alles?«

»Alles, aber genug; Banknoten, Depositen und so weiter. Jetzt das Loch zu, und dann fort!«

»Vielleicht bleibt ihr auch ein wenig länger da!«

Diese Worte wurden von Sam gesprochen, während ich mit einem Sprunge zwischen ihnen und ihren Waffen stand und die Andern ihre Büchsen auf sie anlegten. Sam stand vor den beiden Männern wie der Tiger, der sich auf seine Beute stürzen will. Sie waren im ersten Augenblick vollständig überrascht, besannen sich aber schnell und wollten ihre Waffen ergreifen. Ich streckte ihnen den Revolver entgegen.

»Bleibt stehen, wo ihr jetzt haltet, denn jeder Versuch, einen Schritt hinwegzutun, kostet Euch das Leben!« sagte ich.

»Wer seid Ihr?« fragte Fred Morgan.

»Fragt diesen sogenannten Master Mercroft, Euern Sohn.«

»Wer gibt Euch das Recht, uns hier anzufallen?«

»Wir selbst, ebenso wie ihr euch das Recht gegeben habt,

Andere anzufallen, wie zum Beispiel den Master Marshal in Louisville, den Bahnzug später und früher noch die Farm eines gewissen Sam Hawerfield, der jetzt vor euch steht. Tut uns doch einmal den Gefallen, und legt euch platt auf die Erde!«

»Werden es bleiben lassen!«

»Werdet es dennoch tun, wenn ich Euch unsere Namen nenne. Hier steht Winnetou, der Häuptling der Apachen; dieser ist Sans-ear, der frühere Sam Hawerfield, und wer ich bin, wird Euch Euer Sohn bereits erzählt haben. Ich zähle bis drei; liegt ihr dann noch nicht, so seid ihr des Todes. Eins – zwei – –«

Mit zusammengekniffenen Zähnen und geballten Fäusten gehorchten sie.

»Bob, binde sie!«

»Bob werden binden sehr schön, ganz fest, Massa!« meinte der Schwarze, und er tat sein Möglichstes, dieses Versprechen wahr zu machen.

Bernard war bisher bei den andern Gefangenen geblieben; jetzt löste ihn der Neger ab, und er trat herzu. Als Fred Morgan ihn erblickte, riß er die Augen auf, als ob er ein Gespenst vor sich habe.

»Marshal!«

Dieser warf ihm einen kurzen Blick zu, sprach aber kein Wort; doch der Blick sagte mehr als Worte; es lag in ihm der kalte, ruhige Entschluß der gerechten Vergeltung.

»Bob, bringe die Andern heraus!« meinte Sam. »Auch wir haben zum Beispiel keine Ursache, uns hier lange aufzuhalten, und wollen kurz und bündig über diese Leute richten.«

Der Neger brachte nun Conchez und den Hauptmann herbei. Auch Hoblyn kam nach. Er hatte sich bisher besser gehalten, als es einem Stakeman zuzutrauen gewesen war.

»Wer soll sprechen?« fragte Bernard.

»Charley, du!« meinte Sam.

»Nein. Wir sind hier alle Partei, nur Winnetou ist unberührt. Er ist ein Häuptling der Prairie und soll das Wort haben!«

Alle waren einverstanden. Der Apache neigte zustimmend sein Haupt.

»Der Häuptling der Apachen hört reden den Geist der Savanne; er wird sein ein gerechter Richter über die Söhne der Bleichgesichter. Meine Brüder mögen nehmen ihre Waffen, denn nur Männer dürfen richten über die Gefangenen!«

Das war so indianische Sitte, und wir folgten ihm. Er begann:

»Wie ist der Name dieses Weißen?«

»Hoblyn,« antwortete Sam.

»Was hat er getan?«

»Er war ein Stakeman.«

»Haben meine Brüder gesehen, daß er tötete einen ihrer Männer?«

»Nein.«

»Hat er freiwillig gesagt, daß er ein Mörder ist?«

»Nein.«

»Wem hat er bisher geholfen, den Stakemen oder meinen Brüdern?«

»Uns.«

»So mögen meine Brüder richten mit dem Herzen und nicht mit der Büchse. Winnetou wünscht, daß dieser Mann frei sei, aber nicht wieder gehe zu den Stakemen!«

Wir stimmten Alle bei, und der Ausspruch des Apachen hatte so sehr meine eigene Ansicht getroffen, daß ich die Büchse und das Messer Fred Morgans ergriff und beides Hoblyn hinreichte.

»Nehmt! Ihr seid frei und dürft also wieder Waffen tragen.«

»Ich danke Euch, Sir!« meinte er freudig. »Ihr sollt Euch in mir nicht täuschen!«

Es war ihm anzusehen, daß er den guten Willen hatte, dieses Versprechen zu erfüllen. Winnetou fuhr fort:

»Wer ist dieses Bleichgesicht?«

»Der Anführer der Stakemen.«

»Das ist genug; er soll sterben! Denken meine Brüder anders?«

Keiner sagte ja; das Urteil war also bestätigt.

»Und wie heißt dieser Mann?«

»Conchez.«

»Das ist ein Name, wie ihn tragen die falschen Männer des Südens. Was war er?«

»Ein Stakeman.«

»Was wollte er hier? Er wollte betrügen seine eigenen Gefährten um den Schatz; er hat zwei Seelen und zwei Zungen; er möge sterben!«

Auch jetzt erhob sich keiner zur Verteidigung des Angeklagten. Winnetou fuhr fort:

»Aber nicht von der Hand eines braven Mannes sollen sie sterben, sondern von der Hand dessen, der selbst gerichtet wird. Wie heißt dieser Mann?«

»Patrik.«

»Man nehme ihm die Fesseln ab. Er mag werfen die Stakemen in das Wasser, denn keine Waffe soll berühren ihren Körper, sondern sie mögen im Wasser ertrinken.«

Bob band ihn los, und während wir ihn vor den Läufen unserer Büchsen behielten, vollbrachte er den ihm gewordenen Befehl mit einer Bereitwilligkeit, wie sie nur der wirklich hartgesottene Sünder zeigen kann. Er sah sich verloren, und es war ihm ganz sichtlich eine Genugtuung, vorher an seinen früheren Gefährten den Henkerdienst zu verrichten. Diese waren so fest gebunden, daß sie sich nicht im mindesten zu wehren vermochten. Sie versuchten dies auch gar nicht, und dennoch mußte ich mich abwenden; ich konnte den Blick unmöglich auf die Stätte richten, welche zwei Menschen eines zwar zehnfach verdienten, aber immerhin gewaltsamen Todes sterben sehen sollte.

In zwei Minuten war es vorüber. Patrik ließ sich wieder binden; es gab ja keine andere Wahl für ihn.

»Wer sind nun diese zwei Bleichgesichter?« fragte Winnetou.

»Sie sind Vater und Sohn.«

»Wessen klagen meine Brüder sie an?«

»Ich klage sie an des Mordes an meinem Weibe und meinem Kinde,« antwortete Sam.

»Ich klage den Vater an des Raubmordes an meinem Vater,« fügte Bernard hinzu.

»Und ich klage an den Vater des Raubüberfalles eines Bahnzuges und des Mordes eines Bahnbeamten,« beendigte ich. »Ich klage den Sohn an des Mordversuches an mir und Euch. Es ist genug, wir brauchen das Uebrige gar nicht zu rechnen!«

»Mein weißer Bruder hat recht gesagt: es ist genug. Sie sollen sterben. Der schwarze Mann möge sie töten!«

»Halt!« rief da Sam. »Das gebe ich nicht zu. Ich bin ihnen gefolgt seit vielen Jahren; das, was sie mir getan haben, ist ihr ältestes Verbrechen; sie sind mein, und ich lasse sie keinem Andern. Ihr Leben gehört mir, und ihre Kerben kommen auf meine Büchse. Dann ist Sans-ear zufrieden, und er und seine alte Tony mögen Ruhe finden in irgend einer Kluft des Gebirges oder draußen in der Prairie, wo die Gebeine von tausend Jägern bleichen!«

»Das Verlangen meines Bruders ist gerecht; er möge die Mörder nehmen aus den Händen der Andern!«

»Sam,« – sagte ich leise, indem ich mich zu ihm neigte, damit die Andern meine Worte nicht hörten – »beflecke dich nicht mit dem Blute der Mörder, indem du sie als Wehrlose kaltblütig niederschießest. Solche Rache entehrt einen Christenmenschen und ist Sünde. Ueberlaß sie dem Neger!«

Der harte Jäger starrte finster vor sich nieder und schwieg. Um ihm Zeit zum Ueberlegen zu geben, trat ich mit Bernard zu dem Pferde Fred Morgans. Wir fanden in den Satteltaschen einige Perlen, welche der Juwelier als die seinigen erkannte; weiter nichts. Wir untersuchten nun ihn selbst und fanden endlich ein Päckchen, welches mit Hirschsehne an die innere Seite seines Büffelhemdes angenäht war. Es enthielt Banknoten in nicht unbedeutendem Werte; dies war jedenfalls der Anteil, den er Holfert abgenommen hatte. Bernard steckte das Päckchen zu sich.

In diesem Augenblick vernahm ich von dem Platze her, an welchem unsere Pferde standen, ein ängstliches Schnaufen. Es war mir, als könne dies nur mein Mustang gewesen sein.

Ich schritt also hinzu und sah, wie das Pferd mit gesträubter Mähne und funkelnden Augen am Riemen zerrte, um sich zu befreien. Entweder gab es ein Raubtier in der Nähe, oder es waren Indianer da. Ich stieß einen Warnungsruf aus; dieser aber wurde nicht vernommen, denn in demselben Augenblick erscholl draußen von der Wiese her ein entsetzliches Geheul.

Schnell war ich am Rande des Buschwerkes und blickte durch die Zweige. Was ich sah, war fürchterlich. Der ganze Platz wimmelte von Wilden. Drei oder vier knieten über Sam, den sie niedergerissen hatten; zwei hatten zu gleicher Zeit miteinander den Lasso über Winnetou geworfen und schleiften ihn an der Erde hin; Hoblyn lag mit zerschmettertem Schädel am Boden, und Bernard konnte ich gar nicht erkennen, so viele hatten ihn gefaßt. Wo Bob stak, konnte ich nicht sehen.

Die Racurroh waren also dem Kapitän wirklich gefolgt, hatten sich während der Gerichtsszene unbemerkt herangeschlichen und waren nun so unerwartet über die Gefährten hergefallen, daß eine Gegenwehr der reine Wahnsinn gewesen wäre. Was konnte ich für sie tun? Nichts, als mich retten. Es wäre mir möglich gewesen, ein halbes Dutzend der Indsmen niederzuschießen, aber wem war damit geholfen? Getötet war außer Hoblyn noch keiner, und so weit ich Comanchen kannte, ließ sich erwarten, daß sie die Ueberrumpelten als Gefangene mit sich führen würden, um sie daheim einen langsamen Martertod sterben zu lassen. Ich kehrte also zu meinem Pferde zurück, band es los und kletterte, es hinter mir herziehend, so schnell wie möglich zur Höhe empor. Etwas Anderes mit mir zu retten, dazu gab es keine Zeit, denn die Wilden hatten mich jedenfalls in das Gesträuch treten sehen und ließen es sich sicher angelegen sein, mich zu fangen.

Die bedeutende Steilung machte es mir außerordentlich schwer, mit dem Pferde vorwärts zu kommen; aber als ich die Höhe erreicht hatte, hörte das hindernde Unterholz auf. Ich stieg in den Sattel und verfolgte den lang sich hindehnenden

Bergesrücken mit einer Hast, als ob die ganze Indianerhorde hinter mir her sei. Drüben ging es wieder in ein Tal hinab. Ich gab mir nicht die mindeste Mühe, meine Spur zu verbergen, im Gegenteil, ich wußte, daß sie sicher gefunden und verfolgt würde, und wollte die Verfolger irre leiten.

So ritt ich, ohne anzuhalten, einen großen Teil des Tages immer nach West, bis ich einen Wasserlauf erreichte, der meinem Zwecke dienlich war. Ich lenkte mein Pferd in das Wasser, welches über ein felsiges Bett hinfloß, in dem die Hufe keine Eindrücke hinterlassen konnten, und ritt in demselben so lange aufwärts, bis ich glaubte, daß die Verfolger ermüden würden; dann band ich ihm die Lappen um die Füße und kehrte auf einem Umwege nach dem Ausgangspunkte meines Fluchtrittes zurück.

Die Sonne war bereits untergegangen, als ich den Höhenzug erblickte, hinter welchem das verhängnisvolle Tal lag. Weiter durfte ich mich heute nicht nähern, und so suchte ich mir im Walde eine moosige Stelle, welche sich zum Lager eignete. Mein Pferd war durch die Umhüllung seiner Füße so ermüdet worden, daß es keine Lust zum Fressen verspürte, sondern sich sofort neben mich auf den Boden warf.

Wie so schnell hatten sich die Verhältnisse geändert! Aber ich war nicht aufgelegt zu sentimentalen Betrachtungen; hier konnten nur Taten retten, und um zu diesen befähigt zu sein, bedurfte ich vor allen Dingen der Ruhe und des Schlafes. Ich empfahl mich dem Schutze Gottes, schloß die Augen und -- öffnete sie wieder, als die Sonne bereits hoch am Himmel stand; so lange hatte ich geschlafen.

Jetzt suchte ich zunächst einen verborgenen Platz, an welchem es ein wenig Weide gab; da band ich mein Pferd an und machte mich dann auf, den Schauplatz der gestrigen Katastrophe zu besuchen. Es war ein außerordentlich gefährliches Unternehmen, aber es mußte gewagt werden, wenn ich den Gefährten nützlich sein wollte. Schritt um Schritt pürschte ich mich zur Höhe empor; um eine Strecke zurückzulegen, welche ein langsamer Fußgänger in zehn Minuten durchgeht, brauchte ich zwei volle Stunden, dann aber ging es, und nun mit verzehnfachter Vorsicht, bergab. Eben wollte ich an einer ziemlich alten Steineiche vorüber, als ich einen ganz eigentümlichen Laut vernahm.

»Pst!«

Ich blickte mich um, konnte aber nichts bemerken.

»Pst!«

Jetzt hörte ich, daß der Laut von oben kam, und schaute empor.

»Pst, Massa!«

Ah, da droben über dem ersten Aste des Baumes war ein Loch ausgefault und aus demselben grinste mir das schwarze Gesicht Bobs freundlich lachend entgegen.

»Wart, Massa; Bob kommen!« flüsterte er von oben herab.

Dann hörte ich ein Geräusch, ähnlich demjenigen, welches ein im Zimmer Sitzender vernimmt, wenn ein Schornsteinfeger in der nebenan emporführenden Esse arbeitet, und gleich darauf bewegten sich die Haselruten, welche rund um den Stamm des Baumes aufgeschossen waren.

»Massa kommen herein in Zimmer; kein Indian' finden dann klug Bob und Massa!«

Ich kroch hinein und befand mich im Innern des hohlen Baumes, dessen Oeffnung durch die Haseln vollständig verdeckt wurde.

»*Lack-a-day*, wie hast du diesen Aufenthalt entdeckt?« fragte ich.

»Viehzeug reißen aus vor Bob, kriechen in Baum und gukken oben durch Fenster. Bob können machen auch so.«

»Was war es für ein Tier?«

»Bob wissen nicht. Waren so groß, haben vier Beine, zwei Augen und einen Schwanz.«

Infolge dieser ebenso genauen wie geistreichen Schilderung kam ich auf die Idee, daß es ein Waschbär gewesen sei.

»Wann hast du den Baum entdeckt?«

»Gleich als Indian' kommen.«

»Also seit gestern hast du hier gesteckt! Was hast du alles gehört und gesehen?«

»Bob haben hören und sehen viel Indian'.«

»Weiter nichts?«

»Sein das nicht genug?«

»Waren keine Wilden hier?«

»Waren hier, aber nicht finden Bob. Dann machen Feuer, als Abend sein und braten Schinken von Bär, den Massa haben schlachten. Warum dürfen fressen unsern Bär?«

Die Indignation des guten Schwarzen war jedenfalls eine sehr gerechtfertigte, konnte aber leider das Faktum nicht ändern.

»Weiter!«

»Dann werden es Morgen, und sein Indian' fort.«

»Ah, fort! Wohin?«

»Bob nicht wissen, denn nicht können gehen mit, aber sehen viel Indian' fort aus Tal. Klein Fenster droben können sehen alles. War auch dabei Massa Winnetou und Massa Sam und Massa Bern'. Haben viel Strick und Riemen um Leib.«

»Und dann?«

»Dann? Dann schleich Indian' hierher und dorther; wollen Bob fangen, aber Bob sein klug.«

»Wie viele sind noch da?«

»Nicht wissen Bob, aber wo sind, das wissen.«

»Nun, wo?«

»Drüben bei Bär. Bob kann sehen durch Fenster.«

Ich blickte in die Höhe. Es war möglich, sich im Innern des hohlen Baumes emporzuarbeiten; Bob hatte das bewiesen. Ich versuchte es ebenso, und es gelang. Oben bei dem Loche angekommen, welches Bob Fenster nannte, konnte ich wirklich einen Blick hinüber nach der jenseitigen Talwand werfen; es war so ziemlich ein Blick aus der Vogelschau. Und wahrhaftig, am Stamme der Blutbuche, auf welche sich Bob vor dem Bären gerettet hatte, sah ich die Gestalt eines Indianers hocken. Man hatte die Gefangenen weggeführt und eine heimliche Besatzung im Tale zurückgelassen, um, wenn wir zurückkehrten, was doch auf alle Fälle zu erwarten war, uns festzunehmen.

Was war zu tun? Ich kletterte wieder hinab.

»Es ist nur einer drüben, Bob!« sagte ich.

»Wo anders sein noch einer und noch einer, aber Bob nicht wissen.«

»Erwarte mich hier!«

»Massa wollen gehen? Oh, Massa lieber bleiben hier bei Bob.«

»Wir müssen sehen, daß wir unsere Freunde retten können.«

»Retten? Retten Massa Bern'? Oh, oh, das sein schön und sein sehr viel gut! Bob auch mit retten Massa Bern' und Massa Sam und Massa Winnetou!«

»So verhalte dich ruhig, daß du nicht erwischt wirst!«

Ich verließ den hohlen Baum. Es war mir ein höchst wohltuendes Gefühl, wenigstens Einen außer mir noch verschont zu wissen, wenn dieser Eine auch grad der Neger war. Uebrigens mußte ich es sehr schlau nennen, daß man bei den Ueberresten des Bären eine Wache gesetzt hatte. Das Fleisch konnte ja für uns eine Anziehungskraft besitzen, die uns in das Verderben führte.

Eine Stunde später befand ich mich auf der andern Seite des Tales, keine drei Ellen von dem Indianer entfernt, welcher unbeweglich wie eine Statue saß und kein anderes Glied rührte, als zwei Finger der rechten Hand, welche mit einer kleinen Geierpfeife spielten, die an seinem Halse hing. Ich wußte, daß die Töne dieser Pfeifen oft als Signale verwendet werden; sollte hier vielleicht etwas Aehnliches verabredet sein?

Der Indianer war noch jung, kaum achtzehn Jahre alt; vielleicht war der gegenwärtige Kriegszug sein erster. Er hatte einen sehr interessanten Kopf, und die Sauberkeit seiner Kleidung ebenso wie die feine Arbeit seiner Waffen ließ mich vermuten, daß er der Sohn eines Häuptlings sei. Sollte ich ihn töten? Sollte ich dies junge, hoffnungsvolle Leben zerstören? Nein.

Ich schob mich leise, ganz leise vorwärts, packte mit der Linken seine Kehle und gab ihm mit der Rechten einen vorsichtigen Hieb, der einem älteren Manne nicht das mindeste getan haben würde, diesen Jüngling aber auf der Stelle betäubte; dann fesselte und knebelte ich ihn und befestigte ihn so an den Stamm eines Baumes, daß er rings von Büschen umgeben war und also nicht gesehen werden konnte. Die Geierpfeife hatte ich ihm abgenommen. Ich versteckte mich, setzte sie an den Mund und stieß einen kurzen, halblauten Pfiff aus. Sofort raschelte es mir gegenüber in den Büschen: ein alter Indianer trat hervor und kam eiligen Laufes herübergesprungen. Ein Kolbenschlag meiner Büchse streckte ihn nieder. Er war nicht tot, sondern nur bewußtlos; ich hatte ihn ja nicht töten, sondern unschädlich machen wollen.

Es mußten mehr als drei oder vier Indianer vorhanden sein, und alle diese Leute auf dieselbe Weise herpfeifen und niederschlagen, das wäre ja die schändlichste Metzelei gewesen; aber sie war auch ein Ding der Unmöglichkeit. Vor allem mußte ich erfahren, wo sich die Pferde der Indsmen befanden; es war das eine gefahrvolle Sache. Ich ahmte das kurze Wiehern eines Hengstes nach und siehe da, eben dort, wo der Indianer herausgekommen war und wo unsere Pferde gestanden hatten, ertönte eine mehrstimmige Antwort.

Jetzt mußte ich auf mein gutes Glück vertrauen; ich band den alten Indianer mit seinen eigenen Riemen fest, nahm den jungen auf meine Achsel und eilte unter dem Schutze der Bäume um die kurze Krümmung, welche den Hintergrund des Tales bildete, der Stelle zu, an welcher die Pferde standen. Es waren ihrer sechs, ein sicherer Beweis also, daß sich noch vier Indsmen auf der Lauer befanden; diese standen jedenfalls weiter vorn nach dem Eingange zu, so daß ich hinten genugsam Zeit zu meinen Vorbereitungen hatte.

Ich stieg zunächst hinauf zu Bob. Er war im Innern des Baumes in die Höhe geklettert und schaute durch sein Fenster von oben herab. Als er mich nahen sah, kam er herabgerutscht und blickte zwischen den Haselruten hindurch.

»Massa, oh, haben fangen ein Indian'! Massa machen wohl tot Indian'?«

»Nein; ich will ihn nur gefangen halten. Willst du Massa Bernard mit retten?«

»Oh, Bob werden retten gern lieb' gut' Massa Bern'. Wie es müssen machen Bob?«

»Du nimmst hier diesen Indianer und trägst ihn hier in gerader Richtung bergab, bis du an den großen Hickory kommst. Da legst du ihn ab und wartest auf mich.«

»Bob werden es machen so, Massa!«

»Aber du rührst seine Fesseln nicht an. Wenn er frei wird, bist du verloren!«

»Bob nicht werden sein verloren!«

»Gut, also vorwärts!«

Der riesige Neger warf sich den Indianer über die Achsel und stieg jenseits von der Höhe hinab. Ich kehrte zu den Pferden der Comanchen zurück. Es war gewiß eine schwere Aufgabe, alle sechs Tiere bei diesem Terrain zu entführen, das heißt, sie aus dem Tale empor und drüben wieder hinabzubringen. Allein jedoch brachte ich es wohl besser fertig als mit Hilfe des Negers, da alle indianischen Pferde einen unüberwindlichen Abscheu gegen die schwarze Rasse hegen, deren Ausdünstung den Tieren zuwider ist. Aufsteigen lassen sie den Neger, aber wenn er, vor ihnen hergehend, sie führen will, so weigern sie sich, ihm zu folgen.

Was ich bereits vorhin bemerkt hatte, bewährte sich jetzt: unsere Schätze – sowohl jene von uns aus dem *Hide spot* mitgebrachten, als auch das den beiden Morgans abgenommene Paket – waren verloren: – das Gold ist *deadly dust*, tödlicher Staub; es bringt unter hundert, die ihm in den Diggins und dem wilden Westen nachjagen, neunzig in den Tod. Der Glanz und Klang des verführerischen Metalls weckt finstere Dämonen, und nur unter dem Gesetze bewährt es seine segensreiche Macht.

Ich nahm die Bauchriemen der Pferde und band damit den Kopf je eines an den Schwanz des andern, so daß die sechs Tiere eine fortlaufende Reihe bildeten; dann faßte ich das vorderste beim Zügel, und fort ging es, die steile Berglehne hinan. Ich hatte meine liebe Not mit den widerspenstigen Tieren, und die übrigen vier Indianer mußten weit entfernt stehen, daß sie das Schnauben und Stampfen der Pferde nicht vernahmen; doch gelangte ich glücklich hinauf und drüben wieder hinab – die Wilden hatten keine Pferde mehr und waren also nicht mehr imstande, die Ihrigen einzuholen. Ebenso war ihr Hauptzweck, mich und Bob nachträglich zu fangen oder zu töten, verfehlt.

Der Neger saß unter dem ihm bezeichneten Hickory und bewachte den Indsman. Es mochte ihm, so allein mit dem Feinde, doch etwas bänglich zu Mute gewesen sein, und er war sichtlich erfreut und erleichtert durch mein Erscheinen.

»Oh, schön, daß kommen Massa. Indian' machen Augen wie Teufel, haben auch brummen und grunzen wie Vieh, aber Nigger Bob haben geben ihm einen Klaps auf Maul, daß er sein stille!«

»Du darfst ihn nicht schlagen, Bob, denn das ist nicht ritterlich und außerdem eine Beleidigung, die ein Indianer nur mit dem Tode vergilt. Wenn er ja wieder frei werden sollte und dich einmal trifft, so bist du verloren!«

»Nigger Bob verloren? Oh, ah, Massa! Dann lieber gleich schlagen tot Indian', daß nicht er werden wieder frei!«

Er zog wirklich seinen Bowiekneif und setzte die Spitze desselben auf die Brust des Comanchen.

»Halt, Bob, keinen Mord! Wenn wir ihn leben lassen, wird er uns großen Nutzen bringen. Hilf mir, ihn auf das Pferd binden!«

Ich nahm dem Indianer den Knebel aus dem Munde.

»Mein roter Bruder mag atmen, aber er darf nicht sprechen, außer wenn ich ihn frage!«

»Ma-ram wird reden, wenn es ihm beliebt,« antwortete er. »Das Bleichgesicht wird mich töten und meinen Skalp nehmen, auch wenn ich nicht spreche.«

»Ma-ram wird leben und seinen Skalp behalten, denn Old Shatterhand tötet seinen Feind nur im Kampfe.«

»Das Bleichgesicht ist Old Shatterhand? Uff!«

»Ich sage die Wahrheit. Ma-ram ist nicht mehr mein Feind, sondern mein Bruder. Old Shatterhand wird ihn bringen in das Wigwam seines Vaters.«

»Der Vater von Ma-ram ist To-kei-chun[1], der große Häuptling der Comanchen, welcher über die Krieger der Racurroh gebietet; er wird Ma-ram töten, weil er der Gefangene des Bleichgesichtes ist.«

»Will mein Bruder frei sein?«

Der Indianer blickte mich verwundert an.

»Kann Old Shatterhand den Krieger freigeben, dessen Leben und Skalp ihm gehört?«

»Wenn mein junger roter Bruder mir verspricht, nicht zu fliehen, sondern mich in die Wigwams seines Stammes zu begleiten, so werde ich ihn losbinden und ihm ein Pferd geben; auch seine Waffen, die dort am Sattel hängen, darf er behalten.«

»Uff! Old Shatterhand hat eine starke Faust und ein großes Herz; er ist nicht wie die andren Bleichgesichter. Aber hat er nicht eine doppelte Zunge?«

»Ich rede stets die Wahrheit. Will mein roter Bruder mir gehorchen, bis wir vor dem Angesichte To-kei-chuns stehen?«

»Ma-ram will es!«

»So nehme er das Feuer des Friedens aus meiner Hand; es wird ihn verzehren, wenn er seine Worte nicht hält!«

Das Versteck meines Pferdes befand sich in der Nähe. Ich holte das Tier herbei und nahm aus der Satteltasche zwei von den Strohzigaretten, die ich mir aus den Vorräten des *Hidespot* angeeignet hatte. Ein Streichholz gab es auch, und so wurden die dünnen ›Habanos‹, nachdem ich den Indianer von seinen Fesseln befreit hatte, in Brand gesteckt und unter den gebräuchlichen Formalitäten geraucht.

»Haben die Bleichgesichter keinen großen Geist, der ihnen Ton zu einem Calumet wachsen läßt?« fragte Ma-ram.

»Sie haben einen Geist, der größer ist, als alle Geister; er hat ihnen viel Ton gegeben, aber sie rauchen die Pfeife nur in ihrem Wigwam, denn er lehrte sie, den ›Rauch des Friedens zu essen‹ aus diesen Zigarren, die nicht so viel Platz brauchen, wie die Pfeife.«

[1] Der gehörnte Stier.

»Uff! Si-karr? Der große Geist der Bleichgesichter ist klug! Diese Si-karr kann leichter getragen werden, als das Calumet.«

Bob zog ein sehr verwundertes Gesicht darüber, daß ich jetzt so gemütlich und ganz in der Nähe so furchtbarer Feinde Zigarren mit einem Indianer rauchte, den er erst auf das Pferd hatte binden sollen.

»Massa, auch Bob wollen rauchen mit Frieden!« sagte er.

»Hier hast du eine Zigarre, aber rauche sie zu Pferd, denn wir müssen aufbrechen!«

Der Comanche suchte sich sein Pferd aus und schwang sich auf. Wie ich die Indianer bisher hatte kennen gelernt, brauchte ich nicht die mindeste Sorge zu haben, daß er mir entfliehen werde. Ein zweites Pferd bestieg Bob, allerdings nach vieler Mühe. Die übrigen band ich auseinander und koppelte sie dann mit den Zügeln zusammen, so daß ich sie gut an der Hand zu führen vermochte. Dann stieg ich auf meinen Mustang, und der Marsch begann.

Zwischen der Tiefe, in welcher wir uns befanden, und dem für unsere Gesellschaft so verhängnisvoll gewordenen Tale dachte sich die Höhe nach der Ebene zu immer weiter ab. Wir folgten ihr und ritten dann um sie herum, um auf diese Weise auf die Fährte der Comanchen zu kommen, die wir auch erreichten; allerdings nicht, ohne vom Tale aus bemerkt zu werden. Die Indianer erhoben ein Wutgeheul, welches weithin erschallte. Wir kümmerten uns natürlich nicht darum, und auch Ma-ram hatte so viel Selbstbeherrschung, daß er mit keiner Wimper zuckte und nicht die geringste Absicht verriet, sich nach ihnen umzublicken.

Ohne daß ein Wort gesprochen wurde, folgten wir der Fährte bis zum Abend, wo wir den Rio Pecos erreichten und einen zum Nachtlager passenden Ort fanden. In den Decken der indianischen Pferde war ein ziemlicher Vorrat getrockneten Fleisches vorhanden, so daß wir weder zu hungern noch ein Wild zu schießen brauchten. Wir waren so weit von den vier Comanchen entfernt, daß sie uns während der Nacht sicherlich nicht erreichten.

Ma-ram legte sich sofort schlafen; ich wechselte mit Bob in der Wache ab. Als es Tag zu werden begann, nahm ich den vier übrigen Pferden die Decken, Zügel und alles, was sie trugen, ab und jagte sie in den Fluß. Sie schwammen über ihn und verschwanden bald jenseits desselben im Walde. Der Indianer hatte dabei zugesehen, ohne ein einziges Wort über die Lippen zu bringen.

Die Spur, welcher wir nun folgten, war sehr deutlich; die Comanchen mußten sich also wieder sicher wissen. Sie hatten sich immer an der rechten Seite des Rio Pecos gehalten und waren dem Flusse abwärts gefolgt bis dahin, wo er in die obere Sierra Guadelupe tritt. Hier teilte sich zu meinem Erstaunen die Fährte. Die zahlreichere Hälfte der Wilden hatte sich in das Gebirge gewendet, während die Anderen der bisherigen Richtung treu geblieben waren.

Ich stieg ab, um die Spuren zu untersuchen. Inmitten der letzteren Fährte sah ich ganz deutlich die Hufeindrücke der alten Tony, welche ich zu genau kannte, als daß ich sie hätte verkennen können. Kurz vorher hatten wir die Spur eines Nachtlagers gefunden. Ich wandte mich zu Ma-ram:

»Die Söhne der Comanchen sind in die Berge gegangen, um das Grabmal ihres großen Häuptlings zu besuchen?«

»Mein Bruder sagt es.«

»Und diese hier« – ich deutete dabei auf die andere Fährte – »wollen ihre Gefangenen nach den Wigwams der Comanchen bringen?«

»So befahlen die beiden Häuptlinge der Racurroh.«

»Die Kinder der Racurroh haben auch die Schätze der Bleichgesichter bei sich?«

»Sie haben sie behalten, weil sie nicht wissen, welchem von den Bleichgesichtern sie gehören.«

»Und wo haben die Comanchen ihre Wigwams aufgeschlagen?«

»In der Savanne, welche an diesem Wasser hier und dem Flusse liegt, den die Bleichgesichter den Rio Grande nennen.«

»Also in der Savanne zwischen den zwei Gebirgen?«

»So ist es.«

»Dann werden wir diese Fährte nicht verfolgen, sondern grad nach Mittag reiten.«

»Mein Bruder mag tun, was er will; aber er möge wissen, daß dort kein Wasser für ihn und seine Pferde ist!«

Ich blickte ihm scharf in die Augen.

»Hat mein roter Bruder einmal Berge gesehen, welche nahe an einem großen Flusse liegen und dennoch kein Wasser haben? Jeder Fluß bekommt sein Wasser aus den Bergen.«

»Mein Bruder mag sehen, wer recht hat, er oder der Comanche!«

»Ich weiß, warum der Comanche nicht in die Berge will!«

»Mein Bruder sage es mir!«

»Die Söhne der Racurroh reiten mit ihren Gefangenen am Flusse hin, der einen großen Bogen macht; wenn ich grad nach Süden reite, ereile ich sie, noch ehe sie ihre Wigwams erreichen.«

Er schwieg, denn er sah ein, daß ich ihn durchschaut hatte. Ich zählte die vorhandenen Hufspuren und fand, daß es ihrer sechzehn waren; Winnetou, Sam und Bernard wurden also von dreizehn Feinden eskortiert. Sie waren jedenfalls sehr sorgfältig gefesselt, und selbst wenn ich sie erreichte, so konnte ich sie eher durch List als mit Anwendung von Gewalt retten.

So lenkte ich nach Süden ein und ließ die Pferde so viel wie möglich ausgreifen. Es war ein böser und sehr beschwerlicher Ritt, da ich die Gegend nicht kannte und von Ma-ram auch keine genügende Auskunft erlangen konnte. Es glückte aber, und schon am nächsten Vormittag hatten wir die Berge überwunden und sahen die weitgedehnte Savanne vor uns liegen. Von links her glänzten die Wasser des Rio Pecos, dem wir jetzt wieder zuhielten, zu uns herüber.

Der Wald stieg mit uns von den Bergen herab und begleitete uns eine Strecke weit längs des Flusses in die Prairie hinein. An einem Bache, welcher in den Pecos mündete, trafen wir wieder die Spuren der Comanchen. Sie stammten wohl von gestern Mittag her, und gar nicht weit davon, an einem zweiten Bache, hatten die Roten gerastet, wohl um die größte Tageshitze vorüberzulassen.

Auch ich beschloß, hier ein wenig auszuruhen, wählte aber eine Stelle, welche sich nicht so sehr nahe am Flusse, sondern mehr rückwärts im Gebüsche befand und infolgedessen mehr Sicherheit vor Entdeckung gewährte. Diese Vorsichtsmaßregel sollte sich gar bald bewähren, denn ich hatte kaum mit Ma-ram Platz genommen, so kam Bob, der sich und sein Pferd im Flusse baden wollte, wieder zurück und rief:

»Massa, oh, oh, Reiter kommen – ein, zwei, fünf, sechs Reiter. Reißen aus, Massa, oder schlagen tot Reiter?«

Ich sprang an den Rand des Gebüsches vor und gewahrte allerdings sechs Pferde, welche in zwei Gruppen von je dreien von fern her stromaufwärts auf uns zugesprengt kamen; die zwei hintersten von den je dreien schienen Pakete zu tragen, während auf dem vordersten ein Reiter saß. Wir hatten es also mit nur zwei Feinden zu tun, wenn es wirklich Feinde waren, denn ich erkannte trotz der Entfernung, daß es keine Indianer, sondern Weiße seien.

Aber hinter ihnen jagten fünf Gestalten, die nichts anders als Indsmen sein konnten und die beiden Flüchtlinge in höchstens fünf Minuten erreichen mußten. Es konnte sich hier nur um eine Verfolgung handeln, und um zu sehen, wie ich mich zu verhalten habe, nahm ich mein Fernglas zur Hand.

»*Zounds!*« entfuhr es mir unwillkürlich, denn der Vorderste war Fred Morgan und der Andere sein Sohn Patrik.

Sollte ich sie töten oder lebendig fangen? Nein, mit dem Blute dieser Raubmörder wollte ich meine Hand nicht besudeln. Ich nahm meine Büchse und wartete. Sie kamen hart am Flusse herauf, die Indianer keine fünfhundert Schritte hinter ihnen. Schon hörte ich das Schnauben ihrer Pferde – jetzt waren sie da und wollten an uns vorüber – ich drückte zweimal ab. Ich hatte auf die Köpfe der beiden Reittiere gezielt; sie brachen zusammen. Die Saumtiere waren an ihnen befestigt und versuchten, durch die Schüsse erschreckt, sich loszureißen. Die Reiter waren weit fort zur Erde geschleudert worden. Ich wollte mich auf sie werfen.

»O–hi–hi–hiiii!« erscholl da der Schlachtruf der herbeigekommenen Wilden, in welchen auch Ma-ram mit einstimmte, und in demselben Augenblick war ich umzingelt. Drei Tomahawks und zwei Messer blitzten über meinem Kopfe.

»Cha!« rief da Ma-ram, indem er die Hand abwehrend ausstreckte. »Dieses Blaßgesicht ist der Freund von Ma-ram!«

Sie ließen von mir ab, aber die Folgen ihres Angriffes waren nicht mehr zu verbessern: die beiden abgeworfenen Reiter hatten Zeit gehabt, sich aufzuraffen und in die Büsche zu entfliehen, und die Pferde, bei dem fürchterlichen Geheul der Indianer wild aufbäumend, hatten sich losgerissen und waren in das Wasser des Flusses gestürzt. Ich hatte gleich von vornherein in ihnen unsere vier Lastpferde erkannt; sie waren sehr schwer beladen und deshalb sofort nach ihrem Sturze untergegangen.

Vier der Indianer sprengten den beiden Flüchtlingen nach; den fünften hielt ich zurück.

»Mein roter Bruder möge mir sagen, warum die Krieger der Comanchen ihre weißen Freunde verfolgen!«

»Die weißen Männer haben einen Mund wie die Schlangen; ihre Zunge hat zwei Spitzen. Sie haben während der Nacht die Wache getötet und sind mit ihren Schätzen entflohen.«

»Mit dem Golde?«

»Sie nahmen das Metall und die vielen Medizinzettel, welche in dem Felle waren.«

Er ließ uns stehen und eilte seinen Kameraden nach. Die beiden Morgans hatten also Sorge gehabt, daß sie ihre Schätze von den Comanchen nicht bekommen würden, und sich mit denselben davongemacht. Unter den ›Medizinzetteln‹ waren die Depositenscheine und Banknoten zu verstehen, welche wir ihnen hatten abnehmen wollen. Grad da, wo die Pferde in das Wasser gestürzt waren, machte der Fluß eine Krümmung, so daß ein Wirbel entstand, der uns alle Hoffnung nehmen mußte, das von den Fluten Verschlungene je wieder herauszubekommen, *deadly dust*, tödlicher Staub!

Was war jetzt zu tun? Die Sorge um die Freunde war natürlich größer als das Verlangen, der beiden Feinde habhaft zu werden. Uebrigens waren hinter diesen die fünf Comanchen her, denen wir die Verfolgung recht gut überlassen konnten.

»Warum schießt mein weißter Bruder auf das Pferd und nicht auf den Reiter?« fragte Ma-ram. »Hat Old Shatterhand nicht zielen gelernt?«

»Weshalb tötete Old Shatterhand nicht Ma-ram, den Comanchen, über dessen Herzen schon das Messer war? Er tötete die Pferde, weil er mit den Reitern reden wollte.«

»Er wird mit ihnen reden, denn er wird sie verfolgen mit seinen roten Brüdern!«

Ich mußte beinahe lächeln über das Bestreben des Indianers, mich soviel wie möglich von der Verfolgung der Fährte zurückzuhalten. Ich antwortete:

»Er wird sie nicht verfolgen. Die Krieger der Comanchen sind weise und tapfer; sie werden die bösen Bleichgesichter fangen und in ihre Wigwams bringen. Ma-ram möge sein Pferd besteigen und mir folgen!«

Das Ereignis hatte mir alle Lust zur Rast benommen, und hierzu kam eine Betrachtung, welche sich mir aufdrängen mußte: Unsere Freunde waren von dreizehn Reitern begleitet worden; die beiden Morgans, fünf Comanchen und die ermordete Wache mußten jetzt abgerechnet werden, und so ergab sich, daß sie nur noch von fünf Indianern bewacht wurden. Unter diesen Verhältnissen war es leichter, sie zu befreien.

Ich ließ also die Pferde stärker ausgreifen, als vorher. Bis zur Abenddämmerung hatten wir eine so bedeutende Strecke zurückgelegt, daß, als ich die Fährte sorgfältig untersuchte, ich zu der Ueberzeugung kam, der kleine Trupp sei erst am Mittag hier vorübergekommen. Die Flucht der Morgans, die Ermordung des Wachtpostens und die Annahme, daß sie nicht verfolgt würden, hatten ihre sonstige Eile gemindert.

Obgleich Ma-ram sich sehr angelegentlich nach einem Nachtlager umsah, mußte er mir doch noch fast vier englische Meilen folgen, bis es so dunkel wurde, daß es absolut unmöglich war, die Spuren noch zu erkennen. Dann erst gab ich den Befehl, abzusteigen. Kaum graute der Morgen, so wurde wieder aufgebrochen.

Jetzt führte die Fährte vom Flusse abwärts in die Savanne hinein, immer nach Süden. Wir trafen hier und da auf Büffelwege, in denen wir uns vorwärts bewegten, und dabei bemerkte ich, so oft ich die Fährte beobachtete, daß wir den Verfolgten immer näher rückten. Schon hegte ich die Hoffnung, sie um die Mittagszeit einzuholen, als mich ein einziger Augenblick enttäuschte. Wir kamen nämlich auf einen Platz, der von zahlreichen Pferden zerstampft war, und von hier aus führten wenigstens vierzig Hufspuren nach Süden.

»Uff!« rief Ma-ran.

Weiter sagte er nichts, aber sein Auge leuchtete vor Vergnügen, während seine Züge unbeweglich blieben. Und ich verstand ihn recht gut. Die Eskorte unserer Gefährten war auf eine Comanchentruppe gestoßen, unter deren Schutze sie dem Lagerplatze zueilte.

»Wie weit ist es noch bis zum Lagerdorfe der Comanchen?« fragte ich den Indianer.

»Die Racurroh haben kein Lager; sie bauten sich ein Dorf, welches größer ist als die Städte der Bleichgesichter, in die Savanne. Wenn mein weißer Bruder schnell reitet, wird er es erreichen, noch ehe die Sonne hinter den Gräsern verschwindet.«

Am Mittag wurde eine kurze Rast gemacht, und wirklich tauchten gegen Abend mehrere dunkle Linien am Horizont auf, die ich bei Betrachtung durch das Fernrohr als lang gestreckte Zeltreihen erkannte.

Die Comanchen hatten jedenfalls der nahen Büffeljagd wegen hier eine so bedeutende Niederlassung errichtet und schienen durch die Ankunft der Gefangenen außerordentlich in Anspruch genommen zu sein, da wir niemand antrafen und uns dem Lager so weit zu nähern vermochten.

Ich parierte mein Pferd.

»Dort sind die Wigwams der Comanchen?« fragte ich.

»Sie sind es,« antwortete Ma-ram.

»Wird dort To-kei-chun, der große Häuptling, anwesend sein?«

»Der Vater Ma-rams ist stets bei seinen Kindern.«

»Will mein roter Bruder hinreiten und ihm sagen, daß Old Shatterhand ihn besuchen wird?«

Er blickte doch ein wenig überrascht zu mir empor.

»Fürchtet sich Old Shatterhand nicht vor so vielen Feinden? Er tötet den Büffel und den grauen Bären, aber er kann nicht töten die Comanchen, welche zählen wie die Bäume des Waldes.«

»Old Shatterhand will töten die Tiere des Waldes, aber nicht seine roten Brüder. Er fürchtet sich nicht vor den Sioux, den Kioways, den Apachen und Comanchen, denn er ist aller tapfern Krieger Freund und gibt seine Kugel nur dem Bösen und dem Verräter. Er wird hier warten. Mein Bruder gehe!«

»Aber Ma-ram ist sein Gefangener; wenn er ihn nun verliert?«

»Ma-ram ist jetzt nicht mehr mein Gefangener; er hat den Rauch des Friedens mit mir gegessen; er ist frei!«

»Uff!«

Mit diesem Worte gab er seinem Tiere die Fersen zu fühlen und ritt im Galopp davon. Ich stieg mit Bob ab; wir setzten uns nieder und ließen die Pferde grasen. Der gute Neger machte ein höchst bedenkliches Gesicht.

»Massa, was werden Indian' machen mit Nigger Bob, wenn Massa nehmen Bob mit zu Indian'?«

»Das müssen wir abwarten.«

»Abwarten sein bös' schlimm' schlecht' Ding. Werden Bob abwarten, daß Indian' braten Bob am Pfahl?«

»Es wird vielleicht nicht so schlimm, wie du denkst. Wir müssen zu den Comanchen, wenn wir deinen Massa Bernard erretten wollen.«

»Oh, ah, ja, Nigger Bob werden retten gut' Massa Bern'; werden lassen sich braten und kochen und fressen, wenn nur Indian' geben frei Massa Bern'!«

Er begleitete diesen heroischen Entschluß mit einem Grinsen, welches den Indianern sicher allen Appetit, ihn zu verspeisen, benommen hätte, und nahm dann ein Stück Dürrfleisch vor, um vor seinem Martertode wenigstens noch in etwas des Lebens Reize zu genießen.

Wir brauchten nicht sehr lange auf den Erfolg unserer Anmeldung zu warten, denn nach einiger Zeit kam ein sehr zahlreicher Reitertrupp auf uns zu, welcher sich auflöste, einen weiten Kreis bildete, in den wir eingeschlossen wurden, und diesen im Galopp und unter Heulen und Waffenschwenken plötzlich so verengte, daß es schien, als ob wir niedergeritten werden sollten. Eine Gruppe von vier Häuptlingen kam wirklich *ventre à terre* grad auf uns zu und setzte über uns hinweg. Bob fiel hintenüber zur Erde, ich aber blieb ruhig sitzen und regte den Kopf kein Haar breit nach rechts oder links.

»Oh, ah, Indian' reiten tot Bob und Massa!« brüllte der Neger, indem er den Kopf erhob, um sich über den neuesten Stand der Dinge vorsichtig zu unterrichten.

»Fällt ihnen nicht ein! Sie wollen nur probieren, ob wir Mut haben oder uns vor ihnen fürchten.«

»Probieren? Oh, Indian' mögen nur kommen; Bob haben Mut, sehr ganz viel groß Mut!«

Er setzte sich mit seiner fürchterlichsten Miene wieder aufrecht, und zwar grad zur rechten Zeit, denn die Häuptlinge waren abgestiegen und kamen auf uns zu. Der älteste von ihnen nahm das Wort:

»Warum erhebt sich der weiße Mann nicht, wenn die Häuptlinge der Comanchen zu ihm treten?«

»Er will ihnen damit zeigen, daß sie ihm willkommen sind,« antwortete ich. »Meine roten Brüder mögen an meiner Seite Platz nehmen!«

»Die Häuptlinge der Comanchen setzen sich nur an die Seite eines Häuptlings. Wo hat der weiße Mann seine Wigwams und seine Krieger?«

Ich nahm den Tomahawk in die Rechte.

»Ein Häuptling muß stark und tapfer sein. Wenn die roten Männer nicht glauben, daß ich ein Häuptling bin, so mögen sie mit mir kämpfen; dann werden sie erfahren, ob ich die Wahrheit sage.«

»Wie ist der Name des Bleichgesichtes?«

»Die roten und weißen Krieger und Jäger nennen mich Old Shatterhand.«

»Der weiße Mann wird sich diesen Namen selbst gegeben haben!«

»Wenn die Häuptlinge der Comanchen mit mir kämpfen wollen, so dürfen sie den Tomahawk und das Messer nehmen; ich aber nehme nur meine Hand. Howgh!«

»Der weiße Mann spricht stolze Worte; er wird zeigen dürfen, ob er Mut hat. Er steige auf sein Pferd und komme mit den Kriegern der Racurroh!«

»Werden diese Krieger das Calumet mit mir rauchen?«

»Sie werden beraten, ob sie es tun dürfen.«

»Sie dürfen es, denn ich komme in Frieden zu ihnen!«

Ich stieg auf, und auch Bob krabbelte sich auf sein widerspenstiges Pferd. Um ihn schien man sich gar nicht zu bekümmern; der Indianer ist gegen die schwarze Rasse noch stolzer als der Weiße. Ich aber wurde von den Häuptlingen in die Mitte genommen, und fort ging es in rasendem Galopp auf das Lagerdorf zu, in dasselbe hinein und zwischen den Zeltreihen hinauf, bis wir an ein großes Zelt gelangten, vor welchem sie anhielten und absprangen. Ich tat dasselbe.

Bob war nicht zu sehen; ich war umgeben von den sämtlichen Kriegern, welche mich geholt hatten. Der Häuptling, welcher bereits vorhin das Wort geführt hatte, griff nach meiner Büchse.

»Das Bleichgesicht möge uns seine Waffen geben!«

»Ich behalte meine Waffen, denn ich bin freiwillig zu euch gekommen und nicht euer Gefangener.«

»Der weiße Mann wird uns aber dennoch seine Waffen geben, bis die roten Männer wissen, was er bei ihnen will.«

»Fürchten sich die roten Männer vor ihm? Wer verlangt, daß ich meine Waffen von mir geben soll, hat Angst vor mir.«

Er fühlte sich bei seiner Kriegerehre angegriffen und warf den anderen Dreien einen fragenden Blick zu; in ihrem Auge mußte er eine beruhigende Antwort gelesen haben, denn er meinte:

»Die Krieger der Comanchen wissen nicht, was Angst und Furcht ist; der weiße Mann mag seine Waffen behalten.«

»Welchen Namen führt mein roter Bruder?«

»Old Shatterhand spricht mit To-kei-chun, vor dem die Feinde zittern.«

»Ich bitte meinen Bruder To-kei-chun, mir eine Hütte zu geben, in welcher ich warten kann, bis die Häuptlinge der Comanchen mit mir reden werden!«

»Deine Worte sind gut; das Bleichgesicht soll ein Zelt bekommen, bis die Krieger der Racurroh sich beraten haben, ob sie mit ihm das Calumet rauchen werden.«

Er winkte mit der Hand und schritt voran; ich nahm meinen Mustang beim Zügel und folgte ihm. Die Indianer bildeten eine Gasse, welche wir durchschritten, und dabei bemerkte ich manches alte und junge Frauengesicht, das heimlich aus dem oder jenem Zelte lugte, um den Weißen anzusehen, der es gewagt hatte, die Höhle der Löwen zu betreten. Glücklicherweise war dieser Comanchenstamm nicht derjenige, mit welchem Winnetou damals bei der Mapimi gekämpft hatte.

Diese Zelte oder Hütten waren ganz in der Weise aufgeführt, wie ich sie bereits auch bei den nördlichen Indianern gefunden hatte. Die Arbeit ihrer Errichtung wird nur von den Frauen besorgt, wie denn der Indianer keine Beschäftigung als Krieg, Jagd und Fischfang kennt und alles Uebrige den Schultern des Geschlechtes aufbürdet, welches bei uns gewöhnlich das schwächere genannt wird.

Die Frauen holen die Häute, welche die Zelt- oder Hüttenwände bilden sollen, herbei, breiten sie in der Sonne aus und zeichnen mit einem Stücke Kohle die Form darauf, welche nötig ist; dann schneiden sie diese Formen zu und nähen mit feinen Riemen die Felle zusammen. Nun werden auch die Stangen herbeigeholt, und man schafft alles an den Platz, welcher für die Wohnung ausgewählt wurde. Hier wird mit Hilfe der primitivsten Werkzeuge ein Kreis etwa zwei Fuß tief ausgeworfen, innerhalb dessen man mehr oder weniger Pfähle, je nach der beabsichtigten Größe der Wohnung, aufstellt. Die Pfähle oder Stangen müssen zum mindesten so lang sein, wie der Durchmesser der ausgeworfenen Grube. Sie werden oben zusammengeneigt und mit jungen Weiden oder Haseln verbunden. Diese Arbeit ist aber nicht leicht, da die Frauen und Mädchen an den Stangen emporklettern müssen und sich während des Bindens nur mit den Füßen festhalten können. Ist das Gerüst auf diese Weise festgestellt, so beginnt der schwierigste Teil des Baues, nämlich die Bekleidung des Zeltgerippes mit den schweren Häuten. Die Stangen dieses Gerippes sind in der Mitte ihrer Länge durch andere Stangen geschützt, welche oben eine Gabel haben und durch Riemen mit ihnen verbunden sind; es entsteht demnach innerhalb des ersten Kreises ein zweiter, durch welchen der ganze Raum in zwei Abteilungen geschieden wird. Beide Stangenkreise werden nun dachziegelähnlich mit Häuten belegt, und zwar so, daß oben ein Loch übrig bleibt, um dem Rauche des in der Mitte des Zeltes brennenden Feuers einen Ausweg zu lassen. Die zwei kreisrunden Abteilungen können nun vermittelst Häuten oder durch Flechtwerk in beliebige Unterabteilungen zerlegt werden, je nachdem der Besitzer es für nötig hält.

Das Zelt, nach welchem ich geführt wurde, war nur klein und augenblicklich unbewohnt. Ich band mein Pferd außen an, öffnete die Türvorhänge, welche aus zwei halben Fellen bestanden, und trat ein, ohne mich weiter um den Häuptling zu bekümmern, welcher mir auch gar nicht folgte.

Noch befand ich mich nicht zwei Minuten lang im Innern des Raumes, als der Eingang geöffnet wurde und eine uralte Indianerin eintrat, um ein dickes Gebund Reisholz von ihrem Rücken auf den Boden zu werfen. Sie verschwand wieder und kam nach einiger Zeit mit einem großen, aber halb zerbrochenen irdenen Topf zurück, in welchem sich Wasser und noch etwas Anderes zu befinden schien. Jetzt schürte sie ein Feuer an und setzte den Topf mitten in die Glut hinein.

Ich hatte mich auf dem Boden ausgestreckt und sah ihr, ohne ein Wort zu sprechen, zu. Ich wußte, daß ich nach indianischen Begriffen meiner Ehre außerordentlich viel vergeben würde, wenn es mir einfallen sollte, ein Gespräch mit ihr anzufangen. Auch konnte ich mir sehr leicht denken, daß ich mich hier, sozusagen, auf einer Beobachtungsstation befand und daß, ungesehen von mir, wohl verschiedene Augen durch irgend welche Löcher oder Lücken auf mir ruhten.

Das Wasser im Topfe begann zu kochen, und nun sagte mir der Geruch, daß ich Rindfleisch zu essen bekommen solle. Wirklich setzte mir die Alte nach Verlauf von vielleicht einer Stunde den glühend heißen Topf grad zwischen die ausgestreckten Beine hin und überließ es mir, sich hierauf entfernend, ganz nach meinem Gusto zu speisen. Ich tat es und will gestehen, daß ich dem großen Stücke Büffellende, welches ich vorfand, ganz gehörig zusprach und schließlich auch die Fleischbrühe nicht verschmähte, obgleich die Reinlichkeit des Gefäßes alles zu wünschen übrig ließ und das Mahl ganz ohne Salz zubereitet war, von dem der Indianer überhaupt nichts wissen mag.

Gerecht betrachtet, mußte ich mir sagen, daß man mir eine ganz außerordentlich noble Behandlung angedeihen ließ, und noch heut würde ich hundert gegen eins wetten, daß mein Kochtopf der einzige war, den es im ganzen Lager gab.

Nach beendigter Mahlzeit streckte ich mich wieder aus, legte mir meine Decke unter den Kopf und gab mich gewissen Betrachtungen hin, die sehr geeignet waren, mich wach zu erhalten. Daher merkte ich, daß auch mein Pferd gefüttert wurde, und daß zwei Wachtposten unablässig und leise um meine Hütte patrouillierten. Später brannte das Feuer nieder, und ich schlief ein. Ich stand – oder richtiger – ich lag jedenfalls am Vorabend wichtiger Ereignisse; aber eine schlaflos durchbrachte Nacht konnte mir nichts nützen. Daher wurde ich erst am Morgen durch ein prasselndes Geräusch erweckt, und als ich die Augen aufschlug, sah ich die Alte wieder, welche ein neues Feuer angefacht und den bekannten Topf abermals in die Flamme gesetzt hatte.

Sie verrichtete ihre Obliegenheiten, ohne mir einen besonderen Blick zuzuwerfen, und ich hatte auch gar keine Veranlassung, mich über diese Achtlosigkeit gekränkt zu fühlen. Ich verzehrte mein Fleisch mit demselben Appetit wie am vorigen Abend und beschloß dann, ein wenig vor die Hütte zu treten. Kaum aber hatte ich den Kopf durch die Tür gesteckt, so fuhr einer der beiden Wächter mit seiner Lanze auf mich zu, als ob er mich von oben bis unten durchspießen wolle.

Das durfte ich mir nun allerdings nicht gefallen lassen, wenn ich mir nicht meinen Kredit ein für allemal untergraben wollte; ich faßte also die Lanze unweit ihrer Spitze mit beiden Händen an, stieß sie von mir und zog sie dann so plötzlich und so kräftig wieder an mich zurück, daß der rote Krieger nicht festzuhalten vermochte; er ließ los und stürzte gerade zu meinen Füßen nieder.

»Uff!« brüllte er, sich emporraffend und nach seinem Messer greifend.

»Uff!« machte auch ich, indem ich mein Messer zog und dabei mit der Linken die eroberte Lanze in die Hütte warf.

»Das Bleichgesicht mag mir meinen Speer geben!«

»Die Rothaut mag sich ihren Speer holen!«

Das schien ihm, wie ich aus seiner Miene entnehmen konnte, denn doch nicht ganz ratsam zu sein, aber er bekam Hilfe, denn der andere Posten kam um das Zelt herum auf mich zu.

»Der weiße Mann gehe hinein!« befahl er mir barsch.

Auch er hielt mir die Spitze seiner Lanze so dicht vor das Gesicht, daß ich der Versuchung nicht widerstehen konnte, das so wohl gelungene Experiment zu wiederholen; im nächsten Augenblick lag er genau da, wo der Andere gelegen hatte, und seine Lanze flog in das Zelt, wie die vorige. Das schien den Beiden zu viel; sie stießen einen Ruf aus, infolgedessen das ganze Lager in Alarm geriet.

Gerade meiner Hütte gegenüber lag eine bedeutend größere, vor deren Tür drei Schilde angelehnt waren. Auf den Ruf der Wächter wurden die Vorhänge zurückgeschlagen, und ein dunkler Mädchenkopf erschien, um nach der Ursache des Lärmes auszuschauen; zwei schwarze, feurige Augen ruhten auf mir, und dann verschwand das Köpfchen wieder. Zwei Sekunden später aber traten die vier Häuptlinge hervor und auf uns zu. Auf einen gebieterischen Wink To-kei-chuns wichen die Wächter zurück.

»Was tut das Bleichgesicht hier vor der Hütte?«

»Ich höre wohl nicht recht? Mein roter Bruder will wohl fragen, was die zwei roten Krieger hier vor meiner Hütte tun!«

»Sie merken auf, daß dem Bleichgesicht nichts Uebles geschehe, und darum soll der weiße Mann in seiner Hütte bleiben.«

»Hat To-kei-chun so schlimme Männer unter seinen Kriegern, oder gilt sein Befehl so wenig, daß er seinen Gast mit Wächtern schützen muß? Old Shatterhand braucht keinen Wächter, denn seine Faust wird jeden zerschmettern, der Böses sinnt und Lügen denkt. Meine roten Brüder können ruhig wieder in ihr Wigwam treten; ich werde mir ihr Dorf ansehen und dann kommen, um mit ihnen zu reden.«

Ich trat in die Hütte zurück, um meine Schießgewehre, die ich natürlich nicht zurücklassen durfte, mit mir zu nehmen; als ich aber wieder ins Freie wollte, starrte mir wohl ein Dutzend Lanzen entgegen. Also gefangen! Sollte ich mich wehren oder nicht? Ich ging zur hinteren Seite des Zeltes, holte mit dem Tomahawk aus und schlug durch das harte Leder ein Loch, durch welches ich das Zelt verlassen konnte. Als ich jetzt hinten erschien, während sie vorn Wache hielten, bekam ich zunächst außerordentlich verdutzte Gesichter zu sehen, und dann erhob sich ein Geschrei, als ob sich hundert Bären von ihren Ketten losgerissen hätten. Die Häuptlinge waren wieder in ihr Zelt zurückgekehrt; jetzt kamen sie abermals hervor und zwar mit einer Eile, die sich sehr wenig mit ihrer gewöhnlichen Würde vereinbaren ließ. Sie drängten sich durch die Krieger hindurch, und es schien, als ob sie mich fassen wollten.

Mich mit den Waffen zur Wehr setzen, das ging nicht,

denn ich wäre verloren gewesen, und die Gefährten mit mir; ich riß also mein Fernrohr aus der Tasche, zog es in zwei Teilen auseinander und hielt ihnen dieselben mit drohender Miene entgegen.

»Halt, sonst sind alle Söhne der Comanchen verloren!«

Sie prallten wirklich zurück. Sie kannten wohl diese Art von Instrument noch gar nicht; hatten sie aber wirklich schon eines gesehen, so konnten sie ja gar nicht wissen, was für unheilvolle Wirkungen außerdem mit seinem Gebrauche verbunden waren.

»Was will der weiße Mann tun?« fragte To-kei-chun. »Warum bleibt er nicht in seinem Wigwam?«

»Old Shatterhand ist ein großer Medizinmann unter den Bleichgesichtern,« antwortete ich; »er wird den roten Männern zeigen, daß er alle Seelen der Comanchen töten kann.«

Ich steckte das Fernrohr wieder zu mir und nahm den Henrystutzen vor.

»Die roten Männer mögen sehen den Pfahl dort vor dem Zelte!«

Ich deutete auf eine Stange, welche vor einem der entfernteren Zelte stand. Dann erhob ich das Gewehr und schoß. Der Pfahl war oben an seiner Spitze durchlöchert, und ein Gemurmel des Beifalls ließ sich hören. Der Wilde erkennt Mut und Geschicklichkeit selbst bei seinen ärgsten Feinden an. Beim zweiten Schusse drang die Kugel einen halben Zoll unter der ersten ein; beim nächsten Schusse schlug die dritte in gleicher Entfernung unter der zweiten ein; aber Beifall ließ sich nicht hören, denn die Indsmen wußten nur von Doppelgewehren und hatten keine Ahnung von der Beschaffenheit eines Henrystutzens. Beim vierten Schusse stand die ganze Menge regungslos; beim sechsten und siebenten wurde das Erstaunen noch größer, dann ging dieses Erstaunen in eine Bestürzung über, die sich in den Gesichtern Aller malte. So versandte ich zwanzig Kugeln, eine jede einen halben Zoll unter der vorherigen, dann aber hörte ich auf. Ich hing das Gewehr mit ruhiger Miene über die Schulter und sagte gelassen:

»Sehen nun die roten Männer, daß Old Shatterhand ein großer Medizinmann ist? Wer ihm ein Leid tun will, der muß sterben. Howgh!«

Jetzt schritt ich durch die Menge hindurch, ohne daß nur Einer den Versuch gewagt hätte, mich anzuhalten. Zu beiden Seiten der Zeltgasse standen die Frauen und Mädchen vor den Türen und staunten mich an, wie ein höheres Wesen; ich konnte sehr zufrieden sein mit dem Eindruck, den meine kleine Spiegelfechterei hervorgebracht hatte.

Vor einem der nächsten Zelte stand eine Wache. Drinnen befand sich jedenfalls ein Gefangener. Wer konnte es sein? Ich ging noch mit mir zu Rate, ob ich den Posten fragen solle oder nicht, als ich aus der Türlücke eine wohlbekannte Stimme vernahm:

»Massa, oh, oh, lassen heraus Nigger Bob! Indian' haben fangen Bob und werden schlachten und fressen Bob.«

Ich trat hinzu, öffnete die Tür und ließ ihn heraus. Die Wache war so eingeschüchtert, daß sie keinen Widerstand leistete, und auch unter den Wilden, welche mir folgten, erhob sich kein Einspruch.

»Bist du gleich hier hereingesteckt worden, als wir in das Dorf kamen?« fragte ich den Schwarzen.

»Ja, Massa. Indian' nehmen Bob von Pferd und führen ihn in Hütte; dort stecken bis jetzt.«

»So hast du keine Ahnung, wo dein Massa Bernard sein mag?«

»Von Massa Bern' nichts sehen, nichts hören Bob!«

»Komm, und halte dich eng hinter mir!«

Wir waren nur um einige Zelte weitergegangen, so kamen uns schon die vier Häuptlinge mit einer zahlreichen Begleitung entgegen. Die vorsichtigen Leute waren uns hinter den Zelten vorausgeeilt, um mich in meinem Spaziergange zu unterbrechen. Ich legte die Hand an den Kolben meines Stutzens, doch To-kei-chun gab mir schon von weitem durch einen Wink zu verstehen, daß er in keiner feindseligen Absicht komme. Ich blieb stehen und erwartete ihn.

»Wohin will mein weißer Bruder gehen? Er komme mit

zum Platze der Beratung, wo die Häuptlinge der Comanchen mit ihm sprechen werden!«

Vorher war ich der ›weiße Mann‹ oder das ›Bleichgesicht‹; jetzt nannte er mich seinen ›weißen Bruder‹, ich mußte mich also doch bei diesen Leuten einigermaßen in Respekt gesetzt haben.

»Werden meine roten Brüder das Calumet mit mir rauchen?«

»Sie werden mit ihm reden, und wenn seine Worte gut sind, wird er sein, wie ein Sohn der Comanchen.«

»So mögen meine Brüder gehen; Old Shatterhand wird ihnen folgen!«

Es ging wieder rückwärts, an meinem Zelte vorüber. Etwas weiter oben, ja wirklich, da sah ich Sams alte Tony angehängt stehen und daneben Winnetous und Bernards Pferd. Die drei Gefangenen selbst aber befanden sich nicht in der Nähe, sonst hätte ich ihre Wache bemerken müssen.

Endlich kamen wir an eine Stelle, an welcher sich die Zeltreihe erweiterte und einen beinahe kreisförmigen Platz bildete, der von mehreren Reihen von Indianern eingefaßt war. Dies war sicherlich der Ort der Beratung.

Die Häuptlinge schritten auf die Mitte desselben zu und ließen sich nieder; eine Anzahl Wilder, gewiß aus irgend einem Grunde Bevorzugte, näherte sich und setzte sich den Häuptlingen gegenüber in einem Halbkreise zur Erde. Ich machte wenig Federlesens, setzte mich auch und gab sogar Bob einen Wink, hinter mir Platz zu nehmen. Dies schienen die Häuptlinge sehr mißfällig zu bemerken.

»Warum setzt sich der weiße Mann, da doch Gericht über ihn gehalten werden soll?« fragte To-kei-chun.

Ich machte eine Bewegung der Geringschätzung.

»Warum setzen sich die roten Männer, da doch Old Shatterhand über sie Gericht halten wird?«

Trotz der Regungslosigkeit ihrer Mienen bemerkte ich doch, daß diese Art der Antwort sie überraschte.

»Der weiße Mann hat eine scherzhafte Zunge, doch er mag sitzen bleiben. Aber warum befreit er den schwarzen Mann und bringt ihn mit in die Versammlung? Weiß er nicht, daß der Nigger nie sitzen darf, wenn der rote Mann dabei ist?«

»Der schwarze Mann ist mein Diener; wenn ich es ihm gebiete, so setzt er sich, und wenn viele Tausend Häuptlinge dabei stehen. Ich bin bereit, man beginne die Beratung!«

Ich wußte sehr genau, daß nur in dieser unverfrorenen Weise ein Heil für mich zu finden sei. Je schroffer ich auftrat, natürlich ohne sie direkt zu beleidigen, desto mehr imponierte ich ihnen; ein passiver Gehorsam wäre mein sicheres Verderben gewesen.

To-kei-chun brannte das Calumet an und gab es herum; mir wurde es nicht gereicht. Als diese einleitende Zeremonie beendet war, erhob er sich und begann seine Rede. Gegen Fremde sind die Indianer außerordentlich schweigsam; wo es aber gilt, da entwickeln sie eine Redseligkeit, die derjenigen einer deutschen Versammlung keineswegs nachsteht. Es gibt unter ihnen Häuptlinge, die wegen ihrer Rednertalente weithin berühmt sind und mit ganz derselben rhetorischen Geschicklichkeit zu Werke gehen, wie die großen Redner der zivilisierten Völker alter und neuer Zeit. Ihre blumenreiche Sprache erinnert sehr an die Ausdrucksweise der orientalischen Völkerschaften. Der Häuptling begann mit der gewöhnlichen Einleitung, wenn es gilt, gegen einen Weißen zu sprechen, nämlich mit einer Anklage gegen die ganze Rasse der Bleichgesichter:

»Der weiße Mann möge hören, denn To-kei-chun, der Häuptling der Comanchen, wird sprechen! Es sind nun viele Sonnen her, da wohnten die roten Männer ganz allein auf der Erde zwischen den beiden großen Wassern. Sie bauten Städte, sie pflanzten Bäume, sie jagten den Bison. Ihnen gehörte der Sonnenschein und der Regen; ihnen gehörten die Flüsse und Seen; ihnen gehörte der Wald, das Gebirge und alle Savannen des weiten Landes. Sie hatten ihre Frauen und Töchter, ihre Brüder und Söhne und waren glücklich. Da kamen die Bleichgesichter, deren Farbe ist wie der Schnee, deren Herz aber ist wie der Ruß des Rauches. Es waren ihrer nur wenige, und die roten Männer nahmen sie auf in ihre

Wigwams. Doch sie brachten mit die Feuerwaffen und das Feuerwasser; sie brachten mit andere Götter und andere Priester; sie brachten mit den Verrat, viele Krankheiten und den Tod. Es kamen immer mehr von ihnen über das große Wasser; ihre Zungen waren falsch und ihre Messer spitz; die roten Männer glaubten ihnen und wurden betrogen. Sie mußten das Land hergeben, wo die Gräber ihrer Väter lagen; sie wurden aus ihren Wigwams und ihren Jagdgebieten verdrängt, und wenn sie sich wehrten, so tötete man sie. Um sie zu besiegen, säten die Bleichgesichter Zwietracht unter die Stämme der roten Männer, die nun getötet werden und sterben müssen, wie Coyoten in der Wüste. Fluch ihnen, so viel Sterne am Himmel sind und Blätter auf den Bäumen des Waldes!«

Ein lauter Beifallruf belohnte diese Interjektion des Häuptlings, der so laut sprach, daß er rundum deutlich gehört werden konnte. Er fuhr fort:

»Eines von diesen Bleichgesichtern ist in die Wigwams der Comanchen gekommen. Dieser Weiße hat die Farbe der Lügner und die Sprache der Verräter. Die roten Krieger werden aber seine Worte hören und mit Gerechtigkeit über ihn richten. Er mag sprechen!«

Er setzte sich wieder nieder, und nun erhoben sich die andern drei Häuptlinge, einer nach dem andern. Jeder hielt eine Rede in demselben Sinne und schloß daran die Forderung an mich, zu sprechen. Ich hatte während dieser Vorträge mein kleines Skizzenbuch hervorgezogen und bemühte mich, die vor mir sitzenden Häuptlinge mit dem Hintergrunde der Krieger und der Zelte zu skizzieren.

Als die vierte Rede unter Beifall vollendet war, winkte Tokei-chun mit der Hand zu mir herüber:

»Was tut der weiße Mann, während die Häuptlinge der Comanchen sprechen?«

Ich riß das Blatt aus dem Buche, erhob mich und gab es ihm.

»Der große Häuptling der Racurroh mag selbst sehen, was ich tue!«

»Uff!« rief er beinahe überlaut, als er einen Blick auf das Blatt warf.

»Uff! Uff! Uff!« klang es noch dreimal, als die drei andern Häuptlinge das Blatt ergriffen, und To-kei-chun fügte hinzu:

»Das ist eine große Medizin! Der weiße Mann zaubert die Seelen der Comanchen auf dieses weiße Fell. Hier sitzt To-kei-chun, hier sind seine drei Brüder und dort stehen ihre Krieger und Zelte! Was will das Bleichgesicht damit tun?«

»Das soll der rote Mann gleich sehen!«

Ich nahm ihm das Blatt aus der Hand und ließ auch die hinter mir sitzenden Krieger einen Blick auf dasselbe werfen, die ebenso erstaunt waren, wie die Häuptlinge selbst. Dann knitterte ich es zusammen, rollte es zwischen den Händen zu einer Kugel und steckte diese in den Lauf meiner Büchse.

»To-kei-chun, du selbst hast gesagt, daß ich eure Seelen auf dieses Papier gezaubert habe; jetzt stecken diese Seelen in dem Laufe meines Gewehres. Soll ich sie hinausschießen in die Luft, daß sie von den Winden zerrissen werden und niemals in die ewigen Jagdgründe gelangen?«

Der Eindruck dieses Streiches war drastischer, als ich erwartet hatte. Alle vier Häuptlinge sprangen empor, und ringsumher ertönte ein einziger Schrei des Entsetzens. Ich beeilte mich, sie zu beruhigen:

»Die roten Männer mögen sich setzen und das Calumet mit mir rauchen; wenn sie meine Brüder sind, werde ich ihnen ihre Seele zurückgeben!«

Sie nahmen sehr schnell wieder Platz, und To-kei-chun griff zur Pfeife. Es kam mir ein lustiger Einfall, durch den ich diese Leute vielleicht noch willfähriger machen konnte. Einer der drei Häuptlinge hatte nämlich auf seinem büffelledernen Jagdrocke als besondere Zierde zwei talergroße Messingknöpfe. Ich trat nahe zu ihm heran.

»Mein roter Bruder, leihe mir einmal diesen Schmuck; er wird ihn gleich wieder bekommen!«

Ehe er sich weigern konnte, hatte ich ihm beide Knöpfe

abgedreht und trat um einige Schritte zurück, ohne mich um seine Bestürzung zu bekümmern.

»Meine roten Brüder sehen hier diese Knöpfe zwischen meinen Fingern, einen in jeder Hand; sie mögen genau aufmerken!«

Ich tat, als schleuderte ich die Knöpfe in die Luft, und hielt ihnen dann die leeren Hände entgegen.

»Meine Brüder mögen herschauen! Wo sind die Knöpfe?«

»Fort!« rief ihr Besitzer mit aufsteigendem Zorne.

»Ja; sie sind fort, weit hinauf gegen die Sonne. Mein roter Bruder mag sie herunterschießen!«

»Das kann kein roter und kein weißer Mann, auch kein Zauberer!«

»So werde ich es tun! Meine roten Brüder mögen aufmerken, wenn die Knöpfe herabkommen!«

Ich nahm nicht meine Büchse, weil in derselben die Skizze stak, sondern das alte, geladene Doppelgewehr, welches neben To-kei-chun lag, richtete den Lauf desselben kerzengerade empor und drückte ab. Einige Sekunden später schlug etwas hart neben uns in den Boden. Der Besitzer des kostbaren Knopfes fuhr hinzu und grub ihn mit Hilfe seines Messers aus der Erde.

»Uff, er ist's!«

Während alle den wunderbaren Gegenstand betrachteten, legte ich den zweiten Knopf auf die Mündung des zweiten Laufes und richtete das Gewehr empor. Der Schuß krachte und jedermann blickte in die Höhe. Da stieß Bob einen lauten Schrei aus, sprang vom Boden auf und rieb sich, auf einem Beine umherspringend, die Achsel.

»Oh, ah, Massa mich treffen, Nigger Bob auf Achsel schießen!«

Der Knopf war ihm wirklich auf die Schulter gefallen und lag neben ihm am Boden. Der Häuptling hob ihn auf und steckte die beiden wiedererlangten Wertobjekte mit einer Miene zu sich, in welcher der feste Entschluß lag, sie nicht wieder in die Sonne werfen zu lassen. Dieses kleine Taschenspielerstückchen machte, so leicht es ist, einen außerordentlichen Eindruck. Ich hatte zwei Knöpfe in die Sonne geworfen und sie wieder heruntergeschossen; sie waren wirklich oben gewesen, sonst hätte der eine nicht so tief in die Erde geschlagen und der andere dem Schwarzen, der vor Schmerzen die fürchterlichsten Gesichter schnitt, eine so respektable Beule verursacht. Die Häuptlinge saßen still am Boden, sichtlich nicht wissend, wie sie sich jetzt zu benehmen hätten, und ihre Umgebung wartete mit Spannung der Dinge, die nun kommen würden. Ich versuchte, die Spannung in einer allerdings etwas gewagten Weise zu lösen. Neben To-kei-chun lag noch die Pfeife nebst dem Opossumbeutel, in dem sich der nach indianischer Sitte mit Hanfblättern vermischte Tabak befand. Ich ergriff das Calumet, stopfte es, nahm meine stolzeste Haltung an und begann:

»Meine roten Brüder glauben an einen großen Geist, und sie haben recht, denn ihr Manitou ist auch mein Manitou; er ist der Herr des Himmels und der Erde, der Vater aller Völker und will, daß alle Menschen in Frieden und Eintracht bei einander wohnen. Die roten Männer sind wie das Gras zwischen diesen Zelten; die Bleichgesichter aber haben eine Zahl wie die Halme aller Prairien und Savannen. Sie sind herübergekommen über das große Wasser und haben vertrieben die roten Männer von ihren Jagdgründen; das ist nicht gut von ihnen. Aber warum hegen da die roten Männer Feindschaft gegen alle Bleichgesichter? Wissen die roten Männer nicht, daß sehr viele Nationen der Bleichgesichter auf Erden wohnen und daß es nur drei von ihren Stämmen sind, welche die roten Krieger vertrieben haben? Wollen die Krieger der Comanchen ungerecht sein und den Unschuldigen mit dem Schuldigen hassen? Old Shatterhand gehört zu dem mächtigen und weisen Stamme der Germani; hat dieser Stamm den roten Männern jemals ein Leid getan? Die großen Häuptlinge der Germani zürnen den Häuptlingen der drei bösen Stämme, also sind die Krieger der Germani Freunde und Brüder der roten Männer. Meine roten Brüder mögen anblicken Old Shatterhand, der vor ihnen steht! Sehen sie in seinem Gürtel den Skalp eines roten Mannes? Finden sie an seiner Lanze, seinen Leggins und Mokassins die Haare eines ihrer Brüder? Wer kann sagen, daß er seine Hand tauche in das Blut der roten Männer? Er hat mit seinen Freunden im Walde gelegen, als die Krieger der Racurroh mit seinen beiden Feinden das Calumet rauchten, und keinem ein Haar gekrümmt. Er hat Ma-ram, den Sohn des großen Häuptlings To-kei-chun, gefangen genommen; aber er hat ihn nicht getötet, sondern ihm seine Waffen gegeben und ihn in das Wigwam seines Vaters geführt. Hat er nicht sechs Krieger der Racurroh töten können und ihnen nichts getan, sondern nur den Einen gebunden, damit ihn seine Brüder finden und losbinden können? Konnte er nicht folgen den Kriegern, welche in die Berge gezogen sind, viele von ihnen töten und das Grabmal des toten Häuptlings entweihen? Hat er nicht mit seiner Büchse geschossen auf die beiden Bleichgesichter, welche die Wache der Comanchen töteten und dann mit dem Golde entflohen? Hat er nicht die Seelen der Comanchen in seinem Rohre und will sie dennoch nicht verderben? Kann er nicht alle Medizinen der Racurroh in die Sonne werfen, ohne daß er sie wieder herunterschießt, und dennoch begehrt er, der Bruder der Comanchen zu sein und das Calumet mit ihnen zu rauchen? Die Häuptlinge der Comanchen sind tapfer, weise und gerecht; wer das nicht glaubt, den wird Old Shatterhand töten mit dem Rohre, aus welchem tausend Kugeln kommen, und darum wird er jetzt mit ihnen den Rauch des Friedens essen!«

Ich steckte den Tabak in Brand, tat zwei Züge nach dem Himmel und der Erde, vier nach den Weltgegenden und gab dann To-kei-chun die Pfeife. Es gelang mir wirklich, ihn zu überrumpeln; er nahm das Calumet, tat seine sechs Züge und gab es dann weiter; der letzte Häuptling gab es mir zurück, und jetzt erst setzte ich mich, und zwar mitten unter sie hinein.

»Wird mein weißer Bruder uns nun unsere Seelen wiedergeben?« fragte einer der Häuptlinge besorgt.

Ich mußte sehr vorsichtig antworten:

»Bin ich nun unter den roten Männern wie ein Sohn der Comanchen?«

»Old Shatterhand ist unser Bruder; er ist frei. Er wird eine Hütte erhalten und kann tun, was er will.«

»Welche Hütte werde ich bekommen?«

»Old Shatterhand ist ein großer Krieger; er wird das Zelt erhalten, welches er sich wählt.«

»So mögen meine roten Brüder mit ihm kommen, damit er wählen kann!«

Sie erhoben sich, um mir zu folgen. Ich schritt die Zeltreihe noch weiter aufwärts, bis ich eine Hütte bemerkte, vor welcher vier Männer Wache hielten. Ich legte die Hände an den Mund und stieß das Geheul des Coyoten aus, und sofort wurde mir aus dem Innern des Zeltes die erwartete Antwort. Ich tat einen Sprung bis an die Tür und rief:

»Hier ist die Wohnung von Old Shatterhand!«

Die Häuptlinge sahen einander höchst verblüfft an, denn diesen so leicht denkbaren Fall hatten sie gar nicht vorgesehen.

»Dieses Zelt kann mein weißer Bruder nicht bekommen!«

»Warum?«

»Es gehört den Feinden der Comanchen.«

»Wer sind diese Feinde?«

»Zwei Bleichgesichter und ein roter Mann.«

»Wie sind die Namen dieser Männer?«

»Der rote Mann ist Winnetou, der Häuptling der Apachen, und einer der Weißen ist Sans-ear, der Indianertöter.«

Wußten sie noch gar nicht, daß ich der Gefährte der Gefangenen gewesen war? Ich hatte allerdings zu Ma-ram kein Wort darüber gesprochen, aber es mußte doch durch Patrik zur Sprache gekommen sein.

»Old Shatterhand will diese Männer sehen!«

Mit diesem Worte trat ich ein; sie folgten augenblicklich.

Die Gefangenen lagen, an Händen und Füßen gebunden, an der Erde und waren außerdem noch an die Zeltstangen gefesselt. Sie hatten jedenfalls bereits meine Stimme erkannt, aber keiner von ihnen sprach ein Wort, keiner verriet durch eine Miene die frohe Empfindung, welche meine Anwesenheit hervorrufen mußte.

»Was hatten diese Männer getan?« fragte ich.

»Sie haben getötet die Krieger der Comanchen.«

»Hat mein roter Bruder dies gesehen?«

»Die Krieger der Racurroh wissen es.«

»Die Krieger der Racurroh werden es beweisen müssen! Dieses Zelt ist mein, und diese drei Männer sind meine Gäste!«

Ich zog das Messer, um die Bande der Gefangenen zu lösen; da ergriff einer der Häuptlinge meinen Arm.

»Diese Männer müssen sterben. Mein weißer Bruder wird sie nicht zu seinen Gästen machen!«

»Wer kann mir das verbieten?«

»Die vier Häuptlinge der Racurroh!«

»Sie mögen es wagen!«

Ich stellte mich zwischen sie und die Gefangenen. Außer ihnen war nur Bob eingetreten.

»Bob, schneide die Stricke entzwei; zuerst bei Winnetou!«

Der Neger hatte sich bereits zu seinem Herrn geschlichen; doch folgte er meinem Befehle, da auch er den Gedanken haben mochte, daß Winnetou uns mehr nutzen könne, als Bernard.

»Der schwarze Mann mag sein Messer einstecken!« gebot derselbe Häuptling, aber bereits war Winnetou frei von seinen Fesseln.

»Uff!« rief der Häuptling, als er seinen Befehl mißachtet sah, und wollte sich auf Bob werfen, der bereits über Sam kniete, um ihn zu befreien.

Ich trat ihm entgegen; er zuckte das Messer auf mich und traf mich, da ich mich schnell zur Seite wandte, in den Oberarm. Er hatte nicht Zeit, das Messer aus der Wunde zu ziehen; ein Faustschlag von mir streckte ihn zu Boden; ein zweiter traf mit derselben Wucht seinen Nebenmann; dann faßte ich den Dritten bei der Kehle, während Winnetou trotz seiner geschwollenen Handgelenke seine Finger bereits um den Hals To-kei-chuns gelegt hatte.

Nur das einzige »Uff!« war erschollen; draußen standen die Wächter, dennoch waren wir in zwei kurzen Minuten Herren der Hütte, und die Häuptlinge lagen gebunden und geknebelt am Boden.

»*Heavens*, war das Hilfe in der Not!« meinte Sam, indem er sich die vor Schmerz und der Stockung des Blutes beinahe bewegungslosen Glieder rieb. »Charley, wie hast du das nur zum Beispiel fertig gebracht?«

»Später erkläre ich euch das, jetzt aber bewaffnet euch vor allen Dingen; diese vier Männer tragen genug Waffen bei sich!«

Auch ich öffnete, um allen Eventualitäten begegnen zu können, den an meinem Gürtel hängenden Munitionsbeutel und lud meinen Stutzen wieder. Während dieser kurzen Arbeit gab ich ihnen meine Verhaltungsmaßregeln, welche darauf hinausliefen, die vier Häuptlinge augenblicklich zu töten, wenn man einen Angriff auf uns unternehmen sollte. Dann trat ich aus der Hütte. Die Wachen hatten sich aus Respekt vor den Häuptlingen etwas von derselben zurückgezogen, und weiterhin stand eine bedeutende Anzahl von Comanchen, welche uns gefolgt waren, neugierig auf den Verlauf des gegenwärtigen Abenteuers. Ich ging zunächst zu den Wachen.

»Meine Brüder haben vernommen, daß Old Shatterhand ein Häuptling der Comanchen geworden ist?«

Das Senken ihrer Augen bedeutete eine bejahende Antwort.

»Die roten Krieger werden die Hütte gut bewachen und Keinen hineinlassen, bis die Häuptlinge anders befehlen!«

Nun trat ich zu den Anderen.

»Meine Brüder mögen gehen und alle Krieger nach dem Ort der Beratung rufen!«

Sie zerstreuten sich, und ich schritt allein der angegebenen Stelle zu. Wer mit den Gebräuchen der Wilden nicht vertraut ist, wird in meinem Verhalten eine fürchterliche Waghalsigkeit suchen, doch mit Unrecht. Der Indianer ist keineswegs der ›Wilde‹, für den er ausgegeben wird. Er hat seine unumstößlichen Gesetze und Gebräuche. Wer sich dieselben nutzbar zu machen versteht, läuft wenig Gefahr. Uebrigens handelte es sich hier ja gleich von vornherein um Leben oder Tod, und mehr als das Leben konnte ich also durch kein Wagnis auf das Spiel setzen.

Es gelang mir unterwegs, die Spuren des unbedeutenden Stiches zu verwischen; dann setzte ich mich da nieder, wo ich vorhin gesessen hatte. In zehn Minuten war der ganze Platz von Kriegern angefüllt. In der Mitte blieb ein freier Raum, in welchem sich jene Bevorzugten niedergelassen hatten, die bereits vorhin gegenwärtig gewesen waren. An andern Orten geht eine Versammlung nie ohne Lärm ab; hier aber unter diesen sogenannten Wilden wurde kein einziges Wort gesprochen. Jeder kam ernst und still, suchte sich seinen Platz und stand dann bewegungslos wie eine Statue, um das Kommende zu erwarten.

Ich winkte die vorhin erwähnten Ausgezeichneten zu mir heran; sie nahmen vor mir in einem Halbkreise Platz und ich begann:

»Old Shatterhand ist Häuptling der Comanchen geworden. Meine Brüder haben es gehört?«

»Wir wissen es,« antwortete Einer für sie Alle.

»Er sollte sich eine Hütte auslesen und wählte das Zelt der Gefangenen. War es nun sein Eigentum?«

»Es gehörte ihm!«

»Und dennoch wurde es ihm verweigert. Sind die Häuptlinge der Comanchen Lügner? Die Gefangenen begehrten den Schutz von Old Shatterhand. Durfte er ihnen denselben verweigern?«

»Nein.«

»Er nahm sie in seinen Schutz und sagte, sie seien seine Gäste. Durfte er das tun?«

»Er hatte das Recht und die Pflicht dazu. Aber er darf sie dem Gerichte nicht entziehen; er darf nur sie beschützen und mit ihnen sterben.«

»Und er darf ihre Fesseln lösen, wenn er sich für sie verbürgt?«

»Das darf er.«

»So hat er nur getan, wozu er das Recht hatte; dennoch wollte ihn einer der Häuptlinge töten. Das Messer traf nur seinen Arm. Was darf ein Comanche tun, wenn ein anderer Mann ihn in seinem eigenen Zelte töten will?«

»Er darf ihn töten.«

»Und Alle, die dem Mörder helfen wollen?«

»Alle!«

»Meine Brüder sind weise und gerecht. Die vier Häuptlinge der Racurroh wollten mich ermorden; ich tötete sie aber nicht, sondern meine Hand schmetterte sie zu Boden; sie liegen gebunden in meiner Hütte und werden von meinen Gästen bewacht. Blut um Blut, Gnade um Gnade. Ich verlange die Freiheit meiner Gäste gegen die Freiheit meiner Mörder! Meine Brüder mögen sich beraten, und ich werde warten; aber sie mögen meine Gäste nicht beunruhigen, denn diese werden die Häuptlinge töten, wenn ein Anderer als Old Shatterhand in die Hütte tritt!«

Kein Zug ihres Gesichtes verriet den gewaltigen Eindruck, den diese Rede auf sie machen mußte. Ich zog mich soweit von ihnen zurück, daß ich ihre Worte nicht hören konnte. Sie bildeten, wie ich mir gleich beim ersten Zusammentreffen mit ihnen gedacht hatte, sozusagen ein unter den Häuptlingen stehendes Ratskollegium. Auf ihre Winke kamen von jeder Seite des Platzes einige Männer herbei, denen sie den Sachverhalt zur Weiterbeförderung an die Umstehenden mitzuteilen schienen. Diese Maßregel brachte einige Bewegung in der Versammlung hervor, aber ohne daß mir irgend welche Belästigung daraus erwuchs. Dann wurde lange, sehr lange beraten, bis sich drei von ihnen erhoben und zu mir traten. Einer nahm das Wort:

»Unser weißer Bruder hält die Häuptlinge der Racurroh gefangen in seiner Hütte?«

»So ist es.«

»Er wird sie den Kriegern der Comanchen ausliefern, damit diese über sie Gericht halten.«

»Meine Brüder vergessen, daß die Krieger nie über ihren

Häuptling Gericht halten können, außer wenn er im Kampfe feig ist. Die Häuptlinge der Racurroh wollten Old Shatterhand töten; sie sind in seinem Wigwam, und er allein kann sie bestrafen.«

»Und was wird er mit ihnen tun?«

»Er wird sie töten, wenn er nicht die Freiheit seiner Gäste bekommt!«

»Kennt er diese Gäste?«

»Ja.«

»Es ist Sans-ear, der Indianertöter.«

»Haben meine Brüder gesehen, daß er einen Comanchen getötet hat?«

»Nein. Und Winnetou, der Pimo[1], der Hunderte von Comanchen tötete!«

»Hat er einen Racurroh getötet?«

»Nein. Wer ist der Dritte?«

»Ein Mann aus dem Norden, der noch niemals den Sohn einer roten Mutter tötete.«

»Wenn unser Bruder die Häuptlinge tötet, so wird auch er mit seinen Gästen erschlagen!«

»Meine Brüder treiben Scherz! Wer will Old Shatterhand töten? Hat er nicht die Seelen der Comanchen in dem Laufe seines Gewehres?«

Sie befanden sich in Verlegenheit und besannen sich. Unmöglich konnten sie ihre Häuptlinge preisgeben.

»Mein Bruder möge warten, bis wir wiederkehren!«

Sie entfernten sich, und die Beratung begann von neuem. Soweit ich blicken konnte, verriet kein Angesicht eine Spur von Haß oder Wut gegen mich. Ich wehrte mich mutig und vertraute ihnen; es war also keine Schande für sie, mit mir zu unterhandeln. Nach beinahe einer halben Stunde kehrten die drei Abgesandten wieder zu mir zurück.

»Old Shatterhand soll haben seine Freiheit und die Freiheit seiner Gäste den vierten Teil einer Sonne lang!«

Ah, also gerieten sie auf das alte Indianervergnügen, ihre

[1] Unter den Comanchen Schimpfname der Apachen.

Gefangenen freizulassen, um eine interessante Jagd abhalten zu können, und verbanden damit den Vorteil, alle Gefahr von ihren Häuptlingen abzuwenden. Sechs Stunden gaben sie uns Vorsprung; das war wenig; aber wenn wir grad sechs Stunden vor abends aufbrachen, so dehnte sich diese Frist zugleich über die ganze Nacht aus, während welcher sie uns doch nicht folgen konnten. Ich wäre unter den gegenwärtigen Verhältnissen ein Tor gewesen, wenn ich nicht zugegriffen hätte; doch mußte das allerdings mit der nötigen Zurückhaltung geschehen.

»Old Shatterhand sagt ja, wenn seine Gäste die Waffen zurückerhalten, die man ihnen abgenommen hat.«

»Sie werden sie bekommen.«

»Auch alles Andere, was ihnen gehörte?«

Ich zielte damit besonders auf die Wertsachen, welche Bernard bei sich getragen hatte, und von denen ich nicht wußte, ob er ihrer beraubt worden sei.

»Alles!«

»Meine weißen Gäste sind gefangen worden, obgleich sie den Racurroh nichts Böses getan hatten; die Häuptlinge aber sollen freigelassen werden, trotzdem sie mich töten wollten; der Tausch ist nicht gleich!«

»Was verlangt mein Bruder noch?«

»Dieser Stich im Arme soll kosten den Häuptlingen drei Pferde, die ich mir unter ihren Tieren auswähle; ich gebe ihnen dafür drei von den unsrigen.«

»Mein Bruder ist klug wie der Fuchs; er weiß, daß seine Tiere müde sind. Aber er soll haben, was er begehrt. Wann wird er die Häuptlinge gehen lassen aus seinem Wigwam?«

»Wenn er fortreitet von seinen roten Brüdern.«

»Und wird er geben die Seelen aus dem Laufe seiner Büchse?«

»Er wird sie nicht in die Winde schießen.«

»So möge er ziehen, wohin er will. Er ist ein großer Krieger und listiger Schakal; die Sinne der Häuptlinge der Comanchen sind verdunkelt gewesen, daß sie mit ihm geraucht haben das Calumet des Friedens. Howgh!«

Der Handel war gemacht, und ich konnte gehen. Die Umstehenden ließen mich unbehelligt durch, und langsam, ohne mich zu beeilen, schritt ich meinem Wigwam zu. Ich war natürlich mit der außerordentlichsten Spannung erwartet worden, und als ich allein eintrat, war dies ihnen ein Zeichen, daß die Sache nicht sehr schlimm abgelaufen sein könne.

»Nun?« fragte Bernard, den die Wißbegierde keinen Augenblick warten ließ.

»Wurden Euch Eure Diamanten oder Papiere abgenommen?«

»Nein. Warum?«

»Weil Ihr sie sonst wieder erhalten müßtet. Wir sind auf sechs Stunden frei!«

»Frei, Massa?« rief Bob. »Oh, ah, frei sein Bob und Massa Bern'. Aber bloß sechs Stunden, dann wieder fangen Indian' Massa Bern' und Bob!«

»*Well*,« meinte Sam, »das ist Alles, was wir nur wünschen können. Das war ja eine ganz verteufelte Patsche, in die wir da zum Beispiel hineingeraten sind! Aber, wie steht es mit der Tony?«

»Die bekommst du, und dazu Alles, was dir gehört. Auch Winnetou erhält sein Pferd. Die andern Tiere aber sind zu angegriffen, und obgleich ich meinen braven Mustang nicht gern fortgebe, habe ich mir doch ausbedungen, unter den Pferden der Häuptlinge drei für uns auswählen zu dürfen.«

»*Heigh-day*, Charley,« lachte Sam; »sechs Stunden Vorsprung und fünf gute Pferde, das ist genug für solche alte Seekers, wie wir sind. Denn daß du dir keine Ziegenböcke aussuchen wirst, das will ich ganz gewißlich meinen!«

Jetzt ging es nicht anders, ich mußte ihnen wenigstens kurz erzählen, was ich seit unserer gewaltsamen Trennung erlebt hatte. Noch war ich damit nicht fertig, so ertönte draußen ein Ruf. Ich trat hinaus und sah die Alte, aus deren Topf ich zweimal gegessen hatte.

»Das Bleichgesicht mag kommen!«

»Wohin?«

»Zu Ma-ram.«

Das war eine sonderbare Botschaft. Ich verständigte erst meine Gefährten und folgte ihr dann. Sie führte mich zu der Hütte, welche meiner gestrigen Wohnung gegenüber lag. Vor derselben hielten zwei Pferde, auf deren einem Ma-ram saß.

»Mein weißer Bruder möge sich seine Pferde wählen!«

Also das war es! Ich stieg auf, und schnell ging es durch die Straße hinaus in die Prairie, wo wir eine ziemliche Anzahl von Pferden angehobbelt fanden. Der junge Indianer führte mich geradeswegs zu einem Rapphengste und sagte:

»Das beste Roß der Racurroh! Ma-ram erhielt es von seinem Vater; er schenkt es Old Shatterhand für den Skalp, den er ihm gelassen hat!«

Ich war überrascht über dies reiche und beinahe großmütige Geschenk, denn auf einem solchen Rosse konnte ich nicht eingeholt werden. Natürlich nahm ich es an und suchte für Bernard und Bob zwei andere aus, mit denen sie zufrieden sein konnten.

Nun ging es wieder zurück. Ma-ram hielt vor seinem Zelte.

»Mein weißer Bruder steige herab und komme herein!«

Diese Einladung konnte ich nicht ausschlagen. Ich wurde in das Innere des Zeltes geführt und erhielt ein Stück Kammaskuchen zu kosten, den die Comanchen ganz vortrefflich zuzubereiten verstehen. Dann verabschiedete ich mich. Als ich aus der Hütte trat, sah ich das dunkeläugige Mädchen, welches ich bereits am Morgen bemerkt hatte, bei meinen Pferden beschäftigt. Sie packte Proviant auf und errötete, als ich sie dabei überraschte.

»Wer ist diese Tochter der Racurroh?« fragte ich Ma-ram.

»Es ist Hi-lah-dih[1], die Tochter des Häuptlings To-kei-chun. Sie bittet dich, zu nehmen, was sie dir bietet, weil du verschonet hast ihren Bruder Ma-ram.«

Ich reichte dem Mädchen die Hand.

»Manitou gebe dir Glück und viele Sonnen, du Blume der

[1] »Die reine Quelle.«

Savanne. Dein Auge ist hell, und deine Stirn ist rein; möge auch dein Leben so licht und ungetrübt bleiben!«

Ich schwang mich auf und brachte meine drei Pferde zu den Freunden. Diese und namentlich Sam gerieten in Entzücken beim Anblick des Rapphengstes.

»Charley,« meinte er, »der ist beinahe so viel wert wie meine alte Tony, nur daß diese einen kürzeren Schwanz und längere Ohren hat. Uebrigens ist nun Alles beisammen, denn diese roten Kerls haben uns Alles gebracht, was uns fehlte. Jetzt ist es grad sechs Uhr vor Abend. Laß uns aufbrechen und dann zum Beispiel sehen, ob sie uns nochmals bekommen werden!«

»Wir packten auf, was wir mitzunehmen hatten, und lösten dann die Fesseln unserer Gefangenen.

»Massa, nun fort,« mahnte Bob, »sehr viel schnell fort, daß nicht kommen nach Indian' und fangen wieder all' ganz Massa Bern', Sam, Charley und Winnetou!«

Die Häuptlinge rührten sich nicht, so lange wir uns noch im Zelte befanden. Wir stiegen auf; fort ging es! Die Zeltstraße war leer; kein Indianer war zu sehen; jedenfalls aber wurde unser Abzug von Allen beobachtet. Nur beim Zelt To-kei-chuns war es mir, als ob vier Augen durch die Ritze des Vorhanges lugten. Hundert Herzen klopften in der Erwartung, uns einzuholen; hier aber gab es sicherlich zwei, welche wünschten, daß wir entkommen möchten. – – –

VIERTES KAPITEL

In Californien.

Wir waren über den Rio Colorado gegangen, hatten das Gebiet des Pahutas glücklich hinter uns und dachten, nun bald die östlichen Ausläufer des Nevada-Gebirges zu erreichen, wo wir am Mono-See einige Tage Rast halten, wollten. Von dem Gebiete der Comanchen bis hierher ist es ein wenig weit. Man hat unendlich scheinende Savannen, himmelhohe Gebirge und dann salzige, weite Wüstenflächen zu überwinden, und so kräftig Pferd und Reiter auch sein mögen, es machen sich die Folgen solcher Strapazen doch bei Mensch und Tier geltend.

Und was trieb uns, diesen weiten Weg zurückzulegen, auf welchem wir Californien vor uns liegen hatten? Erstens wollte Bernard Marshall dort seinen Bruder suchen; zweitens nahmen wir an, die beiden Morgans seien in das Land des Goldes gegangen, nachdem sie am Rio Pecos ihren Raub auf eine so plötzliche Weise verloren hatten.

Zu dieser Vermutung war aller Grund vorhanden.

Als wir damals das Zeltdorf der Comanchen verließen, ritten wir den Nachmittag und die ganze Nacht hindurch, so daß wir bereits am nächsten Mittag die obere Sierra Guadelupe vor uns sahen. Sams Stute und Winnetous Klepper hielten sich trotz der gewaltigen Anstrengung außerordentlich gut, und die andern Pferde waren ja so frisch, daß wir um sie keine Sorge hatten. Auch die Guadelupe wurde überwunden, ohne daß wir eine Spur von Verfolgung bemerkten, und als wir einige Tage später den Rio Grande überschritten hatten, brauchte es uns wegen der Comanchen nicht mehr bange zu sein.

Westlich vom Rio Grande schieben die Cordilleren von Sonora zahlreiche Höhenzüge nach Norden vor, welche wir ohne besondere Abenteuer erreichten. Hier aber trat ein wichtiges Ereignis ein.

Wir hatten uns nämlich um die Mittagszeit auf der Höhe eines Passes gelagert, und Winnetou stand als Ausguck an einem Felsen über uns, von wo aus sein Blick den ganzen Weg vor und hinter uns beherrschen konnte.

»Uff!« rief er da plötzlich in jenem Gutturaltone, der den Indianern eigen ist, legte sich auf den Boden und glitt schnell zu uns herab.

Wir griffen natürlich sofort zu unsern Waffen und erhoben uns.

»Was gibt es?« fragte Marshall.

»Rote Männer.«

»Wie viel?«

»So!«

Er hielt die fünf Finger der Rechten und drei der Linken in die Höhe.

»Acht! Von welchem Stamme?«

»Winnetou konnte es nicht sehen, denn die Männer haben alle Zeichen abgelegt.«

»Sind sie auf dem Kriegspfade?«

»Sie haben keine rote und blaue Erde im Gesicht, aber sie tragen Waffen.«

»Wie weit sind sie noch?«

»Im vierten Teile der Zeit, welche die Bleichgesichter eine Stunde nennen, werden sie hier sein. Meine Brüder mögen sich teilen. Winnetou geht mit Sans-ear vorwärts, und Marshall mit dem schwarzen Manne rückwärts, um sich hinter die Felsen zu verstecken. Mein Bruder Charlih wird hier bleiben bei seinem Pferde.«

Er nahm die andern vier Pferde bei den Zügeln und führte sie hinter das Gestein, wo sie nicht bemerkt werden konnten; dann wurde von ihm und den drei Gefährten die angegebene Stellung eingenommen. Ich blieb sitzen, der Richtung, aus welcher die Erwarteten kommen sollten, halb zugewandt; meine Büchse lag bereit.

Die Viertelstunde war kaum vergangen, so vernahm ich Pferdegetrappel; ich tat, als hätte ich es nicht gehört, hielt aber das halbe Auge scharf auf die acht Gestalten gerichtet, welche mich bereits bemerkt hatten und einen Augenblick lang ihre Pferde parierten. Sie wechselten einige Worte und kamen dann auf mich zu. Der Boden war hier so felsig, daß er keine Spuren annahm; sie konnten also nicht sehen, daß ich nicht allein war.

Ich stand jetzt ruhig auf und nahm meine Büchse zur Hand; sie blieben wohl zehn Schritte vor mir halten, und der vorderste fragte:

»Was tut das Bleichgesicht hier in den Bergen?«

»Der weiße Mann hält Rast von einem weiten Wege.«

»Woher kommt er?«

»Vom Ufer des Rio Grande.«

»Und wo will er hin?«

»Uff!« rief da ein Anderer, noch ehe ich die letzte Frage beantworten konnte. »Die Krieger der Comanchen haben diesen weißen Mann am Wasser des Pecos gesehen. Er war da mit Ma-ram, dem Sohn des Häuptlings, und schoß auf die beiden Bleichgesichter, denen meine Brüder nachgejagt sind!«

Dieser Mann gehörte also zu den fünf Comanchen, welche durch ihren Angriff auf mich das Entkommen der Morgans verschuldet hatten. Ich hatte ihn nicht erkannt, weil er damals die Kriegsmalerei im Gesichte trug und mir nur ein kurzer Blick auf die Leute ermöglicht gewesen war.

»Wohin ist das Bleichgesicht mit Ma-ram gegangen?« fragte mich nach dieser Erklärung der Anführer.

»Nach den Wigwams der Comanchen.«

»Wie kam der weiße Mann mit Ma-ram zusammen?«

»Ich nahm ihn gefangen in dem Tale, in welchem er zurückgeblieben war, als die Krieger der Comanchen Winnetou, Sans-ear, ein Bleichgesicht und einen Neger überfielen.«

Bei dieser Antwort griffen die Comanchen zu ihren Messern.

»Uff!« rief der Anführer. »Er hat Ma-ram gefangen genommen! Wo blieben die andern roten Männer?«

»Ich tat ihnen kein Leid. Den Einen band ich, und die vier Anderen hatten keine Augen und Ohren, um zu sehen und zu hören, daß ich den Sohn des Häuptlings mit mir nahm.«

»Aber Ma-ram war nicht gebunden, als wir ihn bei dem Bleichgesichte sahen,« bemerkte der frühere Sprecher.

»Ich gab ihn wieder frei, denn er versprach, mir ruhig nach den Wigwams der Comanchen zu folgen.«

»Uff! Was wollte der weiße Mann dort?«

»Den Häuptling der Apachen und Sans-ear befreien. Ich nahm die vier Häuptlinge der Racurroh gefangen und gab sie nur gegen ihre Gefangenen wieder los. Ich durfte mit ihnen gehen, und die Comanchen gaben uns den vierten Teil einer Sonne Zeit, zu enkommen.«

»Und die Gefangenen sind entkommen?«

»So ist es!«

Es machte mir Spaß, sie durch Darstellung dieser Verhältnisse in Harnisch zu bringen.

»Dann muß das Bleichgesicht sterben!«

Er ergriff sein Gewehr; es war das einzige vorhandene; die Andern hatten nur Bogen und Pfeile als Schußwaffen.

»Die roten Männer würden tot sein, noch ehe sie ihre Waffen erhoben haben, denn ich fürchte mich nicht vor acht Indsmen. Aber die Krieger der Comanchen werden mir nichts tun, wenn ich ihnen sage, daß sie Sans-ear, Winnetou und die beiden Uebrigen heut wieder fangen können.«

»Uff! Wo?«

»Hier!« Ich deutete nach rechts und nach links. »Dort steht Winnetou mit Sans-ear, dem Indianertöter, und hier der Weiße mit dem schwarzen Manne!«

Hüben und drüben waren die Genannten einige Schritte vorgetreten und hielten ihre Büchsen im Anschlage. Zu gleicher Zeit war ich um einige Schritte zurückgesprungen und richtete die meinige auf den Anführer.

»Die roten Männer sind unsere Gefangenen; sie mögen von ihren Pferden steigen!« gebot ich ihnen.

Sie waren drei Männer mehr als wir, unsere fünf Büchsen aber waren ihnen überlegen. Zur Flucht gab es weder vor- noch rückwärts eine Gelegenheit, und so wunderte ich mich nicht, als der Anführer die Hand von seinem Schießeisen nahm und fragte:

»Sieht mein weißer Bruder nicht, daß sich die roten Männer nicht auf dem Kriegspfade befinden?«

»Und dennoch wollten sie mich töten! Aber der weiße Mann will nicht das Blut seiner roten Brüder; sie mögen absteigen und mit uns das Calumet des Friedens rauchen!«

Sie zögerten, dieser Aufforderung, hinter welcher eine Kriegslist stecken konnte, zu folgen.

»Wie heißt mein weißer Bruder?« fragte der Rote.

»Man nennt mich Old Shatterhand.«

»Uff! Dann dürfen wir seinen Worten glauben. Meine Brüder mögen von ihren Pferden steigen!«

Er nahm die Pfeife vom Sattel und setzte sich neben mir nieder. Seine Gefährten folgten ihm. Meine Kameraden kamen auch herbei und nahmen Platz. Die Pfeife wurde gestopft und herumgereicht. Bernard beging den Fehler, sie auch Winnetou anzubieten. Dieser wehrte ab.

»Der Häuptling der Apachen sitzt bei den Comanchen, weil sein Bruder Frieden mit ihnen wünscht, aber er raucht nicht das Calumet aus ihren Händen. Sie mögen sprechen mit meinen weißen Freunden, aber wenn sie gesprochen haben, so dürfen sie nicht wieder begegnen Winnetou, sonst versammelt er sie zu den toten Schakalen der Wüste!«

Bernard hätte das voraussehen können. Die Comanchen taten, als hätten sie diese Worte gar nicht gehört. Ich wandte mich an ihren Anführer:

»Die roten Männer sind nachgejagt den beiden weißen Verrätern?«

»Mein Bruder hat es bereits gehört!«

»Und haben sie nicht erreicht?«

»Nein. Die Verräter kamen auf das Gebiet der Feinde der Comanchen, wo diese umkehren mußten.«

»Wie konnten sie entkommen, da sie doch keine Pferde hatten?«

»Sie stahlen sich die Tiere der Comanchen.«

»Ah! Haben die Comanchen keine Augen, den Dieb zu sehen, und keine Ohren, seine Schritte zu hören?«

»Sie waren versammelt um das Grabmal ihres Häuptlings,

und als sie zu den Pferden zurückkehrten, war die Wache getötet, und die zwei besten Tiere fehlten.«

Dies war wirklich der einzige Weg für die Morgans gewesen, sich zu retten; aber es hatte eine nicht geringe Verwegenheit dazu gehört, sich – die Verfolger im Rücken – in das Gebirge der Comanchen zu wagen, um ihnen ihre Pferde zu rauben. Die beiden Räuber waren wirklich kühne Männer, die als Gegner nicht unterschätzt werden durften. In unsere Hände mußten sie aber doch kommen, und wenn wir ihnen rund um die Erde folgen sollten; darum war mir das Zusammentreffen mit diesen Comanchen willkommener als jede andere Begegnung.

Sie hielten nur kurze Rast, und erst beim Aufbrechen fragte ich sie:

»Wo haben meine roten Brüder die Spur der weißen Männer zuletzt gesehen?«

»Zwei Sonnen von hier. Will mein Bruder ihnen folgen?«

»Ja. Wenn wir sie treffen, so sind sie verloren!«

»Uff! Der weiße Mann spricht aus dem Herzen der Comanchen. Er reite immer nach Sonnenuntergang, bis er nach einer Sonne ein großes Tal erreicht, welches von Mittag nach Mitternacht geht. Er folge diesem nach Mitternacht, wo er die Stelle ihres Feuers finden wird. Dann reite er über die Höhe bis an das Wasser, welches nach Westen fließt und folge ihm; er wird finden zweimal die Asche von ihrem Feuer. Hier mußten die Krieger der Comanchen umkehren, weil dort das Jagdgebiet der Navajoes beginnt.«

»Wie nahe waren meine Brüder, als sie umkehren mußten, den Verfolgten?«

»Nicht ganz eine halbe Sonne. Die roten Krieger wären ihnen doch gefolgt, aber sie erblickten in den Tälern die Wigwams der Feinde, bei denen sie den Tod gefunden hätten.«

»Die Krieger der Comanchen können To-kei-chun und den drei Häuptlingen sagen, daß Winnetou, Sans-ear und Old Shatterhand die beiden Verräter ereilen werden. Ma-ram mag sehr oft an Old Shatterhand denken, denn dieser denkt auch an ihn!«

»Wird Winnetou, der Apache, die Krieger der Comanchen verfolgen?«

»Nein; er ist ihr Feind, aber sie haben das Calumet des Friedens mit seinen Brüdern geraucht; er wird sie ziehen lassen!«

Sie stiegen auf und ritten fort. Wir taten dasselbe. Sie trugen nach Osten die Kunde, daß sie uns getroffen hatten, und wir nahmen mit nach Westen die Gewißheit, daß wir die Morgans fangen würden.

Wir fanden Alles genau nach ihrer Beschreibung. Da die Apachen mit den Navajoes in Freundschaft lebten, so konnten wir mit Winnetou bei ihnen einkehren. Hier erfuhren wir, daß die Gesuchten sich da nur einige Stunden aufgehalten und nach den nächsten Pfaden zum Colorado gefragt hatten. Auch den Mono-See hatten sie erwähnt, und obgleich wir etliche Tageslängen hinter ihnen waren, hatten wir ihre Spuren bisher doch so deutlich gefunden, daß wir überzeugt waren, sie endlich doch noch zu treffen.

Also jetzt hielten wir auf die Sierra Nevada zu und ritten auf einer weiten Ebene mit zahlreichen Büffelspuren. Wir wünschten sehr, eines dieser Tiere zu treffen; wir hatten sehr lange Zeit nur Dürrfleisch genossen, und wenn unser Vorrat auch noch auf einige Tage reichte, so wäre uns die frische Lende oder Keule eines Rindes doch höchst willkommen gewesen.

Aus diesem Grunde schweifte ich mit Bernard, der noch bei keiner Büffeljagd gewesen war, von unserer Richtung nach rechts ab, wo allerlei Strauchwerk auf Wasser und infolgedessen auf die Anwesenheit von Rindern schließen ließ. Es war jetzt die heiße Mittagsstunde, in welcher das Rind sich gern im Wasser kühlt oder in der Nähe desselben wiederkäut.

Wirklich sollte auch meine Hoffnung in Erfüllung gehen, denn am Horizonte tauchte eine Gruppe von vier Tieren auf, gegen welche wir uns sofort in Bewegung setzten. Leider hatten wir den Wind mit uns, so daß wir sehr bald bemerkt wurden; dadurch sahen wir uns gezwungen, unsere Pferde so weit wie möglich ausgreifen zu lassen. Hier bewährte sich mein Rapphengst auf das glänzendste. Er flog mit einer Leichtigkeit dahin, als ob ich ein ausgetrockneter Jockey von 0,10 spezifischem Gewicht sei, und ließ das Pferd Bernards weit hinter sich zurück. Diese wertvolle Seite des Pferdes bewog mich, es auch auf eine andere Eigenschaft zu prüfen, auf welche im Westen ein außerordentlicher Wert gelegt wird. Ich beschloß nämlich, nicht die Büchse, sondern den Lasso zu gebrauchen. Der meinige hatte kein Oehr, sondern einen Ring, durch welchen die Schlinge viel sicherer und besser läuft, als durch die bei den Indianern gebräuchliche Lederöse.

Unweit eines Weidengestrüppes erreichte ich die Tiere. Es war ein sehr starker Bulle mit drei Kühen, von denen ich mir diejenige auswählte, deren glattes Aussehen auf ein zarteres Fleisch schließen ließ. Ich schnitt sie von den anderen Tieren ab, hielt mich ihr nahe zur Seite und warf die Schlinge. Mein Pferd bewährte sich glänzend. Sobald der Lasso durch die Luft sauste, warf der Hengst sich ganz von selbst herum und stemmte die Beine mit weit nach vorn gebeugtem Körper auf die Erde. Die Schlinge zog sich um den Hals der Kuh zusammen – ein gewaltiger Ruck riß mein Pferd beinahe auf die Hinterschenkel nieder, aber es hielt sich fest und strengte den am Sattelknopfe befestigten Riemen so straff wie möglich an. Die Kuh war niedergerissen worden; ich sprang vom Pferde, zog das Messer und fing sie mit einem kräftigen Stoße in das Genick ab. Der Hengst war mir mit den Augen gefolgt und ließ den Lasso jetzt locker. Ich trat zu dem braven Tiere und streichelte liebkosend seinen Nacken, wofür es dankbar seinen Kopf an meiner Achsel rieb.

Jetzt nahm ich die Schlinge vom Halse der Kuh und wollte mich eben an das Aufbrechen derselben machen, als Bernard herbeikam.

»Zu spät!« klagte er. »Soll ich weiter?«

»Nein. Wir haben genug, und Ihr könnt hier mithelfen!«

Er stieg ab, und ich warf das Rind auf die andere Seite. Dabei bemerkte ich, daß demselben ein Zeichen eingebrannt war.

»Ah, es gehört zur Herde einer Estancia, einer Hacienda oder eines Rancho.«

»Durften wir die Kuh denn töten?«

»Ja. Die Rinder haben in diesen Gegenden nur den Wert, den ihre Haut besitzt. Jeder Reisende – so ist es gebräuchlich – darf eines derselben zu seinem Bedarfe töten, muß aber die Haut an den Besitzer abliefern.«

»Dann müssen wir diesen aufsuchen?«

»Wieder nein. Sollte ja ein Meierhof hier in der Nähe liegen, so brauchen wir nur zu melden, wo das Fell zu finden ist. Bei dem großen alljährlichen Schlachten kann es gar nicht umgangen werden, daß der eine Herdenbesitzer eines oder auch mehrere Tiere eines Andern mit tötet; diesem Andern geht es ebenso, und man wechselt dann die Felle gegenseitig aus.«

Die Kuh lag höchstens fünf Schritte von dem erwähnten Gebüsch. Ich hatte meine Auseinandersetzung kaum beendet, so hörte ich ein scharf sausendes Geräusch, und Bernard stieß einen Schrei aus. Von meiner Arbeit aufblickend, gewahrte ich noch, daß er mit einem Lasso quer durch den schmalen Gebüschstreifen geschleift wurde. Ich raffte die neben mir liegende Büchse auf, sprang durch die Sträucher vor und gewahrte einen Reiter in mexikanischer Tracht, welcher mit Marshal am Riemen davon galoppierte.

Hier gab es kein Zaudern, sonst wurde Bernard zu Tode geschleift. Ich erhob die Büchse, zielte nach dem Pferde des Reiters und drückte ab. Es tat noch einige Schritte und brach dann zusammen. Ich eilte hinzu. Der Reiter war abgeworfen worden; er erhob sich, und als er mich erblickte, ließ er Alles im Stiche und ergriff die Flucht.

Ich durfte ihm nicht folgen, sondern mußte zunächst nach Bernard sehen. Die Schlinge hatte ihm die Arme so fest an den Leib gezogen, daß er sich nicht zu rühren vermochte; ich löste sie, und er zeigte sich glücklicherweise so wenig beschädigt, daß er sich sofort mit heiler Haut zu erheben vermochte.

»Alle Wetter, war das eine Rutschpartie, Charley! Was wollte dieser Kerl?«

»Weiß es nicht!«

»Warum habt Ihr die Kugel nicht ihm statt dem Pferde gegeben?«

»Erstens ist er ein Mensch und das Pferd ein Tier, und zweitens hätte Euch sein Tod gar nicht viel genützt, denn der Lasso ist, wie Ihr seht, an den Sattel befestigt, und das Pferd hätte Euch also auch ohne Reiter weiter geschleift.«

»Konnte diesen Gedanken auch haben!« meinte er, seine Glieder untersuchend, ob sie noch in gutem Zustande seien.

»Kommt zurück zur Kuh! Wir wollen machen, daß wir mit ihr fertig werden, denn hier scheint es nicht recht geheuer zu sein.«

»Ich denke, wir sind hier ähnlichen Gefahren gar nicht mehr ausgesetzt, da das Gebiet der Indsmen hinter uns liegt!«

»Da irrt Ihr Euch sehr. Wir befinden uns bereits auf jenem gefährlichen Terrain, wo statt der Indianos bravos, wie der Spanier die Wilden nennt, die mexikanischen Straßenräuber und Yankeegauner ihr Unwesen treiben. Ihr werdet bald von ihnen zu sehen und zu hören bekommen!«

Wir nahmen nur die besten Stücke von dem Rinde, packten sie hinter uns auf den Sattel und suchten den Unsern nachzukommen. Dieses wurde uns nicht schwer, da sie inzwischen Halt gemacht hatten. Als Bob unsern Fleischvorrat bemerkte, rief er schon von weitem:

»Oh, ah, da kommen Massa mit Beefsteak! Nigger Bob gleich holen Holz, daß machen Feuer und braten Schinken von Büffel!«

Wir ließen ihn gewähren und besprachen, während er emsig als Koch beschäftigt war, unser Abenteuer. Als der Braten die richtige Bräune zeigte, war es zum Verwundern, welch gewaltige Stücke davon hinter den dicken Lippen des Negers verschwanden. Er war so in seine Beschäftigung vertieft, daß er gar nicht auf den Ruf Sams merkte:

»*Behold*, kommen da drüben Reiter, oder sind es nur Pferde?«

Ich sah durch das Fernrohr.

»Reiter – drei, fünf, acht, ja – acht.«

»Ob sie uns sehen werden?«

»Natürlich. Sie müssen den Rauch längst bemerkt haben.«

»Welche Sorte von Menschen ist es?«

»Mexikaner, nach den breiten Hüten und hohen Sätteln zu schließen.«

»Dann wollen wir zum Beispiel die Waffen zwischen die Finger nehmen, denn dieser Besuch könnte mit eurem Lassoreiter in Verbindung stehen!«

Die Truppe kam immer näher, bis sie in einiger Entfernung von uns halten blieb. Es waren lauter Mexikaner, ein Herr und sieben Knechte, wie es schien, und ich erkannte in einem der Knechte den Mann, dessen Pferd ich erschossen hatte. Sie berieten sich augenscheinlich, schwenkten dann nach zwei Seiten ab und bildeten dann einen Kreis, in welchem wir eingeschlossen waren.

»Scheinen mit uns reden zu wollen, diese Männer, hihihi!« kicherte Sam, der Kleine, in jenem Tone, der stets ein Zeichen war, daß er sich belustigt fühle. »Nehme es zum Beispiel ganz allein mit Allen auf!«

Der Kreis wurde enger gezogen, so daß sein Halbmesser höchstens zwanzig Pferdelängen betrug; dann ritt der Anführer einige Schritte vor. Er redete uns in dem in jenen Gegenden landläufigen Gemisch von Englisch und Spanisch an.

»Wer seid ihr?«

Sam antwortete für uns:

»Wir sind Mormonen aus der großen Salzseestadt und kommen als Missionare nach Californien.«

»Werdet schlechte Geschäfte machen, sage ich euch! Wer ist der Indianer bei euch?«

»Das ist kein Indianer, sondern ein Eskimo aus Neuholland, den wir für Geld sehen lassen werden, wenn unsere Geschäfte wirklich schlecht gehen sollten.«

»Und der Nigger?«

»Ist auch kein Nigger, sondern ein Lawyer[1] aus Kam-

[1] Advokat.

tschatka, der in San Francisco einen Prozeß zu verhandeln hat.«

Der gute Mexikaner war in der Geographie wohl nicht heimischer als seine Landsleute. Er antwortete:

»Saubere Gesellschaft! Drei mormonische Missionare und ein fremder Advokat stehlen mir eine Kuh und machen einen Mordversuch auf meinen Vaquero![1] Ich werde euch lehren, was das zu bedeuten hat. Ihr seid meine Gefangenen und begleitet mich nach meinem Rancho!«

Sam drehte sich mit pfiffigem Gesichtsausdruck zu mir herum.

»Wollen wir, Charley? Vielleicht gibt es in dem Rancho ein wenig mehr zu essen, als hier!«

»Können es probieren! Wenn der Mann kein Haciendero mit mehreren hundert Untergebenen, sondern ein kleiner Ranchero ist, kann er uns nichts anhaben.«

»*Well*, werden uns also den Spaß machen!«

Er wandte sich wieder zu dem Mexikaner:

»Wollt Ihr Euch wirklich wegen solcher Kleinigkeiten mit uns belästigen, Sennor?«

»Ich bin kein Sennor; ich bin ein Don; ich bin ein Grande, und man nennt mich Don Fernando de Venango e Colonna de Molynares de Gajalpa y Rostredo; merkt Euch das!«

»*Heigh-day*, seid Ihr ein großer Herr! Wir werden Euch also gehorchen müssen, doch hoffe ich, daß Ihr gnädig mit uns seid!«

Wir hatten keine Miene gemacht, uns zu widersetzen. Jetzt erhoben wir uns, löschten das Feuer aus und stiegen zu Pferde. Dabei lachte Bob vergnügt:

»Oh, ah, schön! Nigger Bob sein Lawyer aus – aus – Bob nicht mehr wissen! In Rancho werden sein viel gut Speis' und Trank, und Bob werden wohnen da sehr viel ganz schön!«

Wir wurden in die Mitte genommen, und fort ging es im sausenden Galopp, wie es diese Mexikaner nicht anders ge-

[1] Rinderhirt.

wohnt sind. Dabei hatte ich reichlich Gelegenheit, die Kleidung dieser Leute in Augenschein zu nehmen.

Dieselbe ist so romantisch schön, wie man sie wohl kaum in einem anderen Lande findet. Das Haupt ist beschattet von einem niedrigen Hut mit sehr breiter Krempe, dem sogenannten Sombrero, welcher entweder aus schwarzem oder braunem Filz oder aus jenem weichen, feinen Grasgeflechte gefertigt ist, das wir auch in Europa kennen, da Kopfbedekkungen dieser Art unter dem Namen Panamahüte auch zu uns herüberkommen. Der Hut eines Sennors, also eines Herrn, mag dieser nun Haciendero, Ranchero oder Räuber sein, ist immer an der einen Seite aufgeschlagen, und eine Agraffe von Gold oder Messing, mit Edelsteinen oder buntem Glas besetzt, hält die Krempe in die Höhe und befestigt zugleich die Schmuckfeder, welche je nach dem Reichtume des Besitzers in der Höhe des Preises wechselt, aber niemals fehlen darf.

Der Mexikaner trägt eine kurze, offene Jacke mit weit aufgeschlitzten Aermeln. An diesen Aermeln sowohl als auch auf den Nähten des Rückens und auf den beiden Bruststükken ist sie mit möglichst reichen Stickereien versehen, welche von feinen Schnüren aus Wolle, Baumwolle oder Seide, aus unedlen Metallen oder aus Gold und Silber bestehen.

Um den Hals wird ein schwarzes Tuch geschlungen und vorn in einem kleinen Knoten vereinigt. Die Zipfel dieses Tuches würden lang genug sein, um bis über den Gürtel herabzureichen; doch ist es nicht Mode, dieselben in dieser Weise zu tragen, sondern sie werden über die Schultern geschlagen, was dem Träger ein höchst malerisches Aussehen gibt.

Das Beinkleid ist von ganz besonderem Stile; es schließt um den Gürtel fest an, liegt stramm und glatt auf den Hüften und dem übrigen Teil des Oberkörpers, den es bedeckt. Die Hose aber wird von ihrer Beinteilung an nach unten immer weiter; sie ist unten doppelt so weit als an dem dicksten Teile der Lenden. Ueberdies ist das Beinkleid an den äußeren Seiten aufgeschlitzt, mit breiten Tressen und Stickereien geschmückt und der Schlitz mit Seidenzeug gefüllt, dessen

Farbe so gewählt wird, daß sie sehr lebhaft gegen diejenige der eigentlichen Hose absticht.

Auch die aus fein lackiertem Leder gefertigten Stiefel sind stets mit Stickereien geziert. Zu ihnen gehören unbedingt zwei Sporen von ungeheueren Dimensionen. Sie bestehen entweder aus Silber oder aus schönem durchbrochenen Stahl oder aus schlechtem Messing, vielleicht gar aus Horn, mit einer Knochenspitze, die ganz dazu geeignet ist, dem armen Pferde tiefe Wunden in die Seite zu bohren. Die Größe dieser Sporen übertrifft alles, was jemals die gepanzerten Ritter im Mittelalter trugen. Sie sind mit dem Gabelteile reichlich zehn Zoll lang, wovon also mindestens sechs auf die Stange kommen, welche das ›Rad‹ trägt. Was wir bei uns ›Rädchen‹ nennen und dann die ungefähre Größe eines Groschens hat, ist bei dem Mexikaner ein zwölfstrahliger Stern von sechs Zoll Durchmesser. Der ganze Sporn wiegt zwei Pfund und oft noch beträchtlich darüber.

Die Mexikaner sind immer beritten – mit wohl dressierten, höchst gelenkigen und jeder Strapaze gewachsenen Pferden. Und dabei besitzen sie eine außerordentliche Geschicklichkeit im Gebrauche aller von ihnen geführten Waffen. Sie legen dieselben kaum des Nachts von sich und sind bei der geringsten Veranlassung bereit, sich ihrer zu bedienen.

Besondere Fertigkeit entwickeln sie in der Führung einer sehr langen Reiterpistole mit gezogenem Rohre, welche stets so eingerichtet ist, daß man mit einem einzigen Drucke einen Gewehrkolben damit verbinden kann, wodurch die Pistole in eine kurzrohrige Büchse umgewandelt wird. Dieses Gewehr trägt in der Hand eines Mexikaners den sichern Tod auf eine Entfernung von hundertfünfzig Schritten hin, denn die Züge sind sehr kurz gewunden, das Geschoß bekommt folglich eine starke Achsendrehung und kann nicht leicht von der vorgeschriebenen Bahn abweichen; das Kammergeschütz aber fordert, der gedachten Einrichtung wegen, nur eine geringe Menge Pulver und stößt und schlägt nicht. Ein solches Gewehr ist in der Hand des Geübten ein wahrer Schatz, und die Pferde sind so gut dressiert, daß man auf ihnen sowohl dem

Feinde zugewendet als auch ihm abgewendet schießen kann. Während des Reitens wird nämlich niemals seitwärts, sondern stets entweder vor- oder rückwärts geschossen. Steht das Pferd aber ruhig, so kann man das Gewehr nach jeder beliebigen Richtung hin brauchen; es genügt, dasselbe dem Pferde zu zeigen, um das kluge Tier für zehn Sekunden so unbeweglich zu machen, als ob es aus Stein gemeißelt oder aus Bronze gegossen sei.

Eine beinahe noch gefährlichere Waffe als dieses sicher treffende Schießeisen ist der Lasso, jene furchtbare Lederschlinge, mittels deren der Geübte den wilden Stier im Laufe, den schwarzen Tiger im Sprunge und den Menschen sowohl bei der Attacke als auch während der Flucht fängt und tötet. Der Lasso, ein wohl dreißig Ellen langer und mit einer Schlinge versehener Riemen, wird auf Mensch oder Tier meist während des Galoppierens geworfen, und es kommt vielleicht unter zehntausendmalen erst einmal vor, daß der zum Tode bestimmte Feind nicht getroffen wird. Mit dem Lasso üben sich schon die Kinder, und endlich scheint es, als ob er mit dem Menschen vollkommen verwachsen wäre; er gehorcht nicht bloß der Hand; man möchte sagen, er gehorcht dem Gedanken, denn die tödliche Schlinge fliegt dahin, wohin der Mensch sie haben will, gleichviel ob dieses im Spiel und Scherz, auf der Arena oder im ernsten Vernichtungskampfe sei.

Sitzt der Mexikaner zu Pferde, so hängt über dem Sattelknopf noch der Poncho, eine Decke, welche den ganzen Körper verhüllen kann und in der Mitte einen Schlitz hat, durch den man den Kopf steckt, so daß die eine Hälfte des Poncho über den Rücken und die andere über die Brust herabfällt.

Die Kleidung des Reiters und das Sattelzeug des Pferdes sind gleich kostspielig. An Sattel und Zaum befindet sich überall Silber und mitunter auch Gold. Bei reichen Leuten ist das Gebiß des Pferdes immer von schwerem, gediegenem Silber, und die Ketten, welche das Zaumzeug verzieren, sind nicht etwa hohl gearbeitet, sondern von massivem Golde;

mitunter kostet ein so verziertes Gebiß nur fünfzig Escudos[1], aber sehr häufig ist ein bloßes Gebiß mit dem Zaumzeuge fünfhundert Escudos de oro wert.

Die Pferde tragen alle den berühmten, oder auch berüchtigten spanischen Sattel von ganz ungewöhnlicher Höhe, so daß man kaum aus demselben fallen kann, wenn man einmal fest sitzt; und wenn der Reiter nur einiges Geschick hat, so dürfte es für das Pferd sehr schwer werden, ihn abzuwerfen. Die Lehne schließt sich bis da, wo die kurzen Rippen beginnen, vollständig an den Rücken; der Vorderteil geht ebenso hoch hinauf, und da er in dem messingenen Sattelknopfe, welcher gewöhnlich einen Pferdekopf vorstellt, eine sechszöllige Verlängerung hat, so reicht er bis an das Brustbein.

Von dem Sattel geht bis nach dem Schwanzriemen hin ein Panzer von Sohlenleder, welcher die Kruppe und die Flanken des Tieres schützt. Die modernen Reiter lassen ihn immer weg; zu einer Reise aber wird er gewöhnlich hervorgeholt, besonders schon deshalb, weil er eine beträchtliche Menge von Taschen und andern sehr angebrachten Behältern birgt. Dieser Panzer führt den drolligen Namen *Cala de Pato*[2].

Die Steigbügel, häufig an silbernen Ketten hängend, sind doch gewöhnlich von Holz und waren in alten Zeiten wirkliche, eigentliche Schuhe, welche den Fuß bedeckten und gegen jede Verletzung oder Beschädigung beschützten. Die Holzschuhe hat man abgelegt, dagegen die hölzernen Bügel beibehalten; um aber den Fuß dennoch gegen eine Verletzung zu schützen, trägt der vordere Teil des Bügels lederne Decken (Tapageres), die schön mit Drahtstickereien verziert sind und den Vorderfuß umschließen. Sehr reiche Leute haben oft Steigbügel von durchbrochenem Eisenblech, kostbar gearbeitet, ganz so, wie wir sie in alten Rüstkammern zu sehen bekommen. Da sich der Reiter gegen alles mögliche schützen will, so hat er auch noch die Armas de Pelo an jeder Seite des Sattelknopfes hängen. Das sind derbe Ziegenfelle,

[1] Ein Escudo ist 7½ Mark.
[2] Entenschwanz.

mit der Haarseite nach außen, welche bei Regenwetter über die Lenden und die Kniee gedeckt werden. Auch wenn man durch dorniges Gestrüpp reitet, gewähren sie einen sehr guten Schutz für die Beine. – –

Nach ungefähr einer halben Stunde tauchte ein Gebäude vor uns auf, in welchem wir den Rancho vermuteten. Wir sprengten in den geräumigen Hof und stiegen ab.

»Sennora Eulalia, Sennorita Alma, kommt, kommt, und seht, wen ich bringe!« rief der Ranchero, gegen das Hauptgebäude gewendet, mit lauter Stimme.

Auf diesen Ruf kamen zwei Wesen mit solcher Hast und Eile aus der Türe gerannt, daß ich unwillkürlich an Schillers Worte dachte:

»Da speit das doppelt geöffnete Haus
Zwei – Damen auf einmal aus.«

Ja, Damen waren es, eine Sennora und eine Sennorita, wie wir gehört hatten, aber die Stallmagd eines Lüneburger Heidebauern hätte gegen sie wie eine Donna ausgesehen. Beide waren barfuß und barhäuptig; ob das seltsame Gewirr, welches sie auf dem Kopfe trugen, Haare sein sollten, konnte ich nicht unterscheiden. Ein kurzer Rock deckte die oberen Beine, während die unteren einen Schmutzüberzug zeigten, den man sehr leicht für Stulpenstiefel hätte halten können. Den Oberkörper schützte nur ein Hemd, welches vor Jahren vielleicht einmal weiß gewesen war, nun aber aussah, als sei es zum Ausputzen des Kamins benutzt worden.

Also sie kamen aus der Tür heraus geschossen und starrten uns mit weit aufgerissenem Munde an.

»Wen bringt Ihr uns da, Don Fernando de Venango e Colonna?« kreischte die ältere der beiden Frauen. »Was wird das für Arbeit geben, wenn fünf stockfremde Gäste essen, trinken, spielen, rauchen und schlafen wollen! Das kann ich nicht leiden; das kann ich nicht dulden; lieber laufe ich auf der Stelle fort und lasse Euch mit Eurem ganzen Gesindel in diesem unseligen Rancho allein. Ich wollte, ich hätte mich niemals von Euch bereden lassen, mein schönes San Jose zu verlassen und – –«

»Aber Mutter, siehst du denn nicht, daß dieser Don unserm guten Don Allano so ähnlich sieht!« meinte die Jüngere, indem sie auf Marshall deutete.

»Mag er ihm ähnlich sehen, er ist es nicht!« antwortete die Andere, sichtlich erbost über die Unterbrechung ihres ausgezeichneten Redeflusses. »Wer sind diese Männer, und wer wird die Arbeit mit ihnen haben? Ich, sonst kein anderer Mensch. Und das will etwas sagen, wenn man so schon für eine unendliche Wirtschaft zu sorgen hat, wie die unsrige ist. Ich weiß oftmals gar nicht, ob ich einen Kopf habe oder nicht, und wenn ich nun gar noch für fünf fremde Gäste zu – –«

»Aber Sennora Eulalia, es sind ja gar keine Gäste!« fiel jetzt der Ranchero in die Rede.

»Keine Gäste? Was denn, Don Fernando de Venango e Colonna?«

»Gefangene, Sennora Eulalia.«

»Gefangene? Weshalb sind sie gefangen, Don Fernando de Venango de Molynares?«

»Sie haben uns eine Kuh und drei Vaqueros getötet, meine liebe Sennora Eulalia.«

Es war wirklich interessant, mit welcher Unverfrorenheit er unsere Untaten multiplizierte.

»Eine Kuh und drei Vaqueros!« rief sie, die rußfarbenen Hände zusammenschlagend, daß unsere Pferde erschrokken die Ohren spitzten. »Das ist ja schrecklich – gräßlich – himmelschreiend! Habt Ihr sie auf der Tat ertappt, Don Fernando e Colonna de Gajalpa?«

»Nicht bloß auf einer, sondern auf allen Taten, Sennora Eulalia. Und sie haben sie nicht nur getötet, sondern auch gebraten und verzehrt.«

Die Augen der Donna wurden noch einmal so groß.

»Gebraten und verzehrt? Die Kuh oder die drei Vaqueros, Don Fernando de Gajalpa y Rostredo?«

»Zuerst die Kuh, Sennora Eulalia.«

»Zuerst! Und dann, Don Fernando Rostredo y Venango?«

»Dann? Weiter nichts, denn wir haben sie gestört und von allem Weiteren abgehalten. Wir haben sie arretiert und herbeigeschleppt, Sennora Eulalia.«

»Arretiert und herbeigeschleppt! O, alle Welt weiß, was für ein tapferer Ritter Ihr seid! Wer sind denn diese Menschen, Don Fernando de Molynares e Colonna?«

»Diese drei Weißen sind Missionare aus der Mormonenstadt, welche nach San Francisco wollen, um Californien zu bekehren.«

»Hilfe, Hilfe! Missionare, welche Kühe stehlen und töten und Vaqueros fressen wollen! Weiter, Don Fernando de Rostredo y Venango!«

»Dieser Schwarze, der grad wie ein Nigger aussieht, ist ein Advokat aus – aus – aus, wo die Feuerländer wohnen. Er will in San Francisco eine Erbschaft erschleichen, Sennora Eulalia!«

»Erschleichen! O, da ist es kein Wunder, daß er auch Kühe und Vaqueros erschleicht! Und der letzte, Don Fernando de Colonna y Gajalpa?«

»Der sieht aus grad wie eine Indiano bravo, ist aber ein Hottentott aus – aus – aus Grönland. Er will die Missionare für Geld sehen lassen, Sennora Eulalia!«

»O! O! O! Was werdet Ihr mit diesen Leuten tun, Don Fernando de Molynares y Gajalpa e Venango?«

»Ich werde sie aufhängen und erschießen lassen. Ruft alle meine Leute herbei, Sennora Eulalia!«

»Alle Eure Leute? Sie sind ja alle da, außer der alten Negerin Betty, und auch die kommt dort geschlichen. Aber, da fällt mir eben ein, daß niemand fehlt, und doch haben diese Männer drei von Euren Vaqueros getötet, Don Fernando e Rostredo de Colonna!«

»Das wird sich schon noch finden, Sennora Eulalia. Macht alle Tore und Türen zu, Sennores, damit die Gefangenen nicht entfliehen können! Ich werde sofort ein strenges Gericht über sie halten.«

Es war nur ein einziges Tor vorhanden; dieses wurde durch

einen starken Riegel so fest verschlossen, daß wir den guten Don mit allen seinen Sennores sicher hatten.

»So!« meinte der Ranchero. »Jetzt bringt mir einen Stuhl herbei; die Pferde, auch die der Gefangenen, werden an die Balken gebunden, und dann können wir beginnen.«

Wir störten die Leute nicht im mindesten in der Vollziehung dieser Befehle; durch die Entfernung der Pferde erhielten wir den nötigen Raum, und natürlich hatten wir nicht die mindeste Angst vor dem zu beginnenden Gerichtsverfahren.

Es wurden aber drei Stühle gebracht. Auf dem mittelsten nahm Don Fernando Platz, und ihm zur Seite setzten sich Sennora Eulalia und Sennorita Alma in ihren vorhin beschriebenen amtsrichterlichen Talaren nieder. Wir selbst hatten uns in eine Gruppe zusammengezogen und wurden von den Vaqueros in das Zentrum genommen.

»Ich werde euch zunächst nach euren Namen fragen,« begann der Ranchero. »Wie heißest du?«

»Bob,« antwortete der Neger, an den die Frage gerichtet war.

»Ein richtiger Spitzbubenname. Und du?«

»Winnetou.«

»Winnetou? Ein gestohlener Name, denn so heißt der größte und berühmteste Indianerhäuptling, den es nur geben kann. Und du?«

»Marshall.«

»Siehst du, daß er auch seinen Namen hat!« schaltete schnell die Sennorita ein, indem sie sich zu ihrer Mutter wandte.

»Ein Yankeename,« meinte der Ranchero, »und diese taugen alle nichts. Und du?«

»Sans-ear.«

»Auch ein gestohlener Name, denn so heißt ein alter Jäger, der weit und breit als der tapferste Jäger und berühmteste Indianerfeind bekannt ist. Und du?«

»Old Shatterhand.«

»Wieder gestohlen. Ihr seid nicht nur Räuber, sondern auch freche Lügner!«

Ich trat ein wenig vor, so daß ich hart neben den rohen Vaquero zu stehen kam, der Bernard mit dem Lasso geschleift hatte und einen Denkzettel verdiente.

»Wir lügen nicht. Soll ich es Euch beweisen?«

»Beweise es!«

Im Nu fuhr meine geballte Faust dem Vaquero an den Kopf, daß er lautlos niederstürzte.

»Ist diese Faust nicht eine Schmetterhand?«

»Halte mich, Alma; ich falle in Ohnmacht; ich habe die Vapeurs; ich bekomme den Starrkrampf!« rief Sennora Eulalia, breitete die Arme aus und sank dem guten Don Fernando an das Herz.

Dieser wollte aufspringen, konnte sich aber seiner süßen Bürde, die ihn fest gepackt hielt, nicht entledigen. Er schrie Zeter und Mord, und Sennorita Alma stimmte kräftig ein. Der Mexikaner ist zu Pferde ein sehr guter, zu Fuße aber ein desto schlechterer Kämpfer; die Vaqueros waren von dieser Regel nicht ausgenommen, denn als wir fünf sofort nach meinem Jagdhiebe die Büchsen gegen sie erhoben, gerieten sie sichtlich in Verlegenheit. Ich nahm das Wort:

»Fürchtet Euch nicht, Sennores; es wird Euch kein Leid geschehen, wenn Ihr verständig seid. Wir wollen Euch nur auf einen kleinen Irrtum aufmerksam machen, und dann steht es Euch frei, ganz nach Belieben mit uns zu verfahren.«

Jetzt trat ich etwas näher an die Stühle heran und machte meine tiefste und respektvollste Verbeugung.

»Donna Eulalia, ich bin ein Verehrer der Schönheit und ein leidenschaftlicher Bewunderer der weiblichen Tugenden. Darf ich Euch bitten, zu erwachen und mir einen Blick aus Euren holden Augen zu schenken?«

»Ahhh!«

Mit diesem langgedehnten Seufzer der Erleichterung öffnete sie ihre kleinen Basiliskenaugen und gab ihrem gelben Gesichte einen Ausdruck, welcher schmachtend sein sollte, aber mehr angstvoll und verlegen war.

»Schöne Donna, Ihr habt gewißlich gehört von den *cours d'amour*, von den Liebeshöfen früherer Zeiten, in welchen die bewundertste der Damen zu Gerichte saß und ein Jeder sich ihrem Ausspruche fügen mußte. Das Gericht, welches Don Fernando über uns halten will, kann kein gerechtes sein, da er selbst Partei ist. Wir bitten ihn, seine Gewalt in Eure zarten Hände zu legen, und sind überzeugt, daß Euer Urteil nur den wirklichen Missetäter treffen wird!«

»Ist das wirklich Euer Wunsch, Sennor?« flötete sie mit einer Stimme, welche genau so klang, als ob ihre Stimmritze zwischen zwei Scheuerbürsten angebracht sei.

»Es ist unser voller Ernst, Donna Eulalia! Zwar sind wir eigentlich nicht in der Lage, einer Dame von Euren Vorzügen unsere Aufwartung zu machen, denn wir befinden uns bereits seit Monaten im wilden Westen; aber die Güte ist ja der schönste Schmuck des weiblichen Geschlechtes, und so hoffen wir, daß Ihr unsere Bitte erhören werdet!«

»Seid Ihr wirklich die Männer, deren Namen Ihr Euch gegeben habt?«

»Wirklich!«

»Hört Ihr es, Don Fernando de Venango y Gajalpa? Diese berühmten Sennores haben mich zur Richterin über sie gesetzt. Ihr wißt, daß ich keinen Widerstand dulde. Seid Ihr's zufrieden?«

Er machte eine sehr saure Miene, schien aber seiner Donna keineswegs gewachsen zu sein und war wohl auch froh, wieder freien Atem schöpfen zu können.

»Uebernehmt das Amt, Sennora Eulalia! Ich bin überzeugt, daß Ihr die Bursche hängen werdet.«

»Je nach ihren Verdiensten, Don Fernando de Colonna e Molynares!«

Dann wandte sie sich zu mir:

»Sprecht, Sennor; ich gebe Euch das Wort!«

»Ich setze den Fall, Donna Eulalia, Ihr wäret ein hungriger, müder Reisender und fändet in der Savanne eine Kuh, deren Fleisch Euren Hunger stillen könnte. Dürftet Ihr diese Kuh töten, wenn Ihr das Fell derselben Ihrem Besitzer lassen wolltet?«

»Natürlich; so ist es ja überall der Brauch!«

»Nein, so ist es nicht überall der – – –« wollte der Ranchero einfallen; sie aber unterbrach ihn schnell:

»Still, Don Fernando! Ich habe jetzt hier zu befehlen, und Ihr dürft nur dann sprechen, wenn ich Euch dazu auffordere!«

Er legte sich mit Resignation in den Stuhl zurück. Auch aus den Mienen der Vaqueros ließ sich schließen, daß Sennora Eulalia die eigentliche Gebieterin des Rancho sei.

»Das war unser ganzes Verbrechen, Donna,« fuhr ich fort. »Da kam dieser Vaquero, welcher hier am Boden liegt, warf den Lasso über Sennor Marshall, der hier vor Euch steht, und riß ihn mit sich fort. Er hätte ihn getötet, wenn ich das Pferd des Vaquero nicht niedergeschossen hätte!«

»Marshall! Dieser Name ist mir teuer. Ein Sennor Marshall, Allano Marshall, wohnte bei meiner Schwester in San Francisco.«

»Allan Marshall? Vielleicht aus Louisville in den Vereinigten Staaten?« rief ich verwundert.

»Natürlich, natürlich; dieser und kein Anderer ist es! Kennt Ihr ihn?«

»Freilich! Dieser Sennor Bernard Marshall, Juwelier aus Louisville, ist sein Bruder.«

»Santa Lauretta! Ja, das stimmt! Juwelier war er, und er hatte einen Bruder, welcher Bernardo heißt. Alma, dein Herz hat dich nicht getäuscht. Kommt in meine Arme, Sennor Bernardo, denn Ihr seid mir willkommen!«

Dieser plötzliche Freudenerguß entbehrte allerdings ein wenig der Erklärung, und obgleich Bernard hoch erfreut war, so unerwartet eine Kunde vom Gesuchten zu erhalten, zog er es doch vor, nur die Hand der Sennora leise in die Gegend zu bringen, in welcher sich seine Lippen befanden, die Umarmung aber zu unterlassen.

»Ich bin hierher gekommmen,« meinte er dann, »nur um meinen Bruder zu suchen. Wo befindet er sich jetzt, Donna Eulalia?«

»Alma, meine Tochter, war bei meiner Schwester. Als sie hierher zurückkehren mußte, bereitete er sich vor, nach den

Minen zu gehen. Sind diese alle Eure Freunde, Sennor Bernardo?«

»Alle! Ich habe ihnen viel, sehr viel, sogar die Freiheit und das Leben zu verdanken. Dieser Sennor Old Shatterhand hat mich vom Tode des Verschmachtens, aus der Hand der Pfahlmänner und aus der Gefangenschaft der Comanchen befreit.«

Sie schlug aufs neue ihre Hände zusammen.

»Ist's möglich! Solche Abenteuer habt Ihr erlebt? O, die müßt Ihr uns erzählen! Aber, wie kommt es, daß Ihr ein Mormone seid, und Euer Bruder nicht?«

»Wir sind keine Mormonen, Donna Eulalia! Wir machten nur einen Scherz.«

Schnell drehte sich die Dame zu dem Ranchero herum.

»Hört Ihr's, Don Fernando de Venango e Gajalpa, sie sind keine Mormonen und keine Räuber und Mörder! Ich spreche sie frei. Sie werden unsere Gäste sein und bei uns bleiben, solange es ihnen gefällt. Alma, laufe schnell in die Küche und hole die Flasche mit Basilikjulep! Wir müssen den Willkomm trinken.«

Bei dem Worte Basilikjulep heiterte sich die Miene des Ranchero augenblicklich auf. Es schien, als ob er nur bei besonders festlichen Angelegenheiten mit dieser Flasche in Berührung käme, und daher war es ihm auch nicht zu verargen, daß er sich freute, unser Erscheinen als eine solche Angelegenheit behandelt zu sehen. Ich erkannte bereits jetzt in dem Julep das beste Mittel zur Versöhnung zwischen ihm und uns.

Sennorita Alma sprang fort – fast möchte ich sagen, daß der Schmutz an ihren Füßen platzte – und kehrte in eben diesem Laufe mit einer großbauchigen Flasche und einem Glase von entsprechender Größe zurück. Wer da weiß, welche elenden Fusel die Yankees unter dem Titel Julep in jene Gegenden bringen, der wird sicher der Ueberzeugung sein, daß wir von dem Zeuge höchstens genippt, die Damen von demselben gar nicht getrunken haben. In Beziehung auf uns mußte ich ihm Recht geben; von den Damen aber trank jede ihr Glas mit einem Behagen aus, als ob sie Lunel vor sich hätten. Winnetou genoß nicht einen Tropfen, wie er überhaupt niemals ›Feuerwasser‹ trank. Der Ranchero schenkte sich jedoch so lange ein, bis ihm seine resolute Wirtschafterin die Flasche entriß.

»Nicht zu viel, Don Fernando de Venango e Rostredo y Colonna! Ihr wißt, daß ich nur noch zwei Flaschen von dieser Sorte habe. Führt die Sennores in das Zimmer. Die Damen werden zunächst Toilette machen und dann den Hunger stillen, den ihr Alle gewiß haben werdet. Komm, Alma! *A dios*, Sennores!«

Die ›Damen‹ verschwanden in einem Mauerloche, hinter welchem entweder ihre Garderobe oder die Küche, vielleicht auch beides zugleich liegen mußte; wir aber wurden von dem Ranchero in den Raum geleitet, welchen Sennora Eulalia mit dem Namen ›Zimmer‹ beehrt hatte, der aber anderorts mit dem Worte ›Tenne‹ bezeichnet worden wäre. Einen Tisch gab es da, einige aus rohen Stangen zusammengenagelte Bänke auch; wir konnten also Platz nehmen. Dabei bemerkten wir, daß sich die Vaqueros sehr eilfertig über unsere Pferde machten, um den Inhalt unserer Satteltaschen zu untersuchen. Ich ging daher hinaus, um den Inhalt mit den Taschen selbst in Sicherheit zu bringen, denn ich kannte die vielbewährte Ansicht, daß der beste Vaquero unbedingt auch der größte Spitzbube ist. Bob mußte bei den Pferden bleiben, um sie bei der Weide, die sie vor dem Tore fanden, zu beaufsichtigen. Er beklagte sich bitter über diese Maßregel.

»Massa jetzt essen viel' gut' schön' Sachen in Zimmer. Warum da Nigger Bob bleiben müssen bei Pferden?«

»Weil du stärker und tapferer bist, als Winnetou und Sans-ear, und ich dir also unsere guten Pferde ruhig anvertrauen kann.«

»Oh, ah, das sein richtig! Bob sein stark und mutig und werden aufpassen, daß Niemand angreifen Pferde!«

Er war zufriedengestellt. In das Zimmer zurückgekehrt, fand ich eine sehr einsilbige Unterhaltung vor, bis endlich die Damen erschienen. Sie waren gegen vorhin jetzt allerdings äußerlich gänzlich umgewandelt und trugen sich wie Damen auf der Alameda zu Mexiko.

Die Kleidung der mexikanischen Damen ist nur hin und wieder die europäisch moderne. Hüte und Hauben sind selbst bei den größten Putznärrinnen etwas Unbekanntes; eine allen gemeinsame Tracht dagegen besteht in dem Rebozo, einem vier Ellen langen Shawl, welcher zugleich als Kopfputz dient. Die Damen tragen ihn in Gesellschaft gewöhnlich über die Schulter gehängt, so ungefähr, wie man ihn bei uns zu tragen pflegt. Wenn man aber ausgehen, nach der Siesta seine Freundinnen besuchen oder abends promenieren will, so wird der Rebozo über den Kopf genommen; er bedeckt nach hinten zu die Frisur, läßt aber das Gesicht frei. Da er nun in der Regel fein und schleierartig ist, so kann er auch als Schleier benützt werden, und in diesem Falle bedeckt er nicht nur den Kopf, das Gesicht und die Schultern, sondern er hüllt die ganze Figur ein.

Der Rebozo einer vornehmen Mexikanerin muß von indianischen Händen gewebt sein – geflochten könnte man vielmehr sagen, und da er die Arbeit zweier Jahre verlangt, so ist der Preis von achtzig Piastern gewiß ein sehr mäßiger. Es gibt übrigens solche, welche das Doppelte dieser Summe kosten.

In solchen Rebozo's präsentierten sich jetzt unsere zwei Damen. Sie hatten Gesicht und Hände gewaschen; die Füße staken in Strümpfen und Schuhen. Wenn ich sie nicht vorher in ihrem Haus- oder vielmehr Ranchokleide gesehen hätte, würde wenigstens die jüngere einen recht befriedigenden Eindruck hervorgebracht haben.

Sie nahmen am Tische Platz, um die ›Honneurs zu machen‹, überließen aber die Beschickung der Tafel bis in das Kleinste der alten Negerin. Auffallend war, daß sie unausgesetzt von ›Sennor Allano‹ sprachen, und es stellte sich infolgedessen bei mir der Verdacht ein, daß die kleine Sennorita Alma auf den schmucken Juwelier ein wenig Jagd gemacht habe und ihn auch heute noch nicht vergessen könne.

Die Gerichte, welche es gab, waren echt mexikanisch:

Rindfleisch mit Reis, der durch spanischen Pfeffer ziegelrot gefärbt war; Mehlspeisen mit Knoblauch, trockene Gemüse mit Zwiebeln, Hammelfleisch, durch gewöhnlichen Pfeffer schwarz gefärbt, junge Hühner mit Zwiebeln und Knoblauch und zuletzt ein Rippenbraten mit spanischem Pfeffer und Zwiebeln und gewöhnlichem Pfeffer und Knoblauch. Mir war der Mund so gepfeffert, der Schlund so gezwiebelt und der Magen so geknoblaucht, daß ich hätte improvisieren mögen:

»Und hab ich das Zeug hinuntergedruckt,
So ist's mir ganz zum Verzweifeln,
Als hätt' ich die Hölle hinuntergeschluckt
Mit Millionen von Teufeln.«

Die zarten Damen indessen waren weniger empfindlich als ›Old Shatterhand‹ und steigerten den Genuß durch fleißige Schlücke Basilikjulep, denen dann die unvermeidliche Zigarette folgte, und damit unser Bob nicht zu kurz kam, mußte ihm einer der Vaqueros auf einer alten, abgetretenen Strohmatte seine Portion hinaus zu den Pferden tragen, zu welcher auch ein Julep gehörte, der in einer leeren Pomadebüchse beigefügt wurde. Vielleicht verwandelte sich der Fusel unterwegs mit den in der Büchse noch befindlichen kosmetischen Resten in eine heilsame und empfehlungswerte Karfunkelsalbe!

Von einer Fortsetzung unserer Reise war für heute keine Rede. Sennorita Alma kam nicht von der Seite meines guten Bernard fort, und ich unglückseliger Westmann hatte meine wohlberechnete Höflichkeit mit der unzertrennlichen Gesellschaft der Sennora Eulalia zu büßen. So sehr sich diese bei ihrem ersten Auftreten – gut bayerisch gesprochen – als eine echte ›Zuwiderwurzen‹ gezeigt hatte, so viele Liebenswürdigkeit träufelte jetzt aus jedem ihrer Worte. Ich avancierte in ihrer Titulatur von Old Shatterhand über Sennor Carlos zu Don Carlos, und als Bernard seine Schicksale erzählte, erlitt ich eine schnelle Metamorphose zum braven und wackeren Carlos. Schließlich, als wir uns von der Tafel erhoben, fragte sie ihren lieben Carlos, was er seiner Braut als Reiseandenken mit nach Deutschland nehmen werde. Ich konnte natürlich diese so schlau versteckte Erkundigung nicht mit einer Unwahrheit beantworten und sagte ihr, daß ich nicht das mindeste Recht habe, ein *Souvenir de voyage* mitzubringen, da ich in den Personalstandsregistern als ›eine ledige Mannsperson‹ zu verzeichnen sei. Um sie ihren häuslichen Pflichten nicht weiter zu entziehen, teilte ich ihr mit, daß ich unsere Pferde inspizieren müsse, und ging hinaus zu Bob.

Dieser lag mit seinem Bauche auf der Erde, machte mit Händen und Füßen allerlei mir unverständliche Bewegungen und stieß dabei so fabelhafte Töne aus, daß es mir schien, als studiere er auf einem javanesischen Anklong[1] die Richard Wagnersche Zukunftsmusik.

»Bob!«

Bei diesem Rufe hob er den Kopf empor.

»Oh Massa – Massa – Massa!«

»Was gibt es?«

»Oh, oh, oh, Massaaaah! Bob haben essen all' ganz' Zeug, und nun brennen Feuer in Bob, als sein Bob ein Ofen. Massa helfen Bob, sonst sterben Bob!«

Das waren die Folgen von Doppelpfeffer, Zwiebeln und Knoblauch! Auch die Pomadebüchse war vollständig leer. Hier war schnelle Hilfe notwendig, denn der brave Bob schnitt ein Gesicht, als ob er bereits im Sterben liege.

»Du mußt etwas trinken, das die Schmerzen stillt, sonst bist du verloren, mein armer Bob! Was hältst du für besser: Milch, Wasser oder Basilikjulep?«

Er schnellte sich empor und blickte mir mit dankbarer, verständnisinniger Miene in mein höchst besorgtes Angesicht.

»Massa, oh, ah, Milch und Wasser nicht helfen; bloß Julep können retten arm' Nigger Bob!«

»So laufe schnell hinein zu Donna Eulalia, und sage ihr,

[1] Ein aus 24 Bambusstücken bestehendes, wohl 50 Pfund schweres Musikinstrument.

daß du sterben mußt, wenn du nicht augenblicklich Basilikjulep bekommst!«

Er rannte spornstreichs davon und kehrte wirklich nach einiger Zeit mit – ich erstaunte, als ich es sah – mit einer halben Flasche Julep zurück; er hatte den Rest des ganzen Vorrats erhalten.

»Miß Eula' nicht wollen geben Julep, aber Bob sagen, daß haben schicken Massa Charley, dann geben Miß Eula' gleich her ganz Julep!«

»So trink; er wird helfen!«

Das Abendessen wurde wieder im ›Zimmer‹ eingenommen. Die Sennora saß neben mir. Während der Unterhaltung raunte sie mir zu:

»Don Carlos, ich habe Euch ein Geheimnis zu offenbaren!«

»Welches?«

»Nicht hier! Kommt gleich nach Tische zu den drei Platanen draußen!«

Ein Stelldichein! Ich durfte es ihr nicht abschlagen, da immerhin die Möglichkeit vorhanden war, daß sie mir eine beachtenswerte Mitteilung zu machen hatte. Während der Mahlzeit waren die Pferde in den Hof hereingeschafft worden, doch fand ich das Tor noch offen. Ich ging hinaus und streckte mich unter den Platanen nieder. Ich mußte mich aber aus dieser bequemen Lage sehr bald erheben, denn Eulalia ließ nicht lange auf sich warten. Sie begann:

»Don Carlos, ich danke Euch! Ich mußte Euch um diese Unterredung bitten, weil ich Euch ein Geheimnis mitzuteilen habe. Ich hätte die Sache auch Andern sagen können, aber ich habe just Euch allein gewählt, weil – –«

»Weil wir nebeneinander saßen und Ihr mich also am allerleichtesten hierherbescheiden konntet, nicht wahr, Donna Eulalia?«

»Allerdings! Nämlich: Sennor Bernardo erzählte von zwei Räubern, welche Ihr verfolgt. Diese sind hier auf unserm Rancho gewesen.«

»Ah! Wann?«

»Sie gingen vorgestern früh wieder fort.«

»Wohin?«

»Ueber die Sierra Nevada nach San Francisco. Ich sprach viel mit ihnen von Sennor Allano, und sie wollen ihn besuchen.«

Das war allerdings eine mir wertvolle Mitteilung, und ich erriet sehr leicht den ganzen Zusammenhang. Die Sennora sprach mit Jedermann gern von Allan; sie hatte ihn auch gegen die Morgans erwähnt, und von diesen war die treffliche Gelegenheit, sich an Bernard zu rächen und seinen jedenfalls mit bedeutenden Mitteln ausgerüsteten Bruder zu berauben, sofort mit Freuden ergriffen worden.

»Wißt Ihr genau, daß es diese Beiden waren, Donna Eulalia?«

»Sie waren es, denn alles stimmt, obgleich sie andere Namen nannten.«

»Ihr seid von ihnen über Eure Schwester und Sennor Allan sehr genau ausgefragt worden?«

»Ja. Ich mußte ihnen sogar ein Zeichen mitgeben, daß sie bei mir gewesen waren.«

»Worin bestand dieses Zeichen?«

»Aus einem Briefe, den mir der Mann meiner Schwester einmal nach San Jose schrieb.«

»Lebt dieser noch?«

»Ja. Es ist der Besitzer vom Hotel Valladolid in der Sutterstreet und heißt Henrico Gonzalez.«

»Seit wann ist Sennorita Alma von ihm fort?«

»Seit drei Monaten.«

»Wollt Ihr mir einmal die Beiden, welchen Ihr diesen Brief gegeben habt, recht genau beschreiben?«

Sie tat es, und ich gewann die Ueberzeugung, daß es allerdings die beiden Morgans gewesen waren. Sie hätte diese Mitteilung ganz offen bei Tafel machen können, doch konnte ich ihr bei der Wichtigkeit ihrer Mitteilung nicht zürnen, daß sie mir Veranlassung zu dem gegenwärtigen kleinen Spaziergang gegeben hatte. Darum dankte ich ihr verbindlichst, worauf sie wieder dem Tore zuschritt.

Als auch ich ein wenig später in das Zimmer trat, war ich bereits erwartet worden. Die Gefährten wollten sich zur Ruhe legen, und es sollte die Wache ausgelost werden, da wir diese Maßregel selbst hier im Rancho für notwendig hielten. Als dies geschehen war, suchten wir unser Lager auf.

Um die Beschaffenheit desselben beurteilen zu können, muß man mit dem Innern eines Rancho bekannt sein. Ein solches Gebäude hat meist nur einen einzigen wirklichen Wohnraum, denjenigen, welchen Sennora Eulalia ›Zimmer‹ genannt hatte. Hier wohnt und schläft Alles, was zum Hause gehört, nebst den etwaigen Gästen in patriarchalischer Weise beisammen. Unter – ›was zum Hause gehört‹ – sind oft auch die milchenden Kühe, zugerittenen Pferde, Schafe, Schweine, Hühner, Hunde und Katzen gemeint. Der Boden besteht aus steinfest geschlagenem Lehm, und auf demselben ist etwas Gras oder Moos ausgebreitet, welches ein permanenter Aufenthaltsort von Skorpionen, Spinnen, Tausendfüßen und anderem Gewürm ist und des Nachts als Unterbett gebraucht wird. Der Poncho dient dabei als Decke.

So war es auch in unserem Rancho. Don Fernando de Venango, Sennora Eulalia, Sennorita Alma, die alte Negerin, sämtliche Vaqueros und endlich auch wir lagen dicht nebeneinander wie in einer deutschen Herberge, in welcher man für drei Pfennige das Recht erhält, auf der Streu zu schlafen und sich der Lehne eines umgelegten Stuhles als Kopfkissen zu bedienen. Ich hätte mir lieber draußen im Freien einen Platz gesucht, durfte aber diesen Verstoß gegen die Gastpflichten nicht wagen, da hierin eine außerordentliche Beleidigung gelegen hätte.

Am andern Morgen brachen wir auf, gefolgt von den freundlichen Wünschen aller Bewohner des Rancho; selbst der Vaquero, welchen ich niedergeschlagen hatte, mußte uns – Sennora Eulalia zu Gefallen – wohl oder übel eine glückliche Reise wünschen.

Don Fernando de Venango e Colonna de Molynares de Gajalpa y Rostredo begleitete uns eine bedeutende Strecke Weges zu Pferde und kehrte erst gegen Mittag wieder um. Er schien die Mormonenmissionare ungern scheiden zu sehen, trotzdem er durch sie um seinen ganzen Basilikjulep gekommen war.

Infolge der geheimnisvollen Mitteilung Sennora Eulalias brauchten wir unsern früheren Reiseplan nicht streng einzuhalten, und als wir den Mono-See erreichten, hielten wir dort eine viel kürzere Rast, als vorher geplant gewesen war; unsere Pferde hatten ja im Rancho beinahe einen vollen Tag ausgeruht.

Dann ging es in raschen Tagemärschen über die Sierra Nevada, hinab nach Stockton und endlich von da nach San Francisco, dem Ziele unserer Wanderung.

Die Stadt liegt auf der äußersten Spitze einer Landzunge, hat das große Weltmeer im Westen, die herrliche Bai im Osten und den Eingang zu dieser Bai im Norden. Der Hafen von San Francisco ist vielleicht der schönste und sicherste der Erde und hat zugleich eine Ausdehnung, welche gestatten würde, die Flotten aller Länder darin zu versammeln. Allüberall sieht man das geschäftigste Treiben, ein unbeschreiblich wirres Durcheinanderlaufen der buntesten Bevölkerung, die man sich nur vorstellen kann. Zu den Europäern aller Nationalitäten gesellen sich die wilden oder halbzivilisierten Rothäute, welche ihr Wild hier zu Markte bringen und dafür vielleicht zum erstenmal einen Preis erhalten, der nicht geradezu ein betrügerischer genannt werden kann. Hier geht der stolze, malerisch gekleidete Mexikaner neben dem schlichten Schwaben, der langweilige Engländer neben dem beweglichen Franzosen; der indische Kuli im weißen Baumwollenkleide begegnet dem schmutzigen polnischen Juden, der elegante Dandy dem rauhen Hinterwäldler, der handelnde Tiroler dem Goldsucher, dessen Haut gebräunt, dessen Haar ungekämmt und unter dessen wirrem Barte alles verschwunden ist, was man gewöhnlich mit dem Ausdruck ›Physiognomie‹ zu bezeichnen pflegt. Hier ist zu treffen der Mongole aus den Hochebenen Asiens, der Parsi aus Kleinasien oder Indien, der Malaie der Sunda-Insel und der Chinese vom Strande des Yang-tse-kiang.

Diese ›Söhne aus dem Reiche der Mitte‹ bilden den hervorragendsten fremdländischen Typus der hiesigen Bevölkerung. Sie scheinen alle samt und sonders über einen Kamm geschoren und über einen Leisten geschlagen zu sein. Bei allen ist die Nase kurz und gestülpt; bei allen ragt der Unterkiefer über den Oberkiefer hervor; alle haben die häßlich aufgeworfenen Lippen, die eckig hervorstehenden Backenknochen, die schief geschlitzten Augen, die nämliche Gesichtsfarbe, bräunlich grün ohne alle Schattierung, ohne eine Spur von dunklerer Färbung der Wangen, hellerer Farbe der Stirne; überall sieht man in den häßlichen, nichtssagenden Zügen den Ausdruck, den man mit dem Worte leer bezeichnen möchte und der infolgedessen nicht einmal ein Ausdruck wäre, wenn nicht aus den zugeblinzten Augen ein Etwas blickte, welches sie alle kennzeichnet: die List.

Die Chinesen sind die fleißigsten, man möchte sagen, die einzigen Arbeiter San Franciscos. Diese kleinen, runden, wohlgenährten und dabei doch außerordentlich beweglichen Gestalten besitzen eine seltene Anlage für alle nur erdenkliche Art von Verrichtung und besonders eine ebenso große Fertigkeit in allen erdenklichen Arbeiten, bei denen es auf Geschicklichkeit der Hände und auf Geduld ankommt. Sie schnitzen in Elfenbein oder Holz, drechseln in Metall, stikken auf Tuch, Leder, Baumwolle, Leinen und Seide; sie strikken und weben, zeichnen und malen, klöppeln und posamentieren; sie flechten die scheinbar unschmiegsamsten Dinge zusammen und bringen seltsame, bewundernswerte Arbeiten hervor, die ihnen die Kundschaft aller Kuriositätensammler sichern.

Dazu kommt, daß sie bescheiden sind und mit dem kleinsten Profit fürlieb nehmen. Sie fordern zwar unverschämt, aber man weiß, daß sie mit sich handeln lassen und zuschlagen werden, wenn man ihnen ein Drittel oder gar ein Viertel ihrer Forderung bietet. Auch der Taglohn, welchen man ihnen zahlt, ist geringer, als derjenige, den man einem Weißen gibt; allein derselbe ist doch noch zehnmal höher, als in ihrem Vaterlande, und da sie wenig ausgeben, weil sie über alle Begriffe genügsam und sparsam leben, so kommen sie sehr gut voran. Die sämtlichen kleinen Handwerke sind in ihren Händen, und sowohl die Wäsche, als auch die Bedienung des Hauses und der Küche wird von ihren Weibern besorgt.

Aber nicht bloß die Chinesen sind tätig, sondern fabelhaft ist überhaupt die Geschäftstätigkeit aller Bewohner der Stadt. Die Leute haben alle nur einen Zweck: sie wollen Geld verdienen, und zwar möglichst viel und schnell. Alle wissen, daß Zeit Geld ist, und daß, wer den Andern aufhält, sich selbst hinderlich ist. Aufgehalten aber will Niemand sein, und darum geht stets alles ohne Stockung ab. Jeder bemüht sich so viel wie möglich, dem Andern aus dem Wege zu gehen, um für sich selbst freie Bahn zu haben.

So ist es in den Häusern und Höfen, so ist es auch auf den Straßen und Plätzen der Stadt. Die blasse, schmächtige Amerikanerin, die stolze, schwarzäugige Spanierin, die blonde Deutsche, die elegante Französin, die farbigen ›Damen‹ alle, sie gehen, schweben, eilen, trippeln hin und her; der reiche Bankier mit Frack, Handschuh und Zylinder trägt in der einen Hand einen Schinken und in der andern einen Gemüsekorb; der Ranchero schwingt ein Netz mit Fischen über die Schulter, um damit den Festtag zu feiern; ein Milizoffizier hält einen gemästeten Kapaun gefangen; ein Quäker hat einige mächtige Hummern in die gleich einer Schürze aufgerafften Schöße seines langen Rockes verpackt – und das alles bewegt sich neben-, vor-, hinter- und durcheinander, ohne sich zu stören.

Wir kamen bei unserem Einzuge in die Metropole des Goldlandes unbehelligt und unbelästigt durch dieses Gewimmel und Getümmel bis in die Sutterstreet, wo wir sehr bald das Hotel Valladolid fanden. Es war ein Hotel im californischen Stile und bestand aus einem langen, tiefen und einstöckigen Brettergebäude, ganz ähnlich den Eintags-Trinkbuden, welche man auf unseren Schützenfesten findet.

Wir übergaben unsere Pferde dem Horsekeeper, welcher sie in einen kleinen Schuppen brachte; wir selbst aber traten in die Gaststube, die trotz ihrer ungeheuren Größe doch so voll war, daß wir kaum einen Tisch für uns zu erobern vermochten. Ein Barkeeper hatte uns bemerkt und kam herbei. Wir bestellten – jeder nach seinem Appetite, und als das Verlangte gebracht wurde, begannen auch sofort meine Erkundigungen:

»Ist Master oder Sennor Henrico Gonzalez zu sprechen?«

»*Yes*, Sir. Wünscht Ihr ihn?« lautete die Antwort.

»Ja, wenn ich bitten darf!«

Ein hoher, ernster Spanier kam auf uns zu und stellte sich als Sennor Henrico vor.

»Könnt Ihr uns nicht sagen, ob ein gewisser Allan Marshall noch bei Euch boardet?« fragte ich ihn.

»Weiß nicht, Sennor; kenne ihn nicht; kenne keinen; bekümmere mich überhaupt ganz und gar nicht um die Namen meiner Gäste. Das gehört zum Ressort der Sennora.«

»Ist diese zu sprechen?«

»Weiß auch nicht. Müßt einmal eins der Mädchen fragen!«

Damit wandte er sich ab. Er schien zur Sennora in ganz demselben Verhältnisse zu stehen, wie der Ranchero Fernando de Venango zu Donna Eulalia, ihrer Schwester. Ich erhob mich also und steuerte derjenigen Himmelsrichtung zu, aus welcher sich ein höchst einladender Bratenduft über das ganze Etablissement verbreitete. Dabei traf ich wirklich auf eine kleine, schlanke Frauensperson, welche mit irgend etwas in der Hand vorbeihuschen wollte. Ich ergriff sie beim Arm und hielt sie fest.

»Wo ist die Sennora, meine Kleine?«

Ihre dunklen Augen blitzten mich zornig an.

»*Vous êtes un âne!*«

Aha, eine Französin! Sie riß sich höchst indigniert los und eilte fort. Ich steuerte weiter. An der Ecke eines Tisches traf ich mit einer zweiten Hebe zusammen.

»Mademoiselle, wollen Sie mir wohl sagen, ob die Sennora zu sprechen ist?«

»*I am not mademoiselle!*«

Weg war sie. Also eine Engländerin oder Amerikanerin!

Aber wenn ich so der Reihe nach alle Nationalitäten durchzugehen hatte, ehe ich zu meiner Sennora gelangen konnte, so kam ich vor abends nicht zu ihr! Doch da drüben stand eine, die mir mit den Augen folgte und – ja wirklich, dieses Gesicht mußte ich schon gesehen haben! Ich stach von neuem in See und hielt direkt auf sie zu; aber noch hatte ich sie nicht ganz erreicht, so schlug sie die Hände zusammen und sprang auf mich los, als ob sie es darauf abgesehen habe, mich in den Sand zu rennen.

»Herr Nachbar, ist's möglich? Fast hätte ich Sie gar nicht erkannt, so einen Bart lassen Sie sich hier stehen!«

»Alle Wetter! Gustel, Ebersbachs Gustel! Beinahe hätte auch ich Sie nicht erkannt, so herausgewachsen sind Sie! Aber wie kommen Sie von daheim herüber nach Amerika, nach Californien?«

»Die Mutter starb, kurz nachdem Sie wieder einmal in alle Welt gegangen waren; da kam ein Agent, und der Vater ließ sich bereden. Es ging anders, als er dachte. Er ist jetzt mit den Brüdern da oben, wo so viel Gold liegen soll, und hat mich hier gelassen, wo ich es gut habe und warten werde, bis sie zurückkehren.«

»Wir werden uns noch weiter sprechen; jetzt aber sagen Sie mir einmal, wo die Sennora zu finden ist! Ich habe zwei Ihrer Kolleginnen nach ihr gefragt und nur Grobheiten als Antwort erhalten.«

»Das ist leicht erklärlich, denn die Madame darf nur Donna genannt werden, am liebsten Donna Elvira.«

»Werde es beherzigen! Also, ist sie zu sprechen?«

»Ich will einmal nachsehen. Wo sitzen Sie?«

»Dort am zweiten Tische.«

»Gehen Sie hin; ich werde Sie benachrichtigen, Herr Nachbar!«

Das war wieder eines jener wunderbaren Zusammentreffen, deren ich so viele zu verzeichnen habe. Ihr Vater und der meinige waren Nachbarn und beide hatten sich gegenseitig Gevatter gestanden. Jetzt stak der alte Tischlermeister droben in den Goldminen; seine beiden Söhne, von denen der ältere mein Schulkamerad war, befanden sich bei ihm, und im ersten Wirtshause, welches ich hier in San Francisco betrat, mußte ich seine Jüngste finden, die Gustel, die mir, als ich sie noch auf den Armen trug, immer das dicke, dichte Haar zerzauste, daß es kerzengerade in die Höhe stand. Dann lachte sie und pinselte mir mit dem kleinen Näschen im Gesicht herum – ich hätte damals nicht gedacht, daß wir uns einmal in Californien sehen würden!

Sie kam bereits nach kurzer Zeit zu mir.

»Die Sennora will Sie sehen, obgleich sie eigentlich jetzt ihre Sprechstunde nicht hat.«

»Sprechstunde? Eine Wirtin?«

Gustel zuckte die Achsel.

»Sie hat sie aber, und zwar täglich zweimal: morgens von elf bis zwölf und nachmittags von sechs bis sieben. Wer außer dieser Zeit kommt, muß warten, wenn er nicht gut empfohlen ist.«

»Aha, danke schön!« lachte ich. »Man glaubt gar nicht, was eine freundliche Nachbarin zu bedeuten hat!«

»Nicht wahr? Na, da kommen Sie!«

Die Sache hatte ganz den Anstrich, als ob ich eine Audienz bei einer hervorragenden politischen oder sonstigen Größe haben sollte. Ich wurde in einen anstoßenden kleinen Raum geführt, welcher ganz *à la* Vorzimmer ausgestattet war, und in dem ich nach Gustels Weisung so lange warten sollte, bis hinter der daselbst befindlichen Portière eine Klingel ertönen werde.

Das war höchst interessant, zumal ich beinahe eine halbe Stunde warten mußte, bis das Zeichen gegeben wurde. Ich trat ein und befand mich in einem Zimmer, welches mit einer Sammlung von allen möglichen Mobiliar- und Ausstattungsgegenständen förmlich überladen war. Donna Elvira mußte unbedingt ein Zimmer haben, ein schön und reich möbliertes Zimmer, und sie hatte es sich auch möbliert und ausgestattet, daß man von der Wand nicht die Breite eines Zolls zu finden vermochte. Sie saß auf einem Sofa, sich mit der Hand auf eine Landkarte stützend, welche über die Seitenlehne herunterhing; auf ihrem Schoße lag eine Guitarre, neben ihr eine angefangene Stickerei, und vor ihr stand eine Staffelei, *nota bene* zwischen ihr und dem Fenster, so daß von Licht keine Rede war, und auf dem aufgeklebten weißen Bogen bemerkte ich zwei angefangene Skizzen; die eine sollte, wenn ich nicht irre, den Kopf eines Katers oder einer alten Frau vorstellen, der die Morgenhaube noch fehlte; und die andere war jedenfalls eine zoologische, nur konnte ich den Gegenstand nicht so recht klassifizieren. Entweder sollte diese Zeichnung einen Pottwal in homöopathischer Verdünnung oder einen Bandwurm in hydrooxigengas-mikroskopischer Verdickung darstellen.

Ich verbeugte mich sehr tief und sehr devot. Sie schien dies nicht zu bemerken, sondern hielt ihr Auge starr auf einen Punkt des Plafond gerichtet, an welchem ich nicht das Mindeste entdecken konnte. Plötzlich aber warf sie den Kopf mit einem schnellen Ruck herum und fragte:

»Wie weit ist der Mond von der Erde entfernt?«

Diese Frage überraschte mich nicht; ich hatte eine solche Extravaganz erwartet. Aber – kommst du mir so, so komme ich dir so:

»Zweiundfünfzigtausend Meilen, nämlich Montags; Sonnabends aber, in der Erdnähe, nur fünfzigtausend.«

»Richtig!«

Sie studierte den betreffenden Punkt von neuem; dann erfolgte derselbe plötzliche Ruck zu mir herum, und sie fragte:

»Woraus werden die Rosinen gemacht?«

»Aus Weintrauben!«

»Sehr richtig!«

Der unglückliche Punkt mußte zum dritten Mal herhalten, dann schleuderte sie mir die Frage entgegen:

»Was ist *Poil de chèvre*?!«

»Ein Kleiderstoff, fünfzehn Ellen für den Escudo d'oro, wird aber jetzt nicht mehr viel getragen.«

»Richtig! Und nun seid mir willkommen, Sennor! Augusta bat mich um meine Gunst für Euch; ich bin aber damit nicht sehr verschwenderisch und pflege Jeden, der sich um dieselbe bewirbt, einem Examen zu unterwerfen. Ihr Deutschen seid wegen eurer Gelehrtheit bekannt, darum habe ich Euch aus verschiedenen Gebieten des menschlichen Wissens die schwierigsten Fragen hervorgesucht, und Ihr habt trefflich bestanden, obgleich Ihr eher das Aussehen eines Bären als eines Gelehrten habt. Aber Augusta sagte mir, daß Ihr viele Schulen besucht und alle Länder und Völker kennen gelernt habt; setzt Euch nieder, Sennor!«

»Danke, Donna Elvira de Gonzalez,« antwortete ich, sehr bescheiden auf der Ecke eines Stuhles Platz nehmend.

»Ihr wünscht in meinem Hause zu logieren?«

»Ja.«

»Ihr dürft es, denn Ihr seid ein sehr höflicher Mann, wie ich sehe, und auch Euer Aeußeres wird ein anständigeres werden, wenn Ihr Euch ein wenig Mühe gebt. Wart Ihr in Spanien?«

»Ja.«

»Was sagt Ihr zu dieser Karte, die ich über mein Vaterland entworfen habe?«

Sie reichte mir das Blatt hin. Es war durch Seidenpapier nachgezeichnet und zwar nach einem schlechten Originale.

»Sehr genau, Donna Elvira de Gonzalez!«

Sie nahm mein Lob als ein höchst selbstverständliches entgegen.

»Ja, wir Damen haben uns endlich emanzipiert, und unser größter Triumph ist es, in die Tiefen der Wissenschaft einzudringen und es auch in den schönen Künsten den Männern zuvorzutun. Seht Euch diese beiden Gemälde an; sie sind unübertrefflich in der Grandiosität des Objektes. Diese Feinheit der Linien, diese Schattierung, dieser Reflex des Lichtes! Ihr seid ein Kenner, aber dennoch muß ich Euch prüfen. Was stellt hier dieses vor?«

Ich hätte eine schmähliche Niederlage erlitten, wenn mir nicht die ›Grandiosität des Objektes‹ einen deutlichen Fingerzeig gegeben hätte. Darum antwortete ich mit kalter Verwegenheit:

»Die Seeschlange natürlich!«

»Richtig! Zwar hat sie noch Niemand deutlich gesehen, aber wenn der Geist des Forschers Räume mißt, in die er niemals eindringen kann, so ist es auch dem Auge des Künstlers gegeben, Gestalten zu erfassen, die er noch nicht erblicken konnte. Und diese Zeichnung?«

»Ist der Gorilla des berühmten Du Chailly.«

»Richtig! Ihr seid der gelehrteste Mann, der mir vorgekommen ist, denn noch keiner hat vor Euch die Seeschlange und den Gorilla sofort erkannt; Ihr seid zu jeder akademischen Würde reif!«

Der gerechte Stolz, den diese Anerkennung in mir erweckte, hatte beinahe dieselbe Wirkung wie der Knoblauch und die Zwiebeln der guten Donna Eulalia. Deren geniale Schwester zeigte auf den Tisch, der am Eingange stand.

»Ich beherrsche auch mein Haus, ohne in nähere Berührung mit den materiellen Dingen der Wirtschaft zu kommen. Dort ist Tinte, Feder und das Buch. Schreibt Euren Namen ein!«

Ich tat es und fragte darauf:

»Darf ich vielleicht auch gleich die Namen meiner Gefährten eintragen?«

»Ihr habt Gefährten?«

»Ja.«

»Wer sind sie?«

Ich fing bei den Farbigen an:

»Bob, mein schwarzer Diener.«

»Natürlich, denn ein Mann, der meine Seeschlange auf den ersten Blick erkennt, kann nur mit Domestiken reisen. Aber diese trägt man nicht ein. Weiter!«

»Winnetou, der Häuptling der Apachen.«

Sie machte eine Bewegung der Ueberraschung.

»Der berühmte Winnetou?«

»Derselbe!«

»Den muß ich sehen; den stellt Ihr mir vor! Schreibt ihn ein!«

»Sodann ein gewisser Sans-ear, der – – –«

»Der Indianertöter?«

»Ja.«

»Tragt ihn ein, tragt ihn ein! Ihr reist ja in ganz außerordentlicher Gesellschaft. Weiter –«

»Der vierte und letzte ist ein Master Bernard Marshall, Juwelier aus Louisville, Kentucky.«

Jetzt wäre sie beinahe von ihrem Sitze aufgesprungen.

»Was Ihr da sagt! Ein Juwelier Marshall aus Louisville!«

»Er hat einen Bruder, Namens Allan, welcher so glücklich war, bei Euch logieren zu dürfen, Donna Elvira de Gonzalez.«

»So vermutete ich also richtig! Schreibt auch ihn sofort ein, Sennor! Ihr sollt den besten Schlafraum haben. Zimmer gibt es natürlich im Hotel Valladolid nicht, aber Ihr sollt dennoch mit meinem Hause vollständig zufrieden sein, und für heute abend seid ihr Alle in mein Privatspeisezimmer zur Tafel geladen!«

»Danke, Donna Elvira! Ich gebe Euch die Versicherung, daß ich eine solche Auszeichnung sehr wohl zu schätzen weiß. Ich pflege die Erfahrungen, welche ich mir auf meinen Reisen sammle, im Drucke der Oeffentlichkeit zu übergeben und werde nicht unterlassen, Hotel Valladolid sehr warm zu empfehlen.«

»Tut dies, Sennor, obgleich ich mir Eure Erscheinung nicht gut beim Schreibtische denken kann. Habt Ihr vielleicht eine Bitte? Ich werde sie Euch gern erfüllen!«

»Eine Bitte nicht, aber eine Erkundigung möchte ich mir gestatten.«

»Welche?«

»Allan Marshall wohnt nicht mehr bei Euch?«

»Nein. Er hat mein Haus vor wohl drei Monaten verlassen.«

»Wohin ging er?«

»Nach den Diggins am Sacramento.«

»Erhieltet Ihr einmal Nachricht von ihm?«

»Ja, einmal. Er gab mir den Platz an, wohin ich ihm etwaige Briefe nachsenden sollte.«

»Könnt Ihr Euch desselben entsinnen?«

»Sehr gut, denn der Betreffende ist ein Bekannter meines Hauses. Master Holfey, Yellow-water-ground, ein Kaufmann, bei dem die Goldsucher alles bekommen können.«

»Sind seit seiner Abreise von hier Briefe an Allan angekommen?«

»Einige, die ich ihm stets mit der nächsten Gelegenheit nachgeschickt habe. Und dann – ja, kürzlich waren zwei Männer da, welche nach ihm fragten – Geschäftsfreunde, die notwendig mit ihm zu verhandeln hatten; auch ihnen habe ich seine Adresse gegeben.«

»Wann sind sie fort?«

»Wartet einmal, ja – gestern früh ritten sie fort.«

»Es war ein Aelterer und ein Jüngerer?«

»Allerdings. Sie schienen Vater und Sohn zu sein. Sie waren mir von meiner Schwester empfohlen, bei welcher sie Gastfreundschaft genossen hatten.«

Ich nickte und sagte:

»Ihr meint den Rancho von Don Fernando de Venango e Colonna de Molynares de Gajalpa y Rostredo!«

»Was, Ihr kennt diesen Mann?«

»Sehr gut, und ebenso auch Eure Schwester Donna Eulalia, bei welcher wir gewesen sind, ohne daß ich sie gebeten habe, mir einen Brief als Legitimation mitzugeben.«

»Ist das möglich? Erzählt, Sennor, erzählt!«

Ich stattete ihr den gewünschten Bericht ab, wobei ich allerdings nicht an allzu großer Offenherzigkeit litt. Sie hörte mir mit regem Interesse zu und meinte, als ich fertig war:

»Ich danke Euch, Sennor! Ihr seid der erste Deutsche, welcher mit einer spanischen Donna in der rechten Weise zu verkehren versteht. Ich freue mich auf das heutige Souper und werde Euch zeitig benachrichtigen lassen. *A dios!*«

Ich tat eine ehrfurchtsvolle Verbeugung, welche mit meinem äußeren Habitus gewiß in lebhaftem Zwiespalt gestanden hat, und bewegte mich rückwärts zur Portière hinaus. Als ich in die Gaststube trat, richteten sich die Blicke der bedienenden Geister mit sichtbarer Achtung auf mich. Gustel Ebersbach war gleich vorhanden und kam eilig herbei.

»Nein, Herr Nachbar, sind Sie ein Glückskind! So lange hat noch kein Mensch Audienz bei der Donna gehabt, nicht einmal halb so lang. Sie müssen ihr sehr gefallen haben!«

»Im Gegenteile!« erwiderte ich lachend. »Sie will mich nur unter der Bedingung hier behalten, daß ich mich bessere. Sie meinte, ich sähe leibhaftig wie ein Bär aus.«

»Hm, so ganz unrecht hat sie nicht; aber da kann ich helfen. Ich werde Sie hinauf in meine Kammer führen und Ihnen alles besorgen, was Sie brauchen: Rasierzeug, Wasser, Seife, alles, alles!«

»Das wird nicht nötig sein, denn wir werden bald unser Logis angewiesen bekommen.«

»Glauben Sie das nicht. Die Befehle in Beziehung der Logis habe ich erst Punkt acht zu holen, keine Minute eher.«

»Wir sollen das beste Logis bekommen, sagte die Donna. Wo wird das sein?«

»Die Logiments sind allesamt droben unter dem Dache. Sie werden also denjenigen Verschlag erhalten, welcher sich durch die frischeste Luft auszeichnet.«

In diesem Augenblick ertönte der laute Schall einer Glocke.

»Das ist sie, Herr Nachbar. Ich muß hinein, denn wenn sie zur ungewöhnlichen Zeit ruft, muß etwas passiert sein.«

Sie eilte davon, und ich setzte mich zu den Gefährten, welche, trotzdem hier in San Francisco das Erscheinen eines Westmannes oder Indianers etwas ganz Gewöhnliches ist, dennoch die Blicke auf sich zogen. Besonders war es die majestätische Gestalt und das ganze charaktervolle Aeußere Winnetous, welches die Aufmerksamkeit erregte, und daß Sam, dem Kleinen, die Ohren fehlten, mußte einen Jeden zu der Ueberzeugung bringen, daß er Manches erlebt haben müsse, was keinem von ihnen widerfahren war.

»Nun?« fragte Bernard.

»Er ist bereits vor drei Monaten fort und hat nur ein einzigesmal vom Yellow-water-ground Nachricht von sich gegeben. Eure Briefe sind ihm dahin nachgeschickt worden.«

»Wo ist dieser Ort?«

»Es ist, so viel ich mich besinne, ein Nebental des Sacramento, in welchem viel Gold gefunden worden ist. Es soll dort von Diggers[1] förmlich gewimmelt haben, jetzt aber scheinen sie sich noch weiter am Flusse hinaufgezogen zu haben.«

»Hat er hier irgend etwas deponiert?«

»Habe wirklich Donna Elvira nicht danach gefragt.«

»Müssen sie aber dennoch danach fragen!«

»Dazu wird sich bald die Gelegenheit geben. Wir sind nämlich Alle zum Souper geladen.«

»Ah, das ist freundlich! Uebrigens werde ich mich bei unserm Bankhause erkundigen, ob er dagewesen ist.«

Jetzt kam meine freundliche Nachbarin auf uns zu.

»Herr Nachbar, ich wurde Ihretwegen gerufen. Das Souper ist um neun, und Ihre Zimmer soll ich Ihnen schon jetzt anweisen.«

»Zimmer? Ich denke, solche sind gar nicht da!«

»Es gibt da hinten einen Anbau, welcher einige Räume enthält. Dabei sind zwei Stuben, welche die Donna nur benützt, wenn Besuch von Verwandten kommt.«

»Dort hat wohl auch Donna Alma gewohnt?«

»Ja, ich habe davon gehört, obgleich ich damals noch nicht hier gewesen bin.«

»Haben Sie nicht gehört, ob diese Dame einen gewissen Allan Marshall kannte, der damals hier logiert hat?«

»O ja. Man hat darüber viel gesprochen und gelacht. Sie hat diesem Herrn förmlich nachgestellt, so daß er sich ihrer kaum erwehren konnte. Doch kommen Sie; ich habe bereits die Schlüssel!«

Wir standen auf und folgten ihr. Die beiden Stuben, welche wir erhielten, waren gegen die übrige Ausstattung des ›Hotels‹ kostbar zu nennen; die eine bekam Winnetou mit Sans-ear und die andere ich mit Bernard. Bob erhielt einen eigenen Raum angewiesen.

Die gefällige Nachbarstochter versorgte uns mit Allem, was

[1] Goldsucher.

nötig war, unserem äußeren Menschen ein mehr zivilisiertes Aussehen zu geben, und so waren wir bald in der Lage, ausgehen zu können. Winnetou blieb zurück; er war zu stolz, um den Menschen auf den Straßen und Plätzen der Stadt als Gegenstand der Schaulust zu dienen. Auch Sam streckte sich auf sein Lager.

»Was soll ich mit?« meinte er. »Laufen kann ich; das brauche ich hier zum Beispiel nicht erst zu üben, und Häuser und Menschen habe ich bereits genug gesehen. Macht, daß wir aus diesem unruhigen Neste bald wieder hinauskommen in die Savanne, sonst wachsen mir vor lauter Langweile die Ohren wieder, und dann hat es mit ›Sans-ear‹ ein Ende!«

Der gute Sam befand sich erst einige Viertelstunden hier und empfand doch bereits Sehnsucht nach der freien Prairie. Wie muß es den ›Wilden‹ zu Mute sein, wenn sie, um ›gebessert‹ zu werden, in die enge einsame Zelle einer Philadelphischen oder Auburnschen Zwingburg gesteckt werden, weil sie sich wehren, hinausgeworfen zu werden aus den Gründen, die ihre Heimat sind, ihnen Nahrung geben und die Grabhügel ihrer Väter und Brüder bergen!

Wir gingen, nämlich ich und Marshall, zu dem Bankier, mit welchem dieser in Geschäftsbeziehung gestanden hatte, und erfuhren nur, daß Allan einige Male vorgesprochen habe und dann nach einem kurzen Abschiede in die Minen gezogen sei. Er hatte alle Geldmittel flüssig gemacht und mitgenommen, um damit Nuggets zu kaufen.

Nach diesem erfolglosen Besuche schlenderten wir durch die Stadt, bis mich Bernard plötzlich in einen Store[1] zog, in welchem alle möglichen Arten und Größen von Kleidungsstücken zum Verkaufe hingen. Hier konnte man sich die feinste mexikanische Tracht auswählen, ebenso wie den leinenen Arbeitskittel des Kuli. Jede Tracht dieser verschiedenen Gewänder hatte ihren besonderen Platz, und jeder einzelne Anzug war vollständig.

Die Absicht Bernards war sehr leicht zu erraten. Unsere

[1] Laden.

Anzüge, aus so festem Stoffe sie auch bestanden, hatten während der langen Reise so gelitten, daß wir wirklich nicht nur ein wenig, sondern sogar recht sehr schäbig aussahen. Rasiert waren wir; das Haar hatten wir einander auch geschnitten, aber das Habit, mit dem sah es gewaltig schlimm aus. Ich merkte beim Einkaufe, daß der gute Bernard Geschmack besaß. Er kaufte sich einen halb Indianer- und halb Trapperanzug, der ihm ganz nett stand; nur war der Preis auch den Verhältnissen San Franciscos angemessen.

»Nun kommt, Charley; auch für Euch einen!« meinte er, als er vollständig ausstaffiert war. »Ich werde Euch aussuchen helfen.«

Hm, ich brauchte allerdings so Etwas höchst notwendig, aber für diese Art von Preis war meine Kasse nicht ganz eingerichtet. Ich habe niemals zu denjenigen unglücklichen Leuten gehört, welche überall, wo sie hingreifen, einen Hundertmarkschein zwischen die Finger bekommen und überall, wo sie hingehen, über einen Sack mit Sovereigns stolpern; sondern ich gehöre zu jenen beneidenswerten Menschen, welche das süße Bewußtsein haben, heut zu verdienen, was sie morgen brauchen, und darum mag ich wohl ein etwas resigniertes Gesicht gemacht haben, als sich Marshall gleich nach seinen Worten auch sofort an das ›Aussuchen‹ machte.

Seine Wahl fiel auf einen Anzug, welcher aus folgenden Stücken bestand: – ein Jagdhemd von schneeweiß gegerbtem Hirschkalbleder, von Indianerinnenhänden zierlich mit Rot gestickt; Leggins aus Hirschrücken, an den Seiten ausgefranst; einen Jagdrock von Büffelhaut, aber doch geschmeidig wie ein Eichhörnchenfell; Stiefel von Bärenseite, deren Schäfte ich weit über die Lenden heraufziehen konnte; die Sohlen aus dem besten Stoffe, den es für diesen Zweck nur geben kann, nämlich aus der Haut vom Schwanze eines ausgewachsenen Alligators – und endlich eine Bibermütze, deren oberer Rand und Deckel mit einer künstlich dauerhaft gemachten Klapperschlangenhaut verziert war. Bernard tat es nicht anders, ich mußte in einer kleinen Nebenkabine den Anzug anprobieren, und als ich heraustrat, hatte er ihn bereits bezahlt. Ich wäre ihm gern ein wenig bös darüber geworden, brachte dies aber, offen gestanden, nicht recht fertig.

»Laßt das gut sein, Charley; ich bin Euch noch sehr viel schuldig, und wenn Ihr das nicht zugeben wollt, so werde ich diese Sachen auf Euer Konto schreiben, welches wir schon einmal begleichen werden!«

Auch für Sam wollte er Einiges mitnehmen; ich riet ihm aber davon ab, weil ich die Anhänglichkeit des Kleinen an seinen uralten Habitus sehr genau kannte und überdies unser Sans-ear eine Statur besaß, die ganz unberechenbar war.

Die größte Freude über meine Umwandlung verriet Bob, als wir in das ›Hotel Valladolid‹ zurückkehrten.

»Oh, Massa, nun sehen sehr viel gut schön aus, so schön wie Bob, wenn hätten bekommen auch neu Rock und Mütze!«

Ich konnte nicht anders, ich mußte ihn mit einem dankbaren Blick für diesen gütigen Vergleich belohnen, denn ich wußte, daß der Neger damit das Höchste geleistet hatte, was er im Lobe zu leisten vermochte.

Sam Hawerfield war es in seinem Zimmer doch etwas zu enge geworden. Er saß an einem der Tische ganz allein, und winkte mir, als er uns eintreten sah, uns zu ihm zu setzen.

»Hört!« meinte er halblaut. »Da neben uns gibt es ein Gespräch, welches zum Beispiel auch uns interessieren wird.«

»Worüber?«

»Es sind da oben in den Minen und Diggins Dinge vorgegangen, die man nicht gutheißen kann. Es gibt dort eine Menge Bravos, aber keine Indianos, sondern Weiße, wie es scheint, die sich über die heimkehrenden Digger hermachen und ihnen das Leben nehmen und noch einiges dazu. Da sitzt Einer, der ihnen nur mit genauer Not entgangen ist. Er erzählt eben sein Abenteuer. Hört!«

An dem Tische hinter uns saßen mehrere Männer, denen man es ansah, daß sie des Lebens Gefahren und Drangsale kennen gelernt hatten, und einer von ihnen hielt einen Vortrag, dem alle Umsitzenden mit der größten Spannung zuhörten.

»*Well,*« meinte er soeben, »ich bin ein Ohiomann, und das soll heißen, daß ich etwas erfahren habe, auf dem Strome und in der Savanne, zu Wasser und zu Lande, auf den Bergen und unten in den Tälern des Westens. Ich habe die Flußpiraten des Mississippi und die Buschklepper der Woodlands kennen gelernt und gar manchen Strauß mit ihnen ausgefochten; ich halte manchen Streich für möglich, den ein Anderer grün und weiß bezweifeln würde; aber daß solche Dinge auf einer so belebten Straße vorkommen können, und noch dazu am hellen Tage, das geht doch über das alte Gun[1], mit welchem man um die Ecke zu schießen vermag.«

»Und dennoch klingt es nicht ganz nach Wahrheit,« meinte ein Anderer. »Ihr waret doch eine ganze Karawane von fünfzehn Mann gegen acht Leute; wäre das nicht eine Schande, wenn es so ist, wie Ihr erzählt?«

»Ihr sprecht sehr klug und weise, Mann; aber macht es nur erst einmal mit! Wir waren allerdings fünfzehn Männer, das heißt nämlich sechs Tropeiros[2] und neun Miners. Wenn Ihr Euch auf diese Tropeiros verlassen wollt, so seid Ihr verloren, und von den neun Miners hatten drei das Fieber; sie konnten sich kaum auf den Maultieren halten und wurden von der Krankheit bald hin, bald her geworfen, so daß sie weder einen sichern Schuß, noch einen guten Messerstoß abgeben konnten. Nun, waren wir also wirklich fünfzehn volle Männer, he?«

»Wenn Ihr die Sache so darstellt, so wird sie allerdings ein wenig einleuchtender. Aber die Straße ist doch so befahren, beritten und auch begangen, daß zu jeder Zeit Leute in der Nähe sind, von denen Hilfe zu erwarten ist!«

»Meint Ihr! Was hindert die Schelme, grad einen Augenblick abzuwarten, an dem dies nicht der Fall ist?«

»So erzählt das Ding nur richtig der Reihe nach, damit man daraus klug werden kann!«

»Ganz, wie es Euch beliebt, Mann! Also wir hatten da dro-

[1] Schießgewehr.

[2] Maultierführer, von *tropa*, die Herde.

ben am Pyramidensee ein Plazer gefunden, wie es kein besseres und reichhaltigeres geben kann, und Ihr müßt es eben einmal glauben, daß nach acht Wochen ein Jeder von uns Vieren seinen Zentner Staub und Nuggets beisammen hatte. Weiter ging es nicht, denn der Platz war ausgewaschen, und zwei von uns hatten die Kälte in die Gelenke bekommen. Es ist eben kein Leichtes, von früh bis Abend bis über die Hüften im Wasser zu stehen, um die Batea[1] zu schütteln. Wir packten also zusammen und gingen zurück bis in den Yellow-waterground, wo wir unsere Ausbeute an einen Yankee verkauften, der ein Beträchtliches mehr bezahlte, als die Schurken von Tauschhändler, bei denen man für eine Unze reines Gold ein Pfund schlechtes Mehl oder ein halbes Pfund noch schlechteren Tabak bekommt. Aber der Mann hat dennoch Geschäfte gemacht; ich glaube, er hieß Marshall und war in Kentucky oder da herum zu Hause.«

Schnell drehte sich Bernard um.

»Ist er noch dort an diesem Platze?« fragte er.

»Weiß es nicht, geht mich auch nichts an. Aber laßt mich in Ruhe mit unnützen Fragen; denn wenn ich das Ding wirklich so der Reihe nach erzählen soll, wie es dieser Mann hier verlangt hat, so darf ich nicht gestört werden! Also dieser Marshall, Allan Marshall hieß er wohl, kaufte uns ab, was wir hatten. Wären wir nun klug gewesen, so hätten wir uns auf die Beine gemacht. Aber erstens wollten wir uns zunächst von den gehabten Strapazen ausruhen – denn unsere Kranken bedurften der Pflege – und zweitens war auch nicht gerade eine passende Reisegelegenheit da. Man munkelte so mancherlei von Raubanfällen und nannte sogar die Namen verschiedener Männer, welche die Diggins verlassen hatten und niemals in Sacramento oder San Francisco angekommen sind.«

»War dies wahr?«

»Werdet es hören! So warteten wir einige Wochen; aber das Leben da oben ist ganz verteufelt teuer, und da man wußte,

[1] Schüsselförmiges Gefäß, in welchem die goldhaltige Erde gewaschen wird.

daß wir keine leeren Taschen hatten, so bestand unser ganzes Vergnügen in einer immerwährenden Retirade vor falschen Spielern und ähnlichem Ungeziefer, welches uns stündlich umschwärmte. Auch war es mit den Gelenken der beiden Kameraden ein wenig besser geworden, und so beschlossen wir, nicht länger zu warten, sondern schlossen uns fünf Männern an, welche ebenso wie wir nicht mehr bleiben wollten. Wir waren also neun Personen und mieteten uns die nötigen Maultiere, wodurch unsere Anzahl um sechs Tropeiros vermehrt wurde. Bewaffnet waren wir Alle vorzüglich, auch die Tropeiros, von denen übrigens jeder Einzelne das Aussehen hatte, als ob er es recht gut mit zehn Gegnern aufnehmen werde. Die Reise wurde angetreten und ging im ganzen auch recht gut von statten; aber es begann so anhaltend zu regnen, daß sich das Fieber wieder einstellte. Uebrigens weichte das Wasser den Weg in der Weise auf, daß nur außerordentlich schwer fortzukommen war. Wir legten an einem vollen Tage kaum acht Meilen zurück und waren des Nachts selbst in unseren Zelten nicht sicher vor der Flut, die vom Himmel stürzte, als ob Jemand da oben eine Wolke umgeworfen hätte. Dadurch wurde das Fieber immer schlimmer, so daß wir die Kranken während des Rittes auf die Maultiere binden mußten.«

»Verdammt schlechte Geschichte,« meinte einer der Umsitzenden. »Habe solche Staupen auch durchgemacht und weiß sehr genau, wie einem dabei zu Mute ist!«

»*Well!* Also hatten wir ungefähr zwei Dritteile des Weges zurückgelegt und des Abends einen Lagerplatz gesucht. Wir waren beschäftigt, die Zelte aufzuschlagen, und schürten ein Feuer, welches groß genug war, die Gegend tageshell zu erleuchten. Da plötzlich krachte eine Salve rundherum. Ich kniete eben im Schatten eines Zeltes am Boden und war daran, eine Leine an den Pflock zu binden, weswegen man mich nicht gesehen hatte. Schnell fuhr ich in die Höhe und zwar grad zur rechten Zeit, um unsere Tropeiros aufsitzen und die Flucht ergreifen zu sehen. Das geschah aber mit solcher Gelassenheit, daß sie von den Bravos zehnmal hätten niedergeschossen werden können. Ich war im Begriffe gewesen, die Büchse zu erheben; aber was ich sah, hielt mich davon ab. Die Kugeln der acht Räuber hatten ihr Ziel so sicher getroffen, daß die fünf Gesunden, welche beim Scheine der Flamme gearbeitet hatten, tot am Boden lagen, und grad in dem Augenblick, als ich nach der Büchse griff, wurden die drei Kranken niedergemacht. Ich war also ganz allein am Leben. Was hättet Ihr in dieser Lage getan, he?«

»*Damn!* Ich hätte mich auf sie geworfen und getan, was in meinen Kräften stand!« meinte Einer.

»Nein, ich hätte einige von ihnen mit meiner Kugel weggeputzt,« versicherte ein Anderer.

»Sehr gut!« antwortete der Erzähler. »Das sagt ihr, getan aber hättet ihr Alle nur das, was ich auch tat. Mich auf sie zu stürzen, das wäre Wahnsinn gewesen; auf sie zu schießen, war ebensowenig geraten, denn dann wäre ich auch verloren gewesen. Es durfte kein Zeuge des Ueberfalles leben bleiben, das verstand sich ja ganz von selbst; darum hätten sie mich verfolgt, so weit ich nur laufen mochte, und getötet hätte ich doch nur einen oder zwei.«

»Nun, was tatet Ihr denn?«

»Mein Geld hatte ich in guten Papieren in der Tasche; mein Maultier war unweit der Zelte bei den übrigen Tieren angebunden. Ich schlich mich also, als die Schurken eben die Zelte untersuchten, hinzu und band es los. Da stieß einer von ihnen einen Pfiff aus; ich hörte ein Getrappel, und – was denkt ihr, was geschah?«

»Nun?«

»Die Tropeiros kehrten zurück. Sie hatten uns an die Halunken verraten und sollten nun ihren Teil von der Beute erhalten. Jetzt waren die Schufte vierzehn Mann stark. Ich setzte mich auf mein Tier und galoppierte davon, so schnell es laufen konnte. Zu meinem Glück war es ein sehr sanftmütiges Geschöpf und kein so obstinates Viehzeug, wie man sie unter dieser Gattung so häufig trifft. Ich hörte zwar laute Flüche und einen tüchtigen Lärm hinter mir; dann vernahm ich auch Hufschlag, aber es war dunkel, und ich entkam glücklich.«

»Und nachher?«

»Was nachher! Ich habe gemacht, daß ich nach San Francisco kam, und bin froh, mit heiler Haut hier zu sitzen und mein Glas Porter hinunter zu schlürfen.«

»Habt Ihr keinen von den Bravos erkannt?«

»Sie trugen schwarze Masken. Nur als der Eine, welcher der Anführer zu sein schien, den Finger in den Mund steckte, um zu pfeifen, nahm er den Lappen herunter, und ich konnte also seine Physiognomie sehen. Ich würde den Kerl sicher sofort wieder erkennen, wenn er mir einmal vor die Augen käme. Es war ein Mulatte, und er hatte über die rechte Wange eine Wunde, die von einem Messerschnitt herrühren mußte.«

»Und die Tropeiros?«

»Würde ich alle wieder erkennen, aber ich komme ja nicht wieder hinauf in jene Hölle, in welcher der Teufel sein Gold siedet und schmilzt, um die Seelen in Tod und Verderben zu locken.«

»Wie heißt der Mulero?[1] Es ist oft gut, wenn man den Namen eines solchen Ehrenmannes kennt!«

»Er nennt sich Sanchez, wird aber wohl früher schon einen oder einige andere Namen gehabt haben. Ich schätze, daß die meisten dieser Schurken zu den Hounds[2] gehören, welche Francisco über die sämtlichen Minendistrikte ausgespieen hat, und die nun als Agenten, Tropeiros, Muleros und Räuber einander in die Hände arbeiten. Es wäre am besten, die Miners bildeten, wie damals in San Francisco, ein Vigilance-Comité, welches die Verfolgung und Ausrottung dieser Banden übernehmen könnte, bis in den Plazers bessere Zustände zu herrschen beginnen. So, jetzt habe ich alles der Reihe nach erzählt, und ich bin fertig.«

[1] Anführer der Tropeiros.

[2] So wurden die Diebe und Mörder genannt, welche zu San Francisco in den berüchtigten Sidney-Coves eine förmliche Gewaltherrschaft errichtet hatten und nur durch das Zusammentreten der Einwohner selbst vertrieben werden konnten.

»Wenn das ist,« meinte Bernard, »so erlaubt Ihr mir wohl, mich noch einmal nach jenem Allan Marshall zu erkundigen, von dem Ihr vorhin gesprochen habt; er ist mein Bruder.«

»Euer Bruder? Wahrhaftig, mir scheint, daß Ihr ihm ähnlich seht! Da sagt also, was Ihr von ihm wissen wollt!«

»Alles, was Ihr selbst von ihm wißt. Wie lange ist es her, daß Ihr ihn zum letztenmal gesehen habt?«

»Nun wohl an die fünf Wochen!«

»Meint Ihr, daß er sich noch im Yellow-water-ground befinden wird?«

»Weiß es nicht. Da oben in den Minen ist man heut da und morgen dort, obgleich man sich heut vorgenommen hat, gewißlich nicht fortzugehen.«

»Er hat mir nie geschrieben, obgleich er meine Briefe erhalten hat.«

»Das dürft Ihr nicht für so sicher annehmen. Denkt nur an das, was ich jetzt erzählt habe! Gibt es eine Post von hier hinauf in die Minen? Ja; aber was Ihr so nennt, das ist keine Post. Ich sage Euch, es wird mancher Brief hinauf und herunter geschickt und kommt nie in die Hand, die ihn öffnen soll. Ihr kommt dort oben in eine Taverne, und der Wirt gehört zu den Hounds; Ihr geht in einen Store, und der Krämer ist ein Hound; Ihr spielt mit drei Männern Monte, und einer, vielleicht auch zwei oder gar alle drei sind Hounds; Ihr arbeitet mit Einem gemeinschaftlich an Eurem Plazer, und er ist ein Hound, der Euch entweder abnimmt, was Ihr ausbeutet, oder wenn Ihr ihm zu stark und wachsam seid, Euch an die Bravos verraten wird, um wenigstens einen Teil Eures Eigentums zu erhalten; bei der Platzdeputation sind Hounds, überall sind Hounds; warum sollten nicht auch bei der Post Hounds sein, denen daran liegt, Verschiedenes nicht an die Adresse gelangen zu lassen!«

Das war nun allerdings keine reizende Auseinandersetzung für die an den Minen herrschenden Verhältnisse.

»Wollt Ihr hinauf zu dem Bruder?«

»Allerdings.«

»*Well*, so will ich Euch einen guten Rat geben. Ob Ihr ihn

befolgen werdet, das ist Eure Sache. Von hier aus führen nämlich zwei Wege nach den verschiedenen Minendistrikten; der eine geht ganz südlich nach einem Bergstriche, den man Neu-Almaden nennt, wo man eine große Masse von Quecksilber und natürlichem Zinnober findet; der andere aber geht fast genau nach Norden und nur mit einer geringen Neigung gegen Ost zu den noch viel berühmteren Goldgegenden von Sacramento. Wißt Ihr, wo in dieser letzteren Gegend der Yellow-water-ground liegt?«

»Ich weiß bisher nur, daß er ein Seitental des Sacramento bildet; weiter nichts.«

»Der Weg geht drei Vierteile um die Bai von Francisco herum und dann über den Rio San Joaquin hinüber oder hinauf nach dem Sacramento-Tale. Hier braucht Ihr nur immer aufwärts zu gehen und könnt von jedem Begegnenden oder an jedem Plazer erfahren, wo Euer Ziel zu finden ist. Wenn Ihr nicht viel Gepäck bei Euch habt, mögt Ihr in fünf Tagen hingelangen. Von diesem Wege aber rate ich Euch ab.«

»Warum?«

»Erstens ist es zwar der bequemere, aber nicht der kürzere. Zweitens wird grad er durch diese Hounds ganz außerordentlich unsicher gemacht. Allerdings fallen sie lieber die von den Minen Kommenden als die dorthin Gehenden an, aber man weiß doch nicht, ob sie nicht vielleicht einmal das Gegenteil tun. Und endlich drittens ist dieser Weg gepflastert, und zwar mit Dollars, welche man den Reisenden förmlich aus der Tasche zieht. In den Gasthäusern ist man bereits in der Kultur so weit vorgeschritten, daß man Rechnungen schreibt. Aber ein solches Ding ist leichter zu lesen, als zu bezahlen. Ihr zahlt da: für das Zimmer einen Dollar – und schlaft im Hofe; für das Bett einen Dollar – und bekommt zwei Hände voll altes Stroh; für Licht einen Dollar – und habt den Mond zur Laterne; für Bedienung einen Dollar – und habt keinen Help zu sehen bekommen; für das Waschbecken einen Dollar – und müßt Euch im Sacramento waschen; für ein Handtuch einen Dollar – und wischt Euch an Euern eigenen Jagdrock. Der einzige Posten, den man bezahlt und wirklich auch bekommt, ist: für die Rechnung einen Dollar. Wie gefällt Euch das, Master Marshall?«

»Nicht übel!«

»Meine es auch. Darum werde ich Euch einen anderen und besseren Weg sagen, auf dem Ihr, wenn Ihr gut beritten seid, den Yellow-water-ground in vier Tagen erreichen könnt: Ihr setzt mit der Fähre über die Bai und haltet von da aus grad nach San John, wendet Euch dann nach Osten, und wenn Ihr den Sacramento erreicht, seid Ihr auch am Ziele, wenigstens ganz in der Nähe desselben. Wasserläufe, die Euch in dieser Richtung führen, gibt es genug.«

»Danke, Sir! Ich werde Euern Rat befolgen.«

»*Well!* Und wenn Ihr dann am Sacramento oder irgendwo einen Mulatten trefft, der einen Schnitt über die rechte Wange hat, so gebt ihm Euer Messer oder Eure Kugel zu kosten, denn ich sage Euch, daß Ihr ein gutes Werk tut!«

Mittlerweile war die Zeit des Abendessens herangerückt, und Gustel kam, um uns zu benachrichtigen. Sie führte uns in ein Nebenzimmer, wo gedeckt war, als ob eine Gesellschaft spanischer Granden gespeist werden sollte. Donna Elvira erwartete uns bereits. Der Wirt war nicht zu sehen. Sie empfing ihre Gäste, welche ich ihr natürlich mit der nötigen Grandezza vorstellte, ganz mit der Miene einer Herrscherin, die eine Gnadenaudienz erteilt, und machte die Honneurs mit einer Würde, wie sie ein indischer Fürst nicht besser zuwege gebracht hätte.

Da ihr daran lag, möglichst zu imponieren, so bewegte sich die Unterhaltung zunächst in allerdings höchst drastischer Weise auf dem Gebiete der Kunst und Wissenschaft, später aber, als wir mit der gehörigen Hochachtung erfüllt schienen, gab sie dem Interesse für unsere Persönlichkeiten und Verhältnisse Raum, und wir mußten ihr unsere Erlebnisse erzählen.

Als sie die Tafel aufhob, sagte sie:

»Sennores, ich hoffe, euch bewiesen zu haben, daß ich euch meinen andern Gästen vorziehe, und denke, daß es euch bei mir recht lange gefallen soll!«

»Donna Elvira de Gonzalez, wir danken Euch für Eure Güte,« antwortete ich. »Wir werden allerdings längere Zeit in Eurem gastlichen Hause verweilen, aber nicht jetzt, denn wir müssen schon morgen in der Frühe zunächst noch einen kleinen Abstecher machen.«

»Wohin, Sennor?«

»Nach dem Sacramento, um Allan aufzusuchen, den wir Euch bringen werden.«

»Recht so, Sennores! Nehmt euch von mir Alles mit, was ihr braucht; berechnen werde ich es später; und wenn ihr einen Wunsch noch habt, so wendet euch nur an Augusta. Natürlich hoffe ich, daß ihr mir *a dios* sagen werdet, ehe ihr morgen fortgeht!«

Sie rauschte hinaus, und wir folgten ihr, um nach unsern Pferden zu sehen und uns dann zur Ruhe zu begeben. Am andern Morgen schwammen wir bereits mit der Fähre über die Bai und stiegen an der San Francisco gegenüberliegenden Landzunge aus.

Wir folgten ganz der Richtung, welche uns der Goldsucher angedeutet hatte, erreichten am Abend des dritten Tages die Höhen von San John und wandten uns dann gegen Sonnenaufgang. Am andern Mittag ritten wir in das Tal des Sacramento nieder und fanden nun auf jedem Schritt zahlreiche Spuren jener fieberhaften Tätigkeit, welche überall die Erde aufgewühlt hatte, um nach dem *deadly dust* zu suchen, dessen Glanz das Auge blendet, die Sinne verwirrt und das Herz betört.

Es ist so viel über diese Arbeit geschrieben und gesprochen worden, daß ich mich einer Bemerkung über sie enthalte; aber ich muß gestehen, das Goldfieber ergreift auch den nüchternsten Mann, sobald er jene Gegend betritt und sich von den Männern umgeben sieht, die – oft mit hohlen Wangen und meist mit Lumpen umhüllt – ihre Gesundheit und vielleicht auch ihr Leben opfern, um – schnell reich zu werden, und diesen Reichtum, wenn sie ja so ›glücklich‹ sein sollten, ihn zu erlangen, oft ebenso schnell wieder verlieren. Sie arbeiten häufig monatelang mit Aufbietung aller ihrer Kräfte, ohne einen nennenswerten Erfolg zu sehen; Flüche und Verwünschungen begleiten jeden Griff, den sie tun; das blasse Gespenst des Hungers, der Not, der Verzweiflung tritt an sie heran, und schon wollen sie die ermattete, zitternde Hand abziehen, da verbreitet sich das Gerücht von einem außerordentlichen Fund, den irgend Jemand irgendwo gemacht hat oder gemacht haben soll, und sie legen wieder Hand an die Batea, um der gewaltigen Epidemie von neuem zum Opfer zu werden.

Am Abend erreichten wir den Yellow-water-ground. Es war ein langes, schmales Tal, welches einen dünnen Wasserlauf dem Sacramento zuführte. Von seinem obersten bis zum untersten Punkte aufgewühlt, ließ es die einzelnen Plazers deutlich erkennen. Erdhütten und Zelte gab es genug, und dennoch sah man auf den ersten Blick, daß die Glanzperiode dieses Teiles der Minen vorüber war.

Ungefähr in der Mitte des Tales stand eine niedrige, aber breite und tiefe Bretterbude, über deren Eingang mit Kreide die Worte ›*Store and boarding-house of yellow-water-ground*‹ geschrieben waren. Der Wirt dieses Wohn-, Kauf- und Trinkladens war wohl am besten imstande, uns Auskunft zu erteilen. Wir stiegen also ab, ließen Bob bei den Pferden und traten ein.

Die roh gezimmerten Bänke und Tische waren teils von elend, teils von verwegen aussehenden Gestalten besetzt, welche uns neugierig betrachteten.

»Neue Miners!« lachte Einer. »Werden vielleicht mehr finden als wir. Komm her, Rothaut, und tu' einen ›Drink‹ mit mir!«

Winnetou tat, als ob er die Aufforderung gar nicht gehört habe. Da erhob sich der Mann von seinem Sitze, nahm das Schnapsglas zur Hand und trat mit herausfordernder Miene auf ihn zu.

»Schuft, weißt du nicht, daß es die größte Beleidigung für einen Miner ist, wenn man ihm den Drink ausschlägt? Ich frage dich, ob du trinken willst und auch ›einen‹ zum besten geben wirst?«

»Der rote Krieger trinkt kein Feuerwasser, doch will er den weißen Mann nicht beleidigen!«

»So fahre zum Teufel!«

Der Miner schleuderte das Glas samt dem Branntwein dem Apachen in das Gesicht, riß das Messer heraus und tat einen Sprung, um es Winnetou in das Herz zu stoßen; er taumelte aber mit einem lauten Schrei zurück und stürzte röchelnd zu Boden. Der Apache besaß auch ein Messer – er hielt es noch in der Hand – die Klinge blank wie zuvor; es war nur den zehnten Teil einer Sekunde im Leibe des Miners gewesen; dieser aber lag mit zerstochenem Herzen am Boden.

Sofort erhoben sich die Andern. In ihren Fäusten funkelten die Messer. Aber auch unsere Büchsen lagen schon an den Wangen, und sogar Bob, der zufällig zur Tür hereingesehen hatte, stand unter derselben und hatte sein Gewehr schußfertig.

»Stopp!« rief da der Wirt. »Setzt euch, ihr Leute; die Sache war nicht die eure; sie geht euch nichts an; sie war nur zwischen Jim und dem Indianer auszumachen, und sie ist ausgemacht. Nell, schaffe den Toten fort!«

Die Miners setzten sich; unsere drohende Haltung schien ebensoviel Einfluß auf sie auszuüben, wie die Worte des Wirtes. Hinter dem Büffet aber trat der Barkeeper hervor, nahm den Toten auf die Achsel und trug ihn hinaus, um ihn, wie wir dann bemerkten, in eine verlassene Grube zu legen und ein wenig Erde darauf zu werfen. Dieser Jim war auch hierher gekommen, um Gold zu suchen, und hatte, durch seine eigene Schuld, den Tod gefunden – *deadly dust!* Wie oft mochten sich ähnliche Auftritte in den Minen wiederholen!

Wir nahmen, abgesondert von den Uebrigen, Platz.

»Was trinkt ihr, Mesch'schurs?« fragte der Wirt.

»Bier,« antwortete Bernard.

»Porter oder Ale?«

»Was besser ist!«

»Dann nehmt Ale, Mesch'schurs! Es ist echtes Burton-Ale aus Burton in Staffordshire.«

Ich war ein wenig neugierig auf diesen Trank, der aus England und dazu von dem Orte, welcher wegen des besten Bieres weltberühmt ist, nach dem Sacramento gekommen sein sollte. Wir bekamen fünf Flaschen, von denen ich gleich eine nahm, um sie Bob hinauszutragen. Er steckte den Hals der Bottle in den Mund, daß ich dachte, derselbe müsse ihm bis hinab in den Magen reichen, und leerte sie auf einen Zug. Kaum aber hatte er das Gefäß wieder herausgezogen, so verdrehte er die Augen, riß den Mund auf, daß derselbe drei Vierteile des Gesichtes einnahm, und stieß einen Laut aus, wie ein Schiffbrüchiger, der zum letzten Male über das Wasser kommt.

»Was ist's?« fragte ich, in der Meinung, er habe sich mit dem Halse der Flasche den Gaumen verletzt.

»Massa, oh, ah, Bob sterben! Bob haben getrunken Gift!«

»Gift? Es ist ja englisches Ale!«

»Ale? Nein, oh, nein! Bob kennen Ale. Bob haben getrunken Gift; Bob fühlen in Mund und Leib Arsen' und Tollkirsch'!«

Unser guter Neger war kein Feinschmecker; wie also mußte dieses Ale erst einem raffinierten Gaumen munden! Ich trat wieder in den Store und kam grad recht, um die Frage des Wirtes zu hören:

»Könnt ihr auch zahlen, Mesch'schurs?«

Bernard machte eine sehr beleidigte Miene und griff in die Tasche.

»Halt, Master Bernard!« meinte Sam. »Diese Rechnung werde ich abmachen. Was kostet das Bier?«

»Die Bottle drei Dollars, macht fünfzehn Dollars.«

»Das ist billig, Mann, zumal man die Bottle mitbekommt, nicht wahr?«

»Allerdings.«

»Wir werden sie Euch aber hier lassen, denn Leute, welche Plazers wissen, in denen das Gold sozusagen in schweren Stufen zutage tritt, brauchen sich um ein Stückchen Glas nicht zu kümmern. Holt Eure Wage!«

»Wollt Ihr in Gold bezahlen?«

»Ja.«

Sam öffnete seinen Kugelbeutel und zog einige Nuggets hervor, von denen eines die Größe eines Taubeneies hatte.

»Alle Wetter, Mann, wo habt Ihr diese Stücke gefunden?« fragte der Wirt.

»Auf meinem Plazer.«

»Und wo ist das?«

»In Amerika ungefähr. Ich habe zum Beispiel ein schlechtes Gedächtnis und besinne mich auf den Ort gewöhnlich nur dann, wenn ich selbst etwas Gold brauche.«

Der Wirt mußte diese Zurechtweisung einstecken; aber seine Augen funkelten vor Begierde, als er eines der Nuggets abwog und den Ueberschuß in Geld herausgab. Er nahm das Gold zu einem sehr niedrigen Preise, und seine Wage mochte auch wohl einige kleine Eigentümlichkeiten besitzen; Sam aber steckte das herausbekommene Geld mit der Miene eines Mannes ein, dem es auf eine Unze mehr oder weniger nicht ankommt. Er hatte, ohne daß die Andern etwas davon ahnten, zwischen seinen Kugeln ein ganz allerliebstes Sümmchen mit sich herumgetragen, und ich mußte jetzt an seine bei unserem ersten Zusammentreffen gemachte Bemerkung denken, daß er in den Bergen genug Gold wisse, um einen Freund damit reich zu machen.

Jetzt wurde das Bier gekostet. Wären wir direkt aus der Savanne hierher gekommen, so hätten wir es vielleicht genießen können; da wir unsere zerrütteten Gaumen aber im Hotel Valladolid bei der gastfreundlichen Donna Elvira bereits wieder hergestellt hatten, so war das Zeug auf keinen Fall hinunterzubringen. Es war klar, der Mann kochte sich sein Ale aus irgend welchen Kräutern und Zutaten selbst zusammen und verkaufte es – die Flasche zu drei Dollars. Dies ist eins von den vielen Beispielen, daß in den Minen nicht immer der Goldsucher auch der Goldfinder ist.

Uebrigens schien sich der Wirt mit der ihm von Sam gewordenen Zurechtweisung keineswegs zufrieden zu geben. Er setzte sich vielmehr zu uns und erkundigte sich weiter:

»Ist das Plazer, welches Ihr wißt, sehr weit von hier, Sir?«

»Welches? Ich weiß deren vier oder fünf.«

»Vier oder fünf? Unmöglich! Denn sonst würdet Ihr nicht nach diesem traurigen Yellow-water-ground kommen, wo fast gar nichts mehr gefunden wird.«

»Ob Ihr's glaubt oder nicht, das ist zum Beispiel Eure Sache!«

»Und Ihr nehmt Euch bloß immer so viel hinweg, als Ihr braucht?«

»Ja.«

»Welcher Leichtsinn, welche Unvorsichtigkeit! Wenn nun Andere kommen und Euch wegnehmen, was Ihr Euch sichern könntet!«

»Das geschieht nicht, Master Ale-man!«

»Ich will Euch eines von diesen Plazers abkaufen, Sir!«

»Könnt Ihr gar nicht bezahlen! Oder hättet Ihr genug, um fünfzig oder sechzig Zentner Gold mit Dollars oder Noten aufzuwiegen?«

»Alle Wetter! So viel? Man müßte sich einen Compagnon anschaffen oder auch zwei und drei; hm, so einen zum Beispiel, wie dieser Allan Marshall war, der mit einigen tausend Dollars hergekommen und mit einem wirklichen Reichtum fortgegangen ist. Der verstand sein Fach!«

»Wie?«

»Er hatte einen Gehilfen, den er zurückgelassen hat, weil er von ihm bestohlen wurde. Dieser hat alles erzählt. Den Staub und die kleineren Körner hat er in Sacramento zu Banknoten gemacht und die größten Nuggets in seinem Zelte vergraben. Dann war er plötzlich verschwunden, man weiß nicht wie und auch nicht wohin.«

»Hatte er Tiere in seinem Besitze?«

»Nur ein Pferd. Uebrigens wurde er vorgestern gesucht.«

»Ah! Von wem?«

»Von drei Männern – zwei Weiße und ein Mulatte – die sich bei mir nach ihm erkundigten. Auch Ihr scheint ihn zu kennen?«

»Ein wenig, und darum wollten wir auch zu ihm. Wo gingen die Drei dann hin?«

»Sie suchten den Ort auf, wo sein Zelt gestanden hat; dann kamen sie zurück und saßen lange bei einem Stücke Papier, welches sie dort gefunden haben mußten. Ich sah einmal von ungefähr darauf und bemerkte, daß es eine Landkarte oder ein Plan sein müsse.«

»Und dann?«

»Fragten sie nach dem Short-Rivulet-Tale. Ich beschrieb es ihnen und den Weg dahin, und diesen haben sie auch eingeschlagen.«

»Den Short-Rivulet werden sie von hier aus nach einer bloßen Beschreibung schwerlich finden!«

»Kennt Ihr ihn?«

»Ich war einmal dort. Könnt Ihr uns den Platz nicht zeigen, wo das Zelt gestanden hat?«

»Ihr könnt ihn von hier aus sehen. Dort rechts am Hange bei den Dornsträuchern. Wenn Ihr hinkommt, bemerkt Ihr gleich die Feuerstelle und das Uebrige.«

»Und wie heißt der Mann, der sein Diener gewesen ist?«

»Fred Buller. Er arbeitet im zweiten Plazer links, von oben herunter.«

Ich winkte Bernard. Wir verließen miteinander den Store und schritten den Bach hinauf. Bei dem angegebenen Plazer blieben wir halten. Es arbeiteten nur zwei Männer da.

»*Good day*, Mesch'schurs! Ist hier bei euch ein Master Buller zu finden?« fragte ich.

»*Yes*, Sir; der bin ich!« antwortete der Eine.

»Habt Ihr Zeit, mir auf einige Fragen zu antworten?«

»Vielleicht, wenn es gut lohnt. Bei dieser Arbeit kostet jede Minute ihr Geld.«

»Wie viel Geld wollt Ihr für zehn Minuten?«

»Drei Dollars.«

»Hier habt Ihr sie!« sagte Marshall, ihm die Summe hinreichend.

»Danke, Sir; Ihr scheint mir generöse Gentlemen zu sein.«

»Vielleicht verspürt Ihr noch mehr von dieser Generosität, wenn Ihr unsere Fragen gut beantwortet!« suchte ich ihn zu ködern.

»*Well*, Sir; so fragt einmal!«

Dem Menschen sah der Spitzbube aus den Augen. Wie sollte ich ihn packen? Ich entschloß mich schnell, auch einmal den Halunken zu spielen:

»Wollt Ihr nicht ein wenig abseits mit uns kommen?«

»Alle Teufel, Sir; Ihr scheint gute Waffen zu haben!«

Aha, der Kerl hat ein böses Gewissen!

»Gute Waffen für unsere Feinde und gutes Geld für unsere Freunde. Wollt Ihr kommen?«

»Meinetwegen!«

Er stieg aus dem Wasser und kam mit uns auf die Seite.

»Es sind vorgestern drei Männer bei Euch gewesen?«

»Ja.«

»Zwei Weiße und ein Mulatte?«

»Ja. Warum?«

»Die Weißen waren Vater und Sohn?«

»Ja. Der Mulatte ist ein Bekannter von mir und auch von ihnen.«

»Ah!« – Ich weiß nicht, woher mir der Gedanke kam, dem ich sofort Ausdruck gab: »Den Mulatten kenne auch ich. Er hat eine Messerwunde über seine rechte Wange?«

»Wirklich, Ihr kennt den Cap – – Ihr kennt Sir Shelley! Wo habt Ihr ihn kennen gelernt?«

»Wir hatten Geschäfte miteinander, und ich möchte gern wissen, wo er hin ist.«

»Weiß es nicht, Sir!«

Er sprach mit diesen Worten die Wahrheit, das sah ich ihm an.

»Was wollten die Männer bei Euch?« fragte ich weiter.

»Sir, es werden die zehn Minuten wohl bereits abgelaufen sein!«

»Noch nicht! Aber ich will Euch sagen, daß sie sich nach Eurem früheren Prinzipal, Master Marshall, erkundigt haben. Uebrigens sollt Ihr bis zu Ende unserer Unterredung noch fünf Dollars haben!«

Bernard griff in die Tasche und gab sie ihm.

»Danke, Sir! Ihr seid andere Leute als diese Morgans und

dieser Shelley, und ich werde Euch bessere Auskunft geben als ihm. Da Ihr mit ihm Geschäfte gemacht habt, so werdet Ihr auch wissen, wie filzig er ist. Er sollte doch einen Kameraden von Sid – – –«

Er stockte, beinahe erschrocken über das Wort, welches er begonnen hatte.

»Sidney-Coves, sagt es nur! Ich kenne das auch.«

»Auch? Nun seht, dann versteht Ihr jedenfalls zu beurteilen, was kleine Dienste oft zu bedeuten haben. Wohin die Drei sind, das weiß ich nicht, aber sie haben da drüben lange herum gesucht und ein Papier gefunden. Hätte Sir Shelley anders mit mir gesprochen, so hätte er andere Papiere bekommen.«

»Und wie muß man mit Euch sprechen, um diese zu bekommen?«

Er lachte niederträchtig und fügte bei: »Wie bisher!«

Also eine Unterhaltung mit Dollars! Der Kerl war jedenfalls ein ganz abgefeimter Bursche.

»Was sind es für Papiere?« erkundigte ich mich.

»Briefe.«

»Von wem und an wen?«

»Hm, Sir, wie soll ich das sagen, ohne daß ich es weiß, ob Ihr auch wirklich in meiner Sprache mit mir reden werdet!«

»Sagt den Preis!«

»Hundert Dollars!«

»Nicht übel! Ihr unterschlagt die Briefe Eures Prinzipals, um sie diesem Kapitän der Bravos zu übergeben, und da dieser Euch zu wenig zahlt, unterschlagt Ihr weiter und behaltet die Briefe für Euch, weil Ihr denkt, daß, was Sir Shelley Nutzen bringt, auch Euch keinen Schaden tun werde. Ich sage Euch, das Ding kann Euch dennoch Schaden bringen! Wollt Ihr fünfzig?«

Ich hatte nur eine Vermutung ausgesprochen, die sich mir aus der einfachen Kombination dessen, was ich bisher gehört hatte, ganz von selbst bot; daß ich aber das Richtige getroffen hatte, sah ich der Miene des Mannes an. Er ging auch sofort auf mein Angebot ein:

»Nun sehe ich wirklich, daß Ihr mit dem Kapitän Geschäfte gemacht habt, da Ihr alles wißt. Deshalb will ich Euch nicht drücken und die fünfzig nehmen.«

»Wo sind die Papiere?«

»Kommt mit in unser Zelt!«

Wir gingen ein Stück zurück bis an das Ding, was dieser Mann ›unser Zelt‹ nannte. Es bestand aus vier Erdwänden, über welche eine mehrfach durchlöcherte Filzdecke gespannt war. In jeder der vier Ecken befand sich ein Loch, welches als Spinde benutzt zu werden schien, denn Buller griff in eines derselben und brachte ein zerrissenes Tuch hervor, in welches er verschiedene Gegenstände eingeschlagen hatte. Er öffnete es und zog zwei Briefe heraus, die er mir entgegenstreckte. Ich wollte zugreifen, aber er zog schnell die Hand zurück.

»Halt, Sir. Erst das Geld!«

»Nicht eher, als bis ich wenigstens die Adressen gelesen habe.«

»Gut! Ich halte die Briefe und Ihr seht sie Euch an!«

Er hielt sie uns entgegen, und wir beide blickten zugleich darauf.

»Richtig,« rief ich. »Gebt ihm das Geld, Bernard!«

Die Briefe waren an Bernards Vater adressiert, da Allan noch gar nicht wußte, daß derselbe ermordet worden war. Bernard zog das Geld eilig hervor, aber dennoch sah ich ihm an, daß es ihm wenigstens eigentümlich schien, eine Unterschlagung, die ihn jedenfalls sehr geschädigt hatte, noch mit einer solchen Summe belohnen zu müssen. Buller steckte das Geld mit höchst befriedigter Miene zu sich und wollte das Tuch zusammenschlagen. Da sahen wir Beide etwas Goldenes blinken, und sofort griff Bernard zu. Es war eine Uhr, die in einer gediegenen Goldkapsel stak.

»Was wollt Ihr mit meiner Uhr?« fragte Buller.

»Sie einmal öffnen, um zu sehen, welche Zeit wir haben,« antwortete Marshall.

»Sie ist nicht aufgezogen,« meinte er, indem er hastig danach griff. »Gebt sie her, Sir!«

»Halt!« antwortete ich und packte seinen Arm fest. »Wenn

sie auch steht, werdet wenigstens Ihr vielleicht erfahren, welche Stunde es geschlagen hat!«

»Allans Uhr!« rief Bernard.

»Wirklich? Wie kommt diese Uhr in Euere Hand, Mann?« fragte ich.

»Geht Euch das etwas an?« fragte er trotzig, indem er sich zu befreien suchte.

»Allerdings, denn dieser Gentleman ist der Bruder des Mannes, dem sie gehört hat. Also wie kommt Ihr zu der Uhr von Master Marshall?«

Der Mann befand sich in wirklicher Verlegenheit.

»Er hat sie mir geschenkt,« antwortete er.

»Das ist eine Lüge!« entgegnete Bernard. »Seht diese Steine, Charley! Eine Uhr für dreihundert Dollars schenkt man seinem Diener niemals.«

»*Well*, Bernard; sucht einmal hier nach! Ich werde diesen Mann einstweilen festhalten.«

Ich hielt Buller an beiden Armen fest. Er suchte sich loszureißen, es gelang ihm aber nicht.

»Wer seid Ihr? Wer gibt Euch das Recht, in meinem Zelte eine Durchsuchung zu veranstalten? Ich werde um Hilfe rufen und Euch lynchen lassen!« rief er aus.

»Macht keinen dummen Spaß, Mann, sonst könnte Master Lynch Euch selbst über den Hals kommen. Beim ersten Ruf, den Ihr tun solltet, drücke ich ein wenig fester zu!« antwortete ich.

Ich hatte ihn mit der Linken beim Arme und mit der Rechten im Genick. Er befand sich vollständig in meiner Gewalt und sah, daß er sich fügen müsse.

»Ich finde weiter nichts!« berichtete Bernard, als er fertig war.

»Nun also! Laßt mich los und gebt die Uhr heraus,« sagte Buller.

»Sachte, sachte!« antwortete ich. »Ich werde Euch noch halten, bis wir darüber einig sind, was mit Euch zu machen ist. Was meint Ihr, Bernard?«

»Er hat die Uhr gestohlen,« antwortete dieser.

»Natürlich!«

»Er gibt sie her.«

»Ebenso natürlich!«

»Und seine Strafe?«

»Wollen es gnädig mit ihm machen. Ein Lynch kann uns nichts nützen; er mag also für die Unterschlagung und den Diebstahl die Briefe und die Uhr umsonst herausgeben.«

»Umsonst? Wie so!«

»Sehr einfach: er gibt die fünfzig, die fünf und auch die drei Dollars wieder heraus; das ist sehr gnädig von uns gehandelt. Greift nur getrost in seine Tasche; ich werde ihn festhalten!«

Das Geld wurde ihm trotz seines Sträubens wieder abgenommen; dann ließ ich ihn los. Kaum war dies geschehen, so rannte er aus dem Zelte hinaus, am Wasser hinunter und hinein in das Boardinghouse.

Wir gingen ihm langsam nach und vernahmen schon von weitem ein wütendes Geschrei. Jetzt verdoppelten wir unsere Schritte. Unsere Pferde standen vor der Tür, aber Bob war nicht zu sehen. Schnell traten wir ein und befanden uns auf dem Kampfplatze. In der einen Ecke stand Winnetou, mit der Linken den Uhrendieb bei der Kehle haltend und mit der Rechten die umgekehrte Büchse schwingend; neben ihm wehrte sich Sans-ear gegen einige Gäste. In der anderen Ecke befand sich Bob, dem die Büchse bereits entrissen worden war und der nun kräftig mit der Faust und mit dem Messer Widerstand leistete. Buller hatte, wie ich später erfuhr, die Miners aufgefordert, mich und Bernard gefangen zu nehmen, und Sam war diesem Vorhaben entgegengetreten. Da nun die Diggers noch wegen Jim ergrimmt waren und der Wirt die Ueberzeugung gewonnen hatte, daß mit Sans-ear kein Geschäft zu machen sei, so war unter seinem Schutze ein Angriff erfolgt, der den Dreien das Leben gekostet hätte, wenn wir Beide nicht zur rechten Zeit dazugekommen wären.

Winnetou und Sam konnten sich noch halten; wir mußten erst Bob heraushauen.

»Nur im Notfalle schießen; nehmt den Kolben, Bernard!« sagte ich.

Mit diesen Worten warf ich mich auf die Diggers, und in kaum einer Minute war der Neger neben uns und hatte seine Büchse wieder in der Hand. Wie ein losgelassener Tiger sprang er nun auf die Feinde los. Dieselben hatten keine Schußwaffen; das war unser Glück.

»Ah, Charley,« rief Sam; »weg jetzt mit den Kolben, und heraus zum Beispiel mit den Tomahawks! Nur flach aufschlagen!«

Wir folgten ihm. Das war nun kein Kampf, sondern eine Lust. Kaum blitzten unsere Schlachtbeile, und kaum hatten zwei oder drei ihren flachen Schädelhieb weg, so stob die ganze Schar zur Tür hinaus. Seit meinem Eintritt waren kaum zwei Minuten vergangen; jetzt befanden wir uns mit dem Wirt und Buller allein.

»Hast du diesem Manne wirklich die Uhr und das Geld gestohlen, Charley?« fragte Sam.

»Pah! Er hat vielmehr Bernards Bruder die Briefe unterschlagen und ihm die Uhr gestohlen.«

»Und da laßt Ihr ihn laufen! Doch, das geht mich nichts an. Aber daß er diese Goldkäfer gegen uns gehetzt hat, das geht mich etwas an, und dafür soll er jetzt zum Beispiel seinen Lohn erhalten!«

»Du wirst ihn nicht töten, Sam!«

»Wär' der Kerl ja gar nicht wert! Festgehalten, Winnetou!«

Der Apache hielt den Mann so fest, daß er sich nicht zu rühren vermochte, Sam zog sein Messer und zielte. Ein kurzer Streich – ein Schrei Bullers – Sam hatte ihm die Nasenspitze abgehauen.

»So, mein Junge! Es ist nicht gut, wenn man erfahrene und ehrliche Westmänner lynchen will; denn steckt man seine Nase zum Beispiel in solche schlimme Angelegenheiten, so wird sie einem zuweilen abgeschnitten. Und unser Master Storeman? Dort ist er. Kommt doch einmal her, mein Lieber, und laßt mich sehen, wie viele Ellen Nase Ihr übrig habt!«

Mit dieser Aufforderung schien der Wirt nicht sehr zu sympathisieren. Er trat zögernd nur einen einzigen Schritt näher.

»Ich hoffe nicht, Gentlemen, daß Ihr meine Gastfreundschaft auf diese Weise belohnen werdet!« sagte er.

»Gastfreundschaft! Nennt Ihr das Gastfreundschaft, wenn Ihr Euch für eine halbe Maß Erlen- oder Pottasche-Wasser drei Dollars bezahlen laßt?«

»Ich werde Euch das Geld sofort wiedergeben, Mesch'-schurs!«

»Behaltet es, und habt keine Angst. Wer sollte fernerhin Porter und Ale kochen, wenn wir Euch das Handwerk legten? Nun aber fort, ihr Leute, sonst könnten uns die Goldwürmer zum Beispiel noch einmal auf den Nacken kommen!«

Damit war aber Bob nicht zufrieden.

»Massa Sam wollen gehen? Oh, ah, warum gehen und nicht strafen vorher Wirt für Gift und Operment? Nigger Bob werden strafen!«

Er packte eine der Flaschen und hielt sie dem Wirt vor.

»Trinken selbst Flasche hinein in Magen. Schnell, sonst Bob schießen tot Wirt!«

Der Wirt war gezwungen, die Flasche zu ergreifen und auszutrinken. Aber schon hielt ihm Bob eine zweite hin.

»Noch trinken eine!«

Auch diese wurde geleert.

»Wieder trinken eine!«

Auf diese Weise mußte der geängstigte Mann fünf Flaschen austrinken, und es war tragikomisch anzusehen, welch ein Mienenspiel er dabei produzierte.

»So, ah, oh, nun haben trinken Wirt fünfmal drei Dollars und haben in Leib viel gut' schön' Blausäure!«

Wir waren nun fertig. Winnetou ließ den Dieb los, der bisher unter dem festen Gurgelgriffe keinen Laut hatte von sich geben können, jetzt aber desto kräftiger zu heulen begann; wir schwangen uns auf unsere Pferde und ritten davon. Es war aber die höchste Zeit, denn unweit des Hauses begannen die Diggers, sich mit ihren Schießgewehren zu versammeln.

Glücklicherweise aber waren sie noch lange nicht vollzählig, und so erreichten wir unangefochten den Sacramento.

»Wo liegt der Short-Rivulet?« fragte Bernard.

»Einstweilen reiten wir am Flusse aufwärts,« antwortete Sam.

So ging es im scharfen Trabe vorwärts, bis wir annehmen konnten, daß wir vor den Miners sicher seien.

»Jetzt halt!« gebot Bernard. »Ich muß nun meine Briefe lesen!«

Wir stiegen ab und setzten uns. Marshall erbrach die Briefe und las sie.

»Es sind die beiden zuletzt geschriebenen,« erklärte er; »Allan beklagt sich sehr, daß wir ihm keine Antwort zugehen lassen, und macht im letzten eine Bemerkung, die von großem Interesse für uns ist. Sie lautet:

»»– – – – übrigens mache ich hier noch bessere Geschäfte, als ich vorher dachte. Den Staub und die Golderbsen habe ich durch sichere Leute nach Sacramento und auch nach San Francisco geschickt, wo ich einen bedeutend höhern Preis erhalte, als ich selbst gebe. Auf diese Weise habe ich die Summe, welche mir zur Verfügung stand, verdoppelt. Jetzt aber verlasse ich den Yellow-waterground, denn es gibt nicht mehr den vierten Teil der früheren Ausbeute, und außerdem ist der Weg so unsicher geworden, daß ich keine Sendung mehr riskieren kann. Ich vermute sogar aus verschiedenen Anzeichen, daß die Bravos meinem Zelte einen Besuch machen wollen. Daher werde ich ganz unerwartet von hier weggehen, ohne eine Spur zurückzulassen, da ich sonst gewärtig sein müßte, daß die Räuber mir folgen. Ich gehe mit mehr als hundert Pfund Nuggets von hier nach dem Short-Rivulet-Tale, wo höchst ergiebige Plazers entdeckt worden sind und ich in einem Monate dieselben Geschäfte machen kann, wie hier in der vierfachen Zeit. Von da gehe ich dann über die Lynn nach dem Humboldthafen, wo ich sicher ein Schiff finde, welches mich nach San Francisco zurückbringt – – –« «

»Das stimmt also mit dem Short-Rivulet-Tale,« ließ sich

Sam vernehmen. »Ist das nicht eigentümlich, Charley? Diese Morgans haben das auch gewußt. Aber woher, he?«

»Jedenfalls hat auf dem Papiere, welches sie auf Allans Zeltplatze fanden, eine Andeutung gestanden.«

»Möglich,« fiel Bernard ein. »Ich finde hier unten eine Stelle, welche uns vielleicht einen Anhalt bietet. Hört!«

»»– – – zumal ich keine zahlreiche Begleitung nötig habe. Nicht einmal einen Führer brauche ich, denn ich habe mir nach den neuesten Karten einen Reiseplan oder vielmehr eine Route vorgezeichnet, nach welcher ich mich mit Vertrauen richten darf. – – –« «

»Sollte er diese Route verloren oder das Konzept derselben achtlos weggeworfen haben?« fragte ich.

»Möglich,« meinte Sam; »denn ein Westmann ist er doch nicht und hat also noch nicht gelernt, daß an dem kleinsten Umstande zum Beispiel das Leben hängen kann. Und wenn er glücklich hingekommen ist, fragt es sich dann, wie er mit den Schlangenindianern auskommt, die da oben ihre Dörfer und nach dem Lewis-Süd-Fork zu ihre Jagdgründe haben.«

»Sind sie so schlimm wie die Comanchen?« erkundigte sich Bernard besorgt.

»Sie sind sich alle gleich, edel gegen den Freund und furchtbar dem Feinde. Wir übrigens brauchen keine Sorge vor ihnen zu haben, denn ich bin längere Zeit bei ihnen gewesen, und jeder Snake-Indsman kennt Sans-ear, wenn nicht persönlich, so doch dem Rufe nach.«

»Snake?« fragte jetzt Winnetou. »Der Häuptling der Apachen kennt die Shoshones[1], die seine Brüder sind. Die Krieger der Shoshones sind tapfer und treu; sie werden sich freuen, zu sehen Winnetou, der das Calumet viele Male mit ihnen rauchte.«

Also zwei Sorgen waren auf einmal gehoben. Sowohl Winnetou als auch Sam waren Bekannte der dortigen Indianer, und beide kannten also auch die Gegend, in welcher das Short-Rivulet-Tal zu suchen war. Beide führten uns jetzt weiter.

[1] Shoshones nennt der Wilde die Snake- oder Schlangenindianer.

Das Terrain, welches wir beschreiten mußten, war durchweg gebirgig, denn wir hatten das Sacramento-Tal bald verlassen und hielten auf die Berge von San Jose zu. Dies war ein beschwerlicher, aber der geradeste und kürzeste Weg, der es uns ermöglichte, den zwei Räubern vielleicht vorzukommen. Sie hatten zwar einen Vorsprung von zwei Tagen, aber ihr Weg war jedenfalls ein längerer, da wir sonst doch wohl ihre Spur getroffen hätten.

Von den Josefsbergen aus wandten wir uns gegen Nordost und gelangten eine volle Woche nach unserer Abreise vom Yellow-water-ground an einen mächtigen Bergstock, welcher mit einem Durchmesser von mehr als fünfzehn Meilen sich wie ein riesiger, abgestumpfter Kegel über das Gebirge erhob und an seinem Fuße dichte Laubhölzer, weiter oben aber sich von beinahe undurchdringlichem Nadelholz-Urwald bestanden zeigte. Da oben lag grad in der Mitte seines Plateaus ein See, welcher seines finsteren Aussehens und seiner düsteren Umgebung wegen das *black eye*[1] genannt wird. In ihn ergießt sich, von Westen herbeiströmend, der Short Rivulet.

Wie kam es, daß dort oben Gold zu finden war? Von andern Höhen konnte es nicht herabgespült worden sein, vielmehr mußte es einen plutonischen Ursprung haben. Die Gewalten des Erdinnern hatten bei dem Emportreiben dieses mächtigen Gebirgsstockes die goldenen Schätze der Unterwelt mit emporgeworfen, und es ließ sich sehr leicht denken, daß dort statt des goldhaltigen Sandes ganze Adern und Nester vorhanden seien, die eine größere Ausbeute gaben, als selbst das Tal des berühmten Sacramento.

Wir traten beim Ersteigen des Gebirges in eine Wildnis ein, welche so urwüchsig uns entgegenstarrte, daß wir beinahe den Mut verloren, in das unüberwindlich scheinende Gewirr von Fels und Waldung einzudringen. Aber je weiter wir kamen, desto besser ging es. Das beschwerliche Unterholz verlor sich nach und nach, und endlich ritten wir in einem riesigen Dome, dessen Decke aus dichtem Laubgewinde bestand

[1] Schwarzauge.

und dessen Millionen von Säulen – so stark, daß eine von ihnen kaum von drei Männern umklaftert werden konnte – oft zwölf und mehrere Ellen auseinander standen.

Ein solcher Urwald macht auf das empfängliche Gemüt ganz denselben Eindruck, den das Gotteshaus auf ein Kind hervorbringt, welches dasselbe zum erstenmale betritt.

»Du hast die Säulen dir aufgebaut
Und deine Tempel gegründet;
Wohin mein gläubiges Auge schaut,
Es dich, Herr und Vater, nur findet!«

So hallt, webt und weht es einem aus allen Richtungen entgegen; das Herz wird weit und groß; der Glaube schlägt seine Würzeln tiefer und fester, und der Sohn des Staubes dünkt sich so klein wie der Wurm, der sich dort vergeblich bemüht, an der Rinde der gigantischen Eiche emporzuklimmen. Ehe er die Spitzen derselben erreicht, ist er längst tot; so auch der Mensch, der sich Herr der Schöpfung dünkt und doch nur von der Gnade Gottes den obersten Platz unter den sterblichen Kreaturen als unverdientes Geschenk erhielt.

So ritten wir langsam und stetig empor, bis wir das Plateau erreichten. Nun war es leichter, rasch vorwärts zu kommen, und eben als es Abend wurde, erreichten wir das südliche Ufer des ›Schwarzauges‹, dessen tiefe und unbewegliche Wasser uns entgegen phosphoreszierten wie ein Rätsel, dessen Lösung den unvermeidlichen Tod mit sich bringt.

Für das Tal gab es keine Sonne mehr; hier oben aber war die Dämmerung eben erst angebrochen, und es wäre uns recht gut möglich gewesen, einen Teil des Ufers noch abzusuchen.

»Reiten wir weiter?« fragte Marshall, welcher sich sehnte, das Wiedersehen mit seinem Bruder zu feiern.

»Meine Brüder werden hier lagern,« antwortete Winnetou in seiner kurzen und bestimmten Weise.

»*Well*,« stimmte Sam bei. »Hier gibt es prachtvolles Moos für uns zum Lagern und am Wasser auch Gras für die Pferde. Und wenn wir uns einen versteckten Ort aussuchen, wozu es zum Beispiel später keine Zeit mehr wäre, können wir sogar ein kleines indianisches Feuer machen, um den Puter zu braten, den Bob heut geschossen hat.«

Ja, Bob hatte heut wirklich zum ersten Male einen Braten geschossen, und er war nicht wenig stolz auf diesen unumstößlichen Beweis, daß er ein höchst nützliches Mitglied unserer Gesellschaft sei. Nach einigem Suchen fanden wir einen Platz, wie Sam ihn wünschte, und wir lagerten uns.

Bald brannte das Feuer, und Bob war emsig beschäftigt, dem charakteristischen Vogel Nordamerikas sein Federkleid auszuziehen. Unterdessen wurde es nun wirklich Nacht – pechschwarze Nacht, und die leise flackernde Flamme ließ uns die Bäume, Aeste und Zweige der Umgebung in grotesken Gestaltungen erscheinen. Jetzt war auch der Puter gebraten. Wir hielten eine köstliche Mahlzeit und schliefen dann ruhig bis früh.

Am Morgen brachen wir auf und gelangten bald in das Tal des Short-Rivulet. Es war nicht lang, wie ja auch sein Name sagte[1]. Der Bach hat nur schwachen Zufluß von wenigen hügelförmigen Höhen her, und es schien, daß er während der warmen Jahreszeit ganz vertrocknete.

Wir fanden zerstörte Zelte, aufgewühlte Plazers, zerrissene Erdhütten und überall die Spuren eines heftigen Kampfes.

Kein Zweifel, die Goldgräber waren von Räubern überfallen worden. Aber wir sahen keine Leichen.

Nach längerem Suchen bemerkten wir drüben unter den Bäumen des Urwaldes ein größeres Zelt. Es war auch zerrissen, zerschnitten und zerfetzt. Keine einzige Spur, kein Fund, kein einziger kleiner Gegenstand verriet, wem es gehört hatte.

Wie enttäuscht war Bernard, welcher vollständig überzeugt gewesen war, seinen Bruder hier zu finden!

»Hier hat Allan gewohnt,« behauptete er.

Er ahnte es, und die Ahnung mochte ihm wohl das Rich-

[1] »Kurzes Flüßchen«.

tige sagen. Wir umritten das rings vom Urwald eingefaßte Tal und trafen die Spuren der abgezogenen Räuber; sie führten nach dem Westabhange des Gebirgsstocks zu.

»Allan wollte von hier aus über die Lynn nach dem Humboldtshafen. Die Räuber sind ihm nach!« meinte Bernard.

»Gewiß; vorausgesetzt, daß er entkommen ist,« antwortete ich. »Der Umstand, daß wir keine Leiche sehen, beweist noch nicht, daß die Ueberfallenen entkommen sind. Ich denke, die Toten wurden in den See geworfen.«

Tief unter den Wassern des Black-eye lagen wohl jetzt die Männer, welche von Reichtum, Glück und Genuß geträumt hatten. Der finstere Dämon, Gold genannt, hatte sie aus ihren Träumen gerissen und in den Tod gestürzt!

»Und wer waren die Mörder?« fragte Marshall grimmig.

»Der Mulatte und die beiden Morgans, die uns so lange Zeit entgangen sind, trotzdem wir uns an ihre Fersen geheftet haben.«

»Jetzt aber werden sie unser,« behauptete Sans-ear, »und dann gehören sie keinem Anderen als Sam Hawerfield, der seine Abrechnung mit ihnen zu halten hat.«

»Also vorwärts, und ihnen nach!«

Die Fährte war nicht so deutlich, daß wir die einzelnen Spuren hätten zählen können; weiter unten aber hatte sich im Hochwalde ein Jeder seine eigene Bahn gesucht, und wir zählten zwanzig Tiere. Ich betrachtete die Eindrücke eine ganze Strecke lang genauer. Das Ergebnis war:

»Es sind sechzehn Reiter und vier bepackte Maultiere. Die Hufe der letzteren haben sich schärfer abgezeichnet, und Maultiere sind es, dies sieht man genugsam daraus, daß sie öfters störrisch gewesen sind. Die Räuber werden also nicht so schnell vorwärts kommen wie wir, und so ist alle Hoffnung vorhanden, daß wir an sie kommen, noch ehe sie Allan ereilen.«

Am Nachmittag erreichten wir die Stelle, an der sie ihr erstes Nachtlager gehalten hatten. Wir setzten unsern Ritt so lange fort, als wir die Fährte erkennen konnten, und legten uns dann nur auf einige Stunden zur Ruhe. Bei Tagesgrauen ging es schon wieder weiter, und bereits am Vormittag kamen wir an die Stelle ihres zweiten Nachtlagers. Wir waren ihnen also bereits um einen Tag näher gerückt.

Am Abend wollten wir den oberen Sacramento erreichen, der hier von der Shasta niederströmt, und durften dann hoffen, die Bravos morgen einzuholen; aber wir gerieten auf ein höchst unangenehmes Hindernis. Nämlich die Fährte teilte sich. Der Sacramento macht hier einen weiten Bogen, und grad auf die Mitte dieses Bogens hielten wir zu. Nun aber ging die Spur der vier Maultiere und von sechs Reitern nach links ab, um den Bogen abzuschneiden, während die Anderen die vorige Richtung beibehalten hatten.

»*All devils*, das ist fatal,« meinte Sam. »Ist das eine Kriegslist oder ist es zum Beispiel nur Zufall?«

»Uns gegenüber gewiß nur Zufall,« antwortete ich.

»Aber weshalb teilen sie sich?« fragte Bernard.

»Das ist sehr leicht einzusehen,« antwortete ich. »Die Maultiere, welche die am Black-eye gemachte Beute tragen, sind den Bravos am schnellen Vorwärtskommen hinderlich; darum wird der Transport vorausgeschickt, während die Anderen nun mit vermehrter Eile Allan nachjagen. Haben sie ihm das Seinige abgenommen, so wird es wohl am Sacramento einen Ort geben, an welchem man sich wieder trifft.«

»*Well*, so lassen wir die Maultiere zum Beispiel laufen, und machen uns mit vermehrter Eile hinter die Andern her. Meine Tony hat es bereits längst schon übel genommen, daß wir wie Schnecken ziehen!«

»Schöner Schneckenritt! Uebrigens gibt es hier noch eins zu bedenken, Sam. Welchen von den beiden Morgans willst du für dich haben?«

»*Zounds*, wie du nur noch fragen kannst, Charley; alle Beide natürlich!«

»Hm, das wird nicht gut gehen!«

»Warum?«

»Die Maultiere tragen Gold. Wenn Fred Morgan sie von sich schickt, wem wird er sie denn anvertrauen?«

»Nun?«
»Natürlich sonst niemand als seinem Sohne.«
»Da hast du Recht! Aber was machen?«
»Welchen möchtest du eher haben?«
»Den Alten!«
»Nun gut; dann also vorwärts und gradaus!«

Wir setzten wirklich zur vorhergedachten Zeit über den Sacramento und hielten dann drüben unser Lager. Dann ging es am Morgen weiter in das Land hinein, immer der Fährte nach, welche stets deutlich blieb. Am Mittag erreichten wir die Ebene, und die Spuren waren so frisch, daß die Truppe kaum noch fünf Meilen vor uns sein konnte.

Jetzt strengten wir unsere Pferde zu einem letzten Ritt an. Wir mußten den Verfolgten so nahe kommen, daß wir uns an ihr Nachtlager schleichen konnten. Wir befanden uns Alle in einer beinahe fieberhaften Aufregung; wir hatten ja nun die Mörder, denen wir so lange vergeblich nachgejagt waren, zum Greifen vor uns. Mein Rapphengst trug mich immer voran; hart hinter mir kam der Klepper des Apachen. Da, was ist das? Eine solche Menge von Pferdespuren, daß hier wenigstens hundert Reiter gewesen sein mußten. Der Boden zeigte Spuren eines Kampfes, und an einer großblätterigen Pflanze sah ich sogar Blut kleben!

Wir durchforschten den Platz genau. Links hinüber führten die Spuren dreier Pferde in die Ebene, während eine breite Hufbahn gradaus ging.

Wir folgten der breiten Bahn, und zwar in höchster Eile. Die Reiter waren jedenfalls Indianer gewesen, und da Allan keinen großen Vorsprung hatte, konnte er recht gut in ihre Hände geraten sein. Noch nicht weiter als eine Meile waren wir gekommen, so sahen wir die Zelte eines Indianerlagers vor uns.

»Shoshones!« rief Winnetou.

»Schlangenindianer!« stimmte Sam bei, und wir ritten, ohne anzuhalten, in das Lager ein.

In der Mitte desselben standen mehr als hundert Krieger um einen Häuptling versammelt. Als sie uns kommen sahen, griffen sie zu ihren Büchsen und Tomahawks und öffneten den Kreis.

»Ko-tu-cho!« rief Winnetou, auf den Häuptling zusprengend, als wolle er ihn über den Haufen reiten; einen einzigen Schritt vor ihm aber parierte er sein Pferd.

Der Angeredete hatte bei dem waghalsigen Reiterstückchen Winnetous mit keiner Wimper gezuckt, jetzt aber streckte er die Hand aus.

»Winnetou, der Häuptling der Apachen! Es kehrt Freude ein bei den Kriegern der Shoshones und Wonne in dem Herzen ihres Häuptlings, denn Ko-tu-cho[1] hat sich gesehnt wiederzusehen seinen tapferen Bruder!«

»Und mich,« rief Sam. »Kennt der Häuptling der Schlangen nicht mehr Sans-ear, seinen Freund?«

»Ko-tu-cho kennt all seine Freunde und Brüder. Sie seien willkommen in den Wigwams seiner Krieger!«

Da ertönte seitwärts ein gräßlicher Schrei. Ich wandte mich um und sah Bernard bei einer menschlichen Gestalt am Boden knien. Schnell trat ich hinzu. Der da neben der Hütte lag, war tot; eine Kugel war ihm in die Brust gegangen. Es war ein Weißer, und er sah Bernard so ähnlich wie ein Bruder dem andern – ich wußte Alles!

Auch die Andern kamen herbei. Keiner sprach ein Wort. Bernard kniete lautlos neben dem Ermordeten, küßte ihn auf Lippen, Stirn und Wangen, streichelte ihm das wirre Haar aus dem Gesicht und schlang die Arme um seinen Nacken. Dann erhob er sich.

»Wer hat ihn getötet?« fragte er.

Der Häuptling antwortete:

»Ko-tu-cho sandte seine Krieger aus, ihre Rosse zu üben; da sahen sie drei Bleichgesichter kommen und hinter ihnen andere Bleichgesichter als Verfolger. Wenn vierzehn Männer drei Männer verfolgen, so sind die vierzehn Männer nicht gut und tapfer; daher eilten die roten Krieger den dreien entgegen, um ihnen zu helfen. Aber die vierzehn schossen auf die

[1] »Der schmetternde Blitz«.

Weißen, und dieses Bleichgesicht wurde getroffen. Da nahmen die roten Krieger elf gefangen und drei entkamen. Dieses Bleichgesicht aber starb in ihren Armen, und die beiden, die mit ihm waren, ruhen aus auf den Matten des Wigwams.«

»Ich muß sie sehen, auf der Stelle! Dieser Tote ist mein Bruder, ist der Sohn meines Vaters,« fügte Bernard hinzu, an die weitere Bedeutung denkend, welche bei den Wilden das Wort Bruder hat.

»Mein weißer Bruder ist gekommen mit Winnetou und Sans-ear, den Freunden der Shoshonen, darum wird Ko-tu-cho tun, was er begehrt. Er folge mir!«

Wir wurden in ein großes Zelt geführt, in welchem die Gefangenen lagen, mit Riemen an Händen und Füßen gebunden. Der Mulatte war dabei: er hatte eine Narbe über die rechte Wange. Die beiden Morgans waren nicht zu sehen.

»Was werden meine roten Brüder mit diesen Bleichgesichtern tun?« fragte ich.

»Mein weißer Bruder kennt sie auch?«

»Ich kenne sie; es sind Räuber, welche den Tod vieler Männer auf ihrem Gewissen haben.«

»So mögen meine weißen Brüder über sie richten.«

Ich tauschte mit den Andern einen Blick des Einverständnisses und antwortete:

»Sie haben den Tod verdient, doch fehlt uns die Zeit, sie zu richten. Wir übergeben sie unseren roten Brüdern.«

»Mein Bruder tut recht daran!«

»Wo sind die beiden Weißen, welche bei dem Toten waren?«

»Meine Brüder mögen mir folgen!«

Wir wurden in ein zweites Zelt geführt, in welchem zwei Männer im Schlafe lagen; sie waren wie Tropeiros gekleidet. Sie wurden geweckt, aber ihre Antworten überzeugten uns, daß sie in einem rein dienstlichen Verhältnisse zu Allan gestanden hatten und uns nur über Aeußerlichkeiten Auskunft erteilen konnten. Wir kehrten wieder zu dem Toten zurück.

Bernard hatte während der letzten Monate eine harte Schule durchgemacht; er war äußerlich und innerlich stärker geworden, aber seine Hände zitterten dennoch, als er die Taschen des so lange gesuchten Bruders untersuchte. Er entnahm ihnen Alles, was sie enthielten. Er betrachtete jeden einzelnen der ihm bekannten Gegenstände, und als er das Taschenbuch aufschlug und die lieben Schriftzüge erblickte, küßte er die Blätter und brach in ein bitteres Schluchzen aus. Ich stand neben ihm und konnte nicht verhindern, daß auch mir die Tränen über die Wangen rannen.

Die Shoshonen standen dabei, und in den Mienen des Häuptlings zuckte es wie Verachtung über unsere Schwäche. Winnetou mochte das nicht leiden; er deutete auf uns:

»Der Häuptling der Shoshonen denke nicht, daß diese Männer Weiber sind. Der Bruder dieses Toten hat gekämpft mit den Pfahlmännern und Comanchen und eine starke Hand gezeigt, und mein roter Bruder kennt dieses Bleichgesicht: es ist Old Shatterhand.«

Ein leises Gemurmel durchlief die Reihen der Schlangen-Indianer, und ihr Häuptling trat näher und bot uns seine Hand.

»Dieser Tag wird gefeiert werden in allen Wigwams der Shoshonen. Meine Brüder werden bleiben in unsern Hütten; sie werden von unserm Fleische essen, die Pfeife der Freundschaft mit uns trinken und schauen die Spiele unserer Krieger.«

»Die weißen Männer sind die Gäste der roten Brüder, aber nicht heut, sondern sie werden wiederkommen. Sie werden zurücklassen die Leiche und die Habe ihres erschlagenen Bruders und sofort nachjagen den entflohenen Mördern,« antwortete ich.

»Ja,« bestätigte Bernard, »ich lasse Allan und seine Diener hier zurück und werde keine Minute länger warten. Wer geht mit zur Verfolgung?«

»Wir Alle natürlich!« meinte ich.

Auch Winnetou und Sam schritten zu ihren Pferden. Der Häuptling gab den Seinigen einige leise Befehle; ein prächtiges, indianisch aufgezäumtes Roß wurde ihm gebracht.

»Ko-tu-cho wird gehen mit seinen Brüdern. Das Eigentum des toten Bleichgesichts wird aufbewahrt werden im Wigwam des Häuptlings, und seine Frauen werden weinen und singen für den Toten!«

Das war ein kurzer Besuch bei den tapfern Snakes; wir nahmen eine tüchtige Kraft mit fort zur Verfolgung der Räuber.

Ihre Spur war leicht zu sehen. Sie hatten wenig über zwei Stunden Vorsprung; aber es war, als ob unsere Pferde unsere Absicht verständen: – sie fegten über die Ebene, daß die Funken gesprüht hätten, wenn der Boden ein steiniger gewesen wäre. Nur Bobs Brauner zeigte sich ermüdet, aber der Neger trieb das Tier unaufhörlich an, daß es Schritt halten mußte.

»Hoh, hüh, hüüh!« brüllte er. »Pferd müssen laufen, müssen viel rennen, daß Bob erwischen Mörder von gut Massa Allan!«

Wir brausten dahin.

Die Mitte des Nachmittages war bereits da, und die Fliehenden mußten vor Einbruch des Abends erreicht werden. So ging es fort über drei Stunden lang. Da stieg ich denn doch vom Pferde, um die Spur zu untersuchen. Sie erschien außerordentlich scharf, obgleich der Boden mit dichtem, kurzen Grase bedeckt war; noch kein einziger Halm hatte sich aufgerichtet. Die Räuber konnten also höchstens eine Meile von uns entfernt sein.

Jetzt nahm ich von Zeit zu Zeit mein Fernrohr zur Hand, um in der Richtung der Fährte den Horizont abzusuchen. Da, endlich erblickte ich drei Punkte, welche sich scheinbar langsam vor uns her bewegten. »Da vorn sind sie!«

»Halloo, drauf!« rief Bernard und trieb sein Pferd an.

»Halt!« rief ich ihm zu. »Damit ist uns nicht gedient. Wir müssen sie umfangen. Mein Hengst und das Pferd des Häuptlings der Schlangen halten den Ritt noch aus. Ich reite rechts, Ko-tu-cho links; in zwanzig Minuten haben wir sie überholt, ohne daß sie uns bemerken, und dann reitet ihr auf sie los.«

»Uff!« rief der Häuptling der Shoshonen, und wie von einer Sehne geschnellt, flog er nach links hinüber.

Ich ebenso nach rechts, und in zehn Minuten hatte ich unsere Gefährten, obgleich sie ebenfalls vorwärts ritten, aus den Augen verloren. Ich mußte mich bereits parallel mit den Verfolgten befinden. Mein Hengst zeigte trotz der Anstrengungen der letzten Tage keine Ermattung; er hatte keinen Flokken Schaum vor seinem Maule und keinen Anflug irgend eines Schweißes auf seiner glatten Haut und fegte dahin, so elastisch, als ob sein schön gebauter Körper aus lauter Gummi bestände.

Nach fünfzehn Minuten bog ich links ein, und nach weiteren fünf Minuten sah ich durch das Rohr die drei Mörder seitwärts hinter mir und den Häuptling der Schlangenindianer, wenn auch ein wenig zurück im Verhältnisse zu mir, gleichfalls vor ihnen. Er hielt jetzt auf sie zu, und ich tat dasselbe.

Da wir uns nun gegenseitig entgegenritten, bemerkten sie uns sehr bald. Sie blickten hinter sich – und sahen sich hier auch verfolgt; es gab für sie nur eine Art des Entkommens, das Durchbrechen. Sie wandten sich hinüber zu dem Shoshonen.

»Jetzt halte aus, mein Rappe!«

Jenen schrillen, scharfen Schrei ausstoßend, der ein indianisch dressiertes Pferd zur Aufbietung seiner ganzen Kraft und Schnelligkeit antreibt, warf ich den Arm empor und stellte mich aufrecht in die Bügel, um dem Tiere die Last und das Atmen zu erleichtern. Es war ein Ritt, wie man ihn nur macht, wenn der Savannenbrand hinter dem Reiter hertobt.

Da hielt der Eine, in dem ich sofort Fred Morgan erkannte, sein Pferd an und legte die Büchse an die Wange. In demselben Augenblick, in welchem es aufblitzte, stürzte der Häuptling, wie vom Wetter getroffen, samt dem Pferde zur Erde. Ich glaubte, daß der Schuß ihn oder sein Pferd getötet habe, und stieß einen Schrei der Wut aus; ich hatte mich aber geirrt, denn schon im nächsten Moment saß er wieder auf und stürmte mit geschwungenem Tomahawk auf die Drei ein. Es war eines jener Kunststücke gewesen, zu welchen die Indianer ihre Pferde jahrelang dressieren. Sein Pferd war abgerichtet, auf ein bestimmtes Wort sich blitzschnell zur Erde zu werfen; dann mußte die Kugel über Beide hinwegfliegen.

Eben schlug er den Einen nieder, als ich auf Fred Morgan einstürmte. Ich mußte ihn lebendig haben und achtete nicht darauf, daß er seine Büchse, deren anderer Lauf noch geladen war, auf mich richtete. Sein Pferd stand nicht ruhig; der Schuß krachte, und die Kugel fuhr durch den Aermel meines Jagdrockes.

»Hurra, hier ist Old Shatterhand!« rief ich.

Der Lasso sauste; mein Pferd warf sich herum und galoppierte rückwärts; ich fühlte einen starken Ruck, doch lange nicht so stark wie damals bei der Büffelkuh des ehrenwerten Don Fernando de Venango e Colonna de Molynares de Gajalpa y Rostredo, und blickte um mich. Die Schlinge hatte ihm beide Arme an den Leib gezogen und riß ihn hinter mir her. Zu gleicher Zeit sah ich, daß auch Sam mit den beiden Andern den Platz erreicht hatte. Der dritte Räuber schoß auf Bernard, wurde aber in einem und demselben Augenblicke von der Kugel Sams und des Häuptlings niedergestreckt.

Ich sprang ab. Endlich hatten wir Fred Morgan! Er war durch den Sturz vom Pferde betäubt. Ich nahm meinen Lasso von ihm ab und band ihn mit seinem eigenen. Nun waren auch die Andern da. Bob war der Erste, der vom Pferde sprang; er zog das Messer.

»Oh, ah, da sein Nigger Bob mit Messer, der stechen langsam zu Tode schlecht' bös' Räuber und Mörder!«

»Stopp!« rief Sam, ihn bei der Hand erfassend. »Dieser Mann ist mein!«

»Sind die Andern tot?« fragte ich.

»Beide!« antwortete Bernard, dem das Blut von seinem rechten Schenkel niederlief.

»Seid Ihr verwundet?«

»Bloß gestreift.«

»Das ist trotzdem schlimm, da wir noch einen weiten Ritt vor uns haben. Wir müssen ja den Maultieren nach! Was tun wir mit Morgan?«

»Er ist mein,« antwortete Sam, »und so habe ich über ihn zu bestimmen. Ich übergebe ihn Master Bernard und Bob, die ihn nach dem Lager der Shoshonen bringen und dort bewachen, bis wir zurückkehren. Bernard ist verwundet und hat zum Beispiel mit seinem Bruder zu schaffen; Bob muß bei ihm sein, und wir Vier sind, wie ich denke, Manns genug für die sechs Männer bei den Maultieren.«

»Der Plan ist gut, also rasch!«

Morgan wurde sorgsam auf sein Pferd gebunden; Bernard und Bob nahmen den Gefangenen in ihre Mitte und kehrten nach dem Lager der Shoshonen zurück. Wir aber blieben, um unsere Pferde zunächst verschnaufen und ein wenig weiden zu lassen.

»Lange dürfen wir nicht verweilen,« meinte ich. »Wir müssen den Tag noch benutzen, um vorwärts zu kommen.«

»Wohin gehen meine Brüder?« fragte Ko-tu-cho.

»Nach dem Wasser des Sacramento zwischen den Bergen von San John und San Josef,« antwortete Sam.

»So mögen sie nicht Sorge haben! Der Häuptling der Shoshonen kennt jeden Schritt des Weges nach diesem Wasser. Sie können ihre Tiere grasen lassen und dann des Nachts reiten.«

»Wir hätten diesen Morgan doch nicht so schnell fortschicken, sondern ihn erst ausfragen sollen,« bemerkte Sam.

»Warum?«

»Wir konnten ihn verhören.«

»Das werden wir später tun, oder vielmehr, das brauchen wir gar nicht zu tun. Seine Schuld ist zehnmal erwiesen.«

»Aber wir konnten von ihm erfahren, wo er mit den Maultieren zusammentreffen wollte!«

»*Pshaw!* Glaubst du wirklich, daß er uns das gesagt hätte?«

»Möglich!«

»Nein. Er wird uns seinen Sohn und die geraubten Schätze nicht an das Messer liefern, besonders da er sehr genau weiß, daß er damit sein Schicksal nicht zu ändern vermag.«

»Mein Bruder Shar-lih hat recht!« bestätigte auch Winnetou. »Und die Augen der roten und weißen Jäger sind scharf genug, um zu finden die Spuren der Maultiere.«

Da hatte er allerdings nicht ganz unrecht, doch hätten wir sicher Zeit erspart, wenn wir den Ort erfahren konnten.

»Wen suchen meine Brüder?« fragte der Shoshone, ganz gegen die sonstige Gewohnheit dieser Leute, welche Fremden gegenüber niemals Neugierde verraten. Hier aber befand er sich bei Männern, die er sich ebenbürtig dachte, und konnte also von der sonst gebotenen Zurückhaltung abweichen.

»Die Gefährten der Räuber, welche von den Kriegern der Shoshonen gefangen wurden.«

»Wie viel sind es?«

»Sechs.«

»Die wird ein Einzelner meiner Brüder töten. Wir werden sie finden und zu den Uebrigen versammeln.«

Als die Dämmerung hereinbrechen wollte, waren unsere Pferde so frisch, daß wir sie von Neuem anstrengen durften. Wir saßen auf und überließen uns der Führung des Häuptlings, welcher während des Abends und der ganzen Nacht uns voranritt und dabei eine Sicherheit bekundete, die uns die Wahrheit seiner Worte bewies, daß er jeden Schritt des Weges kenne.

Die Prairie lag längst hinter uns. Wir hatten bald Berge zu erklimmen, bald Täler zu durchreiten und bald kurze Wald- oder Savannenstrecken zu durchschneiden. Nach einer Rast, welche wir am Morgen hielten, folgten wir der eingeschlagenen Richtung, bis wir das Tal des Sacramento vor uns sahen.

Wir ritten in dasselbe hinab. Grad vor uns lag an einer Stelle, von welcher aus sich links und rechts ein Seitental in die Berge zog, ein aus Erdmauern, die mit Brettern verkleidet waren, aufgeführtes Haus, dessen Türüberschrift es als ›Hotel‹ bezeichnete. Der Besitzer desselben hatte einen sehr günstigen Punkt für seine Niederlassung gewählt; das zeigte die Frequenz, deren er sich zu erfreuen haben mochte, denn vor dem Hause stand eine Menge von Karren, Reit- und Lasttieren, und das Innere desselben mochte wohl nicht alle Gäste fassen, da die im Freien angebrachten Tische und Bänke sehr zahlreich besetzt waren.

»Gehen wir dort hinein, um uns zu erkundigen?« fragte mich Sam.

»Hast du noch Nuggets für Ale aus Burton in Staffordshire?« entgegnete ich ihm lachend.

»Habe noch einiges von dieser Sorte!«

»So gehen wir hinein!«

»Hinein nicht, sondern bloß hin, wenn es dir gefällig ist; denn ich liebe zum Beispiel nichts so sehr wie eine Handvoll freier, frischer Luft.«

Wir ritten hinzu, banden unsere Pferde an und setzten uns in einen Bretterverschlag, über welchem die stolze Inschrift ›Veranda‹ prangte.

»Was trinken die Herren?« fragte der herbeieilende Ganymed.

»Bier. Was kostet es?«

Aha, der gute Sam war heut vorsichtiger, als damals im Yellow-water-ground.

»Porter einen halben Dollar, Ale ebenso.«

»Dann Porter!«

Er brachte vier Flaschen und eben wollte trotz seiner Eilfertigkeit Sam die Erkundigung beginnen, als ich einen Blick durch das Loch warf, welches auf der Straßenseite als Fenster diente, und ihm schleunigst einen Wink gab.

Das eine Seitental herab kamen nämlich sechs Reiter, von denen zwei vier Maultiere am Zügel führten, und der Vorderste war kein Anderer als Patrik Morgan. Sie hielten auf das ›Hotel‹ zu, banden ihre Tiere an und setzten sich dann an einen Tisch, welcher draußen unter unserm Fenster stand. Besser und bequemer konnten wir es uns ja gar nicht wünschen!

Aber warum waren ihre Maultiere nicht mehr beladen? Sicher hatten sie die geraubten Gegenstände in irgend einem Versteck untergebracht und begaben sich nun nach dem Stelldichein, an welchem sie mit ihren Gefährten zusammentreffen wollten.

Sie bestellten Brandy und begannen dann ihre Unterhaltung, von welcher wir jedes Wort verstanden.

»Ob wir Euren Vater und den Kapitän schon treffen werden?« fragte der Eine.

»Möglich,« antwortete Patrik. »Sie konnten rascher reiten als wir, und werden mit diesem Marshall wohl leicht fertig geworden sein. Er hatte ja bloß zwei Begleiter.«

»Ein höchst unvorsichtiger Mensch; solche Schätze bei sich führen und nur zu dreien reisen!«

»Desto besser für uns! Unvorsichtig scheint er überhaupt stets gewesen zu sein, sonst hätte er im Yellow-water-ground nicht seinen geschriebenen Reiseplan weggeworfen. Aber, alle Teufel, was ist denn das!«

»Was?«

»Seht Euch einmal dort die Pferde an!«

»Drei prächtige Tiere; aber das vierte ist ja ein wahres Unikum. Welcher vernünftige Mensch setzt sich auf eine solche miserable Kreatur!«

Sam ballte die Faust.

»Werde euch bekreaturen, daß euch zum Beispiel die Seele aus der Haut fahren soll!« brummte er.

»Ja, ein Unikum ist es allerdings, dieses Pferd; trotz seines häßlichen Aussehens ist es eines der bekanntesten und berühmtesten Pferde des wilden Westens. Wißt Ihr, wem es gehört?«

»Nun?«

»Sans-ear.«

»Alle Wetter! Der soll allerdings einen solchen Ziegenbock reiten!«

»Dieser Kerl ist also wirklich hier! Trinkt aus! Ich habe einmal ein kleines Zusammentreffen mit ihm gehabt und mag mich nicht von ihm erkennen lassen.«

»Wirst es aber doch nicht umgehen können,« murmelte Sam.

Die Sechs stiegen auf und ritten talabwärts davon.

»Das sind die Männer, welche wir suchen,« erklärte ich dem Shoshonen. »Meine beiden roten Brüder werden sie überholen, und ich folge mit Sam nach. Dann nehmen wir sie zwischen uns.«

»Uff!« antwortete er und stand auf.

Er und Winnetou stiegen zu Pferde. Sam bezahlte das Porterbier, welches gar nicht so übel gewesen war, und dann ritten wir hinterdrein, uns immer so haltend, daß wir vor den Blicken der Verfolgten gedeckt waren.

Die Gegend wurde schnell einsam, und als wir ein Terrain erreichten, wo uns kein Gebüsch und keine Ecke des Weges mehr verbergen konnte, ließen wir unsere Pferde weit ausgreifen. Wir erreichten die Galgenvögel, ehe sie sich nur recht bewußt wurden, daß es ihnen galt. Hart vor ihnen befand sich Winnetou mit Ko-tu-cho.

»*Good day*, Master Merkroft!« grüßte Sam. »Sind das noch immer die Pferde, die ihr den Comanchen gestohlen habt?«

»*s' death!*« fluchte der Angeredete und raffte die Büchse empor, wurde aber vom Pferde gerissen, ehe er losdrücken konnte.

Die beiden Häuptlinge hatten sich nur wenige Schritte vor den Bravos gehalten, und der Lasso Winnetous war ihm um die Schultern geflogen. Im Nu stoben die andern Fünf auseinander. Sam und der Shoshone schossen ihre Büchsen auf sie ab und wollten ihnen folgen.

»Halt, laßt sie!« rief ich. »Wir haben ja den Hauptspitzbuben!«

Sie gehorchten nicht. Noch zwei Schüsse krachten, und den Letzten schlug der nachsetzende Ko-tu-cho vom Pferde.

»Was tut ihr nur?« schalt ich Sam. »Ihre Spur hätte uns sicherlich erst zum Stelldichein und dann an den Ort geführt, wo sie ihren Raub verborgen haben!«

»Dieser Morgan hier wird ihn uns auch sagen müssen!«

»Wird sich hüten!«

Es zeigte sich bald, daß ich recht hatte, denn er gab trotz aller Drohungen auf keine unserer Fragen eine Antwort. Das Gold, wegen dessen so viele Menschen hatten sterben müssen, war verloren – *deadly dust!*

Wir banden ihn, wie vorher seinen Vater, auf das Pferd, ritten, um das ›Hotel‹ zu vermeiden, durch den Sacramento, der hier nicht tief war, und erreichten die Berge, ohne von jemand behelligt zu werden.

Auch während unseres ganzen weiteren Rittes war kein Wort aus dem Gefangenen herauszubringen, und nur, als wir das Lager erreichten und er den uns entgegenkommenden Juwelier erkannte, murmelte er einen Fluch in den Bart. Ich schaffte ihn in das Zelt, in welchem sich noch die andern Gefangenen befanden. Auch sein Vater lag da.

»Master Morgan, hier stelle ich Euch Euern Sohn vor, nach dem Ihr wohl eine große Sehnsucht gehabt habt,« sagte ich zu ihm.

Der Alte blitzte mich mit wutvollen Augen an, sprach aber kein Wort. Es war gegen Abend, als wir das Lager erreicht hatten; das Gericht über die Gefangenen mußte also bis morgen verschoben werden. Wir hielten als Gäste des Häuptlings in dessen Zelt unser Nachtmahl und rauchten das ›Calumet des Friedens‹. Dann begab sich jeder in das ihm angewiesene Zelt.

Die letzten Tage hatten mich doch ermüdet, und ich schlief außerordentlich fest, was hier mitten im Lager auch der Fall sein durfte, draußen in der Prairie aber sicherlich nicht geschehen wäre. Träumte ich oder war es Wahrheit? Ich befand mich im Kampfe mit wilden Gestalten, welche mich drohend umringten; ich schlug rasend um mich, und doch wuchsen die Feinde zu Dutzenden immer wieder aus dem Boden empor. Der Schweiß lief mir von der Stirn, ich sah meine letzte Stunde kommen und fühlte zum ersten Male die Angst des Todes mich erfassen. Es war ein Traum, und die Beklemmung erweckte mich doch endlich, und kaum halb wach geworden, vernahm ich draußen ein entsetzliches Getümmel.

Ich sprang auf, griff, ohne vollständig bekleidet zu sein, zu den Waffen und eilte hinaus. Die Gefangenen hatten sich auf eine auch später nicht zu erklärende Weise ihrer Fesseln entledigt, waren aus dem Zelte entkommen und hatten die glücklicherweise zahlreich dort aufgestellten Wachen überrumpeln wollen.

Aus allen Zelten sprangen die braunen Gestalten der Indianer hervor, der Eine nur mit dem Messer, der Andere mit dem Schlachtbeile und ein Dritter mit der Büchse bewaffnet.

Eben kam auch Winnetou herbei und überflog mit einem raschen Blick die Szene, welche sich im Scheine der Wachtfeuer abspielte.

»Rund um das Lager!« donnerte er in das Getümmel hinein, und sofort huschten sechzig bis achtzig Gestalten zwischen die Zelte.

Ich erkannte, daß meine Teilnahme am Kampfe nicht nötig sei. Die Gefangenen hatten keine Feuerwaffen, und die Indianer waren ihnen an Zahl zehnfach überlegen. Als ich auch Sams Stimme mitten im Knäuel der Ringenden vernahm, konnte ich vollends beruhigt sein. Und in der Tat, es dauerte keine zehn Minuten, so erscholl der Todesschrei des letzten, welcher niedergemacht wurde. Ich sah von weitem sein fahles Gesicht; es war Fred Morgan, den Sams Messer getroffen hatte.

Langsam kam dieser nun zwischen den Zelten heraufgeschritten. Er erblickte mich und fragte:

»Charley! Warum warst du nicht dabei?«

»Ich dachte, ihr wäret euer genug.«

»*Well*, ist auch so gewesen! Aber wenn ich nicht selbst vor dem Zelte der Gefangenen gesessen hätte, so wären sie zum Beispiel glücklich durchgekommen. Ich lag ganz an der Wand und hörte das Geräusch innen, und weil ich sofort die Wachen warnte, waren sie aufmerksam.«

»Ist jemand entkommen?«

»Keiner! Habe sie gezählt. Hatte mir aber meine Abrechnung mit den Morgans anders gedacht!«

Er kauerte sich vor mir nieder und schnitt die lange ersehnten zwei Kerben in seine Büchse ein.

»So, jetzt sind sie gerächt, die ich lieb hatte, Charley, und nun mag der Tod kommen, heut oder morgen!«

»Sam, wir wollen als Christen hinzufügen: Möge Gott den Verbrechern ein gnädiger Richter sein!«

»*Well*, Charley; ich hasse sie nicht über das Grab hinaus. Es sei ihnen verziehen!«

Er ging langsam weiter und kroch in sein Zelt.

Am andern Tage gab es eine traurige Feier: Allan Marshall

wurde begraben. In Ermangelung eines Sarges war er in mehrere Büffelfelle eingeschlagen worden. Die Shoshonen hatten von Steinen ein Viereck aufgebaut, in welches die Leiche gelegt wurde. Dann wurde das Viereck zur Pyramide zugespitzt, um welche man so viele Steine häufte, als zu finden waren. Oben auf die Spitze steckte ich ein Kreuz aus Baumästen – das Siegeszeichen der Erlösung. Bernard bat mich, eine kurze Leichenrede zu sprechen und ein Vaterunser vorzubeten. Ich tat es tief ergriffen und sah mit inniger Rührung, daß sämtliche Shoshonen, welche ernst im Kreise standen, unserm Beispiel folgten und ihre Hände falteten.

Als das Begräbnis beendigt war, ließen die Snakes dem trauernden Bernard keine Zeit, seinem Schmerze nachzuhängen. Wir blieben eine ganze Woche da, welche wir so mit Jagd, Kampfspielen und andern Unterhaltungen verbrachten, daß sie uns wie ein Tag wurde. Dann kehrten wir nach San Francisco zurück. – – –

FÜNFTES KAPITEL.

Die Railtroublers.

Der Senat und das Haus der Repräsentanten der Vereinigten Staaten beschließen:

»1. Der Landstrich, in den Territorien Montana und Wyoming liegend, nahe dem Ursprunge des Yellowstone-River, ist hierdurch von jeder Besitznahme, Besiedelung und jedem Verkaufe unter den Gesetzen der Vereinigten Staaten ausgenommen und soll als ein öffentlicher Park oder Lustplatz zum Wohle und Vergnügen des Volkes betrachtet werden. Jedermann, der sich diesen Bestimmungen zuwider dort niederläßt oder von irgend einem Teile Besitz ergreift, soll als Uebertreter des Gesetzes angesehen und ausgewiesen werden.

2. Der Park soll unter die ausschließliche Kontrolle des Sekretärs des Innern gestellt werden, dessen Aufgabe es sein wird, so bald als tunlich solche Vorschriften und Anordnungen zu erlassen, als er zur Pflege und Erhaltung desselben für notwendig erachtet.«

Als mir die Bekanntmachung dieses Gesetzes in die Hände kam, freute ich mich herzlich über die Hochherzigkeit, mit welcher der Vereinigte-Staaten-Kongreß durch diese Beschlußfassung dem Volke ein Geschenk erhielt, welches zu kostbar war, als daß man es hätte gestatten können, daß die Spekulation und Gewinnsucht sich seiner bemächtige.

Tausende werden diese Bekanntmachung gelesen haben, ohne zu ahnen, was ihnen damit geboten wurde. Viele, sehr viele werden vielleicht gelächelt haben, daß die Regierung der Vereinigten Staaten einen 9500 Quadratkilometer großen Park, eine im wilden, unzugänglichen Felsengebirge liegende Landesfläche als Lust- und Erholungsplatz der Unterthanen reserviert. Die Zukunft aber wird beweisen und hat schon bewiesen, daß diese ganz ohne Beispiel dastehende Handlung einer der dankeswertesten Vorgänge ist, den Millionen seiner Zeit noch segnen werden.

Dieser Park ist nämlich ein Stück Wunderland, wie es auf Erden wohl kaum zum zweitenmal gefunden werden dürfte. Die ersten märchenhaften Nachrichten von demselben erhielt General Warren im Jahre 1856. Er fühlte sich durch dieselben veranlaßt, eine Expedition dahin auszurüsten, welche aber nicht so glücklich war, ihr Ziel zu erreichen. Erst zehn Jahre später gelang es Anderen, den Schleier teilweise zu lüften und die Welt eine reiche, nie geahnte Fülle der großartigsten Naturwunder ahnen zu lassen. Im Sommer des Jahres 1871 drang Professor Hayden erfolgreich vor, und seine Berichte, so sachlich und nüchtern sie auch gehalten waren, begeisterten den Kongreß zu dem Entschlusse, jenes außerordentliche Land nicht dem gemeinen Schacher in die Hände zu liefern.

Jenseits der weiten westlichen Prairien, fern noch hinter dem Höhenzuge der Blackhills, ragen die gigantischen Mauern des Felsengebirges zum Himmel empor. Man möchte sagen, hier habe nicht die Hand, sondern die Faust des Schöpfers gewaltet. Wo sind die Zyklopen, die solche Basteien zu türmen vermögen? Wo sind die Titanen, die solche Lasten bis über die Wolken treiben könnten? Wo ist der Meister, der jene Firnen mit ewigem Schnee und Eise krönte? Hier hat der Schöpfer ›ein Gedächtnis seiner Wunder‹ errichtet, welches nicht imposanter und ergreifender sein könnte.

Und hinter jenen gigantischen Mauern, da wallet und siedet, da dampft und brodelt es noch heut aus den kochenden Tiefen des Erdinnern hervor; da treibt die dünne Erdkruste Blasen, da zischen glühende Schwefeldämpfe empor, und mit einem Getöse, welches dem Kanonendonner gleicht, sprühen riesige Geyser ihre siedenden Wassermassen in die zitternden Lüfte. Plutonische und vulkanische Gewalten kämpfen gegen die Gestaltungen des Lichtes. Die Unterwelt öffnet von Minute zu Minute den Rachen, um die Feuer der Tiefe emporzuspeien und die Gebilde des Tages in den tosenden Schlund hinabzusaugen.

Hier ist oft jeder einzelne Schritt mit Todesgefahren verbunden. Der Fuß kann durch die trügerische Kruste brechen, der dampfende Katarakt den müden Wanderer erfassen, der unterhöhlte Felsen mit dem Ruhenden in den gähnenden Abgrund stürzen. Aber diese Todesfelder werden einst Tausende von Wallfahrern sehen, welche in den heißen Quellen und ozonreichen Lüften Heilung ihrer Leiden suchen, und dann wird man auch jene wunderbaren Schlüfte und Klüfte entdecken, in denen die geizige Einsamkeit Schätze an Steinen und anderen Werten aufgespeichert hat, welche man an anderen Orten mit Gold aufwiegen würde. – – –

Es rief mich eine kleine geschäftliche Angelegenheit nach Hamburg, wo ich einen Bekannten traf, dessen Anblick alle Erinnerungen plötzlich aufleben ließ. Er war aus St. Louis, und wir hatten in den Sümpfen des Mississippi gar manches Stück Wild miteinander geschossen. Er war reich, sehr reich und bot mir freie Passage an, wenn ich ihm die Freude machen wolle, ihn nach St. Louis zu begleiten. Da ergriff mich die Prairiekrankheit mit voller, siegreicher Gewalt; ich sagte zu, telegraphierte nach Hause, um mir meine Gewehre und sonstigen Ausrüstungsstücke schleunigst kommen zu lassen, und nur fünf Tage nach unserem Wiedersehen schwammen wir bereits auf dem dienstfertigen Rücken der Elbe dem deutschen Meere und dem Ozean entgegen.

Drüben angekommen, vertieften wir uns für einige Wochen in die Wälder des untern Missouri; dann mußte er zurückkehren, während ich stromaufwärts nach Omaha City ging, um von da aus auf der großen Pacific-Bahn weiter nach Westen vorzudringen.

Ich hatte meine guten Gründe, gerade diese Route einzuschlagen. Ich hatte das Felsengebirge von den Quellen des Frazer-Flusses bis zum Hell Gate Paß, vom Nordpark bis hinunter zur Wüste Mapimi kennen gelernt, doch die Strecke vom Hell Gate Paß bis zum Nordpark, also eine Strecke von über sechs Breitegraden, war mir noch fremd geblieben. Und gerade hier sind die interessantesten Punkte des Gebirges zu suchen: die drei Tetons, die Windriverberge, der Südpaß und ganz besonders die Quellgegenden des Yellow Stone, Schlangenflusses und Columbia.

Dorthin war außer dem schleichenden Indianer oder einem flüchtigen Trapper noch kein Mensch gekommen, und es zog mich förmlich, mich an dem Wagnisse zu versuchen, in jene unwirtlichen, nach der Sage der Rothäute von bösen Geistern belebten Schluchten und Canons einzudringen.

Freilich war dies nicht so leicht, wie es sich erzählen läßt. Welche umständlichen und umfangreichen Vorbereitungen trifft der Schweizreisende, ehe er sich anschickt, einen der Alpenberge zu besteigen! Und was ist sein Unternehmen gegen dasjenige eines einsamen Westmannes, der es wagt, im Vertrauen nur auf sich allein und seine gute Büchse Gefahren entgegen zu gehen, von denen der zahme europäische Tourist gar keine Ahnung hat! Aber gerade diese Gefahren sind es, die ihn locken und bezaubern. Seine Muskeln sind von Eisen und seine Sehnen von Stahl; sein Körper kennt keine Anstrengungen und Entbehrungen, und alle Tätigkeiten seines Geistes haben durch unausgesetzte Uebung eine Energie und Schärfe erlangt, die ihn selbst noch in der größten Not ein Rettungsmittel finden lassen. Daher ist seines Bleibens nicht in zivilisierten Distrikten, wo er seine Fähigkeiten nicht üben und betätigen kann; er muß hinaus in die wilde Savanne, hinein in die todbringenden Abgründe des Gebirges, und je drohender die Gefahren auf ihn einstürmen, desto mehr fühlt er sich in seinem Elemente, desto höher wächst sein Mut, desto größer wird sein Selbstvertrauen, und desto inniger hält er die Ueberzeugung fest, daß er selbst in der tiefsten Einsamkeit von einer Hand geleitet wird, die stärker ist als alle irdische Gewalt.

Was mich betrifft, so war ich zu einem solchen Unternehmen wohl vorbereitet. Nur eins fehlte mir, ohne das es geradezu unmöglich ist, in den *dark and bloody grounds* zu bestehen – ein gutes, zuverlässiges Pferd; doch verursachte mir dieser Mangel keine Kopfschmerzen. Den alten Wallach, der mich bis Omaha getragen hatte, verkaufte ich dort und setzte mich mit der festen Ueberzeugung in den Bahnwagen, daß ich ein gutes Pferd, sobald ich es brauchte, auch wohl bekommen würde.

Es gab damals auf dieser Bahn noch immer Strecken, welche nur interimistisch befahrbar waren. Daher erblickte man während der Fahrt an vielen Stellen noch Arbeiter, welche beschäftigt waren, den Bau von Brücken und Viadukten nachzuholen oder solche Punkte, welche bereits schadhaft geworden waren, wieder auszubessern. Diese Leute hatten, wenn sie nicht in der Nähe einer der damals wie Pilze aus der Erde schießenden Ansiedelungen arbeiteten, sich gewöhnlich ein Camp, ein Lager errichtet, welches mit einigen Befestigungen versehen war. Dieses letztere war notwendig der Indianer wegen, welche den Bau der Eisenbahn als einen Eingriff in ihre Rechte betrachteten und ihn auf alle Weise zu verhindern und zu erschweren suchten.

Aber auch noch andere Feinde gab es, Feinde, welche fast noch furchtbarer als die Rothäute waren.

Es treibt sich nämlich in der Prairie eine Menge Gesindels umher, welches sich aus denjenigen Elementen rekrutiert, welche der zivilisierte Osten ausgestoßen hat, Existenzen, welche auf alle Weise bankerott geworden sind und nun vom Leben nichts weiter zu erwarten haben, als was sie durch ein verbrecherisches Durchschweifen des Westens zu erreichen vermögen. Diese Menschen rotten sich bald zu diesem, bald zu jenem verderblichen Zwecke zusammen und sind mehr zu fürchten, als selbst die wildesten Indianerhorden. Zur Zeit des Eisenbahnbaues hatten sie es ganz besonders auf die jungen Ansiedelungen und auf die Camps abgesehen, welche entlang der Bahnstrecke entstanden, und es war daher nicht zu verwundern, daß diese Camps Befestigungen erhielten und die Bewohner derselben selbst während der Arbeit bewaffnet gingen.

Wegen der Angriffe, welche diese Räuber auf die Camps und kleinen Wagentrains unternahmen, wobei sie gewöhnlich den Schienenweg zerstörten, um den Zug zum Stehen zu bringen, wurden sie Railtroublers, Schienenstörer genannt. Man hatte ein scharfes Auge auf sie, so daß sie schließlich ihre Ueberfälle nur dann unternehmen konnten, wenn sich mehrere ihrer Trupps vereinigt hatten, so daß sie sich also zahlreich genug wußten. Uebrigens herrschte gegen sie eine solche Erbitterung, daß jeder gefangene Railtroubler nichts anderes als den sicheren Tod zu erwarten hatte. Diese Banden mordeten ohne Unterschied des Alters und Geschlechtes, darum konnte auch gegen sie von keiner Gnade die Rede sein.

Es war Sonntag nachmittag, als wir mit dem Zuge Omaha verließen. Unter den Reisegefährten befand sich kein einziger, der mein Interesse mehr als vorübergehend in Anspruch nahm. Erst am nächsten Tage stieg in Fremont ein Mann ein, dessen Aeußeres sofort meine Aufmerksamkeit auf ihn lenkte. Da er in meiner unmittelbaren Nähe Platz nahm, so hatte ich die beste Gelegenheit, ihn zu beobachten.

Sein Anblick bot eigentlich etwas so Komisches, daß ein oberflächlicher Beobachter gewißlich Mühe hatte, ein belustigtes Lächeln zu verbeißen; ich aber war an derartige Erscheinungen gewöhnt, um meinen vollen Ernst bewahren zu können. Der Mann war von kleiner Statur, dabei aber so dick, daß man ihn ohne große Mühe hätte kugeln können. Er trug einen Schafpelz, dessen rauhe Seite nach außen gekehrt war. Diese rauhe Seite war früher jedenfalls behaart gewesen, jetzt aber war die Wolle verschwunden, und nur hier und da erblickte man ein kleines, einsames Flöckchen, welches auf dem nackt gewordenen Leder das Aussehen einer Oase in der Sahara hatte. Vor Zeiten mochte dieser Pelz seinem Besitzer gepaßt haben, dann aber war er unter dem Einflusse von Schnee und Regen, von Hitze und Kälte so zusammengeschwunden, daß sein unterer Rand das Knie nicht mehr erreichte; er konnte nicht mehr zugeknöpft werden, und die Aermel hatten sich bis in die Gegend des Ellbogens nach rückwärts konzentriert. Unter diesem Pelze sah man eine rotflanellene Jacke und eine Lederhose, welche jedenfalls einmal schwarz gewesen war, jetzt aber in allen Regenbogenfarben funkelte und ganz das Aussehen hatte, als ob es ihre Bestimmung sei, dem Besitzer als Wisch-, Tisch- und Taschentuch zu dienen. Unterhalb dieser antediluvianischen Hose erblickte man die nackten, blau gefrorenen Fußknöchel des Mannes und dann ein Paar Schuhe, die eine ganze Ewigkeit aushalten konnten. Sie waren aus rindsledernen Stiefeln geschnitten und hatten Doppelsohlen, die mit so starken Nägeln beschlagen waren, daß man mit ihnen hätte ein Krokodil tottreten können. Auf dem Kopfe trug er einen Hut, der außer der Fasson auch einen Teil der Krämpe verloren hatte. Um diejenige Körpergegend, welche vor Jahren einmal Taille gewesen war, jetzt aber eine wahrhaft staunenswerte Ausdehnung erhalten hatte, schlang sich ein alter Schal, dessen Farbe leider vollständig abhanden gekommen war und in welchem eine urahnenhafte Reiterpistole neben einem Bowiemesser steckte. Neben diesen beiden Waffen hing ein Kugel- und ein Tabakbeutel, ein kleiner Spiegel, wie man ihn auf deutschen Jahrmärkten für zehn Pfennige kauft, eine eingestrickte Feldflasche und vier Patenthufeisen, welche dem Pferde wie Schuhe angezogen und dann festgeschraubt werden können. Daneben erblickte ich ein Etui, dessen Inhalt mir jetzt noch verborgen war; später erfuhr ich, daß es ein vollständiges Rasierzeug enthielt, in der wilden Prairie höchst unnütz, wie mir schien.

Das Wunderlichste aber an diesem Manne war sein Angesicht. Dasselbe war so vollständig glatt rasiert, als ob er soeben aus dem Laden eines Friseurs gekommen sei. Die beinahe rosenroten Wangen waren so dick und fest, daß das kleine, kurze Stumpfnäschen zwischen ihnen beinahe verschwand und die zwei braunen, lebhaften Augen Mühe hatten, über sie hinwegzusehen. Sobald die mehr als vollen Lippen sich öffneten, erblickte man zwei Reihen blendend weißer Zähne, die ich aber sofort in Verdacht hatte, unecht zu sein. An der linken Seite des Kinnes hing eine gurkenähnlich gestaltete Verhärtung oder Wucherung, welche das Spaßhafte der Erscheinung dieses Mannes noch erhöhte, ihn aber nicht im mindesten zu genieren schien.

So saß er vor mir und hielt zwischen den kurzen, dicken Elefantenbeinen ein Schießgewehr eingeklemmt, welches der

Flinte meines alten Sam Hawkens ähnelte wie ein Ei dem andern. Es erinnerte mich überhaupt fast noch mehr an diesen, als mich Sans-ear an ihn erinnert hatte.

Er hatte mit einem einfachen »*Good day, Sir!*« bei mir Platz genommen und schien sich dann nicht im geringsten weiter um mich zu bekümmern. Erst eine Stunde später bat er mich um die Erlaubnis, eine Pfeife rauchen zu dürfen. Das fiel mir auf, denn ein echter, rechter Trapper oder Fallensteller kümmert sich nicht darum, ob das, was ihm zu tun beliebt, von Andern gutgeheißen wird.

»Raucht, soviel Ihr wollt, Master!« antwortete ich. »Ich werde Euch Gesellschaft leisten. Wollt Ihr Euch eine von meinen Zigarren anstecken?«

»Danke, Sir!« meinte er. »Diese Dinger, welche man Zigarren nennt, sind mir zu nobel. Ich halte es mit meiner Pfeife.«

Er hatte nach Trapperart die kurze, schmierige Pfeife an einer Schnur am Halse hängen. Als er sie gestopft hatte, beeilte ich mich, ein Hölzchen hervorzulangen; er aber schüttelte abwehrend mit dem Kopfe, griff in die Tasche seines Pelzes und brachte eines jener Prairien-Feuerzeuge zum Vorschein, welche Punks genannt werden und trockenen Baummoder als Zunder enthalten.

»Auch so eine noble Erfindung, diese Zündhölzer, die nichts für die Savanne taugen,« bemerkte er. »Man darf sich nicht verwöhnen.«

Damit war das kurze Gespräch beendet, und er schien nicht die mindeste Lust zu haben, ein neues anzuknüpfen. Er rauchte ein Kraut, dessen Duft mich sehr lebhaft an Walnußblätter erinnerte, und widmete dabei der Gegend seine ganze Aufmerksamkeit. So erreichten wir die Station ›Nordplatte‹ an dem Vereinigungspunkte des Nord- und Südplatte-Stromes. Hier stieg er für kurze Zeit aus und machte sich an einem der vorderen Wagen zu schaffen. Ich bemerkte, daß sich in demselben ein Pferd befand, welches jedenfalls ihm gehörte.

Als er wieder eingestiegen war und der Zug sich in Bewegung gesetzt hatte, beobachtete er sein bisheriges Schweigen, und erst als wir am Nachmittage in Cheyenne am Fuße der Black Hills hielten, fragte er:

»Geht Ihr von hier aus vielleicht mit der Koloradobahn nach Denver zu, Sir?«

»Nein,« antwortete ich.

»*Well,* so bleiben wir Nachbarn.«

»Fahrt Ihr sehr weit mit der Pacific?« fragte ich ihn.

»Hm! Ja und nein – wie es mir einfällt. Und Ihr?«

»Ich möchte am liebsten nach Ogden City.«

»Ah! Ihr wollt die Mormonenstadt sehen?«

»Ein weniges, und dann hinauf nach den Windriverbergen und den Tetons.«

Er musterte mich mit einem sehr ungläubigen Blick und meinte:

»Da hinauf? Das bringt nur ein sehr kühner Westmann fertig. Habt Ihr Gesellschaft?«

»Nein.«

Jetzt blickten mich seine kleinen Aeuglein förmlich belustigt an, und er fragte:

»Allein? Hinauf nach den drei Tetons? Mitten unter die Sioux und grauen Bären! *Pshaw*! Habt Ihr vielleicht einmal gehört, was ein Sioux oder ein grauer Bär zu bedeuten hat?«

»Ich denke!«

»Ah! Hm! Darf ich fragen, was Ihr seid, Sir?«

»Ich bin Writer.«

»Writer? Schriftsteller? So! Ihr macht also Bücher?«

»Ja.«

Jetzt lachte er am ganzen Gesichte. Es gab ihm, ganz so wie früher dem kleinen Sans-ear, gewaltigen Spaß, daß ein Schriftsteller den Gedanken gefaßt hatte, ganz allein und nur auf sich selbst angewiesen, den gefährlichsten Teil des Felsengebirges aufzusuchen.

»Schön!« sagte er kichernd. »So wollt Ihr wohl über die drei Tetons ein Buch schreiben, mein werter Master?«

»Vielleicht!«

»Und Ihr habt wohl einmal ein Buch gesehen, in welchem ein Indianer oder ein Bär abgebildet war?«

»Versteht sich,« antwortete ich sehr ernsthaft.

»Und nun glaubt Ihr, daß Ihr da mitmachen könnt?«

»Allerdings.«

»Und Ihr habt wohl gar auch eine Flinte mit, die da in Euere Decke eingewickelt ist?«

»Ja.«

»So will ich Euch einen guten Rat geben, Sir! Steigt schleunigst aus, und macht, daß Ihr wieder nach Hause kommt! Ihr seid zwar ein langer, starker Kerl, aber Ihr seht mir gar nicht aus, als ob Ihr ein Eichhorn schießen könntet, viel weniger einen Bären. Das Lesen hat Euch den Kopf benebelt. Es wäre jammerschade um Euer junges Leben, wenn Euch beim Anblick eines Wildkätzchens der Schlag rühren sollte! Ihr habt gewiß einmal den Cooper gelesen?«

»Ja.«

»Dachte es mir! Habt vielleicht auch von berühmten Prairiemännern gehört!«

»Ja,« antwortete ich abermals im bescheidensten Tone.

»Von Winnetou, von Old Firehand, von Old Shatterhand, von dem dicken Walker oder von dem langen Hilbers?«

»Von allen,« nickte ich.

Das dicke Männchen ahnte gar nicht, daß er mir wenigstens ebensoviel Spaß machte, wie ich ihm.

»Ja,« meinte er, »solche Bücher und Geschichten sind gefährlich, denn sie stecken an. Das klingt so schön und leicht, aber Master, nehmt mir's nicht übel, Ihr dauert mich! Dieser Winnetou ist ein Apachen-Häuptling, der mit tausend Teufeln kämpfen würde; dieser Old Firehand schießt Euch jede einzelne Mücke aus dem Schwarm heraus, und Old Shatterhand hat noch niemals einen Fehlschuß getan und schlägt die stärkste Rothaut mit einem einzigen Hiebe zu Brei. Wenn einer von diesen Kerls sagt, daß er hinauf will zu den drei Tetons, so ist das zwar immer noch ein ganz gewaltiges Wagnis, aber man denkt doch, daß er es bestehen kann; aber Ihr – ein Büchermacher? *Pshaw!* Wo habt Ihr denn Euer Pferd?«

»Ich habe keines.«

Jetzt konnte er sich nicht länger halten; er platzte mit einem lauten Gelächter heraus:

»Hihihihi, kein Pferd, und hinauf nach den drei Tetons! Seid Ihr verrückt, Sir?«

»Ich glaube nicht. Wenn ich jetzt noch kein Pferd habe, so werde ich mir doch eins kaufen oder fangen.«

»Ah! Wo denn?«

»Da, wo es paßt.«

»Ihr, Ihr selbst wollt es Euch fangen?«

»Ja.«

»Das ist lustig, Sir! Ihr habt zwar einen Lasso da um Eure Schultern gewickelt, aber damit fangt Ihr keine Fliege, viel weniger einen wilden Mustang!«

»Warum?«

»Warum? Na, weil Ihr das seid, was man da drüben im alten Lande einen Sonntagsjäger nennt!«

»Und warum haltet Ihr mich für einen solchen?«

»Das ist doch einfach! Weil alles an Euch so nett und sauber ist. Seht Euch einmal einen tüchtigen Waldläufer an, und vergleicht ihn mit Euch! Eure hohen Reitstiefel sind neu und, wahrhaftig, sie sind ganz blank gewichst! Euere Leggins sind vom feinsten Elenleder; Euer Jagdhemde ist ein Meisterstück aus der Hand einer indianischen Squaw; Euer Hut hat wenigstens zwölf Dollar gekostet, und Euer Messer samt den Revolvern haben sicherlich noch keinem Menschen weh getan! Könnt Ihr schießen, Sir?«

»Ja, ein wenig. Ich bin sogar einmal Schützenkönig gewesen!« antwortete ich mit einer sehr wichtigen Miene.

»Schützenkönig! Ah, dann seid Ihr am Ende gar ein Deutscher?«

»Freilich!«

»Hm! So, so! Also ein Deutscher seid Ihr? Nach einem hölzernen Vogel habt Ihr geschossen, und Schützenkönig seid Ihr da geworden? So sind diese Deutschen! Old Shatterhand soll zwar auch ein Deutscher sein, aber das ist ja nur eine Ausnahme! Sir, ich bitte Euch herzlich, kehrt sobald wie möglich um, sonst geht Ihr zu Grunde!«

»Wollen sehen! Wo steckt denn eigentlich dieser Old Shatterhand, von dem Ihr redet?«

»Ja, wer weiß das! Als ich das letztemal da droben am Fox-Head war, traf ich den berühmten Sans-ear, der mit ihm geritten war. Dieser sagte mir, daß Old Shatterhand wieder hinüber sei ins Afrika, in die dumme Gegend, welche man die Wüste Sahara nennt. Dort schlägt er sich wohl mit den Indianern herum, welche den Namen Araber führen. Dieser Mann hat seinen Namen ›Shatterhand‹ davon, daß es ihm ein Leichtes ist, mit der bloßen Faust einen Feind niederzuschlagen; er hat das sehr oft getan. Seht Euch dagegen einmal Eure Händchen an! Sie sind so zart und weiß wie die Hände einer Lady, und man merkt sofort, daß Ihr nur mit Papier umgeht und keine andere Waffe kennt als den Gänsekiel. Nehmt meinen Rat zu Herzen, Sir, und geht nach dem alten Germany zurück. Unser Westen ist keine Gegend für einen Gentleman von Eurer Sorte!«

Mit dieser Warnung beendete er das Gespräch, und ich gab mir keine Mühe, es wieder anzuknüpfen. Richtig war allerdings, daß ich zu Sans-ear gesagt hatte, ich würde später in die Sahara gehen.

Wir passierten die Station Sherman; dann wurde es wieder Abend. Die erste Station, welche wir beim Lichte des folgenden Morgens erblickten, war Rawlins. Hinter diesem Orte beginnt eine öde, wüste Gebirgslandschaft, deren einzige Vegetation in Artemisia-Büschen besteht, ein ungeheueres, unfruchtbares Bassin ohne Leben, ohne Flüsse oder Bäche, eine Gebirgs-Sahara, die keine einzige Oase kennt. Bald schmerzt der mit Alkalien gesättigte Boden mit seiner blendenden Weiße das müde Auge, und bald nimmt diese Wüste einen Charakter finsterer, tief melancholischer Größe an, hervorgebracht durch nackte Lehnen, dürre Abhänge und steile Felswände, welche von Sturm, Flut und Blitz zerrissen worden sind.

In dieser trostlosen Gegend liegt die Station ›Bitterer Bach‹, doch ist von einem Bache keine Rede, sondern das Wasser muß über siebzig Meilen weit herbeigeholt werden.

Und dennoch wird sich hier einst ein reges, vielleicht großartiges Leben entfalten; denn es befinden sich hier unerschöpfliche Kohlenfelder, welche dieser Wüste eine Zukunft garantieren.

Wir dampften weiter, über Station Carbon und Green River hinaus, welche letztere 846 Meilen westlich von Omaha liegt. Das traurige Aussehen der Gegend hörte auf; die Vegetation begann wieder, und die Höhenzüge erhielten ein freundliches, erquickendes Kolorit. Wir hatten eben ein herrliches Tal durchsaust und fuhren hinaus auf eine freie, offene Ebene, als die Maschine in kurzer Reihenfolge jene gellenden Pfiffe ausstieß, welche das Zeichen einer drohenden Gefahr sind. Wir schnellten von unseren Sitzen empor; die Bremsen kreischten, die Räder knirschten – der Zug kam zum Stehen, und wir sprangen aus den Waggons hinaus auf die sichere Erde.

Der Anblick, welcher sich uns bot, war ein schauderhafter. Man hatte hier einen Arbeiter- und Fouragezug überfallen, und die Strecke war bedeckt von den verbrannten und halbverkohlten Trümmern desselben. Der Ueberfall war während der Nacht geschehen. Die Railtroublers hatten die Schienen aufgerissen, und infolgedessen war der Zug entgleist und den ziemlich hohen Damm hinabgestürzt. Was nun geschehen war, konnte man ahnen. Es waren beinahe nur noch die Eisenteile des verunglückten Zuges vorhanden. Man hatte in jeden Waggon, nachdem er beraubt worden war, ein riesiges Feuer gelegt, und in der Asche fanden wir die traurigen Ueberreste vieler Menschen, welche bereits bei dem Sturze verunglückt oder dann später von Railtroublers getötet worden waren. Kein Einziger schien lebend entkommen zu sein.

Es war ein Glück für uns, daß die offene Gegend es unserem Maschinisten erlaubt hatte, die Gefahr noch rechtzeitig zu bemerken, sonst wären wir auch den Damm hinabgestürzt. Die Lokomotive hielt kaum einige wenige Ellen von der Stelle, wo die Zerstörung begann.

Die Aufregung der Passagiere und des Zugpersonales war eine ganz bedeutende, und es ist geradezu unmöglich, die

Kraftworte und Interjektionen wiederzugeben, welche ringsum zu hören waren. Man durchwühlte die noch rauchenden Trümmer, aber es gab nichts mehr zu retten, und nachdem der Tatbestand konstatiert worden war, konnte man nichts weiter tun, als die Strecke schleunigst wieder herzustellen, wozu jeder amerikanische Zug die notwendigen Werkzeuge bei sich führt. Der Zugführer erklärte, er müsse sich darauf beschränken, auf der nächsten Station Anzeige zu erstatten; das Uebrige, und also auch die Verfolgung der Verbrecher, sei dann Sache der Jury, welche dort jedenfalls sogleich gebildet werde.

Während die andern Passagiere noch unnötigerweise in den Trümmern wühlten, hielt ich es für das Beste, mich einmal nach den Spuren der Railtroublers umzusehen. Das Terrain zeigte eine offene, mit Gras bewachsene und nur von wenigen Büschen unterbrochene Fläche. Ich ging eine ziemliche Strecke auf dem Geleise zurück und schlug sodann um die rechte Seite der Unglücksstelle einen Halbkreis, dessen Grundlinie von dem Bahnkörper gebildet wurde. Auf diese Weise konnte mir bei nur einiger Aufmerksamkeit nichts entgehen.

In der Entfernung von vielleicht dreihundert Schritten von der Unglücksstätte fand ich zwischen einigen Büschen das Gras niedergedrückt, als ob hier eine ziemliche Anzahl von Menschen gesessen hätte, und die noch im Grase erkennbaren Spuren führten mich an eine zweite Stelle, wo man die Pferde angehobbelt gehabt hatte. Diesen Platz untersuchte ich sehr sorgfältig, um die Anzahl und Beschaffenheit der Pferde kennen zu lernen; dann setzte ich meine Forschung weiter fort.

Am Schienenwege traf ich mit meinem dicken Nachbar zusammen, welcher, wie ich erst jetzt bemerkte, denselben Gedanken mit mir gehabt und die links von der Unglücksstelle gelegene Gegend abgesucht hatte. Er blickte verwundert auf und fragte:

»Ihr hier, Sir? Was tut Ihr?«

»Das, was ein jeder Westmann tun wird, wenn er in eine

ähnliche Lage kommt: ich suche nach den Spuren der Railtroublers.«

»Ihr? Ah! Werdet auch viel finden! Das sind gescheite Kerls gewesen, welche es verstanden haben, ihre Spuren wieder zu verwischen. Ich habe nicht das Mindeste entdeckt; was wird da so ein Greenhorn finden, wie Ihr doch seid?«

»Vielleicht hat das ›Greenhorn‹ bessere Augen gehabt als Ihr, Master,« antwortete ich lächelnd. »Warum sucht Ihr hier auf der linken Seite nach Spuren? Ihr wollt ein alter, erfahrener Savannenläufer sein und seht doch nicht, daß sich das Terrain hier rechts viel besser zu einem Lagerplatze und Versteck eignet als links da drüben, wo fast gar kein Buschwerk zu sehen ist.«

Er blickte mir sichtlich überrascht in das Gesicht und meinte dann:

»Hm, diese Ansicht ist nicht übel! So ein Büchermacher scheint doch zuweilen einen guten Gedanken zu haben. Habt Ihr etwas gefunden?«

»Ja.«

»Was?«

»Dort hinter den wilden Kirschensträuchern haben sie gelagert, und dahinten bei den Haselbüschen standen die Pferde.«

»Ah! Da muß ich hin, denn Ihr habt doch nicht die richtigen Augen, um zu sehen, wie viele Tiere es gewesen sind!«

»Es waren sechsundzwanzig.«

Wieder blickte er mich mit einer Gebärde der Ueberraschung an.

»Sechsundzwanzig?« fragte er ungläubig. »Woraus erkennt Ihr das?«

»Aus den Wolken jedenfalls nicht, sondern aus den Spuren, Sir,« lachte ich. »Von diesen sechsundzwanzig Pferden waren acht beschlagen und achtzehn unbeschlagen. Unter den Reitern befanden sich dreiundzwanzig Weiße und drei Indianer. Der Anführer der ganzen Truppe ist ein Weißer, welcher mit dem rechten Fuß hinkt; sein Pferd ist ein brauner Mustanghengst. Der Indianerhäuptling aber, der bei ihnen war, reitet einen Rapphengst, und ich glaube, daß er ein Sioux ist vom Stamme der Ogellallah.«

Das Gesicht, welches der Dicke mir jetzt machte, läßt sich gar nicht beschreiben. Der Mund stand ihm vor Erstaunen offen und die kleinen Aeuglein blickten mich mit einem Ausdrucke an, als ob ich ein Gespenst sei.

»*All devils!*« rief er endlich. »Ihr phantasiert wohl, Sir?«

»Seht selbst nach!« antwortete ich trocken.

»Aber wie wollt Ihr wissen, wie viel es Weiße oder Indsmen waren? Wie wollt Ihr wissen, welches Pferd braun oder schwarz gewesen ist, welcher Reiter hinkt und zu welchem Stamme die Rothäute gehörten?«

»Ich habe Euch gebeten, selbst nachzusehen! Und dann wird es sich ja zeigen, wer bessere Augen hat, ich, das Greenhorn, oder Ihr, der erfahrene Westmann.«

»*Well!* Schön! Werden sehen! Kommt, Sir! Ein Greenhorn und erraten, wer diese Kerls gewesen sind!«

Unter Lachen eilte er der bezeichneten Stelle zu, und ich folgte ihm langsamer nach.

Als ich ihn wieder erreichte, war er so eifrig mit der Betrachtung der Spuren beschäftigt, daß er mich gar nicht beachtete. Erst als er wohl zehn Minuten lang die Umgebung auf das sorgfältigste abgesucht hatte, kam er zu mir und sagte:

»Wahrhaftig, Ihr habt recht! Sechsundzwanzig sind es gewesen, und achtzehn Pferde waren unbeschlagen. Aber das andere ist Unsinn, reiner Unsinn! Hier haben sie gelagert, und in dieser Richtung sind sie auch wieder davongeritten. Weiter sieht man nichts!«

»So kommt, Sir,« meinte ich. »Ich will Euch einmal zeigen, welchen Unsinn die Augen eines Greenhorns sehen!«

»*Well*, ich bin neugierig!« nickte er mit einer sehr belustigten Miene.

»Seht Euch einmal die Pferdespuren genauer an; drei Tiere wurden abseits gehalten und waren nicht vorn, sondern übers Kreuz gekoppelt; das waren also jedenfalls Indianerpferde.«

Er bückte sich nieder, um den Abstand der einzelnen Hufstapfen genau auszumessen. Der Grasboden war feucht und die Spuren waren für ein geübtes Auge recht leidlich zu erkennen.

»*By god*, Ihr habt Recht!« rief er erstaunt. »Das waren Indianergäule.«

»So kommt jetzt weiter, da zu der kleinen Wasserlache! Hier haben sich die Indsmen die Gesichter abgewaschen und dann wieder mit den Kriegsfarben neu bemalt. Die Farben waren mit Bärenfett abgerieben. Seht Ihr die kleinen, ringförmigen Eindrücke im weichen Boden? Da haben die Farbennäpfchen gestanden. Es ist warm gewesen, und die Farben waren infolgedessen dünn und haben getropft. Seht Ihr hier im Grase einen schwarzen, einen roten und zwei blaue Tropfen, Sir?«

»*Yes!* Wahrhaftig, es ist wahr!«

»Und ist nicht schwarz, rot und blau die Kriegsfarbe der Ogellallah?«

Er nickte nur; sein verwundertes Gesicht sagte mir, was sein Mund verschwieg. Ich fuhr fort:

»Nun kommt weiter! Als die Truppe hier angekommen ist, hat sie hier neben der sumpfigen Lache gehalten; das zeigen die Hufeindrücke, welche sich mit Wasser gefüllt haben. Nur zwei sind vorgeritten, also jedenfalls die Anführer; sie wollten rekognoszieren und die Andern mußten bescheiden zurückbleiben. Seht hier die Pferdespur im Moraste! Das eine Pferd war beschlagen und das andere nicht; dieses letztere trat hinten tiefer als vorn; es saß ein Indianer darauf; der andere Reiter aber war ein Weißer, denn sein Pferd hatte Eisen und trat vorn tiefer als hinten. Ihr kennt wohl den Unterschied zwischen der Art und Weise, wie ein Indsman und ein Weißer zu Pferde sitzt?«

»Sir, ich möchte nur wissen, woher Ihr –«

»Gut!« unterbrach ich ihn. »Nun paßt genau auf! Sechs Schritte weiter vor haben sich die Pferde gebissen; das aber tun nach einem so langen und anstrengenden Ritte, wie diese Leute hinter sich hatten, nur Hengste. Verstanden?«

»Aber wer sagt Euch denn, daß sie einander gebissen haben, he?«

»Erstens die Stellung der Hufstapfen. Das Indianerpferd ist hier gegen das andere aufgesprungen; das werdet Ihr zugeben. Und zweitens, seht Euch einmal die Haare an, welche ich hier in der Hand halte! Ich fand sie vorhin, als ich die Spuren untersuchte, ehe ich Euch traf. Da sind vier Mähnenhaare von brauner Farbe, welche das Indianerpferd dem anderen ausgerissen hat und sofort fallen ließ. Weiter vorn aber fand ich diese zwei schwarzen Schwanzhaare, und aus der Stellung der Stapfen ersehe ich ganz genau: das Indianerpferd biß das andere in die Mähne, wurde aber von seinem Reiter sogleich zurückgedrängt und dann vorwärts getrieben; dabei langte das andere Pferd herüber und riß ihm diese Haare aus dem Schwanze, welche noch einige Schritte weit im Maule hängen blieben und dann zur Erde fielen. Das Pferd des Roten ist also ein Rappe und dasjenige des Weißen ein Brauner. Kommt weiter! Hier ist der Weiße abgesprungen, um den Bahndamm zu ersteigen. Seine Fährte ist im weichen Sande bis heute sichtbar geblieben. Ihr könnt ganz genau sehen, daß er mit dem einen Fuße fester und heftiger aufgetreten ist als mit dem andern. Er hinkt. Uebrigens waren diese Menschen ganz außerordentlich unvorsichtig. Sie haben sich nicht die mindeste Mühe gegeben, ihre Spuren unkenntlich zu machen; sie müssen sich also sehr sicher fühlen, und das kann nur zwei Gründe haben.«

»Welche?«

»Entweder waren sie gewillt, heute recht schnell eine bedeutende Strecke zwischen sich und die Verfolger zu legen, und das möchte ich bezweifeln, da aus den Spuren zu ersehen ist, daß ihre Pferde sehr angegriffen und ermüdet waren. Oder sie wußten eine größere Truppe der Ihrigen in der Nähe, auf die sie sich zurückziehen konnten. Dieser Fall scheint mir der wahrscheinlichere zu sein, und da sich drei vereinzelte Indsmen nicht an über zwanzig Weiße schließen, so vermute ich, daß da gegen Norden hin ein zahlreicher

Trupp Ogellallahs zu suchen ist, bei dem sich jetzt die dreiundzwanzig Railtroublers befinden.«

Es war wirklich spaßhaft anzusehen, mit welch einer eigentümlichen Miene mich das dicke Männchen jetzt vom Kopfe bis herab zu den Füßen fixierte.

»Mann!« rief er endlich. »Wer seid Ihr denn eigentlich, he?«

»Ich habe es Euch ja bereits gesagt.«

»*Pshaw!* Ihr seid kein Greenhorn und auch kein Büchermacher, obgleich Ihr mit Euren gewichsten Stiefeln und Eurer Sonntags-Ausrüstung ganz danach ausseht. Ihr seid so abgeleckt und sauber, daß Ihr in einem Theaterstücke, in welchem ein Westmann aufzutreten hätte, gleich auf der Bühne erscheinen könntet; aber unter hundert wirklichen Westmännern ist kaum einer, der so wie Ihr die Fährte zu lesen versteht. *By god*, ich dachte bisher, daß ich auch etwas leiste, aber an Euch komme ich nicht, Sir!«

»Und dennoch bin ich ein Bücherschreiber. Aber ich habe bereits früher diese alte Prairie von Norden nach Süden und von Osten bis nach dem entferntesten Westen durchmessen; daher kommt es, daß ich mich so leidlich auf Spuren verstehe.«

»Und Ihr wollt wirklich hinauf nach den Windriverbergen?«

»Allerdings.«

»Aber, Sir, wer das ausführen will, der muß bedeutend mehr sein als ein guter Spurenfinder, und da – nehmt mir es nicht übel – scheint es bei Euch zu hapern.«

»Inwiefern?«

»Wer einen so gefährlichen Weg vor sich hat, der läuft nicht so leichtsinnig in das Blaue hinein wie Ihr, sondern er sieht sich vor allen Dingen nach einem guten Pferde um. Verstanden?«

»Das werde ich noch tun.«

»Wo denn?«

»Nun, ein Pferd ist an jeder Station zu kaufen, und wäre es auch nur ein alter Karrengaul. Bin ich dann beritten, so hole ich mir schon aus irgend einer wilden Herde einen Mustang, der mir paßt.«

»Ihr? Ah! Seid Ihr ein solcher Reiter? Könnt Ihr einen Mustang bändigen? Wird es da oben Pferde geben?«

»Ihr vergeßt, daß grad jetzt die Jahreszeit ist, in welcher die Büffel und Mustangs nach Norden gehen. Ich bin sehr überzeugt, daß ich zwischen hier und den Tetons auf eine Herde treffen werde.«

»Hm! Also ein Reiter seid Ihr. Aber wie steht es denn mit dem Schießen?«

»Wollt Ihr mich etwa examinieren, Sir?« lachte ich.

»Einigermaßen,« nickte er sehr ernsthaft. »Ich habe nämlich eine Absicht dabei.«

»Darf man erfahren, welche?«

»Später. Erst müßt Ihr einmal schießen. Holt Euer Gewehr!«

Dieses kleine Intermezzo gab mir Spaß. Ich hätte dem Manne einfach sagen können, daß ich Old Shatterhand sei, zog aber vor, es zu verschweigen. Ich ging also zum Waggon, um die Decke zu holen, in welche meine Gewehre gewickelt waren. Man bemerkte dies, und sofort schlossen die Passagiere einen Kreis um uns Beide. Der Amerikaner und besonders der Bewohner des Westens läßt sicherlich keine Gelegenheit, ein Gewehr abschießen zu sehen, unbenutzt vorübergehen.

Ich schlug die Decke auseinander.

»*Behold*, ein Henrystutzen!« rief der Dicke. »Ein wirklicher, richtiger Henrystutzen! Wie viele Schüsse hat er, Sir?«

»Fünfundzwanzig.«

»Ah, das ist viel. Das ist eine fürchterliche Waffe in der Nähe. Mann, um dieses Gewehr beneide ich Euch!«

»Diese Büchse ist mir noch lieber.«

Bei diesen Worten nahm ich meinen schweren Bärentöter empor.

»*Pshaw!* Ein glattes, gut geputztes Schießeisen!« meinte der Dicke geringschätzig. »Ich lobe mir eine alte, rostige Kentuckybüchse oder meinen alten Schießprügel da!«

»Wollt Ihr Euch nicht einmal die Firma ansehen, Sir?« fragte ich ihn, indem ich ihm das Gewehr entgegenstreckte.

Er warf einen Blick auf die Gravierung und fuhr überrascht zurück.

»Verzeiht, Sir,« rief er; »das ist etwas ganz Anderes. Solche Büchsen gibt es nicht sehr viele mehr. Ich habe gehört, daß Old Shatterhand eine hat. Aber wie kommt denn Ihr zu einem solchen Meisterstücke? Oder ist der Stempel nachgemacht? Hm, ja, so wird es wohl sein, denn dieses Gewehr sieht nicht aus, als ob man schon viele Male daraus geschossen hätte!«

»Wir wollen es probieren. Gebt einmal an, was ich schießen soll, Sir!«

»Ladet erst neu!«

»Pah, das ist nicht notwendig. Die Schüsse stecken trokken.«

»*Well*, so schießt mir einmal mit dem Schrotlaufe den Vogel dort vom Busche!«

»Das ist zu weit!« meinte einer der Umstehenden.

»Wollen sehen!« bemerkte ich.

Ich langte nach der Schnur und setzte langsam und sehr bedächtig meinen Klemmer auf die Nase. Sofort brach der Dicke in ein lautes Gelächter aus.

»Hahahaha; eine Brille! Dieser deutsche Buchmacher kommt in diese alte Savanne, um mit dem Zwicker auf der Nase zu jagen! Hahahaha!«

Auch die Andern lachten; ich aber meinte sehr ernsthaft:

»Was lacht ihr, Mesch'schurs? Wenn man dreißig Jahre lang über den Büchern sitzt, so leiden die Augen, und es ist besser, man tut mit der Brille einen guten Schuß, als ohne dieselbe einen schlechten!«

»Richtig, Sir,« lachte der Dicke. »Aber ich möchte Euch einmal sehen, wenn Ihr so recht unerwartet einmal von den Rothäuten überfallen würdet! Ehe Ihr den Klemmer geputzt und auf die Nase gebracht hättet, würdet Ihr zehnmal skalpiert sein. Seht, nicht einmal den Vogel könnt Ihr nun schießen, denn er ist bereits auf und davon geflogen!«

»So suchen wir ein anderes Ziel!« meinte ich ebenso kaltblütig wie vorher.

Der betreffende Vogel hatte in einer Entfernung von vielleicht zweihundert Schritten auf dem Busche gesessen; das wäre also ein sehr gewöhnlicher Schuß gewesen. Ich aber hatte hoch über uns eine Lerche trillern gehört und blickte jetzt nach oben.

»Seht ihr die Lerche da oben, Mesch'schurs?« fragte ich. »Ich werde sie herunter holen.«

»Das ist ganz unmöglich!« rief der Dicke. »Laßt das sein, denn Ihr schießt doch nur ein Loch in die Luft. Das brächte nicht einmal der alte Sans-ear oder Old Firehand fertig!«

»Wollen sehen!«

Ich erhob die Büchse und drückte ab.

»Fort!« lachte der Dicke. »Der Schuß hat sie erschreckt; sie ist ausgerissen!«

»Da sollt Ihr doch gleich sehen, wozu die Brille nützlich ist,« meinte ich, die Büchse absetzend. »Geht doch einmal hinüber auf den Bahndamm; sie ist darauf niedergefallen, ungefähr achtzig Schritte von hier.«

Ich deutete mit der Hand die Stelle an, und sofort sprangen einige der Umstehenden hin. Sie brachten die Lerche, welche fast mitten durchschossen war. Der Dicke betrachtete abwechselnd sie und mich; dann rief er:

»Getroffen, wahrhaftig getroffen! Und nicht mit Schrot, sondern mit der Kugel!«

»Wollt Ihr mit Schrot in eine solche Höhe schießen, Sir?« fragte ich. »Ein richtiger Savannenläufer wird sich überhaupt schämen, einen Schrotschuß zu tun. Das überläßt man den Kindern und den Aasjägern.«

»Aber Sir, das ist ja ein Schuß, wie ich noch gar keinen gesehen habe!« wunderte sich der Dicke. »War das Zufall oder nicht?«

»Gebt mir ein zweites Ziel!«

»Es ist gut, Sir; ich glaube es! Ihr scheint es darauf abgesehen zu haben, mit mir ein wenig Komödie zu spielen! Aber nun ist es gut. Kommt doch einmal ein Weniges mit auf die Seite!«

Er zog mich von den Andern fort, dahin, wo die Pferdestapfen am deutlichsten zu sehen waren. Dort zog er ein Papier hervor und legte es in eine der Spuren.

»*Well*, es ist so!« meinte er gedankenvoll. »Sir, sagt mir einmal, ob Ihr vielleicht Herr Eurer Zeit seid, ob Ihr direkt hinauf nach den Tetons wollt, oder ob Ihr vorher noch einen andern Ritt unternehmen könntet!«

»Ich kann tun, was mir gefällt.«

»*Well*, so will ich Euch einmal etwas sagen. Habt Ihr vielleicht schon einmal von dem dicken Fred Walker gehört?«

»Ja. Er soll ein tüchtiger Westmann sein. Er ist einer der besten Pfadfinder des Gebirges und spricht mehrere Indianerdialekte.«

»Ich bin es, Sir!«

»Das konnte ich mir denken. Hier meine Hand! Es freut mich von ganzem Herzen, Euch getroffen zu haben, Sir.«

»Wirklich? Nun, vielleicht lernen wir uns besser kennen. Ich habe nämlich mit einem gewissen Haller einige ernsthafte Worte zu sprechen. Er war in letzter Zeit der Anführer einer Schar von Bushheaders und Pferdedieben, ganz abgesehen von dem, was er von früher her schon auf dem Gewissen hat. Jetzt ist er mit seiner Bande weiter nach dem Westen gezogen, und ich folgte ihm. Dieses Papier ist die genaue Abbildung von den beiden Hinterhufen seines Pferdes; sie stimmen ganz genau mit diesen Spuren überein, und da Haller mit dem rechten Beine hinkt, so bin ich überzeugt, daß er mit dem Anführer der Railtroublers hier ganz eine und dieselbe Person ist.«

»Haller?« fragte ich. »Wie ist sein Vorname?«

»Sam, Samuel. Doch pflegt er verschiedene Namen zu tragen.«

»Samuel Haller? Ah, von dem habe ich gehört. Ist er nicht der Buchhalter des Oelprinzen Rallow gewesen? Er ging seinem Herrn mit einer ganz bedeutenden Summe durch!«

»Ja, das ist er. Er verführte den Kassierer, die Kasse zu räumen und mit ihm zu gehen. Dann erschoß er ihn. Er wurde von der Polizei verfolgt und tötete zwei Konstabler, die ihn fassen wollten. In New-Orleans wurde er ergriffen, als er sich grad einschiffen wollte; es gelang ihm auch dort, zu entkommen, indem er den Kerkermeister erschlug. Dann ging er nach dem Westen. Es blieb ihm nichts Anderes übrig, da man ihm den Raub abgenommen hatte. Seit dieser Zeit hat er Verbrechen auf Verbrechen gehäuft, und es wird Zeit, daß dies ein Ende nimmt.«

»Ihr wollt ihn ergreifen?«

»Mein muß er werden, tot oder lebendig.«

»Ihr habt also eine persönliche Abrechnung mit ihm zu halten?«

Er blickte eine Weile vor sich nieder und antwortete dann:

»Ich spreche nicht gern davon, Sir. Vielleicht teile ich es Euch noch mit, sobald wir uns erst näher kennen gelernt haben. Und daß wir uns kennen lernen, das hoffe ich, Sir. Es ist ein wunderlicher Zufall, daß ich mich grad in diesem Zuge befunden habe, aber trotzdem hätte ich die Spur dieses Hallers wohl noch lange vergebens gesucht, wenn Ihr es nicht gewesen wäret, der mich auf sie aufmerksam machte. Daß der Anführer der Railtroublers lahm geht und einen braunen Hengst reitet, hätte ich nicht herausgebracht, und doch ist es gerade dieses, was mir von der allergrößten Bedeutung ist. Ich werde hier den Zug verlassen, um der Spur zu folgen. Wollt Ihr mich begleiten, Sir?«

»Ich? Das Greenhorn?« lächelte ich.

»*Pshaw!* Ihr dürft mir dieses Wort gar nicht übel nehmen, denn Euer ganzes Aussehen ist das eines Mannes, der in den Salon gehört, aber nicht in die Savanne. Hab' doch all' mein Lebtage noch keinen Menschen gesehen, der sich mit dem Zwicker auf der Nase hierher mitten in die alte Prairie stellt, um einen Vogel zu schießen, der ihm davonfliegt. Das war ein Irrtum von mir, den ich Euch gern abbitten will. Also Sir, wollt Ihr mit aussteigen?«

»Hm! Wäre es nicht besser, Euch den Männern anzuschließen, welche bald von den nächsten Stationen eintreffen werden, um die Railtroublers zu verfolgen?«

»Nein. Redet mir nicht von einer solchen Verfolgung. Ein einziger Westmann wiegt da schwerer als ein ganzes Schock solcher hergelaufener Pulverschnapper. Ich muß allerdings ehrlich sein und sagen, daß es kein geringes Wagnis ist, hinter solchen Leuten herzulaufen; es hängt da das Leben eines Menschen nur an einem versengten Haare; aber ich meine, Ihr seid der Mann, welcher Abenteuer sucht, und hier findet Ihr eins, welches gar nicht interessanter sein könnte.«

»Das ist richtig,« antwortete ich. »Es ist aber niemals meine Leidenschaft gewesen, mich in fremder Leute Sache zu mischen. Dieser Samuel Haller geht mich gar nichts an, und ich weiß ja auch nicht, ob ich zu Euch passen würde.«

Er blinzelte mich mit seinen kleinen Aeuglein sehr schalkhaft an und sagte:

»Ihr meint es wohl umgedreht: ob ich zu Euch passen würde. Na, da dürft Ihr keine Sorge haben. Der dicke Walker ist nicht der Mann, der mit dem ersten besten Westläufer Kameradschaft macht; darauf könnt Ihr Euch getrost verlassen. Ich bleibe gern für mich, und wenn ich mich einmal einem Andern anschließe, so muß ich Vertrauen zu ihm haben und es darf kein gewöhnlicher Kerl sein. Verstanden?«

»In dieser Beziehung bin ich grad wie Ihr. Ich bleibe auch am allerliebsten für mich. Man kann hier in der Wahl seiner Gefährten nicht vorsichtig genug sein. Man findet hier einen Kameraden, legt sich des Abends nieder und ist am Morgen eine Leiche; der Kamerad aber reitet mit seinem Raube wohlgemut davon.«

»*Zounds*; denkt Ihr etwa, daß ich ein solcher Schlingel bin, Sir?«

»Nein. Ihr seid ein ehrlicher Kerl; das sieht man Euch an. Ja, noch mehr, Ihr gehört sogar zur Polizei, die doch keine Schlingels unter sich duldet.«

Er erschrak und wechselte die Farbe.

»Sir!« rief er. »Was fällt Euch ein?«

»Still, Master Walker! Euer ganzer Habitus ist zwar nicht sehr polizeimäßig, aber gerade deshalb seid Ihr vielleicht ein sehr brauchbarer Detektive. Ihr hieltet mich zwar für einen Neuling, aber ich habe Euch doch durchschaut. Seid in Zukunft vorsichtiger! Wenn es in diesen Breiten herumgesprochen wird, daß der dicke Walker nur deshalb die Prairie durchstreift, um als Geheimpolizist gewisse abhanden gekommene Gentlemen unschädlich zu machen, so habt Ihr sehr bald den letzten Schuß getan.«

»Ihr irrt Euch, Sir!« versuchte er, mir zu versichern.

»Still! Euer Abenteuer spricht mich an, und ich würde mich Euch sofort anschließen, um diesen Railtroublers einen Streich zu spielen; die Gefahr könnte mich nicht abhalten, denn sie lauert ja überall auf unsereinen, soweit die Prairie reicht. Aber grad daß Ihr Versteckens spielt, das hält mich ab. Wenn ich mich einem Menschen anschließen soll, so muß ich wissen, woran ich mit ihm bin.«

Er blickte nachdenklich zu Boden; dann erhob er den Kopf und meinte:

»Gut, Sir, Ihr sollt wissen, woran Ihr mit mir seid. Ihr habt trotz Eures angeputzten Wesens etwas an Euch, was auch einem alten Waldläufer Vertrauen machen kann. Ich habe Euch im Waggon beobachtet und sage Euch aufrichtig, daß ich Euch gut geworden bin. Ich bin sonst ein einsamer, ungeselliger Junge, Euch aber hätte ich recht gern noch ein Weniges bei mir, und darum will ich aufrichtig sein! Ja, ich bin ein Beamter des Privat-Detektive-Korps von Dr. Sumter in St. Louis. Meine Aufgabe ist, entflohenen Subjekten im Hinterwalde nachzuspüren, gewiß kein leichtes Leben, aber ich verwende meine ganze Kraft darauf. Weshalb ich das tue, erzähle ich Euch später, wenn wir Zeit dazu haben; es ist eine traurige Geschichte. Und nun sagt mir, Sir, ob Ihr Euch mir anschließen wollt?«

»Ich will. Hier meine Hand; wir wollen treue Kameraden sein und alle Not und Gefahr miteinander teilen, Master Walker!«

Er schlug mit freudigem Gesichte ein und sagte:

»Das soll ein Wort sein, Sir! Habt Dank für Eure Einwilligung. Ich hoffe, daß wir uns nicht übel zusammenfinden werden. Aber laßt mir den ›Master Walker‹ beiseite und nennt mich lieber Fred. Das ist kurz und bündig, und ich weiß genau, wer gemeint ist. Ich darf wohl auch wissen, wie ich Euch zu nennen habe?«

Ich nannte ihm meinen Namen und fügte hinzu:

»Ruft mich einfach Charles; das ist genug. Aber seht, der Damm ist ausgebessert und die Strecke wieder fahrbar. Man wird bald wieder einsteigen.«

»So will ich Viktory holen. Ihr braucht über ihn nicht zu erschrecken. Er sieht nach nichts mehr aus; aber er hat mich zwölf lange Jahre getragen, und ich möchte ihn nicht gegen den besten Renner der Welt vertauschen. Habt Ihr noch etwas im Waggon?«

»Nein. Aber Fred, wir werden diesen Leuten sagen, was wir vorhaben?«

»Nein. Je weniger man von uns weiß, desto sicherer sind wir.«

Er trat an den Wagen, in welchem sich sein Pferd befand, und ließ sich denselben öffnen. Das Terrain eignete sich nicht im mindesten zum Ausladen eines Pferdes, und es war auch kein Apparat dazu vorhanden; aber es ging ganz anders, als ich dachte.

»Viktory, *come on!*«

Auf diesen Ruf des Jägers steckte das alte Tier zuerst seinen Kopf heraus, um sich das Terrain anzusehen, legte bedenklich die langen Ohren nach hinten und sprang dann mit einem einzigen, wirklich verwegenen Satze heraus auf den Damm. Sämtliche Anwesende, welche bei diesem Sprunge zugegen waren, klatschten Beifall. Das Tier schien dies zu verstehen; es wedelte mit dem Schwanze und stieß ein lautes Wiehern aus.

Dieses Pferd sah gar nicht so aus, als wenn es seinen Namen Viktory, Sieger, mit nur der allergeringsten Spur von Recht trage. Es war ein dürrer, hochbeiniger Fuchs, der sicherlich bereits zwanzig Jahre zählte. Die Mähne war ihm ganz abhanden gekommen; der Schwanz zeigte nur noch einige ganz dürre Haarsträhnen, und die Ohren sahen aus wie zwei Kaninchenlöffel im Superlativ. Dennoch hatte ich alle Achtung vor dem Tiere, zumal da ich sah, daß es ausschlug und biß, als einer der Männer vertraulich nach ihm langte. Viktory hatte, wie man sieht, große Aehnlichkeit mit der alten Tony meines guten Sans-ear. Er war gesattelt und gezäumt. Fred bestieg ihn und sprengte den steilen Damm hinab, ohne den Anderen irgend eine Bemerkung zu machen. Sie bekümmerten sich auch nicht weiter um uns. Wir waren ihnen ja fremd, und es war ihnen also vollständig gleichgültig, daß wir den Zug verließen.

Unten am Damme hielt Walker an.

»Seht Ihr, Charles, wie gut es nun wäre, wenn Ihr ein Pferd hättet?« meinte er.

»Es wird nicht lange dauern, so haben wir eins,« antwortete ich. »Mit Hilfe Eures Viktory werde ich mir sehr leicht eins fangen.«

»Ihr? Das müßte ich fangen, denn ich gebe Euch mein Wort, daß Ihr den Viktory nicht reiten könnt. Er trägt keinen andern Menschen als nur mich allein.«

»Das würde sich finden!«

»Es ist aber so; ich versichere es Euch. Wir könnten, damit Euch das Laufen nicht so sehr angreift, zuweilen mit dem Pferde wechseln; aber es wirft Euch sicher ab, und so seid Ihr zum Marschieren verurteilt, bis wir eine Mustang-Herde treffen. Das ist höchst unangenehm, da wir auf diese Weise nur langsam vorwärts kommen und sehr viele Zeit versäumen. Aber seht, da steigen die Leute ein; der Zug will weiter gehen.«

Es war so, wie er sagte. Die Maschine gab Dampf; die Räder bewegten sich, und der Zug rollte dem Westen wieder entgegen. Nach wenigen Augenblicken war er unseren Augen entschwunden.

»Hängt Eure schwere Büchse an meinen Sattel,« sagte Walker.

»Ein guter Jäger trennt sich keinen Augenblick von seinem

Gewehre,« antwortete ich. »Ich danke Euch, Fred. Vorwärts!«

»Ich werde langsam reiten, Charles.«

»Laßt den Viktory immer einen kräftigen Schritt nehmen; ich bin ein guter Läufer und halte aus.«

»*Well*, so kommt!«

Ich warf die Decke über, hing den Stutzen über die Achsel, schulterte die Büchse und schritt an der Seite des Reiters vorwärts. Die Verfolgung der Railtroublers begann.

Ihre Fährte war so deutlich, daß wir uns nicht die mindeste Mühe zu geben brauchten, sie aufzuspüren. Sie wies beinahe grad nach Norden zu, und wir folgten ihr ohne Aufhalten bis um die Mittagszeit, wo wir einen kurzen Halt machten, um den Viktory ausruhen zu lassen und einen kleinen Imbiß zu uns zu nehmen. Er bestand aus dem wenigen, was wir zufällig eingesteckt hatten, denn es war uns nicht eingefallen, uns mit Hilfe der Vorräte des Zuges zu verproviantieren. So lange der Savannenmann eine Büchse und Munition besitzt, braucht er keinen Hunger zu leiden. Und in dieser Beziehung war ich gut versehen, denn mein wasserdichter Ledergürtel enthielt so viele Patronen, daß ich keine Sorge zu haben brauchte.

Das Land, in welchem wir uns befanden, war hügelig und recht gut bewaldet. Die Spur führte an einem kleinen Flusse aufwärts, dessen Ufer teils sandig und teils mit einem so fetten Grase bewachsen waren, daß die Hufe der Pferde einen stets sichtbaren Eindruck hinterlassen hatten. Am Nachmittage schoß ich einen recht feisten Waschbären, welcher uns ein gutes Nachtmahl versprach, und als es dunkel wurde, machten wir in einer kleinen, von dichtem Baumwuchse verhüllten Felsenschlucht Halt, wo wir ohne Sorge um Entdekkung ein Feuer anzünden und den Waschbären braten konnten. Wir fühlten uns an diesem Orte so vollständig sicher, daß wir es für überflüssig hielten, Wache zu halten, sondern uns alle Beide schlafen legten, nachdem Fred seinen Viktory versorgt hatte.

Am andern Morgen brachen wir sehr in der Frühe auf und

erreichten am Nachmittage den Ort, an welchem die Railtroublers während der verflossenen Nacht gelagert hatten. Sie hatten mehrere offene Feuer gebrannt, schienen also jeder Verfolgung Hohn sprechen zu wollen. Gegen Abend ritten und gingen wir demselben Flüßchen entlang über eine Ebene hin und hielten auf eine Ecke zu, welche der Urwald gegen das Grasland bildete. Wir hatten die Verfolgten fast eine ganze Tagereise vor uns und fühlten uns um so sicherer, als wir auch nicht die mindeste Spur von der Anwesenheit eines andern Menschen bemerkt hatten. Wir erreichten die Ecke und wollten um dieselbe biegen, als wir Beide plötzlich zurückfuhren. Vor uns hielt ein Indianer, der zu derselben Minute im Begriffe gestanden hatte, von der andern Seite um die Spitze zu biegen. Er war mit einem Rappen beritten und führte ein mit einem beladenen Packsattel aufgeschirrtes Pferd neben sich.

In ganz demselben Momente, als er uns erblickte, glitt er blitzschnell vom Pferde, so daß er hinter demselben Dekkung bekam, und schlug die Büchse auf uns an. Das ging so schnell, daß ich von ihm nur die Gestalt gesehen hatte, aber auch nur sehr flüchtig und undeutlich.

Auch Fred war mit derselben Gewandtheit von seinem Pferde gesprungen und hatte sich hinter dasselbe gestellt; ich aber schnellte mich mit einem raschen, weiten Satze in die Waldecke hinein und faßte hinter einer starken Blutbuche Posto. Kaum jedoch stand ich da, so blitzte die Büchse des Indianers auf, und seine Kugel schlug in den Stamm der Buche – nur den zehnten Teil eines Augenblickes früher, so hätte sie mich durchbohrt. Dieser Mann hatte sofort erkannt, daß ich ihm gefährlicher sei als Fred, weil ich, durch die Bäume gedeckt, ihn und seine Pferde umgehen und dann von hinten auf ihn schießen konnte.

Schon während meines Sprunges hatte ich die Büchse halb erhoben, jetzt aber, als die Kugel in den Baum schlug, ließ ich sie wieder sinken. Warum?

Ein jeder erfahrene Westmann weiß, daß ein jedes Gewehr seine eigene Stimme hat. Es ist unendlich schwierig, den

Krach zweier Büchsen in dieser Beziehung zu unterscheiden; aber das Leben in der Wildnis schärft die Sinne bis zur höchsten Potenz, und wer eine Büchse öfters gehört hat, der kennt ihren Knall unter hunderten heraus. Daher kommt es, daß Jäger, die sich früher trafen, und dann lange Zeit nicht mehr sahen, sich bereits von weitem an der Stimme ihrer Gewehre wieder erkennen.

So ging es auch mir in diesem Augenblicke. Die Büchse, mit welcher der Wilde jetzt geschossen hatte, hätte ich während meines ganzen Lebens nicht vergessen können. Ich hatte ihren scharfen, sonoren Knall während langer Zeit nicht gehört, erkannte ihn aber im Augenblicke. Sie gehörte dem berühmten Apachenhäuptling Winnetou, jenem Indianer, von dem Walker gestern am Bahndamme gesprochen hatte, und der mein Lehrer und Freund gewesen war im wildesten Wald- und Savannenleben. War er es selbst, der sie jetzt noch trug, oder war sie in eine andere Hand übergegangen? Ich rief in der Mundart der Apachen hinter dem Baume hervor:

»*Toselkhita, shi shteke* – schieß nicht, ich bin dein Freund!«

»*To tistsa tá ti. Ni peniyil* – ich weiß nicht, wer du bist. Komm heraus!« antwortete er.

»*Ni Winnetou, natan shis inté* – bist du Winnetou, der Häuptling der Apachen?« fragte ich, um ganz sicher zu gehen.

»*Ha-au* – ich bin es!« antwortete er.

Im Nu sprang ich hinter dem Baume hervor und auf ihn zu.

»Schar-lih!« rief er frohlockend.

Er öffnete die Arme, und wir lagen uns am Herzen.

»*Schar-lih, shi shteke, shi nta-ye* – Karl, mein Freund, mein Bruder!« fuhr er, beinahe weinend vor Freude, fort. »*Shi intá ni intá, shi itchi ni itchi* – mein Auge ist dein Auge, und mein Herz ist dein Herz!«

Auch ich war so ergriffen von diesem so ganz und gar unerwarteten Wiedersehen, daß mir das Wasser in die Augen trat. Es konnte mir nichts Glücklicheres geschehen, als ihn hier zu treffen. Er blickte mich immer von Neuem mit liebevollen Augen an; er drückte mich immer von Neuem an seine Brust, bis er sich endlich erinnerte, daß wir nicht allein waren.

»*Ti ti ute* – wer ist dieser Mann?« fragte er, auf Walker deutend.

»*Aguan ute nshó, shi shteke ni shteke* – er ist ein guter Mann, mein Freund und auch dein Freund,« antwortete ich.

»*Ti tenlyé aguan* – wie ist sein Name?«

»*The thick Walker,*« nannte ich englisch den Namen meines Gefährten.

Da streckte er auch Fred die Hand entgegen und begrüßte ihn:

»Der Freund meines Bruders ist auch mein Freund! Fast hätten wir uns erschossen, aber Schar-lih hat die Stimme meiner Büchse erkannt, wie ich auch die seinige erkannt hätte. Was tun meine weißen Brüder hier?«

»Wir verfolgen die Feinde, deren Fährte du hier im Grase siehst,« antwortete ich.

»Ich habe sie erst vor einigen Minuten erblickt. Ich komme von Osten her an dieses Wasser. Was für eine Farbe haben diese Männer, denen ihr folgt?«

»Es sind Weiße und einige Ogellallah.«

Bei dem letzten Worte zogen sich seine Brauen zusammen. Er legte die Hand auf den glänzenden Tomahawk, welcher in seinem Gürtel steckte, und sagte:

»Die Söhne der Ogellallah sind wie die Kröten; wenn sie aus ihren Löchern kommen, so werde ich sie zertreten. Darf ich mit meinem Bruder Schar-lih gehen, um die Ogellallah zu sehen?«

Nichts konnte mir willkommener sein als diese Frage; wenn wir Winnetou zu unserm Verbündeten erhielten, so war das ebenso, als wenn zwanzig Westmänner zu uns gehalten hätten. Ich wußte zwar, daß er nach so langer Trennung mich keineswegs sogleich verlassen würde; aber daß er sich selbst zur Begleitung anbot, das war ein Zeichen, daß ihm unser Abenteuer ein willkommenes sei. Darum antwortete ich:

»Der große Häuptling der Apachen ist uns gekommen wie

der Sonnenstrahl dem kalten Morgen. Sein Tomahawk mag wie der unserige sein.«

»Meine Hand ist eure Hand, und mein Leben ist euer Leben. Howgh!«

Was meinen dicken Fred betrifft, so war es ihm sehr deutlich anzusehen, welchen gewaltigen Eindruck der Apache auf ihn machte. Es wäre jedem Andern auch so ergangen, denn Winnetou war wirklich das Prachtexemplar eines Indianers, und sein Anblick mußte einen jeden Westmann entzücken.

Er war nicht etwa übermäßig hoch und massig gebaut, sondern grad die zierlichen, dabei aber äußerst nervigen Körperformen und die Spannkraft einer jeden seiner Bewegungen hätten auch dem stärksten und erfahrensten Trapper imponiert. Er trug ganz dieselbe Kleidung und Bewaffnung wie früher, als wir uns unten am Rio Pecos trafen und dann oben bei den Schlangen-Indianern wieder trennten. Wie er jetzt vor uns stand, so hatte ich ihn stets gesehen, nett und sauber in seiner ganzen Erscheinung, ritterlich und gebieterisch in dem ganzen Eindrucke, den er machte, jeder Zoll an ihm ein Mann, ein Held.

Der dicke Fred war jedenfalls am meisten darüber überrascht, daß an diesem Indsman alles glänzte und flimmerte, daß an ihm nicht die leiseste Spur eines Fleckes zu entdecken war, und der Blick der kleinen Aeuglein flog so sprechend zwischen mir und Winnetou hin und her, daß ich erriet, welche Parallele er zwischen uns zog.

»Meine Brüder mögen sich niedersetzen, um die Pfeife des Friedens mit mir zu rauchen,« sagte der Apache.

Er setzte sich gleich da, wo er stand, in das Gras, langte in den Gürtel und zog ein kleines Quantum Tabak, welcher mit wilden Hanfblättern vermischt war, hervor, mit dem er sein mit Federn geschmücktes Calumet stopfte. Wir nahmen neben ihm Platz. Die Zeremonie der Friedenspfeife war unumgänglich notwendig, denn sie besiegelte das Bündnis, welches wir geschlossen hatten, und ehe sie nicht geraucht war, hätte Winnetou sicher kein einziges Wort über unsern Plan gesprochen.

Als er den Tabak in Brand gesteckt hatte, erhob er sich und stieß einen Mund voll Rauch grad zum Himmel empor und ebenso einen grad zur Erde nieder; dann verneigte er sich nach den vier Himmelsgegenden, indem er vier Züge aus der Pfeife tat und den Rauch nach den betreffenden Richtungen blies. Hierauf setzte er sich nieder und gab mir die Pfeife mit den Worten:

»Der große Geist hört meinen Schwur: meine Brüder sind wie ich, und ich bin wie sie; wir sind Freunde!«

Ich ergriff das Calumet, erhob mich, tat wie er und sagte dann:

»Der große Manitou, den wir verehren, beherrscht die Erden und die Sterne. Er ist mein Vater und dein Vater, o Winnetou; wir sind Brüder und werden uns beistehen in jeder Gefahr. Die Pfeife des Friedens hat unsern Bund erneut.«

Ich gab die Pfeife an Walker, der ebenso wie wir vorher den Rauch nach den vier Richtungen ausstieß und dann gelobte:

»Ich sehe den großen Winnetou, den herrlichsten Häuptling der Mescaleros, Mimbrenjos und Apachen; ich trinke den Rauch seiner Pfeife und bin sein Bruder. Seine Freunde sind meine Freunde und seine Feinde meine Feinde, und nie soll dieser Bund gebrochen werden!«

Er nahm dann wieder Platz und gab dem Apachen die Pfeife zurück, welcher diese weiterrauchte. Jetzt war der Sitte Genüge getan, und wir konnten uns besprechen.

»Mein lieber Bruder Schar-lih mag mir erzählen, was er erlebt hat, seit er von mir geschieden ist,« bat mich jetzt Winnetou.

Ich folgte diesem Wunsche so kurz wie möglich. Was ich seit unserer letzten Trennung getan hatte, das konnte ich ihm später ausführlich erzählen. Dann forderte ich ihn auf:

»Mein Bruder Winnetou sage mir, was er erlebt hat, seit ich ihn nicht sah, und wie er so entfernt von dem Wigwam seiner Väter auf das Jagdgebiet der Sioux kommt!«

Er tat einen langen, bedächtigen Zug aus dem Calumet und antwortete dann:

»Das Wetter stürzt das Wasser aus den Wolken herab, und die Sonne trägt es wieder empor. So ist es mit dem Leben des Menschen. Die Tage kommen und verschwinden. Was soll Winnetou viel erzählen von den Sonnen, die vorüber sind? Ein Häuptling der Sioux-Dakota beleidigte mich; ich folgte ihm und nahm seinen Skalp; seine Leute verfolgten mich; ich vernichtete meine Fährte, kehrte zu ihren Wigwams zurück und holte mir die Zeichen meines Sieges, welche ich auf das Pferd des Häuptlings lud. Da steht es!«

Mit diesen wenigen, anspruchslosen Worten berichtete dieser Mann eine Heldentat, zu deren Erzählung ein Anderer die Zeit von Stunden gebraucht hätte. Aber so war er. Er hatte von den Ufern des Rio Grande im Süden bis weit hinauf zum Milk-River im Norden der Vereinigten Staaten Monate lang einen Feind durch Urwälder und Prairien verfolgt, diesen endlich im männlichen, offenen Kampfe besiegt, sich dann mitten in das Lager der Gegner gewagt und ihnen die köstlichsten Trophäen abgenommen. Das war ein Stück, welches ihm kein Anderer nachmachte, und wie bescheiden berichtete er es! Er fuhr fort:

»Meine Brüder wollen die Ogellallah und die weißen Männer verfolgen, welche man Railtroublers nennt. Dazu bedarf es guter Pferde. Will mein Freund Schar-lih das Roß des Sioux-Dakota reiten? Es hat die beste indianische Dressur, und er versteht sich auf dieselbe besser als ein anderes Bleichgesicht.«

Bereits früher hatte er mir einen herrlichen Mustang geschenkt; ich wollte also die Gabe ablehnen und antwortete daher:

»Ich bitte meinen Bruder um die Erlaubnis, mir ein Pferd selbst zu fangen. Das Roß des Dakota hat die Beute zu tragen.«

Er schüttelte den Kopf und entgegnete:

»Warum will mein Bruder vergessen, daß Alles sein ist, was mir gehört. Warum will er große Zeit versäumen mit der Pferdejagd? Soll diese Jagd uns den Ogellallah verraten? Glaubt er, daß Winnetou Beute bei sich führen wird, wenn er der

Fährte der Sioux folgt? Winnetou wird sie vergraben, und das Pferd wird ledig sein. Howgh!«

Dagegen war nichts zu machen; ich mußte die Gabe annehmen. Uebrigens hatte ich das Pferd schon längst mit bewundernden Augen betrachtet. Es war ein Schwarzschimmel von dunkelster Färbung, kurz gebaut, kurz gefesselt, fein und doch kräftig gegliedert und so sichtbar geädert, daß man seine Freude an ihm haben mußte. Die volle Mähne hing bis über den Hals herab; der Schweif berührte beinahe den Boden; das Innere der Nüstern zeigte jene rötliche Färbung, auf welche der Indianer so sehr viel gibt, und in den großen Augen lag bei allem Feuer des Ausdruckes doch eine Art ruhiger Ueberlegung, welche hoffen ließ, daß ein guter Reiter sich auf dieses Pferd verlassen könne.

»Aber der Sattel?« bemerkte Fred. »Ihr könnt doch nicht auf einem Packsattel reiten, Charles!«

»Das ist das wenigste,« antwortete ich. »Habt Ihr noch nicht gesehen, wie ein Indsman einen Reitsattel aus dem Packsattel macht? Seid Ihr noch nicht dabei gewesen, wenn ein geschickter Jäger sich mit Hilfe der noch rauchenden Haut eines frisch erlegten Wildes einen ganz leidlichen Sattel herstellt? Ihr sollt sehen, daß ich bereits morgen mit einem so bequemen Sitze versehen bin, daß Ihr mich um denselben beneiden werdet.«

Der Apache nickte zustimmend und meinte:

»Winnetou hat nicht weit von hier am Wasser die frische Spur eines großen Wolfes gesehen. Ehe die Sonne untergegangen ist, werden wir sein Fell und seine Rippen haben, welche einen guten Sattel geben. Haben meine Brüder Fleisch zu essen?«

Als ich bejahend antwortete, fuhr er fort:

»So mögen meine Brüder aufbrechen, um mit mir den Wolf zu holen und einen Lagerplatz zu suchen, an welchem ich die Beute vergraben kann. Sobald die Sonne am Morgen erscheint, werden wir den Spuren der Railtroublers folgen. Sie haben die Wagen des Feuerrosses zerstört; sie haben viele ihrer weißen Brüder beraubt, getötet und verbrannt. Der große Geist ist zornig über sie und wird sie in unsere Hände geben, denn sie haben nach dem Gesetze der Savanne den Tod verdient.«

Wir verließen den Platz, an welchem ein ebenso merkwürdiges wie glückliches Zusammentreffen stattgefunden hatte. Der Lagerplatz des Wolfes war bald gefunden; wir erlegten das Tier, welches zu der Art gehörte, welche der Indianer Coyote nennt, und saßen kurze Zeit später am Feuer, um einen Sattel anzufertigen. Am andern Morgen vergruben wir die Beute Winnetous, welche aus indianischen Waffen und Medizinsäcken bestand, und bezeichneten den Ort, um ihn später wiederfinden zu können. Dann brachen wir auf, den Mördern nach, die wohl verächtlich gelacht hätten, wenn ihnen bekannt gewesen wäre, daß drei Männer es wagten, sie, die an Zahl so Ueberlegenen, zur Rechenschaft zu ziehen. – – –

SECHSTES KAPITEL

Helldorf-Settlement.

Als wir am andern Morgen aufgebrochen waren, bewährte sich mein Schwarzschimmel als ein ganz ausgezeichnetes Pferd. Ein Reiter, welcher nichts von indianischer Dressur verstand, wäre keinen Augenblick im Sattel geblieben; wir aber hatten uns gar bald zusammengerichtet. Dadurch schien ich in der Achtung meines dicken Fred sehr gewonnen zu haben. Ueberhaupt bemerkte ich, daß er mich zuweilen mit ganz eigentümlichen Blicken musterte. Er mochte die Auszeichnung nicht begreifen, mit welcher mich Winnetou behandelte. In seinen Augen mußte die ganz und gar außerordentliche Freundschaft des berühmten Apachen zu einem unbekannten Jäger ein wahres Wunder sein.

Der alte Viktory hielt sehr gut aus, und so kamen wir recht schnell vorwärts. Bereits am Mittag erreichten wir den letzten Lagerplatz der Railtroublers, waren ihnen also fast um einen halben Tagesritt näher gekommen.

Die Spur, welcher wir folgten, hatte das Flüßchen verlassen, und sich in ein langes Seitental gezogen, durch welches sich ein Bach schlängelte. Ich bemerkte, daß Winnetou von jetzt ab den Boden weit aufmerksamer betrachtete als bisher; auch suchten seine Augen den Rand des Waldes, welcher von beiden Seitenhöhen bis auf die Sohle des Tales hinuntertrat, zu durchdringen. Endlich hielt er gar an und wandte sich, da wir Einer hinter dem Andern ritten und er der Vorderste war, zu mir um.

»Uff!« rief er. »Was sagt mein Bruder Schar-lih zu diesem Wege?«

»Er wird hinauf bis zum Höhenkamm führen.«

»Und dann?«

»Auf der anderen Seite wird sich das Ziel der Railtroublers befinden.«

»Welches Ziel wird dies sein?«

»Der Weideplatz der Ogellallah.«

Er nickte.

»Mein Bruder Schar-lih hat noch immer das Auge des Adlers und die Witterung des Fuchses. Er hat richtig geraten,« sagte er und ritt dann vorsichtig weiter.

»Wieso?« fragte Walker. »Weideplatz der Ogellallah?«

»Ich habe Euch bereits einmal gefragt, ob Ihr glaubt, daß sich drei Indianer ohne ganz besondere Gründe einer solchen Schar von Weißen anschließen,« antwortete ich. »Es gibt im wilden Westen mehr Rote als Weiße, und so wird es ja auch in unserem Falle sein.«

»*Pshaw*, ich verstehe Euch nicht, Charles!«

»Nun, die drei Ogellallah werden, sozusagen, den Railtroublers als Aufsicht mitgegeben worden sein.«

»Ah! Inwiefern? Von wem?«

»Hm! Nehmt es mir nicht übel, mein lieber Fred, aber die Rollen scheinen sich vertauscht zu haben; heut möchte ich Euch ein Greenhorn nennen.«

»*Heigh-ho!* Warum?«

»Glaubt Ihr, daß eine Bande von über zwanzig weißen Spitzbuben hier in dieser Gegend ihr Wesen treiben kann, ohne von den Roten bemerkt zu werden?«

»Nein, sicherlich nicht.«

»Wozu werden also die Weißen gezwungen sein?«

»Hm, ja! Sie werden sich unter den Schutz der Roten stellen müssen.«

»Richtig! Werden sie diesen Schutz umsonst haben?«

»Nein. Sie werden ihn bezahlen müssen.«

»Womit?«

»Mit dem, was sie haben, natürlich; mit Beute.«

»Schön! Begreift Ihr nun, was wir Beide meinen, Winnetou und ich?«

»Ah, das also ist es! Die Weißen haben den Zug überfallen, um ihren Tribut zu bezahlen, und die drei Ogellallah waren die Exekutoren!«

»Vielleicht ist es so, vielleicht auch nicht. Sicher aber ist es, daß unsere ehrenwerten weißen Brüder bald zu einer größeren Truppe von Rothäuten stoßen werden. Das sagte ich doch bereits da unten an der Eisenbahn. Aber weiter! Glaubt Ihr etwa, daß sich Rote und Weiße zusammengetan haben, nur um sich zu pflegen und auf die Bärenhaut zu legen?«

»Auf keinen Fall!«

»Das ist auch meine Meinung. Ihr könnt Euch darauf verlassen, daß sie bald eine neue Teufelei aushecken werden, besonders da die letzte so gut gelungen ist.«

»Was könnte das sein?«

»Hm, ich habe so meine Ahnung.«

»Das wäre viel! Voraus ahnen, was Leute tun werden, die man noch nicht einmal gesehen hat! Charles, ich habe in der letzten Zeit gewissermaßen Respekt vor Euch bekommen, aber mit dieser Ahnung wird es wohl nichts sein!«

»Wollen sehen! Ich habe mich genugsam unter den Indsmen umhergetrieben, um ihre Art und Weise zu kennen. Und wißt Ihr, auf welche Weise man am besten erraten kann, was ein Mensch tun wird?«

»Nun?«

»Wenn man sich recht lebhaft in die Lage versetzt, in welcher er sich befindet, und dabei seinen Charakter mit in Rechnung zieht. Soll ich einmal so kühn sein, zu raten?«

»Ihr macht mich wahrlich neugierig!«

»Gut! Wem hat unser Zugpersonal wohl zuerst die Zerstörung der Bahn und die Vernichtung des Zuges gemeldet?«

»Doch jedenfalls der nächsten Station.«

»Von da aus wird man also auch Männer zur Unglücksstelle senden, um sie zu untersuchen und die Täter zu verfolgen. Nicht?«

»Jedenfalls.«

»Dadurch aber wird diese Station von Leuten entblößt, und sie kann also ohne sehr große Gefahr überfallen werden.«

»*Egad!* Jetzt ahne ich, was Ihr denkt!«

»Nicht wahr? Die Stationen sind jetzt hier noch temporär. Es fragt sich, an welchem Punkte man genug Leute haben wird, um ein Detachement entbehren zu können. Meiner Ansicht nach wird dies wohl Echo-Cannon sein.«

»Charles, Ihr könnt recht haben. Die Railtroublers und die Roten wissen jedenfalls ebenso genau wie wir, daß der Ort dann entblößt ist.«

»Rechnen wir auch noch dazu, daß die Sioux ihre Kriegspfeile ausgegraben und sich mit den Kriegsfarben bemalt haben, daß sie also ohne allen Zweifel Feindseligkeiten beabsichtigen, so ist fast zu ahnen, daß sie es jetzt auf Echo-Cannon abgesehen haben werden. Doch seht, da ist der Quell des Baches. Jetzt geht es steil bergan, und wir haben keine Zeit zum Plaudern mehr!«

Wir ritten jetzt unter hohen Bäumen eine Steigung hinan. Das Terrain war schwierig und wir mußten Achtung geben. Oben breitete sich die Höhe plateauartig aus und sank dann wieder zu Tale, wo wir bald wieder einen kleinen Wasserlauf erreichten, welcher nach Osten ging.

Hier hatten die Verfolgten zur Mittagszeit Halt gemacht und sich dann mit dem abbiegenden Wasser nordwärts gewendet. Wir kamen durch mehrere kleine Täler, durch einige Schluchten, und die Spuren wurden nach und nach immer frischer, so daß wir uns zu immer größerer Vorsicht veranlaßt sahen.

Endlich erreichten wir gegen Abend die Höhe eines langgestreckten Bergrückens, und schon wollten wir auf der andern Seite abwärts biegen, als der voranreitende Apache sein Pferd anhielt und mit der ausgestreckten Hand vorwärts zeigte.

»Uff!« rief er, aber mit gedämpfter Stimme.

Wir hielten an und wandten unsere Blicke in die angedeutete Richtung.

Zu unserer rechten Hand breitete sich tief unten eine kleine Ebene aus, deren Umfang vielleicht eine Stunde betragen mochte. Sie war offen und mit Gras bewachsen. Auf ihr erblickten wir eine ganze Anzahl von Indianerzelten, bei denen reges Leben herrschte. Ledige Pferde weideten im fetten Grün, und zahlreiche Männer waren ringsumher beschäftigt.

Man hatte Fleisch gemacht. Außerhalb der Zelte lagen die Skelette einiger Büffel, und über Stangen hatte man Schnuren gezogen, an denen dünne Stücke des Büffelfleisches zum Trocknen aufgehängt waren.

»Ogellallahs!« sagte Fred.

»Seht Ihr, daß ich recht hatte!« sagte ich.

»Zweiunddreißig Zelte!« fügte er hinzu.

Winnetou hielt sein Auge scharf hinunter gerichtet und sagte dann:

»*Naki gutesnontin nagoiya* – zweihundert Krieger!«

»Und die Weißen sind bei ihnen,« bemerkte ich. »Wir wollen die Pferde zählen; so gehen wir am sichersten.«

Wir konnten die ganze Ebene übersehen und zählten zweihundertfünf Pferde. Für einen Jagdzug hatte man zu wenig Fleisch gemacht, auch war dieses Tal kein Ort zu einem einträglichen Büffelfang; wir hatten es also mit einem Kriegszuge zu tun, was auch die Schilde bewiesen, welche wir sahen. Auf der Jagd ist der Schild ja mehr hinderlich als förderlich. Das größte Zelt stand etwas abseits von den übrigen, und die Adlerfedern, welche seine Spitze zierten, ließen erraten, daß es das Häuptlingszelt sei.

»Was sagt mein Bruder Schar-lih? Werden diese Kröten von Ogellallah noch lange hier bleiben?« fragte Winnetou.

»Nein.«

»Woraus schließt Ihr das, Charles?« forschte Fred. »Eine solche Frage ist schwer und auch zu wichtig für uns, als daß man sie so schnell beantworten kann.«

»Seht Euch die Gerippe der geschlachteten Büffel an, Fred! Sie werden Euch die Frage genau beantworten.«

»Ah! Wie so?«

»Die Knochen sehen bereits weiß aus; sie sind gebleicht und liegen wohl schon vier oder fünf Tage an der Sonne. Das Fleisch ist also wohl ziemlich trocken. Meint Ihr nicht?«

»Jedenfalls!«

»Nun, so können die Roten also aufbrechen. Oder meint Ihr, daß sie hier bleiben werden, um noch einige Partien Schach oder Dame zu ziehen?«

»Ihr werdet spitzig, Sir. Wollte nur hören, was Ihr sagtet. Ah, da tritt Einer aus dem Zelte! Wer mag das sein?«

Der Apache griff in die Tasche und zog ein – Fernrohr hervor. Das war gewiß ein seltener Gegenstand in der Hand eines Indianers. Auch Fred Walker war überrascht. Aber Winnetou hatte die Städte des Ostens gesehen und es sich da gekauft. Er schob die Glieder des Rohres auseinander und setzte es an das Auge, um den Indianer, von dem Fred gesprochen hatte, genauer zu betrachten. Als er es wieder absetzte und mir hinreichte, zuckte ein grimmiges Wetterleuchten über sein Gesicht.

»Ko-itse, der Lügner und Verräter!« zürnte er. »Winnetou wird seinen Tomahawk in seinen Schädel pflanzen!«

Ich blickte durch das Rohr und sah mir den Ogellallah mit großem Interesse an. Ko-itse heißt Feuermund. Der Träger dieses Namens war als ein guter Redner, ein sehr verwegener Krieger und ein unversöhnlicher Feind der Weißen in der ganzen Savanne und im ganzen Gebirge bekannt. Wenn wir es mit ihm zu tun bekamen, so hatten wir uns vorzusehen.

Ich gab das Rohr auch Walker zum Gebrauch und bemerkte dabei:

»Es wird geraten sein, uns zu verbergen. Es sind weit mehr Pferde als Männer zu sehen, und wenn auch viele der Letzteren in den Zelten liegen mögen, so ist doch immerhin anzunehmen, daß noch welche in der Gegend umherschweifen.«

»Meine Brüder mögen warten,« meinte der Apache. »Winnetou wird einen Ort suchen, wo er sich mit den Freunden verbergen kann.«

Er verschwand unter den Bäumen und kehrte erst nach längerer Zeit zurück. Dann führte er uns seitwärts längs des Höhenrückens hin auf eine Stelle zu, an der das Unterholz so dicht war, daß wir es kaum zu durchdringen vermochten. Im Innern dieses Dickichts war genug Spielraum für uns und unsere Pferde, welche wir anbanden, statt sie anzuhobbeln, während der Apache zurückkehrte, um unsere Spuren unbemerkbar zu machen.

Hier lagen wir bis zum dunklen Abende im tiefen, duftenden Waldgrase, jeden Augenblick bereit, beim geringsten verdächtigen Geräusch aufzuspringen und den Pferden die Nasen zu verschließen, damit ihr Schnauben uns nicht verraten könne. Als es vollständig finster war, schlich sich Winnetou davon und kehrte bald mit der Nachricht zurück, daß man unten einige Feuer angebrannt habe.

»Diese Menschen fühlen sich sehr sicher,« sagte Fred. »Wenn sie wüßten, daß wir ihnen so nahe sind!«

»Daß sie verfolgt werden, können sie sich denken,« antwortete ich. »Wenn sie sich also heut noch sicher fühlen, so kann dies nur daher rühren, daß sie überzeugt sind, daß die Stationsleute noch nicht hier sein können. Daraus möchte ich schließen, daß sie morgen aufbrechen werden. Wir müssen versuchen, etwas zu erfahren.«

»Winnetou wird gehen,« sagte der Apache.

»Ich gehe mit,« meinte ich. »Fred mag bei den Pferden bleiben. Die Gewehre lassen wir hier; sie würden uns nur im Wege sein. Messer und Tomahawk sind genug, und im äußersten Notfalle haben wir noch die Revolver.«

Unser dicker Fred war sofort einverstanden, zurückzubleiben. Er besaß jedenfalls Mut genug, aber wenn es nicht durchaus nötig war, liebte er es wohl nicht, sein Leben zu exponieren; und ein Wagnis war es doch jedenfalls, hinunter in das Tal zu steigen, um die Ogellallah zu belauschen. Wer von ihnen entdeckt und ergriffen wurde, der war auf jeden Fall verloren.

Wir standen drei oder vier Tage vor dem Neumond. Der Himmel war bewölkt, und kein Stern ließ sich sehen; die Nacht war also für unser Vorhaben sehr günstig. Wir tappten uns aus dem Dickicht heraus bis zu der Stelle hin, an welcher wir am Nachmittage gehalten hatten.

»Winnetou geht rechts, und mein Bruder Schar-lih mag links gehen!« flüsterte der Apache, und im nächsten Augenblicke war er bereits lautlos im Dunkel des Waldes verschwunden.

Ich folgte der Weisung des Freundes und schlich mich an der linken Seite des ziemlich steilen Abhanges hinunter. Ich erreichte, mich unhörbar zwischen den Büschen und Bäumen hinabwindend, die Sohle des Tales und erblickte nun die Lagerfeuer vor mir. Jetzt nahm ich das Bowiemesser zwischen die Zähne, legte mich lang in das Gras und schob mich langsam vorwärts, dem Häuptlingszelte zu, welches in einer Entfernung von ungefähr zweihundert Schritten vor mir lag. Vor demselben brannte ein Feuer, aber das Zelt warf seinen dunklen Schatten auf mich.

Ich gelangte nur Zoll für Zoll vorwärts, doch hatte ich die Luft gegen mich und brauchte daher keine Sorge vor den Pferden zu haben, welche die Annäherung eines Fremden immer mit einem lauten Schnauben zu verraten pflegen. In dieser Beziehung hatte Winnetou mehr Schwierigkeiten zu überwinden als ich.

So war weit über eine halbe Stunde vergangen, ehe ich die zweihundert Schritte zurückgelegt hatte. Nun lag ich unmittelbar hinter dem Büffelhautzelte des Häuptlings, und die Männer, welche am Feuer saßen, befanden sich höchstens acht Ellen vor mir. Sie unterhielten sich sehr lebhaft in englischer Sprache miteinander, und als ich es wagte, den Kopf ein wenig vorzustrecken, um sie sehen zu können, bemerkte ich, daß es fünf Weiße und drei Indianer waren.

Diese Letzteren verhielten sich ruhig. Nur der Weiße wird am Lagerfeuer laut, während der einsilbige und vorsichtige Indianer mehr durch Zeichen als durch Worte redet. Auch das Feuer brannte hell und nicht nach indianischer Weise.

Einer der Weißen war ein langer, bärtiger Mensch, welcher eine Schmarre, die von einem Messerschnitte herzurühren schien, auf der Stirn trug. Er schien das große Wort zu führen, und die Art und Weise, wie die Andern sich zu ihm stellten, ließ vermuten, daß er eine Respektsperson sei. Ich konnte ein jedes Wort hören, welches von den Leuten gesprochen wurde.

»Und wie weit wird es sein von hier bis Echo-Cannon?« fragte der Eine.

»Ungefähr hundert Meilen,« antwortete der Lange. »In drei Tagemärschen ist es sehr leicht zu erreichen.«

»Aber wenn unsere Berechnung falsch ist, wenn man uns nicht verfolgt hat und die Leute dort also vollzählig sind?«

Der Lange lachte in wegwerfender Weise und antwortete:

»Unsinn! Man wird uns verfolgen, das ist sicher. Wir haben ihnen ja die Fährte deutlich genug gemacht. Es sind ungefähr gegen dreißig Menschen mit dem Zuge umgekommen, und wir haben eine schöne Beute gemacht; das wird man nicht hingehen lassen, ohne wenigstens den Versuch zu machen, uns einzuholen.«

»Wenn das stimmt, so muß der Coup gelingen,« sagte der Andere. »Wie viele Leute sind in Echo-Cannon beschäftigt, Rollins?«

»Gegen hundertfünfzig,« antwortete der Genannte; »alle gut bewaffnet. Außerdem gibt es dort einige wohlgefüllte Stores, mehrere Trinksaloons, und daß wir eine volle Bau- und Verwaltungskasse finden, darüber brauchen wir keine Sorge zu tragen. Ich habe gehört, daß diese Kasse alle zwischen Greer-River und Promontory vorkommenden Ausgaben zu bestreiten hat. Das ist eine Strecke von über zweihundertunddreißig Meilen und es läßt sich also vermuten, daß da viele Tausende vorhanden sein müssen.«

»*Heigh-day*, das läßt sich hören! Und du glaubst, daß wir die Verfolger von unserer Spur wegbringen?«

»Auf jeden Fall. Ich kalkuliere, daß sie morgen am Nachmittag hier sein werden. Wir brechen mit dem Morgengrauen auf, gehen erst eine Strecke nach Norden und teilen uns dann nach verschiedenen Richtungen in so viele Trupps, daß sie nicht wissen, welcher Spur sie folgen sollen. Später verwischt ein jeder Trupp seine Spur auf das sorgfältigste, und wir kommen da unten am Greenfork wieder zusammen. Von da aus vermeiden wir alle offenen Plätze und können von heut an in vier Tagen in Echo-Cannon sein.«

»Schicken wir Boten voraus?«

»Das versteht sich! Sie gehen morgen früh direkt nach dem Cannon und erwarten uns dort am Painterhill. Das ist alles schon bestimmt. Selbst wenn die Arbeiter vollzählig im Cannon vorhanden wären, brauchen wir keine Sorge zu haben.

Wir sind ihnen überlegen, und ehe sie zu den Waffen greifen, wird der größte Teil von ihnen gefallen sein.«

Ich hätte wahrhaftig in keinem besseren Augenblick den Lauscher machen können, denn was ich hier erfuhr, das war weit mehr, als ich hätte erwarten dürfen. Sollte ich länger bleiben? Nein. Mehr konnte ich auf keinen Fall erfahren, und der geringste Umstand konnte meine Anwesenheit verraten. Ich zog mich also langsam wieder zurück.

Dies geschah immer noch in tiefgebückter Stellung und zwar rückwärts, denn ich mußte Sorge tragen, meine Spur zu verwischen, damit sie morgen früh nicht bemerkt wurde. Das war, da ich nur nach dem Gefühle gehen konnte und fast jeden Grashalm einzeln betasten mußte, eine höchst zeitraubende Arbeit, und es dauerte wohl eine Stunde, ehe ich den Rand des Waldes wieder erreichte und mich nun in Sicherheit befand.

Jetzt legte ich die Hände muschelförmig an den Mund und ließ den Ruf der großen, grünen Unke ertönen. Das war auch ein zwischen mir und Winnetou verabredetes Rückzugszeichen gewesen, und ich war überzeugt, daß er es hören und befolgen werde. Den Indianern konnte dieser Unkenruf nicht auffällig sein, da die Gegenwart eines solchen Tieres hier im hohen, feuchten Grase leicht vermutet werden konnte und es ja auch die Abendzeit war, an welcher diese Amphibien gewöhnlich ihren Ruf erschallen lassen.

Ich hielt es für nötig, dieses Zeichen zu geben. Der Apache lag unter dem Winde und konnte leicht entdeckt werden. Was ich erfahren hatte, war vollständig genug, und so war es jedenfalls geraten, ihn zu benachrichtigen, daß unser Zweck erreicht sei.

Auch die Höhe aufwärts mußte ich die Spur vertilgen, und so war ich endlich froh, als ich trotz der Dunkelheit unser Dickicht glücklich erreichte.

»Nun, wie war es?« fragte Fred.

»Wartet, bis Winnetou kommt.«

»Warum? Ich brenne vor Begierde.«

»So verbrennt meinetwegen! Man redet nicht gern Ueberflüssiges, und ich müßte ja meinen Bericht zweimal geben, erst Euch und dann dem Apachen.«

Damit mußte er sich begnügen, obgleich es sehr lange dauerte, ehe der Apache kam.

Endlich hörten wir das Strauchwerk rascheln; er huschte zu uns heran und ließ sich an meiner Seite nieder.

»Mein Bruder Schar-lih hat mir das Zeichen gegeben?« sagte er.

»Ja.«

»So ist mein Bruder glücklich gewesen?«

»Ja. Was hat der Häuptling der Apachen erfahren?«

»Er hat nichts erfahren. Er brauchte eine große Zeit, um an den Pferden vorüber zu kommen, und als er das eine Lagerfeuer beinahe erreicht hatte, hörte er den Ruf der Kröte. Dann mußte er seine Fährte auswischen, und die Sterne sind hoch gestiegen, ehe er kommen konnte. Was hat mein Bruder gesehen?«

»Ich habe Alles gehört, was wir zu wissen brauchen.«

»Mein weißer Bruder ist immer glücklich, wenn er den Feind belauscht. Er mag erzählen!«

Ich berichtete, was ich gehört hatte. Als ich fertig war, meinte Fred:

»So ist also Eure Vermutung richtig gewesen, Charles. Das mit dem Ueberfalle des Cannon war gut erraten!«

»Es war nicht schwer!«

»Und wie sah der Lange aus? Einen Schnitt hatte er über die Stirn?«

»Ja.«

»Und einen großen Bart?«

»Ja.«

»Er ist es, obgleich er früher keinen Bart getragen hat. Den Schnitt hat er sich bei dem Ueberfalle einer Farm da unten bei Leawenworth geholt. Und wie wurde er genannt?«

»Rollins.«

»Das muß man sich merken. Es ist bereits der vierte falsche Name, den ich von ihm höre. Aber was werden wir tun, Sir? Heut herausholen können wir ihn doch nicht.«

»Das ist allerdings unmöglich. Und übrigens kann Euch an seiner Bestrafung allein doch nicht gelegen sein. Die andern Railtroublers sind nicht weniger schlecht als er. Ich will Euch sagen, Fred, daß ich mich auf allen meinen Streifzügen möglichst gehütet habe, einen Menschen zu töten, denn Menschenblut ist die kostbarste Flüssigkeit, welche es gibt. Ich habe lieber großen Schaden getragen, ehe ich zur tödlichen Waffe griff, und wenn es doch geschehen mußte, so geschah es sicherlich im äußersten Grade der Notwehr. Und selbst da habe ich lieber den Feind kampfunfähig gemacht, als daß ich ihm das Leben nahm –«

»Ah,« meinte der Dicke, »da seid Ihr grad wie Old Shatterhand. Dieser soll auch nur in der größten Not einen Indianer töten. Das Wild schießt er in das Auge; aber wenn ihn der Feind zur Gegenwehr zwingt, so zerschmettert er ihm entweder das rechte Bein oder den rechten Arm, oder er schlägt ihm einfach die Faust an den Kopf, daß er zusammenbricht und stundenlang liegen bleibt.«

»Uff!«

Diesen gedämpften Ruf der Verwunderung stieß der Apache aus. Er merkte erst jetzt, daß Walker noch gar nicht wußte, daß ich selbst Old Shatterhand sei. Ich nahm von diesem Rufe keine Notiz und fuhr fort:

»Dennoch aber kann es mir nicht einfallen, einen Bösewicht oder gar eine ganze Schar solcher Kerls ruhig laufen zu lassen. Das hieße ja, ihr Mitschuldiger werden und diese Rotte gegen brave Leute loszulassen. Herausholen können wir diesen Haller nicht; aber es wäre mir ein Leichtes gewesen, ihn vorhin unschädlich zu machen, indem ich ihn niederschoß. Doch will ich kein Mörder sein, und gegen das, was er verbrochen hat, wäre so ein schneller Tod ja geradezu eine Belohnung gewesen. Ich meine vielmehr, daß wir auch seine Helfershelfer fassen müssen, und das kann nur dann geschehen, wenn wir sie ruhig nach dem Cannon ziehen lassen.«

»Und wir?«

»Da gibt es nichts zu fragen! Wir kommen ihnen zuvor und warnen die Leute, welche überfallen werden sollen.«

»*Well!* Diesen Gedanken lasse ich mir gefallen. Vielleicht gelingt es uns, diese Raubmörderbande lebendig zu fangen. Aber werden sie uns nicht zu zahlreich sein?«

»Wir sind ihnen zu Dreien gefolgt, ohne uns zu fürchten, und werden sie noch weniger fürchten, wenn wir in Echo-Cannon Verbündete gefunden haben.«

»Wir werden nicht viele finden. Die größte Anzahl dieser Leute wird sich auf der Verfolgung befinden.«

»Wir werden dafür sorgen, daß sie von dem Stande der Dinge benachrichtigt werden und schleunigst zurückkehren.«

»In welcher Weise?«

»Ich schreibe einen Zettel und befestige ihn an einen Baum, an welchem die Spur, der sie folgen, vorüberführt.«

»Werden sie es glauben? Es könnte das ja auch eine List der Railtroublers sein, um sie von der Verfolgung abzubringen.«

»Sie werden von unserm Zugpersonale gehört haben, daß Zwei ausgestiegen sind, und auch unsere Fährten gefunden haben. Uebrigens werde ich die Warnung so abfassen, daß sie geglaubt werden muß. Ferner werde ich sie bitten, den Greenfork und Painterhill zu vermeiden, da am ersteren Orte die geteilten Sioux sich wieder treffen sollen und an dem zweiten die Kundschafter verweilen. Diese Letzteren dürfen die zurückkehrenden Eisenbahner keineswegs bemerken, und daher werde ich mitnotieren, daß die Heimkehr nach dem Cannon vom Süden her geschehen muß.«

»Uff!« meinte da Winnetou. »Meine weißen Brüder werden mit mir aufbrechen.«

»Jetzt?« fragte Walker.

»Die Sonne muß uns bereits weit von hier sehen, wenn sie aufgeht.«

»Aber wenn man morgen früh unsere Spuren findet?«

»Die Hunde der Ogellallah werden sofort nach Norden ziehen, und keiner von ihnen wird auf diese Höhe kommen. Howgh!«

Er erhob sich und trat zu seinem Pferde, um es loszubinden. Wir taten dasselbe, führten sie aus dem Dickicht heraus, stiegen auf und ritten denselben Weg zurück, den wir gekommen waren. Von einer Nachtruhe war natürlich keine Rede.

Es war noch ebenso finster wie vorher, und nur ein Westmann konnte es unternehmen, bei einem so schwierigen Terrain durch den Urwald auf einer Spur zu reiten, welche er nicht zu sehen vermochte. Ein europäischer Reiter wäre in dieser Dunkelheit abgestiegen, um sein Pferd zu führen; der Hinterwäldler aber weiß, daß sein Tier besser sehen kann als er. Hier zeigte sich Winnetou in seiner Größe. Er ritt voran, über Bäche und Felsen, über Stock und Stein, und nicht ein einziges Mal war er zweifelhaft, welche Richtung er einzuschlagen habe. Mein Schwarzschimmel hielt sich vortrefflich und auch der alte Viktory schnaubte zwar zuweilen ein wenig mißmutig, hielt aber gleichen Schritt mit uns.

Als es zu grauen begann, befanden wir uns wohl bereits neun bis zehn englische Meilen vom Lager der Ogellallah entfernt und konnten nun unsere Pferde ausgreifen lassen. Unsere Richtung ging einstweilen grad auf Süd zurück, aber als ich eine geeignete Stelle fand, hielten wir an. Ich riß ein Blatt aus dem Notizbuche, schrieb die notwendigen Notizen mit dem Stifte darauf und stach es dann mittels eines zugespitzten Hölzchens in die Rinde eines Baumes so ein, daß es einem jeden, der von Süden her kam, in die Augen fallen mußte. Dann schlugen wir mehr nach rechts hin die Richtung nach Südwest ein.

Zu Mittag gingen wir über den Green-Fork, aber jedenfalls sehr weit entfernt von dem Punkte, an welchem die einzelnen Trupps der Ogellallah zusammentreffen wollten. Diese mußten alle offenen Stellen vermeiden und sich also auf Umwegen im Urwald halten; wir aber konnten die möglichst gerade Richtung einschlagen und ließen unseren Pferden nicht eher Ruhe, als bis die Sonne sich zur Rüste zu neigen begann.

Seit heute morgen hatten wir unbedingt weit über vierzig englische Meilen zurückgelegt, und es war zu verwundern, daß der alte Viktory immer gleichen Schritt hielt. Wir ritten zwischen zwei eng zusammentretenden Höhen hin und standen im Begriffe, uns einen Ort zu suchen, welcher zum Lagerplatze geeignet war. Da traten die Höhen plötzlich auseinander, und wir befanden uns am Seiteneingange eines größeren Talkessels, dessen Mitte ein kleiner See einnahm. Dieser letztere wurde von einem Flüßchen gespeist, welches von Ost herüberkam und, nachdem es den See verlassen hatte, sich nach Westen hin einen Ausgang aus dem Kessel brach.

Bei dem Anblick dieses Talkessels hielten wir überrascht unsere Pferde an. Diese Ueberraschung galt jedoch nicht dem Tale selbst, sondern etwas Anderem. Die uns gegenüberliegende Höhe war nämlich entwaldet und bestand aus Feldern, während im Tale Pferde, Rinder, Schafe und Ziegen weideten. Am Fuße der Höhe lagen fünf große Blockhäuser mit Nebenhütten, unsern deutschen Bauernhöfen ähnlich, und ganz oben auf der höchsten Spitze stand ein kleines Kapellchen, über welches sich ein mächtiges Kreuz mit dem aus Holz geschnitzten Bilde des Erlösers erhob.

Neben diesem Kapellchen bemerkten wir mehrere Personen, welche uns aber nicht zu sehen schienen. Sie blickten gegen Westen, wo der Sonnenball sich immer tiefer senkte, und als er das Wasser des Flüßchens, welches er mit den herrlichsten Tinten färbte, erreicht zu haben schien, erklang von oben herab der silberne Ton eines Glöckchens.

Hier, mitten im wilden Westen, im tiefen Urwalde das Bild des Gekreuzigten! Mitten zwischen den Kriegspfaden der Indianer eine Kapelle! Ich nahm den Hut herunter und betete, wurde aber von dem Indianer unterbrochen.

»*Ti ti* – was ist das?« fragte er.

»Ein Settlement (Niederlassung) natürlich,« antwortete Walker sehr weise.

»Uff! Winnetou sieht die Niederlassung; aber welcher Klang ist das?«

»Das ist die Vesperglocke. Sie läutet das Ave Maria.«

»Uff!« meinte der Apache erstaunt. »Was ist Vesperglocke? Was ist Ave Maria?«

»Warten!« sagte Fred, welcher sah, daß ich die Hände gefaltet hatte.

Als der letzte Schlag des Glöckleins verklungen war, ertönte plötzlich ein vierstimmiger Gesang vom Berge herab. Ich horchte empor, erstaunt ob des Gesangs an und für sich, noch erstaunter aber über die Worte desselben:

»Es will das Licht des Tages scheiden;
Nun bricht die stille Nacht herein.
Ach, könnte doch des Herzens Leiden
So wie der Tag vergangen sein!
Ich leg mein Flehen dir zu Füßen;
O trag's empor zu Gottes Thron,
Und laß, Madonna, laß dich grüßen
Mit des Gebetes frommem Ton:
Ave, ave, Maria!«

Was war denn das? Das war ja mein eigenes Gedicht, meine eigene Komposition, mein Ave Maria! Wie kam dies hierher in die Wildnisse des Felsengebirges? Ich war zunächst ganz perplex; dann aber, als die einfachen Harmonien wie ein unsichtbarer Himmelsstrom vom Berge herab über das Tal hinströmten, da überlief es mich mit unwiderstehlicher Gewalt; das Herz schien sich mir ins Unendliche ausdehnen zu wollen, und es flossen mir die Tränen in großen Tropfen von den Wangen herab. Wie kam dieses Lied hierher, an einen Ort, an welchem ich kaum die Gegenwart eines Indianers, noch viel weniger aber die Anwesenheit eines so gut geschulten Doppelquartetts vermuten konnte? Als ich die letzten Töne über dem Tal verklingen hörte, riß ich die Büchse von der Schulter, feuerte die beiden Läufe schnell hintereinander ab und gab dem Schwarzschimmel die Sporen. Ich sauste über das Tal hinüber, in das Flüßchen hinein, drüben wieder heraus und dann auf die Blockhütten zu, ohne mich ein einzigesmal umzusehen, ob mir die Gefährten auch folgten.

Die beiden Schüsse hatten nicht nur das Echo des Tales geweckt, sondern auch anderes Leben herbeigerufen. Die Türen der Blockhäuser öffneten sich und es erschienen Leute, welche besorgt ausschauten, was das Schießen zu bedeuten habe. Als sie einen Weißen in halbwegs zivilisiertem Kostüm erblickten, beruhigten sie sich und traten mir erwartungsvoll entgegen.

Vor der Tür des mir nächstliegenden Blockhauses stand ein altes Mütterchen. Ihr Gewand war einfach und sauber; ihr ganzes Aeußere zeugte von fleißiger Arbeit und über ihr Angesicht, welches von schneeweißen Haaren eingefaßt wurde, lag jener selig lächelnde Frieden ausgebreitet, welcher nur das Eigentum einer Seele sein kann, die mit ihrem Gotte in unwandelbarem Vertrauen lebt.

»*Good evening, grand-mother* – guten Abend, Großmutter! Ich bitte, nicht zu erschrecken; wir sind ehrliche Backwoodsmen! Wird es uns erlaubt sein, abzusteigen?« fragte ich.

Sie nickte lächelnd und antwortete:

»*Welcome, Sir!* Steigt in Gottes Namen ab! Ein ehrlicher Mann ist uns hier stets willkommen. Da seht meinen Alten und meinen Willy; sie werden Euch behilflich sein.«

Die Sänger waren durch meine Schüsse aufmerksam gemacht worden und schleunigst von der Höhe herabgestiegen. Jetzt hatten sie die Wohnungen erreicht, voran ein rüstiger Greis und neben ihm ein prächtiger, junger Mann, hinter ihm noch sechs ältere oder jüngere Männer und Burschen, alle in der festen, haltbaren Tracht des Hinterwaldes. Auch diejenigen Personen, welche ich vor den anderen Gebäuden hatte stehen sehen, waren herzugetreten. Der Alte streckte mir mit biederer Miene die Rechte entgegen und begrüßte mich:

»Willkommen, Sir, in Helldorf-Settlement! Das ist eine Freude, einmal Menschen zu sehen! – Willkommen abermals!«

Ich sprang vom Pferde und erwiderte seinen Handschlag:

»*Thank you, Sir!* Es gibt keinen schöneren Anblick im Leben, als ein freundliches Menschenangesicht. Habt Ihr ein Nachtlager für drei müde Reiter?«

»Allemal! Wir werden doch einen Platz haben für Leute, die uns willkommen sind!«

Bis jetzt hatten wir englisch gesprochen; da aber trat einer der jüngeren Männer näher herbei und rief, mich schärfer betrachtend:

»Vater Hillmann, Ihr könnt mit diesem Herrn deutsch reden. Hurra, ist das eine Ehre und eine Freude! Ratet einmal, wer das ist!«

Der alte Hillmann blickte verwundert auf und fragte:

»Wohl gar ein deutscher Landsmann? Kennst du ihn?«

»Ja, aber ich mußte mich erst besinnen. Willkommen, Herr! Nicht wahr, Sie sind es, der das Ave Maria gedichtet hat, welches wir soeben gesungen haben?«

Jetzt war ich an der Reihe, mich zu verwundern.

»Allerdings,« antwortete ich. »Woher kennen Sie mich?«

»Von Chicago her. Ich war Mitglied im Gesangverein des Direktors Balding, der Ihr Lied einübte. Können Sie sich noch auf das Konzert besinnen, in welchem es zum erstenmal gesungen wurde? Ich sang damals zweiten Tenor, jetzt aber ersten Baß. Meine Stimme ist herabgegangen.«

»Ein Deutscher – ein Bekannter von Bill – ein Dichter – von unserm Ave Maria!«

So rief es rund um mich her, und so viel Männer, Frauen, Buben und Mädchen zugegen waren, so viele Hände streckten sich mir entgegen und so viele Stimmen riefen mir ein immer wiederholtes Willkommen zu. Es war für mich ein Augenblick der Freude, wie man sie nicht sehr oft erlebt.

Mittlerweile hatten uns auch Winnetou und Fred erreicht. Bei dem Anblicke des Ersteren schienen die guten Leute besorgt werden zu wollen; ich aber suchte ihre Befürchtungen sofort zu zerstreuen:

»Das ist Fred Walker, ein Savannenmann, und dieser ist Winnetou, der berühmte Häuptling der Apachen, vor dem Sie keine Angst zu haben brauchen.«

»Winnetou? Ist's möglich?« fragte der alte Hillmann. »Von dem habe ich hundertmal erzählen hören, und nur lauter Gutes. Das hätte ich nicht gedacht! Das ist eine Ehre, Herr, denn dieser Mann ist berühmter und geachteter, als mancher Fürst da drüben im alten Lande.«

Er nahm seine Mütze von dem ergrauten Haupte, streckte dem Häuptlinge die Hand entgegen und sagte englisch:

»Ich bin Euer Diener, Sir.«

Ich gestehe, daß diese Ergebenheitsphrase einem Indianer gegenüber mir ein kleines Lächeln abnötigte; aber sie war gut und aufrichtig gemeint. Winnetou verstand und sprach das Englische besser als gut. Er nickte freundlich, drückte dem Alten die Hand und antwortete:

»Winnetou ist Euer Freund; er liebt die Weißen, wenn sie gut sind.«

Jetzt begann eine Art freundlichen, liebevollen Streites darüber, wer die Gäste bekommen sollte. Hillmann machte demselben ein Ende durch den Schiedsspruch:

»Sie sind vor meinem Hause abgestiegen und gehören alle Drei mir. Damit ihr aber nicht zu kurz kommt, seid ihr heut abend zu mir geladen. Nun aber gebt den Herren Ruhe; sie werden ermüdet sein!«

Die Anderen ergaben sich darein. Unsere Pferde wurden in eine der Nebenhütten geführt und wir mußten in das Blockhaus treten, wo uns im Wohnhause eine hübsche, junge Frau empfing, die Frau Willys, des jungen Hillmann. Es wurde uns alle mögliche Bequemlichkeit geboten, und während des kurzen Imbisses, den wir vor dem eigentlichen Abendessen, welches heute ein Festmahl werden sollte, nehmen mußten, erfuhren wir die Verhältnisse der kleinen Ansiedelung.

Sämtliche Settlers hatten vorher in Chicago gewohnt. Sie waren aus dem bayerischen Fichtelgebirge, wo es viele Steinschneider gibt, nach Amerika gekommen, hatten in Chicago treu zusammengehalten und fleißig gearbeitet, um sich das Geld zu einer Farm zu verdienen. Das war allen fünf Familien gelungen. Als sie sich entscheiden sollten, in welcher Gegend sie sich eine Heimat gründen wollten, gab es eine schwere Wahl. Da hörten sie einen alten Westmann von den Tetons erzählen und von den Reichtümern, welche in jenen unerforschten Gegenden aufgestapelt liegen. Er hatte ihnen zugeschworen, daß da oben ganze Felder von Chalcedonen, Opalen und Achaten, Karneolen und anderen Halbedelsteinen zu finden seien. Hillmann war eigentlich Steinschneider, und dieser Bericht begeisterte ihn. Seine Begeisterung bemächtigte sich auch der Andern, und so wurde beschlossen, nach jenen Gegenden zu gehen. Aber die vorsichtigen Deutschen waren klug genug, nicht ihr ganzes Vertrauen auf jene Reichtümer zu setzen. Sie beschlossen, in der Nähe der Berge einen für Farmereibetrieb passenden Ort zu suchen, sich dort als Squatters niederzulassen und erst dann, wenn die Farm in Gang gebracht sei, nach den Steinfeldern des alten Westmanns zu forschen. Der alte Hillmann war mit noch zwei auf die Suche gegangen und hatte den prächtigen Talkessel mit dem See gefunden. Dieser Ort paßte für ihr Vorhaben; man holte die Andern nach, und nun, nach drei arbeitsreichen Jahren, konnten sich die braven Leute die erste Ruhe gönnen.

»Und sind Sie schon einmal droben bei den Tetons gewesen?« fragte ich.

»Mein Willy und Bill Meinert, der Sie von Chicago aus kennt, haben es einmal versucht, hinauf zu gelangen, das war im vorigen Herbste; sie sind aber nur bis zum John Grays See gekommen; dann ist es ihnen zu wild und bergig geworden. Sie konnten nicht weiter fort.«

»Daran sind sie leider selbst schuld,« bemerkte ich; »sie sind keine Westmänner.«

»O, Herr, ich denke doch!« meinte Willy.

»Nehmt mir's nicht übel, wenn ich trotzdem bei meiner Behauptung bleibe. Selbst bei einem drei Jahre langen Urbarmachen einer Wildnis wird man nur ein Settler, aber kein Westmann. Sie haben die Tetons von hier aus in schnurgerader Linie erreichen wollen, und ein Westmann weiß genau, daß dies ganz unmöglich ist. Das wird selbst in einem halben Tausend von Jahren noch nicht möglich sein, viel weniger jetzt, wo alles noch in dichter Wildnis liegt. Wie wollen Sie undurchdringliche Urwälder, die von Bären und Wölfen bevölkert sind, Abgründe und Schluchten, in denen kein Fuß einen Halt findet, Cannons, wo hinter jedem Felsen ein Indsman lauschen kann, überwinden? Sie hätten von hier aus den

Salt-River oder John Grays River zu erreichen suchen sollen. Beide münden unweit voneinander in den Snake-River, den Sie dann aufwärts verfolgen mußten. Dann bekamen Sie zur Linken zunächst die Snake River Mountains, dann die Teton Paß Mountains, nachher den Teton Paß selbst und endlich die ganze Tetons Range in einer Länge von über fünfzig englischen Meilen. Aber zu zwei läßt sich eine beschwerliche und gefahrvolle Entdeckungsreise nicht ausführen. Haben Sie Steine gefunden?«

»Einige Moosachate, weiter nichts.«

»So lassen Sie einmal sehen! Winnetou kennt jeden Winkel des Felsengebirges. Ich will ihn einmal fragen.«

Da ich wußte, daß ein Indianer über die Gold- und anderen Schätze des Westens nur selten und höchst ungern spricht, so stellte ich meine Frage in der Sprache der Apachen. Ich war aber trotzdem überzeugt, daß er jede Auskunft verweigern werde.

»Will mein Bruder Schar-lih Gold und Steine suchen?« meinte er ernsthaft.

Ich erklärte ihm den Zusammenhang. Er blickte lange vor sich nieder; dann musterte sein dunkles Auge die Anwesenden und endlich fragte er:

»Werden diese Männer dem Häuptling der Apachen einen Wunsch erfüllen?«

»Welchen?«

»Wenn sie mir noch einmal singen, was Winnetou draußen vor dem Tale hörte, so wird er ihnen sagen, wo Steine liegen.«

Ich war im höchsten Grade überrascht. Hatte das Ave Maria auf diesen Indianer einen so tiefen, gewaltigen Eindruck gemacht, daß er entschlossen war, für dasselbe die Geheimnisse der Berge zu verraten?

»Sie werden es singen,« antwortete ich ihm.

»So mögen sie in den Groß Ventre-Bergen suchen; da liegen viele Goldkörner. Und im Tale des Beaverdam-Flusses, der sein Wasser in den südlichen Punkt des Yellowstone-See ergießt, liegen sehr viele solche Steine, wie sie diese Männer suchen.«

Während ich den Settlers diese Auskunft mitteilte und ihnen die Lage der beiden angegebenen Punkte erklärte, stellten sich die ersten Nachbarn ein, und wir mußten das Gespräch unterbrechen.

Nach und nach füllte sich der Wohnraum des Blockhauses, und wir feierten einen Abend, wie ich ihn im Westen noch nicht erlebt hatte. Die Männer konnten noch alle Lieder, welche sie in der Heimat und später in Chicago gesungen hatten. Als echte Deutsche liebten sie den Gesang und hatten sich ganz leidlich zu einem Doppelquartette zusammengeübt. Selbst der alte Hillmann sang einen erträglichen Baß, und so kam es, daß die Pausen des Gespräches mit deutschen Volksliedern und Quartetten ausgefüllt wurden.

Der Apache hörte schweigsam zu; endlich aber fragte er mich:

»Wann werden diese Männer ihr Wort halten?«

Daraufhin erinnerte ich Hillmann an das Versprechen, welches ich Winnetou gegeben hatte, und sie begannen das Ave Maria. Kaum jedoch hatten sie begonnen, so streckte der Apache die Hände abwehrend aus und rief:

»Nein! In dem Hause klingt es nicht gut. Auf dem Berge will Winnetou es hören.«

»Er hat recht,« sagte Bill Meinert. »Dieses Lied muß im Freien gesungen werden. Kommt heraus!«

Die Sänger stiegen eine Strecke die Höhe hinan. Wir Andern blieben im Tale. Winnetou stand neben mir, war aber bald verschwunden. Dann erklang es von oben aus dem Dunkel herab in schönen, rein dahingetragenen Tönen:

»Es will das Licht des Tages scheiden;
Nun bricht die stille Nacht herein.
Ach könnte doch des Herzens Leiden
So, wie der Tag vergangen sein ––«

Wir lauschten in stiller, lautloser Andacht. Die Finsternis verhüllte die Sänger und den Ort, an welchem sie standen. Es war, als ob das Lied vom Himmel herab erklänge. Ich hatte keine nach Effekt haschenden Modulationen, keine kunstreichen Wiederholungen und Umkehrungen, keine anspruchsvolle Verarbeitung des Motivs angewendet. Die Komposition erbaute sich nur aus den naheliegenden, leitereigenen Akkorden, und die Melodie war einfach, wie diejenige eines Kirchenliedes. Aber grad diese Einfachheit, diese Natürlichkeit der Harmoniefolge gab den Tönen das so tief Ergreifende, dem unsere Herzen nicht widerstehen konnten.

Schon als das Lied verklungen war, standen wir noch lange still und kehrten nicht eher wieder in die Stube zurück, als bis uns die Rückkehr der Sänger daran erinnerte. Winnetou aber fehlte. Es verging wohl eine Stunde und noch länger, ohne daß er kam, und da wir hier doch von allen Seiten von der Wildnis umgeben waren und ihm also möglicherweise etwas zugestoßen sein konnte, so warf ich die Büchse über und trat hinaus in das Freie. Vorher jedoch bat ich die Leute, mir nicht zu folgen, außer wenn sie einen Schuß hören sollten. Ich ahnte, was den Apachen in der Einsamkeit zurückhielt.

Der Richtung folgend, in welcher ich ihn hatte verschwinden sehen, näherte ich mich dem See. Eine etwas erhöhte Felsenplatte ragte über die dunklen Wasser hinein, und auf ihr sah ich die Gestalt des Gesuchten. Er saß hart am Rande, bewegungslos wie eine Statue. Mit leisem Schritte näherte ich mich ihm und ließ mich neben ihm nieder, wo ich in lautlosem Schweigen verharrte.

Es verging eine lange, lange Zeit, ohne daß er sich regte; endlich aber erhob er langsam den Arm, deutete auf das Wasser hinein, und sagte wie unter einem tiefen, sein ganzes Nachdenken in Anspruch nehmenden Gedanken:

»*Ti pa-apu shi itchi* – dieser See ist wie mein Herz.«

Ich antwortete nicht. Er fiel wieder in sein Schweigen zurück, und sagte erst nach einer sehr langen Pause:

»*Ntch-nha Manitou nsho; shi aguan t'enese* – der große Geist ist gut; ich liebe ihn!«

Ich wußte, daß ich mit einer Antwort nur die Entwickelung seiner Gedanken und Gefühle stören würde; darum schwieg ich auch jetzt. Infolgedessen fuhr er bald fort:

»Mein Bruder Schar-lih ist ein großer Krieger und ein weiser Mann im Rate; meine Seele ist wie die seinige; aber ich werde ihn nicht sehen, wenn ich einst in die ewigen Jagdgründe gelange!«

Dieser Gedanke stimmte ihn traurig; er war mir ein neuer Beweis, wie sehr lieb mich der Apache hatte; aber mit gutem Grunde entgegnete ich jetzt:

»Mein Bruder Winnetou besitzt mein ganzes Herz; seine Seele lebt in meinen Taten; aber ich werde ihn nicht erblicken, wenn ich einst in den Himmel der Seligen gelange.«

»Wo ist der Himmel meines Bruders?« fragte er.

»Wo sind die Jagdgründe meines Freundes?« antwortete ich.

»Manitou besitzt die ganze Welt und alle Sterne!« erklärte er.

»Warum gibt der große Manitou seinen roten Söhnen einen so kleinen Teil der Welt und seinen weißen Kindern Alles? Was sind die Jagdgründe der Indianer gegen die unendliche Herrlichkeit, in welcher die Seligen der Weißen wohnen werden? Hat Manitou die Roten weniger lieb? O nein! Meine roten Brüder glauben an eine große, fürchterliche Lüge. Der Glaube der weißen Männer sagt: ›Der gute Manitou ist der Vater über alle seine Kinder im Himmel und auf Erden.‹ Der Glaube der roten Männer aber sagt: ›Manitou ist nur der Herr der Roten; er gebietet, die Weißen alle zu töten.‹ Mein Bruder Winnetou ist gerecht und weise; er denke nach! Ist der Manitou der Roten auch der Manitou der Weißen? Warum betrügt er dann seine roten Söhne? Warum läßt er sie von der Erde verschwinden und erlaubt den Weißen, zu Millionen anzuwachsen und die Erde zu beherrschen? Oder ist der Manitou der Roten ein Anderer als der Manitou der Weißen? Dann ist der Manitou der Weißen mächtiger und gütiger als der Manitou der Roten! Der Manitou der Bleichgesichter gibt ihnen die ganze Erde mit tausend Freuden und Wonnen, und dann läßt er sie herrschen über die Seligkeit aller Himmel von Ewigkeit zu Ewigkeit. Der Manitou der Roten aber gibt den Seinigen nur die wilde Savanne und die öden Berge, die Tiere des Waldes samt einem immerwährenden Töten und

Morden, und sodann verheißt er ihnen nach dem Tode die finsteren Jagdgründe, in denen der Mord von neuem beginnt. Die roten Krieger glauben ihren Medizinmännern, welche sagen, daß in den ewigen Jagdgründen die Indianer alle Seelen der Weißen töten werden. Wenn nun mein Bruder in diesen blutigen Gründen einst seinem Freunde Schar-lih begegnete, würde er ihn töten?«

»Uff!« rief da der Apache laut und eifrig. »Winnetou würde die Seele seines guten Bruders verteidigen gegen alle roten Männer. Howgh!«

»So überlege mein Bruder, ob die Medizinmänner nicht eine Lüge sagen!«

Er schwieg nachdenklich, und ich hütete mich sehr, die Wirkung meiner Worte durch weitere Bemerkungen zu beeinträchtigen.

Wir kannten uns seit Jahren. Wir hatten Leid und Freud redlich miteinander geteilt und uns in jeder Gefahr und Not mit todesmutiger Aufopferung beigestanden. Aber niemals war, seiner einstigen Bitte gemäß, zwischen uns ein Wort über den Glauben gesprochen worden; niemals hatte ich auch nur mit einer Silbe versucht, zerstörend in seine religiösen Anschauungen einzudringen. Ich wußte, daß er grad dieses mir sehr hoch anrechnete, und darum mußten meine jetzigen Vorstellungen von doppelter Wirkung auf ihn sein.

Nach einer Weile fragte er:

»Warum sind nicht alle weißen Männer wie mein Bruder Schar-lih? Wären sie so wie er, so würde Winnetou ihren Priestern glauben!«

»Warum sind nicht alle roten Männer so, wie mein Bruder Winnetou?« antwortete ich. »Es gibt Gute und Böse unter den weißen und unter den roten Männern. Die Erde ist weit über tausend Tagereisen lang, und eben so groß ist auch ihre Breite. Mein Freund kennt nur einen ganz kleinen Teil von ihr. Ueberall herrschen die Weißen, aber grad da, wo mein Bruder lebt, in der wilden Savanne, verstecken sich die Bösen der Bleichgesichter, welche vor den Gesetzen der Guten haben fliehen müssen. Darum denkt Winnetou, daß es so viele schlimme Bleichgesichter gibt. Mein Bruder wandert einsam durch die Berge; er jagt den Bison und tötet seine Feinde. Worüber kann er sich freuen? Lauert nicht der Tod hinter jedem Baum und Strauch auf ihn? Hat er einmal einem Roten sein ganzes Vertrauen und seine ganze Liebe schenken können? Ist sein Leben nicht bloß Arbeit, Sorge, Wachsamkeit und Täuschung gewesen? Findet er Ruhe, Frieden, Trost und Erquickung für seine ermüdete Seele etwa unter den häßlichen Skalpen des Wigwams oder auf dem verräterischen Lager der Wildnis? Der Heiland der weißen Männer aber sagt: ›Kommt her zu mir alle, die ihr mühselig und beladen seid, ich will euch erquicken!‹ Ich bin dem Heilande nachgegangen und habe den Frieden des Herzens gefunden. Warum will mein Bruder nicht auch zu ihm gehen?«

»Winnetou kennt diesen Heiland nicht!« sagte er.

»Soll ich meinem Freunde von ihm erzählen?«

Er senkte den Kopf und meinte erst nach einer längeren Pause:

»Mein Bruder Schar-lih hat recht gesprochen. Winnetou hat keinen Menschen geliebt als ihn allein; Winnetou hat keinem Menschen vertraut als nur seinem Freunde, der ein Bleichgesicht ist und ein Christ. Winnetou glaubt keinem Menschen als nur ihm allein. Mein Bruder kennt die Länder der Erde und ihre Bewohner; er kennt alle Bücher der Weißen; er ist verwegen im Kampfe, weise am Beratungsfeuer und mild gegen die Feinde. Er liebt die roten Männer und meint es gut mit ihnen. Er hat seinen Bruder Winnetou niemals getäuscht und wird ihm auch heut die Wahrheit sagen. Das Wort meines Bruders gilt mehr als das Wort aller Medizinmänner und als die Worte aller weißen Lehrer. Die roten Männer brüllen und schreien; die weißen Männer aber haben eine Musik, die vom Himmel kommt und im Herzen des Apachen weiterklingt. Mein Bruder mag mir verdolmetschen die Worte, welche die Männer dieser Niederlassung heut gesungen haben!«

Ich begann mit der Uebersetzung und Erklärung des Ave Maria. Ich erzählte ihm von dem Glauben der Bleichgesichter, ich suchte ihm das Verhalten derselben gegen die Indianer in einem freundlichen Lichte darzustellen, und ich tat dies nicht durch den Vortrag gelehrter Dogmen und spitzfindiger Sophismen, sondern ich sprach in einfachen, schmucklosen Worten, ich redete zu ihm in jenem milden, überzeugungsvollen Tone, welcher zum Herzen dringt, jedes Besserseinwollen vermeidet und den Hörer gefangen nimmt, obgleich er diesen denken läßt, daß er sich aus eigenem Willen und Entschließen ergeben habe.

Winnetou hörte lautlos zu. Es war ein liebevolles Netzauswerfen nach einer Seele, die wert war, aus den Banden der Finsternis erlöst zu werden. Als ich geendet hatte, saß er noch lange da, in tiefes Schweigen versunken. Ich störte die Nachwirkung meiner Worte durch keinen Laut, bis er sich langsam erhob und mir die Hand entgegenstreckte.

»Mein Bruder Schar-lih hat Worte gesprochen, welche nicht sterben können,« sagte er tief aufatmend. »Winnetou wird nicht vergessen den großen, gütigen Manitou der Weißen, den Sohn des Schöpfers, der am Kreuz gestorben ist, und die Jungfrau, welche im Himmel wohnt und den Gesang der Settler hört. Der Glaube der roten Männer lehrt Haß und Tod; der Glaube der weißen Männer lehrt Liebe und Leben. Winnetou wird nachdenken, was er erwählen soll, den Tod oder das Leben. Mein Bruder habe Dank. Howgh!«

Wir kehrten nach dem Blockhause zurück, wo man um uns beinahe besorgt geworden war. Man hatte sich von den Railtroublers und Ogellallahs unterhalten. Ich bemerkte den Leuten, daß sie ihr Settlement als einen so weit vorgeschobenen Posten eigentlich hätten befestigen sollen. Sie sahen dies ein und beschlossen, das Versäumte baldigst nachzuholen. Es war klar, daß ihre Niederlassung nur wegen ihrer außerordentlich abgeschiedenen Lage den Späherblicken der Wilden bisher entgangen war. Kam ein einziger Indianer in die Nähe, so war es um ihre Sicherheit geschehen. Die vierzehn Männer des Settlements waren zwar mit guten Waffen und hinreichender Munition versehen, und auch die Frauen und größeren Kinder besaßen Mut und Uebung genug, ein Gewehr abzuschießen; aber was war das gegen eine Horde wilder Gesellen, die zu Hunderten erscheinen konnten! An Stelle dieser Leute hätte ich die Blockhäuser nicht an ihrer gegenwärtigen, exponierten Stelle, sondern hart am Ufer des Sees errichtet, so daß dieselben nur von der Landseite angegriffen werden konnten.

Die Richtung, welche die Railtroublers einschlagen wollten, führte jedenfalls in weiter Entfernung von hier vorüber, dennoch aber bat ich die Settler, auf ihrer Hut zu sein und besonders ihre noch mangelhaften Fenze (Umzäunungen) zu verstärken.

Es war spät, als wir nach Entfernung der übrigen Gäste uns zur Ruhe legten. Wir ruhten in den weichen Betten Hillmanns, die uns gastfreundlich überlassen worden waren, und schieden am anderen Morgen mit herzlichem Danke gegen die braven Leute, die uns noch eine Strecke begleiteten und denen wir versprechen mußten, wieder bei ihnen einzukehren, falls uns unser Weg wieder in die Nähe führe.

Ehe sie Abschied nahmen, traten die acht Sänger nochmals zusammen, um dem Apachen das Ave Maria zu singen. Als sie geendet hatten, reichte er allen die Hand und sagte:

»Winnetou wird die Töne seiner weißen Freunde nie vergessen. Er hat geschworen, von jetzt an nie mehr den Skalp eines Weißen zu nehmen, denn die Weißen sind die Söhne des guten Manitou, der auch die roten Männer liebt!«

Dieser Entschluß war die erste Frucht unserer gestrigen Unterredung, und nun hatte ich die Ueberzeugung, daß meine Worte auch noch weiter wirken würden. Das Wort Gottes ist das Senfkorn, dessen Keimen im Verborgenen vor sich geht; hat es aber einmal die harte Kruste durchdrungen, so wächst es im Lichte schnell und fröhlich weiter.

Unsere Pferde hatten sich von dem gestrigen angestrengten Ritte vollständig wieder erholt; sie griffen so aus, daß es eine Freude war. Die Bewohner von Helldorf-Settlement, welches seinen Namen nach dem bayerischen Dorfe führte, aus welchem diese Leute stammten, waren öfters in Echo-Cannon gewesen und hatten uns den kürzesten Weg genau beschrieben, so daß wir bei der Schnelligkeit unserer Pferde hoffen konnten, den Ort bis heute abend noch zu erreichen.

Winnetou war während des ganzen Tages noch einsilbiger als gewöhnlich, und manchmal, wenn er eine Strecke vor uns ritt und uns also außer Hörweite wähnte, war es mir, als hörte ich ihn mit leisem Summen die Melodie des Ave Maria wiederholen, eine Bemerkung, welche mich um so mehr frappieren mußte, als die Indianer fast durchgängig ohne musikalisches Gehör sind.

Am Nachmittage wurden die Umrisse der Berge kühner, mächtiger und steiler. Wir gerieten in ein Labyrinth wundervoller enger und verwickelter Schluchten, bis wir endlich gegen Abend von einer steilen Höhe aus das Ziel unter uns liegen sahen – Echo-Cannon mit dem Schienengeleise und dem friedlichen Arbeiter-Kamp, den wir vom Untergange retten wollten. – –

SIEBENTES KAPITEL.

Am Hancockberg.

Unter Cannon versteht der Amerikaner eine tiefe Felsenschlucht. Das gibt sofort ein Bild des Ortes, den wir jetzt erreicht hatten. Die Bahn führte schon längst durch Echo-Cannon, aber der Schienenbau war nur ein provisorischer, und es gab bei Fertigstellung der Bahn so viele Schwierigkeiten zu überwinden, daß eine bedeutende Anzahl Arbeiter nötig war, diese zu überwältigen.

Eine kleine Seitenschlucht bot uns Gelegenheit, hinabzukommen, und als wir die Tiefe erreichten, trafen wir auch bereits auf die ersten Arbeiter, welche beschäftigt waren, einen Felsen zu sprengen. Sie blickten uns mit Verwunderung entgegen. Zwei fremde, bis an die Zähne bewaffnete Weiße mit einem Indianer an der Spitze, war für sie ein so besorgniserregender Anblick, daß sie die Werkzeuge weglegten und zu den Waffen griffen.

Ich winkte ihnen mit der Hand, ohne Furcht zu sein, und ritt im Galopp auf sie zu.

»*Good day!*« grüßte ich. »Legt die Büchsen weg. Wir sind Freunde!«

»Wer seid ihr?« fragte einer.

»Wir sind Jäger und kommen mit einer sehr wichtigen Botschaft zu euch. Wer führt hier in Echo-Cannon den Befehl?«

»Eigentlich Ingenieur Oberst Rudge. Weil dieser aber nicht da ist, so müßt Ihr Euch an Master Ohlers, den Zahlmeister, wenden.«

»Wo ist Colonel Rudge?«

»Er ist ausgezogen, einer Bande Railtroublers nach, welche einen Zug vernichtet hat.«

»Ah, also doch! Wo ist Master Ohlers zu finden?«

»Da vorn im Kamp, in der größten Hütte.«

Wir ritten in der angegebenen Richtung davon, und sie blickten uns wißbegierig nach. Nachdem wir fünf Minuten lang die Strecke verfolgt hatten, kamen wir an das Lager. Es bestand aus verschiedenen Blockhäusern und zwei aus rohen Steinen schnell und notdürftig aufgemauerten, lang gestreckten Häusern. Um das Ganze war eine Mauer gezogen, die nur aus lose übereinander gelegten Steinen bestand, trotzdem aber ziemlich fest war und eine Höhe von vielleicht fünf Fuß erreichte. Der Eingang, welcher aus einem stark gezimmerten Tore bestand, war offen.

Da ich keine Hütte bemerkte, so fragte ich einen der an der Schutzmauer beschäftigten Arbeiter nach dem Zahlmeister und wurde nach dem einen der steinernen Gebäude gewiesen. Es waren gar nicht viele Leute zu sehen, und diejenigen, welche ich bemerkte, waren beschäftigt, einen Transportwagen voller Schienen abzuladen.

Wir stiegen von den Pferden und traten in das Gebäude. Sein Inneres bestand aus einem einzigen Raume, in welchem zahlreiche Kisten, Fässer und Säcke lagerten, zum Zeichen, daß dies hier wohl die Proviant-Niederlage sei. Es war eine einzige Person anwesend, ein kleines, dürres Männchen, welches sich bei unserem Eintritte von einer der Kisten erhob.

»Was wollt Ihr?« fragte der Mann, mich erblickend, mit scharfer, dünner Stimme. Da aber sah er Winnetou und fuhr erschrocken zurück. »Ein Indsman! Alle guten Geister!«

»Fürchtet Euch nicht, Sir!« sagte ich. »Wir suchen Mr. Ohlers, den Zahlmeister.«

»Der bin ich,« antwortete er mit einem furchtsamen Blicke hinter seiner großen Stahlbrille hervor.

»Eigentlich gilt unser Besuch dem Colonel Rudge; da dieser aber nicht anwesend ist und Ihr seine Stelle vertretet, Sir, so erlaubt, daß wir Euch unser Anliegen mitteilen.«

»Redet!« sagte er mit einem sehnsüchtigen Blicke nach der Tür.

»Der Colonel ist einer Schar von Railtroublers nach?«

»Ja.«

»Wie viele Leute hat er mit?«

»Müßt Ihr das wissen?«

»Nun, notwendig ist es nicht. Wie viele Männer habt Ihr noch hier?«

»Müßt Ihr das auch wissen?«

Während dieser Frage rückte er immer mehr zur Seite.

»Jetzt noch nicht, eigentlich,« antwortete ich. »Wann ist der Oberst fort?«

»Müßt Ihr auch dieses wissen?« fragte er immer ängstlicher.

»Nun, ich werde Euch erklären, warum – –«

Ich hielt inne, denn ich hatte niemand mehr, zu dem ich sprechen konnte. Der kleine Master Ohlers war nämlich mit einigen ganz unbeschreiblichen Angstsprüngen an uns vorüber und zum Eingange hinausgeflogen. Im nächsten Augenblicke warf er die Türe zu; die langen Eisenstangen klirrten; der Riegel in dem mächtigen Vorlegeschlosse schrillte – wir waren gefangen.

Ich drehte mich um und blickte die beiden Gefährten an. Der ernste Winnetou zeigte seine prachtvollen Elfenbeinzähne; der dicke Fred zog ein Gesicht, als ob er Zucker und Alaun verschluckt hätte, und ich – lachte laut und herzlich auf über die nette Ueberraschung.

»Gefangen, aber nicht Isolierhaft!« rief Walker. »Das Männchen hält uns für Spitzbuben!«

Draußen erscholl der laute Ton einer Signalpfeife, und als ich an die schießschartenartige Fensteröffnung trat, sah ich die draußen beschäftigten Arbeiter zum Tore hereinspringen, welches sogleich geschlossen wurde. Ich zählte sechzehn Mann. Sie standen mit dem Zahlmeister draußen an der Umfassungsmauer und schienen ihre Instruktionen zu erhalten; dann zerstreuten sie sich in den einzelnen Blockhütten, jedenfalls, um ihre Gewehre zu holen.

»Die Exekution wird bald beginnen,« meldete ich den Andern. »Was tun wir bis dahin?«

»Wir stecken uns eine Zigarre an,« meinte Fred.

Er langte nach einem geöffneten Zigarrenkistchen, welches auf einem der Ballen stand, nahm eine Zigarre heraus und brannte sie an. Ich folgte seinem Beispiele; Winnetou aber tat es nicht.

Bald darauf wurde die Tür vorsichtig geöffnet, und die dünne Stimme des Zahlmeisters ermahnte uns bereits von draußen:

»Schießt nicht, ihr Halunken, sonst erschießen wir euch!«

Er trat an der Spitze seiner Leute ein, welche mit bereit gehaltenen Gewehren an der Tür postiert blieben, während er sich hinter ein mächtiges Faß stellte und von diesem verschanzten Lager aus uns drohend seine lange Vogelflinte zeigte.

»Wer seid ihr?« fragte er mit zuversichtlicher Stimme, da er sich unter dem Schutze seiner Leute und des Fasses für unangreifbar hielt.

»Dummheit!« lachte Walker. »Vorhin nanntet Ihr uns Halunken, und jetzt fragt Ihr uns, wer wir sind. Geht hinter Eurem Fasse vor, dann werden wir mit Euch reden!«

»Fällt mir nicht ein! Also, wer seid ihr?«

»Prairiejäger.«

Da Walker die Antworten übernehmen zu wollen schien, so verhielt ich mich schweigend.

Der Zahlmeister fragte weiter:

»Wie ist euer Name?«

»Tut nichts zur Sache!«

»Also renitent! Ich werde euch noch die Zunge lösen; darauf könnt ihr euch verlassen! Was wollt ihr hier in Echo-Cannon?«

»Euch warnen.«

»Warnen? – Ah! – Vor wem?«

»Vor den Indsmen und Railtroublers, welche Echo-Cannon überfallen wollen.«

»*Pshaw*, macht euch nicht lächerlich! Ihr gehört zu den Railtroublers und wollt uns überlisten. Aber da kommt ihr an die Rechten!« Und sich an seine Leute wendend, befahl er: »Nehmt sie gefangen und bindet sie!«

»Wartet noch ein Weilchen!« meinte Fred.

Er langte in die Tasche. Ich ahnte, daß er sein Legitimationszeichen als Detektive vorzeigen wolle, und sagte zu ihm:

»Das ist nicht notwendig, Fred. Laßt das Ding stecken! Wir wollen doch einmal sehen, ob siebzehn Railroader es wagen werden, drei richtige Westmänner anzugreifen. Wer nur einen Finger gegen uns zuckt, der ist eine Leiche.«

Ich machte die grimmigste Miene, die mir möglich war, warf die Büchse über den Rücken, nahm in jede Hand einen Revolver und schritt dem Eingange zu. Winnetou und Walker folgten. Einen Augenblick nach dieser Demonstration war der tapfere Zahlmeister verschwunden; er hatte sich so tief wie möglich hinter dem Fasse niedergeduckt, und nur der gegen das Dach emporragende Lauf seiner Flinte gab den Ort an, wo Master Ohlers unter Umständen anzutreffen sei.

Was die Eisenbahner betraf, so schienen sie nicht die mindeste Lust zu haben, das Vorbild ihres Herrn und Meisters zu mißachten. Sie bildeten Spalier und ließen uns ganz ungehindert passieren.

Das also waren die Leute, welche den Ogellallah und Railtroublers widerstehen sollten! Das gab eine schlechte Perspektive auf die nächsten Tage.

Ich wandte mich jetzt um und sagte zu den Railroadern:

»Jetzt könnten wir euch einschließen, Mesch'schurs, aber wir wollen es nicht tun. Schafft den tapfern Master Ohlers heraus, damit wir es zu einer verständigen Rede bringen. Das ist notwendig, wenn ihr nicht von den Sioux ausgelöscht werden wollt!«

Nach einiger Anstrengung gelang es ihnen, den Kleinen an das Tageslicht zu expedieren, und nun erzählte ich ihnen alles, was geschehen war. Als ich geendet hatte, saß der Zahlmeister vor Angst kreideweiß auf dem Quadersteine, auf welchem er Platz genommen hatte, und sagte mit unsicherer Stimme:

»Sir, jetzt glaube ich Euch, denn es wurde uns erzählt, daß dort am Unglücksplatze zwei Männer ausgestiegen sind, um eine Lerche totzuschießen. Also dieser Gentleman ist Master Winnetou? Habe die Ehre, Sir!« Dabei machte er dem Apachen eine tiefe Verneigung. »Und der andere Gentleman ist Master Walker, den sie den dicken Walker nennen? Habe die Ehre, Sir! Und nun möchte ich auch Ihren Namen wissen!«

Ich nannte ihm denselben, natürlich meinen Geburts-, nicht aber meinen Prairienamen.

»Habe die Ehre, Sir,« sagte er, ebenfalls mit einer Verbeugung gegen mich. Dann fuhr er fort: »Also Ihr glaubt, daß der Colonel den Zettel gesehen hat und schleunigst kommen wird.«

»Ich vermute es.«

»Das würde mir lieb sein, außerordentlich lieb; Ihr könnt es mir glauben!«

Ich glaubte es ihm auch ohne Versicherung und Schwur. Er aber erklärte uns:

»Ich habe nur vierzig Mann zur Verfügung, von denen die meisten jetzt draußen auf der Strecke beschäftigt sind. Würde es nicht am besten sein, Echo-Cannon sofort vollständig zu räumen und uns auf die nächste Station zurückzuziehen?«

»Wo denkt Ihr hin, Sir! Seid Ihr ein Hase? Was sollen Eure Vorgesetzten von Euch denken! Es wäre ja sofort um Eure Stellung geschehen!«

»Wißt Ihr was, Sir? Mein Leben ist mir lieber als meine Stellung. Verstanden!«

»Ich glaube es Euch! Wie viele Leute hat der Oberst bei sich?«

»Gerade hundert und zwar die tapfersten.«

»Das merke ich!«

»Und wie viele Indsmen waren es?«

»Ueber zweihundert mit den Railtroublers.«

»O weh! Sie schießen uns in Grund und Boden! Ich kenne keine andere Hilfe als die Flucht!«

»*Pshaw!* Welches ist die bevölkertste Station von hier?«

»Promontory. Es werden dort jetzt gegen dreihundert Arbeiter sein.«

»So telegraphiert hin und laßt Euch hundert bewaffnete Männer schicken!«

Er sperrte den Mund auf und starrte mich an; dann sprang er empor, schlug die Hände freudig zusammen und rief:

»Wahrhaftig, daran hätte ich nicht gedacht!«

»Ja, Ihr seid ein ganz gewaltiges, strategisches Genie, wie es scheint! Die Leute mögen Proviant und Munition mitbringen, wenn es Euch daran fehlen sollte. Und merkt Euch die Hauptsache: es muß alles so geheim wie möglich gehen, da sonst die roten Späher merken, daß sie verraten sind. Telegraphiert das mit! Wie weit ist es denn von hier bis Promontory?«

»Einundneunzig Meilen.«

»Wird eine Maschine mit Wagen dort sein?«

»Stets.«

»Gut, so können, wenn Ihr jetzt telegraphiert, die Hilfsmannschaften bereits morgen vor Tagesanbruch hier eintreffen. Morgen abend werden wohl die Späher kommen; bis dahin haben wir Zeit, den Kamp noch mehr zu befestigen. Laßt jetzt Eure vierzig Mann zusammengreifen, um die Umfassungsmauer um drei Fuß zu erhöhen! Die Leute von Promontory werden morgen mithelfen. Sie muß so hoch werden, daß die Indsmen nicht hereinsehen und bemerken können, wie viele Männer hier anwesend sind.«

»Sie werden es vom Berge aus sehen, Sir!«

»Sie werden es nicht sehen. Ich werde den Spionen der Ogellallah entgegenziehen und Euch, sobald ich sie bemerke, ein Zeichen geben. Dann verstecken sich Eure Leute in die Blockhäuser, und die Indsmen werden glauben, daß sie es nur mit Wenigen zu tun haben. Noch heut schlagen wir rundum an der Innenseite der Umfassungsmauer Pfähle in die Erde und nageln Bretter oder Bohlen darauf. So entstehen Bänke, auf welche sich beim Ueberfalle unsere Leute stellen, um über die Mauer hinausschießen zu können. Wenn ich richtig vermute, so ist der Colonel bereits morgen um die Mittagszeit hier. Dann sind wir mit den Leuten von Promontory über zweihundertvierzig Mann gegen zweihundert Feinde. Wir stehen hinter der Mauer gedeckt; die Roten aber haben keine Deckung und erwarten keine Gegenwehr; es wäre also eine Unglaublichkeit, wenn wir sie nicht gleich mit der ersten Salve so heimschicken, daß sie das Wiederkommen vergessen.«

»Und dann verfolgen wir sie!« jubelte der kleine Mann ganz begeistert, denn meine Anordnungen hatten ihm ungeheure Courage gemacht.

»Das wird sich finden! Jetzt aber sputet Euch! Ihr habt dreierlei zu tun: uns einen Imbiß nebst Nachtlager zu besorgen, nach Promontory zu telegraphieren und Eure Leute zum Bau der Mauer anzustellen.«

»Soll geschehen, Sir, sofort! Es wird mir gar nicht einfallen, vor den Roten auszureißen. Und was Euch betrifft, so sollt Ihr ein Souper haben, ein Abendessen, mit dem Ihr zufrieden seid. Ich bin nämlich selbst Koch gewesen. Verstanden?«

Es läßt sich in kurzem sagen, daß alles so geschah, wie ich es vorgeschlagen hatte. Unsere Pferde bekamen ein gutes Futter und wir ein gutes Essen. Master Ohlers schien wirklich mit dem Küchenlöffel bewanderter zu sein, als mit der Vogelflinte. Die Leute arbeiteten wie die Riesen an der Erhöhung der Mauer. Sie gönnten sich selbst während der Nacht keine Ruhe, und als ich am frühen Morgen vom Schlafe erwachte und nach der Arbeit sah, erstaunte ich über den Fortschritt, den sie gemacht hatte.

Ohlers hatte mit dem hier anhaltenden Nachtzuge mündliche Nachrichten nach Promontory geschickt, doch war schon seine Depesche berücksichtigt worden, denn zwar nicht bereits während der Nacht, sondern am frühen Vormittage noch traf ein Zug ein, welcher die verlangten hundert Männer brachte und mit ihnen alles, was an Waffen, Munition und Proviant notwendig war.

Diese Leute machten sich sogleich an die Arbeit, so daß die Mauer bereits am Mittag vollendet war. Auf meine Anregung wurden auch sämtliche vorhandenen leeren Fässer mit Wasser gefüllt und hinter die Einfassung geschafft. So viele Leute wollten trinken, und man konnte ja nicht wissen, ob man nicht eine kleine Belagerung auszuhalten oder ein Feuer zu löschen haben würde.

Die Nachbarstationen waren benachrichtigt worden, doch sollten die Züge wie gewöhnlich expediert werden, um die Feinde nicht aufmerksam zu machen.

Nach dem Mittagessen verließen wir drei, Winnetou, Walker und ich, den Cannon, um nach den Spähern auszublikken. Wir hatten diesen Dienst übernommen, weil wir uns am liebsten auf uns selbst verließen; auch hatte sich von den Railroadern keiner zu dem gefahrvollen Gange gemeldet. Es wurde ausgemacht, daß im Cannon ein Sprengschuß getan werden solle, sobald einer von uns dreien mit der Meldung zurückkehre, daß er die Spione gesehen habe.

Wir mußten uns nämlich teilen. Die Indsmen kamen jedenfalls von Norden, und da gab es nach der Aussage des Zahlmeisters drei Richtungen, aus denen sie sich nähern konnten. Ich hatte die westliche Prairie übernommen, Winnetou die mittlere und Walker die östlichste, so daß er denselben Weg zu überwachen hatte, auf welchem wir selbst nach dem Cannon gekommen waren.

Ich klomm die steilen Felswände empor, trat oben in den Urwald ein und hielt mich dann am Rande einer Seitenschlucht immer nach Norden zu. Nach ungefähr dreiviertel Stunden erreichte ich einen Ort, der für mein Vorhaben wie geschaffen schien. Auf der Kuppe des Urwaldes stand eine riesige Steineiche und neben ihr eine schlanke Tanne. Ich kletterte an der letzteren empor und gelangte dadurch auf einen starken Ast der Eiche, hier war deren Stamm dünn genug zum Klettern, und ich turnte mich nun an ihr so weit empor, als es möglich war.

Das frische, volle Laub der Krone verbarg mich so vollständig, daß ich von unten gar nicht bemerkt werden konnte; vor meinem Blicke aber lag die Gegend so klar und offen da, daß ich alle lichten Grasstellen und das Gipfelmeer des Waldes weithin übersehen konnte. Ich machte es mir so bequem wie möglich und hielt dann scharfe Wacht.

Stundenlang saß ich da oben, ohne etwas Auffälliges zu bemerken, aber das durfte meine Wachsamkeit nicht ermüden. Endlich sah ich im Norden vor mir eine Schar Rabenkrähen sich von den Baumwipfeln erheben. Das konnte aus Zufall geschehen sein; aber die Vögel erhoben sich nicht in geschlossener Schar, um sofort einer bestimmten Richtung zuzufliegen, sondern sie ›streuten‹ in die Lüfte empor, kreisten einige Minuten wie ratlos über den Wipfeln und ließen sich dann eine Strecke davon vorsichtig auf die Bäume wieder nieder. Sie mußten aufgestört worden sein.

In kurzer Zeit wiederholte sich dasselbe Spiel und dann zum dritten- und viertenmal. Es war klar: es kam irgend ein Wesen, vor dem die Krähen sich fürchteten, von Norden her durch den Wald geschlichen, und zwar so ziemlich in gerader Richtung auf meinen Standort zu. Ich kletterte so eilig wie möglich nieder und pirschte mich vorsichtig auf die Gegend zu, vorsichtig immer meine Fährte zerstörend.

Dabei erreichte ich ein ganz undurchdringlich erscheinendes Buchendickicht, in welches ich mich hineinarbeitete. Hier legte ich mich zur Erde nieder und wartete. Nicht lange, so kam es geschlichen, nicht hörbar, sondern lautlos wie Gespenster; eins, zwei, drei, fünf, sechs Indianer schritten an meinem Versteck vorüber, einer nach dem andern. Ihre Füße berührten nicht den kleinsten Teil eines abgebrochenen und zu Boden gefallenen Aestchens; das Knicken desselben hätte Geräusch verursacht.

Das waren die Späher. Sie trugen die Kriegsfarben.

Kaum waren sie vorüber, so huschte ich hervor. Es war klar, daß sie den dichtesten Wald aufsuchen würden; auch mußten sie jeden Schrittbreit untersuchen, ehe sie vorwärts drangen. Das hielt sie auf. Ich aber konnte den geraden Weg einschlagen, die lichtesten Stellen benutzen und ohne Sorge vor Entdeckung keimkehren. Ich mußte ihnen also einen bedeutenden Vorsprung abgewinnen. Im eiligsten Laufe kehrte ich zurück, und es war kaum eine Viertelstunde vergangen, so glitt ich die steile Wand des Cannons hinab und auf das Lager zu.

Da unten herrschte ein regeres Leben als vorher, und ich bemerkte sofort, daß neue Leute angekommen waren. Eben schritt ich über die Schienenstrecke, als ich zu meinem größten Erstaunen Winnetou bemerkte, welcher von der Höhe herabgeklettert kam. Ich erwartete ihn und fragte, als er herangekommen war:

»Mein roter Bruder kommt zu gleicher Zeit mit mir! Hat er etwas gesehen?«

»Winnetou kommt, weil er nicht mehr zu warten braucht,« antwortete er. »Mein Bruder Schar-lih hat ja die Späher entdeckt!«

»Ah! Woher weiß dies Winnetou?«

»Winnetou saß auf einem Baume und nahm sein Rohr zur Hand. Da erblickte er weit im Westen einen andern Baum. Das war die Gegend meines Bruders, und weil mein Bruder klug ist, so wußte Winnetou, daß er diesen Baum ersteigen werde. Dann nach langer Zeit erblickte Winnetou viel Punkte am Himmel. Das waren Vögel, welche vor den Spähern flohen. Mein Bruder mußte dies auch bemerken und nun die Späher beobachten. Darum kehrte der Häuptling der Apachen zum Lager zurück, denn die Späher sind da.«

Das war wieder einmal ein Beispiel von dem Scharfsinne dieses Indianers.

Bereits bevor wir den Kamp betraten, kam uns ein Mann entgegen, den ich vorher hier noch nicht gesehen hatte.

»Ah, Sir, Ihr kehrt von der Suche zurück?« fragte er. »Meine Leute sahen Euch vom Felsen steigen und meldeten es mir. Meinen Namen kennt Ihr bereits. Ich bin Colonel Rudge und habe Euch großen Dank abzustatten.«

»Dazu hat es Zeit, Colonel,« antwortete ich. »Jetzt ist es vorerst notwendig, den Sprengschuß zu lösen, damit mein Kamerad gewarnt werde. Gebt dann auch Befehl, daß sich die Leute verbergen, denn bereits in einer Viertelstunde werden die Spione der Ogellallah von da oben herab das Lager beobachten.«

»*Well*, soll geschehen! Geht einstweilen herein; ich werde mich gleich wieder einstellen.«

Einige Augenblicke später erdröhnte der Schuß, der so stark war, daß Walker ihn jedenfalls hören mußte. Dann zogen sich die Arbeiter in die Blockhäuser und die andern

Räumlichkeiten zurück, so daß nur einige wenige Leute zu bemerken waren, die sich scheinbar mit der gewöhnlichen Streckenarbeit beschäftigten.

Rudge suchte uns darauf im Vorratsraume auf.

»Nun, vor allen Dingen, was habt Ihr jetzt bemerkt, Sir?« fragte er mich.

»Sechs Ogellallah, welche die Spione sind.«

»*Well!* Wir werden dafür sorgen, daß sie sich täuschen! Hört, wir alle hier sind Euch den größten Dank schuldig, Sir, Euch und Euren Gefährten. Sagt, auf welche Weise wir Euch dankbar sein können!«

»Dadurch, daß Ihr gar nicht vom Danke redet, Sir. Habt Ihr meinen Zettel gefunden?«

»Allerdings.«

»Und seid auch meiner Warnung gefolgt?«

»Wir sind sogleich umgekehrt, sonst könnten wir ja noch nicht hier sein. Aber es scheint, als ob wir grad zur rechten Zeit hier angekommen seien. Wann denkt Ihr wohl, daß die Herren Ogellallah und Railtroublers kommen werden?«

»Sie werden uns in der morgenden Nacht angreifen.«

»So haben wir ja genugsam Muße, uns vorher richtig kennen zu lernen, Sir,« lachte er. »Kommt, bringt Euren roten Freund mit. Ihr sollt mir liebe Gäste sein!«

Er führte mich und Winnetou nach dem andern Steingebäude, welches in mehrere Abteilungen zerfiel. Die eine derselben bildete seine Wohnung, welche Raum genug für uns hatte. Oberst Rudge war eine kernhafte Natur, der ich es zutraute, daß er sich vor den Indsmen nicht fürchtete. Wir hatten sehr bald Vertrauen zu einander gewonnen, und auch Winnetou, dessen Name dem Obersten übrigens schon längst bekannt war, schien Wohlgefallen an ihm zu finden.

»Kommt, Mesch'schurs, wir wollen einer guten Flasche den Hals brechen, da wir es mit den Roten doch noch nicht tun können,« meinte der Ingenieur. »Macht es euch bequem, und denkt, daß ihr bei einem Schuldner wohnt. Wenn Euer Kamerad, der dicke Walker, kommt, soll er uns Gesellschaft leisten.«

Wir waren von jetzt an überzeugt, daß wir von dem Felsen herab beobachtet wurden, wir verhielten uns danach. Bald kehrte auch Fred zurück; er hatte nichts gesehen, aber den Signalschuß deutlich vernommen.

So lange es noch Tag war, gab es nichts zu tun, doch wurde uns die Zeit nicht lang. Rudge hatte viel erlebt und war ein guter Erzähler. Als dann der Abend hereinbrach und die Indsmen also nichts mehr sehen konnten, wurden die Befestigungen vollendet, und es freute mich dabei, daß der Colonel meinen Anordnungen seinen Beifall gegeben hatte.

So verging die Nacht, und so verging auch der nächste Tag. Es war Neumond, und der Abend senkte sich vollständig dunkel in die Schlucht herab. Dann aber begannen die Sterne zu glänzen und verbreiteten eine solche Helle, daß man einen ziemlich breiten Ring des sich um die Einfassungsmauer ziehenden Terrains leidlich überblicken konnte.

Ein jeder der vorhandenen Männer war mit einer Büchse und einem Messer versehen. Viele besaßen auch Revolver oder Terzerole. Da die Indianer ihre Angriffe gewöhnlich nach Mitternacht, kurz vor dem Morgengrauen unternehmen, so standen nur die wenigen Posten auf den Bänken, und die Andern lagen, sich leise unterhaltend, im Grase umher. Draußen regte sich kein Lüftchen; aber das war eine trügerische Ruhe, und als die Mitternacht gekommen war, erhoben sich die Ruhenden, griffen zu ihren Gewehren und nahmen die ihnen angewiesenen Plätze auf den Bänken ein. Ich stand mit Winnetou am Tore, den Henrystutzen in der Hand. Die Büchse hatte ich in der Wohnung gelassen, da der Stutzen hier besser am Platze war.

Wir hatten uns auf alle vier Seiten der Einfassung gleichmäßig verteilt, zweihundert und zehn Mann stark, denn dreißig Mann waren nach einem verborgenen Tale detachiert worden, um die dort in Sicherheit gebrachten Pferde zu beschützen.

Die Zeit schlich, wie von Schnecken getragen. Mancher mochte bereits denken, daß alle unsere Befürchtung vergeblich gewesen sei, da aber, horch! da erklang es, als sei ein

Steinchen an eine der Eisenschienen gestoßen worden. Gleich darauf bemerkte ich jenes fast unhörbare Geräusch, welches ein Ungeübter für das Wehen eines ganz, ganz leisen Lüftchens halten würde – sie kamen!

»Aufgepaßt!« flüsterte ich meinem Nebenmanne zu.

Dieser gab das Wort leise weiter, so daß es im Verlaufe einer Minute die Runde machte. Unendlich flüchtige, geisterhafte Schatten huschten durch die Nacht, nach rechts, nach links, ohne daß dabei der geringste Laut zu hören war. Es bildete sich uns gegenüber eine Fronte, welche sich ausbreitete und nach und nach um das ganze Lager dehnte. Im nächsten Augenblicke mußte es beginnen.

Die Schatten näherten sich. Sie waren nur noch fünfzehn – zwölf – zehn – acht – sechs Schritte von der Mauer entfernt. Da erscholl eine laute, sonore Stimme durch die Nacht:

»*Selkhi Ogellallah! Ntsagé sisi Winnetou natan Apaches! Shne ko* – Tod den Ogellallah! Hier steht Winnetou, der Häuptling der Apachen! Gebt Feuer!«

Er erhob seine silberbeschlagene Büchse, und bei ihrem Blitze leuchtete es rund um den ganzen Kamp auf. Es waren in einem einzigen Augenblicke über zweihundert Schüsse gefallen. Nur ich allein hatte nicht geschossen; ich wollte die Wirkung unserer Salve abwarten, welche wie ein Gericht vom Himmel so plötzlich, so tödlich über die Feinde hereinbrach. Eine ganze, lange Minute herrschte die tiefste Stille, dann aber brach es los, jenes furchtbare Geheul, welches die Nerven zu zerreißen und die Knochen zu zermalmen droht. Das Unerwartete unserer Salve hatte den Wilden geradezu die Sprache geraubt, jetzt aber klang es wie aus den Mäulern von tausend Teufeln durch den Cannon.

»Nochmals Feuer!« kommandierte die Stimme des Obersten, welche man selbst durch das diabolische Geheul hindurch vernehmen konnte.

Eine zweite Salve krachte und dann rief Rudge:

»Hinaus, und mit den Kolben drauf!«

Im Nu waren die Männer über die Mauer hinaus. Wer von

ihnen vorher noch bange gewesen war, der fühlte jetzt den Mut des Löwen in sich. Kein einziger Indsman hatte einen Versuch machen können, die Mauer zu ersteigen.

Ich blieb auf meinem Posten. Draußen entwickelte sich ein Rachekampf, der nicht lange anhalten konnte, denn die Reihen der Gegner waren so fürchterlich gelichtet, daß sie ihr Heil nur in der Flucht suchen konnten. Ich sah sie vorüberhuschen, die dunklen Gestalten – ah, das war ein Weißer! Wieder einer! Die Railtroublers hatten auf der andern Seite gestanden und flohen jetzt an mir vorüber.

Jetzt erst legte ich meinen Stutzen an. Fünfundzwanzigmal schießen zu können, ohne laden zu müssen, das war mir jetzt von Vorteil. Acht Schüsse gab ich ab, dann fand ich keine Ziele mehr. Die unverletzten Feinde waren geflohen; die Andern lagen am Boden oder versuchten, sich fortzuschleppen, aber es gelang ihnen nicht, denn sie wurden umstellt, und wer sich nicht ergab, der wurde niedergemacht.

Kurze Zeit später brannten zahlreiche Feuer draußen vor der Mauer, und man konnte die schauerliche Ernte sehen, welche der Tod in so kurzer Zeit gehalten hatte. Ich mochte nichts sehen, gar nichts. Ich wandte mich ab und ging nach der Wohnung des Colonels. Kaum hatte ich mich dort niedergesetzt, so trat auch Winnetou ein. Ich blickte ihm erstaunt entgegen.

»Mein roter Bruder kommt?« fragte ich. »Wo hat er die Skalpe seiner Feinde, der Sioux-Ogellallah?«

»Winnetou wird keinen Skalp mehr nehmen,« antwortete er. »Seit er die Musik vom Berge herab gehört hat, tötet er den Feind, aber läßt ihm die Haarlocke seines Hauptes. Howgh!«

»Wie viele hat der Apache getötet?«

»Winnetou zählt nicht wieder die Häupter der Gefallenen. Warum soll er zählen, da sein weißer Bruder keinen tötet!«

»Woher weißt du das?«

»Warum schwieg das Gewehr meines Freundes Schar-lih, bis die weißen Männer an ihm vorüberflohen? Und warum schoß er diese nur in das Bein? Nur diese allein hat Winnetou gezählt. Es sind ihrer acht. Sie liegen draußen und sind gefangen, denn sie konnten nicht entkommen.«

Diese Zahl stimmte; ich hatte also gut getroffen und meinen Zweck erreicht, einige der Railtroublers in unsere Hand zu bekommen. Vielleicht war Haller dabei. Vom Uebrigen mochte ich nichts sehen, denn ich war ja ein Mensch und ein – – Christ!

Es dauerte nicht lange, so trat Walker herein.

»Charles, Winnetou, kommt heraus! Wir haben ihn!« rief er.

»Wen?« fragte ich.

»Haller.«

»Ah! Wer hat ihn gefangen?«

»Niemand. Er war verwundet und konnte nicht weiter. Es ist wunderbar! Es sind acht Railtroublers verwundet worden, und alle acht an derselben Stelle, nämlich am Beckenknochen, so daß sie sofort stürzten und liegen blieben.«

»Das ist allerdings eigentümlich, Fred!«

»Es hat sich nicht ein einziger verwundeter Ogellallah ergeben, aber diese acht Weißen haben um Pardon gebeten.«

»Sind ihre Wunden lebensgefährlich?«

»Man weiß es nicht; man hat noch keine Zeit zur Untersuchung gehabt. Warum sitzt Ihr hier? Kommt heraus! Es sind im allerhöchsten Falle nur achtzig Feinde entkommen!«

Das war fürchterlich! Aber hatten sie es besser verdient? Diese Menschen hatten heut eine Lehre erhalten, von welcher sicherlich noch in später Zeit erzählt wurde. Es gab Szenen, welche jeder Feder spotten, und als ich am frühen Morgen die Leichen hoch getürmt übereinandergeschichtet sah, da mußte ich mich fröstelnd abwenden. Ich mußte unwillkürlich an das Wort eines neueren Gelehrten denken, daß der Mensch das größte Raubtier sei.

Erst am Nachmittage kam per Bahn ein Arzt, welcher die Verwundeten untersuchte. Ich hörte, daß Haller nicht zu retten sei. Er selbst hatte bei der Erklärung, daß seine Wunde tödlich sei, nicht die mindeste Reue gezeigt. Walker war zugegen gewesen. Er kam zu mir hereingestürzt und rief mir mit erschrockenem Gesichte zu:

»Charles auf! Wir müssen fort!«

»Wohin?«

»Nach Helldorf-Settlement.«

Dieses Wort erschreckte mich.

»Warum?« fragte ich.

»Weil es von den Ogellallah überfallen wird.«

»Mein Gott! Ist's möglich! Woher wißt Ihr das, Fred?«

»Dieser Haller hat es gesagt. Ich saß bei ihm und sprach mit dem Colonel. Dabei erwähnte ich den Abend, welchen wir auf Helldorf-Settlement verlebten. Haller lachte höhnisch auf und meinte, daß wir einen solchen Abend dort wohl nicht wieder erleben würden. Und als ich in ihn drang, erfuhr ich, daß die Niederlassung überfallen werden soll.«

»Herr des Himmels, wenn dies wahr wäre! Fred, holt rasch Winnetou, und laßt unsere Pferde kommen. Ich will selbst zu Haller.«

Ich hatte diesen Menschen noch nicht wiedergesehen. Als ich in das Blockhaus trat, in welchem die verwundeten Gefangenen lagen, stand gerade der Colonel bei ihm. Er lag todesbleich auf einer blutigen Decke und stierte mich mit trotzigen Augen an.

»Ihr seid Rollins oder Haller?« fragte ich ihn.

»Was geht Euch das an!« antwortete er.

»Mehr als Ihr denkt!« meinte ich.

Ich konnte mir denken, daß ich auf eine direkte Erkundigung keine Auskunft erhalten werde; ich mußte es anders anfangen.

»Ich wüßte nicht! Packt Euch fort!« rief er.

»Es hat Keiner ein so großes Recht, Euch zu besuchen,« sagte ich. »Die Kugel, die Euch im Leben sitzt, ist von mir.«

Da wurden seine Augen größer; das Blut schoß ihm in das Gesicht, so daß die Narbe anschwoll, und er schrie:

»Hund, sagst du die Wahrheit?«

»Ja.«

Das, was er jetzt förmlich brüllte, ist nicht wiederzugeben, ich aber blieb scheinbar ruhig und sagte:

»Ich wollte Euch nur verwunden, und als ich hörte, daß Ihr sterben müßt, bedauerte ich Euch und machte mir Vorwürfe. Nun ich aber sehe, welch ein Bösewicht Ihr seid, kann ich ruhig sein. Ich habe der Welt einen Segen erwiesen, indem ich Euch verwundete. Ihr und Eure Ogellallah werden keinen Schaden mehr anrichten!«

»Meinst du?« fragte er, indem er mir seine langen Zähne wie ein gefangenes Raubtier entgegenfletschte. »Gehe doch einmal nach Helldorf-Settlement, he!«

»*Pshaw!* Das liegt sicher!«

»Sicher? Da gibt es keinen Stein mehr auf dem andern. Ich selbst habe diesen guten Ort ausgekundschaftet, und es war ausgemacht, daß erst Echo-Cannon und dann Helldorf-Settlement genommen werden soll. Hier ist es uns nicht gelungen, dort aber wird es desto besser gelingen, und die Settler werden mit tausend Martern büßen müssen, was Ihr hier an den Meinen und den Ogellallah verschuldet habt!«

»Gut, das wollte ich wissen! Haller, Ihr seid ein verstockter, aber auch ein sehr alberner Sünder. Wir werden jetzt nach Helldorf reiten, um zu retten, was zu retten ist. Und wenn die Settler von den Ogellallah vielleicht fortgeschleppt worden sind, so werden wir sie wieder holen. Dies hätten wir aber nicht gekonnt, wenn Ihr verschwiegen gewesen wäret.«

»Den Henker werdet Ihr wieder holen, aber keine Gefangenen!« rief er erbost.

Da hob sein Nachbar, ein Kamerad von ihm, der mich unausgesetzt angestiert hatte, den Kopf und sagte:

»Rollins, glaube es! Dieser wird sie wieder holen. Ich kenne ihn. Es ist Old Shatterhand!«

»Old Shatterhand!« rief der Angeredete. »*All devils*, also darum acht solche Schüsse! Nun, so will ich wünschen – – –«

Ich wandte mich schnell ab und ging; die Flüche dieses Bösewichts mochte ich nicht hören. Der Colonel folgte mir und sagte ganz erstaunt:

»Ist's wahr, Sir, daß Ihr Old Shatterhand seid?«

»Ja. Dieser Mann hat mich wohl einmal auf einem meiner Jagdzüge getroffen. Aber wißt Ihr, Colonel, Ihr müßt mir Leute geben. Ich muß fort nach Helldorf-Settlement.«

»Hm, mein werter Sir, das geht nicht. Ich ginge gleich mit und nähme auch alle meine Leute mit; aber ich bin Bahnbeamter und habe meine Pflichten zu erfüllen.«

»Aber, Sir, sollen diese armen Settlers umkommen? Ihr könnt das bei Gott niemals verantworten!«

»Hört mich an, Sir! Ich darf meinen Posten nicht verlassen, außer dann, wenn es gilt, im Interesse desselben zu handeln. Ich darf auch meine Leute nicht kommandieren, Euch zu begleiten. Aber eins kann und will ich von Herzen gern tun: ich gebe Euch die Erlaubnis, mit meinen Leuten zu sprechen. Wer von ihnen aus der Arbeit treten und mit Euch gehen will, den werde ich nicht halten. Ein Pferd, Waffen und Munition nebst etwas Proviant soll er auch haben unter der Bedingung, daß ich die Pferde und Waffen später wieder erhalte.«

»Gut, ich danke Euch, Sir! Ich bin überzeugt, daß dies alles mögliche ist, was Ihr tun könnt. Nehmt es mir nicht übel, wenn ich jetzt keine Komplimente mache. Ich habe Eile. Kehren wir zurück, so soll alles Versäumte nachgeholt werden!«

Zwei Stunden später jagte ich mit Winnetou und Walker an der Spitze von einigen vierzig wohl bewaffneten Männern den Weg zurück, den wir vor so kurzer Zeit von Helldorf-Settlement her gekommen waren.

Winnetou sprach kein Wort, aber das Feuer, welches in seinen Augen glühte, sagte mehr als alle Worte. War diese junge Niederlassung wirklich überfallen worden, dann wehe den Tätern!

Es gab kein Aufhalten, selbst nicht während der Nacht; wir kannten ja den Weg. Ich glaube nicht, daß ich während des ganzen Rittes hundert Worte gesprochen habe.

Es war am andern Nachmittage, als wir auf dampfenden Pferden am Rande des Thalkessels anlangten, in welchem Helldorf-Settlement gestanden hatte. Sogleich der erste Blick belehrte uns, daß Haller uns nicht belogen hatte, und daß wir zu spät kamen. Die Blockhäuser bildeten nur noch rauchende Trümmerhaufen.

»Uff!« rief Winnetou und deutete nach der Höhe. »Der Sohn des guten Manitou ist fort. Ich werde diese Wölfe von Ogellallah zerreißen!«

Wahrhaftig, auch das Kapellchen war zerstört und verbrannt, und das Kruzifix hatte man von der Höhe herabgestürzt! Wir stürmten auf die Trümmer zu und sprangen von den Pferden. Hier hielt ich die Railroaders zurück, damit mir keine Fährte verdorben würde. Es war trotz alles Suchens nicht eine einzige Spur eines lebenden Wesens zu entdecken. Nun rief ich die Leute herbei. Sie mußten mir helfen, den rauchenden Schutt auseinander zu stöbern. Wir fanden keine menschlichen Ueberreste, und das war ein großer Trost.

Winnetou hatte, sobald er vom Pferde gestiegen war, sogleich den Abhang erklettert und kehrte jetzt zurück. Er trug das Glöckchen in der Hand.

»Der Häuptling der Apachen hat gefunden die Stimme aus der Höhe,« sagte er. »Er wird sie hier vergraben, bis er als Sieger zurückkehrt.«

Unterdessen suchte ich mit Walker in aller Eile die Ufer des Sees ab, um zu sehen, ob man die Settlers vielleicht ertränkt habe, fand aber, daß dies nicht geschehen sei. Eine genaue Forschung ergab, daß die Niederlassung mitten in der Nacht überfallen worden war; ein Kampf hatte wohl gar nicht stattgefunden; dann waren die Sieger mit ihrem Raube und den Gefangenen in der Richtung nach der Grenze von Idaho und Wyoming abgezogen.

»Hört, Männer, wir dürfen keinen Augenblick verlieren!« rief ich. »Wir können jetzt nicht ruhen; wir müssen der Fährte folgen, so lange wir sie erkennen können, und dann erst, wenn es Abend ist, werden wir Lager machen. Vorwärts!«

Mit diesen Worten bestieg ich den Schwarzschimmel wieder. Die Andern folgten. Der Apache ritt an der Spitze und verwendete keinen Blick von den Spuren der Verfolgten. Man hätte ihn wohl töten, aber nicht von dieser Fährte abbringen können, eine solche Erbitterung hatte sich seiner und unser aller bemächtigt. Wir waren vierzig gegen achtzig Mann, aber in einer solchen Stimmung zählt man die Gegner nicht.

Wir hatten noch volle drei Stunden Tageslicht und legten während dieser Zeit eine so große Strecke zurück, daß wir mit den ungewöhnlichen Leistungen unserer Pferde höchst zufrieden sein konnten. Dann gönnten wir ihnen die so wohlverdiente Ruhe.

Am andern Tage zeigte es sich, daß wir die Ogellallah drei Viertel einer Tagreise vor uns hatten, und später bemerkten wir, daß sie ihren Ritt während der ganzen Nacht fortgesetzt hatten. Der Grund zu dieser Eile ließ sich erraten. Winnetou hatte beim Ueberfalle seinen Namen in die finstere Nacht hinausgerufen; sie wußten, daß man sie verfolgen werde; sie wußten den Apachen hinter sich, und das war Grund, eilig zu sein.

Da unsere Pferde bis jetzt das beinahe Unmögliche geleistet hatten, so durften wir sie nicht gar zu sehr anstrengen; es kam ja alles darauf an, sie bei Kräften zu erhalten. Daher kam es, daß wir in den ersten beiden Tagen den Verfolgten nicht näher kamen.

»Die Zeit vergeht,« sagte Walker, »und wir werden zu spät kommen.«

»Wir kommen nicht zu spät,« antwortete ich ihm. »Die Gefangenen sind für den Marterpfahl aufgehoben, und dieses Schicksal werden sie erst dann haben, wenn die Ogellallah in ihren Dörfern angekommen sind.«

»Wo befinden sich die Dörfer jetzt?«

»Die Dörfer der Ogellallah sind jetzt droben im Quackingasp-Ridge,« antwortete Winnetou, »und wir werden diese Räuber noch viel eher erreichen.«

Am dritten Tage stießen wir auf ein ganz bedeutendes Hindernis: es teilte sich die Fährte. Die eine Hälfte lief grad nach Norden fort, und die andere ging nach dem Westen ab. Die erstere war die bedeutendere.

»Sie wollen uns aufhalten!« meinte Fred.

»Die weißen Männer mögen halten,« gebot Winnetou. »Die Spur darf von keinem Fuß berührt werden.«

Darauf gab er mir einen Wink, den ich sofort verstand. Ich sollte die grad fortlaufende, und er wollte die links abgehende Fährte beobachten. Wir ritten also Beide in den angegebenen Richtungen weiter; die Andern mußten warten.

Ich ritt wohl eine Viertelstunde weit. Die Zahl der Pferde, welche hier gegangen waren, war schwer zu bestimmen, da die einzelnen Tiere hintereinander her geschritten waren; aber aus der Tiefe und der Form der gemeinschaftlichen Hufeindrücke konnte ich schließen, daß es nicht viel über zwanzig gewesen seien. Während dieser Untersuchung bemerkte ich im Sande einige dunkle, kleine, runde Flecken, daneben zu beiden Seiten eine eigentümliche Schichtung der trockenen Sandkörner, und vor diesen Zeichen sah die Stelle aus, als sei mit einem breiten Gegenstand auf dem Sande hin und her gerieben worden. Ich kehrte sofort im Galopp um und fand Winnetou bereits meiner wartend.

»Was hat mein Bruder gesehen?« fragte ich ihn.

»Nichts als die Fährte von Reitern.«

»Vorwärts!«

Mit diesen Worten wandte ich mich wieder um und eilte voran.

»Uff!« rief der Apache.

Er wunderte sich über meine Sicherheit und merkte aus derselben, daß ich einen untrüglichen Beweis gefunden haben müsse, daß die Gefangenen in dieser Richtung fortgeschleppt worden seien. Als ich die Stelle erreichte, hielt ich an und fragte den Dicken:

»Master Walker, Ihr seid ein guter Westmann. Seht Euch einmal diese Spur an, und sagt mir, was sie zu bedeuten hat!«

»Spur?« fragte er. »Wo?«

»Hier!«

»Ah! Was soll denn das für eine Spur sein! Hier ist der Wind über den Sand gegangen!«

»Schön! Er wird auch wohl noch öfters darüber gehen. Ich wette mit Euch, um was Ihr wollt, daß Winnetou von diesen beinahe ganz unsichtbaren Zeichen ganz dieselbe Ansicht haben wird wie ich. Mein roter Bruder mag sie sich betrachten!«

Der Apache stieg ab, bückte sich, warf einen langen, forschenden Blick auf die Stelle und sagte:

»Mein Bruder Schar-lih hat den richtigen Weg gewählt, denn hier sind die Gefangenen geritten.«

»Woher will man dies sehen?« fragte Fred halb ungläubig und halb ärgerlich darüber, daß er nicht scharfsinnig genug war, das Richtige zu treffen.

»Mein Bruder blicke genau her!« sagte Winnetou. »Diese Tropfen sind Blut; rechts und links davon lagen die Hände und nach vorn der Leib eines Kindes – – –«

»Welches,« fiel ich ein, »vom Pferde fiel, so daß ihm die Nase blutete!«

»Ah!« rief der Dicke.

»O, das ist nicht schwer zu sehen! Aber ich wette, es kommt noch etwas Anderes, was uns viel größere Mühe machen wird. Vorwärts!«

Ich hatte recht. Wir hatten den Weg kaum zehn Minuten fortgesetzt, so kamen wir an eine felsige Stelle, und von da an hörten alle Spuren auf.

Die Andern mußten halten bleiben, um uns das Suchen nicht zu erschweren, und es dauerte gar nicht lange, so stieß der Apache einen freudigen Ruf aus und brachte mir einen starken gelb gefärbten Faden.

»Was sagt Ihr dazu, Fred?« fragte ich.

»Dieser Faden stammt aus einer Decke.«

»Richtig! Seht Euch die scharfen Enden desselben an! Man hat die Decken zerschnitten und die Teile derselben den Pferden um die Hufe gewickelt, damit sie keine Spur hinterlassen sollen. Wir müssen uns auf das Aeußerste anstrengen!«

Wir suchten weiter, und richtig! einige dreißig Schritte davon bemerkte ich im Grase, welches auf nun wieder sandigem Boden wuchs, die schlecht ausgelöschte Spur eines indianischen Mokassin. Die Stellung des Fußes gab uns die Richtung an, in welcher der Weg fortgesetzt worden war.

In dieser Richtung fanden wir bald weitere Anhaltepunkte, und endlich erkannten wir, daß die Leute hier ganz außerordentlich langsam vorwärts gekommen waren. Nach langer Zeit wurden die Spuren wieder deutlicher. Man hatte die Pferdehufe von der Umhüllung befreit und schließlich sahen wir ganz deutlich, daß neben den Pferden Indianer zu Fuße gegangen waren.

Das war wunderbar und gab mir zu denken, bis Winnetou plötzlich sein Pferd anhielt, in die Ferne blickte und eine Gebärde machte, als ob er sich auf etwas besinne.

»Uff!« rief er. »Die Höhle des Berges, welchen die Weißen Hancock nennen!«

»Was ist's mit ihr?« fragte ich.

»Winnetou weiß jetzt alles! In dieser Höhle opfern die Sioux ihre Gefangenen dem großen Geiste. Diese Ogellallah haben sich geteilt. Der große Teil reitet nach links, um die zerstreuten Truppen seines Stammes herbeizurufen, und der kleine Teil bringt die Gefangenen zur Höhle. Man hat mehrere auf ein Pferd geladen, und die Ogellallah laufen nebenher.«

»Wie weit ist dieser Berg von hier?«

»Meine Brüder werden ihn des Abends erreichen.«

»Unmöglich! Der Berg Hancock liegt ja zwischen dem oberen Snake- und dem oberen Yellowstone-River!«

»Mein weißer Bruder mag bedenken, daß es zwei Berge Hancock gibt!«

»Kennt Winnetou den richtigen?«

»Ja.«

»Und auch die Höhle?«

»Ja. Winnetou hat mit dem Vater von Ko-itse in dieser Höhle einen Bund geschlossen, den dieser Ogellallah dann brach. Meine Brüder werden mit mir diese Fährte verlassen und sich dem Häuptling der Apachen anvertrauen!«

Er gab, als sei er seiner Sache ganz gewiß, seinem Pferde die Sporen und sprengte im Galopp davon, wir ihm nach. Es ging eine geraume Zeit durch Täler und Schluchten, bis plötzlich die Berge auseinandertraten und eine ebene Grasfläche vor uns lag, welche nur am fernen Horizonte von Höhen eingefaßt zu sein schien.

»Das ist *J-akom akono*, die ›Prairie des Blutes‹ in der Sprache der Tehua,« erklärte Winnetou, ohne in seinem schnellen Ritte anzuhalten.

Das war also die fürchterliche Prairie des Blutes, von der ich so viel gehört hatte! Hierher hatten die vereinigten Stämme der Dakota ihre Gefangenen gebracht, losgelassen und zu Tode gehetzt. Hier waren Tausende von unschuldigen Schlachtopfern den Tod des Pfahles, des Feuers, des Messers, des Eingrabens gestorben. Hierher wagte sich kein fremder Indianer oder gar Weißer, und wir ritten über diese Ebene des Fluches so unbesorgt, als ob wir uns auf dem friedlichsten Boden befänden. Unser Führer dabei konnte nur ein Winnetou sein!

Schon begannen unsere Pferde vom Jagen zu ermüden. Da hob sich vor uns langsam eine isolierte Höhe empor, welche aus mehreren zusammengeschobenen Bergen zu bestehen schien. Wir erreichten den mit Wald und Buschwerk besetzten Fuß derselben und ließen dort die Pferde rasten.

»Das ist der Berg Hancock,« bemerkte Winnetou.

»Und die Höhle?« fragte ich.

»Sie ist auf der andern Seite des Berges. In einer Stunde wird sie mein Bruder sehen. Er folge mir, lasse aber seine Gewehre zurück.«

»Ich allein?«

»Ja. Wir sind hier am Orte des Todes. Nur ein fester Mann wird bestehen. Unsere Brüder mögen sich unter den Bäumen verbergen und warten!«

Der Berg, an dessen Fuße wir uns befanden, war ein vulkanisches Gebilde von der Breite von vielleicht dreiviertel Stunden. Ich legte die Büchse und den Stutzen ab und folgte Winnetou, welcher an der westlichen Seite des Berges emporzusteigen begann. Er hielt in kurzen Schlangenlinien nach dem Gipfel zu. Es war ein sehr beschwerlicher Weg, und mein Führer legte ihn mit einer Vorsicht zurück, als ob er hinter jedem Strauche einen Feind zu erwarten habe. So dauerte es wirklich eine Stunde, bis wir ganz oben an der Spitze anlangten.

»Mein Bruder sei ganz still und unhörbar!« flüsterte er, indem er sich auf den Bauch legte und zwischen zwei Büschen langsam hindurchkroch.

Ich folgte ihm und – wäre beinahe ganz erschrocken zurückgewichen, denn kaum hatte ich den Kopf durch die Zweige gesteckt, so erblickte ich grad vor meinem Gesichte den trichterförmigen, steilen Abgrund eines Kraters, dessen Rand ich mit der Hand erreichen konnte. Dieser Abgrund war nur mit einzelnen Sträuchern bestanden und wohl an die hundertundfünfzig Fuß tief. Unten bildete er eine vielleicht vierzig Fuß im Durchmesser haltende Fläche, und da lagen – die von uns gesuchten Bewohner von Helldorf-Settlement, an Händen und Füßen gebunden. Ich besiegte meine Ueberraschung und zählte die Leute. Es fehlte keiner; aber bei ihnen befand sich eine zahlreiche Ogellallah-Wache.

Ich untersuchte jeden Fußbreit dieses abgebrannten Kraters, ob man hier hinunterkönne. Ja, es ging, wenn man kühn war, ein tüchtiges Seil besaß und ein Mittel fand, die Wache zu entfernen. Es waren mehrere Felsenvorsprünge da, welche man als Anhalte- und Ruhepunkte benutzen konnte.

Jetzt zog sich Winnetou zurück, und ich tat desgleichen.

»Das ist die Höhle des Berges?« fragte ich.

»Ja.«

»Wo ist der eigentliche Eingang?«

»An der Seite, die gegen Osten liegt. Aber kein Mensch kann ihn erzwingen.«

»So steigen wir hier hinab. Wir haben Lassos, und unsere Bahnarbeiter sind mit Pferdestricken reichlich versehen.«

Er nickte und wir begannen den Abstieg. Es war mir völlig unbegreiflich, warum die Indianer die westliche Seite des Berges nicht bewachten. Eine unbemerkte Annäherung wäre uns dann unmöglich gewesen.

Als wir unten wieder ankamen, tauchte die Sonne hinter dem Horizont hinab, und wir begannen unsere Vorbereitungen. Es wurden alle vorhandenen Stricke gesammelt und zu einem längeren Seile verbunden. Winnetou las sich zwanzig der gewandtesten Männer aus; die Andern sollten die Pferde bewachen. Zwei von diesen aber sollten sich dreiviertel Stunden nach unserm Fortgange auf die Pferde werfen und in einem Bogen um den Berg herum nach Osten reiten, um weit draußen einige Feuer anzuzünden, doch so, daß die Prairie nicht anbrannte; dann aber sollten sie schleunigst zurückkehren. Durch diese Feuer sollte die Aufmerksamkeit der indianischen Wächter von uns ab und hinaus auf die Prairie gelenkt werden.

Die Sonne war verschwunden, und der Westen färbte sich mit hellen Tinten, welche nach und nach in den tiefsten Purpur übergingen, sich dann wieder entfärbten und im Abendgrau erloschen. Winnetou hatte den Platz, an dem wir uns befanden, verlassen. Er war mir in den letzten Stunden ganz anders vorgekommen, als er sonst zu sein pflegte. Der feste, sichere Blick seines Auges hatte sich in ein eigentümliches, unruhiges Flackern verwandelt, und auf seiner immer glatten Stirn waren, bei ihm etwas noch nie Dagewesenes, Falten erschienen, welche auf eine ganz ungewöhnliche Sorge deuteten oder auf Gedanken von einem solchen Ernste, daß sie imstande waren, das von mir so oft bewunderte Gleichgewicht seines Innern zu stören. Es bedrückte ihn etwas, und ich glaubte nicht nur die Pflicht, sondern auch das Recht zu haben, ihn danach zu fragen. Darum ging ich fort, um nach ihm zu sehen.

Er stand am Rande des Waldes, an einen Baum gelehnt, und blickte starren Auges gen Westen in die über dem Horizonte liegenden Wolkengebilde, deren vorher goldumsäumte Ränder im letzten Erblassen begriffen waren. Trotzdem ich sehr leise ging und trotz der Versunkenheit, in welcher er sich augenscheinlich befand, hörte er nicht nur meine Schritte, sondern wußte sogar, wer sich ihm näherte. Ohne sich nach mir umzusehen, sagte er:

»Mein Bruder Schar-lih kommt, um nach seinem Freunde zu sehen. Er tut recht daran, denn bald wird er ihn nicht mehr sehen.«

Ich legte ihm die Hand auf die Schulter und antwortete:

»Lagern Schatten auf dem Gemüte meines Bruders Winnetou? Er mag sie verjagen.«

Da hob er die Hand und deutete gegen Westen.

»Dort flammte das Feuer und die Glut des Lebens; nun ist's vorbei und wird finster. Gehe hin! Kannst du die Schatten verjagen, die dort niedersinken?«

»Nein; aber das Licht kommt am frühen Morgen wieder, und ein neuer Tag bricht an.«

»Für den Hancock-Berg wird morgen ein neuer Tag beginnen, aber nicht für Winnetou. Seine Sonne wird erlöschen, wie diese dort erloschen ist, und nimmer wieder aufgehen. Die nächste Morgenröte wird ihm im Jenseits lachen.«

»Das sind Todesahnungen, denen sich mein lieber Bruder Winnetou nicht hingeben darf! Ja, der heutige Abend wird ein sehr gefährlicher für uns sein; aber wie oft haben wir dem Tode in das Auge geschaut, und doch ist er, so oft er die Hand nach uns ausstreckte, vor unserm heitern, festen Blicke zurückgewichen. Verbanne die Schwermut, die dich ergriffen hat! Sie hat ihren Grund nur in den körperlichen und geistigen Anstrengungen der letzten Tage.«

»Nein, Winnetou läßt sich von keiner Anstrengung bemeistern, und keine Ermüdung kann ihm die Heiterkeit seiner Seele rauben. Mein Bruder Old Shatterhand kennt mich und weiß, daß ich nach dem Wasser der Erkenntnis, des Wissens gedürstet habe. Du hast es mir gereicht, und ich trank davon in vollen Zügen. Ich habe viel gelernt, so viel wie keiner von meinen Brüdern, bin aber dennoch ein roter Mann geblieben. Der Weiße gleicht dem gelehrigen Haustiere, dessen Instinkt sich verändert hat, der Indianer aber dem Wilde, welches nicht nur seine scharfen Sinne behalten hat, sondern auch mit der Seele hört und riecht. Das Wild weiß ganz genau, wenn der Tod sich ihm naht; es ahnt ihn nicht nur, sondern es fühlt sein Kommen und verkriecht sich im tiefsten Dickicht des Waldes, um ruhig und einsam zu verenden. Diese Ahnung, dieses Gefühl, welches niemals täuscht, empfindet Winnetou in diesem Augenblicke.«

Ich drückte ihn an mich und entgegnete:

»Und dennoch täuschet es dich. Hast du dieses Gefühl vielleicht schon einmal gehabt?«

»Nein.«

»Also heut zum erstenmal?«

»Ja.«

»Wie kannst du es da kennen? Wie kannst du wissen, daß es die Ahnung des Todes ist!«

»Es ist so deutlich, so deutlich! Es sagt mir, daß Winnetou sterben wird mit einer Kugel in der Brust. Denn nur eine Kugel kann mich werfen; ein Messer oder einen Tomahawk würde der Häuptling der Apachen leicht von sich wehren. Mein Bruder mag mir glauben, ich gehe heut in die ewigen Jagd – – –«

Er hielt inne. »In die ewigen Jagdgründe« hatte er nach dem Glauben der Indianer sagen wollen. Was hielt ihn ab, dieses Wort vollends auszusprechen? Ich wußte es: Er war durch den Umgang mit mir in seinem Innern ein Christ geworden, obgleich er es vermieden hatte, es zu sagen. Er schlang den Arm um mich und veränderte das erst beabsichtigte Wort:

»Ich gehe heut dahin, wo der Sohn des guten Manitou uns vorausgegangen ist, um uns die Wohnungen im Hause seines Vaters zu bereiten, und wohin mir mein Bruder Old Shatterhand einst nachfolgen wird. Dort werden wir uns wiedersehen, und es wird keinen Unterschied mehr geben zwischen den weißen und den roten Kindern des Vaters, der beide mit derselben unendlichen Liebe umfängt. Es wird dann ewiger Friede sein; es wird kein Morden mehr geben, kein Erwürgen von Menschen, welche gut waren und den Weißen friedlich und vertrauend entgegenkamen, aber dafür ausgerottet wurden. Dann wird der gute Manitou die Wagschalen in seiner Hand halten, um die Taten der Weißen und der Roten abzuwägen und das Blut, welches unschuldig geflossen ist. Winnetou aber wird dabeistehen und für die Mörder seiner Nation, seiner Brüder, um Gnade und Erbarmen bitten.«

Er drückte mich an sich und schwieg. Ich war tief bewegt,

denn eine innere Stimme flüsterte mir zu: »Sein Instinkt hat ihn nie getäuscht; vielleicht spricht er auch dieses Mal die Wahrheit.« Dennoch sagte ich:

»Mein Bruder Winnetou hält sich für stärker, als er ist. Er ist der gewaltigste Krieger seines Stammes, aber doch auch nur ein Mensch. Ich habe ihn noch nie ermatten sehen, heut aber ist er müde geworden, denn die vergangenen Tage und Nächte haben allzuviel von uns verlangt. Das drückt die Seele nieder und schwächt das Selbstvertrauen; es entstehen trübe Gedanken, welche verschwinden, wenn die Müdigkeit gewichen ist. Mein Bruder mag sich ausruhen. Er mag sich zu den Männern legen, welche hier unten am Berge bleiben.«

Er schüttelte langsam den Kopf und antwortete:

»Das sagt mein Bruder Schar-lih nicht im Ernste.«

»O doch! Ich habe die Höhle des Berges ja gesehen und mit dem Auge genau gemessen; es genügt, wenn ich allein die Angreifer anführe.«

»Ich soll nicht dabei sein?« fragte er da, indem seine Augen erhöhten Glanz bekamen.

»Du hast genug getan; du sollst ruhen.«

»Hast du nicht auch genug getan, ja noch viel mehr als ich und alle Andern? Ich bleibe nicht zurück!«

»Auch nicht, wenn ich dich darum bitte, wenn ich es als Opfer der Freundschaft von dir verlange?«

»Auch dann nicht! Soll man sagen, daß Winnetou, der Häuptling der Apachen, den Tod gefürchtet habe?«

»Kein Mensch wird wagen, dies zu sagen!«

»Und wenn alle schweigen und es mir nicht als Feigheit anrechneten, Einen würde es doch geben, dessen Vorwurf mir die Röte der Scham in die Wange triebe.«

»Wer wäre das?«

»Ich, ich selbst! Ich würde diesem Winnetou, welcher ruhte, als sein Bruder Schar-lih kämpfte, ohne sich vor dem Tode zu fürchten, immer und immer in die Ohren schreien, daß er unter die Feiglinge gegangen und nicht länger würdig sei, sich einen Krieger, einen Häuptling seines tapfern Volkes zu nennen. Nein, nein, sprich nicht davon, daß ich zurückbleiben soll. Soll mein Bruder Shatterhand mich im Stillen, wenn er es auch nicht laut tun würde, zu den mutlosen Coyoten rechnen? Soll Winnetou sich selbst verachten? Lieber zehnmal, hundertmal und tausendmal den Tod!«

Dieser letztere Grund gebot mir allerdings, zu schweigen. Winnetou wäre an dem Selbstvorwurfe, feig gehandelt zu haben, innerlich und äußerlich zugrunde gegangen. Er fuhr nach einer Pause fort:

»Wir standen dem Tode so oft gegenüber, und mein Bruder war stets auf ihn vorbereitet und hat für mich in sein Notizbuch eingeschrieben, was geschehen soll, wenn er einmal im Kampfe fällt. Ich soll dann das Buch nehmen und es lesen und ausführen. Das wird von den Bleichgesichtern ein Testament genannt. Winnetou hat auch ein Testament gemacht, aber noch nichts davon gesagt. Heut, wo er die Nähe des Todes fühlt, muß er davon sprechen. Willst du der Vollstrecker sein?«

»Ja. Ich weiß und ich wünsche, daß deine Ahnung nicht in Erfüllung geht, daß du noch viele, viele Sonnen auf der Erde wandelst; aber wenn du einmal stirbst und ich deinen letzten Willen kenne, soll es mir die heiligste der Pflichten sein, ihn auszuführen.«

»Auch wenn es schwer, sehr schwer sein würde und mit großen Gefahren verbunden?«

»So fragt Winnetou doch nicht im Ernste. Schicke mich in den Tod; ich gehe!«

»Ich weiß es, Schar-lih. Für mich würdest du ihm in den offenen Rachen springen. Du wirst tun, was ich mir von dir erbitte. Du allein bist's, der es ausführen kann. Erinnerst du dich, daß wir einst, als ich dich noch nicht so wie jetzt kannte, über den Reichtum miteinander sprachen?«

»Ja, sehr genau.«

»Ich hörte es damals deiner Stimme an, daß du doch vielleicht anders dachtest, als du sagtest. Das Gold hatte großen Wert für dich. Habe ich da recht gedacht?«

»Du hast dich wenigstens nicht ganz geirrt,« gestand ich ein.

»Und jetzt? Du wirst mir die Wahrheit sagen.«

»Jeder Weiße kennt den Wert des Besitzes, doch trachte ich nicht nach toten Schätzen und äußeren Genüssen. Das wahre Glück gründet sich nur auf die Schätze, welche man im Herzen sammelt.«

»Ich wußte, daß du heut so sprechen würdest. Du weißt, daß ich viele Orte kenne, wo Gold in Gängen und als Nuggets und Staub zu finden ist; ich brauchte dir nur einen einzigen solchen Ort zu sagen, so wärest du ein reicher, ein sehr reicher Mann, aber auch dann nicht mehr ein – – glücklicher Mann. Der gute, weiße Manitou hat dich nicht geschaffen, um weichlich in Reichtümern zu schwelgen; dein starker Körper und deine Seele sind zu Besserem bestimmt. Du bist ein Mann und sollst ein Mann bleiben; darum bin ich stets entschlossen gewesen, dir keinen der Fundorte des Goldes zu verraten. Wirst du mir dafür zürnen?«

»Nein,« antwortete ich, in diesem Augenblicke wirklich der Wahrheit gemäß. Ich stand vor dem besten Freunde, den ich je gehabt habe; er sah den Tod vor sich und vertraute mir seinen letzten Willen an; wie hätte es mir da beikommen können, niedere Gier nach Gold zu zeigen!

»Und doch wirst du Gold zu sehen bekommen, viel Gold,« sprach er weiter; »aber es ist nicht für dich bestimmt. Wenn ich gestorben bin, so suche das Grab meines Vaters auf; du kennst es ja. Wenn du am Fuße desselben, genau an der Westseite, in die Erde gräbst, wirst du das Testament deines Winnetou finden, der dann nicht mehr bei dir ist. Ich habe meine Wünsche aufgezeichnet, und du wirst sie erfüllen.«

»Mein Wort ist wie ein Schwur,« versicherte ich ihm mit Tränen in den Augen. »Keine Gefahr, und sei sie noch so groß, kann mich abhalten, auszuführen, was du aufgeschrieben hast.«

»Ich danke dir! Wir sind jetzt fertig. Die Zeit zum Angriff ist gekommen. Ich werde den Kampf nicht überleben. Laß uns Abschied nehmen, mein lieber, lieber Schar-lih! Der gute Manitou mag dir vergelten, daß du mir so viel, so viel gewesen bist! Mein Herz fühlt mehr, als ich mit Worten sagen kann. Laß uns nicht weinen, die wir Männer sind! Begrabe mich in den Gros-Ventre-Bergen, an dem Ufer des Metsurflusses, auf meinem Pferde und mit allen meinen Waffen, auch mit meiner Silberbüchse, die in keine anderen Hände kommen soll. Und wenn du dann zu den Menschen zurückgekehrt bist, von denen keiner dich so lieben wird, wie ich dich liebe, so denke zuweilen an deinen Freund und Bruder Winnetou, der dich jetzt segnet, weil du ihm ein Segen warst!«

Er, der Indianer, legte mir die Hände auf das Haupt. Ich hörte, daß er nur mit Mühe das Schluchzen unterdrücken konnte, und riß ihn mit beiden Armen an mich, indem ich weinend hervorstieß:

»Winnetou, mein Winnetou, es ist ja nur eine Ahnung, ein Schatten, der vorübergeht. Du mußt bei mir bleiben; du darfst nicht fort!«

»Ich gehe fort!« antwortete er leise aber bestimmt, riß sich mit Ueberwindung seiner selbst von mir los und wendete sich nach dem Lagerplatz zurück.

Indem ich ihm folgte, suchte ich in meinem Gehirn vergeblich nach einem Mittel, ihn zu bestimmen, nicht an dem bevorstehenden Kampfe teilzunehmen; ich fand keins, weil es keins gab. Was hätte ich darum gegeben, und was gäbe ich noch heut darum, wenn es mir möglich gewesen wäre, einen Ausweg zu finden!

Ich war aufs tiefste erregt, und auch er hatte trotz der Gewalt, welche er über sich besaß, seine Bewegung noch nicht überwunden, denn ich hörte, daß seine Stimme leise zitterte, als er die Leute aufforderte:

»Es ist nun vollständig dunkel, und wir wollen aufbrechen. Meine Brüder mögen mir folgen!«

Wir kletterten Einer hinter dem Andern den Berg hinan, auf demselben Wege, den Winnetou vorher mit mir eingeschlagen hatte. Das leise Emporklimmen war jetzt in der Finsternis viel schwieriger als vorhin, und wir brauchten länger als eine Stunde, bis wir den Krater erreichten. Unten brannte ein mächtiges Feuer, und bei dem Scheine desselben sahen wir die Gefangenen und ihre Wächter liegen. Kein Wort, kein Laut drang herauf zu uns.

Wir befestigten zunächst das Seil, welches lang genug war, an einen Steinblock und warteten dann auf das Erscheinen der Feuer. Es dauerte nicht lange, so zeigten sich dort im Osten nacheinander drei, vier, fünf Flammen, welche den Feuern eines Lagers ganz ähnlich sahen. Jetzt blickten und horchten wir gespannt nach dem Kessel hinab. Wir sollten uns nicht getäuscht haben, denn bereits nach kurzer Zeit sahen wir einen Wilden aus einer Spalte erscheinen, der den Andern einige Worte sagte. Diese erhoben sich sofort und verschwanden mit ihm durch die Spalte, um die Feuer zu betrachten.

Jetzt war es Zeit für uns. Ich ergriff den Anfang des Seiles, um den ersten zu machen, jedoch Winnetou nahm ihn mir aus der Hand.

»Der Häuptling der Apachen ist der Führer,« sagte er. »Mein Bruder komme hinter ihm.«

Es war ausgemacht worden, daß die Unsrigen uns in solchen Zwischenräumen folgen sollten, daß, nachdem das Seil den Boden erreicht hatte, sich nur je vier auf einmal an demselben befanden. Winnetou trat an. Ich ließ ihn bis zum ersten Vorsprunge kommen und folgte dann. Mir folgte Fred. Es ging viel schneller bergab, als wir gedacht hatten, da wir uns kaum halten konnten. Zum Glücke hielt das Seil, welches von oben langsam herab- und uns nachgelassen wurde.

Natürlich rissen wir eine Menge Steine und Geröll zur Tiefe hinab; es war ja so dunkel, daß wir dies gar nicht vermeiden konnten. Einer dieser Steine mußte ein Kind getroffen haben, denn es begann zu schreien. Sofort erschien der Kopf eines Indianers in der vom Feuer erleuchteten Spalte. Er hörte und sah das Niederprasseln des Gerölls, blickte in die Höhe und stieß einen lauten Warnungsruf aus.

»Vorwärts, Winnetou!« rief ich. »Es ist sonst Alles verloren!«

Die Männer oben merkten, was unten vorging, und ließen das Seil schnell laufen. Eine halbe Minute später hatten wir den Boden erreicht, zu gleicher Zeit aber blitzten uns aus der Spalte einige Schüsse entgegen. Winnetou stürzte zu Boden.

Ich blieb vor Schreck halten.

»Winnetou, mein Freund,« rief ich, »hat eine Kugel getroffen?«

»Winnetou wird sterben,« antwortete er.

Da erfaßte mich eine Wut, welcher ich nicht zu widerstehen vermochte. Soeben langte Walker hinter mir an.

»Winnetou stirbt!« rief ich ihm zu. »Drauf!«

Ich nahm mir nicht erst Zeit, den Stutzen vom Rücken zu reißen oder ein Messer oder einen Revolver zu ergreifen. Mit hoch erhobenen Fäusten stürzte ich mich auf die fünf Indianer, welche bereits aus der Spalte gedrungen waren. Der vorderste unter ihnen war der Häuptling; ich erkannte ihn sogleich.

»Ko-itse, fahre nieder,« rief ich ihm zu.

Ein Faustschlag traf ihn an die Schläfe; er brach zusammen wie ein Holzklotz. Der neben ihm haltende Wilde hatte bereits den Tomahawk gegen mich zum Schlage erhoben; da fiel der Schein der Flamme hell auf mein Gesicht, und er ließ erschreckt das Schlachtbeil niedersinken.

»*Ká-ut-skamasti* – Schmetterhand!« rief er laut.

»Ja, hier ist Old Shatterhand. – Fahre dahin!« rief ich.

Ich kannte mich nicht. Der zweite Hieb traf den Mann, so daß er niedersank.

»*Ká-ut-skamasti!*« riefen die Indsmen zaudernd.

»Old Shatterhand,« rief auch Walker. »Das seid Ihr, Charles? O, da begreife ich Alles. Jetzt haben wir gewonnen. Drauf!«

Ich erhielt einen Messerstich in die Schulter, aber das fühlte ich gar nicht. Zwei der Wilden fielen von den Schüssen Freds, und den Dritten schlug ich noch nieder. Mittlerweile kamen immer mehrere der Unsrigen herab; ihnen konnte ich die Indsmen überlassen. Ich wandte mich zu Winnetou und kniete neben ihm am Boden nieder.

»Wo ist mein Bruder getroffen?« fragte ich.

»*Ntságe tche* – hier in der Brust,« antwortete er leise, die Linke auf die rechte Seite der Brust legend, welche sich von seinem Blute rötete.

Ich riß das Messer heraus und schnitt ihm die Santillodecke, welche sich heraufgeschoben hatte, kurzweg herunter. Ja, die Kugel war ihm in die Lunge gedrungen. Mich erfaßte ein Schmerz, wie ich ihn in meinem ganzen Leben noch nicht gefühlt hatte.

»Noch wird Hoffnung sein, mein Bruder,« tröstete ich.

»Mein Freund lege mich in seinen Schoß, daß ich den Kampf erkenne!« bat er.

Ich tat es, und nun konnte er sehen, daß alle Indsmen, sobald sie sich in der Spalte sehen ließen, sofort der Reihe nach in Empfang genommen wurden. Unsere Leute kamen nach und nach alle herab. Die Gefangenen wurden von den Fesseln befreit und erhoben laute Rufe der Freude und Dankbarkeit. Ich beachtete das alles nicht; ich sah nur den sterbenden Freund, dessen Wunde aufhörte zu bluten. Ich ahnte, daß er sich innerlich verbluten werde.

»Hat mein Bruder noch einen Wunsch?« fragte ich ihn.

Er hatte die Augen geschlossen und antwortete nicht; ich aber hielt seinen Kopf in meinen Armen und wagte nicht die geringste Bewegung.

Der alte Hillmann und die anderen von ihren Banden befreiten Settlers griffen nach den umherliegenden Waffen und drangen in die Spalte ein. Auch das beachtete ich nicht, denn mein Blick hing nur an den bronzenen Zügen und geschlossenen Lidern des Apachen. Später trat Walker zu mir, welcher auch blutete, und meldete:

»Sie sind alle ausgelöscht!«

»Dieser wird auch auslöschen!« antwortete ich. »Sie alle sind nichts gegen diesen Einen!«

Noch immer lag der Apache bewegungslos. Die braven Railroaders, welche sich so gut gehalten hatten, und die Settlers mit den Ihrigen bildeten um uns einen stummen, tief ergriffenen Kreis. Da endlich schlug Winnetou die Augen auf.

»Hat mein guter Bruder noch einen Wunsch?« wiederholte ich.

Er nickte und sagte leise:

»Mein Bruder Schar-lih führe diese Männer in die Gros-

Ventre-Berge. Am Metsur-Flüßchen liegen solche Steine, wie sie suchen. Sie haben es verdient!«

»Was noch, Winnetou?«

»Mein Bruder vergesse den Apachen nicht. Er bete für ihn zum großen, guten Manitou! Können diese Gefangenen mit ihren wunden Gliedern klettern?«

»Ja,« antwortete ich, obgleich ich sah, wie die Hände und Füße der Settlers unter den schneidenden Fesseln gelitten hatten.

»Winnetou bittet sie, ihm das Lied von der Königin des Himmels zu singen!«

Sie hörten diese Worte. Ohne erst meine Bitte abzuwarten, winkte der alte Hillmann. Sie erklimmten einen Felsenabsatz, der zu Häupten Winnetous hervorragte, um den letzten Wunsch des Sterbenden zu erfüllen. Seine Augen folgten ihnen und schlossen sich dann, als sie oben standen. Er ergriff meine beiden Hände und hörte nun das Ave Maria beginnen:

»Es will das Licht des Tages scheiden;
Nun bricht die stille Nacht herein.
Ach, könnte doch des Herzens Leiden
So, wie der Tag vergangen sein!
Ich leg' mein Flehen dir zu Füßen;
O trag's empor zu Gottes Thron,
Und laß, Madonna, laß dich grüßen
Mit des Gebetes frommem Ton:
Ave, ave Maria!«

Als nun die zweite Strophe begann, öffneten sich langsam seine Augen und richteten sich mit mildem, lächelndem Ausdrucke zu den Sternen empor. Man sang:

»Es will das Licht des Glaubens scheiden;
Nun bricht des Zweifels Nacht herein.
Das Gottvertraun der Jugendzeiten,
Es soll uns abgestohlen sein.
Erhalt, Madonna, mir im Alter
Des Glaubens frohe Zuversicht.

Schütz meine Harfe, meinen Psalter.
Du bist mein Heil; du bist mein Licht!
Ave, ave Maria!«

Nun zog Winnetou meine Hände an seine verwundete Brust und flüsterte:

»Schar-lih, nicht wahr, nun kommen die Worte vom Sterben?«

Ich konnte nicht sprechen. Ich nickte weinend, und die dritte Strophe begann:

»Es will das Licht des Lebens scheiden;
Nun bricht des Todes Nacht herein.
Die Seele will die Schwingen breiten;
Es muß, es muß gestorben sein.
Madonna, ach, in deine Hände
Leg ich mein letztes, heißes Flehn:
Erbitte mir ein gläubig Ende
Und dann ein selig Auferstehn!
Ave, ave Maria!«

Als der letzte Ton verklungen war, wollte er sprechen – es ging nicht mehr. Ich brachte mein Ohr ganz nahe an seinen Mund, und mit der letzten Anstrengung der schwindenden Kräfte flüsterte er:

»Schar-lih, ich glaube an den Heiland. Winnetou ist ein Christ. Lebe wohl!«

Es ging ein konvulsivisches Zittern durch seinen Körper; ein Blutstrom quoll aus seinem Munde; der Häuptling der Apachen drückte nochmals meine Hände und streckte seine Glieder. Dann lösten sich seine Finger langsam von den meinigen – er war tot!

Was soll ich weiter erzählen? Die wahre Trauer liebt die Worte nicht! Käme doch bald die Zeit, in der man solche blutige Geschichten nur noch als alte Sagen kennt!

Wir hatten dem bleichen Tode oft von Angesicht zu Angesicht gegenübergestanden; der wilde Westen gebietet, an jedem Augenblicke auf ein plötzliches Ende gefaßt zu sein.

Und doch, als der beste, der treueste Freund, den ich je besessen habe, nun als Leiche vor mir lag, wollte mir das Herz brechen; ich befand mich in einem Seelenzustande, welcher sich nicht beschreiben läßt. Welch ein herrlicher Mensch war er gewesen! Und nun so plötzlich »ausgelöscht, ausgelöscht!« Grad so wird binnen kurzem seine ganze Rasse ausgelöscht sein, deren edelster Sohn er gewesen ist.

Ich wachte die ganze Nacht hindurch, wortlos, mit heißen, trockenen Augen. Er lag in meinem Schoße, grad so, wie er gestorben war. Was ich dachte, und was ich fühlte? Wer möchte das wohl fragen! Wäre es möglich gewesen, wie gern, o wie so gerne hätte ich die fernere Zeit meines Lebens mit ihm geteilt und nur die Hälfte derselben gelebt! So, wie er jetzt in meinem Schoße lag, war einst Klekih-petra in dem seinen gestorben und dann auch seine Schwester Nscho-tschi.

Seine Todesahnung hatte ihn also nicht betrogen, und mit kluger Voraussicht hatte er den Ort bestimmt, an welchem er begraben sein wollte. Da die deutschen Steinschneider dort die begehrten Halbedelsteine finden sollten, waren sie sehr gerne bereit, mit hinzureiten, wodurch mir der Transport des geliebten Toten außerordentlich erleichtert wurde.

Früh am andern Morgen verließen wir den Berg, da wir jeden Augenblick das Eintreffen der Wilden erwarten konnten. Der Leichnam des Apachen wurde in Decken gehüllt und auf ein Pferd befestigt. Von hier bis in die Gros-Ventre-Berge war es nur zwei Tagereisen; dorthin richteten wir unseren Weg, und zwar so vorsichtig, daß kein Indianer unsere Spur aufzufinden vermochte.

Am Abend des zweiten Tages erreichten wir das Tal des Metsur-Flüßchens. Dort haben wir den Indianer begraben, unter christlichen Gebeten und mit den Ehren, die einem so großen Häuptlinge bewiesen werden müssen: Er sitzt mit seinen sämtlichen Waffen und seinem vollständigen Kriegsschmucke aufrecht auf seinem deshalb erschossenen Pferd im Innern des Erdhügels, welchen wir um ihn wölbten. Auf diesem Hügel wehen nicht die Skalpe erschlagener Feinde, wie man es auf dem Grabe eines Häuptlings zu sehen gewohnt ist, sondern es sind drei Kreuze darauf errichtet worden.

Im Sande des Tales fanden sich nicht nur die verheißenen Steine, sondern an einer Stelle auch eine Ansammlung von Goldstaub, mit dem sich die Railroaders für den Verfolgungsritt entschädigten. Eine Anzahl von ihnen entschloß sich, mit den Settlers hier eine Ansiedelung zu gründen, welche wieder den Namen Helldorf führt. Die Andern kehrten nach Echo-Cannon zurück, wo sie erfuhren, daß der Railtroubler Haller an seiner Wunde gestorben sei. Seine Mitgefangenen wurden bestraft.

Das Glöckchen, welches Winnetou vergraben hatte, ist nach der neuen Ansiedelung geholt worden, wo die Settlers wieder ein Kapellchen errichtet haben. Wenn nun seine helle Stimme erschallt und die frommen Ansiedler ihr Ave Maria ertönen lassen, so denken sie stets an den Häuptling der Apachen und sind überzeugt, daß ihm erfüllt worden ist, was er sterbend durch ihre Lippen betete:

»Madonna, ach, in deine Hände
Leg ich mein letztes, heißes Flehn:
Erbitte mir ein gläubig Ende
Und dann ein selig Auferstehn!
Ave, ave Maria!«

ACHTES KAPITEL.

Das Testament des Apachen.

Winnetou tot! Diese beiden Worte sind genügend, um die Stimmung zu bezeichnen, in welcher ich mich damals befand. Es war, als ob ich mich von seinem Grabe gar nicht trennen könnte. Ich saß in den ersten Tagen schweigend bei demselben und sah dem regen Treiben der Menschen zu, welche an der neuen Niederlassung arbeiteten. Ich sage, ich sah zu, aber eigentlich sah ich nichts. Ich hörte ihre Stimmen, und dennoch hörte ich nichts. Ich war geistesabwesend. Mein Seelenzustand glich demjenigen eines Mannes, der einen Hieb auf den Kopf erhalten hat und, nur halb betäubt, alles wie von weitem hört und alles wie durch eine mattgeschliffene Glasscheibe sieht. Es war ein wahres Glück, daß die Roten unsere Spur nicht gefunden hatten und also unseren jetzigen Aufenthalt nicht entdeckten! Ich war jetzt nicht der Mann, es mit ihnen aufzunehmen. Oder wäre es doch vielleicht möglich, daß mich eine solche Gefahr aus meiner Selbstverlorenheit aufgerüttelt hätte? Vielleicht!

Die guten Leute gaben sich Mühe, mir Interesse für ihr Tun und Treiben abzugewinnen, aber der Erfolg trat nur langsam ein. Es verging eine halbe Woche, ehe ich mich aufraffte und ihnen bei der Arbeit half. Die wohltätige Wirkung davon ließ nicht auf sich warten; man mußte mir zwar jedes Wort abgewinnen, doch stellte sich die alte Tatkraft wieder ein, und ich war bald Derjenige, nach dessen Rat und Ansicht sich die Andern richteten.

Das währte zwei Wochen, dann sagte ich mir, daß ich nicht länger bleiben dürfe. Das Testament des Freundes zog mich fort, nach dem Nugget-tsil, wo wir Intschu tschuna und seine schöne Tochter begraben hatten. Auch war es meine Pflicht, nach dem Rio Pecos zu reiten und die Apachen von dem Tode des berühmtesten und besten ihrer Häuptlinge zu unterrichten. Zwar wußte ich, wie schnell die Kunde von einem solchen Ereignisse über die Prärie zu laufen pflegt – sie konnte schon vor mir dort eintreffen – aber ich mußte doch selbst hin, weil ich als der Augenzeuge der traurigen Begebenheit der sicherste Berichterstatter war. Die Ansiedler brauchten mich nicht notwendig, und wenn sie ja einen geübten Westmann nötig hätten, so durften sie sich an Walker wenden, welcher entschlossen war, einige Zeit bei ihnen zu bleiben. Es gab einen herzlichen Abschied von den braven Leuten, und dann trat ich den weiten Ritt auf meinem Schwarzschimmel an, der sich gut ausgeruht hatte.

Ein Anderer an meiner Stelle wäre wohl bemüht gewesen, auf seinem Wege möglichst viele Punkte zu berühren, wo es Menschen gab; ich tat das Gegenteil und mied dergleichen Orte; ich wollte niemand sehen, wollte allein mit meiner Trauer sein.

Dieser Wunsch wurde mir bis zum Beaver-Creek des Nordkanadian erfüllt, wo ich ein sehr gefährliches Zusammentreffen mit To-kei-chun, dem Häuptling der Comanchen, hatte, dem wir damals so glücklich entgangen waren. Während wir uns im Norden mit den Sioux herumgeschlagen hatten, war im Süden von den Comanchen wieder einmal das Kriegsbeil ausgegraben worden, und To-kei-chun hatte sich mit siebzig Kriegern nach dem ihnen heiligen Makik-Natun[1] aufgemacht, um bei den dort befindlichen Häuptlingsgräbern den Kriegstanz aufzuführen und die »Medizin« zu befragen. Dabei waren ihm mehrere Weiße in die Hände gefallen, die an dem Marterpfahle sterben sollten; es gelang mir aber, sie ihm zu entreißen. Dieses Erlebnis jedoch übergehe ich hier, weil es in keiner Beziehung zu Winnetou steht, und werde es bei einer späteren Gelegenheit erzählen. Ich brachte diese Weißen bis an die Grenze von Neu-Mexiko, wo sie sich in Sicherheit befanden, und hätte von dort aus eigentlich direkt nach dem Rio Pecos gekonnt; aber das Testament Winnetous war mir zu wichtig, als daß ich über dasselbe noch länger hätte in Ungewißheit sein mögen, und so richtete ich

[1] Gelber Berg.

meinen Ritt nach Südosten, um zunächst den Nugget-tsil aufzusuchen.

Dieser Weg war gefährlich, denn er führte mich durch das Gebiet der feindlichen Comanchen und dasjenige der Kiowas, vor denen ich mich erst recht nicht sehen lassen durfte. Ich traf auch auf verschiedene Fährten und Spuren, nahm mich aber außerordentlich in acht und kam glücklich und unbemerkt bis in die Nähe des Gualpaflusses. Dort stieß ich auf Hufeindrücke, die genau die Richtung hatten, welche die meinige war. Ich wollte mich von Roten nicht sehen lassen und mit Weißen nicht abgeben, hätte also von dieser Fährte abweichen sollen. Aber da wäre ich zu einem Umwege gezwungen gewesen, und es war ja auch wichtig, zu erfahren, ob hier Indianer oder Bleichgesichter geritten waren. Darum folgte ich der Spur, welche vielleicht eine Stunde alt sein mochte.

Bald sah ich, daß es drei Reiter gewesen waren, und dann kam ich an eine Stelle, wo sie kurze Zeit angehalten hatten. Einer von ihnen war abgestiegen, um wahrscheinlich einen gelockerten Riemen fester anzuziehen. Der Eindruck seiner Füße verriet mir, daß er Stiefel anhatte, also ein Weißer war, und weil ich keine Veranlassung hatte, anzunehmen, daß ein Weißer jetzt und hier sich in Gesellschaft von zwei Indianern befinde, lautete der einfache Schluß, daß ich drei Bleichgesichter vor mir hatte.

Es fiel mir nicht ein, ihretwegen von meiner Richtung abzuweichen, und ich ritt auf ihrer Fährte weiter. Ich war ja, falls ich auch mit ihnen zusammentraf, nicht gezwungen, bei ihnen zu bleiben. Sie waren langsam geritten, und so kam es, daß ich sie nach zwei Stunden vor mir sah. Zu gleicher Zeit erblickte ich auch die Hügel, zwischen denen sich der Fluß hier abwärts schlängelte.

Es war gegen Abend, und ich hatte die Absicht gehabt, am Flusse zu nachtlagern; es war wohl nicht nötig, diese Absicht wegen der drei Fremden aufzugeben. Sehr wahrscheinlich hatten sie dasselbe vor; aber ich war ja nicht gezwungen, ihnen Gesellschaft zu leisten. Kurz nachdem sie in dem Gesträuch, welches die Hügel bedeckte, verschwunden waren, erreichte ich dasselbe auch, und als ich an den Fluß gelangte, waren sie grad damit beschäftigt, ihre Pferde abzuschirren. Sie schienen recht gut beritten und ebenso bewaffnet zu sein, aber ihr Aussehen war nicht sehr vertrauenerweckend.

Sie erschraken, als sie mich so plötzlich sahen, beruhigten sich aber schnell, erwiderten meinen Gruß und kamen, als ich in einiger Entfernung von ihnen anhielt und nicht vollends zu ihnen hinritt, zu mir heran.

»Mann, habt Ihr uns erschreckt!« sagte der Eine von ihnen.

»Habt ihr ein böses Gewissen, daß euch mein Anblick solchen Schreck einjagt?« fragte ich.

»*Pshaw!* Wir schlafen auf unsern Gewissen; also müssen sie gut sein, denn ein böses Gewissen ist kein sanftes Ruhekissen, wie Ihr wissen werdet. Aber der Westen ist eine gefährliche Gegend, und wenn so plötzlich ein Fremder vor einem auftaucht, möchte man am liebsten mit der Hand gleich nach dem Messer greifen. Dürfen wir fragen, woher Ihr kommt?«

»Vom Beaver-Fork herüber.«

»Und wo wollt Ihr hin?«

»Nach dem Rio Pecos.«

»Da habt Ihr weiter als wir. Wir wollen nur nach den Mugworthills.«

Das erregte meine Aufmerksamkeit, denn die Mugworthills waren ganz dieselbe Berggruppe, welche von Winnetou und seinem Vater Nugget-tsil genannt worden war. Was wollten diese drei Männer dort? Auch ich wollte hin. Sollte ich mich ihnen anschließen? Da war es nötig, zu erfahren, welche Absicht sie hinführte. Darum fragte ich:

»Mugworthills? Was ist das für eine Gegend?«

»Eine sehr schöne. Es steht sehr viel wilder Beifuß dort, und Beifuß heißt auch Mugwort; daher der Name. Aber es ist nicht nur Beifuß dort zu finden, sondern etwas noch ganz Anderes.«

»Was?«

»Hm! Wenn Ihr das wüßtet! Werde mich aber hüten, es zu sagen! Würdet wohl gleich mit nach den Mugworthills wollen!«

»Plappermaul!« fuhr ihn der Zweite an. »Rede doch nicht so dumm daher!«

»*Pshaw!* Woran man gern denkt, das hat man auf der Zunge. Was seid Ihr denn eigentlich, Fremder?«

Es läßt sich denken, daß das, was er jetzt gesagt hatte, mich frappierte. Er sprach wirklich von dem Nugget-tsil; ich selbst hatte damals den Beifuß gesehen, welcher massenhaft dort wuchs. Seine Worte klangen so geheimnisvoll; ich beschloß, bei diesen Leuten hier zu bleiben, ihnen aber nicht zu sagen, wer ich war. Ich erteilte ihm also die Auskunft:

»Bin Fallensteller, wenn Ihr nichts dagegen habt.«

»Habe gar nichts einzuwenden. Und Euer Name? Oder wollt Ihr ihn verschweigen?«

»Kann ihn frei und allen Leuten nennen. Ich heiße Jones.«

»Seltener Name, außerordentlich selten!« lachte er. »Ob wir ihn uns wohl merken können? Wo habt Ihr denn Eure Fallen?«

»Die sind mir von den Comanchen genommen worden, mit der ganzen Jagdbeute von zwei Monaten.«

»Das ist Pech!«

»Ja, großes Pech. Bin aber doch froh, daß sie mich nicht selbst auch erwischt haben.«

»Glaube es. Diese Kerls verschonen keinen Weißen, zumal in der jetzigen Zeit.«

»Sind die Kiowas nicht ebenso schlimm?«

»Ja.«

»Und dennoch wagt ihr euch in ihr Gebiet?«

»Bei uns ist's etwas Anderes; wir sind sicher bei ihnen. Haben gute Empfehlungen, sehr gute. Mr. Santer ist der Freund ihres Häuptlings Tangua.«

Santer! Man kann sich denken, daß mich dieser Name förmlich elektrisierte. Ich hatte Mühe, meine Ueberraschung unter einer gleichgültigen Miene zu verbergen. Diese Leute kannten Santer. Nun stand es fest, daß ich mich ihnen anschließen würde. Ein anderer Santer als der, der uns wiederholt entkommen war, konnte nicht gemeint sein, denn er war ja der Freund des Häuptlings Tangua genannt worden.

»Ist dieser Santer ein so einflußreicher Mann?« erkundigte ich mich.

»Will es meinen! Wenigstens bei den Kiowas. Aber sagt, wollt Ihr nicht absteigen? Der Abend ist nahe, und Ihr wollt doch am Flusse übernachten, wo es Wasser und auch Futter für Euer Pferd gibt?«

»Hm! Ich kenne euch nicht, und ihr selbst sagtet vorhin, daß man vorsichtig sein müsse.«

»Sehen wir aus wie schlechte Kerls?«

»Nein; aber ihr habt mich zwar ausgefragt, aber mir noch nicht gesagt, wer ihr seid.«

»Das könnt Ihr sogleich erfahren. Wir sind Westmänner und treiben bald dieses und bald jenes. Man nährt sich, wie man kann. Ich heiße Gates; hier neben mir steht Mr. Clay, und der Dritte da ist Mr. Summer. Seid Ihr nun zufrieden?«

»*Yes.*«

»So steigt endlich ab, oder reitet weiter, ganz wie Ihr wollt.«

»Wenn ihr erlaubt, werde ich bei euch bleiben; es ist in dieser Gegend immer besser, wenn mehrere beisammen sind.«

»*Well.* Bei uns seid Ihr sicher aufgehoben. Der Name Santer schützt uns Alle.«

»Was ist dieser Santer eigentlich für ein Gentleman?« erkundigte ich mich, indem ich abstieg und mein Pferd anhobbelte.

»Ein Gentleman im wahren Sinne des Wortes. Wir werden ihm viel zu verdanken haben, wenn es wirklich so kommt, wie er uns gesagt und versprochen hat.«

»Kennt ihr ihn schon lange?«

»Nein. Wir haben ihn erst vor einiger Zeit zum ersten Male gesehen und getroffen.«

»Wo?«

»In Fort Arkansas. Aber warum fragt Ihr so nach ihm? Ist er Euch bekannt?«

»Würde ich mich nach ihm erkundigen, wenn er mir bekannt wäre, Mr. Gates?«

»Hm, das ist richtig!«

»Ihr sagtet, sein Name gebe euch Sicherheit, und da ich bei euch bin, befinde ich mich, sozusagen, auch unter seinem Schutze. Da muß ich mich doch für ihn interessieren. Nicht?«

»*Yes.* Setzt Euch nun zu uns her, und macht es Euch bequem! Habt Ihr zu essen?«

»Ein Stück Fleisch.«

»Wir haben mehr. Wenn Ihr nicht genug habt, könnt Ihr noch von uns bekommen.«

Erst hatte ich diese Drei für Landstreicher angesehen; nun, da ich sie beobachten konnte, war ich mehr und mehr geneigt, sie für ehrliche Leute zu halten, das heißt, was man im Westen, wo es einen andern Maßstab gibt, noch so knapp ehrlich nennt. Wir schöpften uns an einer klaren Stelle des Flusses Wasser und aßen unser Fleisch. Dabei betrachteten sie mich von oben bis unten. Dann meinte Gates, der überhaupt für sie das Wort zu führen schien:

»Also um Eure Fallen und Felle seid Ihr gekommen? Das ist bedauerlich. Wie wollt Ihr Euch nun nähren?«

»Zunächst von der Jagd.«

»Sind Eure Gewehre gut? Ihr habt nicht nur eins, sondern sogar zwei, wie ich sehe.«

»Sie sind leidlich. Diese alte Donnerbüchse schießt mit Kugeln und für Schrot habe ich das kleine Gewehr.«

Ich hatte den Stutzen im selbstgefertigten Ueberzuge stekken. Hätte ich die beiden Namen Henrystutzen und Bärentöter gesagt, so hätten sie sofort gewußt, wer ich war.

»Da seid Ihr ein sonderbarer Heiliger. Ihr schleppt zwei Gewehre mit Euch, das eine für Kugeln, das andere für Schrot. Man nimmt doch ein Doppelgewehr, ein Lauf für Schrot und der andere für die Kugel!«

»Ist richtig; bin aber einmal an dieses alte Schießzeug gewöhnt.«

»Und was habt Ihr da unten am Rio Pecos vor, Mr. Jones?«

»Nichts Besonderes. Es soll dort leichteres Jagen sein als hier.«

»Wenn Ihr meint, daß die Apachen Euch dort jagen lassen, so hat man Euch gut berichtet. Glaubt doch diesen Unsinn nicht! Hier habt Ihr nur die Fallen und Felle verloren; dort aber könnt Ihr leicht um Euern eigenen Pelz kommen. Müßt Ihr denn partout hin?«

»Nein, das gar nicht.«

»So kommt mit uns!«

»Mit euch?« stellte ich mich erstaunt.

»Ja.«

»Nach den Mugworthills?«

»Ja.«

»Was soll ich dort?«

»Hm! Ich weiß nicht, ob ich es Euch sagen darf. Was meint ihr dazu, Clay und Summer?«

Die beiden Genannten sahen einander fragend an, und dann erklärte Clay:

»Die Sache ist zweifelhaft. Mr. Santer hat uns verboten, davon zu sprechen, und doch auch gesagt, daß er gern mehr passende Männer dazu nehmen möchte. Mach, was du willst.«

»*Well*,« nickte Gates. »Wenn Mr. Santer noch Andere engagiert, können wir ihm auch einen mitbringen. Ihr seid also jetzt an nichts gebunden, Mr. Jones?«

»Nein,« antwortete ich.

»Und habt Zeit?«

»So viel ich will.«

»Würdet Ihr Euch an einer Sache beteiligen, welche Geld, viel Geld einbringen kann?«

»Warum nicht. Geld verdient Jeder gern, und wenn es viel oder gar sehr viel ist, so sehe ich nicht ein, warum ich nicht mitmachen soll. Nur muß ich natürlich wissen, um was es sich handelt.«

»Selbstverständlich! Es ist eigentlich ein Geheimnis, aber Ihr gefallt mir; Ihr habt ein so ehrliches, treuherziges Gesicht und würdet uns gewiß nicht übervorteilen und betrügen.«

»Na, ein ehrlicher Kerl bin ich freilich; das könnt ihr glauben.«

»Ich glaube es. Also, wir wollen nach dem Mugwortberge, um dort Nuggets zu suchen.«

»Nuggets!« rief ich aus. »Gibt's dort welche?«

»Schreit nicht so sehr! Nicht wahr, das packt Euch an? Ja, es gibt dort welche.«

»Von wem wißt ihr das?«

»Eben von Mr. Santer.«

»Hat er sie gesehen?«

»Nein, denn da würde er sich hüten, uns dazu zu nehmen, sondern das Nest für sich allein behalten.«

»Also nicht gesehen? Er vermutet es nur? Hm!«

»Es ist keine Vermutung, sondern Gewißheit, daß es dort welche gibt. Er kennt auch den ungefähren Ort, aber nicht die genaue Stelle.«

»Das wäre sonderbar!«

»Ja, sonderbar, aber dennoch wahr und richtig. Ich werde es Euch genau so erklären, wie er es uns erzählt hat. Habt Ihr einmal von einem gewissen Winnetou gehört?«

»Dem Häuptling der Apachen? Ja.«

»Ist Euch auch ein gewisser Old Shatterhand bekannt?«

»Habe mir auch von ihm erzählen lassen.«

»Die sind dicke Freunde miteinander und früher einmal an den Mugworthills gewesen. Der Vater von Winnetou war auch dabei und auch noch andere Rote und Weiße. Mr. Santer hat sie belauscht und dabei gehört, daß Winnetou mit seinem Vater nach den Bergen wolle, um Nuggets zu holen. Wenn man sie nur so holen kann, wann und wie es einem beliebt, so müssen sie doch in Masse zu haben sein. Gebt Ihr das zu?«

»Ja.«

»Nun hört weiter! Mr. Santer hat sich auf die Lauer gestellt, um den beiden Apachen zu folgen und den Ort zu entdecken. Das kann man ihm auch gar nicht verdenken, wie Ihr einsehen werdet, denn was wollen diese roten Kerls mit dem Golde, welches sie gar nicht brauchen können? Sie haben kein Geschick dazu.«

»Ist es ihm gelungen?«

»Leider nicht ganz. Er ist ihnen nachgegangen; sie hatten auch die Schwester Winnetous mit. Er hat sich nach ihren Spuren richten müssen, und dabei versäumt man immer Zeit. Als er in die Nähe der Stelle gekommen ist, sind sie schon fertig und auf der Rückkehr gewesen. Eine ärgerliche Geschichte!«

»Gar nicht ärgerlich!«

»Nicht? Wieso?«

»Er brauchte sie nur ruhig an sich vorüberzulassen und dann auf ihren Spuren weiterzugehen; diese hätten ihn zu den Nuggets geführt.«

»Alle Wetter! Das ist wahr! Ihr seid kein übler Kerl, wie ich da höre, und könnt uns wohl von Nutzen sein. Aber leider ist es anders gekommen. Er hat geglaubt, und zwar mit Recht geglaubt, daß sie Nuggets bei sich hatten, und auf sie geschossen, um ihnen dieses Gold abzunehmen.«

»Traf er gut? Waren sie tot?«

»Der Alte und das Mädchen, ja; ihre Gräber befinden sich dort. Er hätte auch Winnetou eine Kugel gegeben, hat aber fliehen müssen, weil Old Shatterhand plötzlich dazugekommen ist. Dieser hat ihn mit weißen und roten Kerlen verfolgt und bis zu den Kiowas getrieben, mit deren Häuptling er dann Freund geworden ist. Später ist er nach den Mugworthills zurückgekehrt, mehrere Male, ja viele Male, und hat sich fast die Augen ausgesucht, aber nie etwas gefunden. Jetzt nun hat er den guten Gedanken gehabt, Leute zu engagieren, die ihm suchen helfen sollen. Mehrere sehen ja mehr als einer. Diese Leute sind wir drei, und wenn Ihr wollt, könnt Ihr mit uns reiten.«

»Habt Ihr denn Hoffnung auf Erfolg?«

»Große sogar. Die Roten sind so schnell von dem Fundorte zurückgekehrt, daß er gar nicht weit von der Stelle liegen kann, wo Mr. Santer auf sie getroffen ist. Es ist also nur eine kurze Strecke abzusuchen, und es müßte mit dem Teufel zugehen, wenn wir das Gold nicht entdeckten. Wir haben ja Zeit genug dazu. Wir können Wochen und Monate lang suchen, denn kein Mensch treibt uns fort. Was denkt Ihr von der Sache?«

»Hm! Eigentlich gefällt sie mir nicht.«

»Warum?«

»Es klebt Blut daran.«

»Seid nicht so dumm! Haben wir oder habt Ihr es vergossen? Trifft uns oder Euch die Schuld? Nicht die Spur! Was liegt an zwei Roten, die erschossen worden sind? Sie werden doch alle ausgerottet und ausgelöscht! Was geschehen ist, das geht uns nichts an. Wir suchen das Gold; wir finden es und leben dann wie Astor und wie andere Millionäre.«

Da hörte ich ja gleich, was für Leute ich vor mir hatte. Sie gehörten wohl nicht zu dem Abschaume, der mir schon so oft begegnet war, aber das Leben eines Indianers stand bei ihnen auch in keinem höheren Werte als dasjenige eines wilden, jagdbaren Tieres, welches Jeder niederschießen kann. Sie waren noch nicht alt und handelten auch nicht wie erfahrene, vorsichtige Männer, sonst hätten sie sich nicht so schnell auf mein ehrliches Gesicht hin herbeigelassen, mich, den ihnen völlig unbekannten Menschen, in ihr Geheimnis einzuweihen und mir gar die Kameradschaft anzubieten.

Ich brauche wohl nicht zu sagen, wie überrascht ich von diesem Zusammentreffen und wie hochwillkommen mir dasselbe war. Santer wieder in Sicht! Diesesmal sollte er mir gewiß nicht wieder entwischen! Ich ließ mir aber nichts merken, neigte den Kopf wie im Zweifel herüber und hinüber und sagte dann:

»Die Nuggets hätte ich wohl gern; aber ich denke, wir bekämen sie gar nicht, auch wenn wir sie fänden.«

»Was für ein Gedanke! Wenn wir sie finden, haben wir sie ja!«

»Aber wie lange?«

»So lange es uns gefällt. Es wird doch keinem von uns einfallen, sie wegzuwerfen!«

»Aber sie werden uns genommen!«

»Von wem?«

»Von Santer.«

»Ah! Ihr seid wohl nicht recht klug?«

»Kennt Ihr ihn?«

»In dieser Hinsicht, ja.«

»Und habt ihn doch erst vor kurzem kennen gelernt!«

»Er ist ein ehrlicher Kerl. Wer ihn anschaut, kann unmöglich an seiner guten Moralität zweifeln. Und außerdem wurde er von Allen gelobt, bei denen wir im Fort nach ihm fragten.«

»Wo ist er jetzt?«

»Er hat sich gestern von uns getrennt, um, während wir direkt nach den Mugworthills gehen, nach dem Salt-Fork des Red River zu reiten, an welchem das Dorf des Kiowahäuptlings Tangua liegt.«

»Was will er dort?«

»Tangua eine sehr wichtige und ihm höchst willkommene Botschaft bringen, nämlich die, daß Winnetou gestorben ist.«

»Wie? Winnetou ist tot?«

»Ja. Er ist von den Sioux erschossen worden. Er war der Todfeind Tanguas; also wird dieser vor Freude außer sich sein. Darum wich Mr. Santer von unserm Wege ab, um ihm diese Nachricht zu bringen. An den Mugworthills treffen wir wieder mit ihm zusammen. Er ist ein ehrenwerter Gentleman, der uns reich machen will, und wird Euch sicher gleich gefallen, sobald Ihr ihn seht.«

»Wollen es hoffen, aber auch vorsichtig sein!«

»Gegen ihn?«

»Ja.«

»Ich sage Euch, daß es nicht den geringsten Grund gibt, ihm zu mißtrauen.«

»Und ich sage euch, daß ich zwar entschlossen bin, mich euch anzuschließen, aber dann die Augen offen halten werde. Wer um einiger Nuggets willen, die sie bei sich hatten, zwei Menschen erschießt, welche ihm nichts taten, dem ist es wahrlich zuzutrauen, daß er, wenn wir das Gold gefunden haben, auch uns ermordet, um es für sich allein zu behalten.«

»Mr. Jones, was – – was – – – denkt – – –!«

Er sprach den Satz nicht aus und starrte mich erschrocken an. Auch Clay und Summer machten ganz bestürzte Gesichter.

»Ja,« fuhr ich fort, »es ist nicht nur möglich, sondern sogar wahrscheinlich, daß er euch in der festen Absicht engagiert hat, euch erst mit suchen zu lassen und dann, wenn der Schatz gefunden worden ist, auf die Seite zu räumen!«

»Ihr scheint zu phantasieren!«

»Fällt mir nicht ein! Wenn ihr euch die Sache richtig und ohne Voreingenommenheit für Santer überlegt, so ist es gar nicht anders möglich, als daß ihr zu meiner Ansicht kommen, meine Vermutung teilen müßt. Denkt euch zunächst einen Menschen, welcher der Freund von Tangua ist, den man als den größten und unversöhnlichsten Hasser aller Bleichgesichter kennt! Wie kann er zu dieser Freundschaft des Roten gekommen sein?«

»Weiß es nicht.«

»Man braucht es nicht zu wissen, denn man kann es sich denken; es ist sehr leicht.«

»Nun, was denkt Ihr Euch, Mr. Jones?«

»Wer ein Freund des Feindes aller Weißen ist, muß diesem wohl bewiesen haben, daß er sich auch nichts aus dem Leben eines Weißen macht, und man hat also alle Veranlassung, höchst vorsichtig gegen ihn zu sein. Habe ich da recht oder nicht?«

»Es klingt wenigstens so, daß es sich hören läßt. Habt Ihr noch anderes vorzubringen?«

»Ja, das, was ich schon einmal gesagt habe.«

»Daß er die zwei Roten erschossen hat?«

»Ja.«

»Da wißt Ihr, daß ich ihm das gar nicht übelnehme. Das ist in meinen Augen gar kein Grund, ihm zu mißtrauen und ihn für einen schlechten Kerl zu halten.«

»Fühlt Ihr denn nicht, daß Ihr Euch da selbst ein schlechtes Zeugnis gebt?«

»Nein. Die Indianer sind alle Halunken, welche ausgerottet werden müssen!«

»Sie sind Menschen, welche auch ihre Rechte besitzen, die wir achten müssen!«

»Ihr sprecht da außerordentlich human. Aber selbst wenn Ihr recht hättet, könnte ich nicht einsehen, warum der Tod von zwei Roten gar so etwas Unverzeihliches sein soll.«

»Nicht – – –?«

»Nein. Man muß alles von der praktischen Seite nehmen. Vielleicht habt Ihr so viel Einsicht, zuzugeben, daß die Roten dem Untergange geweiht sind?«

»Leider kann ich das nicht bestreiten.«

»Nun, wenn sie alle vom Erdboden verschwinden müssen und unrettbar verloren sind, so ist es sehr gleichgültig, ob zwei von ihnen einige Tage eher zugrunde gehen, als es ihnen eigentlich bestimmt gewesen ist. Das ist der praktische Standpunkt, auf welchem ich stehe. Von diesem aus ist Derjenige, der ihren Tod herbeigeführt hat, kein Mörder, sondern er hat dem Schicksal nur ein wenig vorgegriffen.«

»Eine sonderbare Sache, diese praktische Moral! Seht Ihr das nicht ein?«

»Vielleicht ja. Aber es könnte Euch nicht schaden, wenn Ihr sie Euch auch aneignen wolltet.«

»*Well*, so will ich mich einmal auf diesen Euern Standpunkt stellen. Meint Ihr, daß Mr. Santer nicht auch von diesem aus zu verdammen ist?«

»Gewiß nicht.«

»O doch! Also, daß er den Häuptling der Apachen und seine Tochter überhaupt erschossen hat, soll keine Sünde sein; ich will einmal so tun, als ob diese Ansicht auch die meinige sei; aber nun kommt die höchst praktische Frage: Warum hat er sie erschossen?«

»Nur um den Ort zu erfahren, an welchem sie ihr Gold versteckt hatten.«

»Nein, deswegen nicht!«

»Nicht? Weshalb denn?«

»Um den Ort zu erfahren, brauchte er ihnen das Leben nicht zu nehmen. Wenn er sie ruhig gehen ließ und nach ihrer Entfernung untersuchte, wo sie gewesen waren, hätte er den

Ort wahrscheinlich gefunden. Er hat Euch ja gesagt, daß sie sehr rasch zurückgekehrt seien. Bei der Schnelligkeit und Eile, mit welcher sie verfahren sind, haben sie sich wohl kaum die Zeit genommen, ihre Spuren so sorgfältig auszulöschen, daß sie nicht mehr zu erkennen waren. Sie hatten auch keine Veranlassung dazu, gar so vorsichtig zu sein, denn sie glaubten, sich ganz allein auf den Mugworthills zu befinden. Ihre Fährte hätte ihn gewiß an den betreffenden Ort geführt. Das habe ich schon einmal erwähnt.«

»Aendert aber nichts an der Sache. Wenigstens weiß ich nicht, wie Ihr denken könnt, meine Ansicht damit umzuwerfen, Mr. Jones.«

»Werdet es gleich hören, Mr. Gates. Er hat die Beiden nicht erschossen, um das Versteck zu entdecken, sondern um die Nuggets zu bekommen, die sie geholt, und also bei sich hatten.«

»Meinetwegen! Ist ganz dasselbe!«

»Ja, für ihn und die Erschossenen ist das ganz gleich, aber für uns wohl nicht.«

»Warum nicht?«

»Was meint Ihr wohl, wieviel Gold in dem Versteck gewesen ist? Wenig?«

»Viel, sehr viel jedenfalls! Ich kann es zwar nicht beweisen, aber es ist leicht zu denken.«

»Ich kann es beweisen.«

»Ihr?« fragte er verwundert.

»Ja. Man braucht nur ein wenig nachzudenken. Auch wenn man die Mugworthills nicht kennt, kann man annehmen, daß in jener Gegend kein natürlicher Fundort des Goldes vorhanden ist; es muß hingeschafft worden sein. Und wenn Indianer sich einmal die große Mühe geben, ein solches Depot anzulegen, so tun sie dies gewiß nicht um einer Wenigkeit willen.«

»Nein; das ist richtig.«

»Also es hat viel, sehr viel Gold dort gelegen. Was Winnetou und sein Vater sich dort geholt hatten, war nur ein kleiner Teil davon. Nicht?«

»Gebe das auch zu.«

»Und wegen einer solchen Lappalie hat Mr. Santer zwei Menschen erschossen!«

»Hm, ja; aber es war praktisch. Er wollte auch diesen kleinen Betrag noch haben.«

»Merkt Ihr denn noch nicht, was ich sagen will? Diese Praktik, welche Ihr so entschuldigt, kann für uns außerordentlich gefährlich werden.«

»Gefährlich? Wieso?«

»Nehmt doch an: Wir gehen hin und finden den ganzen Schatz; dann – – – –«

»Dann wird er sofort geteilt!« fiel er mir schnell in die Rede.

»Ja, er wird geteilt. Wieviel meint Ihr wohl, daß jeder von uns bekommen wird?«

»Wer kann das sagen! Da müßte man doch wissen, wieviel überhaupt dort liegt.«

»Auch dann könntet Ihr nicht wissen, wieviel jeder bekommt, denn Mr. Santer wird den Löwenanteil beanspruchen und uns nur soviel zusprechen, wie ihm gut dünkt.«

»Nein, das tut er nicht; da irrt Ihr Euch!«

»Gewiß nicht.«

»O doch. Es wird sehr ehrlich geteilt, denn Keiner soll mehr bekommen als der Andere.«

»Auch Santer nicht?«

»Auch er nicht.«

»Hat er das selbst gesagt?«

»Ja. Er hat es nicht nur versprochen, sondern uns sogar die Hand darauf gegeben.«

»Da ist er euch wohl recht nobel vorgekommen?«

»Natürlich! Er ist der anständigste und nobelste Mensch, den man sich denken kann.«

»Und ihr seid die drei kindlichsten Gemüter, die mir jemals begegnet sind!«

»Wieso?«

»Daß ihr diesem seinem Versprechen Glauben schenkt.«

»Warum sollen wir das nicht?«

»Soll ich euch das wirklich erst erklären?«

»Jawohl!«

»Nun, Einer, der um weniger Nuggets willen zwei Menschen erschießt, ist gewiß so goldgierig, daß es ihm gar nicht einfallen kann, in dieser Weise mit euch zu teilen.«

»Es waren ja nur zwei Rote!«

»Aber doch Menschen, die ihm nichts getan hatten! Wenn es Weiße gewesen wären, hätte er sich ebensowenig bedacht, sie aus dem Wege zu schaffen.«

»Hm!« brummte er ungläubig.

»Ich behaupte es! Ich behaupte sogar noch mehr. Er hat euch versprochen, daß ihr grad so viel bekommen sollt, wie er bekommt, und da denke – – –«

»Da denke ich, daß er sein Wort halten und es uns geben wird,« fiel er ein.

»Möglich, daß er es uns gibt, denn er weiß ja, daß er es wieder bekommt.«

»Weil er es uns nimmt?«

»Ja. Der Teil, welcher auf jeden von uns entfällt, ist jedenfalls hundertmal und noch mehrmal größer als der Betrag, welchen Intschu tschuna und Winnetou bei sich hatten. Hat er sie aus reiner Goldgier erschossen, so wollte ich darauf schwören, daß wir von dem Augenblicke an, an welchem wir das Gold erhalten, unseres Lebens keine Minute mehr sicher sind.«

»Abwarten, Mr. Jones!«

»Ich werde es allerdings abwarten.«

»Es ist ein großer Unterschied, ob man auf Indianer oder auf Weiße schießt!«

»Für einen Menschen aber nicht, den das Goldfieber ergriffen hat; das mögt ihr glauben.«

»Hm! Selbst wenn Ihr im allgemeinen recht hättet, in diesem Falle aber nicht. Mr. Santer ist ein Gentleman in jedem Sinne des Wortes!«

»Es sollte mich freuen, wenn ihr euch nicht irrtet!«

»Ich gehe jede Wette mit Euch ein, Mr. Jones. Seht Euch

Mr. Santer nur erst an, so wird Euch Euer Auge sofort sagen, daß er volles Vertrauen verdient.«

»*Well!* Bin also höchst neugierig auf den Augenblick, an welchem ich ihn zu sehen bekomme.«

»Ihr seid voller Zweifel und Verdacht wie der Wassertümpel voller Quappen und Frösche. Wenn Ihr wirklich glaubt, daß Euch Gefahr drohe, so ist es doch sehr leicht, derselben auszuweichen!«

»Indem ich nicht mit nach den Mugworthills gehe?«

»Ja. Es steht Euch doch frei, Euch anzuschließen. Ich weiß überhaupt noch nicht, ob es Mr. Santer lieb sein wird, wenn wir Euch mitbringen. Ich glaubte, Euch einen Gefallen zu tun.«

Er sagte das in einem beinahe abweisenden Tone; er nahm es mir übel, daß ich ihm in Beziehung auf Santers Person keinen Glauben schenkte. Darum antwortete ich ihm:

»Es ist mir ja auch ein Gefallen, für den ich Euch herzlich dankbar bin.«

»So zeigt Eure Dankbarkeit in anderer Weise als dadurch, daß Ihr einen Gentleman verleumdet, den Ihr noch gar nicht einmal gesehen habt! Wollen uns nicht länger streiten, sondern diese Sachen fallen und auf sich beruhen lassen!«

Damit war dieser Gegenstand beendet, und wir sprachen von andern Dingen, wobei es mir gelang, den schlechten Eindruck, den ich mit meinem Mißtrauen hervorgebracht hatte, wieder zu verscheuchen.

Wie sicher hätten sie mir recht gegeben, wenn es mir möglich gewesen wäre, mich ihnen mitzuteilen! Aber das durfte ich nicht wagen. Sie waren unerfahrene, vertrauensselige Menschen, von denen ich annehmen mußte, daß sie mir, falls ich sie ins Vertrauen zog, mehr Schaden als Nutzen bringen würden.

Später legten wir uns zur Ruhe. Ich hielt den Ort, an dem wir uns befanden, für sicher, suchte aber trotzdem die Umgebung vorher sorgfältig ab, und da ich nichts Verdachterweckendes entdeckte, so unterließ ich es, den Vorschlag zu machen, abwechselnd zu wachen. Sie aber waren so harmlos, gar nicht auf so einen Gedanken zu kommen.

Am andern Morgen brachen wir vereint nach den Mugworthills auf, ohne daß sie ahnten, daß diese Gegend auch mein Ziel gewesen war.

Der Tag verging mir unter immerwährender innerer Unruhe und Besorgnis. Sie fühlten sich sicher; sie glaubten, bei einer Begegnung mit den Kiowas nur den Namen Santer nennen zu dürfen, um als Freunde behandelt zu werden, während ich überzeugt war, daß diese Roten mich sofort erkennen würden. Meine drei Gefährten hielten darum jede Vorsichtsmaßregel für überflüssig, und ich durfte ihnen nicht widersprechen, wenn ich nicht ihr Mißtrauen erwecken oder mir wenigstens ihren Unwillen zuziehen wollte. Glücklicherweise bekamen wir während des ganzen Tages keinen Menschen zu sehen.

Am Abend lagerten wir auf der offenen Prairie. Sie hätten gern ein Feuer angezündet, doch gab es kein Material dazu, worüber ich im Stillen sehr erfreut war. Es gab überhaupt keinen Grund, ein Feuer anzumachen, denn es war nicht kalt, und etwas zu braten hatten wir nicht. Am andern Morgen hatten wir, ehe wir den Ritt fortsetzten, das letzte Dürrfleisch zu essen, und nun waren wir auf die Jagd angewiesen. In Beziehung hierauf machte mir Gates die mich im Stillen belustigende Bemerkung:

»Ihr seid Fallensteller aber nicht Jäger, Mr. Jones. Ihr habt zwar gesagt, daß Ihr schießen könnt, aber es wird auch danach sein. Könnt Ihr einen Prairiehasen treffen, der hundert Schritte von Euch vorüberkommt?«

»Hundert Schritte?« antwortete ich. »Hm, das ist wohl etwas weit! Nicht?«

»Dachte es! Ihr würdet ihn nicht treffen. Ueberhaupt tragt Ihr die alte, schwere Donnerbüchse ganz vergeblich mit Euch herum. Mit einem solchen Dinge kann man wohl einen Kirchturm niederschießen, aber kein Kleinwild erlegen. Das braucht Euch aber keine Schmerzen zu machen, denn wir werden für Euch sorgen.«

»Ihr trefft wohl besser als ich?«

»Das könnt Ihr Euch denken! Wir sind Prairiejäger, echte Westmänner, verstanden!«

»Das ist nicht genug; das reicht nicht aus.«

»So? Was fehlt denn noch?«

»Das Wild. Ihr könnt noch so fertig sein im Schießen, wenn es kein Wild hier gibt, so werden wir doch hungern müssen.«

»Da habt keine Sorge! Wir finden welches.«

»Hier auf der Savanne? Da gibt es doch nur Antilopen, die uns nicht so nahe an sich lassen, daß wir zum Schusse kommen.«

»Wie klug Ihr redet! Habt allerdings so ziemlich das Richtige getroffen. Aber an den Mugworthills finden wir Wald und also auch Wild. Mr. Santer hat es gesagt.«

»Wann kommen wir hin?«

»Gegen Mittag vielleicht, wenn wir richtig geritten sind, was ich doch hoffe.«

Keiner wußte besser als ich, daß wir sehr richtig ritten und den Nugget-tsil noch vor Mittag erreichen mußten. Ich machte ja eigentlich den Führer, ohne daß sie es bemerkten. Sie ritten mit mir, nicht ich mit ihnen.

Noch hatte die Sonne nicht den höchsten Punkt ihres Tagesbogens erreicht, so sahen wir im Süden die bewaldeten Höhen, zu denen wir wollten, aus der Ebene aufsteigen.

»Ob das die Mugworthills sind?« fragte Clay.

»Sie sind's,« antwortete Gates. »Mr. Santer hat uns doch sehr genau beschrieben, was für einen Anblick sie bieten, wenn man von Norden her zu ihnen kommt. Und was wir da vor uns sehen, das stimmt mit der Beschreibung. In einer halben Stunde werden wir uns am Ziele befinden.«

»Noch nicht,« widersprach Summer.

»Wieso?«

»Du hast vergessen, daß die Mugworthills an ihrer nördlichen Seite für Reiter unzugänglich sind; man kann da nicht passieren.«

»Das weiß ich wohl; ich meinte nur, daß wir in einer halben Stunde dort sein werden. Dann umreiten wir die Hills, bis wir auf der Südseite an das Tal kommen, welches zwischen sie hineinführt.«

Ich hörte, daß Santer ihnen das Terrain sehr gut beschrieben hatte. Um zu erfahren, wie weit diese Genauigkeit ging, erkundigte ich mich:

»In diesem Tale will er wohl mit euch zusammentreffen, Mr. Gates?«

»Nein, sondern oben auf der Höhe.«

»Wir sollen mit den Pferden hinauf?«

»Ja.«

»Gibt es einen Weg?«

»Eigentlich nicht, aber ein Wasserbett. Reiten kann man da freilich nicht, sondern man muß steigen und die Pferde nach sich führen.«

»Wozu das? Ist es denn notwendig, da hinaufzuklettern? Kann man denn nicht unten bleiben?«

»Nein, denn der Ort, an welchem wir suchen müssen, liegt da oben.«

»So sollte man wenigstens die Pferde unten lassen. Das wäre jedenfalls besser.«

»Unsinn! Man hört, daß Ihr nur Fallensteller seid. Es vergehen vielleicht Wochen, ehe wir da oben finden, was wir suchen. Können wir die Pferde so lange unten im Tale lassen? Es müßte stets Jemand bei ihnen sein, der sie bewacht; oben aber haben wir sie in unserer Nähe und brauchen also keinen besondern Wächter für sie. Seht Ihr das nicht ein?«

»Doch! Wer die Oertlichkeit nicht kennt, der kann wohl einmal eine solche Frage stellen.«

»Uebrigens ist es da oben interessant, denn, wie ich Euch schon gesagt habe, befinden sich dort die Gräber des Apachenhäuptlings und seiner Tochter.«

»Und bei diesen Gräbern lagern wir?«

»Ja.«

»Auch des Nachts?«

Ich hatte den triftigsten Grund zu dieser Frage. Ich mußte an dem Grabmale Intschu tschunas in die Erde graben, um zu Winnetous Testament zu kommen; da brauchte ich keine

Zeugen. Und nun hörte ich, daß wir dort lagern würden. Das war äußerst unangenehm. Vielleicht ließen sich meine drei Gefährten durch die sehr natürliche Scheu, welche gewöhnliche Leute vor Begräbnisstellen zu haben pflegen, bestimmen, wenigstens des Nachts die Nähe der beiden Gräber zu meiden. Und selbst wenn dies geschah, war es unzulänglich für mich. Des Nachts konnte ich nicht sehen und also leicht einen Fehler begehen. Und selbst wenn dies nicht geschah, so war es in der Finsternis unmöglich, das Loch, welches ich zu graben hatte, dann so zuzufüllen, daß man früh keine Spur davon entdecken konnte.

»Auch des Nachts?« wiederholte Gates meine Frage. »Warum wollt Ihr das wissen?«

»Hm! Des Nachts an Gräbern zu schlafen, das ist nicht Jedermanns Sache.«

»Ah, Ihr fürchtet Euch?«

»Das nicht!«

»O doch! Hört ihr es, Clay und Summer? Mr. Jones fürchtet sich vor den Toten! Er hat Angst vor den beiden Roten! Er denkt, sie gehen um und springen ihm auf den Rücken, hahahahahaha!«

Er lachte aus vollem Halse, und die Beiden stimmten ein. Ich schwieg dazu; ich mußte sie bei dem Glauben lassen, daß ich furchtsam sei, sonst hätten sie meinen Fragen Gründe untergelegt, auf die ich sie nicht bringen wollte. Dann fuhr er in ironisch beruhigendem Tone fort:

»Ihr seid also abergläubisch, Sir? Das ist eine große Albernheit. Die Toten kommen nicht wieder, und grad diese Zwei werden sich hüten, die ewigen Jagdgründe zu verlassen, wo sie bei Hirsch- und Büffelbraten *in dulci jubilo* leben. Und wenn sie Euch ja erscheinen sollten, was freilich nicht ganz ausgeschlossen ist, so braucht Ihr nur uns zu Hilfe zu rufen; wir jagen sie fort.«

»Würde schon selbst mit ihnen fertig werden, Mr. Gates. Wenn ich mich auch nicht grad fürchte, so halte ich es doch nicht für nötig, an Gräbern zu schlafen, wenn man sich ebensogut wo anders niederlegen kann.«

Während dieses Wortwechsels waren wir den Höhen so nahe gekommen, daß wir westlich einbiegen mußten, um sie von dieser Seite zu umreiten. An ihrer Südseite angekommen, bogen wir wieder links ein und kamen an das Tal, welches hineinführte und dem wir folgten. Später öffnete sich die früher mehrfach erwähnte Seitenschlucht, die wir emporritten, bis sie sich teilte. Da stiegen wir ab und kletterten, die Pferde nachführend, in dem felsigen Gerinne empor bis zu der scharfkantigen Höhe, über welche man hinüber mußte.

Ich war der letzte, mit Absicht natürlich; Gates stieg voran. Er blieb einige Male halten, um über die Beschreibung nachzudenken, die Santer ihm von der Oertlichkeit gegeben hatte, und traf dann stets das Richtige; er besaß ein gutes Gedächtnis. Dann ging es jenseits hinab und grad durch den Wald, bis die Bäume auseinandertraten. Da hielt Gates die Schritte an und rief aus:

»Richtig getroffen, ganz richtig! Da stehen die beiden Gräber. Seht ihr sie? Wir sind an Ort und Stelle. Nun braucht bloß Mr. Santer noch zu kommen.«

Ja, wir waren da! Da stand das Grabmal Intschu tschunas, des einstigen Häuptlings der Apachen, der mit einem mehrfachen Steinmantel umgebene Erdhaufen, in dessen Innern er ruhte, auf seinem Pferde, mit seinen Waffen, außer der Silberbüchse, und seiner Medizin. Und daneben befand sich die Steinpyramide mit dem aus ihrer Spitze ragenden Gipfel des Baumes, an dessen Stamme sitzend Nscho-tschi den letzten Schlummer schlief. Ich war mit Winnetou während unserer Streifzüge einige Male hier gewesen, um das Andenken der beiden geliebten Toten zu ehren, und kam nun ohne ihn, der inzwischen auch von mir geschieden war. Er hatte den ihm so teuern Ort auch ohne mich besucht, wenn ich mich in andern Ländern befand. Welche Gedanken mochten da hinter seiner Stirn gewohnt, welche Gefühle sein Herz bewegt haben! Santer und Rache! Dieser Mann und dieses Verlangen nach Wiedervergeltung hatten einst sein ganzes Innere eingenommen. Auch später noch?

Es war ihm nicht gelungen, des Täters in der Weise habhaft zu werden, daß er ihn bestrafen konnte. Jetzt stand ich hier und erwartete den Mörder. War ich nicht der wohlberechtigte Erbe meines Freundes, der Erbe seiner Rache? Hatte nicht der heiße Wunsch nach Vergeltung auch in mir gelebt? War es nicht eine Versündigung gegen ihn und die beiden Toten, wenn ich Santer hier in meine Hand bekam und seiner schonte? Aber da hörte ich im Geiste seine letzten Worte: »Schar-lih, ich glaube an den Heiland. Winnetou ist ein Christ. Lebe wohl!« Leider klang auch eine andere Stimme an mein Ohr, die Stimme Gates', welche mir zurief:

»Was steht Ihr denn da und starrt die beiden Erdhaufen an! Sehr Ihr vielleicht die Geister schon, vor denen Ihr Euch ängstiget? Wenn das beim hellen Tag geschieht, wie soll das erst am Abend und in der Nacht werden!«

Ich antwortete nicht, führte mein Pferd auf die Lichtung, sattelte und zäumte es ab, gab es frei und machte mich dann, meiner Gewohnheit gemäß, daran, die Umgebung abzusuchen. Als ich zurückkehrte, hatten die drei Gefährten es sich bequem gemacht. Sie saßen an dem Grabmal des Häuptlings, grad an der Stelle, wo ich graben wollte.

»Wo lauft Ihr denn herum?« fragte Gates. »Habt wohl schon nach Nuggets gesucht? Das laßt bleiben! Es wird nur gemeinschaftlich gesucht, damit nicht Einer die Stelle finden und sie den Andern verheimlichen kann.«

Dieser Ton behagte mir nicht. Sie wußten zwar nicht, wer ich war, aber in solcher Weise durfte ich doch nicht mit mir sprechen lassen; darum antwortete ich mit derjenigen Schärfe, deren ich mich, ohne zu beleidigen, bedienen zu können glaubte:

»Fragt Ihr nur aus Neugierde, Sir, oder weil Ihr glaubt, mich kommandieren zu dürfen? Für beide Fälle mache ich Euch darauf aufmerksam, daß ich die Jahre hinter mir habe, in denen man sich schulmeistern läßt.«

»Schulmeistern? Mr. Jones, was wollt Ihr damit sagen?«

»Daß ich mich für einen selbständigen Menschen halte.«

»Das seid Ihr eben nicht. Von dem Augenblicke an, wo Ihr

Euch uns angeschlossen habt, seid Ihr Mitglied unserer Gesellschaft geworden, und kein Glied eines Ganzen kann sich selbständig nennen.«

»Braucht sich aber auch nicht dominieren zu lassen!«

»Doch! Einen muß es geben, nach welchem sich die Andern zu richten haben.«

»Haltet Ihr Euch für diesen Einen?«

»Ja.«

»So befindet Ihr Euch im Irrtume. Wenn es unter uns Einen geben soll, auf den die Andern zu hören haben, so kann das nur Santer sein.«

»Der ist nicht da. Unterdessen vertrete ich seine Stelle.«

»Aber nicht in Beziehung auf mich. Ihr dürft nicht vergessen, daß Santer mich noch gar nicht engagiert hat; ich bin also noch nicht Mitglied eurer Gesellschaft.«

»So laßt auch das Spüren hier herum! Ihr habt kein Recht dazu, wenn Ihr glaubt, noch nicht zu uns zu gehören.«

»Darüber wollen wir uns nicht streiten, Sir. Ich darf wohl gehen, wohin ich will! Ich habe mich entfernt, um nachzusehen, ob wir hier sicher sind. Wenn ihr wirklich so tüchtige Westmänner seid, wie ihr sagt, so müßt ihr wissen, daß man nie im Walde lagert, ohne zu wissen, ob man allein da ist oder nicht. Weil ihr das unterlassen habt, habe ich es getan und damit eigentlich eure Anerkennung verdient, nicht aber den Ton, den Ihr Euch gegen mich erlaubt.«

»Ach! Nach Spuren habt Ihr gesucht?«

»Ja.«

»Versteht Ihr denn, die zu finden?«

»Wahrscheinlich!«

»Ich dachte, Ihr suchtet schon nach Nuggets!«

»So dumm bin ich nicht!«

»Warum wäre das dumm?«

»Weiß ich, nach welcher Seite, in welcher Richtung man von hier aus zu suchen hat? Das weiß nur Santer, vorausgesetzt, daß es wirklich Gold hier gibt, was ich aber sehr bezweifle.«

»Ja, Ihr scheint aus lauter Verdacht, Mißtrauen und Zweifel zusammengesetzt zu sein. Es wäre wirklich besser gewesen, wir hätten Euch gelassen, wo Ihr waret.«

»Meint Ihr? Vielleicht wäre ich der Einzige, welcher das Gold zu finden wüßte, wenn es hier läge. Es ist aber fort.«

»Fort? Wer sagt das?«

»Ich.«

»Warum? Wie könnt Ihr wissen, daß es nicht mehr hier liegt?«

»Der gesunde Menschenverstand sagt es mir. Es ist wirklich zu verwundern, daß ihr, die erfahrenen Westmänner, nicht längst darauf gekommen seid!«

»Sprecht nicht in Rätseln! Redet lieber deutlich! Es hat Gold hier gelegen!«

»Das gebe ich zu.«

»Wer soll es fortgeschafft haben?«

»Winnetou.«

»Ach! Wie kommt Ihr auf diese Idee?«

»Ich möchte lieber fragen, wie es möglich ist, daß ihr nicht auf sie gekommen seid. Nach dem, was ich von Winnetou weiß, war er nicht nur der tapferste, sondern auch der klügste, der listigste Indianer, den es gab.«

»Das wißt nicht nur Ihr, sondern das weiß Jedermann.«

»So habt die Güte, einmal nachzudenken! Winnetou ging hierher, um Gold zu holen; er wurde überfallen und erkannte als kluger Mann sofort, daß seinem Geheimnisse nachgespürt worden war. Er mußte annehmen, daß Santer, welcher ihm entkam, später zurückkehren werde, um zu suchen. Was hättet Ihr an seiner Stelle getan, Mr. Gates? Das Gold etwa hier liegen lassen?«

»Alle Teufel!« stieß der Gefragte hervor.

»Nun, so antwortet doch!«

»Das ist allerdings ein Gedanke, aber ein ganz armseliger, miserabler Gedanke!«

»Wenn Ihr Winnetou für einen Idioten gehalten habt, so sucht hier immerhin nach Nuggets; aber werft nicht etwa mir vor, daß ich hinter euerm Rücken danach suche! Eine solche Dummheit laß ich mir nicht nachsagen.«

»Ihr glaubt also, daß nichts zu finden ist?«

»Ich bin überzeugt davon.«

»Warum aber seid Ihr da mit hierhergeritten?«

Da ich ihm die Wahrheit nicht sagen konnte, antwortete ich:

»Weil mir der Gedanke, den ich euch jetzt mitgeteilt habe, eben jetzt erst gekommen ist.«

»Ach, also waret Ihr bis jetzt ebenso dumm wie wir! Ich will zugeben, daß Eure Ansicht etwas für sich hat; aber es läßt sich ebenso viel und auch noch mehr dagegen sagen.«

»Was?«

»Ich bringe nur den einen Punkt: Das Versteck war so gut, daß Winnetou nicht zu befürchten brauchte, daß man es entdecken könne. Ist das etwa nicht möglich?«

»Doch!«

»Schön! Ich könnte noch Anderes gegen Euch vorbringen, will aber darauf verzichten. Warten wir, bis Mr. Santer kommt, was er dazu sagen wird.«

»Wann glaubt Ihr, daß er hier sein kann?«

»Heut noch nicht, aber morgen.«

»Morgen? Das ist unmöglich. Ich kenne zufälligerweise den Saltfork, wohin er ist. Wenn er sich sehr sputet, kann er frühestens übermorgen abends hier eintreffen. Womit verbringen wir bis dahin die Zeit?«

»Mit der Jagd. Wir brauchen Fleisch.«

»Hm! Meint ihr, daß auch ich mit jagen soll?«

Ich sprach diese Frage mit voller Absicht aus; sie sollten gehen und mich allein hier lassen. Leider hatte ich nicht den gewünschten Erfolg, denn er antwortete:

»Ihr würdet uns wahrscheinlich alles verderben. Wir brauchen Euch nicht. Ich gehe mit Clay und denke, daß wir etwas schießen werden. Ihr könnt mit Summer hier bleiben.«

Die beiden Genannten nahmen ihre Gewehre und entfernten sich. Verfolgte Gates etwa im stillen die Politik, mich nicht ohne Aufsicht hier zu lassen? Da hätte er mich aber doch wohl für pfiffiger halten müssen, als er mich zu halten schien. Wenn er glaubte, daß ich ihm die Jagd verderben könne, so dachte er sehr gering von mir, ohne aber einzusehen, welcher Fehler das von ihm war. Er sprach das Wort Fallensteller stets im Tone der Mißachtung aus und war also unerfahren genug, gar nicht zu wissen, daß grad ein Fallensteller es zu gar nichts bringen kann, wenn er nicht ein tüchtiger Schütze, überhaupt ein tüchtiger Westmann ist.

Er lief mit Clay den ganzen Nachmittag im Walde herum, und der ganze Erfolg war, daß sie gegen Abend glücklich ein armes Häschen brachten, an dem sich vier Personen sättigen sollten. Am nächsten Morgen ging er mit Summer fort; ihre ganze Jagdbeute bestand in einigen Wildtauben, die so alt waren, daß sie kaum gegessen werden konnten.

»Wir haben Pech, riesenhaftes Pech,« entschuldigte er sich. »Kein Wild läßt sich sehen!«

»Wenn man das viele Pech, welches ihr habt, braten und verzehren könnte, so wollte ich es loben,« antwortete ich. »Diese Tauben haben jedenfalls schon zu Methusalems Zeiten gelebt; es ist jammerschade, daß sie so jung sterben mußten!«

»Wollt Ihr Euch über mich lustig machen, Sir?«

»Nein, denn Ihr könnt Euch doch denken, daß es meinem Magen gar nicht so scherzhaft zumute ist.«

»So macht's doch besser, wenn Ihr könnt!«

»*Well*, ich werde einen Braten holen.«

»Und doch keinen bringen!«

»Einen Hasen oder eine vorsündflutliche Taube finde ich allemal!«

Ich nahm meine beiden Gewehre und ging fort. Mich langsam entfernend, hörte ich ihn lachend rufen:

»Da läuft er hin mit seinem Riesenböller. Er wird einige alte Bäume zusammenschießen, aber keine Haare und keine Feder treffen!«

Mehr hörte ich nicht. Wäre ich doch stehen geblieben, um zu horchen! Ich hätte noch mehr gehört, ich hätte etwas gehört, was für mich von großer Wichtigkeit gewesen wäre. Wie ich später erfuhr, waren sie wirklich und vollständig überzeugt gewesen, daß ich nichts treffen würde. Sie wollten mich beschämen und noch einmal ihr Glück versuchen, um mir, der ich nichts brachte, eine reiche Beute vorzeigen und mich auslachen zu können. Darum gingen sie nach mir auch fort, alle drei. Nun war der Platz verlassen, und ich hätte nachgraben können. Ich hätte das Testament Winnetous gefunden, gelesen, in meine Tasche versteckt und wäre immer noch sicher gewesen, irgend ein Wild zu schießen. Es sollte nicht sein!

Sie waren, um zu jagen, gestern und heut den Weg hinabgestiegen, auf dem wir heraufgekommen waren. In dieser Richtung, also nach Süden, hatten sie wohl alles Wild vertrieben. In dieser Ueberzeugung wendete ich mich nach Norden, die dort liegende Senkung hinab und nach dem Wiesenplane, über welchen wir damals die Kiowas gelockt hatten, um ihnen in der gegenüber sich öffnenden Schlucht eine Falle zu stellen. Hierher war wohl seit Jahren kein Mensch gekommen, so daß ich darauf rechnen konnte, zu einem guten Schusse zu kommen. Aber es war Mittag, also keine günstige Tageszeit, und so konnte ich zufrieden sein, als ich es nach Verlauf von einer Stunde zu zwei fetten Turkeyhennen gebracht hatte. Mit diesen kehrte ich nach dem Lagerplatze zurück.

Als ich dort ankam, war kein Mensch da. Wo steckten die drei? Waren sie nur zum Spaße entschlüpft, um heimlich zu lauschen, was ich bringen würde? Oder waren sie miteinander noch einmal jagen gegangen? Ich rief und bekam keine Antwort.

Ach, wenn sie wirklich fort wären! Aber ich mußte vorsichtig sein und suchte in aller Eile den Umkreis des Platzes ab. Da wurde es mir zur Gewißheit, daß sie sich wirklich entfernt hatten. Jetzt schnell an die Arbeit!

Ich zog das Messer und schnitt genau an der Westseite des Häuptlingsgrabes, hart an dem Rande desselben, ein Stück Rasen aus, um es dann später so wieder einzusetzen, daß von der Nachgrabung nichts zu sehen war. Aber Erdbrocken durften dann nicht umherliegen. Darum breitete ich meine

Decke neben mir aus und legte den Boden, den ich aushob, sorgfältig auf dieselbe, um mit ihm das entstehende Loch dann wieder auszufüllen.

Ich arbeitete mit fieberhafter Geschwindigkeit, denn jeder Augenblick konnte die drei zurückbringen. Dabei horchte ich von Zeit zu Zeit, ob ihre Schritte oder Stimmen zu vernehmen seien. Bei der Aufregung, in welcher ich mich befand und die ich nicht ganz zu beherrschen vermochte, war es freilich leicht denkbar, daß meine Ohren nicht mehr die Schärfe besaßen wie dann, wenn ich meine gewöhnliche Ruhe bewahrt hätte.

Das Loch wurde tiefer und tiefer, gewiß über eine Elle tief. Da stieß das Messer auf einen Stein; ich entfernte ihn und einen zweiten, der unter ihm lag, und sah nun einen kleinen, viereckigen und vollständig trockenen Raum, dessen Wände aus glatten Steinen gebildet wurden. Auf dem Boden desselben lag ein starkes, zusammengefaltetes Leder – – das Testament meines Freundes und Bruders Winnetou. Im nächsten Augenblick steckte es in meiner Tasche und ich beeilte mich, das Loch zuzuwerfen.

Dies ging viel rascher als das Ausgraben von statten; ich schüttete die Erde von der Decke nach und nach hinein, stieß sie mit der Faust fest und legte schließlich das ausgestochene Rasenstück obenauf. Kein Mensch konnte nun sehen, daß hier ein Loch gegraben worden war.

Gott sei Dank! Das war gelungen – – wenigstens so dachte ich. Ich horchte. Es ließ sich nicht das geringste Geräusch vernehmen; ich hatte also Zeit, das Leder zu öffnen. Es war mit den Spitzen gegeneinander, wie ein Kuvert, zusammengelegt. Ein zweites lag drin, dessen umgeschlagene Spitzen Winnetou mit Hirschsehne zusammen genäht hatte. Ich schnitt es auf und sah das Testament, welches aus mehreren eng beschriebenen Papierblättern bestand.

Sollte ich es verbergen, oder durfte ich es lesen? So fragte ich mich. Warum es verstecken? Es gab ja gar keinen Grund hierfür. Wenn meine drei Gefährten zurückkehrten und mich lesen sahen, was konnten sie dagegen haben? Wußten sie, was es war? Ein Brief oder sonst etwas, was ich seit langem bei mir trug. Sie hatten nicht einmal das Recht, nach dem Papiere zu fragen. Und wenn sie dies taten, so konnte ich antworten, wie es mir beliebte. Dabei zog, nein, riß es mir förmlich die Augen auf, zu sehen, was Winnetou geschrieben hatte. Ja, geschrieben! Winnetou konnte schreiben. Klekih-petra war, wie in vielem andern, sein Lehrer auch in dieser Fertigkeit gewesen; nur hatte der herrliche Apache wenig Gelegenheit gefunden, sie auszuüben. Er hatte zuweilen eine Bemerkung in mein Notizbuch gemacht; ich kannte also seine Schrift; sie war nicht schön, nicht ausgebildet, aber höchst charakteristisch. Sie glich der Schrift eines vierzehnjährigen Schulknaben, welcher sich Mühe gegeben hat, kalligraphisch zu schreiben.

Ich konnte es doch nicht lassen, setzte mich nieder und schlug die Blätter auseinander. Ja, das war Winnetous Schrift; die Buchstaben von peinlich genau derselben Länge und Lage, nicht wie geschrieben, sondern mit Hingebung einzeln gezeichnet und gemalt. Wo hatte er diese vielen Zeilen wohl geschrieben, und wie lange, wie sehr lange mochte er darüber zugebracht haben. Meine Augen gingen mir über; sie füllten sich mit Tränen. Ich trocknete sie und las:

»Mein lieber, guter Bruder!

Du lebst, und Winnetou, der Dich liebte, ist tot. Doch seine Seele weilt bei Dir; Du hältst sie in Deiner Hand, denn sie steht geschrieben auf diesen Blättern; laß sie auf Deinem Herzen ruhen!

Du sollst den letzten Wunsch Deines roten Bruders erfahren und viele Worte von ihm lesen, die Du nie vergessen wirst; zunächst aber wird er Dir sagen, was am nötigsten ist. Du hast hier nicht das einzige Testament von Winnetou, denn er legte auch eines in die Ohren seiner roten Krieger; dieses hier ist nur für Dich.

Du wirst sehr viel Gold sehen und mit demselben tun, was mein Geist Dir jetzt sagt. Es lag im Nugget-tsil verborgen, doch Santer, der Mörder, trachtete danach. Darum hat Winnetou es fortgeschafft nach dem Deklil-to[1], wo du einst mit ihm gewesen bist. Erfahre die Stelle, an welcher es sich befindet. Du reitest den Indeltsche-tschil[2] empor bis zu dem Tseschosch[3] am fallenden Wasser. Dort steigest Du vom Pferde und kletterst – – – –«

Bis hierher hatte ich gelesen, als ich eine Stimme hinter mir hörte:

»*Good day*, Mr. Shatterhand! Ihr versucht Euch wohl im Buchstabieren?«

Ich wendete mich um und sah, daß ich vorhin die größte Dummheit oder Nachlässigkeit meines Lebens begangen hatte. Zehn Schritte hinter mir hatte ich die Turkeyhennen hingeworfen und auch die Gewehre hingelegt. Ich saß nicht mit dem Rücken, sondern mit der rechten Seite an das Grabmal gelehnt, also mit dem Rücken nach dem Wege, welcher aus dem Tale heraufführte. An dieser unverzeihlichen Stellung war der Eifer für den letzten Willen Winnetous schuld. So hatte ich nicht sehen können, daß der, welcher jetzt zu mir sprach, sich hinter mir zu den Gewehren geschlichen hatte, die mir nun nicht erreichbar waren, denn er stand dort und hatte seine eigene Büchse auf mich angelegt. Ich fuhr mit einem Ruck empor, denn der Mann war kein Anderer als – – – – Santer!

Im nächsten Augenblicke hatte ich beide Hände am – – – ja wo? Am Gürtel, um die Revolver zu ziehen? Ja, das wollte ich, aber als ich vorhin an der Erde kniete, um das Loch zu graben, hatte mich der Gürtel mit den Gegenständen, welche darin steckten, gehindert und gedrückt und ich war im Gefühle der vermeintlichen Sicherheit so unvorsichtig gewesen, ihn abzuschnallen und hinzulegen; nun lag er am Boden und bei ihm auch noch das Messer. Ich war also augenblicklich ohne alle Waffe. Santer sah die nutzlose Bewegung meiner Hände, lachte höhnisch auf und drohte:

[1] Dunkeln Wasser.
[2] Fichtenwald.
[3] Fels des Bären.

»Keinen Schritt von der Stelle und keinen Griff nach den Waffen, sonst schieße ich augenblicklich! Es ist mein blutigster Ernst!«

Seine Augen flackerten mich dabei in einer Weise an, die mir sagte, daß ich allerdings sofort eine Kugel aus dem auf mich gerichteten Laufe bekommen würde. Hatte mich sein plötzliches Erscheinen vollständig überrascht, so war ich jetzt doch ebenso vollständig wieder gefaßt; ich stand unbeweglich und blickte ihm kaltblütig ins Gesicht.

»Jetzt endlich bist du mein!« fuhr er fort. »Siehst du meinen Finger am Drücker? Mit der leisesten Berührung blase ich dir eine Kugel ins Gehirn; verlaß dich darauf! Rühr also ja kein Glied, sonst schick ich dich zum Teufel! Mit dir hat man sich vorzusehen. Hast mich wohl nicht erwartet, he?«

»Nein,« antwortete ich ruhig.

»Ja, hast ausgerechnet, daß ich erst morgen abend kommen kann; diese Kalkulation war aber falsch.«

Das wußte er, hatte also mit meinen Gefährten gesprochen. Wo waren sie? Daß sie sich mit hier befanden, hätte mich beruhigt, wenn ich nicht so schon ruhig gewesen wäre. Sie mochten sein, wer, was und wie sie wollten, Mörder waren sie nicht, und ich hatte also wohl nicht zu befürchten, in ihrer Gegenwart von ihm umgebracht zu werden, wenn ich ihn nur jetzt nicht reizte; ich behielt also meine unbewegliche Haltung bei, während er mit dem Ausdrucke des unversöhnlichsten Hasses weiter sprach:

»Ich wollte nach dem Saltfork, um Tangua zu sagen, daß der Apache, der Hund, endlich verendet ist, traf aber zufällig auf eine Schar von Kiowas und bin also eher da. Unten stieß ich auf Gates und hörte von ihm, daß er einen Mr. Jones mitgebracht habe. Ich erfuhr, daß er zwei Gewehre habe, ein großes und ein kleines; das erregte meinen Verdacht; ich ließ mir den Kerl genau beschreiben und wußte nun, woran ich war. Er hatte sich zwar dumm, sehr dumm gestellt, konnte aber kein Anderer als Old Shatterhand sein. Ich stieg herauf, um mich zu verstecken und ihn bei der Rückkehr von der Jagd festzunehmen, doch war er schon da. Du grubst ein

Loch, und wir sahen zu. Was ist das für ein Papier in deiner Hand?«

»Eine Schneiderrechnung.«

»Hund, glaube ja nicht, Spaß mit mir machen zu dürfen! Was ist's?«

»Eine Schneiderrechnung. Kommt her, und seht sie an!«

»Werde mich hüten! Muß dich erst fester haben! Was treibst du jetzt hier an den Mugworthills, die der Apache Nugget-tsil nannte?«

»Schatzgräberei.«

»Ah, dachte es mir!«

»Finde aber leider nur Schneiderrechnungen.«

»Werde sie mir genau ansehen. Dich hat der Teufel ja überall, wohin du nicht gehörst; dieses Mal aber hat er es endlich einmal gescheit angefangen. Mit dir ist's aus!«

»Oder mit Euch, denn einer von uns Beiden muß dran glauben; das ist gewiß!«

»Frecher Köter, der du bist! So ein Hund knurrt sogar noch im Sterben! Aber dieses ohnmächtige Zähnefletschen rettet dich nicht. Ich wiederhole: es ist aus mit dir! Und die goldenen Knochen, die du hier ausscharren wolltest, nehmen wir für uns!«

»Nehmt sie immerhin, und beißt Euch an ihnen die Zähne aus!«

»Höhne nicht! Du hast zwar gesagt, daß nichts mehr da sei; aber das Papier in deiner Hand wird uns wohl Auskunft geben.«

»So holt's Euch doch!«

»Ja, ich bekomme es; das werde ich dir gleich beweisen. Merke nur auf, was ich dir sage! Bei der geringsten unerlaubten Bewegung und bei der geringsten Weigerung, mir zu gehorchen, drücke ich los. Bei einem Andern würde ich vielleicht nur drohen, es aber nicht ausführen. Du aber bist ein so gefährlicher Halunke, daß ich unbedingt Ernst machen muß!«

»Das weiß ich selbst gar wohl!«

»Schön, daß du dies zugibst! Also kommt her, und fesselt ihn!«

Diese Worte waren nach der Seite hin gesprochen. Dort hatten Gates, Clay und Summer hinter den Bäumen gesteckt. Sie traten hervor und kamen langsam auf mich zu. Der Erstere sagte, wie sich entschuldigend, indem er einen Riemen aus der Tasche zog:

»Sir, wir haben zu unserem Erstaunen gehört, daß Ihr nicht Jones heißt, sondern Old Shatterhand seid. Warum habt Ihr uns belogen? Ihr wolltet uns betrügen; nun müssen wir Euch binden. Versucht ja keinen Widerstand! Es würde Euch nichts helfen, denn Mr. Santer schießt sofort; darauf könnt Ihr Euch verlassen!«

»Keine unnützen Redereien!« rief Santer. Und mir befahl er: »Laß das Papier fallen, und gib ihm die Hände hin!«

Er war überzeugt, mich vollständig sicher zu haben; nun aber wußte ich, daß ich nicht ihm, sondern er mir gehören würde; es galt nur, die Situation schnell und kräftig auszunutzen.

»Nun, wird's? Schnell, sonst schieße ich!« gebot mir Santer. »Fort mit dem Papiere!«

Ich ließ es fallen.

»Her mit den Händen!«

Ich hielt, scheinbar gehorsam, Gates die Hände hin, doch so, daß er, als er sie zusammenbinden wollte, zwischen mich und Santer zu stehen kam.

»Weg dort, weg! Ihr steht ja meinem Gewehre im Wege!« rief dieser ihm zu. »Wenn ich schießen will, so –«

Er kam nicht weiter in seiner Rede, denn er wurde auf eine sehr unzarte Weise von mir unterbrochen. Anstatt mich binden zu lassen, faßte ich Gates beim Leibe, hob ihn empor und schleuderte ihn auf Santer, der zwar zur Seite springen wollte, doch zu spät; er wurde niedergerissen und das Gewehr ihm aus der Hand geschleudert. Im Nu war ich auch dort und kniete auf ihm. Ein Fausthieb betäubte ihn für kurze Zeit. Dann erhob ich mich ebenso schnell und donnerte die Drei an:

»Da der Beweis, daß ich wirklich Old Shatterhand bin! Ihr habt euch an mir vergreifen wollen. Augenblicklich fort mit euern Waffen, sonst schieße ich! Laßt sie fallen! Auch bei mir ist es Ernst!«

Ich hatte Santer seinen Revolver aus dem Gürtel gerissen und richtete ihn auf die drei ›richtigen Westmänner‹, die sofort gehorchten.

»Setzt euch nieder, dort an das Grab der Häuptlingstochter – schnell, schnell!«

Sie gingen und setzten sich. Ich hatte ihnen grad diesen Platz angewiesen, weil ihnen da keine Waffe nahe lag.

»Nun bleibt ruhig sitzen! Es soll euch nichts geschehen, denn ihr seid getäuscht worden. Aber ein Versuch zur Flucht oder Gegenwehr kostet euch augenblicklich das Leben!«

»Das ist ja schrecklich, ganz entsetzlich!« klagte Gates, indem er sich die Glieder rieb. »Das war ja grad, als ob ein Ball durch alle Lüfte flöge. Ich glaube, ich habe verschiedenes gebrochen!«

»Ist Eure eigene Schuld. Sorgt nun dafür, daß es nicht gar noch schlimmer kommt! Woher hattet Ihr den Riemen?«

»Von Mr. Santer!«

»Habt Ihr noch mehr?«

»*Yes*.«

»Gebt sie her!«

Er zog sie aus der Tasche und gab sie mir. Ich band mit ihnen Santers Füße zusammen und die Hände auf den Rükken.

»So, der liegt fest,« lachte ich vergnügt. »Soll ich etwa Euch auch fesseln?«

»Danke, Sir!« antwortete Gates. »Habe genug, vollständig genug. Werde hier ganz ruhig sitzen bleiben, so lange es Euch gefällt!«

»Daran tut Ihr sehr wohl, denn wie Ihr seht, verstehe ich keinen Spaß!«

»Danke überhaupt für allen Spaß! Und da hat man Euch für einen Fallensteller gehalten!«

»Dieser Irrtum war gar nicht groß, denn zu einem tüchtigen Trapper gehört viel mehr, als ihr zu ahnen scheint. Wie steht es denn mit eurer Jagd? Habt ihr etwas geschossen?«

»Nicht die sauere Bohne!«

»Da seht euch die zwei Hennen an; die habe ich gebracht. Wenn ihr euch gut betragt, könnt ihr sie nachher braten und mitessen. Hoffentlich werdet ihr bald einsehen, daß ihr diesen Santer für einen ganz andern Menschen gehalten habt, als er ist. Es gibt keinen größern Schuft unter der Sonne als ihn. Ihr werdet es gleich hören, denn ich sehe, daß er erwacht.«

Santer bewegte sich; er kam zu sich und schlug die Augen auf. Er sah, daß ich vor ihm stand und meinen Gürtel umschnallte. Er sah auch seine drei Gefährten, welche waffenlos am Grabmale der Indianerin saßen, und rief erschrocken:

»Was ist das? Ich – – ich – – bin gefesselt!«

»Ja, Ihr seid gefesselt,« nickte ich. »Die Lage ist auf ganz gemütliche Weise eine andere geworden. Ich hoffe, daß Ihr nichts dagegen habt.«

»Hund!« knirschte er wütend.

»Pst! Verschlimmert Euer Schicksal nicht!«

»Hol dich der Teufel, Schuft!«

»Ich warne Euch noch einmal! Vorhin habe ich mir Euer Du ruhig gefallen lassen, denn die Klugheit gebot mir das. Es wäre auch klug von Euch, höflicher zu sein.«

Er sah forschend zu seinen Kameraden hinüber und rief ihnen zu:

»Habt ihr etwa geplaudert?«

»Nein,« antwortete Gates.

»Das will ich euch auch raten!«

»Was ist's? Was sollen sie nicht plaudern?«

»Nichts!«

»Oho! Heraus mit der Sprache, sonst öffne ich Euch den Mund! Also?«

»Es ist wegen dem Golde,« antwortete er gezwungenerweise, wie es schien.

»Wieso wegen dem Golde?«

»Wo ich denke, daß es liegt; ich habe es ihnen vorhin gesagt. Ich dachte, sie hätten es ausgeplaudert.«

»Ist das wahr?« fragte ich Gates.

»Ja,« war seine Antwort.

»Er meint wirklich nichts anderes?«

»Nein.«

»Seid aufrichtig! Ich mache Euch darauf aufmerksam, daß Ihr durch eine etwaige Unwahrheit oder Hinterlist nicht mich, sondern Euch selbst in Schaden bringt.«

Er zögerte einige Augenblicke und versicherte dann im Tone der Aufrichtigkeit:

»Ihr könnt es glauben, Sir, daß es keine Lüge ist. Er meinte nur das Gold.«

»Ich glaube es trotzdem nicht. Eure Aufrichtigkeit ist eine falsche, und in seinem Gesichte lauert die Hinterlist. Ihr werdet aber dadurch nichts erreichen. Ich fordere Euch nochmals auf, mir die Wahrheit zu sagen, Mr. Gates. Hat Santer mit euch von den Kiowas gesprochen, als er euch unten im Tale traf?«

»Ja.«

»War er allein?«

»Ja.«

»Hat er die Roten wirklich getroffen?«

»Ja.«

»Und ist infolgedessen nicht am Saltfork gewesen?«

»Er war nicht dort.«

»Ist es eine bedeutende Schar gewesen?«

»Sechzig Krieger.«

»Wer führte sie an?«

»Pida, der Sohn vom Häuptling Tangua.«

»Wo sind sie jetzt?«

»Heim in ihr Dorf.«

»Das ist keine Lüge?«

»Es ist so, wie ich sage, Sir!«

»Ganz wir Ihr wollt, Mr. Gates. Des Menschen Wille ist sein Himmelreich, oft aber auch seine Hölle. Wenn Ihr mich anlügt, werdet Ihr es später sehr bereuen. Was das Gold anbetrifft, so ist Euer Ritt hierher ein vergeblicher gewesen. Ihr findet nichts, denn es liegt nichts da.«

Ich hob das Testament Winnetous auf, welches noch an der Erde lag, legte es in die beiden Lederumschläge und steckte es ein.

»Es scheint, Mr. Santer weiß das doch besser als Ihr,« entgegnete Gates.

»Er weiß noch weniger als nichts.«

»Wißt Ihr denn, wo es liegt?«

»Vielleicht.«

»So sagt es uns!«

»Das ist mir verboten.«

»Da habt Ihr es, Sir! Ihr seid zu unserm Schaden und nicht zu unserm Nutzen.«

»Das Gold gehört euch nicht.«

»Es wird uns aber gehören, denn Mr. Santer wird es uns zeigen und es mit uns teilen.«

»Er, der jetzt mein Gefangener ist?«

»Was könnt Ihr ihm tun? Er wird seine Freiheit wieder erlangen.«

»Schwerlich. Er wird vielmehr seine Taten mit dem Leben bezahlen müssen.«

Da ließ Santer ein höhnisches Gelächter hören; darum wandte ich mich ihm zu und sagte:

»Es wird Euch später nicht so sehr zum Lachen sein wie jetzt! Was meint Ihr wohl, daß ich mit Euch tue?«

»Nichts,« grinste er mich an.

»Wer hindert mich, Euch eine Kugel in den Kopf zu jagen!«

»Ihr selbst. Man weiß ja, daß Old Shatterhand sich fürchtet, einen Menschen zu töten!«

»Ich bin allerdings kein Mörder, das ist richtig. Ihr habt den Tod vielfach verdient. Noch vor wenig Wochen hätte ich Euch unbedingt erschossen, falls ich auf Euch getroffen wäre; aber Winnetou ist tot, ist als Christ gestorben; mit ihm soll auch die Rache begraben sein.«

»Führt keine solche schönen Reden! Ihr könnt nicht, wie Ihr wollt, das ist's!«

Das war eine Unverschämtheit, welche geradezu ins Grenzenlose ging! Ich konnte sie nur mit seiner Verstocktheit erklären, denn ich wußte nicht, was er wußte. Demnach sagte ich ihm im ruhigsten Tone:

»Lästert mich immerhin! Ein Mensch Euern Schlages kann mich nicht in Zorn bringen. Ich habe allerdings gesagt, daß die Rache mit Winnetou begraben sein soll; aber zwischen Rache und Strafe ist ein Unterschied. Das Christentum kennt zwar keine Rache, doch um so strenger verlangt es die Bestrafung jeder Schuld. Auf jedes Verbrechen soll die Sühne folgen. Ich werde mich also nicht an Euch rächen, aber Eurer Strafe dürft Ihr dennoch nicht entgehen.«

»*Pshaw!* Nennt es Strafe oder Rache; es ist ganz dasselbe. Lächerlich! Ihr wollt Euch nicht rächen, aber Ihr wollt mich bestrafen, wahrscheinlich mich ermorden. Mord ist Mord. Brüstet Euch doch nicht mit Eurem Christentum!«

»Ihr irrt. Es fällt mir nicht ein, mich an Euerm Leben zu vergreifen. Ich werde Euch nach dem nächsten Fort transportieren und dort dem Richter übergeben.«

»Ah, wollt Ihr das? Wirklich?«

»Ja.«

»Wie wollt Ihr das denn anfangen, Sir?«

»Das ist meine Sache!«

»Wohl auch die meinige, denn ich denke, daß ich auch dabei sein muß. Wahrscheinlich wird es umgekehrt, nämlich so, daß ich Euch transportiere und nicht Ihr mich. Und weil ich kein so frommer Christ bin, wie Ihr seid, wird es mir dann nicht einfallen, auf meine Rache zu verzichten. Sie ist schon da, schon da! Seht, wie sie kommt!«

Er stieß diese Worte überlaut frohlockend aus, und dieser sein Jubel war nicht unbegründet, denn er wurde noch übertäubt von einem Geheule, welches in diesem Augenblicke ringsum, auf allen Seiten erscholl, und zu gleicher Zeit tauchten von rechts und links, von vorn und hinten zahlreiche rote, mit den Kriegsfarben der Kiowas bemalte Gestalten auf, welche schlangengleich herbeigeschnellt kamen und mich in ihre Mitte nahmen.

Ich war von Gates belogen worden; Santer hatte die Kiowas nach dem Nugget-tsil gebracht. Sie hatten, als sie von ihm die Nachricht vom Tode Winnetous vernahmen, sich sofort entschlossen, die Feier dieses ihnen so willkommenen Ereignisses da vorzunehmen, wo sein Vater und seine Schwester begraben lagen. Das war so recht indianisch und paßte genau zur Denkweise des Mörders, dem noch die Freude widerfahren sollte, mich, den Freund Winnetous, hier in den Mugworthills in seine Hand zu bekommen.

Der Ueberfall brachte mich, so plötzlich er kam, keineswegs aus der Fassung. Im ersten Augenblicke war ich entschlossen, mich zu verteidigen, und zog die Revolver; aber als ich mich von sechzig Kriegern eingeschlossen sah, steckte ich sie wieder in den Gürtel. Flucht war unmöglich und Widerstand vergeblich; er konnte meine Lage nur verschlimmern. Das einzige, was ich tat, bestand darin, daß ich diejenigen, welche mir am nächsten standen und ihre Hände nach mir ausstreckten, zurückstieß und mit lauter Stimme erklärte:

»Old Shatterhand gibt sich den Kriegern der Kiowas gefangen. Ist ihr junger Häuptling da? Ihm, aber auch nur ihm, werde ich mich freiwillig ausliefern.«

Die Roten ließen von mir ab und sahen sich nach Pida um, welcher an dem Angriffe auf mich nicht teilgenommen hatte und abwartend unter den nächsten Bäumen stand.

»Freiwillig?« höhnte Santer. »Dieser Kerl, der sich so hochtönend Old Shatterhand nennt, braucht gar nicht von freiem Willen zu reden. Er muß sich ergeben, sonst wird er niedergeschlagen. Immer drauf auf ihn!«

Er hütete sich aber sehr, mich selbst anzugreifen. Die Kiowas gehorchten seinem Rufe und drangen wieder auf mich ein, doch nicht mit den Waffen, sondern mit den Händen, denn sie wollten mich nicht tot, sondern lebendig in ihre Gewalt bekommen. Ich wehrte mich nach Kräften gegen sie und schlug mehrere nieder, hätte aber der großen Uebermacht natürlich nicht standhalten können, wenn Pida nicht jetzt befohlen hätte:

»Halt, laßt von ihm ab! Er will sich mir ergeben, und euer Angriff ist also ohne Nutzen!«

Sie wichen von mir zurück; da rief Santer in zornigem Tone:

»Warum soll er geschont werden? Er mag so viele Hiebe und Stöße bekommen, wie Arme und Fäuste da sind. Immer drauf! Ich befehle es!«

Da trat der junge Häuptling auf ihn zu und sagte unter einer nicht sehr achtungsvollen Handbewegung gegen ihn:

»Du willst hier befehlen. Weißt du denn nicht, wer der Anführer dieser Krieger ist?«

»Du.«

»Und was bist denn du?«

»Der Freund der Kiowas, dessen Wille doch hoffentlich etwas zu gelten hat!«

»Ein Freund? Wer hat dir das gesagt?«

»Dein Vater.«

»Das ist nicht wahr; Tangua, der Häuptling der Kiowas, hat gegen dich nie das Wort Freund gebraucht. Du bist weiter nichts als ein Bleichgesicht, welches bei uns nur geduldet wird.«

Gern hätte ich die kurze Zeit dieses Wortwechsels dazu benutzt, mich plötzlich durchzuschlagen und zu entspringen; es wäre mir vielleicht auch gelungen, denn die Roten richteten ihre Aufmerksamkeit mehr auf Santer und Pida, als auf mich, aber ich hätte meine Gewehre zurücklassen müssen, und das wollte ich nicht. Nun kam Pida auf mich zu und sagte:

»Old Shatterhand will mein Gefangener sein. Wird er freiwillig alles hergeben, was er bei sich hat?«

»Ja,« antwortete ich.

»Und sich binden lassen?«

»Ja.«

»So gib mir deine Waffen!«

Es war mir im stillen eine Genugtuung, daß er mich so fragte, denn dies war ein Zeichen, daß er Angst vor mir hatte. Ich gab ihm die Revolver und das Messer. Santer nahm den Henrystutzen und den Bärentöter zu sich. Pida sah dies und fragte ihn:

»Warum vergreifst du dich an diesen Gewehren? Leg sie wieder hin!«

»Kann mir nicht einfallen! Sie sind mein.«

»Sie gehören mir!«

»Nein, sondern mir!« behauptete er.

»Sie sind das Eigentum Old Shatterhands gewesen, der sich mir ergeben hat; also sind sie mit ihm mein Eigentum geworden!«

»Wem hast du es zu verdanken, daß du ihn gefangen hast? Nur mir. Er befand sich schon in meiner Gewalt; er gehört mir und mit ihm alles, was er besitzt. Ich verzichte weder auf ihn noch auf diesen berühmten Henrystutzen.«

Da erhob Pida drohend die Hand und befahl:

»Leg sie wieder hin, augenblicklich!«

»Nein!«

»Nehmt sie ihm!« gebot der junge Häuptling seinen Leuten.

»Wollt ihr euch etwa an mir vergreifen?« fragte Santer, indem er die Haltung eines Mannes annahm, der sich verteidigen will.

»Nehmt sie ihm!« wiederholte Pida.

Da warf Santer, als er sah, wie viele Hände sich nach ihm ausstreckten, die Waffen weg und erklärte:

»Da sind sie! Da habt ihr sie, doch nicht für immer! Ich werde mich bei Tangua beschweren.«

»Tu das!« antwortete Pida mit hörbarer Verachtung.

Die beiden Gewehre wurden ihm gebracht, und ich mußte meine Hände herhalten, um sie mir zusammenbinden zu lassen. Während dies geschah, kam Santer herbei und sagte:

»So behaltet in Teufels Namen die Gewehre, aber alles andere, was in seinen Taschen steckt, ist mein, besonders was er hier – – – –!«

Er streckte die Hand nach der Tasche aus, in welche ich den letzten Willen Winnetous gesteckt hatte.

»Zurück!« herrschte ich ihn an.

Er fuhr bei diesem meinem Tone allerdings erschrocken

zurück, faßte sich aber schnell und grinste mir in höhnischem Tone zu:

»Alle Wetter, ist das eine Dreistigkeit von dem Kerl! Ist gefangen und weiß, daß er auf dem letzten Loche pfeift, und fährt mich doch an, wie ein Kettenhund! Das hilft dir nichts. Ich will wissen, was du da ausgegraben und vorhin gelesen hast.«

»Versuche, es mir zu nehmen!«

»Das werde ich freilich tun! Ich gebe gern zu, daß es dich außerordentlich kränken muß, wenn ich diesen Schatz in meine Hand bekomme, aber du wirst dich darein ergeben müssen.«

Er trat wieder näher und griff mit beiden Händen zu. Noch waren mir die Hände nicht vollständig zusammengebunden; der Riemen war mir erst um das eine Handgelenk geknotet worden und sollte nun noch um das andere geschlungen werden. Ich machte mir mit einem schnellen, kräftigen Rucke die Arme frei, nahm mit der linken Santer bei der Brust und schlug ihm die rechte Faust auf den Kopf, daß er zusammenbrach und regungslos wie ein Klotz liegen blieb.

»Uff, uff, uff!« riefen die Roten ringsum.

»Nun bindet mich wieder,« sagte ich, indem ich die Hände wieder hinhielt.

»Old Shatterhand hat seinen Namen in der Tat,« lobte mich der junge Häuptling. »Was ist es, was dieser Santer von dir haben will?«

»Ein beschriebenes Papier,« antwortete ich; was es eigentlich war, durfte ich nicht sagen.

»Er sprach doch von einem Schatze!«

»*Pshaw!* Er weiß ja noch gar nicht, was auf dem Papiere steht. Wessen Gefangener bin ich denn eigentlich, der deinige oder der seinige?«

»Du bist mein.«

»Warum duldest du da, daß er sich an mir vergreift, um mich zu berauben?«

»Die roten Krieger wollen nur deine Waffen haben; alles andere können sie nicht brauchen.«

»Ist das ein Grund, es diesem Kerl zu geben? Ist Old Shatterhand ein Knabe, dem jeder Lump die Taschen leeren darf? Ich habe mich dir übergeben und dich dadurch als Krieger und Häuptling geehrt; willst du nun vergessen, daß ich auch ein Krieger bin, von dem sich dieser Santer nur Fußtritte holen kann?«

Der Indianer ehrt den Mut und den Stolz selbst an seinem ärgsten Feinde; ich war nicht als eine Memme bekannt und hatte Pida damals, als ich ihn aus seinem Dorfe entführte, um Sam zu retten, schonungsvoll behandelt; darauf rechnete ich, und es zeigte sich gleich, daß ich mich nicht in ihm getäuscht hatte, denn er antwortete, indem sein Blick gar nicht feindlich an mir niederglitt:

»Old Shatterhand ist der tapferste unter allen weißen Jägern; der aber, den du niedergeschlagen hast, besitzt zwei Zungen, von denen jede anders redet, und zwei Gesichter, welche bald so und bald anders aussehen: er soll nicht in deine Taschen greifen dürfen.«

»Ich danke dir! Du bist wert, ein Häuptling zu sein, und wirst dereinst zu den berühmtesten Kriegern der Kiowas gehören. Ein edler Krieger tötet den Feind, aber er erniedrigt ihn nicht.«

Ich sah, wie stolz ihn diese meine Worte machten, und es klang beinahe in bedauerndem Tone, als er sagte:

»Ja, er tötet den Feind. Old Shatterhand wird sterben müssen, und nicht bloß sterben; er wird sehr gemartert werden.«

»Martert mich, und tötet mich; ihr werdet keine Klage aus meinem Munde hören; aber diesen Kerl, den haltet fern von mir!«

Als mir die Hände zusammengebunden waren, mußte ich mich niederlegen, worauf man mir auch um die Fußgelenke einen Riemen schlang. Unterdessen erholte sich Santer aus seiner Betäubung; er stand auf, kam zu mir heran, versetzte mir einen Fußtritt und schrie dabei:

»Du hast mich geschlagen, Hund! Das sollst du büßen; ich erwürge dich!«

Er bückte sich nieder, um mir mit beiden Händen nach dem Halse zu greifen.

»Halt, rühre ihn nicht an!« rief Pida ihm zu. »Ich verbiete es dir!«

»Du hast mir nichts zu verbieten! Dieser Hund ist mein Todfeind und hat es gewagt, mich zu schlagen; dafür soll er jetzt erfahren, wie – – – –«

Er kam in seiner Rede nicht weiter, denn ich zog, ohne daß er so etwas erwartet hatte, plötzlich die Knie an den Leib und gab ihm mit den Füßen einen so gewaltigen Stoß, daß er weit fortgeschleudert wurde und, sich nach hinten überschlagend, wieder zu Boden stürzte. Jetzt brüllte er vor Grimm wie ein wildes Tier; er wollte schnell aufspringen, um sich wieder auf mich zu werfen, brachte dies aber nicht fertig. Seine Glieder schmerzten ihn; er kam nur langsam auf, verzichtete aber nicht auf augenblickliche Rache, sondern zog seinen Revolver, richtete ihn auf mich und schrie:

»Deine letzte Stunde ist gekommen, du Hund. Fahr zur Hölle, wo du hingehörst!«

Der ihm nächststehende Indianer faßte ihn bei der Hand; darum ging, als er doch abdrückte, die Kugel fehl.

»Was hinderst du mich?« fuhr er den Roten an. »Ich kann tun, was ich will, und dieser Hund, der mich erst geschlagen und dann getreten hat, muß sterben.«

»Nein, du darfst nicht tun, was du willst,« erklärte Pida, indem er zu ihm trat und ihm warnend die Hand auf den Arm legte. »Old Shatterhand gehört mir, und niemand sonst darf ihn berühren. Sein Leben ist mein Eigentum, und kein Anderer darf es ihm nehmen.«

»Aber ich habe eine Rache gegen ihn, welcher er schon längst verfallen ist!«

»Das geht mich nichts an; du hast meinem Vater, dem Häuptling, einige Dienste erwiesen, für welche er dir erlaubt, bei uns zu sein; das ist aber auch alles! Nimm dir nicht zu viel heraus! Ich sage dir: Wenn du dich an Old Shatterhand vergreifest, so stirbst du von dieser meiner eigenen Hand!«

»Was soll denn eigentlich mit ihm geschehen?« fragte er eingeschüchtert.

»Das werden wir beraten.«

»Was gibt es da erst zu beraten! Was ihr zu tun habt, ist doch klar!«

»Was?«

»Ihn töten.«

»Das wird geschehen.«

»Aber wann? Ihr seid hierher gekommen, um den Tod Winnetous, eures größten Feindes, zu feiern. Wie könnt ihr das besser tun als dadurch, daß ihr grad hier an dieser Stelle Old Shatterhand zu Tode quält, der sein bester Freund gewesen ist!«

»Das dürfen wir nicht.«

»Warum nicht?«

»Weil wir ihn nach unserm Dorfe schaffen müssen.«

»Oh! Nach eurem Dorfe? Wozu das?«

»Um ihn Tangua, meinem Vater, zu bringen. Old Shatterhand hat ihm einst beide Knie zerschmettert und gehört also ihm. Tangua hat zu bestimmen, auf welche Weise er sterben soll.«

»Unsinn! Ihn erst nach eurem Dorfe schaffen! Das ist eine Dummheit, wie es gar keine größere geben kann!«

»Schweig! Pida, der junge Häuptling der Kiowas, begeht keine Dummheiten!«

»Es ist doch eine! Siehst du denn nicht ein, warum?«

»Nein.«

»Hast du denn nicht erfahren, wie oft dieser Old Shatterhand schon gefangen gewesen ist? Und stets hat er es durch seine List fertig gebracht, wieder zu entkommen. Wenn ihr ihn nicht gleich tötet, sondern erst lange mit euch herumschleppt, wird er bald wieder verschwunden sein.«

»Er wird uns nicht entkommen. Wir werden ihn so behandeln, wie ein so berühmter Krieger behandelt werden muß, aber dabei doch so wachsam sein, daß ihm die Flucht unmöglich ist.«

»Alle Teufel! Auch noch ihn wie einen berühmten Mann

behandeln! Wollt ihr ihn nicht gar noch mit Girlanden umwickeln und seine Brust mit Orden behängen?«

»Pida versteht nicht, was du meinst; er weiß nicht, was Girlanden und Orden sind; aber das weiß er, daß wir gegen Old Shatterhand anders sein müssen, als wir gegen dich sein würden, wenn du unser Gefangener wärest.«

»Gut, gut! Ich weiß nun, woran ich bin. Ich habe auch Rechte auf ihn, große Rechte; ich wollte euretwegen auf diese Rechte verzichten; sein Leben sollte euch gehören; nun aber denke ich anders. Er gehört mir ebenso gut wie euch, auch wenn ihr denkt, ihn ›als einen berühmten Mann‹ zu behandeln, so werde wenigstens ich desto mehr dafür besorgt sein, daß es ihm nicht allzu wohl geht. Euch mag er täuschen; euch wird er entfliehen; ich aber werde darüber wachen, daß er den Lohn, den er an mir und vielen Andern verdient hat, auch wirklich bekommt. Wenn ihr ihn nach eurem Dorfe schafft, so reite ich mit.«

»Ich kann dir nicht verbieten, mit uns zu kommen, aber ich wiederhole meine Rede: Wenn du dich an ihm vergreifst, so erleidest du den Tod durch meine eigene Hand! Und nun werden wir darüber beraten, was jetzt geschehen soll.«

»Das bedarf keiner Beratung, ich kann es euch jetzt gleich sagen.«

»Deine Stimme wird nicht gebraucht; du gehörst nicht in die Beratung unsrer alten und weisen Männer.«

Er wendete sich ab und suchte die ältesten unter seinen Kriegern aus; mit diesen setzte er sich abwärts nieder, um sich mit ihnen zu besprechen. Die Andern hockten sich um mich her und flüsterten sich so leise Bemerkungen zu, daß ich sie nicht verstand. Sie waren jedenfalls außerordentlich froh darüber und ebenso stolz darauf, Old Shatterhand gefangen zu haben. Sie wußten, mich tot zu martern, das war für sie eine große Ehre und brachte ihnen einen Ruhm, um den sie sicher jeder andere Stamm beneidete.

Ich tat, als ob ich sie gar nicht beachtete, prüfte aber heimlich jedes einzelne Gesicht und das, was in oder auf demselben geschrieben stand. Das war keine erbitterte, leidenschaftliche und rücksichtslose Feindschaft. Damals, als ich noch keinen Namen besaß und ihren Häuptling so schwer verwundet, ja zum Krüppel geschossen hatte, damals war die Wut, die sie auf mich hatten, geradezu gnadenlos. Seitdem waren Jahre vergangen, und die damalige hochgradige Erbitterung hatte sich gelegt; ich war bekannt geworden und hatte oft und oft bewiesen, daß ein roter Mensch für mich einen ebenso hohen Wert besaß wie ein weißer. Höchstens war es nur Tangua, der Häuptling, welcher mich noch ebenso grimmig haßte wie früher, eine ganz natürliche Folge seiner Gebrechlichkeit, welche er mir zu verdanken hatte; denn daß er eigentlich selbst daran schuld war, das gab er wohl nicht zu.

Daß ich Pida damals gefangen genommen und trotz der zwischen uns herrschenden Feindschaft so schonend behandelt hatte, mußte für mich in die Wagschale fallen; ich war jetzt für die Kiowas wohl mehr der viel besprochene Old Shatterhand, als der Weiße, den ihr Häuptling gezwungen hatte, ihn in die Beine zu schießen. Das sah ich den Blicken an, welche sie auf mich warfen und die ich beinahe respektvoll nennen möchte. Das durfte mich aber ja nicht verführen, in Beziehung auf meine gegenwärtige Lage irgendwelche Hoffnung zu hegen. Sie mochten mich achten, so sehr sie wollten, ich hatte keine Gnade zu erwarten. Ja, einen Andern hätten sie jedenfalls noch eher freigelassen als mich, dessen Gefangennahme und Tötung ihnen den Neid aller andern roten Nationen einbringen mußte. In ihren Augen war ich dem gewissen, unvermeidlichen Tod am Marterpfahl verfallen, und wie ein Weißer in höchster Spannung ins Theater geht, wenn das Werk eines großen Dichters oder Komponisten gegeben wird, grad so und noch begieriger waren sie schon jetzt darauf, zu sehen, wie Old Shatterhand sich bei den Qualen verhalten werde, denen er entgegen ging.

Trotzdem ich mir dies sagte oder sagen mußte, hatte ich nicht die geringste Angst, ja auch nicht einmal Sorge um mich. Welchen Gefahren war ich nicht schon glücklich entgangen! Es war mir auch jetzt gar nicht so zumute, als ob ich mich nun vollständig aufzugeben hätte. Der Mensch muß bis zum letzten Augenblicke hoffen, aber freilich auch all das Seinige dazu beitragen, daß diese Hoffnung in Erfüllung gehe. Wer das nicht tut, der ist allerdings verloren.

Santer hatte sich zu meinen bisherigen drei Gefährten gesetzt und sprach leise und angelegentlich auf sie ein. Ich ahnte, was der Gegenstand seiner Rede war. Auch sie hatten oft von Old Shatterhand gehört; sie wußten, daß ich kein Lump, kein Schurke war, und so konnte sein gegenwärtiges Verhalten zu mir unmöglich einen guten Eindruck auf sie hervorgebracht haben. Dazu kamen die stillen Vorwürfe, die sie sich wahrscheinlich machten. Sie hatten auf seine Veranlassung hin mich nicht nur direkt belogen, sondern mir auch verschwiegen, daß die Indianer gekommen waren. Sie trugen also die eigentliche Schuld an meiner Gefangennahme, und das beunruhigte sie wahrscheinlich, denn sie waren keine ganz schlechten Menschen. Nun gab sich Santer jedenfalls Mühe, ihnen die Angelegenheit in ein solches Licht zu stellen, daß sie ihm keine Vorwürfe machen konnten.

Die Beratung dauerte gar nicht lange. Die Roten, welche an derselben teilgenommen hatten, erhoben sich von ihren Plätzen, und Pida verkündete seinen Leuten:

»Die Krieger der Kiowas werden nicht hierbleiben, sondern nach ihrem Dorfe aufbrechen, sobald sie gegessen haben; sie mögen sich also fertig machen, bald von hier fortzureiten.«

Ich hatte so etwas erwartet, nicht aber Santer, welcher die Sitten und Anschauungen der Indianer nicht so genau kannte wie ich. Er sprang überrascht auf, näherte sich Pida und fragte:

»Fort wollt ihr? Es war aber doch bestimmt, daß wir einige Tage hierbleiben würden!«

»Es ist oft etwas bestimmt worden, was später anders wurde,« antwortete der Häuptling.

»Ihr wolltet den Tod Winnetous feiern!«

»Das werden wir auch tun, nur heut noch nicht.«

»Wann denn?«

»Das werden wir von Tangua erfahren!«

»Aber welchen Grund könnt ihr denn haben, so plötzlich andern Sinnes zu werden?«

»Wir sind dir keine Rechenschaft schuldig; aber ich will es dir dennoch sagen, weil es dabei Old Shatterhand auch mit hört.«

Und mehr zu mir als zu Santer gewendet fuhr er fort:

»Als wir hierherkamen, um uns über den Tod Winnetous, des Häuptlings der Hunde der Apachen zu freuen, ahnten wir nicht, daß uns sein Freund und Bruder Old Shatterhand in die Hände fallen sollte. Dieses wichtige Ereignis ist eingetreten und verdoppelt unsere Freude. Winnetou war unser Feind, aber doch ein roter Mann; Old Shatterhand ist auch unser Feind und dazu ein Bleichgesicht; sein Tod muß noch größern Jubel hervorbringen, als derjenige von Winnetou, und die Söhne und Töchter der Kiowas werden den Tod dieser ihrer beiden berühmtesten Gegner zu gleicher Zeit feiern. Hier steht nur ein geringer Teil unserer Krieger, und ich bin nicht alt genug, um zu bestimmen, wie Old Shatterhand sterben soll. Da muß der ganze Stamm zusammenkommen, und Tangua, der größte und älteste der Häuptlinge, muß seine Stimme erheben, um zu sagen, was geschehen soll. Darum bleiben wir nicht hier, sondern wir beeilen uns, heimzukommen, denn unsere Brüder und Schwestern können nicht früh genug hören, was geschehen ist.«

»Aber es gibt keinen geeigneteren Ort, Old Shatterhand zu Tode zu martern, als den, wo wir uns jetzt befinden! Er, euer Feind, stirbt bei den Gräbern derjenigen, um derentwillen er euer Feind geworden ist!«

»Das weiß ich auch. Aber ist es denn schon fest bestimmt, daß er an einem andern Orte sterben soll? Können wir nicht hierher zurückkehren?«

»Das geht nicht, weil Tangua, der doch dabei sein muß, nicht reiten kann.«

»So läßt er sich von zwei Pferden hertragen. Mag er bestimmen, was er wolle, auf alle Fälle wird Old Shatterhand hier begraben werden.«

»Auch wenn er unten am Salt-Fork sterben muß?«

»Auch dann.«

»Er soll hierher geschafft werden?«

»Ja.«

»Von wem?«

»Von mir.«

»Unbegreiflich! Welchen Grund kann ein vernünftiger roter Krieger dazu haben, sich mit dem Kadaver eines toten, weißen Hundes solche Mühe zu geben!«

»Ich will es dir sagen, damit du Pida, den jungen Häuptling der Kiowas, besser kennen lernst, als du ihn zu kennen scheinst, und damit Old Shatterhand erfährt, wie ich es ihm danke, daß er mich damals nicht getötet, sondern gegen ein Bleichgesicht ausgewechselt hat.«

Und sich abermals mehr an mich als an ihn wendend erklärte er:

»Old Shatterhand ist zwar unser Feind, aber ein edler Feind. Er konnte unten am Rio Pecos Tangua einst erschießen, hat dies aber nicht getan, sondern ihn nur gelähmt. So hat er stets gehandelt; alle roten Männer wissen das und müssen ihn deshalb ehren. Sein Tod ist unvermeidlich; aber er soll den Tod eines großen Helden sterben, indem er uns beweist, daß ihm Martern, die noch kein Mensch erduldet hat, keinen Laut des Schmerzes zu entlocken vermögen. Und dann, wenn er gestorben ist, soll sein Leib nicht im Flusse von den Fischen gefressen oder auf der Prärie von den Wölfen und Geiern zerrissen werden. Ein bewährter Häuptling, wie er ist, muß ein Grab erhalten zu unserer eigenen Ehre, die wir ihn besiegten. Und wo soll dieses Grabmal stehen? Pida hat gehört, daß Nscho-tschi, die schöne Tochter der Apachen, ihm einst ihre Seele schenkte; darum soll seine Leiche neben der ihrigen ruhen, damit sein Geist in den ewigen Jagdgründen mit dem ihrigen sich vereinigen möge. Das ist der Dank, den Pida ihm bringt, dem er das Leben schenkte. Meine roten Brüder haben meine Worte vernommen, sie sind mit mir einverstanden?«

Er sah sich fragend im Kreise der Seinigen um.

»Howgh, howgh, howgh!« erscholl es zustimmend aus aller Mund.

Wahrlich, dieser junge Kiowa war ein ungewöhnlicher und, nach seinen Verhältnissen, ein edler Mensch! Daß er so bestimmt von meinem Martertode sprach, das berührte mich jetzt gar nicht, aber daß dieser Tod ein so fürchterlicher, also ein für mich so ruhmvoller sein sollte, dafür mußte ich ihm dankbar sein, und daß er mich neben Intschu tschuna und Nscho-tschi begraben wollte, das war ein Zug von Zartgefühl, wie man es bei einem Roten gar nicht zu finden glaubt. Während seine Krieger ihr beistimmendes Howgh aussprachen, lachte Santer laut auf und rief mir zu:

»Kerl, da muß man dir ja gratulieren! In den ewigen Jagdgründen mit einer hübschen Indianerin Hochzeit machen, wer es doch auch so gut haben könnte. Ich wollte, ich könnte wenigstens als Gast dabei sein, da ich nicht der Bräutigam sein darf! Willst du mich nicht einladen?«

Ich hätte ihn gar keiner Erwiderung würdigen sollen, antwortete ihm aber doch:

»Eine Einladung ist nicht nötig, denn du wirst noch viel eher dort sein, als ich.«

»Ah, wirklich? Du denkst also an Flucht? Gut, daß du das so offen sagst; ich werde dich festhalten; darauf kannst du dich verlassen!«

Jetzt brachen die Indianer auf, um in das Tal hinabzusteigen, wo sie ihre Pferde gelassen hatten. Man gab mir die Füße frei, band mich aber an zwei Rote, zwischen denen ich gehen mußte. Pida hing sich meine beiden Gewehre über. Santer folgte mit den drei andern Weißen, welche ihre Pferde führten, denn wir hatten unsere Tiere mit heraufgenommen; das meinige nahm ein Kiowa am Zügel.

Unten angekommen, wurde wieder gelagert. Die Indsmen brannten einige Feuer an und brieten sich Wildbret, welches sie mitgebracht hatten. Sie hatten auch Dürrfleisch in ihren Sattelsäcken. Ich bekam ein vortreffliches und so großes Stück, daß ich es kaum aufessen konnte, verzehrte es aber doch, denn es lag mir sehr daran, gut bei Kräften zu bleiben.

Man mußte mir, damit ich essen könne, die Hände freigeben, bewachte mich aber während dieser kurzen Zeit so gut, daß mir ein Fluchtgedanke gar nicht kommen konnte. Dann, als gegessen worden war, wurde ich auf mein Pferd festgebunden, und der Ritt nach dem Dorfe der Kiowas begann.

Draußen auf der Ebene angekommen, drehte ich mich im Sattel um, um noch einen Scheideblick auf den Nugget-tsil zu werfen. Ob ich die Gräber Intschu tschunas und seiner Tochter wiedersehen würde? Hoffentlich! Denn wenn man mich als Leiche zurückbrachte, konnte ich nicht mehr sehen.

Der Weg von hier nach dem Dorfe am Salt-Fork des Red River ist bekannt; ich brauche ihn nicht zu beschreiben; auch geschah unterwegs nichts, was des Erwähnens wert wäre. Die Roten bewachten mich außerordentlich scharf, und wenn sie dies nicht getan hätten, so wäre mir die Flucht doch nicht möglich geworden, weil Santer sein Wort hielt und dafür sorgte, daß ich nicht die geringste Gelegenheit dazu bekam. Er gab sich alle Mühe, mir den Ritt so schwer wie möglich zu machen, mir Unbequemlichkeiten zu bereiten und mich zu ärgern. Was das letztere, nämlich den Aerger betrifft, so waren seine Anstrengungen vergeblich, denn es fiel mir nicht ein, mich durch die höhnischen Reden, mit denen er mich fort und fort überschüttete, aufregen zu lassen; ich setzte ihm den unerschütterlichsten Gleichmut entgegen und tat ihm nicht ein einziges Mal den Gefallen, ihm eine Antwort zu geben. Und seine anderen Bemühungen wurden von Pida zurückgewiesen, welcher nicht duldete, daß mir meine Lage peinlicher gemacht wurde, als unbedingt notwendig war.

Gates, Clay und Summer wurden von den Indsmen fast gar nicht beachtet; sie mußten sich an Santer halten. Ich bemerkte gar wohl, daß sie gern einmal mit mir gesprochen hätten, was ihnen von Pida wahrscheinlich nicht verboten worden wäre, doch Santer wußte es stets zu verhindern. Es lag ihm natürlich sehr viel daran, zu verhüten, daß ich Gelegenheit fand, sie aufzuklären. Uebrigens behandelte er sie keineswegs als gute Kameraden. Sie hätten ihm helfen sollen, nach dem Golde zu suchen, und ich war vollständig überzeugt, daß er sich ihrer, sobald es gefunden worden war, unbedingt entledigt hätte; er wäre, wenn es hätte sein müssen, selbst vor einem dreifachen Morde nicht zurückgeschreckt. Jetzt aber hatte sich die Situation verändert. Sie hatten ihm jedenfalls mitgeteilt, daß ich der Meinung gewesen war, Winnetou habe die Nuggets fortgeschafft, und die Blätter, die er in meinen Händen gesehen hatte, mußten in seinen Augen ein Beweis dafür sein, daß diese Meinung das Richtige traf. Wenn aber das Gold weg war, so war es vergeblich, nach demselben zu suchen, und er hatte keine Leute mehr nötig, die ihm dabei helfen sollten. Darum waren Gates, Clay und Summer ihm jetzt eine Last, welche er am liebsten abgeschüttelt hätte. Aber wie? Konnte er sie einfach fortschicken? Nein. Er mußte sie mitnehmen, tat dies jedoch nur in der Absicht, sich ihrer bei der ersten Gelegenheit zu entledigen.

Es läßt sich denken, daß sein ganzes Dichten und Trachten von nun an auf meine Papiere gerichtet war; er hegte den heißen Wunsch, sie in seine Hände zu bringen. Sie mir offen zu nehmen, das durfte er wegen Pida nicht wagen. Es gab zwei Wege für ihn, sie zu bekommen: entweder er stahl sie mir während des Schlafes, oder er wartete unsere Ankunft im Dorfe ab, um Tangua zu bestimmen, sie ihm zuzusprechen. Es war für ihn gar nicht schwer, auf einem dieser Wege seinen Zweck zu erreichen. Die Papiere befanden sich noch in derselben Tasche. Wohin hätte ich sie verstecken sollen? An irgend einer Stelle meiner Kleidung? Das hätte heimlich geschehen müssen, also wenn ich allein war; aber da war ich ja stets gefesselt. Und dem Häuptlinge hatte er Dienste erwiesen, wofür ihm dieser dankbar war. Wie leicht mußte es da für ihn sein, Tangua zu bewegen, mir die Blätter zu nehmen und sie ihm zu geben! Das verursachte mir Kopfschmerzen. Um mich selbst, um meine Person und mein Leben, war ich nicht besorgt, desto mehr aber um die Hinterlassenschaft meines Winnetou.

Das Kiowadorf lag noch an derselben Stelle wie früher, also an der Einmündung des Salt-Fork in den Red River. Wir mußten den letzteren überschreiten und taten dies an einer

Stelle, wo das Wasser seicht war. Dann, als wir nur noch einige Stunden zu reiten hatten, schickte Pida zwei Reiter voraus, welche unsere Ankunft melden sollten. Welche Aufregung, welchen Jubel mußte die Nachricht hervorbringen, daß der gefangene Old Shatterhand mit dabei war!

Wir befanden uns noch auf der offenen Prärie und sahen noch lange nicht den Wald, welcher an den Ufern der beiden Flüsse stand, da kamen uns schon Reiter entgegengesprengt, nicht in geschlossenen Trupps, sondern einzeln oder zu zweien oder dreien, wie die verschiedene Schnelligkeit ihrer Pferde es ergab. Es waren Kiowas, von denen jeder der Erste sein wollte, der Old Shatterhand zu sehen bekam.

Keiner versäumte, uns mit einem lauten Schrei, einem schrillen Ruf zu begrüßen, einen kurzen, forschenden Blick auf mich zu werfen und sich dann hinten anzuschließen. Ich wurde nicht etwa angestaunt und angegafft, was an einem zivilisierten Orte sicherlich geschehen wäre; diese Roten sind viel zu stolz, sich das Interesse, welches sie fühlen, oder die Aufregung, in der sie sich befinden, anmerken zu lassen.

So wurde unser Trupp von Minute zu Minute größer, ohne daß ich eine Belästigung dabei empfand, und als wir endlich den Wald vor uns liegen sahen, der hier am Salt-Fork nur einen schmalen Streifen bildete, hatte ich wohl an die vierhundert Indianer um mich her, lauter erwachsene Krieger. Das Dorf mußte an Ausdehnung und Bewohnerzahl gewonnen haben.

Unter den Bäumen standen die Zelte, in denen sich jetzt wohl kein einziger Mensch befand, denn alles, was da lebte, stand oder bewegte sich im Freien, um uns kommen zu sehen. Da gab es eine Menge Weiber, alte und junge, halberwachsene Burschen, Mädchen und Kinder. Diese brauchten nicht so zurückhaltend zu sein wie die ernsten, wortkargen Krieger, und sie machten von dieser Freiheit denn auch einen solchen Gebrauch, daß ich mir hätte die Ohren zuhalten mögen, wenn dies bei meinen gefesselten Händen möglich gewesen wäre. Sie schrien, jauchzten, brüllten, lachten, quiekten, kurz, machten einen Skandal, der mir zur Genüge bewies, wie außerordentlich willkommen ich diesen Leuten war.

Da aber hob Pida, welcher voranritt, die Hand, machte mit derselben eine schnelle, wagrechte Bewegung und sofort verstummte der Lärm. Auf ein weiteres Zeichen von ihm bildete die Reiterschar einen Halbkreis, in dessen Mitte ich genommen wurde, Pida neben mir, dabei zwei Rote, deren besondere Aufgabe es war, ja nicht von meiner Seite zu weichen. Santer drängte sich mit heran; der junge Häuptling tat so, als ob er ihn gar nicht sähe.

Wir ritten auf ein großes Zelt zu, dessen Spitze mit Häuptlingsfedern geschmückt war. Vor dem Eingange desselben befand sich in halb sitzender, halb liegender Stellung Tangua. Er hatte außerordentlich gealtert und war dürr wie ein Skelett geworden, aus dessen tiefen Augenhöhlen mich ein Blick traf, spitz wie ein Dolch, scharf wie ein Bowiemesser und unversöhnlich wie – wie – nun eben wie Tangua. Sein langes Haar war weiß wie Schnee geworden.

Pida sprang vom Pferde; seine Krieger taten dasselbe und traten eng um uns zusammen. Jeder wollte die Worte hören, mit denen ich von Tangua empfangen wurde. Man band mich vom Pferde los und ließ mir zunächst noch die Füße frei, so daß ich stehen konnte. Ich selbst war auch nicht wenig neugierig auf die ersten Empfangsworte des Alten, hatte aber lange auf sie zu warten.

Er betrachtete mich von oben bis unten, dann von unten bis oben, noch einmal und noch einmal; es war ein grausamer Blick, der mir hätte Angst einflößen können. Dann schloß er die Augen. Kein Mensch sprach; es herrschte die tiefste Stille, die nur von dem Geräusch, welches die Pferde hinter uns machten, unterbrochen wurde. Das war mir unangenehm, und eben wollte ich zuerst das Schweigen brechen, da sagte er, langsam und feierlich, ohne die Augen zu öffnen:

»Die Blume hofft auf den Tau; er will nicht kommen; sie senkt das Haupt und welkt; schon ist sie am Sterben, da kommt er endlich doch!«

Wieder schwieg er eine Weile; dann begann er abermals:

»Der Büffel scharrt im Schnee, unter welchem er keinen Grashalm findet. Er brüllt hungrig den Frühling herbei, der nicht kommen will; er magert ab, sein Höcker schwindet; seine Kraft wird klein, und fast muß er verenden. Da weht ein warmer Wind, und hart am Tode sieht er den Frühling noch.«

Es trat wieder eine Pause ein.

Was ist der Mensch doch für ein sonderbares, unbegreifliches Geschöpf! Dieser Indianer hatte mich gekränkt, beleidigt und verhöhnt, wie noch nie vorher ein Anderer, mich gehaßt und verfolgt, mir nach dem Leben getrachtet, und wie hatte ich ihm das vergolten? Mit Nachsicht. Anstatt ihn zu erschießen, hatte ich ihm meine Kugel nur in die Beine geschickt, und das auch nur notgedrungen. Und nun er vor mir lag als die Ruine eines Kriegers, eine Menschenhaut, die über klappernde Knochen gezogen ist, mit hohler Stimme wie im Traume, wie aus dem Grabe redend, da dauerte er mich, da tat er mir leid, und ich wünschte, ich hätte damals gar nicht auf ihn geschossen. Und das fühlte und das wünschte ich, obgleich ich wußte, daß er nach Rache förmlich lechzte und jetzt die Augen nur im Uebermaße der Freude, des Entzükkens geschlossen hielt, des Entzückens darüber, daß er nun endlich, endlich den Durst nach meinem Blute stillen könne. Ja, der Mensch ist zuweilen ein höchst sonderbarer Kerl, zumal wenn er – – ein Deutscher ist!

Jetzt sprach er von neuem, ohne etwas Anderes als seine blutleeren Lippen zu bewegen:

»Tangua war die Blume und war der hungernde Büffel. Er sehnte sich und brüllte nach Rache; sie wollte nicht kommen. Er schwand dahin von Mond zu Mond, von Woche zu Woche, von Tag zu Tag; sie zögerte noch immer. Schon war ihm der Tod des Alters nahe, da kam sie doch!«

Während er dies ganz in der vorigen Weise gesprochen hatte, riß er jetzt plötzlich die Augen weit auf, richtete sich, soweit ihm seine steifen Beine dies gestatteten, in die Höhe, streckte die hagern Arme mit den weit auseinander gespreizten zehn Fingern nach mir aus und schrie mit überschnappender Stimme:

»Ja, sie kommt, sie kommt! Sie ist da, sie ist schon da! Ich sehe sie; ich sehe sie hier, da gleich vor mir! Hund, wie, wie, wie sollst du sterben!«

Er sank ermattet zurück und schloß die Augen wieder. Niemand wagte es, die Stille zu unterbrechen; selbst Pida, sein Sohn, schwieg. Erst nach einer längeren Weile öffnete er die Lider wieder und fragte:

»Wie ist diese stinkende Kröte in eure Hände gefallen? Ich will es wissen.«

Diese Gelegenheit ergriff Santer sofort. Ohne zu warten, ob Pida, dessen Sache dies doch gewesen wäre, antworten werde, erwiderte er schnell:

»Ich weiß es am besten. Soll ich es dir sagen?«

»Sprich!«

Santer erzählte, versäumte aber nicht, sein Verdienst dabei in das hellste Licht zu stellen. Niemand unterbrach ihn. Pida war zu stolz dazu, und mir konnte es höchst gleichgültig sein, ob der Kerl sich lobte oder nicht. Als er zu Ende war, fügte er hinzu:

»Es ist also leicht einzusehen, daß ihr es mir zu verdanken habt, daß ihr euch an ihm rächen könnt. Gibst du das zu?«

»Ja,« nickte der Alte.

»Würdest du mir dafür einen Gefallen erweisen?«

»Wenn ich kann.«

»Du kannst.«

»So sag, was du wünschest!«

»Old Shatterhand hat in seiner Tasche ein sprechendes Papier, welches ich haben möchte.«

»Hat er es dir genommen?«

»Nein.«

»Wem gehört es?«

»Ihm nicht; er hat es gefunden. Ich aber bin nach den Mugwort-Hills geritten, um es zu suchen; leider kam er eher.«

»Es sei dein. Nimm es ihm ab!«

Santer war froh, dieses Resultat erreicht zu haben; er näherte sich mir. Ich sagte nichts, bewegte mich auch nicht, sah ihm aber drohend in das Gesicht. Er bekam Angst und zögerte, sich an mir zu vergreifen.

»Ihr habt gehört, was der Häuptling befohlen hat, Sir,« sagte er zu mir.

Diesmal gebrauchte er das Du nicht und nannte mich sogar Sir. Ich antwortete nicht. Darum fügte er noch hinzu:

»Mr. Shatterhand, es ist das Beste für Euch, Euch nicht zu weigern. Ergebt Euch also drein! Ich werde Euch jetzt in die Tasche greifen.«

Er trat noch näher und streckte die Hände aus; da stieß ich ihm die meinigen, obgleich sie zusammengebunden waren, indem ich sie zu einer Doppelfaust zusammenlegte, unter das Kinn, so daß er hintenüber und zur Erde flog.

»Uff!« riefen einige Rothäute wohlgefällig.

Tangua aber war anderer Ansicht, denn er rief zornig:

»Dieser Hund wehrt sich, obgleich er gefesselt ist! Bindet ihn so, daß er sich nicht bewegen kann, und nehmt ihm dann das sprechende Papier aus der Tasche!«

Da endlich ergriff sein Sohn Pida zum ersten Male das Wort, indem er zu ihm sagte:

»Mein Vater, der große Häuptling der Kiowas, ist weise und gerecht; er wird auf die Stimme seines Sohnes horchen.«

Während der Alte bis jetzt wie abwesend, wie in einem Zustande der Entrücktheit gesprochen hatte, wurde sein Auge jetzt klarer; er sah Pida hell an, und auch seine Stimme war eine andere, nicht mehr so dumpf, als er antwortete:

»Warum spricht mein Sohn diese Worte? Ist das Unrecht, was das Bleichgesicht Santer gefordert hat?«

»Ja.«

»Warum?«

»Nicht Santer hat Old Shatterhand besiegt, sondern wir haben dies getan. Old Shatterhand hat auf alle Gegenwehr verzichtet und keinen von uns verletzt, sondern sich mir freiwillig übergeben. Wessen Gefangener ist er da?«

»Der deinige.«

»Wem gehören also sein Pferd, seine Waffen und Alles, was er bei sich trug?«

»Dir.«

»Ja, mir. Ich habe eine große, eine wertvolle Beute gemacht. Wie kann da dieser Santer das sprechende Papier für sich verlangen?«

»Weil es ihm gehört.«

»Kann er das beweisen?«

»Ja. Er ist nach den Mugwort-Hills geritten, um es zu suchen, Old Shatterhand aber kam ihm zuvor.«

»Wenn er es gesucht hat, muß er es gekannt haben, muß also wissen, was es enthält. Mein Vater mag sagen, ob das richtig ist oder nicht!«

»Es ist richtig.«

»So soll Santer uns jetzt sagen, welche Worte das Papier zu sprechen hat.«

»Ja, das mag er tun. Wenn er es kann, so kennt er es, und es ist sein.«

Diese an Santer gerichtete Aufforderung brachte ihn in nicht geringe Verlegenheit. Er konnte sich freilich denken, daß sich der Inhalt der Blätter auf das am Nugget-tsil versteckt gewesene Gold bezog; aber wenn er das behauptete, und es stellte sich dann etwas anderes heraus, so hatte er gelogen. Und wenn es wirklich so war, durfte er es sagen? Es mußte ihm ja daran liegen, womöglich alleiniger Besitzer des Geheimnisses zu bleiben. Darum versuchte er es mit der Ausrede:

»Was das sprechende Papier enthält, ist für keinen andern Menschen von Wichtigkeit, als nur für mich allein. Daß es mir gehört, habe ich dadurch bewiesen, daß ich allein seinetwegen nach den Mugwort-Hills geritten bin. Daß Old Shatterhand es vor mir fand, ist nur ein Zufall gewesen.«

»Das war klug gesprochen,« erklärte Tangua. »Santer soll das sprechende Papier bekommen; es ist sein Eigentum.«

Da war es für mich Zeit, auch ein Wort zu sprechen, denn ich las aus Pidas Gesicht, daß er sich bewogen fühlte, seinen Widerstand aufzugeben. Darum sagte ich:

»Ja, das war klug, aber nicht wahr gesprochen. Santer ist

nicht dieses Papieres wegen nach den Mugwort-Hills gekommen.«

Der Alte fuhr bei dem Klange, dem Tone meiner Stimme zusammen, wie jemand, der vor einer Gefahr erschrickt. Er zischte mich giftig an:

»Der stinkende Hund beginnt zu bellen, doch wird es ihn gar nichts nützen!«

»Pida, der junge, tapfere Häuptling der Kiowas, sagte vorhin, daß Tangua gerecht und weise sei,« fuhr ich fort. »Wenn das wahr ist, wirst du nicht parteiisch handeln.«

»Es ist wahr.«

»So sag, ob du erwartest, von mir eine Lüge zu hören!«

»Nein. Old Shatterhand ist das gefährlichste der Bleichgesichter und mein ärgster Feind, aber er hat nie mit zwei Zungen gesprochen.«

»So sage ich dir, daß kein anderer Mensch als nur ich allein wissen konnte, wo das Papier lag, und was es enthält. Santer hat keine Ahnung davon, und nicht ich, sondern er kam zufällig dazu, als es gefunden worden war. Ich hoffe, daß du mir das glaubst.«

»Tangua nimmt an, daß Old Shatterhand nicht lügt; aber Santer behauptet auch, die Wahrheit gesagt zu haben. Wie soll ich da entscheiden, wenn ich gerecht sein will?«

»Es ist gut, wenn die Gerechtigkeit sich mit der Klugheit paart. Santer ist oft bei den Mugwort-Hills gewesen; er hat dort Gold gesucht, doch ohne es zu finden; das weiß Tangua genau, denn er hat ihm das Suchen ja erlaubt. Er kam auch diesmal nur des Goldes wegen.«

»Das ist Lüge!« fuhr mich Santer an.

»Es ist die Wahrheit,« behauptete ich. »Tangua mag sich bei den drei andern Bleichgesichtern erkundigen. Santer hat sie mitgebracht, damit sie ihm suchen helfen sollen.«

Der Alte tat dies, und Gates, Clay und Summer mußten zugeben, daß es so war, wie ich gesagt hatte. Da machte Santer einen letzten zornigen Versuch:

»Und dennoch kam ich des Papieres wegen! Allerdings wollte ich nebenbei auch wieder nach den Nuggets suchen und nahm diese drei Männer mit, daß sie mir helfen sollten, doch von dem Papiere sagte ich ihnen nichts, weil nur ich davon wissen durfte.«

Das brachte den alten Häuptling wieder aus der Fassung. Er rief mißmutig aus:

»Da hat nun jeder recht! Was soll ich tun?«

»Klug sein,« antwortete ich. »Santer mag uns sagen, ob das Papier Wert für ihn hat oder nicht!«

»Natürlich hat es Wert,« erklärte er. »Es ist sogar von großer Wichtigkeit für mich, sonst würde ich nicht so darauf bestehen, es zu bekommen.«

»Gut! Ist es nur ein Papier, oder sind es mehrere?«

»Mehrere,« antwortete er; er hatte das wohl gesehen, als ich am Grabe saß und las.

»Wie viele? Zwei – drei – vier – fünf?«

Er schwieg, und wenn er jetzt nicht das Richtige traf, so war er überführt.

»Seht, daß er schweigt!« sagte ich. »Er weiß es nicht.«

»Ich habe es vergessen. Wer merkt sich so etwas genau!«

»Wenn diese Papiere so sehr wichtig für ihn sind, muß er genau wissen, um wie viele Blätter es sich handelt. Und selbst wenn er es früher gewußt und dann später vergessen haben sollte, so wird er wenigstens und ganz bestimmt sagen können, ob sie mit Tinte oder mit Blei geschrieben worden sind. Aber ich vermute, daß er auch da wieder schweigen wird.«

Diese letzten Worte sagte ich in stark ironischem Tone, um ihn zu einer schnellen Antwort zu verleiten. Ich erwartete, daß er das Richtige nicht erraten würde, weil im wilden Westen Tinte nur in den Forts zu finden ist und es viel eher vorkommen kann, daß jemand einen Bleistift bei sich hat. Diese Berechnung war richtig, denn er erwiderte meine ironische Bemerkung mit der unbedachten aber zuversichtlichen Behauptung:

»Natürlich weiß ich das, denn so etwas vergißt man nicht. Die Papiere sind mit Bleistift geschrieben.«

»Sollte das kein Irrtum sein?« fragte ich der Sicherheit wegen noch einmal.

»Ich irre mich nicht; es ist Bleistift und nicht Tinte!«

»Gut! Wer von den anwesenden Kriegern hat sprechende Papiere der Bleichgesichter gesehen, so daß er Tinte von Blei unterscheiden kann?«

Es gab einige, die sich getrauten, diese Unterscheidung treffen zu können. Uebrigens waren Gates, Clay und Summer da. Darum forderte ich Pida auf:

»Der junge Häuptling der Kiowas mag die Papiere aus meiner Tasche nehmen und sie prüfen lassen, sie aber Santer ja nicht zeigen.«

Er tat dies und ich sorgte dabei dafür, daß die drei Weißen die Zeilen zwar zu sehen, doch nicht zu lesen bekamen. Sie erklärten, daß sie mit Tinte geschrieben seien, und Tangua und Pida stimmten, obgleich sie nicht viel davon verstanden, dieser Meinung bei.

»Ihr Dummköpfe!« fuhr Santer Gates an. »Hätte ich mich doch niemals mit euch abgegeben! Ihr wißt ja nicht einmal, was Tinte und was Bleistift ist!«

»Na, so dumm, wie Ihr da sagt, sind wir doch noch nicht,« entgegnete Gates. »Es war Tinte und wird Tinte bleiben.«

»Ja, und ihr steckt drin in dieser Tinte und werdet nicht so leicht herauskommen!«

Ihm zu sagen, daß sie hätten lügen sollen, das wagte er freilich nicht. Nun wendete sich Pida, indem er die Zettel wieder in die Lederumschläge steckte, an seinen Vater:

»Old Shatterhand hat seinen Gegner überwunden. Mein Vater wird jetzt wissen, ob Santer ein Recht auf diese Papiere besitzt.«

»Sie waren nicht sein, sondern sie gehörten Old Shatterhand,« antwortete der Alte.

»Also sind sie nun mein Eigentum, denn Old Shatterhand ist mein Gefangener. Da sich diese zwei Männer um sie streiten, müssen sie sehr wichtig sein. Ich werde sie gut aufbewahren in meiner Medizin.«

Er steckte sie ein. Das war mir höchst fatal und doch auch wieder lieb. Fatal, weil die Papiere in meinem Interesse doch am besten bei selbst mir aufgehoben waren. Wie sollte ich zu ihnen kommen, im Falle mir die Flucht gelang? Und doch auch lieb, denn ich traute Santern nicht. Im Falle ich sie hätte behalten dürfen, wäre er sehr wahrscheinlich auf den Gedanken gekommen, sie mir zu nehmen, wenn nicht während des Schlafes, dann mit Anwendung von Gewalt; ich war ja gefesselt und konnte mich nicht nachhaltig genug wehren. Da war es doch vielleicht besser, wenn die Blätter sich im Besitze des jungen Häuptlings befanden, an dem er sich nicht vergreifen durfte. Er sagte zu diesem, und zwar in einem Tone, als ob er nun nichts mehr von ihnen wissen wolle und gänzlich auf sie verzichte:

»Ja, behalte sie! Sie werden dir nichts nützen, denn du kannst sie ja doch nicht lesen. Ich hätte sie zwar gern gehabt, denn sie sind mir wirklich wichtig, kann sie aber doch entbehren, weil ich ihren Inhalt vollständig kenne. Kommt, Mesch'schurs! Wir haben hier nichts mehr zu suchen und wollen sehen, wo wir ein Unterkommen finden.«

Er entfernte sich mit Gates, Clay und Summer, und es fiel niemandem ein, sie zurückzuhalten. Das mit den Papieren war entschieden, und ich erwartete, daß man sich nun mit meiner Person beschäftigen werde. Es kam auch so, doch vorher fragte der Alte seinen Sohn:

»Old Shatterhand hatte die sprechenden Zettel noch bei sich. Habt ihr ihm die Taschen denn nicht leer gemacht?«

»Nein,« antwortete Pida. »Er ist ein großer Krieger; wir werden ihn zwar töten, aber seinen Namen und seine Tapferkeit nicht dadurch kränken, daß wir ihm in die Taschen greifen. Wir haben seine Waffen; das ist genug; alles andere wird er mir doch hinterlassen, wenn er gestorben ist.«

Ich erwartete, daß der Alte nicht damit einverstanden sei, irrte mich da aber, denn er warf einen stolzen, wohlgefälligen, ja fast liebevollen Blick auf seinen Sohn und sagte:

»Pida, der junge Häuptling der Kiowas, ist ein edler Krieger; er schont selbst seine ärgsten Feinde; er tötet sie zwar, aber er beschimpft und entehrt sie nicht. Sein Name wird noch größer und berühmter werden als derjenige von Winnetou, dem Hunde der Apachen. Zum Lohne dafür will ich ihm erlauben, sein Messer in das Herz Old Shatterhands zu senken, wenn dieser so gemartert ist, daß ihm das Leben fliehen will. Pida soll den Ruhm haben, von sich sagen zu können, daß das größte, gefährlichste und berühmteste der Bleichgesichter von seiner Hand gestorben ist. Jetzt hole man die Alten herbei! Wir wollen beraten, wann und wie dieser bissige weiße Hund sein Leben herzugeben hat. Er mag inzwischen an dem Baume des Todes hängen.«

Was das für ein Baum war, das sollte ich sogleich sehen und erfahren. Ich wurde zu einer unten vielleicht zwei Fuß starken Kiefer geschafft, um welche rundum Pfähle je zu vieren eingerammt waren, deren Zweck ich erst am Abende kennen lernte. Diese Kiefer hieß der Baum des Todes, weil an ihr diejenigen Gefangenen angebunden wurden, welche dem Martertode geweiht waren. An dem untersten Aste hingen die dazu nötigen Riemen bereit. Ich wurde in der Weise an den Stamm befestigt, wie einst Winnetou und sein Vater an ihren Bäumen gehangen hatten, als sie in unsere Hände und in diejenigen der Kiowas geraten waren[1]. Zwei bewaffnete Krieger setzten sich als Wächter rechts und links von mir nieder. Vor dem Zelte des Häuptlings bildete sich, Tangua gegenüber, ein Halbkreis der Aeltesten, um über mein Schicksal, oder vielmehr, da dasselbe schon beschlossen war, über die Art und Weise meines Todes zu beraten. Ehe damit begonnen wurde, kam Pida zu mir und untersuchte die Riemen. Sie waren fürchterlich straff angezogen; er lockerte sie ein wenig und sagte zu den Wächtern:

»Ihr sollt streng auf ihn achtgeben, aber nicht ihn quälen. Er ist ein großer Häuptling der weißen Jäger und hat niemals einem roten Krieger unnötige Schmerzen bereitet.«

Dann entfernte er sich wieder, um an der Beratung teilzunehmen.

Ich stand aufrecht an den Baum gebunden, mit dem Rükken an demselben, und sah die Menge der Frauen, Mädchen und Kinder, welche herbeikamen, um mich zu betrachten.

[1] Siehe Band I Seite 218.

Die Krieger hielten sich fern; ja selbst die Knaben, die kleinen ausgenommen, waren schon zu stolz, mich mit ihrer Neugierde zu belästigen. Haß las ich in keinem einzigen Gesichte, sondern nur eine mit Achtung gepaarte Neugierde. Sie wollten den weißen Jäger sehen, von dem sie so viel gehört hatten und dessen Tod ihnen ein Schauspiel bieten sollte, wie es so grausam und aufregend vielleicht noch nicht dagewesen war.

Unter ihnen fiel mir eine junge Indianerin auf, welche noch nicht Squaw zu sein schien. Sie ging, als sie mein Auge auf sich gerichtet sah, abseits, blieb dort abgesondert von den Andern stehen und sah nur noch verstohlen zu mir herüber, als ob sie sich schäme, bei den gewöhnlichen ›Gaffern‹ gestanden zu haben. Sie war nicht gerade schön, aber doch auch keineswegs häßlich; ich hätte sie lieblich nennen mögen. Ihre weichen Gesichtszüge gewannen durch den milden, ernsten und offenen Blick ihres großen Auges an Interesse. Dieses Auge erinnerte mich lebhaft an Nscho-tschi, wenn sie auch sonst keine Aehnlichkeit mit der Schwester des Apachen hatte. Einer augenblicklichen Regung folgend, nickte ich ihr freundlich zu. Da errötete sie bis unter die Haarwurzeln, wendete sich ab und entfernte sich; nach kurzer Zeit blieb sie einen Augenblick lang stehen, um sich noch einmal nach mir umzusehen, dann verschwand sie im Eingange eines der größeren und besseren Zelte.

»Wer war die junge Tochter der Kiowas, welche dort allein stand und jetzt fortgegangen ist?« fragte ich meine Wächter.

Es war ihnen nicht untersagt worden, mit mir zu sprechen, und so antwortete der Eine:

»Das war Kakho-Oto[1], die Tochter von Sus-Homascha[2], der sich schon als Knabe die Auszeichnung errungen hat, eine Feder im Haar zu tragen. Gefällt sie dir?«

»Ja,« antwortete ich, obgleich diese Frage in meiner Lage und von einem Roten ziemlich sonderbar klang.

[1] Dunkles Haar.

[2] Eine Feder.

»Die Squaw unsers jungen Häuptlings ist ihre Schwester,« fügte er hinzu.

»Pidas Squaw?«

»Ja.«

»So ist sie also mit Pida verwandt?«

»Ja. Du siehst ihren Vater mit der einen großen Feder im Schopfe dort bei der Beratung sitzen.«

Damit war das kurze Gespräch beendet; es sollte aber Folgen haben, die ich ganz und gar nicht beabsichtigt hatte.

Die Beratung währte lange, wohl über zwei Stunden; dann wurde ich geholt, um mein Schicksal zu vernehmen. Ich hatte lange Reden über die Verbrechen der Weißen überhaupt, dann über meine eigenen anzuhören. Tangua brachte einen nicht enden wollenden Bericht über unsere damalige Gegnerschaft, welche mit der Lähmung seiner beiden Beine endete; es blieb natürlich auch nicht unerwähnt, daß ich dann später Sam Hawkens befreit und mich an Pida vergriffen hatte; kurz, ich bekam ein Sündenregister zu hören, gegen welches keine Gnade oder Schonung aufkommen konnte; aber noch viel länger war dann das Verzeichnis der Qualen, die meiner warteten. Ich glaube nicht, daß unter allen Weißen, welche jemals von den Indianern zu Tode gemartert worden sind, sich einer befunden hat, der eines so fürchterlichen und langsamen Todes gestorben ist, wie mir in Aussicht stand. Ich konnte außerordentlich stolz auf diese große Auswahl sein, denn sie war der sicherste Maßstab der Achtung, in welcher ich bei diesen liebenswürdigen Leuten stand. Das einzige Tröstliche dabei war, daß man mir eine Gnadenfrist stellte, was seinen Grund in dem Umstande hatte, daß eine Abteilung der Kiowas sich nicht daheim befand; sie sollte nicht um den Hochgenuß kommen, Old Shatterhand sterben zu sehen, und darum mußte ihre Rückkehr abgewartet werden.

Ich verhielt mich bei Verkündigung dieses Urteilsspruches natürlich so, wie sich ein Mann, der den Tod nicht fürchtet, verhalten muß, sagte aber das, was ich zu sagen hatte, so kurz wie möglich und hütete mich sehr, eine Aeußerung zu tun, durch welche meine roten Richter sich beleidigt fühlen konnten.

Das war dem in solchen Fällen gewöhnlichen Verhalten ganz entgegengesetzt, da es für ein Zeichen des Mutes gehalten wird, wenn der Verurteilte seine Peiniger auf alle mögliche Weise zu erbittern trachtet. Ich unterließ das wegen Pida, der sich so edelmütig gegen mich benahm, und auch wegen des Verhaltens der Kiowas überhaupt; ich hatte bei ihnen eine ganz andere Aufnahme gefunden, als nach ihrem Charakter und der zwischen ihnen und den Apachen herrschenden Feindschaft zu erwarten gewesen war. Daß die Ruhe, welche ich zeigte, mir für Feigheit ausgelegt werden könne, das hätte wohl ein Anderer zu befürchten gehabt, ich aber nicht.

Als ich zurückgeführt wurde, um wieder an den Baum des Todes gebunden zu werden, kam ich an dem Zelte vorüber, welches dem alten ›Eine Feder‹ gehörte. Seine Tochter stand unter dem Eingange. Mir gar nichts dabei denkend, blieb ich stehen und fragte sie:

»Meine junge rote Schwester freut sich wohl auch sehr darüber, daß der böse Old Shatterhand ergriffen worden ist?«

Sie errötete wie vorhin, als ich ihr zunickte, zögerte einen Augenblick und antwortete dann:

»Old Shatterhand ist nicht bös.«

»Woher weißt du das?«

»Alle wissen es.«

»Warum wollt ihr mich denn da töten?«

»Du hast Tangua gelähmt und bist kein Bleichgesicht mehr, sondern ein Apache.«

»Ich bin ein Bleichgesicht und werde es stets bleiben.«

»Nein, denn Intschu tschuna hat dich damals unter die Apachen aufgenommen und dich sogar zu einem ihrer Häuptlinge gemacht. Hast du nicht Winnetous Blut und er das deinige getrunken?«

»Das haben wir allerdings getan; aber es hat nie ein Kiowa durch mich ein Leid erlitten, außer wenn er selbst mich dazu zwang; das mag ›Dunkles Haar‹ ja nicht vergessen!«

»Wie? Old Shatterhand kennt meinen Namen?«

»Ich habe mich nach ihm erkundigt, denn ich sah, daß du die Tochter eines großen und vornehmen Kriegers bist. Mögest du noch so viele schöne Sonnen erleben, wie mir nur noch Stunden übrig bleiben!«

Ich ging. Meine Wächter hatten nichts dagegen gehabt, daß ich mit ihr sprach; ein anderer Gefangener wäre nicht mit solcher Rücksicht behandelt worden. Das war nicht bloß eine Folge von Pidas Charakter und Gesinnung, sondern sicher auch des Umstandes, daß sein Vater ein Anderer geworden war. Und diese Veränderung hatte ihren Grund nicht in dem Alter, welches entweder milder stimmt oder die Tatkraft raubt, sondern die Gesinnung des Sohnes hatte ihren Einfluß auf den Vater nicht verfehlt. Ein edles Reis gibt dem alten Stamme neuen Wert und bessere Säfte.

Als ich wieder angebunden war, blieben mir nicht nur die Krieger, sondern auch die Weiber und die Kinder fern; es schien ein darauf bezüglicher Befehl erteilt worden zu sein, und das war mir lieb, denn es ist nicht angenehm, als seltenes Schaustück an einem Baume zu hängen und angestaunt zu werden, wenn es auch nur von Kindern ist.

Später sah ich ›Dunkles Haar‹ aus ihrem Zelte treten; sie hatte ein flaches, tönernes Gefäß in der Hand und kam damit zu mir.

»Mein Vater hat mir erlaubt, dir zu essen zu geben. Willst du es nehmen?« fragte sie.

»Gern,« antwortete ich; »nur kann ich mich meiner Hände nicht bedienen, weil sie gefesselt sind.«

»Du brauchst nicht losgebunden zu werden, ich will deine Dienerin sein.«

Das, was sie gebracht hatte, war gebratenes und in Stücke zerschnittenes Büffelfleisch. Sie hatte ein Messer in der Hand, mit welchem sie die Stücke aufspießte und mir in den Mund schob. Old Shatterhand, von einer jungen Indianerin wie ein Kind ›gefuttert‹! Ich hätte trotz meiner keineswegs beneidenswerten Lage darüber lachen können. Zu schämen brauchte ich mich nicht, denn die, welche sich mir so hilfreich erwies, war keine zimperliche weiße Lady oder Signorina, sondern eine Kiowa-Indianerin, welcher solche Situationen nicht mehr fremd waren.

Die beiden Wächter sahen sehr ernsthaft zu, doch schien es mir, als ob sie nur mit Anstrengung ein Lächeln unterdrückten. Als ich den letzten Bissen erhalten hatte, hielt es der eine von ihnen an der Zeit, das gute Mädchen dadurch zu belohnen, daß er aus der Schule schwatzte:

»Old Shatterhand hat gesagt, daß ›Dunkles Haar‹ ihm sehr gefällt.«

Sie sah mich prüfend an, ich glaube, daß ich fast ebenso rot geworden bin, wie sie es war; dann wendete sie sich, um zu gehen. Aber sie hatte nur wenige Schritte gemacht, da drehte sie sich wieder zu mir um und fragte:

»Hat dieser Krieger jetzt die Wahrheit gesprochen?«

»Er fragte mich, ob du mir gefällst, und ich habe ja gesagt,« antwortete ich der Wahrheit gemäß.

Sie ging und ich erteilte dem Plauderer einen Verweis, der aber gar keinen Eindruck auf ihn machte.

Am Spätnachmittage sah ich Gates, welcher zwischen den Zelten umherschlenderte.

»Darf ich einmal mit diesem Bleichgesichte sprechen?« fragte ich meine Aufseher.

»Ja,« lautete der mir günstige Bescheid. »Doch dürft ihr nicht etwa von Flucht reden!«

»Was das betrifft, so braucht mein roter Bruder keine Sorge zu haben.«

Ich rief Gates zu mir, und er kam langsam und zögernd herbei wie einer, der nicht recht weiß, ob er es tun darf oder nicht.

»Nur immer heran!« forderte ich ihn auf. »Oder ist Euch verboten worden, mit mir zu sprechen?«

»Mr. Santer sieht es nicht gern,« gestand er.

»Hat er das gesagt?«

»Ja.«

»Das glaube ich. Er befürchtet, daß ich Euch ein helles Licht anbrenne über ihn.«

»Ihr denkt noch immer falsch von ihm, Mr. Shatterhand!«

»Ich nicht, sondern Ihr!«

»Er ist ein Gentleman!«

»Das könnt Ihr nicht beweisen, während ich Euch das Gegenteil mit höchst schlagenden Gründen zu belegen vermag.«

»Ich mag sie nicht hören. Ihr seid ihm einmal feindlich gesinnt.«

»Allerdings, und zwar so feindlich, daß er alle Veranlassung hat, sich vor mir in acht zu nehmen.«

»Vor Euch? Hm! Sir, nehmt es mir nicht übel, wenn ich Euch das sage, aber vor Euch braucht sich niemand mehr in acht zu nehmen.«

»Weil ich hier sterben soll?«

»Ja.«

»Zwischen Sollen und Werden ist ein großer Unterschied. Ich habe schon oft sterben sollen, bin aber noch nicht getötet worden! Könnt Ihr denn wirklich glauben, daß Old Shatterhand ein so schlechter Kerl ist, wie Santer sagt?«

»Ich glaube da alles oder auch nichts. Ihr seid Feinde; wer da recht hat, ob er oder Ihr, das geht mich nichts an.«

»So solltet Ihr mich wenigstens nicht täuschen und belügen!«

»Wann habe ich das getan?«

»In den Mugwort-Hills, als Ihr mir verschwieget, daß die Kiowas da waren. Wäret Ihr ehrlich gewesen, so stände ich jetzt nicht als Gefangener hier!«

»Seid Ihr etwa aufrichtiger gewesen?«

»Habe ich Euch getäuscht, oder gar betrogen?«

»Ja.«

»Wann und wie?«

»Ihr nanntet Euch Jones!«

»Das nennt Ihr einen Betrug, Mr. Gates?«

»Natürlich!«

»Betrug ist die widerrechtliche Aneignung eines Vorteils über einen Andern. Von so etwas ist aber bei mir keine Rede gewesen. Daß ich meinen Namen verschwieg und einen andern nannte, möchte ich nicht einmal List nennen, sondern es war die einfachste Notwendigkeit. Santer ist ein vielfacher Mörder, ein großartiger Betrüger, ein ganz außerordentlich gefährlicher Mensch; er trachtet auch mir nach dem Leben. Ihr waret seine Gefährten. Durfte ich Euch da sagen, wer ich bin, und daß ich nach den Mugwort-Hills wollte?«

»Hm!« brummte er.

»Hm? Nehmt es mir nicht übel, Mr. Gates, aber wenn Ihr da noch im Zweifel seid, ob ich recht habe oder nicht, so kann ich Euch nicht begreifen.«

»Ihr hättet uns trotz alledem die Wahrheit sagen sollen; das waret Ihr uns schuldig!«

»Ich war euch gar nichts schuldig, verstanden! Ihr seid unerfahrene Leute; ja das seid ihr, wenigstens so einem Westmann gegenüber, wie ich bin; da mußte ich zurückhaltend sein. Und dazu hatte euch Santer engagiert, den ihr mit eurem Lobe bis zum Himmel erhobt. Da mußte ich meinen Namen verschweigen.«

»Hättet Ihr ihn uns genannt, so hätten wir Euch doch wohl Glauben geschenkt!«

»Nein!«

»Doch!«

»Nein! Das kann ich Euch beweisen.«

»Womit denn?«

»Glaubt Ihr mir etwa jetzt, wo Ihr doch nun wißt, daß ich Old Shatterhand bin?«

»Daran seid Ihr nur selber schuld, weil Ihr uns belogen und hintergangen habt!«

»Ausrede! Ihr wißt jetzt, wer ich bin und weshalb ich meinen Namen verschweigen mußte, und habt, was die Hauptsache ist, gesehen und erfahren, wie Santer gegen mich handelt.«

»Er will Euch ja gar nichts tun.«

»Wer hat das gesagt?«

»Er selbst.«

»Wann?«

»Vorhin erst wieder.«

»Damit will er Euch täuschen. Er brennt förmlich darauf, mich um das Leben zu bringen.«

»Nein, er sagt keine Lüge!«

»Seht Ihr, daß Ihr selbst jetzt noch zu ihm haltet, mir aber mißtraut! Da wäre es erst recht vergeblich gewesen, wenn ich mich an den Mugwort-Hills Euch offenbart hätte. Ich habe mir dort ja alle Mühe gegeben, Euch zu beweisen, daß er es unredlich meint. Das glaubt Ihr selbst jetzt noch nicht, wo es für Euch doch Pflicht- und Herzenssache sein sollte, es nicht mit ihm zu halten, sondern mir beizustehen, mir, dem Gefangenen, der elend hingemordet werden soll!«

»Er sagte vorhin, daß er Euch retten will.«

»Lüge, nichts als Lüge! Ich sehe, Ihr seid nicht zu überzeugen. Er hat Euch umgarnt, und Ihr müßt durch Schaden klug werden.«

»Von Schaden ist keine Rede. Gegen Euch mag er anders gewesen sein, weil Ihr ihn verfolgt und nach dem Leben getrachtet habt, mit uns aber meint er es ehrlich.«

»So hofft Ihr noch immer auf das Gold?«

»Ja.«

»Es gibt keins in den Mugwort-Hills!«

»So liegt es wo anders.«

»Wo denn?«

»Das wissen wir nicht, werden es aber erfahren.«

»Von wem?«

»Santer will es entdecken.«

»Auf welche Weise? Hat er Euch das gesagt?«

»Nein.«

»Da habt Ihr es ja wieder, daß er nicht ehrlich und aufrichtig gegen Euch ist!«

»Er kann uns doch nicht etwas sagen, was er selbst noch gar nicht weiß!«

»Er weiß es; er weiß es sogar ganz genau, nämlich auf welche Weise er den Ort entdecken kann, an dem sich die Nuggets jetzt befinden!«

»Wenn Ihr das sagt, müßt Ihr es doch auch wissen?«

»Allerdings.«

»So sagt es mir!«

»Das geht nicht.«

»Ah! Seht Ihr, daß Ihr selbst nicht ehrlich seid! Und da sollen wir es mit Euch halten!«

»Ich würde aufrichtig mit Euch sein, wenn ich Euch trauen dürfte. Ihr könnt mir keine Vorwürfe machen, denn Ihr selbst zwingt mich, verschwiegen zu sein. Wo habt Ihr hier denn Euer Unterkommen gefunden?«

»Wir wohnen zusammen in einem Zelte, welches Santer für uns ausgewählt hat.«

»Und er selbst wohnt auch bei Euch?«

»Ja.«

»Wo liegt dieses Zelt?«

»Neben dem, welches Pida gehört.«

»Sonderbar! Und das hat er sich selbst ausgesucht?«

»Ja. Tangua erlaubte ihm, da zu wohnen, wo er wollte.«

»Und da hat er sich grad neben Pida einlogiert, der ihm kein solches Wohlwollen wie sein Vater entgegenbringt? Hm! Nehmt Euch in acht! Es kann leicht vorkommen, daß Santer plötzlich verschwunden ist und Euch hier sitzen läßt. Dann steht zu erwarten, daß in den Gesinnungen der Roten für Euch plötzlich eine Aenderung eintritt.«

»Welche?«

»Jetzt dulden sie Euch; dann aber betrachten sie Euch als Feinde. Ob es dann in meiner Macht steht, Euch zu helfen, das muß ich bezweifeln.«

»Ihr – – uns – – helfen – – –?« stotterte er erstaunt. »Mr. Shatterhand, Ihr sprecht ja grad so, als ob Ihr Euch auf freiem Fuße befändet und ein Freund der Kiowas wäret!«

»Ich habe meine Gründe dazu, denn – – –«

»Donner!« unterbrach er mich. »Jetzt sieht er, daß ich da bei Euch stehe!«

Santer trat nämlich grad jetzt zwischen den Zelten hervor, erblickte ihn und kam rasch herbei.

»Ihr scheint schreckliche Angst vor diesem Kerl zu haben, dem Ihr doch ein so großes Vertrauen schenkt!« sagte ich in ironischem Tone.

»Angst nicht, aber er will es nun einmal nicht haben, daß wir zu Euch gehen.«

»So lauft fort, und bittet ihn um Verzeihung und um Gnade, Mr. Gates!«

»Was habt Ihr hier zu suchen, Gates?« rief Santer schon von weitem. »Wer hat Euch gesagt, daß Ihr Euch mit diesem Menschen unterhalten sollt?«

»Ich kam nur zufällig vorüber, und da redete er mich an,« antwortete der Angedonnerte.

»Hier kann es keinen Zufall geben. Packt Euch fort! Ihr kommt mit mir!«

»Aber, Mr. Santer, ich bin doch kein Kind und – –«

»Ihr schweigt und geht mit mir! Vorwärts!«

Er ergriff ihn beim Arme und zog ihn mit sich fort. Was mußte er diesen drei unerfahrenen Männern alles vorgelogen haben, daß sie es so mit ihm hielten und sich dazu eine solche Behandlung von ihm gefallen ließen!

Selbstverständlich waren mir Wächter gegeben worden, welche leidlich englisch verstanden; sie hatten also gehört, was wir verhandelt hatten, und da bekam ich wieder einen Beweis dafür, daß mein Ansehen bei ihnen ein ganz anderes war als dasjenige von Santer, denn der Eine von ihnen, welcher mir immer geantwortet hatte, während der Andere sich schweigsam verhielt, machte, als Santer mit Gates fortging, die Bemerkung:

»Das sind Schafe, die einem Wolf folgen; er wird sie auffressen, sobald er Hunger bekommt. Warum glauben sie nicht der Warnung Old Shatterhands, der es doch gut mit ihnen meint!«

Kurze Zeit darauf kam Pida, um zwar meine Fesseln zu untersuchen, aber auch sich zu gleicher Zeit zu überzeugen, daß ich mich nicht zu beklagen hatte. Er deutete auf die erwähnten Pfähle, welche je zu vieren in die Erde gerammt waren, und sagte:

»Old Shatterhand wird vom langen Stehen ermüdet sein; er soll in der Nacht hier zwischen den Pfählen liegen; wünscht er vielleicht schon jetzt, sich niederzulegen?«

»Nein,« antwortete ich; »ich kann es noch aushalten.«

»So mag es nach dem Abendessen geschehen. Hat der weiße Jäger noch einen Wunsch?«

»Ja, eine Bitte.«

»Sage sie mir; wenn ich kann, werde ich sie gern erfüllen.«

»Ich möchte dich vor Santer warnen.«

»Vor diesem? Der ist gegen Pida, den Sohn des Häuptlings Tangua, ein Ungeziefer!«

»Sehr richtig! Aber auch das Ungeziefer hat man zu beachten, wenn es sich einnisten will. Ich habe gehört, daß er jetzt neben dir wohnt?«

»Ja; das Zelt stand leer.«

»So nimm dich in acht, daß er nicht in das deinige kommt! Er scheint die Absicht dazu zu haben.«

»Ich werfe ihn hinaus!«

»Das kannst du tun, wenn er offen kommt. Wie aber, wenn er sich heimlich herbeischleicht, ohne daß du es bemerkst?«

»Ich würde es bemerken.«

»Auch wenn du nicht im Zelte wärest?«

»So würde sich meine Squaw in demselben befinden und ihn fortjagen.«

»Er trachtet nach dem sprechenden Papiere, welches du genommen hast.«

»Er wird es nicht bekommen.«

»Ja, geben wirst du es ihm wohl nicht; aber kannst du es verhüten, daß er es dir stiehlt?«

»Selbst wenn es ihm gelänge, heimlich in das Zelt zu gelangen, so würde er es nicht finden, denn es ist außerordentlich gut verwahrt.«

»Ich hoffe das. Würdest du mir vielleicht erlauben, es noch einmal anzusehen?«

»Du hast es doch schon gesehen und gelesen.«

»Nicht ganz.«

»So sollst du es ganz sehen, doch nicht jetzt, denn es wird dunkel. Morgen früh, wenn es hell geworden ist, werde ich es bringen.«

»Ich danke dir! Und noch eins: Er trachtet nicht nur nach

dem sprechenden Papiere, sondern auch nach meinen Gewehren. Sie sind berühmt, und er möchte sie sehr gern haben. In wessen Händen befinden sie sich jetzt?«

»In den meinigen.«

»So verwahre sie gut!«

»Sie sind vortrefflich aufgehoben. Selbst wenn es ihm gelänge, am hellen Tage mein Zelt zu betreten, würde er sie nicht sehen. Ich habe sie in zwei Decken geschlagen und unter mein Lager gelegt, damit sie ja nicht feucht werden. Sie gehören von jetzt an mir. Ich werde in dem Ruhme, einen Henrystutzen zu besitzen, dein Nachfolger sein, und da wird Old Shatterhand mir eine Bitte gewähren.«

»Wenn ich kann, sehr gern.«

»Ich habe die Gewehre genau betrachtet. Mit dem Bärentöter kann ich schießen, aber mit dem Stutzen nicht. Würdest du mir vor deinem Tode wohl zeigen, wie man es zu machen hat, um ihn zu laden und mit ihm zu schießen?«

»Ja.«

»Ich danke dir! Du hättest es nicht notwendig, mir dieses Geheimnis mitzuteilen. Wenn du es mir nicht sagtest, so wäre mir der Stutzen nutzlos. Da du es aber tust, werde ich dafür sorgen, daß du bis dahin, wo deine Martern beginnen, alles bekommst, was dein Herz begehrt.«

Er ging, ohne zu wissen, was für eine Hoffnung er in mir erweckt hatte.

Offen gestanden, hatte ich geglaubt, aus der Anwesenheit von Gates, Clay und Summer einen Nutzen ziehen zu können. Selbst wenn sie auch nicht grad Freunde von mir sein wollten, hatten sie als Weiße doch die Pflicht, sich meiner möglichst anzunehmen. Wenn sie das wollten und taten, so mußte sich irgend eine Gelegenheit finden, mir zum Loskommen vom Baume des Todes zu verhelfen. Hatte ich nur erst die Fesseln von den Händen, dann konnte mich gewiß niemand halten. Leider aber mußte ich diesen Gedanken aufgeben. Das Verhalten von Gates hatte mir bewiesen, daß ich auf ihn und seine beiden Gefährten nicht rechnen durfte.

Ich war also auf mich ganz allein angewiesen. Aber auch da

fiel es mir nicht ein, zu verzagen. Es mußte, mußte und mußte sich ein Weg finden, dem Martertode zu entgehen. Nur ein allereinzigesmal die Hand frei und ein Messer in derselben! Das war doch nicht unmöglich, ja nicht einmal schwer. Uebrigens hatte ich zwar den Gedanken noch nicht gehabt, aber er kam mir jetzt, nämlich der Gedanke an ›Dunkles Haar‹. Sie schien Teilnahme für mich zu hegen, und ich wußte ja sehr wohl, wie vielen Weißen es gelungen ist, eine solche Teilnahme zur Flucht auszunützen. Mochte kommen, was da wollte, fort mußte ich! Fort, fort, und wenn ich noch im letzten Augenblicke, ehe man mich an den Marterpfahl band, zum verzweifelten Mittel greifen sollte!

Und da kam Pida und bat mich, ihm den Gebrauch meines Stutzens zu erklären! Etwas Besseres konnte ich mir doch gar nicht wünschen. Sollte ich ihm zeigen, wie das Gewehr zu laden, überhaupt zu behandeln war, so mußte er mir die Hände freigeben. Ein Griff in seinen Gürtel nach dem Messer und ein Schnitt durch die Riemen an meinen Füßen, so war ich nicht mehr gebunden und hatte meinen Stutzen mit den vielen Schüssen! Freilich war das ein gewagtes Unternehmen; aber was konnte ich denn mehr wagen als das Leben, welches ich im Falle des Mißlingens doch auch verlieren mußte?

Besser wäre es allerdings gewesen, wenn sich eine Gelegenheit geboten hätte, durch List zu entkommen, ohne mich den Kugeln oder überhaupt Waffen der Roten aussetzen zu müssen. Bis jetzt gab es noch keinen darauf bezüglichen Gedanken; vielleicht fand sich später einer; ich hatte ja noch Zeit.

Also während der Nacht sollte ich mich legen! Es waren rund um den Baum sechzehn Pfähle eingeschlagen, je vier nach jeder der vier Seiten; sie reichten also für vier Gefangene, und aus ihrer Anordnung ersah ich, in welcher Weise man daran befestigt wurde. Wenn man sich zwischen sie hineingelegt hatte, wurden die Hände und die Füße je an einen Pfahl gebunden; dann lag man so, daß die Arme und Beine weit auseinander gespreizt waren, gewiß eine sehr unbequeme Lage, welche den Schlaf wohl kaum aufkommen ließ, aber den Indianern die Sicherheit bot, daß der Gefangene, selbst wenn er nicht bewacht wurde, nicht loskommen konnte.

Während ich diese innerlichen und äußerlichen Betrachtungen anstellte, war es dunkel geworden, und vor den Zelten begannen die Feuer zu leuchten, an denen die Squaws das Abendessen bereiteten. ›Dunkles Haar‹ war es wieder, welche mir das meinige, und Wasser dazu, brachte. Sie mußte ihren Vater bewegt haben, sich die Erlaubnis dazu von Tangua geben zu lassen. Diesesmal sprachen wir nicht miteinander; nur als sie ging, bedankte ich mich. Hierauf verließen mich meine bisherigen Wächter, welche von zwei anderen abgelöst wurden, die sich nicht unfreundlicher zu mir stellten als die vorigen. Ich fragte sie, wann ich mich niederlegen müßte, und sie sagten, daß Pida kommen würde, um dabei zu sein.

Zunächst aber kam statt des jungen Häuptlings ein Anderer würdevollen, langsamen Schrittes herbei – – – ›Eine Feder‹, der Vater von meiner Pflegerin. Er blieb vor mir stehen, betrachtete mich wohl eine ganze Minute lang schweigend und befahl dann den Wächtern:

»Meine Brüder mögen sich entfernen, bis ich sie rufe! Ich habe mit diesem Bleichgesichte zu reden.«

Sie gehorchten ihm sofort; er mußte also in hohem Ansehen stehen, obgleich er kein Häuptling war. Als sie fort waren, setzte er sich vor mich hin, und es verging wieder eine Weile, ehe er in feierlichem Tone anhub:

»Die Bleichgesichter wohnten jenseits des großen Wassers; sie hatten Land genug; aber dennoch kamen sie über das Wasser herüber, um uns unsere Berge, Täler und Ebenen zu rauben.«

Hierauf schwieg er. Seine Worte bildeten nach indianischer Art eine Einleitung, aus der ich schloß, daß er etwas Wichtiges mit mir zu verhandeln hatte. Was konnte das sein? Fast ahnte ich es! Er erwartete wohl eine Antwort von mir; ich schwieg, und so fuhr er nach einer Pause fort:

»Sie wurden von den roten Männern gastfreundlich aufgenommen, vergalten aber diese Gastfreundschaft mit Diebstahl, Raub und Mord!«

Wieder eine Pause.

»Noch heut sind sie nur darauf bedacht, uns zu übervorteilen und immer weiter zurückzudrängen, und wenn ihnen das nicht mit List gelingt, so brauchen sie Gewalt!«

Abermals Pause.

»Wenn ein roter Mann einen Weißen sieht, so kann er gewiß sein, einen Todfeind vor sich zu haben. Oder gibt es etwa unter den Bleichgesichtern welche, die nicht unsere Feinde sind?«

Ich merkte wohl, auf was oder wen er mit dieser Einleitung lossteuerte, nämlich auf meine Person, auf mich selbst. Als ich auch jetzt noch zögerte, eine Bemerkung zu machen, sprach er die direkte Frage aus:

»Will Old Shatterhand mir nicht antworten? Haben die Weißen nicht also an uns gehandelt?«

»Ja, ›Eine Feder‹ hat recht,« gab ich zu.

»Sind sie nicht unsere Feinde?«

»Sie sind es.«

»Sollte es unter ihnen welche geben, die nicht so feindlich gesinnt sind wie die Andern?«

»Es gibt welche.«

»Old Shatterhand mag mir einen nennen!«

»Ich könnte dir mehrere, ja viele Namen sagen, will aber darauf verzichten, denn wenn du die Augen öffnest, so siehst du einen von ihnen vor dir stehen.«

»Ich sehe nur Old Shatterhand!«

»Den meine ich.«

»So nennst du dich also einen Weißen, der nicht so feindlich gegen uns handelt wie die Andern?«

»Nein.«

»Nicht?« fragte er gedehnt und erstaunt, denn mein Nein machte ihn in seinem Konzepte irre.

»Mein roter Bruder hat Worte gebraucht, die nicht das Richtige bezeichnen.«

»Welche Worte?«

»Daß ich nicht so feindlich handle wie die andern Weißen. Ich handle überhaupt nicht feindlich gegen die roten Männer.«

»Hast du nicht welche getötet oder verletzt?«

»Ja, aber nur dann, wenn sie mich dazu zwangen. Ich bin nicht etwa, wie deine Worte sagten, nicht ganz, sondern nur ein wenig Feind der Indianer; ich bin auch nicht weder Feind noch Freund von euch, sondern ich bin geradezu ein Freund, ein aufrichtiger Freund der roten Männer. Das habe ich sehr oft bewiesen. Wo ich nur immer konnte, habe ich den roten Männern gegen die Weißen beigestanden und sie gegen die Uebergriffe der Bleichgesichter verteidigt. Wenn du gerecht sein willst, mußt du das zugeben.«

»Ich bin gerecht!«

»Denke an Winnetou! Wir sind wie Freunde, und wir sind wie Brüder gegeneinander gewesen! War Winnetou nicht ein roter Mann?«

»Er war es, obgleich ein Feind von uns.«

»Er war nicht euer Feind, sondern ihr habt ihn euch zum Feinde gemacht. Wie er seine Apachen liebte, so liebte er alle Indianer. Er trachtete danach, mit allen in Frieden zu leben; sie aber zogen es vor, sich untereinander zu zerfleischen und aufzureiben. Das war sein Kummer, sein Gram, der ihn niemals verlassen hat. Und wie er fühlte und dachte, so habe ich auch gefühlt und gedacht. Alle unsere Handlungen und unsere Taten sind der Liebe und der Teilnahme entflossen, die wir für die rote Nation hegten.«

Ich hatte ebenso langsam und feierlich gesprochen wie er. Als ich nun schwieg, senkte er den Kopf und saß so mehrere Minuten still; dann hob er ihn wieder und sagte:

»Old Shatterhand hat die Wahrheit gesprochen. ›Eine Feder‹ ist gerecht und gibt das Gute selbst an seinen Feinden zu. Wären alle roten Männer so, wie Winnetou war, und folgten alle Bleichgesichter dem Beispiele, welches Old Shatterhand ihnen gibt, so würden die roten und die weißen Völker wie Brüder nebeneinander leben, sich lieben und einander helfen und die Erde hätte Raum für alle ihre Söhne und ihre Töchter. Aber es ist gefährlich, ein Beispiel zu geben, dem niemand folgen mag: Winnetou ist gestorben, indem ihn die Kugel eines Feindes traf, und Old Shatterhand geht dem Martertode entgegen.«

Jetzt hatte er das Gespräch auf dem Punkte, auf den er es hatte bringen wollen. Ich hielt es für geraten, ihm nicht entgegen zu kommen; darum schwieg ich. Er fuhr also fort:

»Old Shatterhand ist ein Held; er wird viele und große Qualen erdulden müssen. Wird er seinen Peinigern die Freude machen, ihn schwach zu sehen?«

»Nein. Wenn ich einmal sterben muß, so werde ich als ein Mann in den Tod gehen, dem man ein Grab der Ehren errichtet.«

»Wenn du sterben mußt? Hältst du deinen Tod für zweifelhaft?«

»Ja.«

»Du bist sehr aufrichtig!«

»Soll ich dich belügen?«

»Nein. Aber diese Wahrheit zu sagen, das ist außerordentlich kühn von dir!«

»Old Shatterhand ist niemals feig gewesen.«

»So hoffst du wohl auf Flucht?«

»Ja.«

Diese Offenheit war ihm noch viel erstaunlicher als die vorige.

»Uff, uff!« stieß er hervor, indem er beide Hände erhob. »Du bist bis jetzt sehr nachsichtig behandelt worden; man wird dir größere Strenge zeigen müssen!«

»Ich fürchte keine Strenge; sie erschreckt mich nicht; ich bin vielmehr stolz darauf, dir die Wahrheit nicht verschwiegen zu haben. Dies hätte kein Anderer getan.«

»Old Shatterhand hat recht. Nur er kann die Kühnheit besitzen, so ehrlich zu sagen, daß er die Flucht ergreifen will. Es ist das nicht nur kühn, sondern verwegen!«

»Nein. Ein Verwegener handelt entweder nicht mit klarer Einsicht oder aus dem Grunde, daß er nichts mehr zu verlieren hat. Meine Aufrichtigkeit aber hat einen guten Grund und einen ganz besonderen Zweck.«

»Welchen?«

»Ich kann ihn dir nicht sagen, sondern du mußt ihn dir denken.«

Was ich ihm nicht sagen durfte, war das: Er kam jedenfalls, um mich dadurch zu retten, daß er mir seine Tochter zur Frau anbot. Wenn ich darauf einging, so wurde ich nicht getötet, sondern erhielt meine Freiheit wieder nebst einer jungen Frau dazu, mußte aber Kiowa werden. Darauf konnte ich natürlich nicht eingehen, ich war also gezwungen, ›Eine Feder‹ mit seinem Antrage zurückzuweisen, was ihn nicht nur außerordentlich kränken, sondern mit Rachedurst erfüllen mußte. Um dem vorzubeugen, sagte ich ihm so aufrichtig, daß ich meinen Tod nicht für so sicher hielt wie er. Das sollte heißen: Biete mir deine Tochter nicht an, denn ich rette mich auch, ohne daß ich der Mann einer Indianerin werde. Wenn er diesen Wink verstand, entging er der Kränkung und ich seinem Hasse und seiner Rache. Er sann auch wirklich nach, kam aber leider nicht auf den richtigen Gedanken, denn er sagte in einem nach seiner Art pfiffig überlegenen Tone:

»Old Shatterhand will uns nur Sorge um ihn bereiten, obwohl er weiß, daß er nicht entkommen kann. Er hält es unter seiner Würde, einzugestehen, daß er verloren ist; aber ›Eine Feder‹ läßt sich nicht dadurch irre machen. Du weißt genau, daß du verloren bist.«

»Ich weiß genau, daß ich entfliehen werde!«

»Du wirst zu Tode gemartert!«

»Ich werde entkommen!«

»Flucht ist unmöglich, denn wenn ich sie für möglich hielte, so würde ich mich selbst hersetzen, um dich zu bewachen; entkommen wirst du also nicht; aber daß du dem Tode entgehest, dazu ist allerdings eine Möglichkeit vorhanden.«

»Welche?« fragte ich, da er nun einmal nicht davon abzubringen war.

»Mit meiner Hilfe.«

»Ich bedarf keiner Hilfe!«

»Du bist doch noch viel stolzer, als ich dachte. Wer weist eine Hilfe zurück, mit welcher er sein Leben retten kann!«

»Der, welcher diese Hilfe nicht braucht, weil er es versteht, sich selbst zu retten.«

»Du bleibst bei deinem Stolze, der lieber untergeht als jemand Dank schuldet. Aber ich fordere keinen Dank; ich will Dich frei sehen. Du weißt, daß ›Dunkles Haar‹ bei dir gewesen ist?«

»Ja.«

»Sie ist meine Tochter. Sie hat großes Mitleid mit dir.«

»Da muß Old Shatterhand ein sehr bedauerns- und beklagenswerter Mensch, aber kein tapferer Krieger sein! Mitleid ist ja eine Beleidigung!«

Ich bediente mich mit Absicht dieses barschen Ausdrukkes, um ihn zum Aufgeben seiner Absicht zu bringen; aber auch dies gelang mir nicht; er versicherte im milden Tone:

»Beleidigen wollte ich dich nicht. Noch ehe sie dich sah, hat sie von dir so viel gehört. Sie weiß, daß Old Shatterhand der größte weiße Krieger ist, und möchte dich gern retten.«

»Das zeigt, daß ›Dunkles Haar‹ ein gutes Herz besitzt; aber daß sie mich rettet, ist geradezu eine Unmöglichkeit.«

»Es ist nicht unmöglich, sondern sogar leicht.«

»Du befindest dich im Irrtume.«

»Nein. Du kennst alle Gebräuche der roten Männer, aber dieser scheint dir unbekannt zu sein. Du wirst auf denselben eingehen, denn du hast zu ›Dunkles Haar‹ gesagt, daß sie dir gefällt.«

»Das ist wieder eine Täuschung. Ich habe dies nicht zu ihr gesagt.«

»Sie gestand es mir aber doch! Und meine Tochter hat mir noch keine Unwahrheit gesagt.«

»So liegt eine Verwechslung der Personen vor. Sie brachte mir zu essen. Da fragte mich der Wächter, ob sie mir gefalle, und ich sagte ja. So ist es.«

»Das ist ganz dasselbe; sie hat dir gefallen. Weißt du, daß derjenige zum Stamme gehört oder in denselben aufgenommen werden kann, der eine Tochter desselben zu seiner Squaw macht?«

»Ja.«

»Auch wenn er vorher ein Feind oder gar ein Gefangener desselben gewesen ist?«

»Ich weiß es.«

»Und daß ihm dann seine Schuld erlassen und sein Leben geschenkt wird?«

»Auch das ist mir bekannt.«

»Uff! So wirst du mich verstehen.«

»Ja, ich verstehe dich.«

»Meine Tochter gefällt dir, und du gefällst ihr. Willst du sie zur Squaw nehmen?«

»Nein.«

Es trat eine tiefe, lange Stille ein. Das hatte er nicht erwartet. Ich war ein Kandidat des Todes und sie eines der begehrenswertesten Mädchen, die Tochter eines der angesehensten Krieger des Stammes, und dennoch schlug ich sie aus! War so etwas möglich?

Endlich fragte er, aber sehr kurz:

»Warum nicht?«

Konnte ich ihm meine eigentlichen Gründe sagen? Daß ein gebildeter Europäer nicht seine ganze Existenz dadurch vernichten kann, daß er ein rotes Mädchen heiratet? Daß einem solchen Manne die Ehe mit einer Indianerin nicht das bieten kann, was sie bieten soll und muß? Daß Old Shatterhand nicht zu den weißen Halunken gehört, die eine rote Squaw nehmen, nur um sie später zu verlassen; die oft gar bei jedem andern Stamme eine andere Frau haben? Diese und viele andere Gründe, welche nicht innerhalb seines Horizontes lagen, konnte ich sie ihm sagen? Nein. Ich mußte einen Grund bringen, den er verstehen und begreifen konnte, und darum antwortete ich:

»Mein roter Bruder hat gesagt, daß er Old Shatterhand für einen großen Krieger halte, dies scheint aber nicht wahr zu sein.«

»Es ist wahr.«

»Und doch soll ich mein Leben aus der Hand eines Weibes nehmen? Würdest du das tun?«

»Uff!« rief er aus.

Dann war er still. Dieser Grund schien ihm einzuleuchten, wenigstens einigermaßen. Nach einiger Zeit fragte er mich:

»Was denkt Old Shatterhand von ›Eine Feder‹?«

»Daß er ein großer, tapferer und erfahrener Krieger ist, auf den sich sein Stamm im Kampfe und bei der Beratung verlassen kann.«

»Du würdest mein Freund sein mögen?«

»Sehr gern.«

»Und was sagst du zu ›Dunkles Haar‹, die meine jüngste Tochter ist?«

»Sie ist die liebste und beste Blume unter den Töchtern der Kiowas.«

»Ist sie eines Mannes wert?«

»Jeder Krieger, dem du erlaubst, sie zur Squaw zu nehmen, kann stolz darauf sein.«

»Du weisest sie also nicht zurück, weil du mich oder sie verachtest?«

»Das sei fern von mir! Aber Old Shatterhand kann sein Leben verteidigen, kann sich dasselbe erkämpfen, aber es aus der Hand eines Weibes nehmen, das kann er nicht.«

»Uff, uff!« nickte er.

»Soll Old Shatterhand etwas tun, worüber jeder, der es am Lagerfeuer erzählen hört, die Nase rümpft?«

»Nein.«

»Soll man von Old Shatterhand sagen: Er ist vor dem Tode ausgerissen und einer hübschen, jungen Squaw in die Arme gelaufen?«

»Nein.«

»Habe ich nicht die Pflicht, meinen Ruf und meine Ehre zu wahren, selbst wenn ich deshalb mein Leben auslöschen lassen muß?«

»Ja.«

»So wirst du nun begreifen, daß ich nein sagen muß. Aber ich danke dir, und ich danke auch ›Dunklem Haare‹, deiner schönen Tochter! Ich wollte, ich könnte euch in anderer Weise als nur in Worten dankbar sein!«

»Uff, uff, uff! Old Shatterhand ist ein ganzer Mann. Es ist zu beklagen, daß er sterben muß. Was ich ihm vorschlug, war das einzige Mittel, ihn zu retten; aber ich sehe ein, daß er als tapferer Krieger es nicht annehmen kann. Wenn ich das meiner Tochter sage, wird auch sie ihm nicht zürnen.«

»Ja, sage ihr das! Es würde mir sehr leid tun, wenn sie dächte, daß ich dich nur ihretwegen zurückgewiesen hätte.«

»Sie wird dich noch mehr lieben und ehren als bisher, und wenn du am Marterpfahle stehst und alle Andern dabei sind, um deine Qualen zu sehen, wird sie im tiefsten und dunkelsten Winkel ihres Zeltes sitzen und ihr Angesicht verhüllen. Howgh!«

Nach diesem Bekräftigungsworte stand er auf und entfernte sich, ohne wieder davon zu sprechen, daß er bei mir Wache sitzen wolle. Die Wächter nahmen, als er fort war, ihre Plätze wieder ein.

Gott sei Dank, das war glücklich überwunden! Das war eine Klippe, an welcher meine Hoffnung auf Rettung sehr leicht hätte Schiffbruch leiden können, denn wenn ich ihn mir zum Feind gemacht und seine Rachsucht herausgefordert hätte, so wäre seine Wachsamkeit mir unbedingt gefährlicher gewesen als alles andere.

Bald darauf kam Pida, und ich mußte mich niederlegen. Mit weit auseinander gespreizten Armen und Beinen wurde ich an vier Pfähle gebunden, doch bekam ich eine zusammengerollte Decke als Kopfkissen und wurde mit einer zweiten zugedeckt.

Kaum war Pida fort, so bekam ich einen andern Besuch, einen Besuch, über den ich mich außerordentlich freute: Mein Schwarzschimmel war es, der in der Nähe geweidet hatte, ohne sich den andern Pferden beizugesellen, und, nachdem er mich liebkosend beschnaubt hatte, sich neben mir niederlegte. Die Wächter hinderten ihn nicht daran; das Pferd konnte mich doch nicht losbinden und entführen.

Diese Treue des Schimmels war jetzt für mich von großem

Werte. Wenn mir die Flucht ja gelang, so war dies wahrscheinlich in der Nacht, und wenn es mein Pferd stets so machte wie heute, so daß es des Abends zu mir kam, so brauchte ich mich nicht mit einem andern, minderwertigen zu begnügen oder mir die schwere und zeitraubende, darum gefährliche Arbeit zu machen, es zu suchen.

Es war so, wie ich vermutet hatte: ich konnte nicht schlafen. Die auseinandergezogenen Arme und Beine begannen zu schmerzen und schliefen dann ein. Wenn ich ja einmal einschlummerte, so wachte ich sehr bald wieder auf, und es war geradezu eine Erlösung für mich, als der Morgen anbrach und ich wieder los- und an den Baum gebunden wurde.

Wenn dies noch viele Nächte so geschah, so mußte ich trotz der guten körperlichen Ernährung physisch herunterkommen; aber sagen durfte ich nichts, denn über Schlaflosigkeit sich beklagen, wie wäre Old Shatterhand da blamiert gewesen!

Ich war neugierig, wer mir das Frühstück bringen würde. Ob ›Dunkles Haar‹? Wohl kaum, denn ich hatte ihren Vater zurückgewiesen! Aber sie kam doch. Sie sagte kein Wort, aber in ihren Augen las ich, daß sie nicht etwa über mich zornig, sondern vielmehr traurig war.

Als Pida kam, um nach mir zu sehen, erfuhr ich, daß er mit einem Trupp seiner Krieger auf die Jagd reiten und erst am Nachmittage wiederkommen werde. Ich sah sie kurze Zeit darauf auf die Prärie hinaussprengen.

Einige Stunden vergingen; da sah ich Santer unter den Bäumen erscheinen. Er führte sein gesatteltes Pferd an der Hand, hatte sein Gewehr übergeworfen und kam gerade auf mich zu. Er hielt vor mir an und sagte:

»Ich will auch auf die Jagd und halte es für meine Schuldigkeit, Euch dies zu melden, Mr. Shatterhand. Wahrscheinlich treffe ich Pida da draußen, der Euch so wohl gewogen ist und mich so wenig leiden kann.«

Er schien eine Antwort zu erwarten, aber ich tat so, als ob ich ihn weder gehört noch gesehen hätte.

»Ihr seid wohl taub geworden, he?«

Wieder keine Antwort.

»Das tut mir leid, nicht bloß um Euch, sondern auch meinetwegen!«

Er streichelte mir mit höhnischer Zärtlichkeit den Arm.

»Fort, Halunke!« fuhr ich ihn an.

»Oh, reden könnt Ihr, aber hören nicht. Schade, jammerschade! Wollte Euch einiges fragen.«

Er sah mir frech in das Gesicht. Das seinige hatte dabei einen ganz eigentümlichen, ich möchte sagen, teuflisch triumphierenden Ausdruck. Er hatte irgend etwas *in petto*; das war gewiß.

»Ja, wollte Euch fragen,« wiederholte er. »Würdet Euch dafür interessieren, wenn Ihr es hörtet, Mr. Shatterhand.«

Er sah mich erwartungsvoll an, ob ich etwas sagen würde. Als dies nicht geschah, lachte er:

»Hahahaha, gibt das ein Bild! Der berühmte Old Shatterhand am Todesbaume, und der Schurke Santer ein freier Mann! Aber es kommt noch besser, viel besser, Sir. Ist Euch vielleicht ein Wald bekannt, hm, ja, so eine Art Fichtenwald oder Indeltsche-tschil?«

Dieses Wort elektrisierte mich. Es stand ja in Winnetous Testament. Ich fühlte, daß meine Augen ihn durchbohren wollten.

»Ach, da guckt er mich an, als ob er anstatt der Augen Säbel im Kopfe hätte!« lachte er. »Ja, ja, es soll solche Wälder geben, wie ich gehört habe!«

»Schurke, wo hast du das her?« fragte ich.

»Daher, woher ich auch den Tse-schosch habe. Kennst du den vielleicht?«

»Alle Wetter! Ich werde – – –«

»Warte nur, warte!« unterbrach er mich. »Was ist denn das für ein sonderbares Ding, ein Deklil-to, oder wie es heißt? Ich möchte – – –«

»Kerl!« rief, nein, schrie, nein, brüllte ich. »Du hast die Papiere, die ich dem – – –«

»Ja, die habe ich!« fiel er mir mit höhnisch-triumphierendem Gelächter in die Rede.

»Du hast Pida bestohlen!«

»Bestohlen? Unsinn, Blödsinn! Ich habe nur geholt, was mir gehört. Nennt man das stehlen? Ich habe die Papiere; ich habe sie mit der ganzen Emballage.«

Bei diesen Worten klopfte er an seine Brusttasche.

»Haltet ihn! Nehmt ihn fest!« schrie ich, fast außer mir, den Wächtern zu.

»Mich halten?« lachte er, indem er schnell in den Sattel stieg. »Versucht es doch!«

»Laßt ihn nicht fort!« brüllte ich. »Er hat Pida bestohlen; er darf nicht entkommen, nicht – – –«

Die Worte, welche ich weiter sprechen wollte, erstickten in der Anstrengung, die ich machte, mich vom Baume loszureißen. Santer ritt davon, ritt im Galopp davon, und die Wächter waren zwar aufgesprungen, taten aber nichts, als daß sie ihm mit verständnislosen Augen nachstierten. Winnetous Testament! Der letzte Wille meines Bruders Winnetou war gestohlen worden! Da draußen jagte der Dieb schon über den offenen Plan, und kein Mensch machte Miene, ihn zu verfolgen!

Ich war außer mir und zog, zog, zog mit aller Gewalt an dem Riemen, der meine Hände fest am Baume hielt. Ich dachte nicht daran, daß er gradezu unzerreißbar war und daß ich auch nicht fortgekonnt hätte, wenn er zerrissen wäre, weil meine Füße doch auch festgebunden waren. Ich fühlte auch die Schmerzen nicht, welche sein Einschneiden in die Handgelenke hervorbringen mußte; ich zog und zog und schrie und schrie – – – da stürzte ich plötzlich vornüber auf die Erde; der Riemen war zerrissen.

»Uff, uff!« riefen die Wächter; »er ist los, er ist los!«

Sie griffen nach mir, um mich zu halten.

»Laßt mich, laßt!« brüllte ich. »Ich will ja gar nicht fliehen; ich will nur los, um Santer zu verfolgen und festzuhalten! Er hat Pida, euern jungen Häuptling, bestohlen.«

Mein Geschrei hatte natürlich das ganze Dorf rebellisch gemacht. Alles eilte herbei, um mich festzuhalten. Das war verhältnismäßig leicht, weil ich noch mit den Füßen festhing und es hundert Hände gab, die sich nach mir ausstreckten;

aber ohne Hiebe und Stöße von meiner und Schrammen und Beulen von ihrer Seite ging es doch nicht ab, bis ich mit den Händen wieder fest am Baume hing.

Die roten Kerls rieben sich die Stellen, an denen ich sie getroffen hatte, schienen mir aber gar nicht sehr böse darüber zu sein, sondern äußerten ihr außerordentliches Erstaunen nur darüber, daß ich den Riemen zerrissen hatte.

»Uff, uff, uff – – – losgekommen – – hätte kein Büffel zerrissen – – – hätte kein Mensch glauben können!«

Solche und ähnliche Bewunderungsrufe wurden laut, und nun erst fühlte ich die Schmerzen in meinen Handgelenken, welche bluteten, denn der Riemen hatte mir, ehe er zerriß, daß Fleisch bis auf die Knochen zerschnitten.

»Was steht ihr hier und starrt mich an!« herrschte ich ihnen zu. »Habt ihr noch nicht verstanden, was ich gesagt habe? Santer hat Pida bestohlen. Schnell auf die Pferde! Holt ihn zurück!«

Aber keiner gehorchte. Ich war außer mir und schrie immerfort, bis endlich Einer kam, der verständiger als die Andern war, nämlich ›Eine Feder‹. Er drängte die Andern auseinander, kam zu mir und fragte, was geschehen sei. Ich sagte es ihm.

»Das sprechende Papier gehörte also jetzt Pida?« erkundigte er sich zum Ueberflusse.

»Natürlich, natürlich! Du hast ja auch dabei gesessen, als es ihm zugesprochen wurde!«

»Und du weißt genau, daß Santer mit demselben entflohen ist und nicht wiederkommen will?«

»Ja, ja!«

»So müssen wir Tangua fragen, was geschehen soll, denn er ist der Häuptling.«

»Fragt ihn meinetwegen, fragt! Aber zögert nicht, sondern macht schnell, schnell, schnell!«

Aber er zauderte noch, denn er sah den Riemen, den ich zerrissen hatte, an der Erde liegen, bückte sich, betrachtete ihn, schüttelte den Kopf und fragte den ihm nächststehenden Roten:

»Das ist der Riemen, den er zerrissen hat?«

»Ja.«

»Uff, uff! Ja, er ist Shatterhand! Und dieser Mann muß sterben! Warum ist er kein roter Krieger, kein Kiowa, sondern ein Bleichgesicht!«

Nun erst ging er fort und nahm den Riemen mit; die Andern außer meinen Wächtern folgten ihm.

Nun wartete ich mit Spannung, mit verzehrender Ungeduld darauf, wann die Verfolgung des Diebes beginnen werde. Keine Spur davon! Nach kurzer Zeit ging das ruhige Dorfleben in seinen bisherigen Bahnen weiter. Das hätte mich rasend machen können. Ich bat meine Aufseher, sich doch zu erkundigen. Sie durften nicht fort. Sie riefen einen Andern herbei, durch den ich erfuhr, Tangua habe die Verfolgung untersagt; an den sprechenden Papieren liege nichts, denn Pida könne es nicht lesen und nicht brauchen.

Man kann sich meine Aufregung, meinen Aerger, nein, nicht bloß Aerger, sondern meine Wut denken! Ich knirschte mit den Zähnen, daß meine Wächter besorgt zu mir aufblickten, und war nahe daran, mich wieder loszureißen, trotz der Schmerzen, die mir das verursachte. Ich stöhnte förmlich vor Grimm. Aber was konnte das nützen und helfen? Nichts, gar nichts! Ich mußte mich darein ergeben. Das sah ich endlich ein und zwang mich, wenn nicht zur innern, so doch zur äußern Ruhe. Aber die erste Gelegenheit zur Flucht mußte benutzt werden, und wenn die Hindernisse dabei noch so bedeutend sein sollten; das nahm ich mir vor!

So mochten drei Stunden vergangen sein, als ich eine weibliche Stimme laut rufen hörte. Ich hatte vorhin gesehen, aber es nicht beachtet, daß ›Dunkles Haar‹ aus ihrem Zelt getreten und fortgegangen war. Jetzt kam sie eiligen Laufes und laut schreiend zurück, verschwand im Eingange und kam dann mit ihrem Vater wieder heraus, der, auch laut rufend, mit ihr davonrannte. Alle, die sich in der Nähe befanden, liefen hinter ihnen her. Da mußte etwas, und zwar etwas Wichtiges geschehen sein! Vielleicht bezog es sich auf den Diebstahl der Papiere!

Es dauerte nicht lange, so kam ›Eine Feder‹ stracks nach der Stelle gerannt, wo ich am Baume stand, und rief mir schon von weitem zu:

»Old Shatterhand versteht alles. Ist er auch ein Arzt?«

»Ja,« antwortete ich, in der Hoffnung, zu einem Kranken geführt zu werden, denn da mußte man mich ja losbinden.

»Du kannst also Kranke heilen?«

»Ja.«

»Aber nicht Tote erwecken?«

»Ist Jemand tot? Wer ist es?«

»Meine Tochter.«

»Deine Tochter? ›Dunkles Haar‹?« fragte ich erschrocken.

»Nein, sondern ihre Schwester, die Squaw des jungen Häuptlings Pida. Sie lag gefesselt an der Erde und regte sich nicht. Der Medizinmann hat sie untersucht und gesagt, daß sie gestorben sei, erschlagen von Santer, dem Diebe der sprechenden Papiere. Will Old Shatterhand mitkommen und ihr das Leben wiedergeben?«

»Führt mich zu ihr!«

Ich wurde vom Baume gelöst und dann mit wieder zusammengebundenen Händen und lang gefesselten Füßen durch das Dorf nach Pidas Zelt geführt. Daß ich dieses und die Lage desselben jetzt kennen lernte, war mir außerordentlich lieb, weil sich in demselben, wie ich ja wußte, meine beiden Gewehre befanden. Der Platz wimmelte von roten Männern, Frauen und Kindern, welche ehrerbietig eine Gasse bahnten, so daß ich hindurch konnte.

Ich trat mit ›Eine Feder‹ in das Zelt, in welchem ›Dunkles Haar‹ und ein alter häßlicher Kerl neben der am Boden liegenden vermeintlichen Leiche hockten; dieser Kerl war der Medizinmann. Beide standen auf, als sie mich eintreten sahen. Ich überflog mit einem Blicke den ganzen Raum. Ah, da links lag mein Sattel mit der Decke, und an einer der Seitenstangen hingen meine Revolver, und über ihnen steckte das Bowiemesser! Diese Gegenstände befanden sich hier, weil der Besitzer des Zeltes jetzt ihr Eigentümer sein sollte. Es läßt sich denken, wie froh ich darüber war!

»Old Shatterhand mag die Tote ansehen, ob er sie wieder lebendig machen kann!« bat mich ›Eine Feder‹.

Ich kniete nieder und untersuchte sie mit den gefesselten Händen. Erst nach längerer Zeit entdeckte ich, daß ihr Blut noch in Bewegung war. Ihr Vater und ihre Schwester hielten ihre Augen mit angstvoller Spannung auf mich gerichtet.

»Sie ist tot, und kein Mensch kann Tote erwecken,« erklärte der Medizinmann.

»Old Shatterhand kann es,« behauptete ich.

»Du kannst es, du? Wirklich?« fragte ›Eine Feder‹ schnell und froh.

»Wecke sie auf, o wecke sie auf!« bat mich ›Dunkles Haar‹, indem sie mir beide Hände auf die Schulter legte.

»Ja, ich kann es, und werde es tun,« wiederholte ich; »aber wenn das Leben wiederkehren soll, so darf kein Mensch als ich allein bei der Toten sein.«

»Wir sollen also hinaus?« fragte der Vater.

»Ja.«

»Uff! Weißt du, was du verlangst?«

»Was?« fragte ich, obgleich ich es sehr wohl wußte.

»Hier sind deine Waffen. Wenn du sie bekommst, bist du frei. Versprichst du mir, sie nicht anzurühren?«

Es läßt sich denken, wie schwer mir die Antwort wurde. Mit dem Messer konnte ich meine Fesseln trennen. Hatte ich dann die Revolver und den Stutzen, so hätte ich den sehen mögen, der so tollkühn gewesen wäre, sich an mich zu wagen! Aber nein! Es konnte dabei zum Kampfe kommen, was zu vermeiden war, und es widerstrebte mir, die Ohnmacht eines Weibes zu einem solchen Zwecke auszubeuten. Auf einem für weibliche Arbeiten aufgespannten Felle sah ich verschiedene Handwerkszeuge, Nadeln, Bohrer und dergleichen liegen, dabei auch zwei oder drei kleine Messer, wie sie von den Indianerinnen zum Auftrennen der starken, festen Sehnennähte gebraucht werden. Diese kleinen, dünnen Klingen pflegen sehr scharf zu sein. Ich brauchte nur ein solches Messer, um bald frei zu sein. Darum antwortete ich getrost:

»Ich verspreche es. Ihr könnt, um ganz sicher zu sein, die Waffen ja auch mit hinausnehmen!«

»Nein, das ist nicht nötig. Was Old Shatterhand verspricht, das hält er sicher. Aber das genügt noch nicht.«

»Was noch?«

»Du könntest, da du einmal vom Baume los bist, die Flucht auch ohne diese Waffen und in anderer Weise ergreifen. Willst du mir versprechen, dies jetzt nicht zu tun?«

»Ja.«

»Wieder zum Baume des Todes zurückzukehren und dich anbinden zu lassen?«

»Ich gebe dir mein Wort darauf!«

»So kommt heraus! Old Shatterhand ist kein Lügner wie Santer; wir dürfen ihm vertrauen.«

Als sie das Zelt verlassen hatten und ich mich allein in demselben befand, war es mein Erstes, eins dieser Messer unter den zugeknöpften linken Aermelbund meines Hemdes zu schieben; dann erst beschäftigte ich mich wieder mit der Frau.

Ihr Mann war auf der Jagd; das hatte Santer benutzt, bei ihr einzudringen. Seitdem war so lange Zeit vergangen, und sie lag noch immer besinnungslos da. Das konnte nicht nur eine durch den Schreck verursachte Ohnmacht sein, sondern es war eine tiefere Betäubung. Ich griff ihr also an den Kopf und fühlte, daß der Oberschädel in der Gegend der Pfeilnaht stark geschwollen war. Als ich drückte, stieß die Frau einen schmerzlichen Seufzer aus. Ich drückte wieder und wieder, bis sie die Augen öffnete und mich ansah, erst stier und ohne Gedanken; dann aber hauchte sie meinen Namen ›Old Shatterhand‹.

»Kennst du mich?« fragte ich.

»Ja.«

»Besinne dich! Werde nicht wieder ohnmächtig, sonst bleibst du tot! Was ist geschehen?«

Meine Drohung, daß sie tot bleiben würde, war von guter Wirkung. Sie gab sich Mühe, raffte sich zusammen, richtete sich mit meiner Hilfe sitzend auf, legte die Hände auf den schmerzenden Kopf und sagte:

»Ich war allein; er kam herein und verlangte die Medizin; ich gab sie ihm nicht; da schlug er mich.«

»Wo war die Medizin? Ist sie fort?«

Sie blickte nach einer Stange empor und rief erschrocken, natürlich mit matter Stimme:

»Uff! Sie ist fort! Er hat sie genommen! Als er mich schlug, fiel ich hin; weiter weiß ich nichts.«

Erst jetzt fiel es mir ein, daß Pida gestern gesagt hatte, daß er die Papiere sehr sorgfältig in der Medizin verbergen werde. Und heut, ehe Santer fortritt, rühmte er sich, sie mit der ganzen Emballage zu besitzen. Er hatte also die Papiere samt der Medizin mitgenommen. Dem Häuptling Pida war also die Medizin gestohlen worden, ein beinahe unersetzlicher Verlust! Er mußte, um sie wieder zu erhalten, den Dieb sofort verfolgen.

»Bist du jetzt stark genug, wach zu bleiben? Oder wirst du wieder umfallen?« fragte ich.

»Ich falle nicht,« erklärte sie. »Du hast mir das Leben wiedergegeben; ich danke dir!«

Da stand ich auf und öffnete die Zeltmatte. Vater und Schwester standen nahe derselben, weiterhin die Dorfbewohner.

»Kommt herein!« forderte ich die Beiden auf. »Die Tote ist wieder lebend geworden.«

Welche Freude diese Worte hervorbrachten, brauche ich nicht zu sagen. Vater und Tochter und dann mit ihnen später auch alle Kiowas waren überzeugt, daß ich ein Wunder getan hatte. Es gab für mich keinen Grund, ihnen zu widerstreiten. Ich verordnete natürlich nichts als Umschläge und zeigte ihnen, wie diese zu machen seien.

So groß diese Freude, war dann auch die Wut über das Verschwinden der Medizin. Dies mußte natürlich Tangua gemeldet werden, welcher dem Diebe sofort eine Kriegerschar nachschickte und auch mehrere Boten aussandte, die Pida suchen sollten. Ich wurde von ›Eine Feder‹ wieder nach dem

Baume des Todes geführt und dort festgebunden. Er war meines Lobes voll und strömte von Dankbarkeit über, freilich nur nach Indianerart.

»Wir werden dir nun noch viel größere Qualen am Pfahle bereiten, als wir vorher wollten,« versicherte er mir. »Noch nie soll ein Mensch so gelitten haben wie du, damit du in den ewigen Jagdgründen der größte und höchste aller Bleichgesichter werdest, welche die Erlaubnis bekommen, dort einzuziehen.«

Danke! dachte ich; laut aber sagte ich:

»Hättet ihr Santer sofort verfolgt, wie ich es verlangte, so wäre er wieder in eure Hände geraten; nun aber wird er wahrscheinlich entkommen!«

»Wir fangen ihn! Seine Spur muß deutlich zu lesen sein.«

»Ja, wenn ich hinter ihm her sein könnte!«

»Das kannst du doch!«

»Ich? Ich bin doch gefangen und gefesselt!«

»Wir lassen dich mit Pida fortreiten, wenn du versprichst, mit ihm wiederzukommen und dich martern zu lassen. Sag, ob du das tun willst!«

»Nein. Wenn ich einmal sterben soll, dann lieber so bald wie möglich; ich kann es kaum erwarten.«

»Ja, du bist ein Held; das weiß ich, und das höre ich jetzt wieder, denn nur ein Held kann solche Worte sagen. Wir alle beklagen es, daß du kein Kiowa bist!«

Er ging, und ich war rücksichtsvoll genug, ihm nicht vorher zu sagen, daß seine Klage in meinem fühllosen Herzen keinen Widerhall fand. Ich hegte ja sogar die Absicht, alle diese meine Bewunderer schon in der nächsten Nacht zu verlassen, und zwar, ohne Abschied von ihnen zu nehmen!

Pida war schnell gefunden worden und kam auf schweißtriefendem Pferde in das Dorf gesprengt. Sein erster Weg war natürlich in sein Zelt, sein nächster zu seinem Vater, und dann kam er zu mir. Er sah äußerlich ruhig aus, mußte sich aber wohl große Mühe geben, seine Aufregung zu verbergen.

»Old Shatterhand hat meine Squaw, welche ich liebe, vom

Tode erweckt und wieder lebendig gemacht,« sagte er, »ich danke ihm. Er weiß Alles, was geschehen ist?«

»Ja. Wie befindet sich die Squaw?«

»Ihr Kopf schmerzt, doch das Wasser tut ihr wohl; sie wird bald wieder gesund sein. Aber meine Seele ist krank und kann nicht eher geheilt werden, als bis ich meine Medizin wieder habe.«

»Warum ließet Ihr Euch nicht warnen?«

»Old Shatterhand hat immer recht. Hätten unsere Krieger ihm wenigstens heut gehorcht, dem Diebe sogleich nachzujagen, so wäre er wohl jetzt schon wieder hier.«

»Pida wird ihn verfolgen?«

»Ja. Ich muß eilen und bin nur zu dir gekommen, um Abschied zu nehmen. Nun wird dein Tod wieder aufgeschoben, obgleich du gern schnell sterben möchtest, wie ›Eine Feder‹ sagt. Du mußt warten, bis ich wiederkomme!«

»Gern!«

Das war wirklich höchst aufrichtig gemeint; er aber nahm es nach seiner Anschauung und tröstete mich:

»Es ist nicht gut, den Tod so lange vor Augen zu haben, aber ich habe befohlen, daß dir diese Zeit so leicht wie möglich gemacht wird. Noch leichter aber würde sie dir werden, wenn du das tun wolltest, was dir vorzuschlagen ich jetzt gekommen bin.«

»Was ist es?«

»Willst du mit mir reiten?«

»Ja.«

»Uff! Das ist gut, denn da werden wir den Dieb ganz gewiß ergreifen! Ich werde dich sofort losbinden und dir deine Waffen geben.«

»Halt, noch nicht! Ich stelle meine Bedingung.«

»Ich will sie hören.«

»Daß ich nur als freier Mann mitreite.«

»Uff! Das ist nicht möglich.«

»So bleibe ich da.«

»Du bist ja frei, solange wir fort sind; dann aber kehrst du mit mir zurück und bist wieder unser Gefangener. Wir verlangen nichts von dir, als daß du uns dein Wort gibst, uns unterwegs nicht zu entfliehen.«

»Ihr nehmt mich also nur mit, weil mir keine Fährte entgehen kann? Ich danke! Ich bleibe hier. Als Spürhund läßt Old Shatterhand sich nicht gebrauchen!«

»Willst du dich nicht anders besinnen?«

»Nein.«

»Bedenke wohl! Es ist dann möglich, daß wir den Dieb meiner Medizin nicht ergreifen.«

»Mir entgeht er nicht, wenn ich ihn haben will. Ein jeder mag sich holen, was ihm gestohlen worden ist.«

Er schüttelte, ohne mich zu verstehen, enttäuscht den Kopf und beteuerte mir:

»Ich hätte dich gern mitgenommen, um dir dafür zu danken, daß du meine Squaw lebendig gemacht hast. Ich kann nicht dafür, daß du nicht willst.«

»Wenn du mir wirklich danken willst, so kannst du mir einen Wunsch erfüllen.«

»Sage ihn mir!«

»Ich habe eine Vermutung, welche sich auf die drei Bleichgesichter bezieht, die mit Santer gekommen sind. Wo befinden sie sich?«

»Jetzt noch in ihrem Zelte.«

»Frei?«

»Nein. Sie sind gefesselt. Sie waren die Freunde des Diebes meiner Medizin.«

»Aber sie sind unschuldig!«

»Das sagen sie; aber Santer ist jetzt unser Feind, und die Freunde meines Feindes sind meine Feinde. Sie werden an den Baum des Todes gebunden und mit dir sterben.«

»Und ich sage dir, daß sie von Santers Tat nicht das Geringste gewußt haben!«

»Das geht uns nichts an! Hätten sie auf dich gehört! Ich weiß, daß du sie gewarnt hast.«

»Pida, der junge, tapfere und edle Häuptling der Kiowas, mag hören, was ich ihm sage: Ich soll den Martertod sterben und habe nicht für mich gebeten; für sie aber bitte ich.«

»Uff! Wie lautet deine Bitte?«

»Gib sie frei!«

»Ich soll sie ziehen lassen, mit ihren Pferden und ihren Waffen? Wie kann ich das!«

»Gib sie frei um deiner Squaw willen, die du lieb hast, wie du mir sagtest!«

Er wendete sich von mir ab; in seinem Innern kämpfte es; dann drehte er sich mir wieder zu und sagte:

»Old Shatterhand ist nicht wie andere Bleichgesichter, nicht wie andere Menschen. Man kann ihn nicht begreifen und verstehen! Wenn er für sich gebeten hätte, so wären wir vielleicht bereit gewesen, ihm Gelegenheit zu geben, dem Tode zu entgehen; er hätte mit unsern tapfersten und stärksten Kriegern um sein Leben kämpfen dürfen. Er aber mag nichts geschenkt haben und bittet für Andere.«

»Das tue ich; ich wiederhole sogar meine Bitte!«

»Nun wohl, sie sollen frei sein, aber dann habe auch ich eine Bedingung.«

»Welche?«

»Dir selbst wird nun nichts, aber auch gar nichts geschenkt! Für die Rettung meines Weibes hast du keinen Dank zu fordern. Wir sind quitt.«

»Gut! Vollständig quitt!«

»So werde ich sie jetzt freilassen. Aber sie sollen beschämt werden. Sie haben dir nicht geglaubt und nicht auf dich gehört; sie mögen zu dir kommen, um sich zu bedanken. Howgh!«

Er wendete sich ab, und ich sah ihn in das Zelt seines Vaters gehen, der ja wissen mußte, was er mir versprochen hatte. Kurze Zeit darauf kam er wieder heraus und verschwand unter den Bäumen. Als er zurückkehrte, folgten ihm die drei Weißen auf ihren Pferden. Er wies sie zu mir, kam aber nicht selbst wieder mit.

Gates, Clay und Summer kamen mit wahren Armensündermienen herangeritten.

»Mr. Shatterhand,« sagte der Erstere, »wir haben gehört, was geschehen ist. Ist es denn etwas gar so Schreckliches, wenn einmal so ein alter Medizinsack abhanden kommt?«

»Diese eure Frage bestätigt nur meine bisherige Meinung, daß ihr vom wilden Westen blutwenig versteht. Die Medizin zu verlieren, das ist das Schrecklichste, was einem indianischen Krieger passieren kann. Das solltet ihr doch wissen!«

»*Well!* Darum also war Pida so grimmig, und darum wurden wir gefesselt! Nun wird es Santer schlecht ergehen, wenn sie ihn fangen!«

»Das hat er auch verdient! Seht ihr denn nun ein, daß er euch nur hintergehen wollte?«

»Uns? Geht uns die Medizin etwas an, mit welcher er verschwunden ist?«

»Ungeheuer viel! Denn in dem Medizinbeutel befinden sich die Papiere, die er so gern haben wollte.«

»Und in welcher Beziehung stehen diese Papiere zu uns?«

»Sie enthalten eine ganz genaue Beschreibung der Stelle, an welcher die Nuggets versteckt sind.«

»Alle Teufel! Ist das wahr?«

»Gewiß!«

»Oder solltet Ihr Euch täuschen?«

»Nein. Ich habe es gelesen.«

»So kennt Ihr die Stelle auch?«

»Ja.«

»Sagt sie uns, Mr. Shatterhand, sagt sie uns! Wir reiten dem Halunken nach und nehmen ihm das Gold vor der Nase weg!«

»Dazu seid ihr erstens nicht die richtigen Kerls, und zweitens habt ihr mir bisher nicht geglaubt und braucht mir nun auch nicht zu glauben. Santer hat euch nur als Hunde engagiert, die ihm helfen sollten, die goldenen Füchse aufzuspüren; dann hätte er euch niedergeschossen. Jetzt kann er euch entbehren und hat es auch nicht nötig, euch stumm zu machen, denn er weiß, daß die Roten euch als seine Spießgesellen betrachten und behandeln werden.«

»Wetter! So hätten wir also nur Euch unser Leben zu verdanken? Pida sagte es.«

»Wird wohl so sein. Euer Schicksal war, mit mir am Marterpfahle zu sterben.«

»Und Ihr habt uns losgebeten? Euch selbst nicht auch? Sagt, was wird denn mit Euch?«

»Gemartert werde ich, weiter nichts.«

»Zu Tode?«

»*Yes.*«

»Das tut uns leid, herzlich leid, Sir! Könnten wir Euch nicht auf eine Weise helfen?«

»Danke, Mr. Gates! Bei mir ist jede Hilfe vergeblich. Reitet getrost fort, und wenn ihr zu Menschen kommt, so könnt ihr erzählen, daß Old Shatterhand nicht mehr lebt, sondern bei den Kiowas an dem Marterpfahle gestorben ist.«

»Eine traurige Botschaft, eine verteufelt traurige Botschaft! Ich wollte, ich könnte Besseres von Euch erzählen!«

»Das würde der Fall sein, wenn ihr mich nicht in den Mugwort-Hills belogen hättet. Wäret ihr aufrichtig gewesen, so hätten mich die Kiowas gewiß nicht gefangen genommen. Ihr seid schuld an meinem Tode, der ein grausamer, ein gräßlicher sein wird. Diesen Vorwurf mache ich euch und wünsche, daß er euch mitten aus dem Schlafe weckt. Und nun macht euch fort!«

Er wußte vor Verlegenheit nicht, was er antworten sollte. Clay und Summer, die überhaupt noch kein Wort gesagt hatten, wußten noch viel weniger, und so hielten sie es für das beste, sich von dannen zu trollen. Eigentlich bedankt hatte sich keiner von ihnen, doch leisteten sie mir dadurch Ersatz, daß sie, als sie eine kleine Strecke fort waren, sich noch einmal mit betrübten Mienen nach mir umblickten.

Sie waren noch nicht draußen am Horizonte verschwunden, so ritt auch Pida fort, doch ohne sich nach mir umzusehen, und das mit vollstem Rechte, denn wir waren ja quitt! Er glaubte, mich bei seiner Rückkehr hier noch in Fesseln zu finden, und ich war überzeugt, ihn, wenn er auf Santers Fährte blieb, entweder am Rio Pecos oder weiterhin auf der Sierra Rita wieder zu sehen. Wer würde recht behalten, er oder ich?

Als ›Dunkles Haar‹ mir zu Mittag das Essen brachte und

ich mich nach dem Befinden ihrer Schwester erkundigte, hörte ich, daß die Schmerzen so nachgelassen hätten, daß sie fast keine mehr fühlte. Das gute Mädchen hatte mir so viel Fleisch gebracht, daß ich es nicht aufessen konnte, und ehe sie sich entfernte, blickte sie mich aus feuchten Augen bedauernd an. Ich sah, daß sie etwas auf dem Herzen hatte, sich aber scheute, es ohne Aufforderung zu sagen. Darum ermunterte ich sie:

»Meine junge Schwester will mir etwas mitteilen? Ich möchte es erfahren.«

»Old Shatterhand hat unrecht getan,« antwortete sie mit hör- und sichtbarem Zagen.

»Inwiefern?«

»Daß er nicht mit Pida geritten ist.«

»Ich hatte keinen Grund dazu.«

»Der große, weiße Jäger hätte wohl Grund dazu gehabt. Es ist ehrenvoll, ohne Laut am Pfahle zu sterben, doch denkt ›Dunkles Haar‹, daß ehrenvoll zu leben doch besser ist.«

»Ja, aber ich sollte doch in die Gefangenschaft zurückkehren, um hier zu sterben.«

»Das mußte Pida fordern, aber es wäre doch wohl anders geworden. Old Shatterhand hätte vielleicht Pida erlaubt, sein Freund und Bruder zu sein und die Pfeife des Friedens mit ihm zu rauchen.«

»Ja, und einen Freund und Bruder, mit dem man das Calumet geraucht hat, den läßt man nicht am Marterpfahle sterben. So denkst du doch?«

»Ja.«

»Du hast recht, aber ich habe auch recht. Du möchtest wohl gern, daß ich am Leben bliebe?«

»Ja,« gestand sie aufrichtig. »Du hast ja meiner Schwester das Leben wiedergegeben!«

»So sei nicht allzusehr besorgt um mich! Old Shatterhand weiß stets, was er tut.«

Sie sah sinnend vor sich nieder, warf einen verstohlenen Seitenblick auf die Wächter und machte eine ungeduldige Handbewegung. Ich verstand sie. Sie wünschte, von Flucht mit mir reden zu können, und durfte das nicht. Als sie dann ihr Auge wieder zu mir erhob, nickte ich ihr lächelnd zu und sagte:

»Das Auge meiner jungen Schwester ist durchsichtig und klar. Old Shatterhand kann ihr durch dasselbe bis ins Herz hinuntersehen. Er kennt ihre Gedanken.«

»Sollte er sie wirklich kennen?«

»Ja, und sie werden in Erfüllung gehen.«

»Wann?«

»Bald.«

»Es sei so, wie du sagst. ›Dunkles Haar‹ wird sich sehr darüber freuen!«

Dieses kurze Gespräch hatte ihr Herz erleichtert und ihren Mut erhöht. Während des Abendessens wagte sie schon mehr. Zu dieser Zeit brannten, wie gestern, schon die Feuer, sonst war es dunkel unter den Bäumen. Da sie mir die einzelnen Fleischstücke mit dem Messer reichte, stand sie nahe bei mir. Da trat sie mir in bezeichnender Weise auf den Fuß, um meine Aufmerksamkeit auf die nächsten Worte zu lenken und fragte:

»Old Shatterhand hat nur noch einige Bissen und wird noch nicht satt sein. Will er noch etwas anderes haben? Ich verschaffe es ihm.«

Die Wächter legten diesen Worten keine Bedeutung unter; ich aber wußte, was sie meinte. Ich sollte ihr eine Antwort geben, welche allerdings zunächst das Essen betraf, dabei aber den Gegenstand nennen, den ich brauchte, um mir die Flucht zu ermöglichen; sie wollte ihn ›mir verschaffen‹, wie sie gesagt hatte. Ich antwortete:

»Meine Schwester ist sehr gut, doch ich danke ihr. Ich bin satt und habe Alles, was ich brauche. Wie geht es der Squaw des jungen Häuptlings der Kiowas?«

»Der Schmerz verschwindet mehr und mehr, doch legt sie noch immer Wasser auf.«

»Das ist gut. Sie bedarf der Pflege. Wer ist bei ihr?«

»Ich.«

»Auch diesen Abend?«

»Ja.«

»Auch des Nachts muß jemand bei ihr sein.«

»Ich werde bis zum Morgen bleiben.«

Ihre Stimme zitterte; sie hatte mich verstanden.

»Bis zum Morgen? Dann sehen wir uns wieder.«

»Ja, dann sehen wir uns wieder!«

Sie ging. Den Wärtern war der Doppelsinn unserer Worte nicht aufgefallen.

Ich mußte nach Pidas Zelt, um dort meine Sachen zu holen. Nach unserm jetzigen Gespräch war ich überzeugt, daß ›Dunkles Haar‹ dort sein und mich erwarten werde; das freute mich, erregte aber auch sehr gerechtfertigte Bedenken in mir. Wenn ich meine Waffen und was sonst noch von mir dort war, in Gegenwart der beiden Schwestern holte, so wurden ihnen morgen früh gewiß die schwersten Vorwürfe gemacht. Um mich nicht zu verraten, waren sie gezwungen, ruhig zu bleiben, und doch erforderte ihre Pflicht, um Hilfe zu rufen. Wie war diesem Zwiespalte abzuhelfen? Nicht anders als dadurch, daß sie sich freiwillig von mir fesseln ließen. War ich dann fort, so konnten sie schreien, so viel und so sehr sie wollten, und, wenn sie gefragt wurden, sagen, daß ich plötzlich im Zelte erschienen sei und sie mit der Faust niedergeschlagen habe. Das glaubte man gewiß, denn ich war auch den Kiowas in dieser Beziehung bekannt. Ob die Schwester von ›Dunkles Haar‹ auch einverstanden sei, das machte mir keine Schmerzen. Sie hielt mich für ihren Lebensretter.

Noch einen Gedanken gab es, über den ich aber nicht so schnell hinwegkommen konnte: War mein Stutzen noch da? Nein, denn Pida kannte den Wert dieses Gewehres und hatte es also mitgenommen. Ja, denn er konnte nicht mit demselben umgehen und hätte sich gewiß die Handgriffe vor seinem Fortritte zeigen lassen. Welches war richtig, das Ja oder das Nein? Das war abzuwarten. Hatte er den Stutzen mitgenommen, so verstand es sich von selbst, daß ich eher nach diesem Gewehre als nach Santer zu trachten hatte.

Nun kam die Ablösung der beiden Wächter; ›Eine Feder‹ brachte sie. Er war ernst aber dabei freundlich mit mir und band mich selbst los, weil er glaubte, die Andern würden die bis auf die Knochen gehenden Wunden an meinen Handgelenken nicht berücksichtigen. Ich legte mich zwischen die vier Pfähle und zog dabei mit der rechten Hand, ohne daß es bemerkt wurde, das kleine Messerchen aus dem linken Aermel heraus. Dann hielt ich den linken Arm hin, um mir die Schlinge hinter die Hand legen zu lassen. Als dies geschehen war und die Hand nun an den Pfahl gebunden werden sollte, tat ich, als ob mich der Riemen an der Wunde schmerze, und zog sie, wie man es bei Schmerzen zu machen pflegt, mit einer hastigen Bewegung an den Mund. Dabei schob ich mit der rechten Hand die Klinge zwischen das Handgelenk und den Riemen und schnitt diesen beinahe durch.

»Paß auf!« fuhr ›Eine Feder‹ den Roten an, der mich band. »Du bist an die Wunde gekommen. Old Shatterhand soll wohl später, aber nicht schon jetzt gequält werden!«

Hierauf ließ ich das Messer fallen und merkte mir die Stelle, wo es lag und wo ich es später mit der linken Hand erreichen konnte. Dann wurde mir die rechte Hand angebunden, worauf auch die Füße an die Reihe kamen. Ich erhielt auch wieder zwei Decken, grad wie gestern, eine unter den Kopf, und die andere wurde über mich ausgebreitet. Als dies geschehen war, machte ›Eine Feder‹ noch die mir höchst willkommene Bemerkung:

»Wenn sonst alle Tage, aber heut kann Old Shatterhand nicht fliehen. Mit solchen Wunden an den Gelenken zerreißt er keinen Riemen.«

Nach diesen Worten entfernte er sich, und die beiden Aufseher hockten sich zu meinen Füßen nieder.

Es gibt Menschen, welche vor so wichtigen Augenblicken kaum ihre Erregung beherrschen können; ich bin da immer ruhig gewesen, ruhiger noch als sonst. Es verging eine Stunde und noch eine; die Feuer erloschen; nur dasjenige leuchtete noch, welches vor dem Zelte des Häuptlings brannte. Es wurde kühl, und meine Wächter zogen die Knie an den Leib. Dies war aber eine unbequeme Stellung, und so legten sie sich nieder, die Köpfe mir zugekehrt. Es wurde Zeit für mich. Ein langsamer aber kräftiger Ruck, und der linke, fast zerschnittene Handriemen riß; diese Hand war frei. Ich zog sie an mich und suchte das Messer, welches ich fand. Nun wendete ich, was mir vorher unmöglich gewesen war, den Oberkörper nach der rechten Seite, schob die linke Hand unter der Decke bis zur rechten hinüber und schnitt diese los. Beide Hände frei! Ich fühlte mich schon gerettet!

Nun zu den Füßen! Aber wie? Um mit den Händen bis zu den Füßen langen zu können, mußte ich mich nicht nur aufsetzen, sondern auch ganz hinunterrücken; dann befand ich mich gleich hinter den Köpfen der beiden Indianer. Waren sie sehr wachsam? Ich bewegte mich einige Male; sie lagen still. Schliefen sie etwa?

Dem mochte sein, wie ihm wolle; besser schnell gehandelt als langsam! Ich schob die Decke von mir ab, setzte mich und rückte nach unten. Wahrhaftig, die Kerls schliefen! Zwei schnelle Schnitte, und ich war frei; zwei ebenso rasche Fausthiebe an ihre Köpfe, und die Aufseher waren betäubt. Ich band sie mit den vier zerschnittenen Riemen und schnitt von der Decke zwei Ecken, um sie ihnen als Knebel in den Mund zu schieben, daß sie nicht rufen konnten. Zu erwähnen ist, daß mein Pferd heut wieder in der Nähe lag.

Nun stand ich auf und streckte die Glieder. Wie wohl das tat! Als die Arme ihre Gelenkigkeit wieder erhalten hatten, legte ich mich wieder nieder und kroch fort, von Baum zu Baum, von Zelt zu Zelt. Nichts regte sich im Dorfe und ich kam glücklich bei dem Zelte des jungen Häuptlings an. Schon wollte ich die Türdecke leise zur Seite ziehen, da hörte ich ein Geräusch zu meiner linken Hand. Ich lauschte. Leise Schritte kamen, und wer blieb da drei Schritte vor mir stehen, ohne mich zu sehen?

»Dunkles Haar!« sagte ich leise.

»Old Shatterhand!« antwortete sie.

Ich stand auf und fragte:

»Du bist nicht in dem Zelte. Warum?«

»Es ist niemand drin, damit wir nicht ausgescholten werden. Meine Schwester ist krank; ich muß sie pflegen und habe sie deshalb nach dem Zelte des Vaters geholt.«

O Weiberlist!

»Aber meine Waffen sind noch da?« fragte ich.

»Ja, noch grad so wie am Tage.«

»Da habe ich sie gesehen. Aber die Gewehre?«

»Unter dem Lager von Pida. Hat Old Shatterhand sein Pferd?«

»Es wartet auf mich. Du bist so gut gegen mich gewesen; ich habe dir sehr zu danken!«

»Old Shatterhand ist gegen alle Menschen gut. Wird er vielleicht einmal wiederkommen?«

»Ich denke es; dann bringe ich Pida mit, der mein Freund und Bruder sein wird.«

»Reitest du ihm nach?«

»Ja. Ich werde ihn treffen.«

»So sag ja nichts von mir. Niemand außer der Schwester darf wissen, was ich tat.«

»Du hättest noch mehr getan; ich weiß es. Reich mir deine Hand, daß ich dir danke!«

Sie gab sie mir.

»Möge deine Flucht vollends gelingen! Ich muß fort; die Schwester sorgt um mich.«

Sie zog, ehe ich es hindern konnte, meine Hand an ihre Lippen und huschte fort. Ich stand und lauschte ihr nach. Du gutes, rotes Kind!

Dann trat ich in das Zelt und tastete zunächst nach dem Lager. Unter demselben steckten, in eine Decke gewickelt, die Gewehre. Ich nahm sie hervor und hing sie über. Messer und Revolver waren da, auch der Sattel mit den Taschen. Noch nicht fünf Minuten waren vergangen, so verließ ich das Zelt und kehrte zum Baume des Todes zurück, um mein Pferd zu satteln. Als dies geschehen war, beugte ich mich zu den Wächtern nieder; sie waren wach.

»Die Krieger der Kiowas haben kein Glück mit Old Shatterhand,« sagte ich mit unterdrückter Stimme zu ihnen. »Sie werden ihn nie an ihrem Marterpfahle sehen. Ich reite Pida nach, ihm zu helfen, Santer zu fangen, und werde ihn als Freund und Bruder behandeln. Vielleicht kehre ich mit ihm zu euch zurück. Sagt dies dem Häuptling Tangua; er soll nicht um seinen Sohn in Sorge sein, denn ich werde ihn beschützen. Die Söhne und Töchter der Kiowa sind freundlich zu mir gewesen; sagt ihnen meinen Dank und daß ich ihnen dies nie vergessen werde. Howgh!«

Ich nahm meinen Schwarzschimmel beim Zügel und führte ihn fort, denn reiten wollte ich noch nicht, um niemanden aufzuwecken. Erst als ich mich weit genug entfernt hatte, stieg ich in den Sattel, der mich nach der Ansicht der Kiowas nie wieder hatte tragen sollen, und ritt südwärts in die Prairie hinein.

Denn nach Süden führte mein Weg, obgleich ich in der nächtlichen Dunkelheit die Spuren von Santer und den ihn verfolgenden Kiowas nicht sehen konnte. Ich brauchte sie nicht zu sehen und hatte überhaupt nicht die Absicht, mich nach ihnen zu richten. Ich wußte, daß Santer nach dem Rio Pecos ritt, und das war mir genug.

Wer aber sagte mir, daß er diese Richtung nahm? Das Testament von Winnetou.

In demselben kamen, so weit ich es gelesen hatte, drei Ausdrücke in der Sprache der Apachen vor. Den einen, Indeltsche-tschil, hatte er verstanden; Tse-schosch und Deklil-to, diese beiden waren ihm fremd. Und selbst wenn er die Bedeutung dieser Worte gekannt hätte, so wußte er doch nicht, wo dieser ›Fels des Bären‹ und dieses ›dunkle Wasser‹ zu suchen waren. Sie lagen weit drüben in der Sierra Rita, wo ich nur ein einzigesmal mit Winnetou gewesen war. Wir selbst hatten dem Felsen und dem Wasser diese Namen gegeben, die also weiter niemand mehr kannte, als ich und die beiden Apachen, welche uns damals begleitet hatten; sie waren jetzt alt und kamen nicht mehr von dem Pueblo am Rio Pecos fort. Santer mußte also zu ihnen hin.

Wer aber sagte ihm, daß er zu ihnen, grad zu ihnen mußte? Jeder Apache, den er nach dem Deklil-to und dem Tseschosch fragte. Der ganze Stamm kannte diese Namen und wußte, was wir dort erlebt hatten; dort gewesen aber waren mit uns nur diese beiden Alten. Daß Santer sich erkundigte, war gewiß, sonst konnte er den Ort nicht finden, und diese Erkundigungen konnten nur bei den Apachen eingezogen werden, von denen jeder, dem er die Namen sagte, ihn nach dem Pueblo wies.

Aber es gab unter den Apachen welche, die ihn kannten, und zwar als Winnetous Feind, als den Mörder Intschu tschunas und Nscho-tschis! Durfte er sich da nach dem Pueblo wagen?

Warum nicht? So ein Mensch, wie er war, wagt für Gold alles. Im Notfalle gab es Ausreden. Grad das gestohlene Testament konnte ihn aus argen Verlegenheiten retten, ihm als Legitimation dienen, weil auf dem oberen Umschlage das Totem Winnetous eingeschnitten war.

Mein Plan war, eher als er nach dem Pueblo der Apachen zu kommen, diese letzteren vor ihm zu warnen und ihn bei seiner Ankunft sogleich festzunehmen. Das war das beste, was ich tun konnte, zumal mein Pferd ein tüchtiger Läufer war, so daß es mir nicht schwer werden konnte, ihn auszustechen. Dieser Plan enthob mich auch der Mühe, auf Spuren zu achten und mit dem Lesen derselben viel Zeit zu verschwenden.

Leider hatte ich das Unglück, daß mein Schimmel schon am nächsten Tage zu lahmen begann, ohne daß ich die Ursache entdecken konnte. Erst am dritten Tage bemerkte ich eine Entzündung, deren Ursache ein langer, spitzer Dorn war, den ich herauszog. Das hatte aber unser Fortkommen sehr verzögert, so daß ich annehmen mußte, nicht vorausgekommen, sondern vielmehr zurückgeblieben zu sein.

Noch hatte ich den Rio Pecos nicht erreicht und befand mich auf einer sehr grasarmen Savanne, als vor mir zwei Reiter auftauchten, welche gerade auf mich zukamen. Es waren Indianer. Weil ich ein einzelner Reiter war, scheuten sie sich nicht, ihren Weg fortzusetzen. Als wir einander näher kamen, schwang der eine von ihnen sein Gewehr, rief meinen Namen und sprengte mir im Galopp entgegen. Es war Yato-

Ka[1], ein Apachenkrieger, den ich kannte; den Andern hatte ich noch nicht gesehen. Als wir uns begrüßt hatten, fragte ich:

»Meine Brüder befinden sich auf keinem Kriegs- oder Jagdzuge, wie ich sehe. Wo wollen sie hin?«

»Hinauf nach Norden in die Gros-Ventre-Berge, um das Grab Winnetous, unsers Häuptlings, zu ehren,« antwortete Yato-Ka.

»So wißt ihr, daß er gestorben ist?«

»Wir erfuhren es vor wenigen Tagen; da erhob sich ein großes Klagegeschrei auf allen Höhen und in allen Tälern.«

»Wissen meine Brüder, daß ich bei seinem Tode anwesend gewesen bin?«

»Ja. Old Shatterhand wird es uns erzählen und unser Anführer sein, wenn wir den Tod des berühmtesten Häuptlings der Apachen rächen.«

»Darüber sprechen wir später. Ihr Beide seid doch nicht allein aufgebrochen, um so weit nach Norden zu reiten?«

»Nein, sondern wir gehen als Kundschafter voraus, weil die Hunde der Comanchen die Beile des Krieges ausgegraben haben. Die Andern kommen eine große Strecke hinter uns her.«

»Wie viele Krieger?«

»Fünfmal zehn.«

»Wer führt sie an?«

»Til-Lata[2], der dazu erwählt worden ist.«

»Ich kenne ihn. Er ist der Beste, der sich dazu eignet. Habt ihr fremde Reiter gesehen?«

»Einen.«

»Wann?«

»Gestern. Es war ein Bleichgesicht, welches nach dem Tseschosch fragte. Wir haben es nach dem Pueblo zu dem alten Inta gewiesen.«

»Uff! Diesen Mann suche ich. Er ist der Mörder von Intschu tschuna; ich will ihn fangen.«

[1] Schneller Fuß.

[2] Blutige Hand.

»Uff, uff!« riefen die Beiden, ganz starr vor Schreck. »Der Mörder! Und wir wußten es nicht! Wir haben ihn nicht aufgehalten!«

»Das tut nichts. Genug, daß ihr ihn gesehen habt. Ihr könnt euern Ritt nicht fortsetzen, sondern müßt umkehren. Ich führe euch später nach den Gros-Ventre-Bergen. Kommt!«

Ich ritt weiter.

»Ja, wir kehren um,« stimmte Yato-Ka bei. »Wir müssen den Mörder haben!«

Nach einigen Stunden erreichten wir den Rio Pecos, überschritten ihn und setzten den Weg am andern Ufer desselben fort. Dabei erzählte ich den beiden Apachen von meinem Zusammentreffen mit Santer am Nugget-tsil und den weiteren Erlebnissen im Dorfe der Kiowas.

»So ist also Pida, der junge Häuptling, dem entflohenen Mörder nachgeritten?« fragte Yato-Ka.

»Ja.«

»Allein?«

»Er folgte der Kriegerschar, welche sein Vater schon vorher abgesandt hatte, und wird sie rasch eingeholt haben.«

»Weißt du, wie stark diese Schar war?«

»Ich sah sie fortreiten und zählte sie; es waren zehn Mann; also sind es mit Pida elf.«

»So wenig?«

»Um einen einzelnen Flüchtling einzufangen, sind elf Krieger nicht zu wenig, sondern weit eher zu viel.«

»Uff! Die Söhne der Apachen werden eine große Freude erleben, denn wir werden Pida und seine Krieger fangen und an die Pfähle der Marter binden!«

»Nein,« antwortete ich kurz.

»Nicht? Du meinst, daß sie uns entgehen? Der Mörder Santer ist nach unserm Pueblo, und sie sind ihm nach, um ihn zu fangen; sie müssen also auch nach unserm Pueblo und werden in unsere Hände fallen.«

»Davon bin auch ich überzeugt; aber an den Marterpfählen werden sie nicht sterben.«

»Nicht? Sie sind doch unsere Feinde, und du solltest von ihnen hingerichtet werden!«

»Sie haben mich gut behandelt, und Pida ist trotz des Todes, der mir bestimmt war, jetzt mein Freund!«

»Uff!« rief er verwundert aus. »Old Shatterhand ist noch der sonderbare Krieger, der er stets gewesen ist: er nimmt seine Feinde in Schutz. Ob aber Til-Lata damit einverstanden sein wird?«

»Gewiß!«

»Bedenke, daß er stets ein tapferer Krieger war und jetzt Häuptling geworden ist! Diese neue Würde zwingt ihn, zu beweisen, daß er ihrer würdig ist. Er darf keinem Feinde Nachsicht erweisen.«

»Bin nicht auch ich ein Häuptling der Apachen?«

»Ja, das ist Old Shatterhand.«

»Wurde ich nicht viel eher Häuptling als er?«

»Viele Sonnen eher.«

»So hat er mir zu gehorchen. Wenn die Kiowas ihm in die Hände fallen, so wird er ihnen nichts tun, weil es so mein Wille ist.«

Er hätte vielleicht noch Einwände vorgebracht, aber unsere Aufmerksamkeit wurde jetzt durch eine Spur in Anspruch genommen, welche von links her durch eine seichte Stelle des Flusses kam und dann ganz so, wie auch wir reiten mußten, dem rechten Ufer des Rio Pecos folgte. Wir stiegen natürlich ab, um sie zu untersuchen. Die Leute, welche diese Fährte hinterlassen hatten, waren im Gänsemarsch geritten, um ihre Zahl zu verbergen, was man dann tut, wenn man vorsichtig sein muß. Sie befanden sich in Feindesland, und ich nahm also an, Pida mit seinen Kiowas vor uns zu haben, obgleich ich nicht bestimmen konnte, wieviel Reiter es gewesen waren.

Nach einiger Zeit erreichten wir eine Stelle, wo sie gehalten hatten und aus dem Gänsemarsche gewichen waren; da gelang es mir, die Eindrücke von elf Pferden festzustellen; ich hatte mich also nicht geirrt und erkundigte mich bei Yato-Ka:

»Eure Krieger kommen hier am Flusse herauf?«

»Ja, sie werden mit den Kiowas zusammentreffen, welche nur elf zählen, während unsere Apachen zehnmal fünf sind.«

»Wie weit befinden sich eure Leute von hier?«

»Sie waren, als du mit uns zusammenstießest, einen halben Tagesritt hinter uns.«

»Und die Kiowas sind, wie ich aus ihrer Fährte ersehe, nur eine kleine halbe Stunde vor uns. Wir müssen uns beeilen, sie einzuholen, noch ehe sie den Apachen begegnen. Reiten wir schneller!«

Ich setzte mein Pferd in Galopp, denn das Zusammentreffen der beiden feindlichen Trupps, welches ich in ein freundliches verwandeln wollte, konnte jeden Augenblick stattfinden. Pida hatte es verdient, daß ich mich seiner annahm.

Es dauerte nicht lange, so machte der Fluß einen Bogen nach links, den die Kiowas kennen mußten, denn sie waren ihm nicht gefolgt, sondern geradeaus geritten, um ihn abzuschneiden.

Wir taten natürlich dasselbe und sahen sie bald auf der vor uns liegenden Ebene, wie sie südwärts ritten, ein Pferd genau in den Stapfen des andern. Sie bemerkten uns nicht, weil sich keiner von ihnen umdrehte.

Da hielten sie plötzlich an; sie stutzten und wendeten dann die Pferde, um schleunigst umzukehren. Da erblickten sie auch uns, hielten wieder einen Augenblick an und setzten dann ihren Rückzug fort, doch nicht direkt auf uns zu.

»Warum kehren sie um?« fragte Yato-Ka.

»Sie haben eure Krieger gesehen und dabei bemerkt, daß diese ihnen an Zahl weit überlegen sind. Wir aber sind nur drei, und so glauben sie, sich vor uns nicht fürchten zu müssen.«

»Ja, da kommen unsere Apachen. Siehst du sie da draußen? Sie haben die Kiowas erblickt, denn sie kommen im Galopp herbei, um sie zu verfolgen.«

»Reitet ihr Beide ihnen entgegen, und sagt der ›Blutigen Hand‹, daß er halten bleiben soll, bis ich zu ihm komme!«

»Warum willst du nicht mit?«

»Ich habe mit Pida zu sprechen. Vorwärts! Macht schnell!«

Sie gehorchten dieser Aufforderung, während ich mich nach links wendete, wo die Kiowas von weitem an uns vorüber wollten. Sie waren, um mich zu erkennen, uns bis jetzt noch zu fern gewesen; nun aber, da ich ihnen entgegenritt, sahen sie, wer ich war. Pida stieß einen schrillen Ruf des Schrekkens aus und trieb sein Pferd zu größerer Eile an; ich aber lenkte das meinige so, daß er nicht an mir vorüber konnte, und rief ihm zu:

»Pida mag anhalten, denn ich werde ihn gegen die Apachen in Schutz nehmen.«

Er schien trotz des Schreckes, den er soeben gezeigt hatte, großes Vertrauen zu mir zu haben, denn er parierte sein Pferd und rief seinen Leuten zu, auch anzuhalten. Da er ihnen voraus war, ritten sie vollends zu ihm heran und folgten dann seinem Befehle. Trotz der Selbstbeherrschung, welche ein roter Krieger in jeder Lage üben soll, sah ich, ihm näher kommend, daß es ihm große Mühe kostete, den Eindruck, welchen mein so unerwartetes Erscheinen auf ihn machte, zu bemeistern. Seinen ebenso erstaunten Leuten gelang dies noch weniger als ihm.

»Old -- Shat -- terhand!« rief er aus. »Old Shat - ter -- hand ist frei! Wer hat dich losgegeben?«

»Niemand,« antwortete ich. »Ich habe mich selbst freigemacht.«

»Uff, uff, uff! Das war doch unmöglich!«

»Für mich nicht. Ich wußte, daß ich loskommen würde; darum ritt ich nicht mit dir; darum wollte ich nichts von dir geschenkt haben, und darum sagte ich zu dir, daß ein jeder sich selbst holen möge, was ihm gestohlen worden ist. Du brauchst über mich nicht zu erschrecken. Ich bin dein Freund und werde dafür sorgen, daß dir von den Apachen nichts geschieht.«

»Uff! Willst du das wirklich?«

»Ja. Ich gebe dir mein Wort.«

»Was Old Shatterhand sagt, das glaube ich.«

»Das darfst du getrost. Schau zurück! Da hinten halten die

Apachen, denen ich meine beiden Begleiter entgegengeschickt habe. Sie sind abgestiegen, um zu warten, bis ich zu ihnen kommen werde. Habt ihr Santers Spur gesehen?«

»Ja; aber ereilen konnten wir ihn noch nicht.«

»Er will nach dem Pueblo der Apachen.«

»Das dachten wir, denn wir sahen die Richtung seiner Fährte und folgten ihr.«

»Ein großes Wagnis für euch! Jedes Zusammentreffen mit den Apachen mußte euch den sichern Tod bringen!«

»Das wußten wir; aber Pida muß sein Leben wagen, um seine Medizin wieder zu bekommen. Wir wollten das Pueblo umschleichen, bis es uns gelingen würde, Santer zu ergreifen.«

»Das wird euch nun leichter werden, da ich die Gefahr von euch abwende. Aber ich kann euch nur dann beschützen, wenn du mein Bruder bist. Steig ab! Wir werden die Pfeife des Friedens miteinander rauchen.«

»Uff! Hält Old Shatterhand, der große Krieger, dem es gelungen ist, ohne alle Hilfe aus unserer Gefangenschaft zu entkommen, Pida für würdig, sein Freund und Bruder zu sein?«

»Ja. Beeile dich, damit die Krieger der Apachen nicht ungeduldig werden!«

Wir stiegen ab und rauchten nach der vorgeschriebenen Weise die Pfeife, worauf ich Pida aufforderte, an Ort und Stelle zu bleiben und auf meinen Wink zu warten. Dann stieg ich wieder auf und ritt zu den Apachen, welche inzwischen von Yato-Ka über sein Zusammentreffen mit mir und meine Absichten unterrichtet worden waren. Sie bildeten, jeder sein Pferd an der Hand, einen Halbkreis, in welchem Til-Lata, die ›Blutige Hand‹, stand.

Ich kannte diesen Apachen sehr gut. Er war zwar ehrgeizig, mir aber stets gewogen gewesen, sodaß ich darauf rechnete, bei ihm keinen Widerstand in Beziehung auf Pida zu finden. Ich gab ihm die Hand, begrüßte ihn mit einigen freundlichen Worten und fügte hinzu:

»Old Shatterhand kommt ohne Winnetou, den Häuptling der Apachen. Meine roten Brüder werden näheres über den Tod dieses berühmten Kriegers erfahren wollen, und ich werde ihnen alles erzählen; zunächst aber habe ich mit ihnen über die Kiowas, von denen ich jetzt komme, zu reden.«

»Ich weiß, was Old Shatterhand verlangen will; Yato-Ka hat es mir gesagt,« antwortete ›Blutige Hand‹.

»Und was sagst du dazu?«

»Old Shatterhand ist ein Häuptling der Apachen, die seinen Willen ehren. Die zehn Krieger der Kiowas mögen sofort nach ihrem Dorfe zurückkehren, ohne sich länger hier aufzuhalten; da werden wir ihnen nichts tun.«

»Und Pida, ihr junger Häuptling?«

»Ich sah, daß er mit Old Shatterhand die Pfeife des Friedens rauchte. Er mag mit uns kommen und unser Gast sein, so lange du wünschest, daß er bei uns bleibe, dann aber ist er wieder unser Feind.«

»Gut, ich bin einverstanden. Die Krieger der Apachen werden mit mir umkehren, um den Mörder von Intschu tschuna und seiner Tochter zu fangen. Wenn das geschehen ist, werde ich sie nach dem Grabe Winnetous, ihres toten Häuptlings, begleiten. Howgh!«

»Howgh!« antwortete ›Blutige Hand‹, indem er zur Bekräftigung seine Rechte in die meinige legte.

Hierauf winkte ich Pida herbei, welcher auf Til-Latas Bedingung einging und seine Kiowas zurückschickte. Dann ging es wieder am Ufer des Pecos abwärts, bis wir am Abende Lager machten.

Da wir uns auf dem eignen Gebiete der Apachen befanden, konnten wir ein Feuer machen. Um dasselbe lagernd, aßen wir, und dann erzählte ich ausführlich von dem Tode Winnetous. Mein Bericht machte einen tiefen, tiefen Eindruck auf die Zuhörer, die noch lange wortlos saßen und dann einzelne Züge aus dem Leben ihres geliebten und bewunderten Häuptlings erzählten. Ich befand mich dabei in einer Stimmung, als ob ich den Tod Winnetous jetzt noch einmal miterlebt hätte, und als sie schliefen, lag ich noch lange, ohne Ruhe zu finden. Ich dachte an sein Testament und an das Gold, von welchem in demselben die Rede war. Dann träumte mir von diesem Golde. Es war ein schrecklicher Traum! Das gleißende Metall lag bergeshoch am Rande eines tiefen Abgrundes und wurde von Santer hinunter in die Tiefe geschaufelt. Ich wollte dies nicht dulden, wollte es retten und kämpfte mit ihm, ohne seiner Herr werden zu können. Da krachte der Boden unter uns; ich sprang zurück, und Santer stürzte mit allem Golde hinab in den gähnenden Schlund. Ich erwachte in Schweiß gebadet. Träume sind Schäume; aber ich konnte während des ganzen folgenden Tages das Gefühl nicht los werden, daß dieser Traum kein gewöhnlicher sei. Und doch war er so leicht zu erklären!

Wir ritten sehr schnell und machten zu Mittag eine nur kurze Rast, um nicht zu spät im Pueblo anzukommen, denn Santers Aufenthalt dort war jedenfalls von keiner langen Dauer.

Am Spätnachmittage langten wir in der Nähe des Pueblo an. Rechts stand das Grabmal, welches damals für Klekih-petra errichtet worden war, und noch ragte unser Kreuz aus demselben hervor. Links war die Stelle des Flusses, von welcher aus ich hatte um mein Leben schwimmen müssen. Wie oft hatte ich später mit Winnetou hier gestanden und von jenen für mich so bösen Tagen gesprochen!

Dann bogen wir rechts in das Nebental ein und sahen das Pueblo vor uns liegen, wo ich Winnetou und all die Seinen einst kennen lernte. Es war gegen Abend, und der von verschiedenen Stockwerken aufsteigende Rauch verriet, daß sich die Bewohner mit der Zubereitung des Abendessens beschäftigten. Man sah uns kommen, dennoch hielt Til-Lata die Hände rund vor den Mund und rief hinauf:

»Old Shatterhand kommt, Old Shatterhand! Eilt, ihr Krieger, ihn zu empfangen!«

Das gab ein großes Geschrei von Etage zu Etage. Die Leiterbäume wurden herabgelassen, und als wir von den Pferden gesprungen waren und emporstiegen, streckten sich hundert große und kleine Hände aus, mir den Willkommen zu bieten, einen traurigen Willkommen, denn ich kam heut zum erstenmale ohne Winnetou, dem es bestimmt gewesen war, diesen so lieben Ort niemals wiederzusehen.

Wie schon früher erwähnt, wurde der Pueblo nur von einem kleinen Teil des Stammes bewohnt; es waren solche, die dem Herzen Winnetous immer am nächsten gestanden hatten, und darum läßt es sich denken, daß ich gleich nach der ersten Begrüßung mit tausend Fragen nach ihm bestürmt wurde. Ich wies sie alle zurück und erkundigte mich zunächst:

»Ist Inta hier? Ich muß ihn sprechen.«

»Er ist in seiner Kammer,« wurde mir geantwortet. »Wir werden ihn holen.«

»Nein; er ist alt und gebrechlich und mag bleiben. Ich gehe zu ihm.«

Man führte mich in einen kleinen, in den Felsen gehauenen Raum, wo der Alte saß. Er erschrak freudig, als er mich sah, und begann, mir eine lange Rede zu halten, die ich aber mit der Frage unterbrach:

»Sag mir das später! War ein fremdes Bleichgesicht da?«

»Ja,« antwortete er.

»Wann?«

»Gestern.«

»Hat der Mann seinen Namen genannt?«

»Nein. Er sagte, Winnetou habe ihm dies verboten.«

»Er ist fort?«

»Ja.«

»Wie lange blieb er hier?«

»Die Zeit ungefähr, welche die Bleichgesichter eine Stunde nennen.«

»Er hatte zu dir gewollt?«

»Ja, er ließ sich zu mir führen und zeigte mir auf Leder das Totem Winnetous, von dem er einen letzten Befehl auszuführen habe.«

»Was wollte er von dir?«

»Die Beschreibung des Sees, den Ihr damals Deklil-to genannt habt.«

»Du hast sie ihm gegeben?«

»Ich mußte doch, denn Winnetou hatte es befohlen.«

»Hast du ihm die Gegend genau beschrieben?«

»Den Weg von hier aus hin und auch die Gegend dort selbst.«

»Den Fichtenwald, den Fels, den Wasserfall?«

»Alles.«

»Auch den Weg auf den überhängenden Stein hinauf?«

»Auch ihn. Es erquickte meine Seele, mit ihm reden zu können von den Orten, an denen ich damals gewesen bin mit Old Shatterhand und Winnetou, dem Häuptling der Apachen, der uns verlassen hat und in die ewigen Jagdgründe gegangen ist. Bald werde ich ihn dort wiedersehen.«

Dem alten Manne war kein Vorwurf zu machen; er hatte nur dem Totem seines geliebten Häuptlings gehorcht. Ich fragte ihn noch:

»War das Pferd dieses Bleichgesichtes sehr abgemattet?«

»Gar nicht. Als er auf demselben fortritt, ging es so munter, als ob es lange Zeit ausgeruht habe.«

»Hat er hier gegessen?«

»Ja, doch nicht viel, denn er hatte keine Zeit dazu. Er fragte nach Fasern zu einer Zündschnur.«

»Oh! Hat er welche bekommen?«

»Ja.«

»Wozu brauchte er die Schnur?«

»Das sagte er nicht. Auch Pulver mußten wir ihm geben, sehr viel Pulver.«

»Zum Schießen?«

»Nein, sondern um etwas auf- oder wegzusprengen.«

»Hast du gesehen, wohin er das Totem steckte?«

»In einen Medizinbeutel, über den ich mich wunderte, denn ich weiß doch, daß die Bleichgesichter keine Medizinen haben.«

»Uff!« rief Pida, der neben mir stand. »Er hat ihn noch! Es ist meine Medizin, die er mir gestohlen hat.«

»Gestohlen?« fragte Inta verwundert. »War denn dieser Mann ein Dieb?«

»Noch schlimmer als ein Dieb!«

»Und doch hatte er das Totem Winnetous!«

»Das hatte er auch gestohlen. Er war Santer, der Intschu tschuna und Nscho-tschi ermordet hat.«

Der Alte stand einer Bildsäule gleich. Wir ließen ihn in seinem Schrecken stehen und entfernten uns.

Also war es uns nicht gelungen, Santer einzuholen; ja, wir hatten ihm nicht einmal einen kleinen Teil seines Vorsprunges abgewonnen. Das war unangenehm, und ›Blutige Hand‹ schlug darum vor:

»Wir bleiben gar nicht hier, sondern reiten sogleich fort. Vielleicht holen wir ihn da ein, ehe er das dunkle Wasser erreicht.«

»Glaubst du, das tun zu können, ohne auszuruhen? Wir haben allerdings Mondschein und können da während der Nacht reiten.«

»Ich brauche keine Ruhe!«

»Und Pida?«

»Ich kann nicht eher ruhen, als bis ich meine Medizin wieder habe,« antwortete dieser.

»Gut, so essen wir und nehmen dann frische Pferde. Meinen Schimmel werde ich hier lassen. Auch mich treibt es fort. Daß er sich Pulver und Zündschnur hat geben lassen, deutet auf Explosion hin, auf eine Sprengung, durch welche er mir alles zerstören kann. Wir müssen uns beeilen.«

Die Bewohner des Pueblo baten uns freilich dringend, zu bleiben; ich sollte ihnen von Winnetou erzählen, von unsern letzten Erlebnissen und von seinem Tode. Ich vertröstete sie auf unsere baldige Rückkehr; damit mußten sie sich zufrieden geben. Schon zwei Stunden nach unserer Ankunft ritten wir auf frischen Pferden und mit reichlichem Proviant versehen wieder fort, ich, Til-Lata, Pida und zwanzig Apachen. Auf so viel Begleitung hatte Til-Lata gedrungen, obgleich wir sie zu unserem Schutze nicht brauchten, denn das Land, durch welches wir kamen, gehörte den verwandten Mimbrenjos, von denen wir keine Feindseligkeiten zu erwarten hatten.

Wir mußten, um von dem Pueblo nach dem See des dunkeln Wassers zu kommen, einen Weg von wenigstens sechzig geographischen Meilen machen, und zwar auf der letzten Strecke durch sehr schwieriges, felsiges Terrain. Wenn ich pro Tag fünf Meilen rechnete, so war es viel, und wir brauchten zwölf Tage, um zum Ziele zu gelangen.

Es fiel uns gar nicht ein, nach Santers Spur zu suchen; damit hätten wir ja doch nur die Zeit vertrödelt. Wir ritten einfach den Weg, den ich während des Rittes mit Winnetou kennen gelernt hatte, und nahmen an, daß Santer sich auch auf demselben befand, weil Inta ihm keinen andern hatte beschreiben können. Wich er von ihm ab, so kam das uns zu gute.

Es ereignete sich unterwegs nichts, was ich nicht übergehen dürfte, bis wir am elften Tage eine Begegnung hatten. Es kamen uns zwei Rote entgegengeritten, Vater und Sohn, von denen ich den ersteren kannte. Er war ein Mimbrenjo, welcher uns damals mit Fleisch versorgt hatte. Auch er erkannte mich sogleich wieder, hielt sein Pferd an und rief erfreut:

»Old Shatterhand! Was sehe ich! Du lebst, du bist nicht tot, nicht gestorben?«

»Soll ich gestorben sein?«

»Ja, von den Sioux erschossen.«

Sogleich ahnte ich, daß er Santer getroffen hatte.

»Wer hat das gesagt?« fragte ich darum.

»Ein Bleichgesicht, welches uns erzählte, auf welche Weise der große Old Shatterhand und der berühmte Winnetou um das Leben gekommen sind. Ich mußte es ihm glauben, denn er besaß das Totem Winnetous und auch seine Medizin.«

»Es war trotzdem Lüge, denn du siehst ja, daß ich am Leben bin.«

»So ist wohl auch Winnetou nicht tot?«

»Dieser ist leider tot. Wie kamst du mit dem Weißen zusammen?«

»In unserm Lager. Er wollte sein müdes Pferd vertauschen und einen Führer nach dem Deklil-to[1] haben. Das war wohl

[1] Dunkles Wasser.

ein falscher Name, und er meinte das Wasser, welches bei uns Schisch-tu[1] heißt. Er bot die Medizin Winnetous, und ich ging darauf ein, vertauschte ihm ein frisches Pferd und brachte ihn mit meinem Sohne hier nach dem Schisch-tu, den er sofort als den richtigen Ort erkannte.«

»Er hat dich betrogen. Hast du die Medizin?«

»Ja, hier.«

»Zeig sie uns!«

Er zog sie aus der Satteltasche. Pida stieß einen Freudenruf aus und griff danach. Der Mimbrenjo wollte sie nicht hergeben, und so entspann sich ein kurzer Streit, dem ich mit der Erklärung ein Ende machte:

»Diese Medizin gehört hier dem jungen Häuptling der Kiowas. Winnetou hat sie nie in seinen Händen gehabt.«

»Du mußt dich irren!« rief der Mimbrenjo.

»Ich weiß es genau.«

»Ich habe ja nur dieser kostbaren Medizin wegen mit ihm den weiten Weg gemacht, und ihm ein besseres Pferd gegeben!«

»Er brauchte ein frisches Pferd, weil er die Verfolger hinter sich wußte, und hat dir diese große Lüge gemacht, um dich zum Tausche zu bewegen.«

»Wenn es nicht Old Shatterhand sagte, würde ich es nicht glauben. Muß ich die Medizin hergeben?«

»Ja.«

»Gut! Aber dann kehre ich wieder um und nehme dem Lügner und Betrüger das Leben!«

»So reite mit uns, denn auch wir wollen sein Leben haben.«

Er war einverstanden und ritt mit. Als wir ihm kurz mitteilten, wer Santer war und was er auf dem Gewissen hatte, bereute der enttäuschte Indianer es außerordentlich, den Mörder durch den Pferdetausch unterstützt zu haben, denn dadurch und daß er einen Führer gehabt hatte, war er im Vorsprunge geblieben.

[1] Schwarzer See.

Pida war ganz glücklich, seine Medizin, und zwar vollständig unverletzt, wieder zu haben. Er hatte den Zweck seines Rittes erreicht; würde ich dies auch von mir sagen können?

Am nächsten Tage erreichten wir den See, aber erst am Abende, wo nichts mehr zu machen war. Wir lagerten uns still unter Bäumen und brannten kein Feuer, um uns Santern nicht zu verraten. Dieser hatte dem Mimbrenjo nicht gesagt, was er hier wolle, und ihn gleich nach der Ankunft veranlaßt, sofort zurückzureiten.

Unser Weg hatte uns vom Rio Pecos aus schräg über die südwestliche Ecke von Neu-Mexiko geführt, und wir waren jetzt in Arizona, wo die Gebiete der Gilenjos mit denen der Mimbrenjos zusammenstoßen. Auch die Gilenjos sind Apachen. Jene Gegenden sind meist öde und traurig. Felsen und nichts als Felsen, Stein und nichts als Stein! Aber wo es einmal Wasser gibt, da entwickelt sich eine reiche, üppige Vegetation, welche aber nicht weit über die Ufer der Wasserläufe hinausgeht. Die Sonne verbrennt alles, was die entzogene Feuchtigkeit nicht stets und schnell wieder ergänzen kann. Wald gibt es außerordentlich wenig.

Da aber, wo wir uns jetzt befanden, machte die Natur eine Ausnahme.

Es war ein Talkessel, welcher mehrere Quellen besaß, die seinen Grund gefüllt und einen See gebildet hatten, dessen Wasser nach Westen ablief, während wir uns jetzt an dem östlichen Ufer befanden. Die dichtbewaldeten Wände des Tales stiegen hoch, hoch empor und gaben dem unergründlich tiefen See jene düstere Farbe, die uns veranlaßt hatte, ihn ›Dunkles Wasser‹ zu nennen, während die Mimbrenjos ihn, wie wir gestern erfahren hatten, ›Schwarzen See‹ nannten. Die nördliche Talwand war die höchste. Aus ihr trat in Pfeilergestalt ein nackter Felsen hervor, der senkrecht aus dem Wasser stieg. Hinter ihm sammelte sich die Feuchtigkeit der viel höheren und bewaldeten Kuppe und hatte sich durch sein Gestein einen Abfluß gebohrt, durch den es wie aus dem Schlauche einer Gießkanne wohl hundert Fuß tief in den See stürzte. Das war das ›fallende Wasser‹ in Winnetous Testament. Grad über diesem Wasserfalle sah man eine Höhle im Gestein, zu welcher wir damals nicht gelangen konnten, deren Zugang aber Winnetou später entdeckt haben mußte. Und wieder über dieser Höhle ragte der oberste Teil des Felsens wie ein Schutzdach oder eine riesige, frei in die Luft strebende Platte vor, welche so schwer sein mußte, daß man sich darüber wunderte, daß sie nicht längst in die Tiefe gestürzt war.

Rechts von diesem Felsen und eng an ihn gelehnt, gab es einen zweiten, auf welchem wir damals einen Grizzly erlegt hatten. Darum nannte Winnetou ihn Tse-schosch, den Fels des Bären. Dies zur Erläuterung.

Wir standen vor der Entscheidung, und so konnte ich nur wenig schlafen. Kaum graute unten bei uns der Tag, so machten wir uns daran, nach etwaigen Spuren von Santer zu suchen. Wir fanden nichts. Darum beschloß ich, nach oben zu steigen, wo er nun jedenfalls zu suchen war. Ich nahm nur Til-Lata und Pida mit. Wir folgten dem von Winnetou erwähnten Fichtenwalde in die Höhe, bis wir auf dem Felsen des Bären standen. »Dort steigst du vom Pferde und kletterst – – –« weiter hatte ich im Testamente nicht lesen können. Wohin sollte ich klettern? Höchst wahrscheinlich nach der Höhle da oben. Das mußte versucht werden. Das Terrain war sehr steil, aber es ging, höher und höher und immer höher, bis wir uns seitlich unter der Höhle befanden. Weiter konnten wir nicht. Wenn es da einen Weg gab, so hatten wir ihn verfehlt, weil ich Winnetous Beschreibung nicht besaß. Eben wollte ich umkehren, da fiel ein Schuß, und eine Kugel schlug neben mir an das Gestein. Dann schrie eine Stimme von oben herunter:

»Hund, du bist wieder frei! Ich glaubte nur die Kiowas hinter mir. Fahr zum Teufel!«

Es fiel ein zweiter Schuß, der auch nicht traf. Wir blickten in die Höhe und sahen Santer vorn am Rande der Höhle stehen.

»Willst du das Testament des Apachen holen und den Schatz heben?« hohnlachte er herab. »Du kommst zu spät. Ich bin schon da, und die Zündschnur ist schon angebrannt. Du bekommst nichts, gar nichts, und die verrückten Stiftungen und Schenkungen nehme ich auch für mich!«

Er unterbrach sich mit einem wiehernden Gelächter und fuhr dann fort:

»Du kennst den Weg nicht, wie ich sehe? Auch den nicht, der drüben wieder hinunterführt? Da schaffe ich das Gold hinab, ohne daß ihr es hindern könnt. Ihr habt den weiten Weg umsonst gemacht. Diesesmal bin ich der Sieger, hahahaha!«

Was war zu tun? Er war oben bei dem Schatze, und wir konnten nicht hinauf. Vielleicht fanden wir den Weg noch, aber dann war er mit dem Raube wohl schon fort; er hatte ja von einem zweiten Wege gesprochen. Da gab es kein Bedenken, ich mußte ihm eine Kugel hinaufschicken. Nur war es schwer, von unserm Standorte aus in die Höhe zu schießen; er hatte ja auch nicht getroffen. Ich stieg daher etwas tiefer, schräg hinab und nahm den Stutzen von der Schulter.

»Oh, der Hund will schießen!« rief er. »Das geht hier schlecht. Ich werde mich dir besser stellen.«

Er verschwand, doch nach kurzer Zeit erschien er wieder, hoch oben auf der Platte. Da trat er vor, immer weiter vor, fast bis an den Rand; fast schwindelte mir. Er hielt etwas Weißes in der Hand.

»Seht herauf!« schrie er herab. »Hier ist das Testament. Ich kenne es schon auswendig und brauche es nicht mehr. Der See da unten soll es haben; ihr bekommt es nicht.«

Er zerriß die Blätter und warf die Fetzen in die Luft, die langsam und weiß niederwirbelten, um in das Wasser zu fallen. Das für mich so kostbare Testament! Was ich fühlte, war nicht Zorn, auch nicht Grimm; ich fühlte aber, daß ich kochte.

»Bube,« brüllte ich hinauf, »höre mich nur einen Augenblick!«

»Jawohl! Ich höre dich so gern!« antwortete er herab.

»Intschu tschuna läßt dich grüßen!«

»Danke!«

»Nscho-tschi auch!«

»Danke sehr, danke!«

»Und im Namen Winnetous schicke ich dir diese Kugel. Zu bedanken brauchst du dich nicht!«

Dieses Mal legte ich den Bärentöter an; der Schuß war sicherer; ich mußte treffen. Das Zielen nimmt bei mir kaum einen Augenblick in Anspruch, auch jetzt – – – aber was war das? Wankte mein Arm? Oder bewegte sich Santer? Oder wankte der Fels? Ich konnte nicht fixieren und legte die Büchse ab, um mit beiden Augen zu sehen.

Herrgott, der Felsen wankte hin und her; es tat einen schweren, dumpfen Knall; aus der Höhle drang Rauch, und wie von einer unsichtbaren Gigantenfaust gestoßen, neigte sich von der Höhle an aufwärts der Fels langsam tiefer und immer tiefer, mit Santer oben auf der Platte, welcher die Arme in die Luft warf und um Hilfe brüllte; dann, als der Schwerpunkt verloren gegangen war, krachte, prasselte und donnerte die Felsenmasse hinab in die Tiefe, hinab in den See! Oben um die Bruchkante spielte noch der Pulverdampf in leichten Wölkchen.

Ich stand sprachlos, entsetzt!

»Uff!« rief Pida, indem er beide Hände in die Luft warf. »Der große Geist hat ihn gerichtet und den Felsen unter ihm umgestürzt.«

Til-Lata zeigte hinab auf die schäumenden Fluten des Sees, welcher in diesem Augenblicke das Aussehen eines riesigen, brodelnden Kessels hatte, und sagte, trotz seiner Bronzefarbe blaß bis an die Ohren:

»Der böse Geist hat ihn hinuntergezogen in das kochende Wasser und wird ihn nicht wieder hergeben bis an das Ende aller Dinge. Er ist verflucht!«

Ich wollte nichts und konnte auch nichts sagen. Mein Traum, mein Traum, mein Traum! Das Gold hinab in den Schlund! Und welch ein Ende für Santer! Es war mir noch im letzten Augenblicke erspart worden, ihm eine Kugel zu geben; er hatte sich selbst gerichtet, oder vielmehr er selbst hatte das Urteil eines Höheren an sich vollzogen; er war sein eigener Henker gewesen, denn er hatte die Zündschnur angesteckt.

Unten gestikulierten die Apachen an dem Ufer des Sees. Die beiden Häuptlinge eilten hinab, ob etwas von Santer zu sehen sei. Vergebliches Beginnen! Den hatten die Felsmassen in das Wasser geschleudert und auf dem Grunde des Sees begraben und zugedeckt.

Mir, dem sonst so kräftigen Menschen, den nichts aus der Fassung zu bringen vermochte, wurde ganz schwach, so schwach, daß ich mich setzen mußte. Ich schwindelte; ich mußte die Augen schließen, und dennoch sah ich den wankenden, stürzenden Felsen vor mir und hörte Santers Hilferufe.

Wie war das gekommen? Jedenfalls infolge einer Vorsichtsmaßregel Winnetous. Mir wäre es nicht passiert! Die Beschreibung des Versteckes und der vorzunehmenden Manipulationen war von ihm jedenfalls so abgefaßt, daß nur ich allein sie verstehen konnte, jeder Andere aber mißverstehen mußte. Er hatte eine Mine gelegt, welche der Unberufene auf Grund dieses Mißverständnisses anzünden mußte, um sich selbst zu verderben. Aber wie stand es mit dem Schatze, mit dem Golde? War es noch oben oder lag es auch unten auf dem Grunde des schwarzen Wassers, von den Trümmern des Felsens den Menschen für immer entzogen?

Und wenn es da unten lag, mich schmerzte es nicht; aber daß die Zeilen meines toten Bruders zerrissen und zerstreut worden waren, das war mir ein Verlust, wie es für mich keinen zweiten geben konnte. Der Gedanke hieran gab mir augenblicklich die verlorene Spannkraft wieder. Ich sprang auf und kletterte so schnell wie möglich den Berg hinunter, denn ich konnte doch vielleicht einige oder mehrere Stücke retten. Ja, da schimmerte es, als ich unten angekommen war, papierweiß von der Mitte des Sees herüber. Ich zog mich aus, sprang in das Wasser und schwamm hinüber; ja, es war ein kleiner Fetzen des Testamentes. Ich durchquerte die Oberfläche des Sees nach allen Richtungen und fand noch drei andere Rudera. Diese Ueberbleibsel des Testamentes legte ich dann in die Sonne, um sie trocknen zu lassen, und als dies geschehen war, versuchte ich die verwaschenen und zerlaufenen Buchstaben zu entziffern; einen Zusammenhang konnte es natürlich nicht geben. Ich las nach langer Anstrengung: ».... eine Hälfte erhalten .... weil Armut .... Felsen bersten .... Christ .... austeilen .... keine Rache ....«

Das war alles, also fast gar nichts und doch genug, um wenigstens einen Teil des Inhalts ahnen zu lassen. Ich habe diese kleinen Papierstücke heilig aufgehoben.

Später, als ich mein inneres Gleichgewicht wiedergefunden hatte, begannen wir die Nachforschungen. Ein Teil der Apachen wurde rund um den See geschickt, um nach dem Pferde Santers zu suchen; es mußte da sein und gefunden werden, sonst verschmachtete es, wenn es angebunden war. Die übrigen stiegen mit uns in die Höhe, um uns den Weg nach der Höhle, die es aber nicht mehr gab, suchen zu helfen. Wir bemühten uns mehrere Stunden lang vergeblich, bis ich mir das, was ich von dem Testamente gelesen hatte, noch einmal Wort für Wort überlegte. Der letzte Satz, auf den es ankam, lautete: »Dort steigst du vom Pferde und kletterst ---« Da fiel mir das Wort ›kletterst‹ auf. Man klettert zwar auch einen Berg empor, wenn er sehr steil ist, gewöhnlich aber wird dieses Wort in anderer Bedeutung gebraucht. Sollte es hier auf einen Baum Beziehung haben? Wir forschten nach, und da bemerkten wir freilich eine ziemlich starke und hohe Fichte, welche nahe am Felsen stand, schief nach demselben zu gewachsen war und sich oben an eine Kante desselben legte. Das mußte es sein! Ich kletterte hinauf. Die Kante war breiter, als man von unten dachte; ich betrat sie und folgte ihr um die Ecke. Richtig! Das war der rechte Weg gewesen! Ich sah einen wohl drei Ellen breiten und leicht gangbaren Absatz vor mir, welcher an der hintern Seite des Felsens ziemlich sanft nach oben führte und jetzt da endete, wo der Felsen abgebrochen war, also auf der neuen Platte desselben. Ich stand da in einem wüsten Gewirr von größeren und kleineren Steinen, konnte aber doch deutlich den Boden der zerstörten Höhle unterscheiden. Wenn das Gold nicht unter demselben, sondern in den Wänden des Loches oder noch höher nach dem Plateau hinauf versteckt gewesen war, so lag es jetzt im See.

Ich rief die Apachen herauf, um mir suchen zu helfen. Wir wendeten jeden Stein und jedes Steinchen um, fanden aber nichts, keine Andeutung, keine Spur. Wir waren doch alle Männer, welche gelernt hatten und gewohnt waren, aus dem kleinsten Merkmale, dem allergeringsten Anzeichen den richtigen Schluß zu ziehen, hier aber war alle Mühe umsonst und aller Scharfsinn nutzlos. Als wir gegen Abend wieder hinunter an den See kamen, um dort zu übernachten, kamen soeben die nach dem Pferde ausgeschickten Apachen zurück: sie hatten es gefunden. Ich durchsuchte die Satteltaschen; sie enthielten nichts.

Wir sind vier volle Tage an dem ›Dunkeln Wasser‹ gewesen und haben allen vorhandenen Spürsinn angestrengt. Ich bin überzeugt, daß das Gold gefunden worden wäre, wenn es sich noch oben am oder im Felsen befunden hätte. Es lag unten in der Tiefe bei dem, der es beinahe entdeckt hatte und dann mit ihm begraben worden war. Wir kehrten resultatlos nach dem Pueblo am Rio Pecos zurück, nahmen aber wenigstens die Gewißheit mit, daß Intschu tschuna und Nschotschi endlich, endlich gerächt worden waren. –

So verschwand das Testament des Apachen grad so, wie sein Verfasser schwand und die ganze rote Rasse verschwinden wird, reich angelegt, doch ohne den großen Zweck zu erreichen, die ihm gestellte hohe Aufgabe erfüllen zu dürfen. Wie die Fetzen des Testaments in die Luft gestreut, so halt- und ruhelos und fetzenhaft irrt und schwebt der rote Mann über die weiten Flächen, die einst ihm gehörten.

Aber wer zwischen den Gros-Ventre-Bergen am Metsurflusse vor dem Grabmale des Apachen steht, der sagt: »Hier liegt Winnetou begraben, ein roter, aber großer Mann!« Und wenn einst der letzte dieser Fetzen zwischen Busch und Wasser vermodert ist, dann wird eine rechtlich denkende und fühlende Generation vor den Savannen und Bergen des Westens stehen und sagen: »Hier ruht die rote Rasse; sie wurde nicht groß, weil sie nicht groß werden durfte!« – –

Nachwort.

»Winnetou« hat eine wahre Flut von Karten und Briefen, die man mir sendet, hervorgerufen. Sie fließt noch immerfort und scheint kein Ende nehmen zu wollen. Welch eine Menge von Vermutungen und Fragen! Wer soll sie alle beantworten! Ich bitte um Geduld.

Ja, um Geduld; wir haben ja Zeit; wir sind erst im Beginn. Wir versammeln uns zunächst. Nämlich in den Wüsten und Steppen der einen und in den Prärien und Savannen der andern Hemisphäre. Das sind die Niederungen des Lebens, aus denen sich der Mensch nur dadurch retten kann, daß er aus ihnen empor zur Höhe steigt. Und das, das wollen wir jetzt tun! Wir wollen »durch die Wüste« und »durch das wilde Kurdistan« hinauf zum Berg des Alabasterzeltes und zu dem Dschebel Marah Durimeh. Und wir wollen durch die niedrige Mapimi und den tödlichen Llano estaccado bergaufwärts nach der Zinne des Mount Winnetou. Wer Mut hat, gehe mit; der Schwache aber bleibe! Denn der Weg nach diesen beiden Zielen ist nicht leicht und führt über jene Stelle, jenseits welcher nur noch innere Ereignisse Geltung haben und jedermann nach dem Sinn, nicht aber nach dem Worte fragen darf.

Wo der Berg des Alabasterzeltes, der Dschebel Marah Durimeh und der Mount Winnetou stehen? Ich werde es erzählen und dabei Gelegenheit finden, alle Fragen zu beantworten, welche ich jetzt und brieflich ganz unmöglich erledigen kann.

Radebeul-Dresden,
Villa »Shatterhand«.
Karl May.

Nachwort

[illegible] Tal von Sarre und bitter[illegible] [illegible] Wer will sie alle benennen [illegible] Gegend.

[illegible] Zeit [illegible] Westen [illegible] und Sevennen [illegible] Und das, das wollt ihr [illegible]

Wir [illegible] Wüste [illegible] [illegible]

[illegible]

[illegible]

Karl May (1842–1912), der meistgelesene Erzähler der deutschen Literatur, seit 100 Jahren von gleicher Faszination für Jugendliche und Erwachsene, »vertritt mit seinen grellen, knalligen Werken einen Typus von Dichtung, der unentbehrlich und ewig ist« (Hermann Hesse). Sein umfangreiches Werk, nach seinem Tode vielfältig durch Bearbeitungen entstellt, erscheint hier in einer zuverlässigen Ausgabe, die nach den strengen Prinzipien der historisch-kritischen Edition angelegt ist, die bestüberlieferte Textgestalt bietet und diese nach Stil und Orthographie in ihrer vollen Zeitgebundenheit erhält. Sie dokumentiert damit die Spannweite einer literarischen Entwicklung, die vom unterhaltenden Trivialroman über die berühmten Reiseerzählungen bis zu den psychologisch-mystischen Büchern der Alterszeit reicht. »Fast alles ist nach außen gebrachter Traum der unterdrückten Kreatur, die großes Leben haben will ...« (Ernst Bloch).

2. Kong-Kheou, das Ehrenwort
Erzählung (1888–89)

3. Die Sklavenkarawane
Erzählung (1889–90)

4. Der Schatz im Silbersee
Erzählung (1890–91)

5. Das Vermächtnis des Inka
Erzählung (1891–92)

6. Der Oelprinz
Erzählung (1893–94)

7. Der schwarze Mustang
u. a. Erzählungen (1887–97)

ABTEILUNG IV – *Reiseerzählungen*

1. Durch die Wüste
2. Durchs wilde Kurdistan
3. Von Bagdad nach Stambul
4. In den Schluchten des Balkan
5. Durch das Land der Skipetaren
6. Der Schut
Reiseerzählung (1882–88; 1892)
7. Am Rio de la Plata
8. In den Cordilleren
Reiseerzählung (1889–91)

9.–11. Im Lande des Mahdi I–III
Reiseerzählung (1891–96)

12.–14. Winnetou I–III
Reiseerzählung (1875; 1880; 1882; 1888; 1893)

15.–17. Satan und Ischariot I–III
Reiseerzählung (1893–96)

18.–20. Old Surehand I–III
Reiseerzählung (1894–96)

21. »Weihnacht!«
Reiseerzählung (1897)

22.–23. Im Reiche des silbernen Löwen I–II
Reiseerzählung (1897–98)

24. Am Stillen Ocean
25. Orangen und Datteln
26. Auf fremden Pfaden
Kleinere Reiseerzählungen I–III (1879–99)

ABTEILUNG V – *Spätwerk*

1. Am Jenseits
Reiseerzählung (1899)

2. Und Friede auf Erden!
Reiseerzählung (1901; 1904)

3.–4. Im Reiche des silbernen Löwen III–IV
Reiseerzählung (1902–03)

5.–6. Ardistan und Dschinnistan I–II
Reiseerzählung (1907–09)

7. Winnetou IV
Reiseerzählung (1909–10)

8. Abdahn Effendi
u. a. Erzählungen (1903–10)

9. Himmelsgedanken
Gedichte und Aufsätze (1900–10)

10. Babel und Bibel
Drama (1906)

ABTEILUNG VI – *Autobiographische Schriften*

1. Freuden und Leiden eines Vielgelesenen
u. a. Selbstdarstellungen (1896–1910)

2. Ein Schundverlag und seine Helfershelfer
u. a. Streitschriften (1905–10)

3. Mein Leben und Streben
Selbstbiographie (1908–10)

4.–5. An Schöffengericht und Strafkammer I–II
Prozeßschriften (1901–11)

ABTEILUNG VII – *Nachlaß*

1. Dramenentwürfe; Entwürfe zu Versdichtungen; Notizen; Pläne; Fragmente; (1900–12)

2. Vorträge; Aufsätze; Selbstrezensionen; Tagesaufzeichnungen (1900–12)

3. Lyrische Skizzen und Fragmente; Scherzgedichte (1896–1912)

ABTEILUNG VIII – *Briefe*

1.–6. Der gesamte Briefbestand in chronologischer Folge mit Kommentar

---

ABTEILUNG IX – *Supplement*

1. Karl Mays Bibliothek mit ihren Annotationen

2. Lebens-Chronologie und Photodokumente

3. Gesamt-Bibliographie; Gesamt-Editionsbericht; Generalregister